ORGB

조직행동 6th Edition

ORGANIZATIONAL BEHAVIOR

CENGAGE

***ORGB,* 6th Edition**

Debra Nelson, James Campbell Quick

Original edition © 2020 South Western, a part of Cengage Learning.
ORGB, 6th Edition by Debra Nelson, James Campbell Quick
ISBN: 9781337407816

This edition is translated by license from South Western, a part of Cengage Learning, for sale in Korea only.

ISBN-13: 979-11-88425-14-3

Cengage Learning Korea Ltd.
14F YTN Newsquare 76 Sangamsan-ro
Mapo-gu Seoul 03926 Korea
Tel: (82) 2 330 7000
Fax: (82) 2 330 7001

Cengage Learning is a leading provider of customized learning solutions with office locations around the globe, including Singapore, the United Kingdom, Australia, Mexico, Brazil, and Japan. Locate your local office at: **www.cengage.com**

Cengage Learning products are represented in Canada by Nelson Education, Ltd.

To learn more about Cengage Learning Solutions, visit **www.cengageasia.com**

Printed in Korea
Print Number: 01 Print Year: 2021

NELSON + QUICK

ORGB

조직행동

6th Edition

박소희 · 이기은 · 이승윤 · 이유진 · 최용준 공역

ORGANIZATIONAL BEHAVIOR

CENGAGE

Andover • Melbourne • Mexico City • Stamford, CT • Toronto • Hong Kong • New Delhi • Seoul • Singapore • Tokyo

| 역자소개 |

박소희 (인제대, spark0322@gmail.com)

- 인제대학교 경영학부 부교수
- (전) 숙명여자대학교 교양교육원 조교수
- (전) PDI(Personnel Decisions International) 미국 본사 컨설턴트
- 미국 University of Minnesota HRD박사

이기은 (대구대, bestid12@daegu.ac.kr)

- 대구대학교 경영학과 교수
- (사)동중앙아시아경상학회 회장
- 서강대학교 경영학 박사

이승윤 (홍익대, syrhee@hongik.ac.kr)

- 홍익대학교 경영대학 부교수
- [전] KAIST 테크노경영대학원 조교수
- 미국 University of Michigan at Ann Arbor 경영학 박사

이유진 (한동대, yjlee@handong.edu)

- 한동대학교 경영경제학부 조교수
- [전] 변화경영연구원(IODC) 조직개발 컨설턴트
- 미국 University of Minnesota HRD 박사

최용준 (홍익대, yongjun.choi@hongik.ac.kr)

- 홍익대학교 경영대학 조교수
- [전] 미국 Wright State University Raj Soin College of Business 조교수
- 미국 University of Minnesota Carlson School of Management 경영학 박사

조직행동 제6판

ORGANIZATIONAL BEHAVIOR

발행일 2021년 2월 1일 초판 1쇄
저 자 Debra L. Nelson, James Campbell Quick
역 자 박소희 · 이기은 · 이승윤 · 이유진 · 최용준
발행인 송자영
발행처 초아출판사

주 소 서울시 성북구 정릉로 36길 41
전 화 070-8739-0036
팩 스 0504-178-5627
e-mail choapublish@hanmail.net

ISBN 9791188425143 93320
정 가 30,000원

파본이나 잘못된 책은 교환하여 드립니다.

머리말

조직행동(organizational behavior)은 조직 내에서 표출되는 조직 구성원들의 다양한 행동들에 대해 설명하고, 이를 통한 이해를 바탕으로 조직 내에서 조직 구성원들의 긍정적인 행동 방식을 이끌어냄으로써 궁극적으로 조직의 유효성을 향상시키는 것을 목적으로 한다. 조직 구성원들의 행동은 조직 내외의 무수히 다양한 요인들에 의해 결정되는 만큼, 심리학은 물론 사회학, 인류학, 그리고 의학 등 다양한 분야들을 기초로 발전된 혼합적인 학문이라 할 수 있다.

지금 조직들은 그 어느 때보다 극심한 글로벌 경영 환경의 변화 속에서 경영활동을 하고 있다. 특히, 4차 산업 혁명과 같은 최근의 현상은 일하는 방식 그 자체에 대한 많은 변화를 불러왔다. 이에 더해 일과 삶의 균형(work life balance)에 대한 중요성의 증가, 그리고 일과 직장에 대한 조직 구성원들의 근본적인 가치관의 변화들 또한 그 어느 때보다 다이내믹하게 진행되고 있다. 이러한 변화들은 조직에게는 위험임과 동시에 새로운 기회로 작용할 수 있다. 따라서 조직 입장에서 조직 구성원들의 변화하는 새로운 니즈와 가치관을 파악하는 것이 그 어느 때보다 중요한 시기라고 할 수 있다.

본서는 앞서 거론한 최근의 다양한 경영 환경 변화들, 그리고 개인의 가치관의 변화들을 반영하여 글로벌 경영 환경에서 조직행동을 보다 잘 이해하기 위한 핵심적인 내용들을 서술하고 있다. 특히, 본서는 최근 연구 동향은 물론 글로벌 기업들의 최신 사례들을 이론적으로는 물론 실무적으로도 체계적이고 효과적으로 제시하고 있다. 또한 현재 국내 대학에서 조직행동을 강의하고 있는 본 역자들은 원서

에서 제시하는 조직행동의 여러 다양한 개념들과 표현들에 대해 국내 독자들이 최대한 효과적으로 이해할 수 있도록 심혈을 기울여 번역하였다. 따라서 본서는 대학에서 조직행동을 처음 접하는 독자들은 물론 기업의 실무자들 모두에게 조직행동을 이해하고, 이를 바탕으로 조직을 보다 효과적으로 이끄는 데 큰 도움이 될 것이라 확신한다.

마지막으로 본서를 우리 글로 옮기는 과정에서 많은 도움과 편의를 제공해주신 초아 출판사 이민영 대표님과 골든트리미디어의 진원준 실장님, 그리고 관계자 여러분들께 감사의 뜻을 전한다.

2021년 2월 10일

박소희, 이기은, 이승윤, 이유진, 최용준

목차 BRIEF CONTENTS

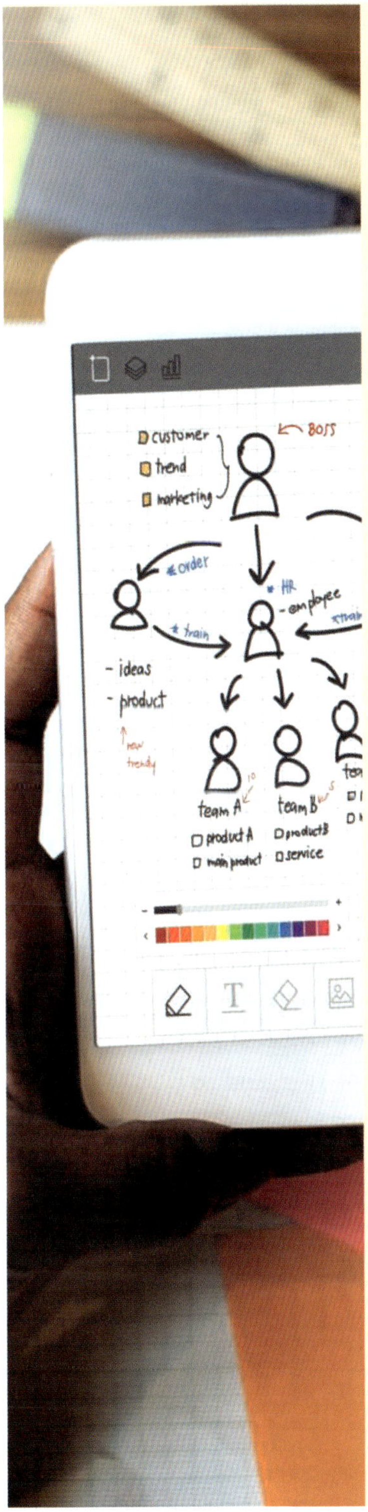

목차 CONTENTS

1부 서론

1장 조직행동과 기회 2

2부 개인 차원의 프로세스와 행동

2장 성격, 지각 및 귀인 20

3장 태도, 감정 및 윤리 42

4장 동기부여 66

1부

서론

CHAPTER

1 조직행동과 기회

Organizational Behavior and Opportunity

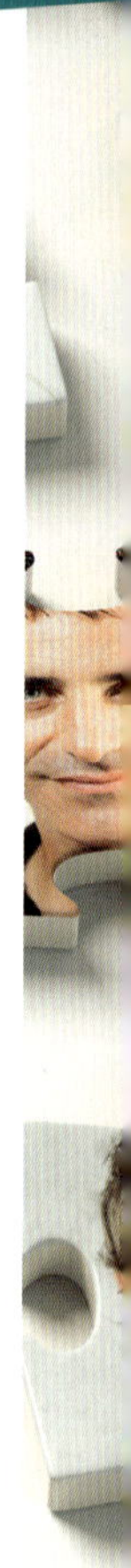

학습 목표

1.1 조직행동을 정의하라.

1.2 변화 시 긍정적으로 대처하기 위한 4단계를 밝히라.

1.3 조직의 중요한 시스템 구성 요소를 밝히라.

1.4 조직의 공식적 및 비공식적 요소를 밝히라.

1.5 경제활동 내 조직의 다양성에 기여하는 요인을 파악하라.

1.6 변화가 창출하는 조직행동에서의 기회에 대해 설명하라.

1.7 조직행동 연구에서의 객관적 지식과 기술 개발의 가치를 증명하라.

1-1 조직에서의 인간 행동

조직 내 인간의 행동은 종종 복잡하고 이해하기 어렵다. 조직 내 인간의 행동이 논리적이고 이성적인 시계태엽으로 묘사되어 왔지만, 그 속에서 실질적으로 일하는 사람들에게는 종종 뱀의 구덩이로 말하기도 한다. 조직 내 인간의 행동을 시계태엽으로 묘사하는 것은 모든 업무 및 작업이 원활하게 맞물리기 때문에 갈등이나 딜레마가 없는 질서정연하고 이상적인 조직 행태 관점을 반영한다. 반면 조직 내 인간의 행동을 뱀의 구덩이로 묘사하는 것은 조직 내에서의 일상적 갈등과 괴로움, 다툼을 의미한다. 시계태엽과 뱀의 구덩이와 같은 극단적 예시는 조직 대 개인의 관점에서 각각의 다른 시각에서 대비되는 현실을 보여준다. 특히 뱀의 구덩이로 묘사되는 것은 분노의 극한에서 표출되는 로드게이지, 그리고 직장 내 폭력과 같은 조직 내 인간의 행동의 어두운 면을 표현하고 있다. 또한 직장 내 무례함은 조직 내 50% 근로자들이 매주 겪을 정도로, 매우 빈번하게 일어나고 있다. 이는 무례함의 행위자, 대상자, 해당 행위를 목격한 제 3자에 대한 인지적, 행동적 결과에 부정적 영향을 미칠 수 있는 것들을 포함한다. 반면, 시계태엽에 대한 비유는 개인이 공유된 비전과 가치에 대한 명확성을 갖고, 이를 바탕으로 개인적으로 결과에 투자한다. 또한 그들의 기여가 조직 내에서 매우 중요하다고 느끼고, 조직 내 리더십을 통해 지원과 존경을 받는 긍정적 영향을 미칠 수 있는 생산적 시스템을 의미한다.

이 장은 조직행동의 복합적인 주제에 대해 소개하고자 한다. 첫 번째 절은 조직에서의 인간 행동, 여러 학문에서의 기원, 그리고 변화에 대한 반응을 개괄적으로 보여준다. 두 번째 절에서는 행동이 발생하는 조직적인 맥락을 보여준다. 세 번째 절에서는 **조직**(직장) 내 **변화**(change)와 **도전**(challenge)에서 발생하는 **기회**(opportunities)를 강조한다. 네 번째 절에서는 사람들이 **조직행동**(organizational behavior)에 대해 배우는 방법을 다루고, 본문의 교육학적 특성이 다양한 학습 스타일과 어떻게 관련되는지 설명한다. 마지막 절은 책의 전체적인 계획을 제시한다.

우리는 조직행동을 구성원의 개별 행동과 집단역학에 대한 연구로 정의할 수 있다. 조직행동에 대한 연구는 주로 조직의 정신사회적, 대인관계적, 행동적 역학과 관련이 있다.

> Organizations have been described as clockworks, but they often seem like snake pits.

그러나 직장에서 인간의 행동에 영향을 미치는 조직 내 변수 역시 조직행동 연구와 관련이 있다. 이러한 조직변수에는 직업, 업무설계, 커뮤니케이션, 성과평가, 조직설계, 조직

change The transformation or modification of an organization and/or its stakeholders.

challenge The call to competition, contest, or battle.

opportunities Favorable times or chances for progress and advancement.

organizational behavior The study of individual behavior and group dynamics in organizations.

구조 등이 포함된다.

1-1a. 인간 행동의 이해

인간의 행동에 대한 대부분의 이론과 모형은 내부적인 관점과 외부적인 관점의 이론, 두 가지 기본적인 범주로 나누어 볼 수 있다.

내부적 관점은 근로자들의 행동을 이해하기 위해 그들의 마음을 살펴보고 분석한다. 정신역학적으로 개인의 사고, 감정, 과거의 경험, 욕구를 바탕으로 개인의 인간적 관점을 이해하는 것을 지향한다. 즉 내부적 관점에서는 개인의 역사와 개인적인 가치 체계 측면에서 인간의 행동을 설명한다. 개인의 사고, 느낌, 지각, 판단의 내부 과정이 특정한 방식으로 행동하도록 유도한다는 것이다; 그러므로, 사람들은 내면으로부터 가장 잘 이해되며, 그들의 행동은 그들의 생각과 감정과 함께 가장 잘 해석된다. 이러한 내부적인 관점은 동기부여 이론과 리더십이론의 바탕이 되었다.

반면에 외부적인 관점은 결과, 환경과 같은 외부적 요인에서 인간의 행동을 이해하려 한다.

1-1b. 학제간의 영향

조직행동은 수많은 초기 연구분야로부터 발전된 혼합적인 학문이다. 심리학, 사회학, 공학, 인류학, 경영학, 의학 등 다양한 학문, 연구에서 조직 내 인간의 행동을 이해하는 것에 기여하였다.

인간행동 과학으로서의 **심리학**(psychology)은 19세기 말부터 발전하였다. 특히 심리학은 그 기원을 철학과 생리학에서 찾을 수 있다. 저명한 초기심리학자 중 한 사람인 윌리엄 제임스(William James)는 의학 학위를 가지고 있었다. 그 이후, 심리학은 임상, 실험, 군사, 조직, 사회심리학을 아우르는 다양한 전문분야로 발전해왔다. 조직심리학의 경우 업무의 동기를 연구한다는 점에서 조직행동과 중복되는 부분이 많다. Johnson &Johnson, Valero Energy, Chaparral Steel 등은 오랜기간동안 심리학적 연구를 통해 정교한 인사방식을 개발하였다.

psychology The science of human behavior.

sociology The science of society.

engineering The applied science of energy and matter.

사회과학으로서의 **사회학**(sociology)은 집단과 집단간의 역학에 대한 지식적 발전에 기여하였다. 사회학은 개인보다는 사회를 출발점으로 하기때문에, 사회학자들은 사회나 문화 내의 다양한 역할, 집단 내 행동의 규범과 기준, 순응적이거나 일탈행동에 대한 결과에 초점을 맞춘다. 개인에게는 사회적 지위에 따라 결정되는 역할이 있으며, 이러한 역할은 조직 내에서의 개인 간 상호작용에 영향을 미친다. 예를 들면, 전문적 역할 행동 연구를 통해 병원 내 구조조정기간 동안 의사들의 다양한 역할의 변화를 알아볼 수 있으며, 이러한 연구를 통해 병원 조직 내 행동과 문화에 영향을 미칠 수 있다.

공학(engineering)은 에너지와 물질에 대한 응용과학이다. 이를 통해 업무설계에 대한 우리들의 이해를 증진시킨다. 프레드릭 테일러(Frederick Taylor)는 기본적인 공학적 사고를 조직 내 인간의 행동에 적용하여, 초기 조직행동 연구에 지대한 영향을 미쳤다. 테일러의 공학적 사고는 업무 행동에서의 인간의 생산성과 효율성에 중점을 둔다. 직무 준비와 직무수행은 오랜 수습 기간과 창의적 문제해결 접근에서 자동화된 단순 직무훈련, 직무수행으로 전환되었다. 1990년에 발표된 연구에 따르면, 테일러의 수행능력 기준에 대한 기준과 차별적 임금능률제도의 기본 개념이 당시 Black & Decker, IBM, Weyerhaeuser과 같은 기업조직에서 조직적인 목표설정 프로그램을 형성하고 있음을 발표하였다.

인간의 학습된 행동에 관한 과학인 **인류학**(anthropology)은 우리가 조직 문화를 이해하는데 특히 중요하다. 사실, 인류학 연구는 효율적인 조직 문화가 조직의 성과에 미치는 영향과 개인의 병리학적인 성격들이 역기능적인 조직 문화로 이어질 수 있는 방식들을 살펴보는데 사용되어왔다. 한 사례 연구에서 Shwartz는 General Motors와 NASA에서의 기업 부패를 탐구하기 위해 정신 역학적, 그리고 인류학적 조사 방식을 사용했다.

본래 관리학으로 불리었던, **경영학**(management)은 조직, 조직 내 개인의 활동을 감독하는 학문이다. 또한 경영학은 다양한 행정, 조직시스템의 설계, 실행, 관리 등 다양한 부분들을 포함한다. 마치(March)와 사이먼(Simon)은 인간의 조직 연구를 시작으로 조직 내 관련 제도의 실효성을 높이는 시작으로 행정적 관행을 연구하였다. 경영은 현재 기업조직을 분석하는 가장 기본원칙으로, 조직행동 연구를 명확히 구분하게 하는 것에 기여한다는 관점에서 볼 수 있다.

개인의 건강과 웰빙을 증진시키기 위한 질병을 치료하는 응용과학인 **의학**(medicine)은 산업 내 정신 건강 뿐 아니라, 개인의 신체적, 정신적 건강에 초점을 맞추고 있다. 현대의학이 급성 질환에 대한 치료율이 높아지면서, 의학적인 관심은 고혈압과 같은 고질병과 직업에서 비롯되는 건강, 웰빙과 관련된 문제로 옮겨가고 있다. 이러한 경향은 Johnson & Johnson 의 "Live for Life Program" 같은 기업차원의 웰빙프로그램 성장에 기여한다. 게다가 인간공학은 작업대의 설계불량 등과 같은 문제로 야기되는 의료문제를 예방하기 위한 방안으로 주목을 받고 있으며, 낮은 근로생산성과 의료비 증가 문제에서 수십억 달러의 비용을 줄일 수 있다. 특히 보다 나은 공간 설계를 위한 의학연구에 대한 투자를 통해 거의 절반으로 줄일 수 있다.

1-2 변화에 대한 행동

개인과 조직을 대상으로 한 초기의 연구를 통해서 구성원들은 환경의 변화에서 변화를 위협으로 경험하고, 강압적인 형태의 행동들에 의존하여 습득함으로써 반응한다는 것을 발견했다.

즉, 구성원들은 종종 개방적인 경직된 반응보다는 변화 속에서 경직되고 반응하게 된다. 그러나 경직된 반응으로 습득된 행동은 아웃소싱과 같은 중대한 변화에 역효과일 수 있다.

특히 아웃소싱은 인터넷과 네트워킹 기술의 극적인 발전으로 인해, 미국 산업에서 불가피한 선택이 되었다. 그러나 직원 소모와 데이터 손실 가능성과 같은 요인들은 대다수의 기업들이 조직 내에서 자원과 정보를 모두 유지하기 위해 아웃소싱 전략을 수정하도록 만들었다.

큰 변화는 사람들의 습관적인 행동을 방해하면서, 퇴색되고 텐트를 해체시키는 새로운 기술을 배우도록 강요한다. 그러한 PlusFactor의 CEO인 Eric Brown은 직원들에게, 변화의 긍정적인 기회를 찾고 도전을 나쁜 경험보다는 긍정적인 측면을 찾을 것을 권고한다. 변화에 적응하기 위한 그의 행동 단계는 (1) 긍정적인 태도를 가지며, (2) 질문을 하고, (3) 답을 듣고, (4) 성공에 전념하는 것이다.

그러나 성공은 결코 보장되지 않으며, 변화는 때때로 실패를 초래한다. 윈스턴 처칠과 같은 세계 최고의 지도자들은 그들이 지속적인 성공을 거두기 전에 극적인 환상을 경험했다. 실패로부터 배우고 새로운 기회에 긍정적으로 반응하여 초기 실패를 극복하는 것이 그들의 능력이었다. 다음과 같은 사실을 안 후, 작가들과 함께 일했던 한 벤처 투자가는 그에게 자신의 가장 큰

anthropology The science of human learned behavior.

management The study of overseeing activities and supervising people in organizations.

medicine The applied science of healing or treating diseases to enhance an individual's

핫 트렌드

습관이 좋을 수 있다.

제품 패키지는 소비자를 돋보이도록 하기 위해 새롭고 혁신적이며, 독특한 디자인과 색상의 제품을 개발하는 데 중점을 두고 있다. 이것은 실제로 사람들의 틀에 박힌 인식으로 볼 때 비생산적인 일이다. 우리의 뇌는 특히 스트레스를 받거나 위험한 상황에 처하게 되면 통제력을 높이도록 설계되었다. 이것은 습관적으로 사람들이 에너지를 덜 소비하려는 행동습관을 유지하는 데 중요한 영향을 미친다.

즉, 인간의 뇌는 친숙하고 익숙한 제품이나 상황에 반복적으로 반응함으로써, 필요한 인식 수준 또는 결론에 도달하는 데에 있어 더 적은 에너지를 사용한다. 이러한 암묵적 기억은 뇌가 효율적으로 상황을 인식하도록 하는 힘을 가지고 있다. 이러한 수준의 인지 및 행동 효율성은 새롭게 변화된 환경에서는 손상될 수도 있다.

SOURCE: S. Berinato, "The Science: How Habit Beats Novelty," Harvard Business Review, January–February 2017, pp. 60–61.

실패에 대해 묻는다.

경영진이 실패에 어떻게 대응했는지, 그리고 그 경험으로부터 무엇을 배웠는지. 그러므로 변화는 실패의 위험과 성공을 위한 대립을 야기한다.

우리의 행동은 종종 결과를 결정한다. 게다가, 성공은 작은 승부의 축적과 마이크로프로세스의 사용을 통해서 올 수 있는데, 이는 중간 관리자들이 제도적 변화에 관여하는 측면에서 발견된다. 마지막으로 기업들은 불확실한 시대와 경제 전환기에 기업과 국가 관료들 사이의 신뢰를 끌어냄으로써 신흥 중국 시장에서의 실적을 향상시킬 수 있다.

1-3 조직맥락(구성)

조직행동에 대한 완전한 이해는 각각 인간(조직 내 구성원)의 행동과 행동이 수행되는 특정 환경인 조직의 맥락에 대한 이해를 필요로 한다.

1-3a. 개방형 시스템으로서의 조직

두 가지 다른 관점은 인간 행동에 대하여 상호 보완적으로 설명을 제공하듯이, 조직에 대한 상호보완적인 설명을 형성한다. 조직들은 사람, 업무, 기술, 구조를 포함한 요소들의 상호작용을 위한 개방형 시스템이다. 이러한 내부 구성요소는 조직의 업무 환경의 구성요소와도 상호 작용한다.

그림 1.1 조직내 갈등의 원인들

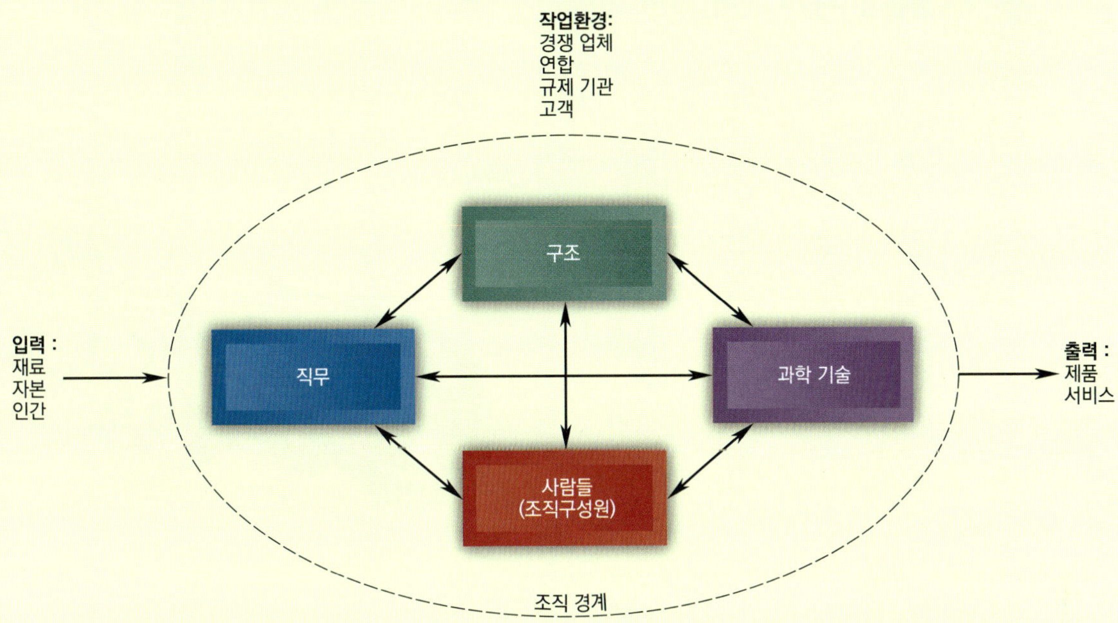

SOURCE: Based on H. Leavitt, "Applied Organizational Change in Industry: Structural, Technological, and Humanistic Approaches," in J. G. March, ed., Handbook of Organizations (Chicago: Rand McNally, 1965), 1145. Reprinted by permission of James G. March.

오늘날 회사는 서구 세계의 많은 곳에서 지배적인 조직과 형태지만, 다른 조직 형태는 다른 사회를 지배하고 있다. 고대 메소포타미아의 시원 법인과 식민지 아메리카의 교회와 같은 종교 단체들은 종종 사회를 지배할 수 있다. 스코틀랜드 고원의 가족이나 중화인민공화국의 지역 군대와 같은 민병 조직도 그럴 수 있다. 이 모든 사회는 가족 조직에 의해 함께 구성되어 있는데, 가족 핵 및 대가족을 작고 집단적인 공동체로 변화시킬 수 있다.

종교, 군대, 가족 조직 형태의 목적과 구조는 다양하지만, 다른 조직 내의 사람들은 종종 비슷하게 행동한다. 사실, 직장의 권력과 지도력에 대한 초기의 발견은 가족 내에서의 권력과 지도력에 대한 조사 결과와 상당 부분 유사했다.

조직은 기능 면에서 매우 다양하게 볼 수 있기 때문에, (예를 들어, 항공기 부품과 같은 제품을 제조하거나 자금 관리와 같은 서비스를 제공하는 경우), 우선 조직의 성과를 알아보기 위해 조직의 개방된 시스템 요소와 관련되는 업무 환경을 이해해야 한다. 이에 따라, Katz와 Kahn은 그리고 Leavitt의 연구에서는 조직을 이해하기 위한 개방형 시스템 체계를 구축하였다. 4가지 주요 내부 구성요소로는 업무, 인력, 기술 및 구조로 되어 있으며, 이 네 가지 구성요소는 업무 환경에서 조직의 입력, 산출물 및 핵심 요소와 함께 그림 1.1.에 표시된다. 조직의 **임무**(task)는 조직이 추구하는 사명, 목적, 또는 현존하는 목표이다. 또한 **인간**(people), 즉 조직구성원은 조직의 인적 자원이다.

기술(technology)은 입력을 출력으로 변환하는 데 사용되는 광범위한 도구, 지식 및 기법이다. 이

task An organization's mission, purpose, or goal for existing.

people The human resources of an organization.

technology The tools, knowledge, and/or techniques used to transform inputs into outputs.

사실 확인

Google의 인종 구성…

Google의 인종 구성은 Google의 성공의 핵심이다.

Google은 소수 인종들을 2012년 37%에서 2016년 43.1%로 증가시켰다. Google은 미국의 남성근로자 평균(53.2 %)보다 남성근로자(70.8%) 수가 더 많고, 미국의 여성근로자 평균 (46.8%)보다 여성근로자(29.2 %) 수가 더 적다.

또한, Google에서 근무하는 아시아인은 미국의 전국평균(33.5 % vs. 5.2 %)보다 훨씬 높은 반면, 백인(56.9 % vs. 78.7 %), 라틴(5.2 % vs. 16.6 %) 및 흑인(2.4 % vs. 12.3 %)은 미국의 전국평균 보다 낮은 것으로 나타났다. 그러나 2012년부터 2016년까지의 소수 인종이 증가하는 추세를 보였다.

SOURCE: E. McGirt, "Google Searches Its Soul," Fortune, Feb. 1, 2017, p. 54.

구조(structure)는 통신, 권한 및 역할 및 작업의 흐름을 포함한다.

이러한 주요 내부 요소 외에도, 시스템으로서의 조직은 공급자, 고객 및 연방 규제자와 같은 서로 다른 구성요소로 구성된 외부 업무 환경을 가지고 있다.

Thompson은 업무 환경을 조직의 목표 달성 정도 또는 그 기본 업무와 관련된 환경의 요소라고 설명한다. 많은 조직들이 업무 환경의 요소들에 대한 네트워킹의 한 방법으로 트위터를 사용하거나 차후 사용하는 것을 고려하고 있다. 예를 들어, NASA는 곧 있을 셔틀 비행의 상황에 대한 팔로워를 업데이트하기 위해 트위터를 사용한다.

structure The systems of communication, authority and roles, and workflow.

조직 시스템은 입력을 취하여 처리량으로 변환하고 작업 환경에 출력을 전달하는 방식으로 작동한다. 입력자료는 조직이 사용하는 인적, 정보, 자료 및 금융 자원이다. 처리량은 조직의 기술 구성요소에 의해 변환되는 자재와 자원이다. 변환이 완료되면 고객, 소비자 및 고객을 위한 출력이 된다. 공급자, 고객, 규제자 및 작업 환경의 다른 요소들의 활동은 작업자의 조직과 행동에 영향을 미친다.

현대 기업의 역할은 기업의 사회적 책임으로 확대되었다. 고객들은 이러한 조직들이 좋은 기업 시민이 되어 주주들에게 재정적인 재산뿐만 아니라 사회적 가치를 창출할 것으로 기대한다. 조직 투명성은 조직과 이해관계자 관계에 대한 신뢰에 기여하는데, 이는 조직의 건강과 복지에 긍정적이다.

그림 1.2 공식적, 그리고 비공식적 조직

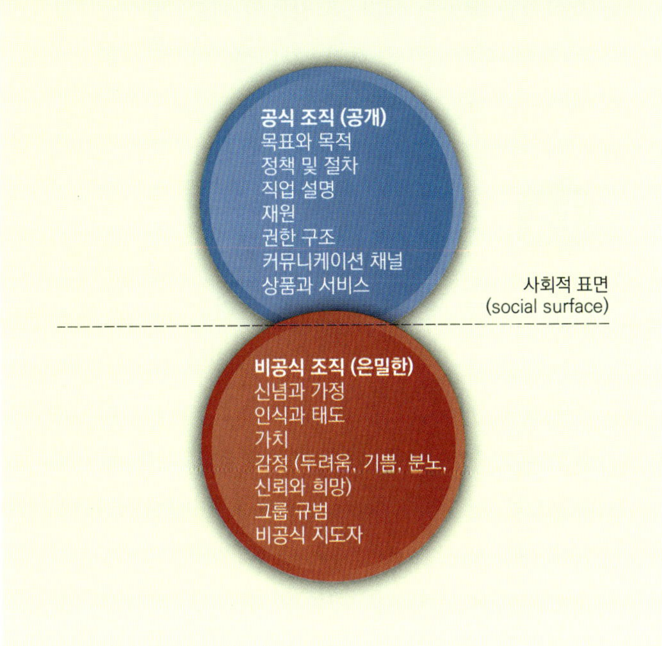

1-4 공식적 기업과 비공식적 기업

조직에 대한 개방적인 시스템 관점은 그것들이 깔끔하고 정밀하며 상호 관련성이 있는 기능을 가진 시계장치와 같이 설계되었음을 시사한다. **공식적인 조직**(formal organization)은 공식적이고 합법적인 부분이 강조되며, 인간(조직구성원)이 조직을 논리적이고 합리적인 방법으로 생각할 수 있게 한다.

앞서 언급한 뱀 구덩이 비유는 비공식적이고 덜 눈에 띄는 **비공식 조직**(informal organization)의 연구로부터 비롯되었다. 1920년대와 1930년대에 행해진 **호손 연구**(Hawthorne studies)는 우선 비공식적 요소의 중요성을 시사했으며, 이른바 호손 4대 연구 중 세 번째인 인터뷰 연구 동안 연구원들은 호손 워크스(Hawthorne Works)의 비공식적 요소를 하나의 조직으로서 구체적으로 인식하기 시작했다. 조직의 공식적 요소와 비공식적 요소는 그림 1.2에 나타나 있다. 20세기 초 수 많은 조직에서 조직의 공식적 요소와 비공식적 요소의

formal organization The official, legitimate, and most visible part of the system.

informal organization The unofficial and less visible part of the system.

Hawthorne studies Studies conducted during the 1920s and 1930s that suggested the importance of the informal organization.

사실 확인

고령 직원들을 무시한 대가

회사가 고령의 직원들에게 주의를 기울이지 않으면 비용이 지출된다. 이는 45~75세 사이의 666명의 호주 근로자를 대상으로 진행한 연구결과에 근거한 것이다.

고령의 직원들에게 비판적인 조직에서는 조직에 도움을 줄 수 있는 직원들의 참여 수준이 19-20%정도 낮았으며, 근로자가 회사를 그만 두게 되면 기업은 돈을 벌수 없기 때문에 재무적인 영향을 미치게 된다.

SOURCE: R. Feintzeig, "Companies Suffer When They Ignore Older Employees, Study Says; When workplaces are less friendly to that group, engagement among veteran workers drops," Wall Street Journal, 3 Jan 2017.

Winning in a competitive industry can be a transient victory; staying ahead of the competition requires constant change.

갈등이 충돌을 야기할 수 있으며, 노사분규를 통해 구체화 되었다는 것을 이해해야 한다. 때로는 이런 형식적인 불일치 갈등이 폭력으로 확대되기도 했다. 예를 들어, 1920년대 미국 철강회사의 감독관들은 "만일에 대비해서" 거칠고 위험한 철강 노동자들을 쏠 수 있도록 권총을 지급받았다.

그러나 같은 시대에 진보적인 가치를 지향하는 이스트맨 코닥 회사는 뉴욕의 로체스터에 있는 메도우브룩(Meadowbrook in Rochester, New York) 직원들의 이웃사회에 재정적 지원을 제공했다. 코닥의 직원들에 대한 우려와 비공식적인 문제에 대한 조직의 지원은 회사 내에서 노조를 불필요하게 만들었다.

조직의 비공식 요소는 조직 발전의 진단 및 개입 활동의 중요한 요소이며, 공식 요소는 비공식적인 것에 대한 맥락을 제공하기 때문에 항상 고려되어야 하지만, 그들의 작업에 대한 사람들의 감정, 생각 및 태도가 가장 영향을 미치는 비공식적인 요소들이다. 그들의 행동과 수행, 그러나 개별적인 행동은 시스템의 공식적 요소와 비공식적 요소 모두의 맥락에서 작용한다. 그 과정에서, 조직적 행동이 된다. 직원들의 기분, 감정, 기질은 모두 직무 수행, 의사 결정, 창의성, 이직, 팀워크, 협상, 리더십과 같은 중요한 조직 결과에 영향을 미친다.

조직의 비공식 요소는 흔히 조직 개발에서 진단 및 개입 활동의 포인트가 되지만, 공식 요소는 비공식적인 것에 대한 맥락을 제공하기 때문에 항상 고려되어야 한다.

그들의 행동과 성과에 가장 큰 영향을 미치는 것은 사람들의 감정, 생각, 그리고 그들의 일에 대한 태도와 관련된 비공식적인 요소들이지만, 개별적인 행동은 시스템의 공식적인 요소와 비공식적인 요소들, 그 과정에서, 조직적인 행동이 된다. 직원들의 기분, 감정, 기질은 모두 직무 수행, 의사 결정, 창의성, 이직, 팀워크, 협상, 리더십과 같은 중요한 조직 결과에 영향을 미친다.

1-5 조직의 다양성

조직행동을 설명하거나 예측하려는 대부분의 시도는 조직 내의 요인에 크게 의존하는 반면에, 외부 환경 고려사항에 대한 중요성을 간과한다. 그러나 조직행동은 항상 특정한 조직적 배경의 맥락에서 일어나기 때문에 학생들은 산업적 맥락에 민감하고 다양한 조직의 다양성에 대한 인식을 발전시킴으로써 이익을 얻을 수 있다.

크고 작은 조직들은 경제의 각 단계인 민간, 제조업, 서비스, 정부, 비영리 부문으로 운영된다. 민간 부문에서는 경제에 중요한 역할을 하는 매우 다양한 조직들이 있다. 제조업 분야에는 철강과 같은 기본 재료의 생산과 자동차와 전자 장비와 같은 완제품의 생산이 포함된다. 서비스 부문에는 운송, 금융 서비스, 보험 및 소매 판매가 포함된다. 필수 인프라를 제공하는 정부 부문과 비영리 단체는 다른 부문이 다루지 않는 요구를 충족시키기 때문에 조직 및 집단 복지에 매우 중요하다. 예를 들어, 프랑스에서는 비영리단체인 Action Tank가 서비스에 대한 접근조차 할 수 없는 가난한 소비자들을 위한 저렴한 제품과 관련된 해결책을 내놓았다. 또한 수백 개의 중소 · 대규모 조직이 미국의 경제 건강과 인간 복지에 기여하고 있다. 우리는 이 책 전반에 걸쳐, 다양한 민간 기업들과 비영리 단체들이 현존하는 다양한 세계에서 자신의 조직과 여타 조직들에 대한 감사한 마음을 키울 수 있도록 다양한 단체들의 예시를 제공하고자 한다.

1-6 변화는 기회를 창출한다.

기업(직장)에서 변화를 이끄는 주도적 영향력인 글로벌 경쟁은 지난 수십 년간 특히 은행, 금융, 항공 운송과 같은 산업에서 현저하게 증가했다. 그 결과, 변화는 가속화되고, 기회와 위험도 함께 가속화되었다. 기업 경쟁은 성과와 비용 압박, 사람과 직장에서의 행동에 영향을 미치는 환경 변화를 만들어낸다. 직원들에게 있어서 그러한 위험 중 하나는 기간제 전문직의 한계지만, 긍정적 경영 방식과 관행은 구성원들의 통합을 견고하게 한다. 물론 경쟁은 축소와 구조조정으로 이어질 수 있지만, 이 또한 활성화의 기회를 제공한다.

하지만 중소기업이라고 하여, 경쟁 환경에서 반드시 지는 것은 아니다. 중소기업인 시엔텍(SCientech)은 성장 경쟁업체와 대기업 경쟁사의 도전에 맞서, 경영 인력과 서비스 품질을 높여야 했고, 그 결과 실적이 개선되었다. 이에 따라, 경쟁은 보나 높은 목표의 성공을 이끌어 내었다.

제품과 서비스 품질은 경쟁 환경에서 기업이 우위에 있을 수 있는 주요 방법이다. IBM, Control Data Services, Inc., Northwest Airlines, Southwest Airlines(현 델타) 및 Southwest Airlines는 모두 기업 간 경쟁력 향상을 추구하였고, 이에 따라 고품질 제품과 서비스를 달성하기 위한 문제 해결 기술을 사용했다. 커피 산업의 변화는 혁신과 발전에 통해 카리부 커피(Caribou Coffee)와와 스타벅스 모두에게 중요한 자극제가 되었다. 그러나 너무 큰 변화는 혼란을 초래하고, 너무 적은 변화는 침체를 초래한다. 또한, 경쟁 산업에서 승리하는 것은 일시적인 승리일 수 있다; 경쟁에서 우위를 유지하는 것은 지속적인 변화를 필요로 한다.

Managers must work across inter-organizational boundaries to ensure successful organizational change.

1-6a. 글로벌 비즈니스 경쟁

미국의 경영인과 임원들은 증가하는 글로벌 경쟁에 대응하여 급진적인 변화에 직면해 있다. 저명한 경제학자 레스터 투로(Lester Thurow)에 따르면, 이 경쟁은 핵심 산업 내에서 미국, 일본, 유럽 간의 치열한 경쟁으로 특정할 수 있다.

결과적으로, 모든 범주의 직원들은 생산성 증가와 함께, 직장조직에 가치를 더해야 한다는 압박에 직면하게 된다. 게다가, 기업 간의 경쟁은 경제적 이윤을 극대화하기 위해, 비용 절감 전략을 추구하여, 해당 기업이나 산업에 종사하는 사람들의 고용을 불확실하게 만든다. 사티아 나델라(Satya Nadella)는 마이크로소프트 CEO를 맡은 지 5개월 만에 인력 감축 전략에 국한하지 않고, 모든 직원에게 기업의 핵심 사업으로 복귀할 것을 강조하였다.

일본, 미국, 유럽 자동차 회사들 간의 글로벌 경쟁은 다른 산업들이 미래에 기대할 수 있는 수준의 본보기가 되고 있다. 이러한 국제 경쟁의 와중에서 경영자들은 자국 내의 변화와 압력에 동시에 주의를 기울여야 한다.

올바른 결정과 예측

컴퓨터 중심 알고리즘은 의사 결정을 내리고 예측을 제공하는 데 활용되고 있으며, 인간의 직관과 판단에 의한 결과보다 그 질은 더 우수하다.

그럼에도 불구하고, 알고리즘에 대한 불완전을 경험한 사람들은 "알고리즘 한계"을 발견했다. 이러한 한계를 극복하기 위한 한 가지 방법은 알고리즘 사용자에게 어느 정도의 시스템 제어 권한을 부여하는 것이다.

그러나 이는 알고리즘 한계를 어느 정도 저하시킬 수 있지만, 연구 결과에 따르면 이러한 약간의 불완전한 결합조차 인간 예측보다 더 낫다는 것이다.

사람들은 비록 이러한 "알고리즘 한계"에 대한 신뢰가 낮다고 하더라도 이러한 시도가 알고리즘의 예측 결과에 대한 가치와 질을 높인다고 하였다.

그래서 그들은"알고리즘 한계"에 대한 연구를 계속 진행하고 있다.

SOURCE: J. Dietvorst, J. P. Simmons, and C. Massey, "Algorithms: People Like the Illusion of Control," Harvard Business Review, January-February 2017, p. 26.

이는 스코틀랜드 국가 의료 시스템의 "전체 시스템" 변경 프로그램의 심층적 연구에서 입증되었는데, 여기서 조직 변화와 적응의 기초가 되는 다단계 역학관계가 조사되었다. 경영인은 성공적인 변화를 가져오는 효과적인 적응을 위해 조직간 경계를 넘어야 한다. 글로벌 · 경제 · 조직적 변화는 조직행동의 연구와 관리에 지대한 영향을 미친다.

1-6b. 고객중심의 고품질화

글로벌 경쟁으로 인해 조직은 고객 중심화를 위한, 제품의 변화 및 서비스 수요 충족, 고객의 높은 품질에 대한 기대치 초과 달성 등의 과제를 안고 있다. 특히 품질은 성공할 수 있는 산업의 기업 조직들에게 국제 경쟁에 대항하여 경쟁 우위를 줄 수 있는 잠재력을 가지고 있다. 예를 들어, 경험 측면에서 1위를 목표로 하는 카리부 커피는 고객 중심의 고품질 접근품질과 경쟁하게 되었다. 품질은 여러 가지로 정의된다. TQM(total quality managementmeηt)은 지속적인 개선과 고객에 대한 전반적인 헌신으로 고객의 요구를 충족하고 고객의 기대를 충족한다.

이러한 고객지향적 경영철학은 사실상 조직행동의 모든 측면에 중요한 의미를 갖는다. 고객의 요구와 기대가 항상 변화하고 있기 때문에 품질을 최적화할 수는 없지만, 매우 성공적인 조직에는 내재되어 있다. 도요타가 자동차 업계 1위로 도약하게 된 이유 중 하나는 도요타의 품질과 구체적 세부사항에 대한 관심때문이다. 비록 TQM 컨설팅이 호황과 불황의 과정을 경험했음에도 불구하고, 초기 인기 상승의 근간을 이루는 주요 개념은 바로 이것에 머물러 있다.

품질 향상은 점점 더 경쟁적인 산업에서 조직의 성공 확률을 높인다. 193개 종합의료병원 중 한 곳을 대상으로 7개의 TQM 관행을 조사한 결과, 병원의 재정 실적과 긍정적으로 연관되어있는 것으로 나타났다. 사실, 품질 향상은 모토로라에 의한 회사 전체의 품질 향상의 지속적인 특징이며 제너럴 일렉트릭에 의해 대중화되었다. 의사 결정을 위한 양적 데이터 사용에 대한 강조와 비용 절감의 우선순위를 통해 고객 주도 접근 방식에 의해 특징지어진다. 그것은 비즈니스 전략을 실행하기 위한 고성능 시스템으로 발전했다.

품질 프로그램의 일부는 Six Sigma "Black Belt"를 정의된 프로세스 내에서 확실한 개선으로 이끌기 위해 특별히 설계된 12단계 문제해결 방법이다. (1) 측정, (2) 분석, (3) 개선, (4) 제어의 4단계로 문제를 해결한다. 또한, 경영진에게 올바른 목표와 목표를 맞추도록 강요하고, 지속적인 개선을 가속화하고 감시하기 위해 품질 개선부서가 본연의 역할을 할수 있도록 강요한다. 식스 시그마(Six Sigma)는 제조 설정부터 서비스 작업 환경까지 다양한 상황에 적용할 수 있도록 설정된다. 표 1.1은 Six Sigma와 TQM 을 비교 분석한 결과이다.

어떤 품질관리 방법이라도 어느 정도 성공과 실패의 확률을 가지고 있으며, 어떤 방법은 조직문화의 차이로

표 1.1 6 시그마와 TQM 비교	
6시그마	**TQM**
경영진 통제	자기 주도 작업
사업 전략 실행 시스템	품질 주도
교차 기능	단일 기능
검증가능한 투자수익 회수에 중점을 두고 있음	투자 대비 수익 회수에 있어 중점을 두고 있지 않음
비즈니스 성과 지향	품질 지향

SOURCE: M. Barney, "Motorola's Second Generation," Six Sigma Forum Magazine (May 2002): 13.

인해 다른 방법보다 주어진 조직에서 더 잘 작용할 수 있다. 한 연구는 통계 모델링 기법을 탐구하는 데 중점을 두고 식스 시그마를 다른 두 가지 품질 개선 방법(특히 방법 및 샤인 시스템)과 비교한 결과, 세 가지 방법 중 가장 완벽한 전략이라는 것을 발견했다. 반면 식스 시그마의 실제 경제효과에 대한 통계자료는 부족하고, 그 방법은 일부 비판의 대상이 되었다. 관리자들은 다양한 옵션 중 어떤 것이 기업조직에 가장 적합한지 고려하는 것이 중요하다.

1-6C. 행동과 업무의 질

조지 피셔(George Fisher)는 모토로라 회장을 지내면서 Six Sigma 프로그램의 중요한 요소로서 리더십, 협력, 커뮤니케이션, 참여의 행동 특성을 강조했다. 품질 향상은 경쟁적 성공에 필수적이다. 미국 상무부는 레이건 행정부의 전 상무장관 말콤 볼드리지(Malcolm Baldrige) 명의로 매년 품질 개선과 경영에 뛰어난 기업들을 대상으로 상금을 후원하고 있다. 말콤 볼드리지 국가품질상 심사에서는 리더십, 정보 및 분석, 전략적 품질 계획, 인적자원 활용, 제품과 서비스의 품질보증, 품질성과, 고객만족도 등 7개 부문으로 구성된 조직요소를 평가한다.

말콤 볼드리지 상을 받은 병원과 의료 시스템은 혁신을 리더십과 목표 설정에서 환자 치료에 이르기까지 의료 제공의 향상의 측면으로 통합함으로써 탁월한 성과를 거두었다.

조지 H. W. 부시에 따르면 "품질관리는 단순한 전략이 아니다. 그것은 새로운 사고방식이 아니라, 새로운 업무 형태임에 틀림없다. 업무의 질과 탁월함에 대한 헌신은 좋은 사업 그 이상이다. 사회에 무엇인가를 돌려주고, 다른 사람에게 최선을 다하는 것이 삶의 방식이다."라고 하였다. 품질은 고객의 요구에 대응하지 않는 경쟁력 있는 성공 조직을 위한 하나의 키워드로서, 고객이 고객의 기대를 충족

Quality is a customer-oriented philosophy of management with important implications for virtually all aspects of organizational behavior

할 의사가 있는 대체 제품과 서비스 공급업체를 선택함을 의미한다. 그러나 품질이 모든 조직의 만병통치약이 아니며, 무조건적인 성공을 보장되지는 않는다는 점을 알아야 한다.

1-6d. 시대변화에 따른 조직행동 관리

국제적인 경쟁에서의 조직의 질을 향상하기 위한, 변화시점의 조직행동 관리는 적어도 세 가지 이유로 정의할 수 있다. (1) 조직의 운영영역의 세계화 확대, (2) 조직 인력의 다양성 확대, (3) 직장 내 높은 수준의 도덕적, 윤리적 행동에 대한 지속적인 요구, 이렇게 세 가지 문제는 각각 제2장에서 자세히 탐구하고, 동시대의 조직 관행과 얽혀 있는 것처럼 보이므로 본문 전반에 걸쳐 설명한다.

예를 들어, 직장 내 여성의 문제는 노동력의 다양성과 동시에 세계화 문제와 겹친다. 특히 성희롱은 종종 다양한 문화에서 다르게 정의되지만, 미국, 유럽, 이스라엘, 남아프리카의 등의 다양한 조직, 단체에 악영향을 미친다.

그림 1.3 조직행동에 대한 학습

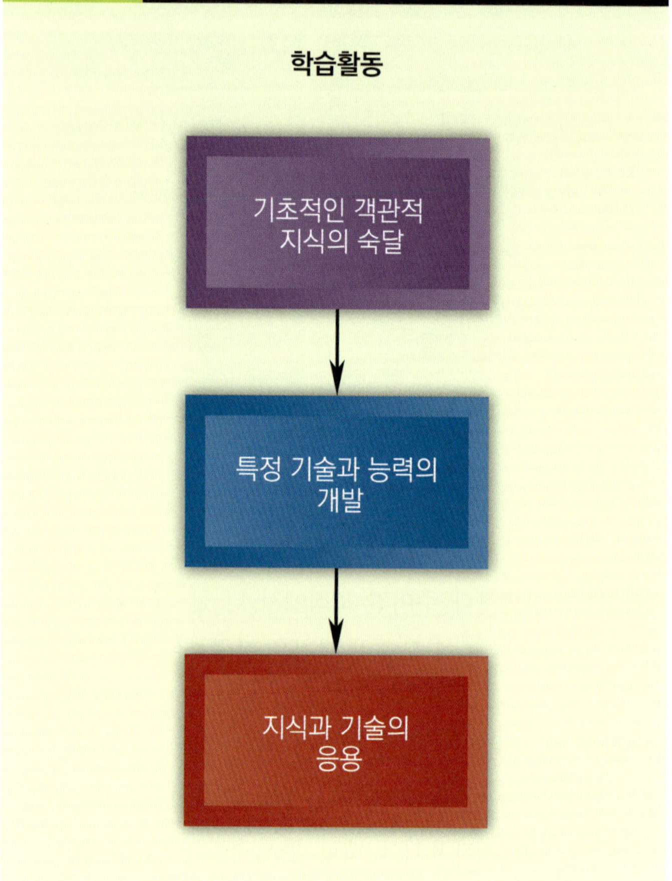

1-7 조직행동 학습

조직행동에 대한 연구는 과학적 지식과 응용적 실천에 바탕을 두고 있다. 그것은 동기의 가치와 기대와 같은 추상적인 생각뿐만 아니라, 직장에서 관찰할 수 있는 행동과 의료상의 증상 같은 구체적인 문제를 포함한다. 따라서 조직행동에 대한 학습에는 그림 1.3과 같이 최소한 세 가지 활동이 포함된다. 첫째로, 조직행동의 과학은 **객관적인 지식**(objective knowledge)의 특정 부분에 대한 숙달성을 요구한다. 객관적 지식은 연구, 실험, 과학적 관찰에서 비롯된다. 둘째로, 조직행동의 실천은 성공에 필수적인 능력을 학습하기 위해 지식과 자기 자신에 대한 이해에 기초한 기술 개발을 필요로 한다. 셋째, 객관적인 지식과 **기술 개발**(skill development) 모두 현실 환경에서 적용되어야 한다. 학생들이 더 많은 선택권을 가지고 있고 공동 제작자로서 더 큰 책임을 질 수 있는 학습 과정에서 학생의 다양성이 다루어진다면 학습은 도전적이고 재미있을 수 있다. 가르침과 학습 스타일은 신중하게 정렬되어야 하며, 교육자들은 가르침은 더 이상 단지 언어적이고 시각적인 것이 아니라 이제 가상화된 것이라는 것을 알아야 한다. 시각 학습자인 경우 차트, 지도, PowerPoint 슬라이드, 비디오, 인터넷, 노트 또는 플래시 카드를 사용하여 시각적 검토를 위해 내용을 작성하여야 한다. 만약 여러분이 청각 학습자라면, 듣고, 강

objective knowledge Knowledge that results from research and scientific activities.

skill development The mastery of abilities essential to successful functioning in organizations.

어떻게 배우나요?

특정 학습 환경에 대한 잠재력을 극대화하고 전략을 개발할 수 있도록 학습자로서 자신을 더 잘 이해하려면 정보를 배우고 처리하는 방법을 평가해야 한다. "당신은 어떻습니까?" 챕터 검토 카드의 짧은 학습 스타일 평가를 제공한다.

의 중에 메모를 하고, 나중에 여러분이 빈칸을 채울 수 있도록 그것들을 테이프로 치는 것을 미리 생각하고, 자주 노트를 검토하며, 주요 개념을 소리내어 암송하는 것을 계획하여야 한다. 만약 당신이 촉각적인 학습자라면, 당신이 말하고 있는 대로 단어를 추적하고, 관련 지식을 반복적으로 필기하여, 공부 노트를 만들어야 한다.

1-7a. 객관적 지식

모든 연구 분야의 객관적인 지식은 기초적이고 응용적인 연구를 통해 개발된다. 초기 과학 경영에 관한 연구 이후, 조직행동에 대한 연구는 이론, 개념 모델, 그리고 다양한 연구 결과와 관련된 객관적인 지식을 발전시켜왔다. 본 책에서, 각 장의 객관적 지식은 부연설명 및 주석에 반영하도록 한다. 이 노트에서 나온 개념과 아이디어를 숙달하면 스트레스와 건강뿐만 아니라 동기 부여와 직장 행동과 같은 지능적인 주제를 토론할 수 있다.

우리는 강사들과 조직행동의 학생들이 조직행동의 연구에서 얻은 객관적인 지식에 대해 비판적으로 생각하도록 장려할 것이다.

비판적 사고에 참여해야만 특정 연구 결과에 의문을 제기하거나 이의를 제기하거나 특정 작업 환경에 그러한 연구가 어떻게 적용되어야 하는지를 고려할 수 있기 때문이다.

강의 암기는 학생들이 특정한 이론의 복잡성이나 상호 관련된 개념적 이론, 아이디어, 주제의 복잡성을 인식하도록 미리 준비시키지 않는다. 이와는 대조적으로 비판적 사고는 학생들이 객관적 지식의 현 체계의 모순점과 한계점 인식할 수 있게 한다.

비판적 사고는 기초사상에 대한 지식과 이해에 기초하여 호기심 어린 탐구로 이어지며, 학습과정에서의 공동제작자의 책임을 받아들이는 열쇠가 된다. 의문을 바탕으로하는 탐구적인 태도가 비판적 사고의 핵심이다.

조직행동의 학생은 관련 지식에 대한 비판적 소비자는–최근 조직행동 연구결과에 대해 지성을 바탕으로 하는 의문을 제기할 수 있어야 하며, 실체나 지속성이 결여된 유행 혹은 충분한 이론적 근거에 대한 온전하고 합리적인 차이를 구별하고, 새로운 접근법을 바탕으로 하는–점진적으로 발전하여야 한다. 이상적으로, 조직행동의 학생은 조직행동의 예술과 과학에 정통한 과학적이고 전문적인 관리자로 발전하여야 한다.

1-7b. 기술발전

조직행동에 대해 배우는 것은 아는 것뿐만 아니라 하는 것도 필요하다. 더불어, 기술과 능력의 발달은 학생들에게 강사의 도전과 스스로 도전하도록 요구한다. 챕터 리뷰 카드의 "What About You?" 기능은 자신에 대해 배우고, 자신에게 도전하고, 자신이 배우고 있는 것을 적용할 수 있는 기회를 제공한다.

미국 노동부는 사람들이 직장에서 성공하기 위한 필요기술을 습득하도록 노력한다. 부서에서 인식하는 필수 기술은 (1) 시간관리 등 자원관리 기술, (2) 자료 해석 등 정보관리 기술, (3) 팀워크 등 개인간 상호작용 기술, (4) 원인–효과 관계 등 시스템 행동 및 성과 기술, (5) 분쟁조정과 같은 기술 활용 기술 등이다.

의사결정과 정보관리 등 관련 기술 중 상당수는 조직행동의 연구와 직결된다. 고용주들은 노동자들이 효과적인 팀워크와 협업 기술을 보유할 것을 요구하고 있다. 조사에 응한 고용주들 중 80%는 집단으로 일하는 능력을 매우 바람직한 신입사원의 속성이라고 말했다.

기술 개발은 구조화된 실천과 피드백을 필요로 하기 때문에 객관적인 지식을 습득하는 것과는 다르다. 경험

그림 1.4 구조화된 활동을 통한 학습

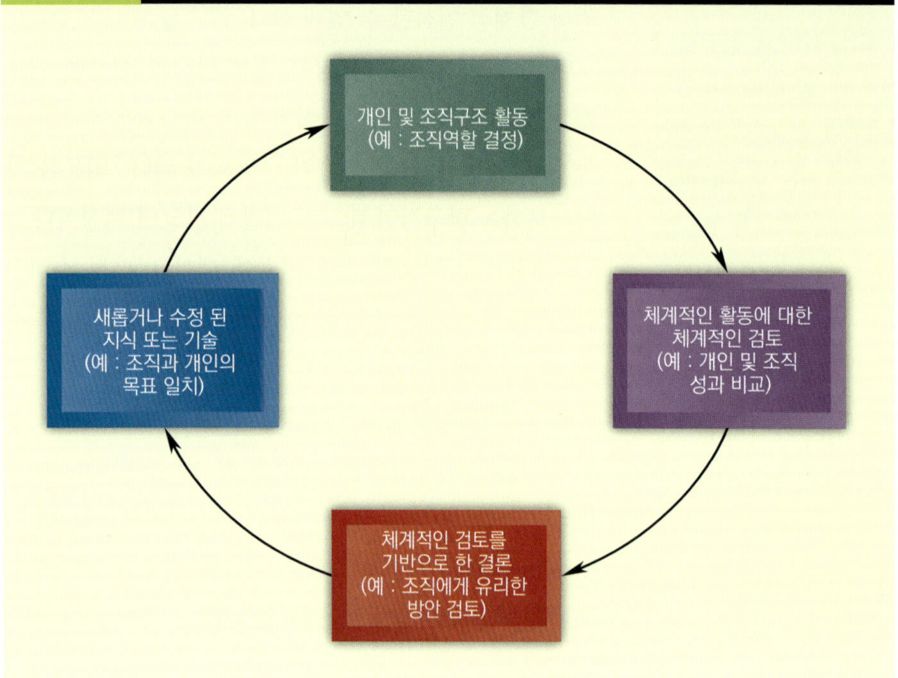

적 학습의 핵심 기능은 체계적으로 검토하는 학생 개인 또는 그룹 활동을 참여시켜 새로운 기술과 이해로 이어지는 것이다.

그러나, 객관적 지식 습득과 기술 개발은 그림 1.4와 같이 상호 연관되어 있다. 학생은 개인 또는 그룹 구조 활동에 참여하고 그 활동을 체계적으로 검토하여 새로운 지식과 기술을 습득한다. 이러한 방식으로 기술 개발 및 구조화된 학습이 일어난다면, 시간이 지남에 따라 학생의 지식과 기술이 수정되기 때문에 학습에 본질적인 자기를 수정할 수 있는 요소가 있어야 한다.

기술 개발이 일어나고 학습이 발생하는 대로 본인 스스로 올바른 방향으로 수정되도록 하기 위해, 세 가지 기본 지침을 따라야 한다. 첫째, 학생들은 자신의 행동, 활동, 학습에 대한 책임을 받아들여야 한다. 이것은 학습 과정에서의 공동제작자 역할의 핵심이다. 그룹은 구성원들을 위해 배울 수 없다. 구성원들은 각자 각자 하고 배우는 것에 대한 책임을 가져야 한다. 책임을 부인하는 것은 누구도, 아니 모든 학습자에게 도움이 되지 않는다.

둘째, 각 학생은 개인 또는 집단 구조화 학습 활동에 적극적으로 참여해야 한다. 체계적인 학습은 수동적이지 않고 적극적이다. 단체 활동에서, 한 사람만이 수동적인 태도를 채택하면 모든사람들이 고통을 겪게 된다. 모두가 적극적으로 제3의 활동에 참여해야 하며, 각 학생은 새로운 정보, 새로운 기술, 새로운 아이디어, 그리고 실험에 개방되어 있어야 한다. 하지만 이것은 학생들이 무차별적으로 개방되어야 한다는 것을 의미하지 않는다. 그것은 학생들이 새로운 생각을 배우고 적응할 수 있도록 방어적인 자세가 아닌, 개방적인 태도를 가져야 한다는 것을 의미한다.

1-7C. 지식과 기술의 활용

조직행동을 이해하는 것은 과학과 자신에 대한 인식과 이해뿐만 아니라 실제 업무현장에서의 현실에 대한 이해도 포함한다. 체계적이고 경험적인 학습의 장점 중 하나는 사람이 비교적 안전한 환경에서 새로운 행동과 기술을 탐구할 수 있다는 것이다. 다행히도, 교실 내 활동에서 화를 내고 다른 사람들에게 미칠 수 있는 부정적인 영향에 대해 배우는 것은 긴장된 근무 상황에서 중요한 고객과의 화를 내는 것과는 극적으로 다른 결과를 가져올 것이다. 따라서, 제도적 학습 환경과 학생 학습 스타일의 인터페이스를 제공하는 학습 공간은 학습자에게 추상적인 가설을 형성하고, 구체적인 경험을 통해 이러한 가설을 적극적으로 테스트하고, 행동과 경험에서 결과를 반영하여 관찰할 수 있는 공

숫자로

1920년대
U.S. Steel의 감독자들에게 권총이 지급된 시기

3
조직행동을 학습하는데 포함된 활동의 숫자

47%
미국 GDP 중 서비스 분야의 비중

18조 9천억 달러
2016년 미국 GDP

12
GE Six Sigma 문제 해결법에 포함된 단계의 숫자

간을 제공한다.

기술 애플리케이션과 경험적 학습의 궁극적인 목적은 학습에 채택된 프로세스를 강의실 구조적 활동과 학습 공간에서 직장에서 구조화되지 않은 기회로부터 학습으로 이전하는 것이다.

조직행동이 응용된 규율이지만, 학생들은 조직행동에 대해 "훈련"을 받지 않는다. 오히려 그들은 조직행동에서 "교육받은" 것이며 학습에서 결합된 사람들이다. 이 두 가지 학습 방법의 구별은 지식이나 기술의 직접적 및 즉각적인 적용 가능성에서 찾을 수 있다. 활동 훈련은 객관적인 지식이나 기술 개발을 특정 애플리케이션에 더 직접적으로 연결시킨다. 이와는 대조적으로 교육은 기회가 있을 때 나중에 선택적으로 적용될 수 있는 객관적인 지식과 기술의 잔재들을 강화한다. 따라서 교육은 평생학습의 개념과 일치한다. 특히 조직행동과 같은 지식의 영역이 커지면, 학생은 그 주제에 대한 평생학습의 출발점으로 제1 우선 과목을 생각할 수 있다.

> Learning about organizational behavior requires doing as well as knowing.

2부

개인 차원의 프로세스와 행동

CHAPTER

2 성격, 지각 및 귀인

Personality, Perception, and Attribution

학습 목표

2.1 개인차가 무엇인지 설명하고 개인차가 조직행동 이해에 왜 중요한지 설명하라.

2.2 주요 성격 특성을 설명하고 이러한 성격 특성이 조직행동에 어떻게 영향을 미치는지 묘사하라.

2.3 성격이론이 어떻게 조직에 적용될 수 있는지 논하라.

2.4 사회적 지각을 정의하고 사회적 지각에 영향을 미치는 요인을 설명하라.

2.5 사회적 지각의 주요 장애물 다섯 개가 무엇인지 나열하고 이러한 장애물로 인한 문제점을 설명하라.

2.6 귀인 과정을 설명하고 어떻게 귀인이 관리자 행동에 영향을 미치는지 설명하라.

2-1 개인차와 조직행동

다음 두 장은 **개인차**(individual differences)에 대해 다룰 것이다. 개인은 기술(skills), 능력, 성격, 지각, 태도, 감정, 윤리의식 측면에서 각기 다른 특성을 가지고 있다. 이러한 개인 간 차이는 조직 관리를 힘들게 한다. 관리자는 대부분 매우 다양한 개성을 가진 다양한 사람들과 일하게 된다. 그러므로 개인차에 대한 이해를 통해 관리자는 다른 사람들과 더 효과적으로 일할 수 있을 것이다.

individual differences The way in which factors such as skills, abilities, personalities, perceptions, attitudes, values, and ethics differ from one individual to another.

interactional psychology The psychological approach to understanding human behavior that involves knowing something about the person and about the situation.

개인차 이해의 기초는, 행동은 개인과 환경의 조합이라는 쿠르트 레빈(Kurt Lewin)의 초기 주장으로부터 시작되었다. 이는 B=f(P, E)라는 공식으로 설명되는데, 여기서 B는 행동(behavior), P는 개인(person), E는 환경(environment)을 의미한다. 레빈의 아이디어는 **상호작용 심리학**(interactional psychology)으로 발전하였다. 한마디로, 상호작용 심리학은 인간 행동에 대한 이해는 개인과 상황에 대한 이해를 통해 이루어진다는 접근이다. 이 접근의 기본 전제 네 가지는 다음과 같다:

1. 행동은 개인과 환경사이의 연속적이고 다방향적인 상호관계의 조합이다.
2. 개인은 이 과정에서 상황을 바꾸거나 상황에 의해 변화되는 등 적극적으로 개입한다.
3. 사람은 지각, 정서, 동기, 능력 등 여러 측면에서 각자 다르다.
4. 상황에 있어, 객관적 상황 자체와 상황에 대한 그 개인의 주관적인 관점, 둘 다 중요하다.

상호작용 심리학은 개인과 상황 두 가지 요소 모두 이해하는 것이 중요하다고 설명한다. 여기서 ***개인***은 성격, 지각, 귀인, 감정, 윤리의식과 같은 개인적 요소를 의미한다. 상황은 개인이 처한 환경을 의미하는데, 예를 들어 조직, 작업 집단, 생활 환경, 직무 특성 및 다른 환경 요소를 포함한다. 그림 2.1은 조직행동에 있어 개인과 환경의 영향을 설명하고 있다. 이번 장에서는 기술, 능력, 성격, 지각, 귀인을 다룬다. 다음 장에서는 태도, 감정, 윤리의식을 다룰 것이다.

Individuals are unique in terms of their skills, abilities, personalities, perceptions, attitudes, emotions, and ethics.

2-1a. 기술과 능력

개인의 기술과 능력은 성과에 영향을 미친다. 약 100년 전, 찰스 스피어만(Charles Spearman)은 ***일반지능요인***(general mental ability, GAM)라는 개념을 소개하였다. GMA는 개인의 기술, 능력 등 타고난 인지적 지능

척도로서, 여러 직업군과 문화를 걸쳐 업무 성과를 예측하는 가장 좋은 변인으로 알려져 있다.

2-2 성격과 조직

그렇다면 다양한 상황에서 개인이 일관적으로 행동하는 이유는 무엇일까? **성격**(Personality)은 개인의 행동에 영향을 미치며 일관적으로 행동하게 하는, 상대적으로 안정적인 개인 특성의 집합이다. 성격의 결정 요인에 대해 학자들 간 의견이 분분하지만, 다음 몇 가지 요인으로 종합해 볼 수 있다. 첫 번째 결정 요인은 유전이다. 태어나면서부터 헤어져 매우 다른 환경에서 자란 일란성 쌍둥이들에 대한 연구에서, 이들은 비슷한 성격 특성과 직무 선호도를 가지고 있었던 것으로 나타났다. 따로 성장한 일란성 쌍둥이들 사이에서 외향성, 충동성, 유연성 같은 개인 특성의 50% 정도가 공통적으로 나타났다. 이와 같이 유전은 성격에 영향을 미친다.

그림 2.1 개인 행동에 영향을 미치는 변인들

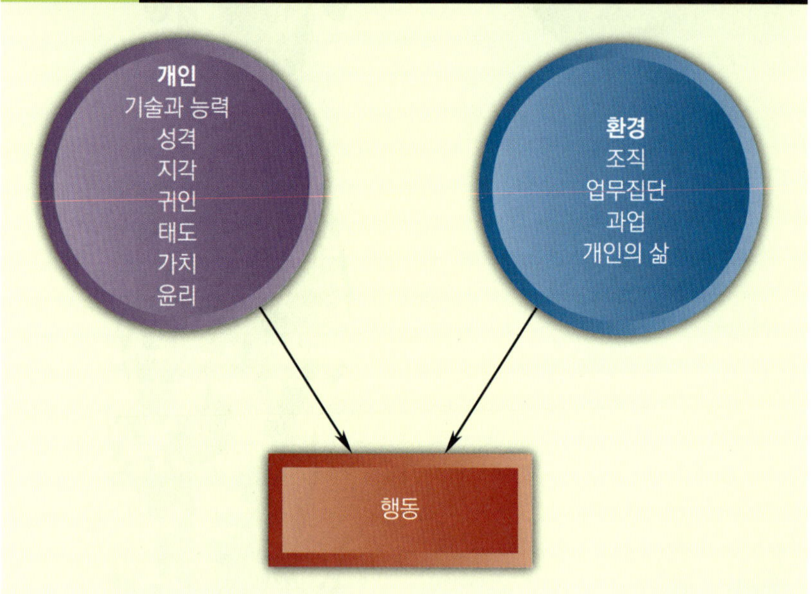

다음으로 환경 역시 성격에 영향을 미친다. 이러한 환경 요소는 가족, 문화, 교육 등을 포함한다. 성격 이론 중 가장 중요한 이론은 특성 이론과 통합적 접근으로, 두 이론 다 조직의 성격 연구에 중요한 영향을 미쳤다. 각 이론에 대한 설명은 다음과 같다.

2-2a. 특성 이론

몇몇의 초기 성격 학자들은, 개인에 대한 이해를 위해 행동 패턴을 관찰가능한 특성으로 분류해야 한다고 믿었다. 이러한 특성의 조합이 개인의 성격을 형성한다고 설명하는 이론이 **특성이론**(trait theory)이다. 저명한 이론가인 고든 알포트(Gorden Allport)는 특성이야말로 행동의 일관성을 보편적으로 설명한다고 주장하였다. 그동안 학자들은 수 천개의 특성들을 밝혀내고 분류하였다. 또 다른 저명한 이론가인 레이몬드 카텔(Raymond Cattell)은 개인 행동 차이의 근간을 설명하는 16개의 특성을 밝혔다. 그는 두 개의 짝으로 성격 특성을 분류하였는데, 자신감 있는/걱정많은, 내성적/활발한, 복종하는/지배적인 특성 등이 그 예이다.

> **personality** A relatively stable set of characteristics that influence an individual's behavior.
>
> **trait theory** A personality theory that advocates breaking down behavior patterns into a series of observable traits in order to understand human behavior.

가장 잘 알려진 성격 특성 이론은 빅 파이브(Big Five) 성격 이론이다. 이 이론은 외향성(extraversion), 원만성(agreeableness), 성실성(conscientiousness), 정서적 안정성(emotional stability), 경험에 대한 개방성(openness to experience)의 다섯 개 특성을 말한다(표 2.1 참조). 이러한 특성은 일반적으로 조직에서 나타나는 개인의 행동과 관련있다. 예를 들어, 내성적이고 성실한 직원은 직장에서 결근할 가능성이 적다. 원만성이 높은 직원은 동료 평가에서 다른 사람에게 더 후하게 점수를 주는 경향이 있고, 그에 비해 높은 성실성을 가진 사람은 더 엄격하게 평가하는 경향이 있다. 원만성과 성실성이 낮은 사람은 성과에 저해되는 직장 일탈행동을 보일 가능성이 높다. 여러 직업군에서 성실성이 높은 사람들은 높은 동기부여와 성과를 보인다.

그러나 직업군과 작업 환경에 따라 고성과를 내는 빅파이브 성격 패턴은 다르게 나타난다. 고객 서비스 직군에서는, 높은 정서적 안정성, 원만성, 그리고 경험에 대한 개방성을 가진 사람이 고성과를 낸다. 관리자의 고성과는 높은 정서적 안정성과 외향성과 관련이 있다. 정서적 안정성이 높은 사람의 경우, 그렇지 않은 경우와 비교하여, 시간과 사회적 압박 속에서의 의사결정을 더 잘한다. 원만성이 높은 사람의 경우, 압박 속에서 결정내리기가 더 어려운 경향이 있다. 또한 어떤 특성도 정도가 심한 경우에는 조직에 해가 된다고 알려져 있다. 흥미롭게도, 지나치게 높은 성실성과 정서적 안정성을 가진 개인은 두 특성을 적당히 가진 개인보다 오히려 성과가 낮은 경향이 있다. 그 이유는 성실성이 지나치게 높은 개인은 오히려 엄격하고, 유연하지 않으며, 강박적이고, 작은 디테일에 지나치게 신경써 더 큰 목표를 놓칠 수 있기 때문이다. 이와 비슷하게, 지나치게 높은 정서적 안정성을 가진 개인은 자신의 감정을 극도로 통제하여 사회성 측면에서 오히려 부족할 수 있다.

표 2.1 빅파이브 성격특성

외향성	활발하고, 자기주장적, 사교적임(조용하고, 소심하며, 조용한 것과 반대).
원만성	협조적, 따뜻하고, 원만함(차갑고, 불일치하며, 적대적인 것과 반대).
성실성	근면하고, 질서정연하며, 믿을만함(게으르고 무질서적이며 믿기어려운 것과 반대).
정서적 안정성	차분하고, 자신감있고, 침착함(안정적이지 못하고 불안하며 우울한 것과 반대).
경험에 대한 개방성	창의적, 호기심 많고, 교양있음(관심의 폭이 좁고 실용적인 것과 반대).

SOURCES: P. T. Costa and R. R. McCrae, The NEO-PI Personality Inventory(Odessa, Fla.: Psychological Assessment Resources, 1992); J. F. Salgado, "The Five Factor Model of Personality and Job Performance in the European Community," Journal of Applied Psychology 82(1997): 30–43.

빅파이브 성격 이론은 서양문화권, 특히 남미권의 문화 차이를 이해하는데 도움이 된다. 그러나 비서양문화권에서의 빅파이브 성격 특성에 대해 더 많은 연구가 필요하다. 성격 특성은 또한 직장의 문화 차이에 적응하는 정도를 나타내는 ***문화 지능***(cultural intelligence)과도 관련있다고 알려져 있다.

그러나 특성이론은 많은 비판을 받고 있기도 하다. 예를 들어, 성격은 역동적이며 완전하게 불변하는 것이 아니므로, 특성이론과 같이 단순하게 성격을 분류하는 것은 충분하지 않다는 것이다. 특히 초기 성격 이론은 상황의 영향력을 무시한 경향이 있었다. 특성이론은 또한 특성에서 특정 결과로 이어지는 과정에 대한 고려가 부족한 측면도 있다.

2-2b. 통합적 접근

특성 이론에 대한 비판에 대응하여, 학자들은 성격에 대해 좀 더 포괄적인, **통합적 접근**(integrative approach)을 취하였다. 이 통합적 접근은 행동의 예측변인으로서 개인의 기질과 상황적 변인을 모두 고려하였다. 기질(dispositions)은 상황에 대해 일관되게 반응하는 개인의 경향을 의미한다. 예를 들어, 감정, 지각, 태도, 기대, 그리고 환상(fantasies)을 포함하며, 유전과 경험에 의해 형성되고 변화될 수 있다.

조직 이해를 위한 통합적 접근의 좋은 활용의 예는 성격이 지위에 미치는 영향에 대한 최근 연구에서 볼 수 있다. 이 연구에서는 다양한 성격 변인이 개인의 실제 지위에 미치는 영향과 지위에 대한 자기 지각 그리고 타인의 지각에 대해 영향을 검증하였다. 연구 결과, 가장 중요한 변인은 리더십 정체성이었는데, 리더의 자기 지각의 상당부분이 정서

integrative approach The broad theory that describes personality as a composite of an individual's psychological processes.

핵심자기평가의 효력

핵심자기평가(Core self-evaluation, CSE)란 자신에 대한 인식에 근간이 되는 자기개념을 말한다. 긍정적인 CSE를 가진 사람이 돈을 더 많이 벌까? 최근 연구에 따르면, 높은 CSE는 임금과 상관관계가 있지만, CSE 단독으로 임금을 예측하는 것은 아니라고 한다. 네트워킹 능력이 더해졌을 때 완전한 예측 공식을 이룬다. 즉 높은 CSE와 네트워킹 능력을 가진 개인의 임금이 가장 높게 나타났다. 자신에 대한 긍정적인 관점은 도전적인 목표를 세우고 성취하도록 하며, 네트워킹 능력은 이러한 목표를 달성하는데 필요한 사회적 관계를 이끈다. 그러므로 이 조합이 강력한 것이다.

SOURCE: R. A. Venz and E. Gardiner, "It Pays to Be Well-Connected: The Moderating Role of Networking Ability on the Relationship Between Core Self-Evaluations and Income," Personality and Individual Differences, 110(2017): 85-89.

적 안정성과 원만성에 의해 결정되었다. 반면에 외향성과 성실성은 리더에 대한 타인의 지각에 가장 큰 영향을 주었다.

2-2c. 조직에서의 성격 특징

직원에 대한 이해와 직원과의 관계를 위해, 관리자는 성격에 대한 많은 지식을 가지고 있어야 한다. 그것이 이 교재에서 성격이라는 주제에 많은 분량을 할애하는 이유이다. 학자들이 밝힌 수백 개의 성격 특성들 중, 이 책에서 조직의 개인 행동에 강하게 영향을 미치는 성격 특성들을 선별하여 소개하면 다음과 같다. ***핵심자기평가***(Core self-evaluation, CSE)는 자기 자신에 대한 자아개념을 설명하는 성격 특성의 포괄적 개념이다. 핵심자기평가는 개인의 통제위치(locus of control), 일반화된 자기효능감(generalized self-efficacy), 정서적 안정성(emotional stability)을 포함한다. 핵심자기평가는, 미국 문화권 외에서도(예: 일본), 개인의 목표지향적 행동과 성과를 예측한다. 다음에서 핵심자기평가 각 요소를 잠깐 살펴볼 것이다. 또한 자기감시(self-monitoring)와 긍정/부정 정서(positive/negative affect)에 대해 살펴볼 것이다.

strong situation A situation that overwhelms the effects of individual personalities by providing strong cues for appropriate behavior.

locus of control An individual's generalized belief about internal control(self-control) versus external control(control by the situation or by others).

직원 성격으로 관리자는 직원 행동을 예측할 수 있을까? 완벽하게는 어렵다. 그림 2.1의 상호작용 심리학 모형에서 기질과 상황적 변인이 행동을 예측한다는 것을 기억해 보자. 따라서 다음 성격 변인들은 성격 퍼즐의 한 조각에 불과하다는 것을 기억하자.

상황의 역할과 관련하여, 상황의 영향력이 다양하다는 점을 잊지 말자. **영향력이 강한 상황**(strong situations)은 개인 성격의 영향력을 넘어선다. 이러한 상황에서는, 사람들이 해당 상황에 대해 똑같이 해석하며, 해당 상황에서 취해야 하는 적절한 행동이 무엇인지에 대해 동일하게 생각하며, 이 적절한 행동에 대한 신호 역시 존재한다. 예를 들어, 성과평가시즌에는 직원들이 특별히 상사의 말을 경청하고 상사의 요청을 적극적으로 수행한다. 이와 같은 상황이 영향력이 강한 상황이다.

영향력이 약한 상황(weak situations)은 해석의 여지가 많다. 적절한 행동에 대한 신호가 별로 없으며 특정 행동에 대한 명확한 보상도 없다. 그러므로 개인의 성격은 영향력이 강한 상황보다 약한 상황에 더 크게 영향을 미친다. 안건이 없는 비공식적 회의 상황이 영향력이 약한 상황의 예이다. 조직에서는 영향력이 강한 상황과 약한 상황 둘 다 발생하므로, 성격이 더 큰 영향력을 발휘하는 상황이 있고 그렇지 않은 상황이 있다.

다음은 핵심자기평가, 자기감시, 그리고 긍정/부정 정서에 대한 설명이다. 핵심자기평가의 요소는 통제 위치, 자기효능감, 자존감 및 정서적 안정성이다. 핵심자기평가는, GMA다음으로, 직무만족과 직무성과의 강한 예측변인이다.

통제위치 통제 위치는 통제에 대한 개인의 믿음을 의미한다. **통제 위치**(locus of control)에는, 자기 자신이 통제할 수 있다는 믿음인 내적 통제와 상황이나 다른 사람이 통제한다는 외적 통제가 있다. 즉, 결과를 자신이 통제할 수 있다고 믿는 사람은 내적 통제위치를, 상황이나 다른 사람이 자신의 운명을 결정한다고 믿는 사람은 외적 통제위치를 가졌다고 할 수 있다. 조직에서 내적 통제위치를 가진 사람(***통제 내재론자***)은, 외적 통제위치를 자신 사람(***통제 외재론자***)에 비해, 종종 더 높은 직무만족, 직무성과를 보이고 관리직에도 더 많은 것으로 나타난다.

통제 내재론자와 외재론자 모두 승진에 대해 직무만족, 직무 몰입, 조직 몰입 측면에서 긍정적 반응을 보이는 것은 비슷하다. 그러나 내재론자가 승진 후 더 오랜 시간 만족하며, 그에 비해 외재론자는 기쁨을 누리는 기간이 짧은 것으로 나타났다. 이는 외재론자가 자신의 승진이 자신의 성과에 의한 것이라고 생각하지 않기 때문이라 설명할 수 있다.

통제 위치에 대한 지식 역시 관리자에게 필요하다. 내재론자의 경우 일의 결과가 자신에게 달렸다고 믿기 때문에 작업 환경에서 통제권을 행사하기를 원한다. 내재론자는 긴밀한 감독을 선호하지 않기 때문에 작업 수행에 대해 직원 자신의 의견이 들어갈 여지를 주어야 한다. 외재론자는 반대로 구조화된 작업 환경을 선호하며 의사결정에의 참여를 선호하지 않을 수 있다.

자기효능감 **일반적 자기효능감**(general self-efficacy)은 다양한 상황에서 효과적으로 일할 수 있다는 자신에 대한 총체적 믿음이다. 일반적 자기효능감이 높은 직원은 자신의 직무 능력과 직무 성과에 도움이 되는 개인적 자원(예: 에너지, 타인에 대한 영향력)에 더 높은 자신감을 보인다. 일반적 자기효능감이 낮은 사람은 자신이 무능력하다고 생각하고 새로운 일을 효과적으로 수행하기 어려울 것이라고 생각한다. 이전 성공이나 성과는 자기효능감의 중요한 결정 요인 중 하나이다. 자기효능감이 높은 사람은 난이도가 높은 과업을 시도하고 장애물을 극복하는데 있어서도 끈기를 보이며 역경을 만나도 걱정을 크게 하지 않는다. 또한 자신이 의미있는 의견을 제공할 능력이 있다는 자신감이 있기 때문에 의사결정에의 참여 기회를 선호한다. 또한 높은 자기효능감은 높은 직무만족과 성과와 관련이 있다.

또 다른 자기효능감 형태인 ***특정 과업 자기효능감***(task-specific self-efficacy)은 특정 과업을 수행할 수 있다는 개인의 믿음을 의미한다("나는 오늘 이 영업 프리젠테이션을 잘 할 수 있을 것이라 믿는다."). 이와 반대로 일반적 자기효능감은 더 넓은 범위를 포함한다("나는 내가 해야 하는 어떤 업무도 잘 수행할 것이라고 믿는다").

자존감 **자존감**(self-esteem)은 자신의 가치에 대한 개인의 전반적인 믿음이다. 높은 자존감을 가진 개인은 자신에 대해 긍정적인 생각을 가지고 있고 자신이 약점이 있지만 강점도 있다고 생각하며, 이 중 강점이 훨씬 더 중요하다고 생각한다. 낮은 자존감을 가진 개인은 자신을 부정적으로 생각하고, 다른 사람이 자신을 어떻게 생각하는가가 훨씬 더 신경 쓰며, 자신에게 부정적 피드백을 주는 사람은 고려하지 않고 긍정적 피드백을 주는 사람에 더 의존한다.

다른 사람의 평가는 자존감에 영향을 미친다. 사람 자체를 좋아할 수도 있고, 어떤 성취 때문에 긍정적으로 평가될 수 있다. 자기 자신 자체에 대한 다른 사람의 긍정적인 평가는 안정적이며, 이

general self-efficacy An individual's general belief that he or she is capable of meeting job demands in a wide variety of situations.

self-esteem An individual's general feeling of self-worth.

> Individuals with positive affect are more likely to help others at work and engage in more organizational citizenship behaviors . . . and have fewer absentee days.

를 바탕으로 구성된 자존감을 가진 사람은 방어적이지 않고 솔직한 경향을 보인다. 이에 비해, 자신의 성취결과에 대한 타인의 긍정적 평가는 안정성이 낮고, 이를 바탕으로 형성된 자존감은 그 성취도에 따라 자존감의 변화가 심할 수 있다.

자존감은 직원의 태도와 행동에 영향을 준다. 높은 자존감을 가진 직원은 높은 성과와 높은 직무만족을 보이며, 더 높은 지위에 도전한다. 높은 자존감을 가진 직원으로 구성된 팀은, 평균 혹은 그보다 낮은 자존감을 가진 직원으로 구성된 팀에 비해, 성공할 가능성이 더 높다.

그러나 지나치게 높은 자존감이 다 좋은 것은 아니다. 지나치게 높은 자존감의 소유자는 스트레스 상황에서 부적절하게 자기 자신을 자랑하거나 과시하려고 한다. 또한 자신을 과신하거나 관계에 있어 갈등을 야기할 수도 있다. 자신의 사회적 정체성을 자기 보호하는데 쓸 수도 있다. 예를 들어, 만약 통계 시험에서 데니스가 테레사보다 잘 했다면, 테레사는 자신은 체육교육 전공이지만 데니스는 공학전공이기 때문에 자신을 데니스와 비교하는 것은 적절하지 않다고 생각할 수 있다. 테레사의 높은 자존감으로 인해 이와 같은 변명을 대며 스스로를 위안하고, 결국 통계를 열심히 공부할 기회를 놓칠 수 있다는 것이다.

자존감은 상황에 강하게 영향을 받는다. 성공은 자존감을 높이고, 실패는 자존감을 낮춘다. 그래서 관리자는 성공을 위한 적절한 기회와 도전을 제공하여 직원이 자존감을 높일 수 있도록 독려할 필요가 있다.

self-monitoring The extent to which people base their behavior on cues from other people and situations.

자기감시 **자기감시**(self-monitoring)는 다른 사람과 상황의 신호에 따라 행동하는 정도를 의미하며, 이는 조직행동에 큰 영향을 미친다. 자기감시가 높은 사람은 특정 상황과 사람에 적절한 행동이 무엇인지 주목하여 그에 따라 행동한다. 자기감시가 낮은 사람은 이와 반대로 상황적 신호에 주목하지 않고 자신의 내적 상태에 따라 행동한다. 그 결과 낮은 자기감시 소유자는 상황에 관계없이 일관되게 행동한다. 높은 자기감시 소유자는 상황에 따라 행동이 변하기 때문에, 예측하기 어렵고 일관성이 적지만 조직 상황에 맞추어 대응하기 때문에 실상 회사에서 더 효과적이다. 예를 들어, 채용회사의 관리자들에 대한 연구에 따르면, 높은 자기감시 소유자는 업무 불만에 시달리는 사람들을 정서적으로 도와주는 경향이 나타났다. 낮은 자기 감시 소유자는 그러한 정서적 지지를 제공하지 않는 것으로 나타났다. 또한 높은 자기감시자는 다른 사람의 기대를 충족하려고 노력하고 사회적 네트워크에 있어서 중심적인 위치를 추구하기 때문에 승진에 유리한 것으로 밝혀졌다. 또한 자신의 스킬과 업적을 다른 사람에게 알리는데 능하기도 하다. 그러나 자기감시가 높은 사람의 유연성이 모든 업무, 모든 조직에 다 적용되는 것은 아니다.

자기감시가 높은 사람은 타인 및 상황의 신호에 따라 행동하기 때문에 관리자로서 자기인식이 높다. 관리자로서 자신의 업무 행동을 정확하게 진단한다. 직원들의 니즈를 알아내어 적절하게 직원들과 교류하는데도 능하다.

더 나아가 자기감시가 높은 사람은 집단 규범과 조직문화, 상사 피드백에 더 적절하게 반응한다고 말할 수 있다. 그에 비해 자기감시가 낮은 사람은 자기만의 내적 가이드라인을 고수한다. 또한 자기감시가 높은 사람은 역할 변경에도 쉽게 대응하기 때문에 팀의 변화도 지지하는 경향을 보인다.

긍정/부정정서 **긍정정서**(positive affect)는 자기자신, 타인을 포함하여 여러 면에서 전반적으로 긍정적인 측면에 초점을 맞추는 경향을 의미한다. 반면에, 자기자신과 타인을 포함하여 여러 면에서 전반적으로 부정적인 측면을 강조하는 경향을 **부정정서**(negative affect)라고 한다. 긍정정서를 가진 사람은 자신의 직무에 더 만족하며 타인을 돕고 더 높은 조직시민행동을 보인다. 긍정정서를 가진 직원은 결근 횟수가 적다. 긍정정서는 또한 삶에 대한 만족과 관련 있으며 삶과 업무 영역에 걸쳐 더 높은 성과를 낳는다. 개인의 정서는 작업 집단에도 영향을 미친다. 개인의 긍정정서는 팀의 긍정정서로 이어져 협력을 도모하고 갈등을 감소시킨다. 특히 리더의 정서는 부하직원의 정서에 영향을 미친다. 따라서 긍정정서는 직장에서 상당한 자산이라고 할 수 있다. 관리자는 부하 직원에게 의사결정 참여 기회를 제공하고 우호적인 업무 조건을 제공하여 직원들의 긍정 정서를 도모할 수 있다.

2-2d. 주도적 성격

주도적 성격은 기회를 찾아 실행에 옮기는 성향을 의미한다. 주도적 성격을 가진 사람은 진취적이며 행동하고 변화를 가져올 때 까지 지속적으로 노력한다. 주도적이지 않은 사람은 변화의 기회를 찾거나 포착하는데 실패한다. 주도성은 직무성과, 경력 성공, 구직 성공과 정적인 관계가 있는 것으로 밝혀졌다. 또한 자신을 주도적이라고 생각하는 리더를 부하직원은 카리스마가 있다고 인식하는 경향이 있다.

2-3 조직에서 성격 이론의 적용

조직에서 성격 이론을 적용하기 위해 관리자는 먼저 조직원의 성격을 파악할 필요가 있다. 성격 진단을 위해 투사 검사, 행동 진단, 그리고 자기 보고식 설문지 방식이 사용될 수 있다.

2-3a 통상적인 성격 진단 도구

투사 검사(projective tests)는 개인에게 그림, 추상적 이미지, 사진 등을 보여주고 본 것에 대해 설명하거나 이야기 하도록 한다. 이 검사는 개인이 자극에 반응하는 방식이 각자의 성격을 반영한다는 논리에 바탕을 두고 있다. 로르샤흐 잉크 반점 검사(Rorschach ink blot test)가 가장 통상적으로 쓰인다. 그러나 다른 투사 검사와 마찬가지로 낮은 신뢰도를 가지고 있다. 즉, 같은 사람이 같은 그림을 보고도 때에 따라 다르게 해석할 수 있다는 것이다. 또한 평가자가 결과를 해석하는데 있어서 자신의 편견이 개입될 가능성이 있다.

행동 진단(behavioral measures)은 통제된 상황에서 개인 행동을 진단한다. 예를 들어, 어떤 사람의 사회성 진단을 위해, 파티에서 몇 번이나 모르는 사람에게 먼저 말을 거는지 횟수를 세는 것과 같은 방식이다. 이러한 행동을 점수화 하여 성격의 지표로 삼는다. 잠재적 문제점은 관찰자의 집중력에 따라 결과가 달라질 수 있으며 관찰한 행동에 대한 해석이 다를 수 있다는 것이다. 또한 진단 시 타인이 자신을 관찰한다는 것을 알면 사람들은 평소와 다르게 행동할 수 있다는 것도 문제점 중 하나이다.

성격진단의 가장 통상적인 방법은 **자기보고식 설문**(self-report questionnaire)이다. 이 방법은 개인이 일련의 질문에 그렇다/그렇지 않다 혹은 참/거짓 형식으로 답하는 방식이다. 대표적인 설문지는 ***미네소타다면인성검사***(Minnesota Multiphasic Personality

positive affect An individual's tendency to accentuate the positive aspects of herself or himself, other people, and the world in general.

negative affect An individual's tendency to accentuate the negative aspects of himself or herself, other people, and the world in general.

projective test A personality test that elicits an individual's response to abstract stimuli.

behavioral measures Personality assessments that involve observing an individual's behavior in a controlled situation.

self-report questionnaire A common personality assessment that involves an individual's responses to a series of questions.

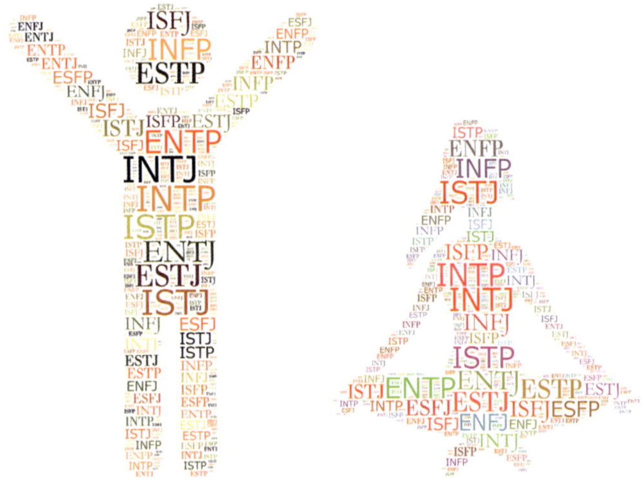

The Myers-Briggs Type Indicator is a common way to measure differences in individuals.

Inventory, MMPI)으로, 정신적, 혹은 신경증적인 장애를 진단하는데 도움을 주는 다양한 특질을 진단하는 종합적 도구이다. 또 Big 5 특성을 진단하는 NEO성격검사가 있다. 그러나 자기보고식 설문지에는 다음과 같은 잠재적 오류가 있을 수 있는데, 이는 자기 자신을 객관적으로 보기 어렵다는 점과 실제 자기 모습보다 남들에게 보여지고 싶은 모습으로 답할 수 있다는 점이다.

2-3b. 칼 융과 MBTI검사

조직에서 성격이론을 활용할 수 있는 또 다른 접근은 융의 이론을 바탕으로 한 검사 도구인 MBTI®다. 이 검사는 스위스 심리학자인 칼 융의 이론을 바탕으로 개인의 차이를 구분하기 위해 만들어졌다. 많은 조직에서 MBTI검사가 사용되는데, 특히 조직 내 다양성 존중을 위한 성격 개념 활용의 예로 이를 소개하고자 한다.

Myers-Briggs Type Indicator®(MBTI) instrument An instrument developed to measure Carl Jung's theory of individual differences.

융은 사람들이 기본적으로 서로 상이하지만 또한 기본적으로 유사할 수 있다는 생각을 바탕으로 이론을 만들었다. 그는 그가 저술한 유명한 논문인 '심리유형(Psychological Types)'에서 인간은 기본적으로 외향적인(Extroverted) 유형과 내향적인(Introverted) 유형으로 분류된다고 주장한다. 또한 그는 지각(Perceiving)의 두 유형을 감각형(Sensing)과 직관형(Intuition)으로, 판단(Judging)의 두 유형을 사고형(Thinking)과 감정형(Feeling)으로 구분하였다. 우리가 정보를 어떻게 수집하느냐를 나타내는 지각과 어떻게 의사결정하느냐를 의미하는 판단은 보편적인 인간의 기본적 정신 기능이라고 할 수 있다.

융에 따르면, 인간의 유사점과 차이점은 개인 선호의 조합을 통해 이해할 수 있다. 우리는 무엇을 할 때 특정의 한 방식을 선호하고 선택한다. 이는 다른 방식을 배제하는 것이 아니라, 오른손잡이와 왼손잡이에 대한 각자의 선호가 다른 것처럼, 외향적인지 내향적인지에 대한 각자의 선호가 다르다는 것이다. 융의 유형 이론은 어떤 특정 선호도 더 나은 것은 없다고 설명한다. 서로 간의 차이는 이해되고 축복받아야하고 인정해야할 것이다.

1940년대에 모녀관계인 캐서린 브리그즈(Katherine Briggs)와 이사벨 마이어스(Isabel Briggs Myers)는 사람들간의 개인차와 융의 업적에 대해 큰 관심을 가지고 융의 유형론을 실용적으로 활용할 수 있는 MBTI®(Myers-Briggs Type Indicator)도구를 개발하였다. MBTI검사는 개인차이해의 기초로 조직에서 활발히 사용되고 있다. 미국에서는 매년 2백만명 이상의 사람들이 MBTI를 사용하며, 포춘500 회사에서도 종종 활용된다. MBTI검사는 경력상담, 팀빌딩, 갈등 관리, 관리스타일 이해 등에 사용되고 있다.

선호 지표 유형이론에서는 사람들의 선호 지표를 외향성/내향성, 감각형/직관형, 사고형/감정형, 판단형/인식형이라는 4개의 이분법으로 구분한다(표 2.2 참고). 이러한 선호 지표의 조합으로 개인의 심리 유형을 구분한다.

표 2.2 유형론의 선호지표

외향성	내향성
활발한	조용한
외부로 표현하는	말이 없는
타인과 교류하는	집중하는
말하고나서 생각함	생각하고나서 말함
수다스러운	사색적인
감각형	**직관형**
실용적인	일반적인
구체적인	추상적인
땅에 발을 딛는	구름에서 생각하는
디테일한	가능성
현실적인	이론적인
사고형	**감정형**
분석적인	주관적인
명확성	조화로운
머리	마음
정의	자비
법칙	상황
판단형	**인식형**
구조화된	유연한
시간지향적인	개방적인
결정력있는	탐색하는
리스트 만들고/사용함	리스트 만들고/잊어버림
질서정연한	순간적인

SOURCE: Adapted from Introduction to Type®, Sixth Edition by Isabel Briggs Myers. Copyright 1998, 2011 by CPP, Inc. All rights reserved.

외향성 **외향성/내향성**(extraversion/introversion)은 개인이 어디에서 자신의 에너지를 찾는지에 대한 선호를 의미한다. 융의 이론에 따르면, 외향성/내향성은 개인의 차이를 설명하는 가장 중요한 선호 지표라고 할 수 있다. 외향성(E)은 다른 사람과의 교류에서 에너지를 얻는다. 내향성(I)은 혼자만의 시간을 통해 에너지를 얻는다. 외향적인 유형은 보통 넓은 사회적 네트워크를 가지고 있는데 반해 내향적 유형은 좀 더 좁은 인간관계를 갖는다. 융은 이러한 선호도가 사회적 스킬과는 관계가 없다고 설명한다. 많은 내향적인 사람들 상당수가 사회적 스킬은 뛰어나지만 사고, 생각, 개념과 같은 내적 세계를 선호한다. 미국 인구의 약 49%가 외향성, 51%가 내향성으로 나타난 것으로 볼 때, 각 유형이 절반정도로 나누어져 있는 것을 알 수 있다. 보통 미국 문화는 외향성을 독려하고 보상한다. 일터에서 외향적인 사람은 다양성을 선호하며 전화나 방문으로 인해 중간에 방해받는 것을 개의치 않는다. 이들은 자유롭게 의사소통하지만, 이에 대한 단점으로 자신이 말한 것에 대해 나중에 후회하기도 한다.

내향적인 사람은 조용히 집중하고 사적으로 사색하는 것을 좋아한다. 디테일을 중시하며 장기간 동안 하나의 프로젝트를 위해 일하는 것을 개의치 않는다. 그러나 전화와 같이 중간에 방해 받는 것을 좋아하지 않으며 다른 사람들의 이름이나 얼굴을 기억하는데 어려움을 겪기도 한다.

감각형/직관형 **감각형/직관형**(sensing/intuition)은 정보 수집 혹은 지각에 관련된 선호지표다. 감각형(S)은 오감을 통해 수집된, 실제 존재하는 정보에 관심을 갖는다. 직관형(N)은 "육감", 즉 실제 존재하는 것보다 미래에 있을 수 있는 것에 집중한다. 미국인의 약 70%는 감각형으로 나타났다.

일터에서 감각형은 질문에 대한 구체적 대답을 원하고 애매

extraversion Being energized by interaction with other people.

introversion Being energized by spending time alone.

sensing Gathering information through the five senses and focusing on what actually exists.

intuition Gathering information through a "sixth sense" and focusing on what could be.

누가 내성적인 사람은 리더가 될 수 없다고 말하는가?

리더는 외향적이어야만 하는가? 비즈니스와 정치계에서 가장 영향력이 있는 리더 중 일부는 여기에 동의하지 않을 것이다. 다음 리더들은 내성적이다!

- 엘론 머스크(Elon Musk), 스페이스X와 테슬라의 창립자이자 CEO
- 전 미국 대통령인 버락 오바마(Barack Obama)
- 웬디 코프(Wendy Kopp), Teach for America의 창립자
- 워렌 버핏(Warren Buffett), 유명한 투자가이자 자선가, Berkshire Hathaway 의 CEO
- 전 상원의원, 힐러리 클린턴(Hilary Clinton)
- 마크 주커버그(Mark Zuckerberg) 페이스북 공동창립자

내성적인 리더의 타고난 자기성찰과 사려깊은 의사소통이 성공에 도움을 줄 수 있다. 그들은 경청하는데 시간을 쏟고 타인의 아이디에서 더 개방적이며 중요한 결정을 내리기 전에 타인과 협력한다. 내성적인 사람은 많은 사람과 교류하기보다는 믿을 수 있는 일부 사람들과 진실되고 깊은 관계를 형성한다. 내성적이라는 것은 혼자만의 시간을 가짐으로써 에너지를 얻는다는 뜻이지, 사회적 스킬과는 관계가 없다는 것을 잊지 말자. 사실 위에 언급된 많은 리더들은 훌륭한 사회적 스킬을 가진 사람들이다.

SOURCE: S. Cole, "7 Famous Leaders Who Prove Introverts Can Be Wildly Successful," Fast Company, http://www.fastcompany.com/3032028/the-future-of-work/7-famous-leaders-who-prove-introverts-can-be-wildly-successful, accessed June 18, 2014.

모호한 지침을 다루기 힘들어한다. 눈에 보이는 명확한 결과가 나오는 업무를 선호하며 새로운 기술보다는 이미 보유한 기술을 사용하는 경향이 있다. 직관형은 새로운 문제를 해결하기를 좋아하며 일상적인 디테일에 대해서는 인내심이 적다. 새로운 기술을 사용하는 것 보다 배우는 자체를 좋아한다. 여러 일에 대해 동시에 생각하는 경향이 있으며 다른 곳에 정신이 팔려있는 듯 보이기도 한다. 그저 재미로 문제를 해결하는 것을 즐기기도 한다.

thinking Making decisions in a logical, objective fashion.

feeling Making decisions in a personal, value-oriented way.

사고형/감정형 **사고형/감정형**(thinking/feeling)은 의사결정에 대한 선호지표와 관련된 유형이다. 사고형(T)은 이상적이고 객관적으로 의사를 결정하는데 비해, 감정형(F)은 개인적이며 가치지향적으로 의사결정한다. 미국인의 경우 사고형과 감정형의 비율이 40대 60이다. 그러나 흥미롭게도 남성의 대다수가 사고형인데 반해 여성의 대다수는 감정형으로, 유형론에서 강한 성 차이가 존재하는 지표이다. 사고형은 분석적인데 비해, 감정형은 정서적이다. 사고형은 사적인 감정을 배재하려고 노력하나, 감정형은 결과가 사람들에게 미칠 영향을 고려하여 의사결정한다.

일터에서 사고형은 감정표현을 별로 하지 않고, 다른 사람들의 감정표현에 대해서도 익숙하지 않으며, 그들의 생각에 더 쉽게 반응한다. 그들은 단호한 경향을 보이며 논리적으로 생각하는 것을 좋아한다. 이와 반대로 감정형은 일터에서 정서적인 부분에 익숙하며, 사람들을 만족시키거나 칭찬과 격려를 자주 받는 것을 선호한다.

판단형/인식형 **판단형/인식형**(judging/perceiving)지표는 외부 세계에 대한 지향성을 나타낸다. 판단형(J)은 마무리 짓는 것을 좋아한다. 그들은 계획적이고 조직적인 삶을 이끌며 의사결정하기를 좋아한다. 반면 인식형(P)은 유연하고 즉흥적인 삶은 선호하며 여러 가능성을 열어두기를 좋아한다. 만약 판단형인 사람과 인식형의 사람이 저녁식사를 하러 갔을 때, 판단형이 인식형에게 식당을 고르라고 한다면 인식형은 10개의 식당을 대안으로 제시할 수 있다. 판단형은 의사결정을 빨리하여 그 결정대로 하기를 원하는데 반해 인식형은 모든 식당을 고려하기 원할 수 있다.

판단형은 빨리 성취하기를 좋아하며 달력에서 마무리한 일들을 빠르게 체크하는데서 기쁨을 얻는다. 인식형은 보통 기다려보자는 식의 태도로 결론을 내리기보다는 새로운 정보를 수집하려고 한다. 인식형은 호기심이 많고 새 정보를 얻는 것을 좋아한다. 인식형은 기존의 프로젝트를 마무리 하지 않고도 여러 새 프로젝트를 시작하기도 한다.

16개 유형 이와 같은 선호 지표를 결합하면 표 2.3의 16개 유형으로 나눌 수 있다. 예를 들어, ESTJ형은 외향성, 감각형, 사고형, 판단형의 특성을 가진다. ESTJ형은 외향적이고(E), 세상을 있는 그대로 바라보며(S), 객관적으로 의사결정 내리며(T) 구조, 계획, 질서를 선호한다(J). 이러한 특성의 조합은 이상적인 관리자의 모습이라고 할 수 있다. ESTJ형은 믿을만하며, 실용적이고, 어떤 업무도 마무리 할 수 있다. 그들은 위계질서를 이해하고 법칙과 규범을 따르며 일련의 목표를 달성하는 것이 자신의 업무라고 생각한다. 다만 무질서에 대한 관용이 부족하고 통제욕이 강할 수는 있다. MBTI Atlas 연구결과에 따르면 연구대상인 7,463명의 관리자 대부분이 ESTJ형이였다.

MBTI검사는 개인의 유형을 구분하는데 적절한 신뢰도와 타당도를 가진 것으로 알려져 있다. 어떤 유형도 좋고 나쁜 유형이 없고, 각 유형마다 저마다의 장점과 단점이 있다. 유형은 학습 스타일, 교수 스타일, 직업 선택에 영향을 미친다. 조지아공대(Georgia Tech)의 공학전공 학생들의 MBTI유형 연구에 따르면 ST형과 NT형이 더 많았으며 E형과 F형의 경우 공학 수업을 철회하는 경향이 더 많았다. 유형은 개인의 의사결정과 관리스타일에도 영향을 미친다.

조직에서의 MBTI활용 최근 연구들은 유형과 구체적 관리자 행동간의 관계에 대해 연구해왔다. 예를 들어, 내향성과 감정형은, 외향성과 사고형에 비해, 참여적 관리의 효과성이 높은 것으로 나타났다. AT&T, 엑손 모빌(Exxon Mobil), 허니웰(Honeywell)과 같은 회사에서는 조직에서의 관점 차이에 대한 이해를 돕기 위해 관리자 교육훈련 프로그램에서 MBTI검사를 활용한다. MBTI검사는 또한 팀빌팅에도 활용되며 효과적 팀빌딩을 위한 관리자 학습을 돕는 리소스도 역시 존재한다. 휴렛 팩커드와 암스트롱 월드 인더스트리즈(Armstrong World

judging Preferring closure and completion in making decisions.

perceiving Preferring to explore many alternatives with flexibility and spontaneity.

표 2.3 유형별 특징

감각형		직관형	
ISTJ	**ISFJ**	**INFJ**	**INTJ**
조용하고, 심각하며, 철저함과 책임감으로 성공에 도달한다. 실용적이고, 현실적이며, 사실에 기반을 둔다. 해야 할 일을 논리적으로 결정하고 방해요소가 있더라도 꾸준히 집중한다. 일, 가정, 삶의 모든 것을 질서정연하게 만드는데 즐거움을 느낀다. 전통과 충성에 가치를 둔다.	조용하고, 친근하며, 책임감 강하고, 성실하다. 의무사항을 지키는데 헌신하며 꾸준하다. 철저하고, 고통을 감당하며, 정확하다. 충실하며, 사려깊고, 중요한 사람들에 대한 세부적 사항을 알아채고 기억한다. 다른 사람의 기분을 고려한다. 집과 직장에서 질서정연하고 조화로운 환경을 만들고자 노력한다.	아이디어, 관계, 물질적 소유에 대한 의미와 연관성을 찾는다. 사람들의 동기 요인과 영감을 주는 요인을 알기를 원한다. 성실하고 회사 가치에 헌신한다. 공동의 선을 가장 잘 섬길 명확한 비전을 세운다. 자신의 비전을 실행하는데 조직적이고 결정력이 있다.	참신한 생각이 있고, 아이디어를 실행하며 목표를 달성하는데 높은 의지가 있다. 외부 사건에서 패턴을 빠르게 알아채고 앞으로의 장기적 관점을 개발한다. 헌신하는 것에 업무를 조직화하고 실행한다. 회의적이고 독립적이며, 자신과 타인의 역량과 성과에 대해 높은 기준을 가지고 있다.
ISTP	**ISFP**	**INFP**	**INTP**
관용적이고 유연하며, 문제가 생길 때 까지 조용히 관찰하다 실행가능한 솔루션을 찾는데 재빠르다. 일이 가능하도록 분석하며 많은 데이터를 쉽게 파악하여 실제 문제의 핵심을 찾는다. 원인과 결과에 관심이 있고, 논리적 원리, 가치, 효율성을 바탕으로 사실을 조직화한다.	조용하고, 친근하며, 섬세하고, 친절하다. 현재 순간과 환경을 즐긴다. 정해진 시간 안에서 자신만의 공간을 가지고 일하기를 좋아한다. 개인적 가치와 중요한 사람들에게 충실하고 헌신한다. 의견불일치와 갈등을 싫어하고 다른 사람에게 의견이나 가치를 강요하지 않는다.	이상적이고, 가치와 중요한 사람들에 충실하다. 외적인 삶이 자신의 가치와 일치되기를 원한다. 호기심이 많고, 가능성을 빠르게 인식하며, 아이디어를 실행하는 촉매자가 될 수 있다. 사람을 이해하고 그들의 잠재력을 발휘하도록 돕고자 한다. 적응에 능하고, 유연하며, 자신의 가치가 위협받지 않는다면 수용적이다.	관심이 있는 모든 것에 논리적 설명을 찾는다. 이론적, 추상적이며, 사회적 관계보다는 아이디어에 더 관심이 있다. 조용하고 사색하며, 유연하고 적응을 잘한다. 관심분야에 문제해결을 위해 깊게 파고드는 범상치않은 능력을 가진다. 회의적, 때로는 비판적, 언제나 분석적이다.
ESTP	**ESFP**	**ENFP**	**ENTP**
유연하고 관용적이며, 당장의 결과에 초점을 맞추는 실용적 접근을 취한다. 이론과 개념적 설명을 지루하다고 생각한다. 문제 해결을 위해 활발하게 행동하기를 원한다. 지금 있는 곳에 초점을 맞추고, 즉흥적이며, 다른 사람들과 교류하는 모든 순간을 즐긴다. 물질적 안위와 스타일을 즐긴다. 실행을 통해 가장 잘 학습한다.	활발하고, 친근하며, 수용적이다. 삶, 사람들, 물질적 안위에 대한 열정이 넘친다. 일에 상식과 현실적 접근을 취하며 재미있게 일한다. 유연하고 즉흥적이며, 새로운 사람들과 환경에 쉽게 적응한다. 새로운 스킬을 다른 사람들과 함께 시도하며 가장 잘 학습한다.	열정적이며 상상력이 풍부하다. 삶의 모든 가능성을 믿는다. 사건과 정보를 매우 빠르게 연결하고 자신이 보는 패턴에 따라 자신있게 전진한다. 다른 사람으로부터 많은 확신을 원하고 쉽게 감사와 지지를 제공한다. 순발력있고 유연하며, 종종 임기응변력과 언어적 유창성이 있다.	재빠르고, 독창적이며, 자극적이고, 깨어있으며, 솔직하다. 도전적이고 새로운 문제를 해결하는데 능하다. 개념적 가능성을 만들고 전략적으로 분석하기를 잘한다. 일상에 지루해하고 같은 일을 같은 방식으로 하지 않으며, 새로운 관심사가 계속해서 생긴다.
ESTJ	**ESFJ**	**ENFJ**	**ENTJ**
실용적, 현실적, 사실에 기반을 둔다. 결정력이 있고, 결정을 실행에 옮기는데 빠르다. 프로젝트와 업무 완수를 위해 사람들을 조직하고, 가장 효율적인 방식으로 결과를 내는데 초점을 둔다. 일상의 디테일을 처리한다. 논리적 기준을 명확하게 세우고 체계적으로 준수하며, 다른 사람도 그렇게 하기를 원한다. 계획을 실행하는데 강력하다.	따뜻하고, 성실하며, 협력적이다. 환경에서 조화를 원하고, 이를 위해 결단력있게 일한다. 일을 정각에 정확하게 완수하기위해 타인과 일하는 것을 좋아한다. 충성을 다하여 작은 일이라도 완수한다. 일상에서 타인의 니즈를 알아채고 필요한 것을 제공한다. 자기 자신과 자기 공헌에 대해 인정받기를 원한다.	따뜻하고, 공감을 잘 하며, 반응적, 책임감이 강하다. 타인의 감정, 니즈, 동기에 높은 관심이 있다. 모든 사람의 잠재력을 찾고 이를 발휘하도록 돕고자 한다. 개인과 집단 성장의 촉매 역할을 한다. 충실하고, 칭찬과 비판에 반응한다. 사교적이고 집단에서 독려하며, 영감을 주는 리더십을 발휘한다.	솔직하고, 결정력이 있으며, 리더 역할을 맡는다. 논리적이고 비효율적인 절차와 정책을 재빠르게 알아채고 조직 문제를 해결하기 위해 복잡한 체계를 실행한다. 장기 계획과 목표 설정을 즐긴다. 주로 정보가 많고 다독하며, 지식을 확장하고 다른 사람에게 전수하기를 좋아한다. 아이디어를 제시하는데 강력하다.

NOTE: I 5 Introversion; E 5 Extraversion; S 5 Sensing; N 5 Intuition; T 5 Thinking; F 5 Feeling; J 5 Judging; and P 5 Perceiving.

SOURCE: Adapted from Introduction to Type, Sixth Edition by Isabel Briggs Myers. Copyright 1998 by Peter B. Myers and Katharine D. Myers. All rights reserved.

Industries)는 업무 성과의 성공에 있어 다양성과 차이점의 중요성을 팀에게 설명하는데 MBTI도구를 활용한다.

관리자들에게 유형론의 평이함과 정확성은 큰 장점이다. 그러나 MBTI검사 결과는 조직 상황에서 잘못 사용될 수도 있다. 예를 들어, 동료에 대해 부정적인 꼬리표를 붙이거나, 특정 동료와 협력하지 못하는 것에 대해 검사결과를 손쉬운 변명거리로 쓴다든가, 다른 사람과 유연하게 일하는 것을 배워야하는 책임을 회피하는데 검사결과를 쓰는 것 등이다. 성격유형이 부적절한 행동에 대한 변명은 되지 않지만, 잘만 활용되면, 유형론은 관리자의 대인관계기술을 개발하는데 도움이 된다. 또한 개인의 장점을 활용하고 팀원들의 차이점에 감사하는 팀을 만드는데 도움이 된다.

2-4 사회적지각

지각(perception)은 개인차를 만드는 또 다른 심리적 과정이다. 자기 자신과 세상을 이해하는 주요 경로로서, 지각은 촉감, 후각, 청각, 시각, 미각의 오감을 통해 수집한 정보에 의미를 더한다. 사실상 모든 관리 행동은 지각에 의존한다. 여기서 우리는 특히 **사회적 지각**(social perception), 즉 다른 사람에 대한 정보를 해석하는 과정에 집중할 것이다.

채용 인터뷰에서 특히 지각은 매우 중요하다. 개인과 조직간의 부합이 적절하지 않으면 양쪽 다 처참한 결과를 낳게 되므로, 채용 인터뷰에서는 정확한 정보를 수집해야한다. 첫 번째 인터뷰는 보통 한 면접관이 하루에 많은 후보자를 만나기 때문에 짧게 이루어진다. 종종 면접관은 후보자에 대한 지각을 바탕으로 처음 4분에서 5분안에 합격 혹은 불합격 결정을 내린다.

지각의 또 다른 중요성은 CEO와 임원진들 사이의 가치 불일치에 대한 인식이 야기하는 갈등에 관한 연구에서 잘 드러난다. 현실에서 그러한 가치 차이가 없더라도, 단순히 차이가 있다는 인식 자체가 갈등을 증가시킨다. 이 연구는, 지각이 행동에 영향을 미치기 때문에, 직원들이 조직 의사결정에 대해 어떻게 인식하는지 관리자가 관심을 갖는 것이 중요하다는 것을 강조한다.

지각은 종종 문화에 의해 영향을 받는다. 문화적 배경에 따라 우리는 특정의 방식으로 지각하는 경향이 있다. 다음의 문장을 읽어보라: Finished files are the result of years of scientific study combined with the experience of years. 그리고 지금은 이 문장에 F가 몇 개 있는지 빠르게 세어보아라. 제2외국어로 영어를 쓰는 사람들은 6개 모든 F수를 다 맞춘다. 대부분의 원어민들은 3개의 F가 있다고 말하는데 이것은 그들이 문화적으로 of와 같이 중요하지 않은 단어는 무시하도록 길들여져 있기 때문이다. 문화는 우리가 수집하는 정보의 해석에 영향을 주고 거기에 우리가 어떤 의미를 부여하는지에도 영향을 준다. 즉 문화는 대인지각에 영향을 미친다. 문화적 다양성을 포함한 다양성 존중은 국제적 경쟁력의 열쇠로 알려진 만큼, 관리자들은 효과적인 대인지각스킬을 갖추어야 한다.

타인에 대한 지각에 영향을 미치는 세 가지 주요 요소는 다음과 같다: 지각자 특성, 대상자 특성, 상호작용이 일어나는 상황 특성. 그림 2.2는 대인지각모형을 나타낸다.

2-4a. 지각자 특성

여러 지각자 특성이 대인지각에 영향을 준다. 지각자는 대상자에 대한 자신의 관점을 형성하는 지각 렌즈(perceptual lenses)를 사용한다. 특히 그 대상을 처음 만났을 때 더욱 그러하다. 지각 렌즈는 지각자가 상대를 처음 빠르게 평가하는데 사용되는 필터와 같다. 가장 많이 사용되는 렌즈로는 신뢰 렌즈(친구인가 적인가?), 권력 렌즈(나에게 필요한 존재인가?), 자아(ego)렌즈(우리 중 누가 더 우월한가?)가 있다. 상대방에게 정확하게 인식되기 위해 지각 렌즈에 대한 지식을 다음과 같이 활용할 수 있다. 신뢰 렌즈와

social perception The process of interpreting information about another person.

Although personality type is not an excuse for inappropriate behavior, if used well, type theory helps managers develop interpersonal skills.

관련해서는 적절한 눈맞춤, 미소, 적절한 제스처를 통해 따뜻함과 자신감을 보여줄 수 있다. 권력 렌즈와 관련해서는 지각자와 상호간의 목표를 달성하는데 도움을 줄 수 있다는 점을 확신시켜줄 수 있다. 자아 렌즈와 관련해서는 겸손하게 다른 사람과 상호작용하며 "우리"라는 의식을 심어줄 수 있다.

지각자의 ***태도***(attitude) 또한 대인지각에 영향을 준다. 조직에서 매우 중요한 자리를 위한 후보자 면접 상황을 가정해보자. 해당 업무는 대부분 남성인 협력사와의 계약을 협상해야하는 일이다. 이 경우 당신은 여성은 힘든 협상을 해내지 못할 것이라고 생각할지도 모른다. 이와 같은 태도는 인터뷰에서 여성 후보자에 대한 당신의 지각에 의심할 여지없이 영향을 미친다.

기분(mood)도 타인에 대한 지각에 큰 영향을 미칠 수 있다. 우리의 사고는 행복할 때와 슬플 때가 다르다. 또한 자신의 기분 상태와 일치하는 정보는 잘 기억하나 기분 상태와 불일치하는 정보는 그렇지 않다. 좋은 기분일 때 우리는 타인에 대해 긍정적인 인상을 형성한다. 기분이 좋지 않을 때 다른 사람을 적대적으로 평가하는 경향이 있다.

대인지각의 또 다른 결정요소는 지각자의 ***자아개념***(self-concept)이다. 긍정적 자아개념을 가진 개인은 타인의 긍정적 특성을 잘 알아채는 경향이 있다. 이와 반대로 부정적 자아개념은 다른 사람의 부정적인 특성을 잡아내도록 이끈다. 우리 자신을 더 잘 이해할수록 타인에 대한 우리의 지각은 더 정확해진다.

개인의 사고 패턴인 ***인지구조***(cognitive structure) 역시 대인지각에 영향을 미친다. 어떤 사람들은 키, 몸무게, 외모와 같은 신체적 특성을 잘 지각하는데 비해, 다른 사람들은 성격 특성, 특질에 더 집중한다. 인지적 복잡성(cognitive complexity)은 타인이 가지고 있는 소수의 특성에만 집중하기 보다는 다수의 특성을 지각하도록 만든다.

그림 2.2 **대인지각모형(A model for social perception)**

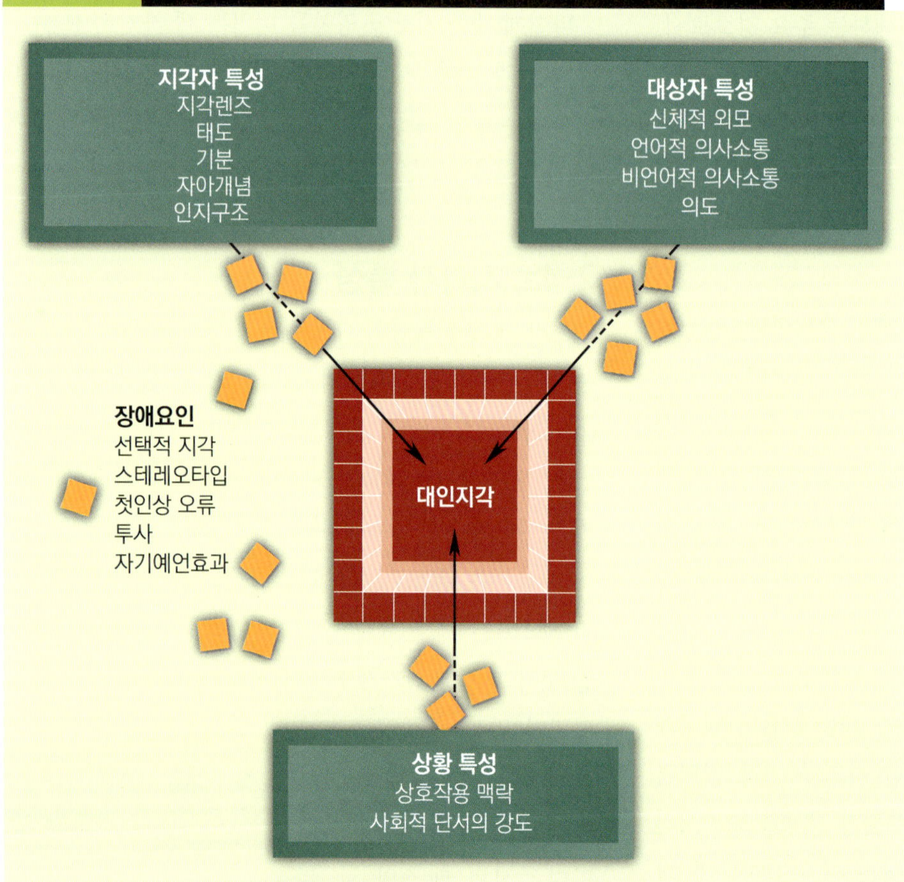

2-4b. 대상자 특성

대상자(target, 지각의 대상이 되는 사람) 특성은 여러 방식으로 대인지각에 영향을 미친다. ***신체적 외모***(physical appearance)는 타인에 대한 우리의 지각에 큰 역할을 한다. 지각자는 키, 몸무게, 대략적 나이, 인종, 성별과 같은 신체적인 모습을 살펴볼 것이다. 의복은 그 사람에 대해 많은 것을 이야기해준다. 예를 들어 파란색 스트라이프 정장은 은행원이나 월스트리트 증권가 직원을 연상한다. 지각자는 새롭거나 일반적이지 않은, 혹은 과다하여 규범에 어긋난 외모적 특성에 주목하는 경향이 있다. 목소리가 큰 사람, 옷을 색다르게 입는 사람, 매우 키가 큰 사람, 과다한 행동을 보이는 아이는 일반적으로 만나는 경우와 다르므로 눈에 띌 것이다. 신입사원이나 소수사와 같은 새로운 사람들 역시 주목을 끈다.

The way you dress influences how people perceive you.

신체적 매력은 종종 타인에 대한 전체 인상을 결정한다. 면접관은 매력적인 후보자를 더 호의적으로 평가하며 더 높은 임금을 주기도 한다. 그러나 신체적으로 매력적으로 지각되는 사람들도 호의적이지 못한 선입견에 직면하기도 한다.

대상자의 ***언어적 의사소통***(verbal communication)은 지각에 영향을 미친다. 우리는 상대방의 이야기와 목소리 톤, 악센트를 듣고 이와 같은 정보를 바탕으로 판단한다.

비언어적 의사소통(nonverbal communication)은 대상자에 대한 많은 정보를 제공한다. 지각자가 대상자의 인상을 형성하는데 눈맞춤, 얼굴 표정, 몸 동작과 자세 모두 대상자의 인상을 형성하는데 활용된다. 비언어적 의사소통에서 문화적 차이점을 이해하는 것은 특히 중요한데, 이는 비언어적 신호가 문화별로 매우 다른 의미를 가질 수 있기 때문이다. 미국에서 "오케이"신호(엄지와 검지로 원을 만드는)는 남미에서는 모욕적인 의미를 뜻한다. 그러나 표정은 보편적인 의미로 통하는 편이다. 다른 문화권출신의 사람들도 표정은 똑같은 방식으로 인식하고 해석할 수 있다.

대상자의 행동을 관찰한 지각자가 대상자의 의도(intentions)를 해석한다. 예를 들어, 상사가 사무실에 들어오는 모습을 보고, "저런, 일을 더 주겠네."라고 생각할 수 있다. 혹은 상사가 최근 성과를 치하하려는 의도를 가졌다고 인식할지도 모른다. 어떤 경우라도 대상자의 의도에 대한 지각자의 해석이 지각자의 대상자에 대한 시각에 영향을 미친다.

2-4c. 상황 특성

지각자와 대상자사이의 상호작용이 일어나는 상황을 ***사회적 맥락***(social context)이라고 하는데, 이 역시 지각에 영향을 미친다. 연구실에서 지도교수를 만나는 것과 주변 식당에서 만나는 것에 따라 교수에 대한 인상은 다르게 형성될 것이다. 사회적 맥락은 일본에서 매우 중요하다. 근무시간 이후나 점심시간에 업무와 관련된 대화는 금기사항이다. 이 시간에 업무에 대해 이야기하는 것은 무례하다고 인식될 수 있다.

사회적 단서의 강도(strength of situational cues) 역시 사회적 지각에 영향을 미친다. 앞에서 언급하였듯이, 특정 상황은 그에 맞는 적절한 행동에 대한 강한 단서를 제공한다. 이러한 상황에서 개인의 행동은 상황

에 영향을 받을 수 있으며 각자의 타고난 특질에 영향을 맞지 않을 수 있다. 이것이 사회적 지각의 **절감 원리**(discounting principle)이다. 예를 들어, 자동차 판매원이 당신의 직업과 취미에 대해서 묻고 차에 대한 선호도에 관심을 보이며 따뜻하고 친절하게 당신을 대할 수 있다. 그러나 아마도 이러한 상황적 영향 때문에 해당 판매원의 행동에 대해 판매원 성격이 반영된 것이라고 말할 수는 없을 것이다. 이 특정 상황에서, 판매원은 차를 팔기위해 노력하는 것이고 아마 모든 고객을 같은 방식으로 대할 것이다.

2-5 사회적 지각에 대한 장애요인

사람들이 모두 정확성이 높은 사회적 지각 스킬을 가지면 좋겠지만, 불행히도, 우리의 정확한 지각을 방해하는 장애물이 있기 마련이다. 사회적 지각을 방해하는 다섯 개의 장애요인은 선택적 지각, 스테레오타입, 첫인상 오류, 투사, 자기예언효과이다.

선택적 지각(selective perception)은 자신의 관점을 지지하는 정보를 선호하는 경향을 말한다. 우리는 보통 우리의 생각에 반하는 정보를 무시한다. 예를 들어, 세일즈 관리자가 자신의 직원의 성과를 평가한다고 가정해보자. 어떤 직원이 동료들과 잘 어울리지 않고 판매보고서도 거의 제시간에 마치지 못한다. 그러나 이 직원은 신규 판매 계약을 가장 많이 달성한다. 이 경우 관리자는 부정적 정보는 무시하고 신규계약에만 의존하여 판매원을 평가할지도 모른다. 이 관리자의 결정은 선택적 지각에 의한 것이다.

discounting principle The assumption that an individual's behavior is accounted for by the situation.

selective perception The tendency to select information that supports our individual viewpoints while discounting information that threatens our viewpoints.

stereotype A generalization about a group of people.

스테레오타입(sterotype)은 집단에 대한 일반화를 말한다. 스테레오타입은 효율적으로 정보를 엮기위해 운용가능한 수준으로 다른 사람들에 대한 정보를 감소시킨다. 스테레오타입은 다른 사람과 공유하고 다른 사람들이 동의할 때 더 강해진다. 어떤 스테레오타입은 정확하여 유용한 인식의 가이드라인이 되기도 하지만, 많은 경우 스테레오타입은 정확하지 않고, 검증되지도, 수정되지도 않는 잘못된 인상을 심어주는 문제가 생긴다.

다양한 문화적 배경을 가진 팀원들은, 개인적으로 잘 알기도 전에, 스테레오타입으로 인해 외국 동료들의 인상을 형성한다. 예를 들어, 아시아인들은, 개인별 장점과 재능이 아니라, 수학과 과학을 잘한다는 스테레오타입에 따라 직업을 선택하도록 강요받는다. 이러한 스테레오타입은 팀의 생산성과 사기를 저하시키고 개인의 기회를 제한하는 결과를 낳는다. 그러나 직원들 개인과 그들의 문화적 배경에 대해 정확한 정보를 가지고 있으면, 집단역학과 개인의 승진과 관련한 스테레오타입의 부정적인 영향력을 줄일 수 있다.

매력(attractiveness)은 강력한 스테레오타입이다. 매력적인 사람이 따뜻하고 친절하고 섬세하며 사회적이고 활발하고 독립적이며 강하다고 추측하곤 한다. 그러나 이성관계에 대한 한 연구에 따르면, 매력적인 사람은 사회적 스킬과 인기가 많을 것이라는 스테레오타입과 맞지 않는 경우가 많다고 한다. 매력이라는 스테레오타입에 맞는 사람들도 있지만, 이는 다른 사람들의 행동 때문에 그들이 스테레오타입과 일치하는 행동을 한다는 것이다. 예를 들어, 매력적인 동료학생을 만난다면, 그 사람이 따뜻하고 사교적이라는 등의 생각으로 그 사람에게 긍정적으로 대할 가능성이 높다. 심지어 그 사람이 그렇지 않더라도, 상대방의 긍정적인 반응이 이러한 행동을 하게끔 만들 수 있다. 그러므로 상대방의 상호작용이 이러한 스테레오타입을 견고하게 한다.

스테레오타입은 일터에 널리 퍼져있다. 어떤 사람이 소속된 집단의 스테레오타입에 맞지 않게 행동할 때 칭찬과 격려와 같은 더 긍정적인 대우를 받는다. 예를 들어, 여자 야구 선수는 남자보다 운동신경이 못하다는 스

남성은 직장에서 울지 않는다

부정적인 피드백을 좋아하는 사람들은 거의 없으며, 사람들은 저마다 다르게 피드백에 반응한다. 피드백에 대한 직원의 반응을 피드백 제공자는 어떻게 평가할까? 여기에 성차이가 존재할까? 직장에서 우는 남성이 있다면 남자는 강인해야한다는 스테레오타입에 어긋난다고 인식될 것이다. 울음과 같은 비전형적인 행동은 해당 직원에게 부정적인 영향을 미칠 수도 있다.

한 연구에서, 연구 참가자들에게 남성 혹은 여성이 부정적인 성과 평가를 받는 비디오를 보여주고 해당 직원의 성과와 리더십 역량에 대해 점수를 부과하도록 하였다. 또한 해당 직원에 대해 추천서를 쓰도록 하였다. 그 결과, 여성이 울었을 때는 성과나 리더십 역량에 대한 관점이 변하지 않았다. 그러나 남성에 대해는 그렇지 않았다. 남성이 우는 것을 비전형적인 것으로 인식했으며 성과와 리더십 역량 둘 다 낮게 점수를 매겼고, 추천서를 부정적으로 작성하였다.

성차로 인한 편견은 남성에게도 부정적으로 작용할 수 있다. 편견으로 인한 성차별은 모두에게 적용된다.

SOURCE: D. Motro and A.P.J. Ellis, "Boys, Don't Cry: Gender and Reactions to Negative Performance Feedback," Journal of Applied Psychology, 102(2017), 227-235.

테레오타입 때문에 더 낮은 기준을 가지게 되고, 따라서 홈런을 쳤을 때 남자 선수보다 더 많은 갈채를 받는다. 반대의 경우에도 마찬가지로 스테레오타입의 영향을 받는다.

'첫 인상이 마지막 인상이다'라는 말이 있다. 우리는 어떤 사람에 대해 처음 지각한 것을 기억하고 이를 잘 바꾸지 않는 경향이 있다. **첫 인상**(first impression)은 상대방을 처음 짧게 보고 이 행동을 그 사람의 모든 것이라 여길 때 나타난다. 이러한 최초 효과는 특히 면접상황에서 위험할 수 있는데, 이는 우리가 첫 인상을 빠르게 형성하고 이 인상이 장기적인 고용 관계의 근간이 될 수 있기 때문이다.

면접관의 첫 인상을 형성하는 요인은 무엇인가? 해당 후보자에 대해 호감이 드는지, 후보자를 신뢰할 수 있는지, 후보자가 믿을 만한 사람인지와 같은 상대에 대한 지각이 면접관의 결정에 영향을 미친다. 목소리 높이 등 별로 중요해보지 않는 요소가 장기적인 인상을 남길 수 있다.

낮은 목소리가 더 능력있고 자신감있게 보인다고 알려져 있다. 남성의 경우 여성적으로 들릴 만큼 높은 목소리는 면접관이 가장 비호의적으로 지각한다. 이 결과는 높은 목소리를 가진 학생이 더 좋은 성적을 받는다는 다른 연구결과와는 역설적인 결과이다.

투사(projection)는 허의 합의 효과(false-consensus effect)라고도 알려져 있는데, 이는 타인에 대한 부정확한 지각을 야기한다. 투사로 인해, 우리는 우리 자신의 믿음, 가치가 보편적으로 타당하다고 생각하고 그 생각에 동의한 사람들의 수를 과장하여 생각한다. 다른 사람들을 특이하다고 생각하고 비정상이라고까지 생각한다. 투사는 대개 자신과 비슷한 사람들에 둘러싸여 있을 때 발생한다. 우리는 다른 사람들도 보통 비슷하다고 가정해버릴 때 타인에 대해 중요한 정보를 놓칠 수 있다.

자기예언효과(self-fulling prophecies)는 피그말리온효과라고도 불리는데, 이는 사회적 지각과 관련된 현상으로, 우리의 기대감이 타인과 상호작용하는 방식에 영향을 미치고 이로 인해 우리가 기대하는 바로 그 반응을 상대로부터 이끌어 낸다는 뜻이다. 자기예언효과의 초기 연구들은 초등학교에서 수행되었다. 학생들이 무작위로 선발되어 학생들간 차이가 없었음에도 불구하고, 선생님들에게 학생들이 높은 지적 능력을 가졌다는 거짓 정보를 제공하자, 8개월 후 이 학생들의 실제 IQ 검사 점수가 증가하였다. 교사들이 머리

first-impression Forming lasting opinions about an individual based on initial perceptions.

projection Overestimating the number of people who share our own beliefs, values, and behaviors.

self-fulfilling prophecy Allowing expectations about people to affect our interaction with them in such a way that those expectations are fulfilled.

사실 확인

성과 지적능력에 대한 편견은 일찍부터 시작된다

매우 높은 지적 능력은 남성적인 특성이라는 일반적인 선입견이 있다. 이러한 선입견은 여성이 높은 지적능력이 요구되는 분야의 직업을 선택하는데 부정적인 영향을 미칠 수 있다. 아이들이 "정말로 똑똑한" 사람이 누구인지에 대해 어떻게 지각하는지 알아보기 위해, 연구자들은 5세 아이들에게 사진을 보여주고 누가 "정말로 똑똑한" 사람이라고 생각하는지 물어보았다. 그 결과 아이들은 자신의 성과 일치하는 사람을 "똑똑하다"고 여겼다. 즉 남자아이들은 남자가 똑똑하다고, 여아들은 여자가 똑똑하다고 대답하였다.

6세가 되면 이것이 다르게 나타났다. 남아들은 여전히 남자가 더 똑똑하다고 대답하였으나, 여아들이 여자가 더 똑똑하다고 말하는 확률이 감소하고 똑똑한 사람들을 위한 게임에 흥미를 잃어가기 시작했다. 학교에서 그 나이 또래의 여학생들이 남학생보다 성적이 우수함에도 불구하고, 이러한 생각은 지속되었다.

이렇게 볼 때, 여학생들이 STEM(science, technology, engineering, and math, 과학, 기술, 공학, 수학)분야에 관심이 훨씬 적은 것은 놀라운 일이 아니다. 여성이 STEM분야 직업을 선택하기 어려운 이유는, "과학은 남성적"이라는 편견 뿐 아니라, "똑똑하다는 것은 남성적"이라는 편견이 핵심이 될 수 있다. 현재 이러한 경향을 바꿀 수 있는 방법을 밝히는 연구가 진행되고 있다. 한 가지 방법은 아이들이 더 어렸을 때 지적 능력이 높은 여성의 사례를 더 많이 보여주는 것이다.

SOURCES: L. Bian, S. Leslie, and A. Cimpian, "Gender Stereotypes About Intellectual Ability Emerge Early and Influence Children's Interests," Science, 355(2017): 389–391.

가 좋다고 생각한 학생들에게 더 어려운 과제를 주고 더 많은 피드백을 제공하여 이 학생들에게서 좋은 점수를 끌어냈던 것이다.

개인에 대한 관리자의 기대는 상대방에 대한 관리자 행동뿐만 아니라 상대방의 반응 자체에도 영향을 준다. 예를 들어, 어떤 직원에 대해 조직에서 높은 위치까지 올라갈 수 있는 잠재력이 있다고 관리자가 생각했다면, 그 관리자는 해당 직원에게 코칭과 상담을 제공해주고 어려운 과제를 부과하여 성공을 위해 직원의 개발을 도울 가능성이 높다. 관리자는 직원들에게 긍정적인 결과를 기대하는 것만으로 피그말리온 효과를 극대화하여 조직의 성과를 개선할 수 있다.

impression management The process by which individuals try to control the impressions others have of them.

2-5a. 인상관리

많은 사람들이 타인에게 호의적인 인상을 남기길 원한다. 이는 특히 개인 간 업무, 성과 평가, 연봉을 위해 서로 경쟁하는 조직에서 더욱 그러하다. 타인이 자신에게 대해 갖은 인상을 통제하려고 노력하는 과정을 **인상관리**(impression management)라고 한다. 개인은 인상관리를 위한 여러 기법을 사용한다.

인상관리기법 중 하나는 ***자기고양법***(self-enhancing)이다. 유명인의 이름을 거론하며 자신의 이미지를 높이려는 방식이 종종 사용된다. 외모를 가꾸는 것도 자기고양을 통해 인상관리기법이다. 면접을 위한 복장에 신경쓰는 것은 합격되려고 잘 보이길 원하기 때문이다. 자신의 특성에 대한 언급이나 자기 묘사 역시 인상관리를 위해 사용된다.

다른 인상관리기법에는 ***타인고양법***(other-enhancing)

이 있다. 이 방법은 좋은 인상을 남기려는 상대에 초점을 맞춘 기법이다. 사람들은 종종 호의를 베풀거나 아부나 아첨을 사용한다. 상대방의 의견에 동의하는 것은 긍정적인 인상을 심어줄 수 있다. 장애인의 경우 종종 이 방법을 사용하는데, 타인이 편안하게 자신과 상호작용할 수 있도록 타인고양을 나서서 해야한다고 생각하는데 기인할 수 있다. 이러한 인상관리기법을 통해 장애인들은 다른 사람들이 그들을 회피하는 상황을 막을 수 있다.

조직의 얼굴로서 리더는 인상관리에 신경써야한다. 회사가 대중석으로 널리 알려진 회사의 경우 그리고 리더의 연봉이 회사 성과에 달렸다면, 리더의 인상 관리 행동은 증가된다. 회사는 회사의 성과에 대해 이해관계자들의 의견을 적절히 조작하기 위해 국내 언론, 외국 언론, 재무 분석가 등 각 이해관계자들에 맞게 인상관리 기법을 다르게 사용한다.

즉 인상관리는 타인에게 영향을 미치는 듯 보인다. 전달되는 인상이 정확한 경우 인상관리 과정은 조직에게 도움이 된다. 그러나 잘못된 인상이 전달되는 경우에 그 결과는 매우 부정적일 수 있다. 너군다나 지나친 인상관리는 교묘하고 진실되지 못하다는 인식을 심어줄 수 있다.

2-6 조직에서 귀인

인간은 본질적으로 호기심이 많다. 우리는 타인의 행동의 원인을 알기를 원하고 우리 자신의 행동을 이해하고 설명하기를 원한다. **귀인 이론**(attribution theory)은 자기 자신과 타인의 행동의 원인을(그리고 그 결과 성과의 원인을) 찾아내는 과정을 의미한다.

2-6a. 내적 귀인과 외적 귀인

우리는 어떤 사건의 책임을 개인의 통제 하에 있는 내적인 요소로 혹은 개인의 통제 밖에 있는 외적인 요소로 귀인할 수 있다. 시험에서 좋은 결과를 내었다고 가정하자. 이 때 당신은 자신이 똑똑해서 혹은 공부를 열심히 해서 좋은 결과가 나왔다고 생각할 수 있다. 이 경우는 자신의 능력이나 노력과 같은 내적 요소로 그 원인을 돌리는 것이다. 혹은 시험의 난이도나 자신의 행운과 같은 외적 요소로 시험 성적을 설명할 수 있을 것이다.

귀인 패턴에는 개인차가 존재한다. 성취지향적인 사람은 자신의 성공을 자신의 능력에, 자신의 실패를 자신의 노력 부족으로 내적인 요소에서 그 원인을 찾는다. 실패지향적인 사람은 자신의 실패를 능력부족의 원인으로 돌리고 그 결과 자신감 결여, 심지어 우울증까지 생길 수 있다. 여성 관리자는 상대적으로 자신의 성공을 자기 능력으로 귀인하는 경향이 적다. 이것은 여성은 겸손해야한다는 사회적 규범에 따른 결과일 수도 있고 혹은 성공은 능력보다는 노력에 달려있다고 믿기 때문일 수 있다.

귀인이론은 직장에서 여러 측면에서 활용될 수 있다. 자신의 행동을 설명하는 방식은 자신의 동기부여에 영향을 미친다. 프레젠테이션의 성공을 위해 꼼꼼한 준비와 연습이 필요하다고 믿는다면, 그 결과를 자신의 공으로 돌리고 미래의 프레젠테이션에 대해 자신감을 가지게 될 것이다. 그러나 그저 운에 달린 것이라고 믿는다면, 자신이 그 결과에 미친 영향력이 거의 없다고 믿기 때문에 성과를 다시 반복하기 위해 동기부여되지는 않을 것이다.

면접에서 후보자가 과거 자신의 성과의 원인에 대해 설명할 때 귀인 현상이 많이 나타난다. 후보자들은 면접관이 자신을 채용할 근거를 주려고 한다("저는 사람들과 협력을 잘하기 때문에 관리직을 찾고 있습니다"). 연구에 따르면, 채용과정에서 과거 실패에 대해 채용에 성공한 후보자와 실패한 후보자는 다른 귀인을 한다고 한다. 채용 성공한 후보자는 자신의 실패에 대해 내부 귀인을 하고자 하지만, 채용에 실패한 후보자는 부정적 결과에 대해 자신의 통제 밖의 요인

attribution theory A theory that explains how individuals pinpoint the causes of their own and others' behavior.

탓을 하여, 해당 경험에서 배운 것이 없으며 직장에서 잘못된 일에 대해 다른 사람 탓을 하는 인상을 심어준다는 것이다.

Are successes from luck or skill?

2-6b. 귀인오류

귀인과정에서 보통 두 가지 문제점이 있을 수 있다. 첫째는 근본적인 **귀인오류**(fundamental attribution error)로, 타인의 행동에 대한 판단 시 내부적 요인을 과대평가하는 경향을 말한다. 다른 하나는 **자기보호편견**(self-serving bias)으로, 자기 자신의 행동에 대한 귀인 시에 성공에 대해서는 내부요인으로 귀인하나 실패에 대해서는 외적으로 귀인하는 경향을 뜻한다. 즉, 성공했을 때는 자신의 공으로 돌리지만, 실패했을 때는 다른 사람 탓으로 돌린다는 것이다.

두 오류와 관련하여 수행된 헬스케어 분야 관리자에 대한 연구에서, 직원들의 저성과 원인에 대해 관리자들은 직원의 내적 요인(노력이나 능력 부족)으로 그 원인을 돌렸다. 이에 반해 직원들은 자신의 성과문제 원인이 관리자의 지원 부족(외적 요인)이라 답하였다. 이 연구는 자기보호편견을 잘 보여주는 사례라고 할 수 있다.

이러한 두 귀인오류에는 문화적인 차이가 나타난다. 인도처럼 운명론이 강한 문화권에서는 운명이 현재의 상당부분을 설명해준다고 믿는다. 또한 행동의 외부 원인에 초점을 맞추는 경향이 나타난다. 중국 사람들은 열심히 일하는 것이 성취로 이어진다고 배운다. 성공이나 실패를 직면했을 때 중국인들은 먼저 열심히 노력했는지 혹은 태도가 적절했는지 반성한다. 즉 원인을 분석하는데 있어서 그들은 자신의 노력 정도를 먼저 점검한다.

fundamental attribution error The tendency to make attributions to internal causes when focusing on someone else's behavior.

self-serving bias The tendency to attribute one's successes to internal causes and one's failures to external causes.

자신을 둘러싼 사건을 해석하는 방식은 행동에 큰 영향을 미친다. 사람들은 보통 행동의 원인을 이해하는 노력을 통해 미래 행동을 예측하고 통제하려고 한다. 관리자들도 마찬가지다. 이들은 자신의 모든 업무에서 귀인을 사용한다. 특히 성과 평가나 보상에 있어서 관리자는 행동의 원인과 지각된 책임 소재를 규명해야한다.

귀인 이론은 성과 평가에 대한 판단이 보상의 차이로 이어진다는 것을 설명해준다. 직원의 높은 성과를 노력과 능력과 같은 내적 원인으로 돌리는 관리자는, 타인의 도움이나 교육과 같은 외적 원인으로 귀인하는 관리자에 비해, 더 큰 폭으로 임금을 올려줄 것이다. 관리자는 자신의 행동을 소명해야 할 때가 있는데 이 때 자기 행동의 원인에 대해 귀인한다.

CHAPTER

3 태도, 감정 및 윤리

Attitudes, Emotions, and Ethics

학습 목표

3.1 태도의 ABC 모델을 설명하라.
3.2 태도의 형성 과정을 기술하라.
3.3 직무만족과 직무몰입의 원천을 밝히라.
3.4 조직시민행동과 직장내 일탈 행동을 구분하라.
3.5 설득에 영향을 미치는 설득 주체, 대상, 메시지의 특성을 밝히라.
3.6 일터에서 경험하는 감정의 정의와 중요성을 논하라.
3.7 윤리적 행동에 개인과 조직이 미치는 효과를 대조하라.
3.8 윤리적 행동에 영향을 미치는 요인을 밝히라.

3-1 태도

태도(attitude)란 특정 대상(사람, 사물, 상황, 이슈 등)에 대해 좋거나 싫다고 평가하는 심리적 경향이다. 직장 동료, 자신의 외모, 정치 등 우리는 수많은 대상에 대해 긍정적 또는 부정적으로 반응하는데, 이는 다시 말하면 우리는 수많은 대상에 대해 특정한 태도를 가지고 있는 것이다. 태도는 일반적으로 행동과 밀접하게 연관되기 때문에, 조직행동에 있어 중요한 요소가 된다. 관리자들(managers)은 종업원의 부정적인 태도에 대해 불평을 표시하거나 태도수정을 위한 대화를 나누기도 한다. 부정적인 태도로 인한 낮은 업무성과의 원인으로는 모티베이션이 결여되었거나 피드백이 거의 주어지지 않는다든지 경영진에 대한 불신 등이 있을 수 있다. 반면 동료와 상사로부터 인정과 칭찬을 받게 되면 태도와 업무성과가 좋아지는 긍정적인 효과가 있다.

따라서 관리자들은 태도에 영향을 미치는 요인과 태도가 가져오는 결과에 대해 이해해야 하며, 태도의 구성요소 및 형성과정, 태도가 업무 행동에 미치는 영향, 태도 변화를 위한 설득 방법을 이해할 필요가 있다.

attitude A psychological tendency expressed by evaluating something with a degree of favor or disfavor.

3-1a. 태도의 ABC 모델

특정 대상(사람, 사물, 상황, 이슈 등)에 대해 정서적,

행동적, 인지적으로 반응을 한다는 것은 그 대상에 대한 태도를 가지고 있음을 의미한다. 이처럼 태도는 세 가지 요소로 이루어져 있고, 이 요소들이 태도의 ABC 모델을 구성한다(표 3.1).

첫 번째 요소인 **정서**(affect)는 태도의 감정적 요소로서, 대상에 대한 느낌을 의미한다. "난 이것 좋아" 또는 "나는 저것이 더 좋아" 등의 반응은 태도의 정서적 요소를 나타낸다. 정서는 설문지 또는 혈압 등 신체적, 생리적 반응으로 측정된다.

두 번째 요소는 대상에 대한 행동 의도(behavioral intent)로서, 반드시 실제 행동으로 이어지지 않을 수도 있으나 실제 행동이 일어나는 것이 일반적이다. 예를 들어, 우리가 여성 경영자에 대해 가지고 있는 태도는 우리가 여성 상사를 대하는 행동방식을 관찰함으로써 유추할 수 있다. 태도의 행동적 요소는 행동을 관찰하거나

> We may be supportive, passive, or hostile, depending on our attitude.

설문지로 행동 및 행동 의도에 대해 물어봄으로써 측정 가능하다.

태도의 세 번째 요소는 인지(cognition)로서 대상에 대한 생각이나 신념을 의미하는데, 태도 척도를 이용하거나 생각에 대한 질문으로 측정할 수 있다. 예를 들어 "일본 근로자들은 성실해"와 같은 의견은 태도의 인지적 요소를 반영한다.

태도를 이해하기 위해서는 위의 세 가지 구성요소를 모두 측정해야 함을 ABC

affect The emotional component of an attitude.

표 3.1 태도의 ABC 모델			
	요소	측정 방법	예시
A	정서(Affect)	신체적, 생리적 반응 느낌에 대한 서술/구술	나는 상사가 싫다.
B	행동 의도(Behavioral intent)	관찰된 행동 의도에 대한 서술/구술	나는 다른 부서로 이동하고 싶다.
C	인지(Cognition)	태도 척도(attitude scales) 생각과 신념에 대한 서술/구술	상사가 편파적으로 행동하는 것 같다.

SOURCE: Adapted from M. J. Rosenberg and C. I. Hovland, "Cognitive, Affective, and Behavioral Components of Attitude," in M. J. Rosenberg, C. I. Hovland, W. J. McGuire, R. P. Abelson, and J. H. Brehm, eds., Attitude Organization and Change(New Haven, Conn.: Yale University Press, 1960).

모델을 통해 알 수 있다. 예를 들어, 유연근로시간제(flextime)에 대한 종업원들의 태도를 알아보고 싶다면 그들이 제도에 대해 느끼는 감정(정서), 그들이 제도를 이용하고자 하는지(행동 의도), 그리고 그 제도에 대해 어떻게 생각하는지(인지)를 파악해야 한다. 일반적으로 태도 측정에 많이 사용되는 도구는 태도 척도(attitude scale)인데, 인지적 요소만을 측정하고 있다.

3-1b. 인지 부조화

이성적인 존재로서 사람들은 자신의 태도와 행동 간의 일관성(consistency, consonance)을 유지하고자 한다. 일관성이 유지되지 않을 경우(dissonance) 긴장이 발생하고, 사람들은 일관성을 되찾기 위해 태도나 행동을 변화시키고자 한다. 이처럼 태도와 행동 간의 불일치로 인해 발생하는 긴장을 **인지적 부조화**(cognitive dissonance)라고 일컫는다.

결함 있는 TV를 결함을 숨기고 고객에게 제 값으로 판매해야 하는 점원의 경우를 생각해 보자. 점원이 이를 비윤리적인 행동이라고 생각하게 되면, 태도(고객에게 결함을 숨기는 것은 비윤리적이다)와 행동(결함에 대한 정보가 없는 고객에게 결함 있는 TV를 판매한다) 간에 갈등이 발생하게 된다. 이 같은 부조화가 불편할 경우 점원은 이를 해결하기 위해 두 가지 방법을 취할 수 있다. 결함 있는 TV 판매를 거부함으로써 행동을 변화시키는 방법, 또는 미미한 결함이므로 고객이 결함을 모른다고 해서 지장은 없을 것이라고 합리화를 하는 방법이 있다. 이렇게 함으로써 점원은 태도와 행동 간에 균형을 되찾고 인지 부조화로 인한 긴장이 사라지게 된다.

cognitive dissonance A state of tension produced when an individual experiences conflict between attitudes and behavior.

social learning The process of deriving attitudes from family, peer groups, religious organizations, and culture.

종업원들은 이처럼 종종 태도와 행동 간에 갈등이 일어나는 상황에 놓이기 때문에, 관리자들은 인지 부조화를 이해할 필요가 있다. 갑작스러운 행동의 변화를 보이는 종업원은 부조화를 줄이고자 하는 것일 수 있다. 일부 종업원들은 자신이 강하게 가지고 있는 태도와 업무에서 요구되는 행동 간의 갈등이 지나치게 불편하여, 이러한 부조화를 피하고자 조직을 떠나기도 한다.

3-2 태도 형성

태도는 학습되며, 우리가 타인과 이슈에 대해 보이는 반응은 시간이 지남에 따라 변한다. 태도에 영향을 미치는 주요 요인으로 직접 경험(direct experience)과 **사회적**

학습(social learning)이 있다.

특정 대상과 관련된 직접 경험은 그 대상에 대한 태도에 큰 영향을 미친다. 자신이 생물학을 좋아하고 수학을 싫어하는지 어떻게 알 수 있을까? 아마도 이 과목들을 공부한 경험을 토대로 이 같은 태도가 형성됐을 것이다. 연구결과에 의하면, 간접 경험보다 직접 경험으로부터 생성된 태도가 더 확신에 차며 더욱 강하고 잘 변하지 않는 속성을 보인다. 이러한 태도는 우리의 인지과정 속에서 쉽게 활성화되기 때문에 우리의 의식 속에 빠르게 떠오르고, 그렇기 때문에 영향력이 큰 것이다.

사회적 학습은 가족, 또래나 동료 집단, 문화 등이 우리의 태도를 간접적으로 형성하는 것을 지칭한다. 부모가 특정 태도를 인정하고 강화함으로써 아이들은 그 태도를 받아들이게 되는데, 부모의 정치적 성향을 어린 아이들도 유사하게 나타내는 것을 보면 알 수 있다. 또래 집단 또한 개인의 태도 형성에 영향을 미치는데, 집단 내에서 통용되는 태도를 보이면 또래집단의 인정을 받고, 집단 내에서 받아들여지지 않는 태도를 보이면 집단에서 배제되는 벌을 통해서 이루어 진다. 사회적 학습의 상당 부분은 모델링(modeling)을 통해서 일어나는데, 타인을 관찰하면서 태도를 습득하는 것을 의미한다. 타인이 표출하는 의견을 듣거나 타인이 행동으로 태도를 표현하는 것을 관찰함으로써, 관찰자는 그 태도를 습득하게 된다.

A salesperson who tries to sell a damaged product for full price may experience cognitive dissonance.

모델 관찰을 통한 학습

모델을 관찰함으로써 학습하기 위해서는 다음의 4가지 과정이 필요하다.

1. 학습자는 모델에 주의를 집중해야 한다(Attention).
2. 학습자는 모델에게서 관찰한 것을 유지(Retain)해야 한다. 유지의 방법에는 두 가지가 있다:
   - 학습자는 관찰한 행동을 언어로 표상하여 기억한다.
   - 학습자는 자신이 모델처럼 행동하는 이미지를 마음속으로 그려 본다. 이를 인지적 시연(symbolic rehearsal)이라고 한다.
3. 학습자는 연습을 통해 행동을 본인의 신체로 직접 재생산한다(Reproduce).
4. 학습자는 모델을 보고 학습하고자 하는 모티베이션이 있어야 한다(Motivation).

문화 또한 태도 발달에 결정적인 역할을 담당한다. 예를 들어, 북미 사람들과 유럽인들 간의 휴가와 여가에 대한 태도 차이를 보면, 미국의 전형적인 휴가는 2주인데 비해, 유럽에서는 더 긴 휴가가 일반적이다. 일부 국가에서는 홀리데이(holiday)가 모든 사람이 한 달 휴가를 지내는 것을 의미하기도 한다. 유럽인들은 건강과 업무 성과를 위해 긴 휴가에 대한 투자가 중요하다는 태도를 지니고 있다.

3-2a. 태도와 행동

조직행동 연구자들과 사회 심리학자들은 태도와 행동의 일치 여부에 대해 상당 기간 고민을 해 왔다. 개인의 태도가 결근이나 이직과 같은 행동을 예측할 수 있을까? 일부 연구는 태도와 행동이 밀접하게 연관되어 있기 때문에 예측이 가능하다고 하고, 또 다른 연구는 태도와 행동 간에 연관성을 전혀 발견하지 못하기도 한다. 언제 태도가 행동에 영향을 미치고 언제 그렇지 않은

지를 연구하기도 하는데, 태도-행동 일치 여부는 다음의 5가지 요소에 달려 있다: 태도의 구체성(specificity), 태도의 관련성(relevance), 측정 시점(timing of measurement), 성격 요인(personality factors), 사회적 제약(social constraints).

우리는 일반적인 태도와 구체적인 태도를 모두 가지고 있다. 여성의 출산의 자유에 대한 권리를 옹호하고(일반적 태도) 임신중절 합법화를 찬성하는 정치 후보를 지지(구체적 태도)하면서도, 임신중절 합법화 집회에 참석하지도 않고 가족계획 연맹(Planned Parenthood)에 기부를 하지도 않을 수 있다. 이 경우 우리의 태도와 행동 간에 관계가 별로 없는 것으로 보일 수 있다. 하지만 임신중절 합법화를 찬성하는 정치 후보와 임신중절에 반대하는 정치 후보 중 임신중절 합법화를 찬성하는 후보를 선택할 경우, 우리의 태도는 행동을 상당 수준 예측하는 것으로 보인다. 태도가 구체적일수록 태도와 행동 간의 관계는 명확해진다고 하겠다.

태도-행동 관계에 영향을 미치는 또 다른 요인은 관련성이다. 자신과 이해관계가 있는 이슈에 관한 태도는 관련성이 높은 태도이고, 후속하는 행동은 자신의 태도와 일관되게 나타난다. $150,000 이상 소득 구간에 있는 사람들의 소득세를 인상하자는 제안을 생각해 보자. 학생의 경우에는 이 이슈를 별로 관련성 없게 여기지만, 이 소득구간에 있는 사람들의 경우에는 매우 관련성 높게 인식할 것이다. 소득세 인상 이슈와 관련성이 높은 사람들이 이 이슈에 대해 어떤 태도를 가지는지에 따라 찬성 또는 반대행동이 명확하게 예측될 수 있다.

태도-행동 일치에 영향을 미치는 또 다른 요인은 측정 시점이다. 태도 측정 시점과 행동이 관찰되는 시점이 가까울수록 태도-행동 간 관계가 강하게 나타난다. 예를 들어, 선거 직전에 조사한 유권자 선호도가 선거 결과를 가장 정확하게 예측하는 것으로 나타난다.

성격 요인도 태도-행동 관계에 영향을 미치는데, 그 중 하나로 2장에서 논의된 자기 감시(self-monitoring)가 있다. 자기 감시성향이 낮은 개인은 행동의사결정을 내릴 때 자신의 내적 상태에 근거하는 반면, 자기 감시성향이 높은 개인은 상황적 단서에 더 민감하게 반응하는 식으로 행동의사결정을 내린다. 따라서 자기 감시성향이 낮은 개인은 태도와 행동이 일치되는 경향이 높고, 자기 감시성향이 높은 개인은 타인과 환경으로부터 받는 신호나 단서에 따라 행동하기 때문에 태도와 행동이 불일치할 가능성이 높다.

마지막으로 사회적 제약 또한 태도-행동 관계에 영향을 미치는데, 사회적 맥락(social context)에 따라 적합한 태도와 행동이 변하기 때문이다. 신입사원의 경우 처음으로 업무 팀이나 부서의 태도를 접하게 된다. 사우디아라비아에서 온 신입사원은 자신의 문화권의 영향으로 인해 여성 상사에 대해 부정적인 태도를 가질 수 있다. 그런데 다른 팀원들이 여성 상사에 대해 긍정적으로 반응하는 것을 보게 되면, 그 신입사원도 순응하는 행동을 보이게 된다. 자신의 태도와 문화적 신념 체계와 일관되지 않더라도 사회적 제약이 영향을 미치기 때문에 행동을 달리하게 되는 것이다.

3-2b. 업무 태도

일터에서의 태도는 중요한데, 직접적 또는 간접적으로 업무 행동에 영향을 미치기 때문이다. 종업원의 업무 태도에 가장 부정적인 영향을 미치는 요인으로는 스스로 통제할 수 없는 부담이 많은 힘든 업무(demanding job)이다. 간호사 이직률을 줄이는 방법에 관한 연구에

의하면, 직업에 대한 헌신(commitment to profession)이외에 근무일정의 유연함, 충분한 휴식 시간, 새로운 기술을 학습하고 발전할 수 있는 기회가 있는지 여부가 간호사의 태도에 중요한 영향을 미치는 것으로 나타났다. 또 다른 중요한 요인은 환자 간호와 병원 수익 간의 갈등이었다. 인터뷰에서 간호사들은 환자의 삶에 중요한 기여를 한다는 소명의식을 가지고 있는데, 때로는 병원 수익이라는 상충된 이해로 인해 환자에게 적절한 간호를 제공하지 못할 수도 있다는 우려도 있는 것으로 나타났다. 이와 대조적인 한 연구는 긍정적인 심리적 분위기만으로도 긍정적인 태도와 좋은 업무성과를 이끌어낼 수 있음을 다양한 직종에서 밝히기도 했다.

3-3 직무 만족

자신의 직무나 직무 경험에 대해 느끼는 유쾌하고 긍정적인 감정 상태를 직무 만족(job satisfaction)이라 일컫는다. 직무에 대한 일반적인 태도이기도 하고, 직무의 5가지 구체적 차원에 대한 만족으로 보기도 한다: 보상(pay), 업무(work itself), 승신 기회(promotion opportunities), 상사의 관리(supervision), 동료들(coworkers).

우리는 직무의 다양한 측면에 대해 각기 다른 태도를 지닐 수 있다. 예를 들어, 자신의 업무 책임에 대해서는 만족하되 승진 기회에 대해서는 만족하지 못할 수 있다. 개인의 속성에 따라서도 직무 만족도가 달라질 수 있는데, 부정적인 성향이 강한 사람은 직무에 대해 불만족할 가능성이 높다. 도전적인 업무, 가치 있는 보상, 성장발전의 기회, 역량 있는 상사의 관리, 지지해주는 동료들은 만족도를 높이는 직무요소로 꼽힌다. 신기하게도 보상은 직무 만족도에 미미한 영향을 미치는 것으로 나타나는데, 보상을 많이 받는 사람들이 상대적으로 적게 받는 사람들보다 단지 약간 더 만족하는 것으로 밝혀졌다.

직무 만족도를 측정하는 몇 가지 방법이 있는데, 가장 일반적으로 사용되는 것은 직무기술지표(Job Descriptive Index: JDI)로서 직무를 기술하는 여러 문항들에 대해 종업원이 "예", "아니오", "잘 모름"으로 응답하도록 함으로써 직무 만족의 구체적인 측면들을 측정한다. 또 다른 대표적인 측정방법으로 미네소타 만족도 설문지(Minnesota Satisfaction Questionnaire: MSQ)가 있는데, 종업원은 5점 척도(매우 불만족 ~ 매우 만족)를 활용하여 직무에 관한 문항들에 응답한다. (그림 3.1)에 각 설문의 예시 문항을 제시하였다.

관리자와 종업원들은 행복하고 만족한 종업원이 업무 생산성이 더 높을 것이라 믿는다. 우리 스스로도 평소보다 성과가 더 좋다고 느낄 때 더 만족감을 느끼는 경우가 일반적이다. 하지만 직무 만족과 성과 간의 관계에 관한 연구에 따르면 둘 간의 관계가 우리 예상보다 더 복잡한 것으로 나타난다. 만일 직무 만족이 항상 성과를 높인다면 관리자들의 업무는 단순히 종업원들을 행복하게만 해주면 될 것이다. 하지만 연구에 의하면 대부분의 사람들에게 직무 만족은 좋은 업무성과를 내기 위한 여러 가지 요인 중 하나일 뿐이다. 훌륭한 업무성과가 직무 만족을 이끌어 낸다는 관점도 있지만, 일부 고성과자들은 직무에 대해 만족하지 못하는 것으로 나타나기도 한다. 결국 직무 만족을 이해하기 위해서는 잠재적으로 관련된 모든 변수들을 고려하는 것이 중요함을 알 수 있다.

직무 만족과 성과 간의 관계는 보상의 역할을 살펴봄으로써 이해할 수 있다. 가치 있는 보상을 받은 종업원은 만족도가 높다. 더 나아가, 성과에 연동하여 보상을 받는(성과가 더 좋을수록 더 높은 보상을 받는) 종업원은 업무 성과가 더욱 향상되는 경향이 있다. 보상은 이처럼 직무 만족과 성과 모두에 영향을 미치는데, 이 때 핵심은 종업원이 가치 있게 여기는 보상이 주어져야 하고 성과에 직접적으로 연동되는 보상이어야 한다는 것이다.

그림 3.1 **만족도 설문지 문항 예시**

직무기술지표(Job Descriptive Index: JDI)

귀하께서 현재 하고 계신 업무에 대해 생각해 보십시오. 아래에 제시된 각각의 단어가 얼마나 귀하의 업무를 제대로 설명하고 있습니까? 각 단어 옆의 빈 칸에 다음과 같이 적어 주십시오.

___Y___ 귀하의 업무를 제대로 설명할 경우
___N___ 귀하의 업무를 제대로 설명하지 못할 경우
___?___ 판단하기 어려울 경우

귀하의 현재 업무(work on your present job):

______ 판에 박힘, 지루함(Routine)
______ 만족스러움(Satisfying)
______ 좋음 (Good)

현재 귀하와 함께 일하는 대다수의 사람들이나 귀하의 업무 관련하여 만나는 사람들에 대해 생각해 보십시오. 아래에 제시된 각각의 단어가 얼마나 이 사람들을 제대로 설명하고 있습니까? 각 단어 옆의 빈 칸에 다음과 같이 적어 주십시오.

___Y___ 함께 일하는 사람들을 제대로 설명할 경우
___N___ 함께 일하는 사람들을 제대로 설명하지 못할 경우
___?___ 판단하기 어려울 경우

동료들(coworkers):

______ 지루함(Boring)
______ 책임감 있음(Responsible)
______ 지적임(Intelligent)

미네소타 만족도 설문지(Minnesota Satisfaction Questionnaire: MSQ)

1 = 매우 불만족
2 = 불만족
3 = 만족하는지 불만족 하는지 판단할 수 없음
4 = 만족
5 = 매우 만족

나의 현재 직무에 대해 느끼는 만족감은 다음과 같다:

______ 독립적으로 직무를 수행할 수 있는 기회(독립성, independence)
______ 현재 직무에서 발전할 수 있는 기회(발전, advancement)
______ 다른 사람들에게 무엇을 할지 지시할 수 있는 기회(권한, authority)
______ 직무에서 좋은 성과를 거두었을 때 칭찬과 인정을 받는 일(인정, recognition)
______ 업무 양과 보상(보상, compensation)

SOURCE: The Job Descriptive Index is copyrighted by Bowling Green State University. The complete forms, scoring key, instructions, and norms can be obtained from the JDI Office, Department of Psychology, Bowling Green State University, Bowling Green, OH 43403. Minnesota Satisfaction Questionnaire from D. J. Weiss, R. V. Davis, G. W. England, and L. H. Lofquist, Manual for the Minnesota Satisfaction Questionnaire(University of Minnesota Vocational Psychology Research, 1967).

3-4 조직시민행동과 직장 내 일탈 행동

직무에 만족할 경우 **조직시민행동**(organzational citizenship behavior: OCB)을 수행할 가능성이 높아지는데, 이는 자신의 책임과 의무를 넘어서서 조직의 발전을 위해 자발적으로 행하는 행동을 의미한다. 만족한 종업원은 자신의 동료를 돕고 회사에 대해 긍정적인 발언을 하며, 직장에서 일이 잘 안 풀려도 불평을 억누르는 경향이 있다. 자신의 책임과 의무를 초월하는 행동은 특히 팀 조직에서 중요한데, 팀 목표를 달성하기 위해서는 팀원들 간에 서로 돕는 행동이 필수적이기 때문이다.

만족하는 종업원은 자신의 긍정적인 경험을 조직에 환원하고자 하는 경향, 즉 조직시민행동을 수행하고자 하는 경향을 보인다. 조직시민행동은 자신의 직무 책임 범위를 벗어나 이루어지기 때문에, 종업원들은 자신의 조직시민행동이 인정받지 못한다고 느끼는 경우가 잦다. 하지만 조직시민행동은 성과 평가에 실제로 영향을 미치는 것으로 나타난다. 동료를 돕고 혁신적인 제안을 하며 자신의 역량을 개발하는 종업원은 높은 성과평가 점수를 받는다.

조직시민행동은 조직의 다양한 측면을 대상으로 행해질 수 있는데, 정서적 태도 요소는 타인을 위한 조직시민행동을 유발하고 인지적 태도 요소는 조직을 위한 조직시민행동을 유발하는 경향이 있다.

직장에서 조직시민행동을 수행함으로써 종업원은 다양한 혜택을 얻을 수 있다. 조직시민행동을 수행하면 자신의 업무를 더욱 의미 있게 여기게 되고 행복감도 풍부하게 느끼게 된다. 업무 외 행동을 수행하는 것이 에너지를 고갈시킬 것이라 생각하기 쉽지만 연구 결과는 정반대이다. 조직시민행동은 실제로 종업원의 에너지와 활력을 증가시킨다.

팀 내에서 조직시민행동이 규범처럼 정착되면 팀원들 전체가 조직시민행동을 수행할 가능성이 높고, 팀원 한 사람의 조직시민행동은 팀 전체와 조직으로 확산될 수 있다. 하지만 주의해야 할 점은 조직시민행동을 과하게 수행하면 개인의 에너지 자원이 고갈될 수 있다는 것이다. 조직은 지원을 아끼지 않는 환경을 제공하고 강한 팀워크를 장려하며 조직시민행동을 강요하지 않음으로써 종업원의 피로와 탈진을 예방할 수 있다.

비록 개인수준에서 직무 만족과 업무성과 간의 관계는 우리가 생각하는 것보다 더 복잡한 양상을 보이지만, 조직수준에서의 직무 만족과 조직 성과 간에는 상당히 밀접한 관계가 있는 것으로 연구결과 밝혀졌다. 전반적으로 봤을 때, 만족한 종업원들로 구성된 기업이 불만족한 종업원들로 구성된 기업에 비해 더 나은 성과를 보인다. 이러한 결과는 조직시민행동과 같이 포착되기 어려운 성과요인에 기인한 것일 수 있다. 즉, 조직시민행동은 조직의 효과적인 운영을 가능하게 하므로 조직수준의 성과에 기여하지만, 개인의 업무성과 평가에는 조직시민행동이 직접적으로 반영되지 않을 가능성이 있기 때문이다.

직무 만족은 다른 중요한 결과들과 연관되는데, 불만족한 종업원은 결근하거나 사직 가능성이 높아 이직으로 인한 비용을 증가시킨다. 더 나아가, 불만족한 종업원은 만족한 종업원에 비해 심리적이거나 건강상 문제를 더 많이 호소한다.

일터에서 불만족을 일으키는 주요한 요인으로 개인 가치와 조직 가치의 불일치 또는 개인-조직 적합성(person-organization fit)의 부재가 있다. 자신의 가치가 조직의 가치와 맞지 않는다고 느끼는 종업원은 직무 불만족을 경험하고 결국 조직을 떠나기 쉽다.

다른 모든 태도와 마찬가지로, 직무 만족 또한 문화의 영향을 받는다. 49개국의 직무 만족도에 대한 최근 연구에 의하면 소득수준이 높고 개인주의가 강하며 권력 격차가 적은 나라일수록, 소득수준이 낮고 개인주의가 약하며(강한 집단주의) 권력 격차가 큰 나라에 비해 직무 특성과 직무 만족 간에 명확한 관계가 있는 것으로 나타난다. 상이한 문화권에서

organizational citizenship behavior(OCB) Behavior that is above and beyond the call of duty.

자연이 업무 태도를 긍정적으로 변화시킨다.

종업원의 직무 만족도와 조직 몰입도를 증진시키고자 하는 관리자는 일터를 재설계하는 방법을 시도해 볼 수 있다. 연구 결과에 의하면 업무를 하는 중에 자연에 노출되고 햇빛을 받으면 업무 태도가 개선되었고, 간접적인 햇빛만으로도 종업원의 기분이 좋아졌다고 한다. 일터에서 자연의 요소를 적용하는 방법으로는 창밖 풍경이나 사무실 식물, 풍경화나 자연 풍경 화면보호기 등이 가능하다.

아마존(Amazon)은 시애틀 도심에 자연을 가져오기 위해 Amazon The Spheres를 건축했는데, 종업원들에게 영감을 주기 위해 자연의 요소들을 사용하고 있다. 2018년에 개장한 Spheres는 식물원과 3개 층에 걸친 나무 캐노피(canopies), 실내 개천을 만들어 놓았다. 종업원들은 이 안에서 회의 하고 휴식을 취하며 점심식사를 함으로써 더욱 창의적인 아이디어를 제안할 것으로 기대된다.

SOURCE: M. An, S.M. Colarelli, K. O'Brien, and M.E. Boyajian, "Why We Need More Nature at Work: Effects of Natural Elements and Sunlight on Employee Mental Health and Work Attitudes," PLOS One, May 2016, http://journals.plos.org/plosone/article?id=10.1371/journal.pone.0155614; N. Wingfield, "Forget Beanbag Chairs. Amazon Is Giving Its Workers Treehouses," New York Times, July 10, 2016, https://www.nytimes.com/2016/07/11/technology/forget-beanbag-chairs-amazon-is-giving-its-workers-treehouses. html.

온 종업원들 간에는 서로 다른 직무 기대를 가지고 있기 마련이므로, 다양한 문화권에서 온 종업원들의 직무 만족도를 단번에 끌어올리는 처방전은 거의 불가능할 것이다. 중국의 호텔과 요식산업에 대한 연구를 보면, 내부 승진, 유연한 업무 분담, 장기간 실적 위주의 성과평가, 직업 안정성과 같은 고성과를 창출하는 인적자원관리 제도를 운영함으로써 서비스 지향적인 조직시민행동이 더 활발하게 일어난다고 한다. 이는 궁극적으로 이직률을 낮추고 조직 수준에서 높은 생산성을 창출하는 결과를 가져왔다.

종업원이 직무 불만족을 경험하면 **반생산적 업무 행동**(counterproductive work behavior, CWB)을 보일 가능성이 높다. 이는 태도에 의해 유발된 고의적인 행동으로서 조직의 규범을 위반하고 조직, 동료, 상사에게 해를 입히는 모든 행동으로 정의된다. 꾀병으로 병가를 낸다거나 지각을 하거나 업무에 노력을 거의 기울이지 않는다든지, 허락 없이 직장 물건을 가져가거나 타인에 대한 험담을 한다거나 다른 사람의 프로젝트를 방해하는 행동 등이 그 예이다. 일반적으로 다운사이징(대량해고)이나 기술변화에 따른 불안감 등과 같은 부정적인 이벤트가 반생산적 업무 행동을 촉발시킬 수 있다. 예를 들어, 정리해고(layoff)가 일어나면 종업원들은 부정적인 태도가 싹트고 조직에 대해 분노와 적대감을 느끼며 보복하고 싶은 생각을 가지게 된다. 해고 대상자가 아닌 종업원조차도 정리해고 절차가 불공정하다고 생각할 경우 상사에게 앙갚음을 하려고 할 수 있다. 이처럼 직장에서 불공정성을 느끼는 것이 일탈, 방해, 보복의 주요 원인으로 꼽힌다. 관리자들은 반생산적 업무 행동을 예방하거나 관리함으로써 업무 성과가 저하되지 않도록 해야 한다. 한 가지 방법은 서로를 돕고 지지하는 조직 분위기를 만듦으로써 종업원들 간에 긍정적인 태도를 갖도록 장려하는 것이다. 종업원들의 기여를 회사가 가치 있게 여기며 회사가 종업원들의 행복과 웰빙에

counterproductive work behavior Behavior that violates organizational norms and causes harm to the organization and/or employees.

신경을 쓰고 있음을 종업원들에게 적극적으로 알리는 것도 좋은 방법이다.

3-4a. 조직 몰입과 직무 만족

종업원 개인이 조직에 대해 느끼는 일체감의 강도를 **조직 몰입**(organizational commitment)이라고 일컫는데, 세 가지 차원이 있다: 감정적, 지속적, 규범적 몰입. **감정적 몰입**(affective commitment)은 조직을 떠나지 않고 남아있으려는 강한 애착을 의미한다. 감정적 몰입은 조직의 번영에 대한 깊은 관심과 충성심을 포괄하는 개념으로, 다음의 세 가지 요소에 기반한다: 조직 목표와 가치관에 대한 신념, 조직을 위해 노력을 바치려는 의욕, 그리고 조직의 일원으로 남고자 하는 애착.

지속적 몰입(continuance commitment)은 이직할 다른 곳이 없기 때문에 조직에 남아있으려는 경향을 나타낸다. 만일 다른 곳으로 이직한다면 그동안 투자했던 시간, 노력, 혜택의 상당 부분을 잃어버릴 수 있기 때문이다. **규범적 몰입**(normative commitment)을 느끼는 종업원은 조직에 남아있어야 한다는 의무감 때문에 떠나지 않는 것이다.

참여적 의사결정제도나 직업 안정성 등의 조직 특성, 그리고 자율성, 책임부여, 역할 명료성, 흥미로운 업무 등의 직무 특성은 종업원의 조직 몰입을 증대시킨다. 감정적, 규범적 몰입은 낮은 결근율, 양질의 업무 성과, 전반적으로 높은 생산성 및 성과와 관련이 있는 것으로 나타난다. 관리자들은 특히 감정적 몰입을 장려해야 하는데, 감정적 몰입을 느끼는 종업원은 과업에 더 많은 노력을 기울이며, 조직을 떠날 가능성이 적기 때문이다.

관리자는 종업원의 기여에 대한 감사를 표현하고, 종업원의 행복과 웰빙에 대한 관심을 표현함으로써 감정적 몰입 수준을 높일 수 있다. 조직과 종업원이 가치를 공유하거나, 조직이 도덕적 진정성, 공정성, 창의성, 개방성과 같은 가치관을 강조할 때 역시 감정적 몰입이 증가한다. 나이에 따른 차별 등 직장에서의 부정적인 경험은 감정적 몰입을 저해하는 것으로 나타난다.

> Affective and normative commitments are related to lower rates of absenteeism, higher quality of work, increased productivity, and overall performance.

3-5 설득과 태도 변화

경영자가 종업워에게 일방적으로 지시를 내리는 명령과 통제 위주로 경영(command-and-control management)하는 시대는 이제 저물었다. 대신 현대의 관리자는 종업원의 태도를 변화시키는 데 집중해야 하고, 따라서 설득의 기술이 필요하게 되었다. 설득을 통해 설득 주체(the source)는 특정 이슈(the message)에 대한 설득 대상(the target)의 태도를 변화시키려는 노력을 기울인다. 설득 주체, 대상, 내용의 특성은 설득 과정에 영향을 미친다.

3-5a. 설득 주체의 특성

설득 주체의 세 가지 주요 특성은 설득에 영향을 미친다: 전문성, 신뢰성, 매력도. 전문적이라고 생각되는 설득 주체는 상당히 설득력이 있다. 소비자의 사용후기는 기업의 사회적 책임과 감정적 호소 다음으로 광고의 효과적인 테크닉으로 꼽힌다. 제품의 보증인은 신뢰할만하고 매력적이며 소비자와 유사

organizational commitment The strength of an individual's identification with an organization.

affective commitment Organizational commitment based on an individual's desire to remain in an organization.

continuance commitment Organizational commitment based on the fact that an individual cannot afford to leave.

normative commitment Organizational commitment based on an individual's perceived obligation to remain with an organization.

그림 3.2 설득의 정교화 가능성 모델(Elaboration Likelihood Model of Persuasion)

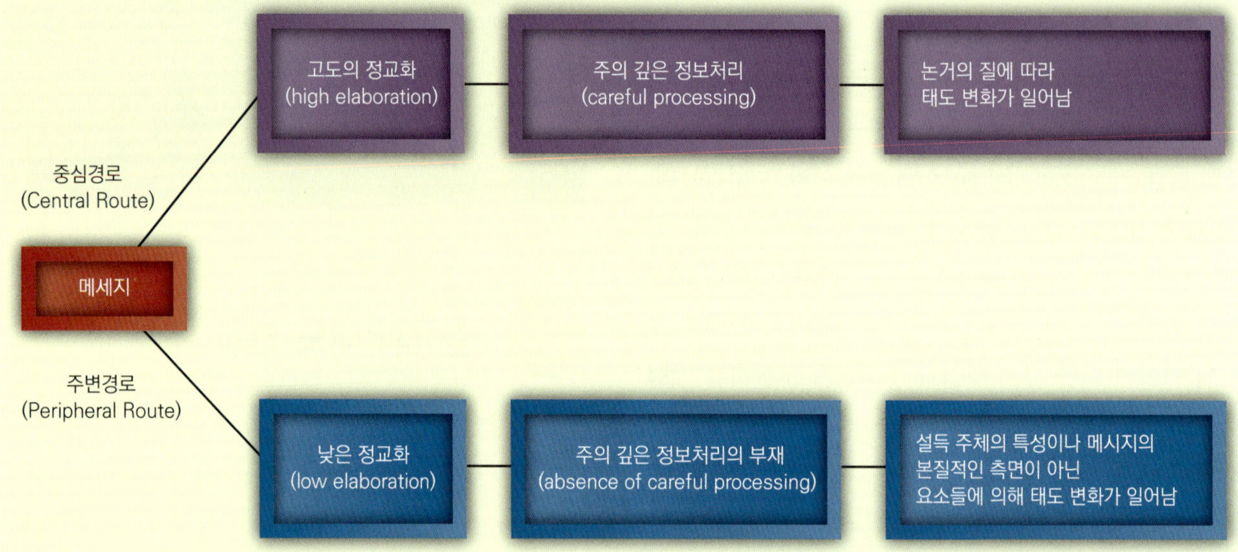

SOURCE: Adapted from R. E. Petty and J. T. Cacioppo, "The Elaboration Likelihood Model of Persuasion," in L. Berkowitz, ed., Advances in Experimental Social Psychology, vol. 19(New York: Academic Press, 1986), 123-205.

한 점이 있거나 소비자가 닮고 싶은 이미지를 나타낼 때 효과적이다.

3-5b. 설득 대상의 특성

자존감(self-esteem)이 낮은 사람들은 높은 사람들에 비해 설득에 의해 태도가 변화될 가능성이 높다. 극단적인 태도를 지닌 사람들은 설득에 더 강하게 저항하는 편이고, 긍정적인 기분 상태에 있는 사람들을 설득하기는 쉽다. 이처럼 사람들이 설득에 반응하는 방식은 매우 달라서, 관리자들은 이러한 차이를 인식하고 종업원들의 태도를 변화시키려는 노력이 모두에게 받아들여지지는 않을 수 있음을 이해해야 한다.

3-5c. 설득 내용의 특성

종업원들이 별로 원하지 않는 정책을 기업이 도입하고자 하는 경우를 가정해 보자. 경영자의 입장에서 정책의 긍정적인 측면만을 강조해야 할까? 아니면 긍정, 부정 양 측면을 모두 알려야 할까? 종업원들이 이미 그 정책에 대해 부정적인 편으로 기울어져 있으므로, 긍정과 부정 양 측면을 모두 알리는 것이 그들의 태도를 성공적으로 변화시킬 수 있다. 즉, 이슈의 긍정적인 측면을 강조하면서도 부정적인 측면도 존재한다는 것을 인정함을 보여주는 것이다. 게다가 부정적인 측면을 덮거나 도외시하기 보다는 오픈하고 반박함으로써, 설득 대상이 더 이상 부정적인 태도를 고집하기 어려워지도록 만들 수 있다.

설득은 섬세한 기술이 필요하다. 지나치게 드러내놓고 의도적으로 태도를 바꾸려고 하면 종업원들의 태도를 오히려 의도하지 않은 방향으로 몰아갈 수도 있다. 이러한 현상은 특히 설득 대상이 자신의 자유의사가 위협당한다고 느낄 때 발생하는 경향이 크다. 덜 위협적인 접근방법이 부정적인 반응을 일으킬 확률이 적다. 설득 내용(메시지)의 감정적 어조 및 어투 또한 중요하다. 설득 대상이 느끼는 감정과 동일한 감정을 담은 메시지가 더욱 설득력 있는 것으로 나타난다.

3-5d. 설득의 인지적 경로

설득의 정교화 가능성 모델(elaboration likelihood model of persuasion) (그림 3.2)에 따르면, 설득 주체, 대상, 내용의 속성은 두 종류의 인지적 경로(중심경로와 주변경로)에 따라 영향을 미치는 정도가 달라진다. 두 경로는 정교화된 정도 및 설득 대상이 메시지를 검토하는 정도에 따라 구분된다.

중심경로(central route)를 통한 설득은 메시지 내용을 직접 인지적으로 처리하는 과정이 포함되는데, 자신에게 개인적으로 관련성이 높은 이슈에 대해 신중하게 생각하는 것이다. 설득 대상은 강한 근거에 대해 고개를 끄덕이기도 하고 약한 근거에 대해서는 고개를 젓기도 한다. 중심경로를 통해 태도를 변화시키기 위해서는 논리직이고 설득력 있는 근거가 필요하다.

주변경로(peripheral route)를 통한 설득은 설득 대상이 집중을 하지 않거나 개인적으로 관련성을 못 느껴서 메시지의 내용에 주의를 기울이지 않는 경우에 일어난다. 이 때 설득 대상은 오히려 설득 주체의 특성에 의해 설득이 되는데, 예를 들면 전문성, 신뢰가능성, 매력도 등이 있다. 이 외에도 통계수치, 근거의 수, 설명 방법 등 실제 메시지의 내용과는 무관한 요소들에 의해 설득되기도 한다.

정교화 가능성 모델은 설득 대상이 이슈에 관여되는 정도가 중요함을 보여준다. 관여 정도에 따라 어떤 경로를 통해 설득하는 것이 더 효과적일지도 알 수 있다. 어떤 경우에는 중심과 주변 경로 모두를 거쳐 태도 변화가 일어나기도 한다. 관리자는 이 같은 다양한 경우에 대비하기 위해 자신의 메시지 내용을 신중하게 구성해야 하고, 설득에 효과적인 자신만의 특성을 개발해야 하며, 호소력 있는 설명 방법을 선택할 수 있어야 한다.

3-6 일터에서의 감정과 기분

감정(emotions)은 구체적인 원인이 있고 상대적으로 짧은 시간 동안 지속되며, 다양한 유형이 있다. 예를 들어 분노(anger)의 감정이 일어나는 원인은 동료가 내게 무례한 행동을 했기 때문이다. 또는 승진을 해서 행복한(happy) 감정을 느끼기도 한다. 반면에 기분(moods)은 대체로 긍정적이거나 부정적인 기분으로 분류되고 다양한 감정이 복합되어 나타난다. 기분은 감정보다 대체로 오래 지속되고 구체적인 원인이 없이 막연하다. 전통적인 경영 이론에서는 종업원의 기분과 감정이 미치는 영향을 그다지 중요한 연구주제로 다루지 않았는데, 합리적 의사결정에 방해가 된다고 생각했기 때문이다. 자신의 감정을 통제하며 완벽하게 합리적이고 감정의 개입 없이 행동하는 사람을 이상적인 종업원의 전형으로 설정하고 이를 중심으로 이론이 전개되었다. 그러나 연구결과를 보면 감정과 인시는 서로 영향을 주고 받으며 뒤얽혀있고, 두 가지 모두 업무수행과 의사결정의 핵심부분임을 알 수 있다.

3-6a. 감정

감정(예: 분노, 기쁨, 자부심, 적대감 등)은 어떤 시건이나 일에 대해 짧은 시간 지속되는 강렬한 반응이다. 종업원들은 매일 일터에서 긍정적, 부정적인 일에 대처해야 하는데, 이러한 사건이나 일은 감정을 일으킨다. 일터에서의 사건이나 일이 긍정적이고 목표한 바가 이루어질 때 종업원은 긍정적인 감정을 경험한다. 그러나 일터에서 일어나는 사건, 일이 부정적으로 여겨지면 그 반대의 경험을 하게 된다. 감정은 결과적으로 업무 태도와 업무 행동에 영향을 미친다.

각기 다른 감정은 직무 만족의 다양한 측면에 연관된다. 예를 들어 감사의 감정(gratitude)은 동료들 또는 상사에 대한 만족과 관계가

emotions Mental states that include feelings, physiological changes, and the inclination to act.

Google의 SIYLI에서 감성 지능(emotional intelligence)과 마음 챙김(mindfulness)을 개발

Daniel Goleman

Google은 자사의 Search Inside Yourself Leadership Institute(SIYLI)에서 리더들의 마음 챙김 실천과 감성 지능 스킬을 훈련한다. 신경 과학 연구에 기초하여 개발된 이 프로그램은 리더들이 보다 회복 탄력적이고(resilient) 창의적이며 행복을 느낄 수 있도록 돕는 데 초점이 있다. SIYLI의 공동창업자이자 의장인 Chade-Meng Tan은 Google의 엔지니어로서, 일은 재미있고 즐거워야 하며 세계 평화를 이루는 데 도움이 되어야 한다고 믿는다. Google's Jolly Good Fellow로 알려져 있는 Meng은 감성 지능의 대가인 Daniel Goleman, 마음 챙김의 창시자인 Jon Kabat Zinn과 협력하여 프로그램을 만들었고, 이를 4년에 걸쳐 Google에서 시험해 보고 정교화하였다.

SIYLI는 2일간 집중적으로 진행되는 프로그램으로, 참가자들은 주의집중 훈련 방법을 배우고 자기 자신에 대한 이해 및 극기 능력을 개발하며 유용한 정신적 습관을 만들어 내게 된다. 1000여 명이 넘는 Google 종업원들이 SIYLI 훈련 프로그램에 참가하였고, 참가를 원하는 대기자 또한 상당히 많다. 현재 SIYLI는 전 세계 대중에게 제공되고 있고 Ford와 American Express 사내에도 프로그램을 두고 있다. Meng이 추구하는 세계 평화의 비전은 어쩌면 터무니없는 생각이 아닐 수도 있다.

SOURCE: silyi.org

있을 것이다. 호기심 또는 매료되는 느낌의 감정인 흥미(interest)는 업무 그 자체에 대한 만족과 연관될 수 있다. 긍정적인 감정은 인지적 기능을 활성화하고 신체적 건강과 심리적 건강을 증진시키며 스트레스 극복기제의 작동을 원활하게 한다. 사람마다 긍정적인 감정(예: 행복감, 자부심)과 부정적인 감정(예: 분노, 두려움, 죄책감)을 경험하는 정도에 차이가 있는데, 긍정적인 감정을 경험하는 사람은 반복해서 그러한 경험을 하는 것으로 나타난다. 전반적으로, 긍정적인 감정을 경험하는 사람들은 다양한 삶의 영역에서 보다 성공적이며 높은 삶에 대한 만족감을 느끼는 것으로 보고된다. 반면 부정적인 감정을 경험하는 사람들은 건강에 해로운 방식으로 스트레스에 대처하고 심혈관 기능과 신체적 건강수준이 낮은 것으로 밝혀졌다.

3-6b. 기분

기분은 감정보다 더 오래 지속되고 명확한 원인이 없는 정서적 상태를 의미한다. 기분은 다양한 감정이 복합되어 구성되기 때문에 감정보다 한 수준 높은 단계로 이해될 수 있다. 일터에서 강렬한 긍정적 기분을 느끼는 사람들은 신이 나고 열정적이며 생기가 넘치는 반면, 약한 긍정적 기분을 느끼는 사람들은 차분하고 느긋하다. 일터에서 강한 부정적인 기분을 느끼는 사람들은 괴로워하고 적대적이며 초조해하고 긴장하는 반면, 약한 부정적인 기분을 느끼는 사람들은 지루함과 피곤함을 느낀다.

기분은 감정보다 더 긴 시간동안 유지되기 때문에 일터에서 특히 중요하다. 업무수행 시 긍정적인 기분을 경험하면 업무성과와 조직시민행동이 증가하고 반생산적 업무행동이 감소하는 반면, 부정적인 기분은 결근과 이직 의도로 이어지는 것으로 나타난다. 기분을 조절하기 위해서는 자신의 활력이나 에너지 레벨 측면에서 봤을 때 본인이 아침형인지 저녁형인지 알아두면 효과적이다. 사람들은 하루 중 자신이 선호하는 시간대에 더 활력 있고 기분도 더 좋다. 자신의 기분과 에너지 수준에 대해 자각하고 이를 성과향상에 도움이 되는 방향으로 활용하기 위해서는 다음 절에서 소개할 감성지능(emotional intelligence)이 요구된다.

3-6c. 일터에서의 감정의 전이

감정은 일터에서의 행동에 폭넓은 영향을 미친다. 의사결정을 좌우하기도 하고 심지어 갈등이나 협상 상황에서 자신이 원하는 결과를 얻어내기 위해 상대방을 조종하는 도구로 사용되기도 한다. 더 나아가 **감정의 전이**(emotional contagion) 현상으로도 확대되는데, 비언어적인 경로를 통해 의식적이거나 무의식적으로 한 사람의 감정이 다른 사람에게 전이되는 역동적인 과정을 의미한다.

일터에서의 감정은 잘 관리가 되어야 하는데, 왜냐하면 감정은 쉽게 확산되기 때문이다. 감정의 전이는 주로 비언어적인 단서, 그리고 상대방의 표정, 몸짓, 말투, 어조, 심지어 감정까지도 모방하고자 하는 인간의 근본적인 기질을 통해 일어난다. 감정의 전이는 대인간 상호작용이 필요한 모든 직무에 영향을 미칠 수 있다. 업무 팀 내에 긍정 감정이 전이되면 팀원 간 협력이 증가하고 팀 성과가 창출되며, 부정 감정이 전이되면 사기가 저하되고 팀 성과가 저조해 진다.

조직과 종업원이 큰 변화를 겪거나 막대한 손실을 경험하면 예전 상태를 회복하기 위해 분투하게 된다. 좋은 리더는 이 과정에서 공감(compassion) 능력을 발휘하여 종업원들의 상실감을 치유하고 사기를 북돋운다. 이때 조직은 종업원들이 서로의 상실감과 정신적 충격을 함께 나누고 위로할 수 있는 편안한 장소를 제공해야 한다. 리더 또한 종업원들을 배려하고 자신이 느끼는 감정을 종업원들과 기꺼이 공유할 때 많은 문제가 해결될 수 있다.

3-6d. 감성지능

감성지능(emotional intelligence: EI)은 자신과 타인의 감정을 파악하고 관리하는 능력을 의미한다. 감성지능은 네 가지 유형의 능력으로 구성된다: 인식, 이해, 촉진, 조절 능력. 감성지능은 다양한 종류의 직무수행을 위한 중요한 능력이자 리더십의 본질적인 측면이기도 하다. 감성지능이 직무 성과를 촉진하는 과정은 순차적으로 일어나는데, 감정을 잘 인식하는 능력을 가지고 있으면 감정을 더 잘 이해하게 되고, 이는 감정 조절을 용이하게 한다. 자신의 감정을 조절할 수 있게 되면 일터에서 적절한 감정을 표현하는데 능숙해 지고, 이는 업무성과 향상에 도움이 된다. 감성지능은 편도체 하이재킹(amygdala hijacking), 즉 감정을 통제하지 못해 비이성적인 행동을 하는 것을 예방하는 데 도움이 된다. 제트블루(Jet Blue)사의 항공기 승무원이었던 스티븐 슬레이터(Steven Slater)의 기내 폭언과 항공기 탈출 일화는 편도체 하이재킹의 유명한 예이기도 하다. 이처럼 자주 심하게 자제력을 잃을 경우 자신의 경력에 손상이 갈 수 있다.

감성지능을 측정하기 위해 자기보고식 설문지가 주로 사용되는데, 늘 정확한 것은 아니다. 사람들이 자신의 능력을 정확하게 파악하기 어렵기 때문인데, 연구결과에 의하면 동료들이 평가해주는 개인의 감성지능은 상당히 정확한 것으로 나타난다. 다른 사람들은 우리의 행동을 보고 평가를 하는 경향이 있는데 반해, 우리는 자신이 가지

emotional contagion A dynamic process through which the emotions of one person are transferred to another, either consciously or unconsciously, through nonverbal channels.

핫 트렌드

책임 있는 페이스북 활동(Mindful Facebooking)과 소진의 감소(Less Burnout)

일터에서 소셜 미디어를 사용하는 것에 대해서 논쟁이 있다. 업무 부담에서 벗어나 건전하게 휴식을 취하는 것이라고 생각하는 사람들도 있는 반면, 감정적으로 부담이 되고 업무완수에 방해가 되므로 부적절하고 좋지 않은 휴식 방법이라고 생각하는 사람들도 있다. 어떤 회사들은 일터에서 소셜 미디어를 사용하는 것을 금지하는 정책을 두기도 한다.

마음 챙김(mindfulness)이란 매 순간의 경험에 주의를 기울이면서 일어나는 생각이나 감정, 감각을 있는 그대로 인정하고 수용하면서 비판단적이고 현재 중심적으로 또렷하게 알아차리는 것으로, 연구 결과에 의하면 마음 챙김을 할 때 페이스북 활동이 더욱 효과적인 휴식 방법이 될 수 있다. 마음 챙김을 하는 사람들은 자신의 소셜 미디어 사용을 조절할 수 있고, 페이스북을 하는 동안 유쾌하거나 불쾌한 감정에 의해 자제력을 잃지 않는다. 마음 챙김은 사람들로 하여금 덜 걱정하게 하고 소진(burnout)을 예방하는 데 도움이 된다. 일터에서 소셜 미디어 사용을 금지하는 대신, 조직은 마음 챙김 훈련을 제공함으로써 소셜 미디어 사용이 감정적으로 덜 부담되고 업무에 덜 방해가 되도록 할 수 있을 것이다.

SOURCES: P. Charoensukmongkol, "Mindful Facebooking: The Moderating Role of Mindfulness on the Relationship Between Social Media Use Intensity at Work and Burnout," Journal of Health Psychology, published online February 15, 2015; B. Ainsworth, H. Bolderston, and M. Garner, "Testing the Differential Effects of Acceptance and Attention-Based Psychological Interventions on Intrusive Thoughts and Worry," Behavior Research and Therapy, 91(2017): 72-77.

고 있는 의도를 바탕으로 스스로를 평가하는 경향이 있다. 감성지능은 업무 행동을 통해 드러나기 때문에, 우리 자신의 감성지능을 파악하는 데는 동료들과 상사들의 인식이 핵심이라고 하겠다.

3-6e. 감정 노동

감정과 기분이 종업원과 조직에 상당한 영향을 미친다는 것은 명확하게 알 수 있다. 긍정적인 감정과 기분은 긍정적인 결과를 가져온다. 이 같은 결과는 특히 고객 서비스 상담원, 항공기 승무원, 교수 등 사람들과 상호작용이 많은 직무에서 발생하기 쉬운데, 이들 직무를 수행할 때는 긍정적인 감정을 표현해야 하고 자신이 느끼는 분노나 적대감을 억제하도록 요구된다. 이처럼 종업원이 일터에서 자신의 감정과 감정표현을 통제해야 하는 것을 감정 노동(emotional labor)이라 부르고, 이는 감정 조절(emotion regulation)의 한 종류이다.

조직에는 표현 규칙(display rules)이라고 일컫는, 감정 표현과 관련된 특정한 규칙이 있다. 이러한 표현 규칙을 준수하기 위해 행하는 감정 노동에는 두 가지 유형이 있다: 내면 행동과 표면 행동. 내면 행동(deep acting)은 자신이 표현하는 감정을 실제로 느끼려고 노력하는 것인데, 예를 들어 아름다운 산의 경치를 마음에 그려본다든지 즐거웠던 기억을 떠올리는 등의 행동이다. 표면 행동(surface acting)은 조직의 표현 규칙에 맞춰 감정을 형식적으로 보여주는 것을 의미하는데, 실제로 느끼는 감정과 표현되는 감정이 일치하지 않기 때문에 감정 부조화(emotional dissonance)를 일으킨다. 표면 행동은 극도의 피로 및 소진, 부정적인 기분, 지각과 결근 등의 부정적인 결과를 가져올 수 있다. 내면 행동은 일터에서의 긍정적인 기분, 양질의 고객 서비스, 직무 소진 감소 등 일반적으로 긍정적인 결과를 가져오는 것으로 나타난다.

3-7 윤리적 행동

윤리학은 도덕적 가치(moral values)와 도덕적 행동에 관한 학문으로, **윤리적 행동**(ethical behavior)은 자신의 가치와 조직 및 사회 내에 공유된 가치에 따르는 행동을 의미한다. 윤리적 이슈에 주의를 기울이는 것은 기업에게 좋은 결과를 가져온다. 1990년대 초에 그 당시 존슨 앤 존슨(Johnson & Johnson)의 CEO이었던 James Burke는 윤리 경영을 중시하는 회사들의 리스트를 작성했다. 리스트에는 존슨 앤 존슨(Johnson & Johnson), 코카콜라(Coca-Cola), 거버(Gerber), 코닥(Kodak), 3M, 피트니 바우즈(Pitney Bowes) 등의 회사가 들어있었다. 최근 연구에 의하면 지난 40년 동안 이 기업들의 시장 가치는 연평균 11.3%씩 성장했고, 이는 다우 존스(Dow Jones) 지수 전체의 6.2% 성장률에 비하면 두 배 가까운 수치이다. 옳은 일을 함으로써 조직의 성과에도 긍정적인 효과가 발생한 것이다.

기업의 윤리적 행동은 유능한 인재유치에 도움이 되는 등 기업에 실질적인 혜택을 가져다준다. 훌륭한 명성을 지닌 기업에는 많은 지원자들이 몰려서 더 큰 인력풀을 형성하게 되는데, 존경받는 기업은 더 유능한 지원자를 선택할 수 있다는 연구 결과도 있다. 예를 들어, 팀벌랜드(Timberland)는 강력한 가치 시스템으로 인해 최고의 인재를 모집, 선발하고 투자자들 내에서 공고한 명성을 유지할 수 있게 되었다.

상황에 윤리적으로 대처하지 못할 경우에는 회사에 해가 될 수 있다. 해고되는 종업원들은 회사가 자신을 어떻게 대우하는지에 관심이 매우 많다. 해고 원인을 솔직하게 설명하고 종업원의 품위를 지켜줌으로써, 종업원이 회사를 상대로 클레임을 제기할 가능성을 줄이게 된다. 한 연구에 따르면, 회사가 솔직했다고 느끼는 종업원의 1% 미만 정도만이 회사에 이의를 제기했고, 회사가 그다지 정직하지 않았다고 느낀 종업원의 17% 이상이 이의를 제기했다고 한다. 한편, 윤리적 행동은 기업에 유용하게 활용될 수 있다. 호주의 예전 수상이었던 Kevin Rudd는 정부가 원주민들을 학대했던 것에 대해 공개적으로 사과했다. 이들에 대한 금전적 보상 이슈를 언급하기도 전에 수상의 행동은 호주의 모든 인종 집단에 신뢰와 희망을 주었다.

종업원의 비윤리적 행동은 개인, 작업 팀, 심지어 조직에도 영향을 미칠 수 있다. 그렇기 때문에 조직은 종업원 개개인이 윤리적으로 행동하기를 기대하며, 점점 더 많은 기업들이 종업원의 인터넷 사용에 대해 감시하기 시작했다. 일부 종업원들은 사생활 침해라고 불평하지만, 법원은 이 같은 의견에 동의하지 않는 경향을 보이며 회사 소유의 하드웨어와 소프트웨어를 종업원이 사용할 때 이에 대한 감시 권한이 회사에 있다고 판단한다.

Michael Smyth는 필즈베리 회사(Pillsbury Company)에서 해고되었는데, 그가 격앙된 내용으로 수차례 상사에게 보낸 이메일을 종업원들이 읽은 이후였다. 그는 회사가 종업원들의 이메일이 비밀유지 된다고 하고 나서는 자신의 사생활 보호 권리를 침해했다며, 부당해고 소송을 제기했다. 법원의 판결에 의하면, Smyth는 회사의 설비를 쓸 경우에는 사생활 보호에 대한 합리적인 기대를 가질 수 없으며, 회사가 전문적으로 경영을 수행해야 할 필요성이 Smyth의 사생활 보호 권리보다 우선한다고 했다. 잠재적인 비윤리적 행동을 감시하기 위한 회사의 노력이 정작 회사가 정한 윤리 강령에 위배되는 것인지는 향후 법원의 판결을 통해 더욱 명확해 질 수 있다. 하지만 오늘날의 복잡다단한 경영 환경 하에서는 강력한 윤리 프로그램에 대한 필요성이 더욱 증대될 수밖에 없다.

관리자들은 이상적인 윤리적 행동과 일상에서의 실제 경영 실무 행동이 일치되

> **ethical behavior** Acting in ways consistent with one's personal values and the commonly held values of the organization and society.

사실 체크

B Corp이란 무엇인가?

B Corps(Certified Benefit Corporations)는 기업의 힘을 이용하여 선한 영향력을 행사하는 기업을 지칭하는데, B Corp 인증을 받기 위해서는 환경 보호, 사회적 책임, 의무, 투명성 등의 영역에서 까다로운 기준에 부합해야 한다. 현재 세계 30개국 이상, 60개의 산업 영역에 걸쳐 1000개 이상의 B Corp 회사가 존재한다. B Corp 회사들은 전 세계 최고 기업이 되는 것뿐만 아니라 세계를 위한 최고의 기업이 되는 것을 목표로 한다. 예를 들어, 다른 지속 가능한 경영과 비교했을 때 B Corp 회사들은 순이익의 최소 10%를 자선단체에 기부하고 현지에서 재생 가능한 에너지를 이용하며 소득 수준이 낮은 공동체에 속한 공급자를 택한다. B Corp 회사 중에는 대표적으로 Ben & Jerry's, Patagonia, Warby Parker, Klean Kanteen 등이 있다.

SOURCE: bcorporation.net

도록 고군분투한다. 대중의 신뢰를 저버리면 큰 비용이 따른다. 마텔(Mattel)이 중국에서 제조된 납이 함유된 장난감 2,050만개를 리콜 했을 때, 회사의 대중적 이미지에 심각한 타격을 입었다. 회사는 전국적인 광고 캠페인을 통해 회사 이미지를 복구하기 위해 노력했다. 회사가 불법행위로 유죄판결을 받고 나면, 그 이후로 최대 5년여 기간 동안 회사는 회계이익 감소와 매출 성장의 부진을 겪을 수 있다.

종업원들은 일터에서 복잡한 윤리적 이슈들에 맞닥뜨리게 되곤 한다. 월스트리트 저널(The Wall Street Journal) 기사 1주일분을 검토한 결과, 윤리적 이슈를 다루고 있는 기사가 60개가 넘는다는 것을 발견했다. (표 3.2)에 나타나듯이 옳고 그름을 명확하게 판단할 수 있는 이슈는 거의 없고 상황의 세부 정황에 따라 판단이 달라질 수 있다. 이슈에 대한 해석 또한 정황을 검토하는 개인의 속성에 따라 달라질 수 있다. 거짓말을 하는 경우를 생각해 보면, 많은 경영자들이 선의의 거짓말을 하곤 하는데 이는 용인될 수 있는 것일까? 무엇이 윤리적이고 비윤리적 행동인지에 대한 인식은 개개인마다 다양하게 나타난다.

3-8 윤리적 행동에 영향을 미치는 요인

윤리적 행동에는 두 종류의 요인–개인 속성과 조직 요인–이 영향을 미친다. 이번 절에서는 윤리적 행동에 개인 속성이 미치는 영향을 살펴보도록 한다. 윤리적 의사결정을 내리기 위해서는 개인에게 다음의 세 가지 자질이 요구된다.

1. 윤리적 이슈를 파악하고 다른 대안을 채택했을 때 발생할 결과를 평가할 수 있는 역량
2. 이슈에 대해 다양한 의견을 구하고 특정 상황 하에서 무엇이 옳은지를 결정할 수 있는 자신감
3. 반드시 필요한 정보를 얻을 수 없는 상황이거나 윤리적 이슈에 대해 사전에 확립된 분명한 해결책이 없는 경우에 의사결정을 내릴 수 있는 강한 의지

표 3.2 월스트리트 저널(The Wall Street Journal)에 1주일 간 실린 윤리적 이슈

1. 절도(Stealing)	남의 물건을 훔치는 행위
2. 거짓말(Lying)	사실이 아닌 것을 사실인 것처럼 꾸며 말하는 행위
3. 사기(Fraud)와 속임수(Deceipt)	잘못된 인식을 꾸며내거나 지속하는 행위
4. 이해상충(Conflict of interest) 및 매수(Influence-buying)	뇌물, 리베이트 등
5. 정보 은닉 및 누설(Hiding or divulging information)	상대방이 알 권리가 있는 정보를 숨기거나 사적, 독점적 정보를 새어나가게 하는 행위
6. 부정행위(Cheating)	상황으로부터 불공정한 이득을 취하는 행위
7. 개인의 타락(Personal decadence)	의도적인 업무 태만 행위(예: 업무를 부주의하게 대충 처리하는 등)
8. 개인 간 무례함(Interpersonal abuse)	타인을 모욕하는 행위(예: 성차별, 인종차별, 감정적 모욕)
9. 조직의 무례함(Organizational abuse)	조직이 구성원을 존중하지 않는 관행(예: 불공정한 보상, 권력 남용 등)

SOURCE: Kluwer Academic Publishers and Journal of Business Ethics, 11, 1992, 255-265, A Menu of Moral Issues: One Week in the Life of The Wall Street Journal, J. O. Cherrington and D. J. Cherrington, with kind permission from Springer Science+Business Media B.V.

그렇다면 어떤 개인적 속성이 이러한 자질과 연관될까? 가치 체계, 통제 위치, 마키아벨리즘, 인지 도덕성 발달을 (그림 3.3) 모델에서 제시하고, 이와 더불어 조직의 영향을 본 책 전반에 걸쳐 살펴보도록 하겠다.

3-8a. 가치

각기 다른 가치는 각기 다른 윤리적 행동을 일으킨다. 가치(values)란 개인적으로나 사회적으로 선호되는 특정 행동양식이나 최종 존재 상태(end state of existence)에 대한 지속적인 신념으로, 인간 가치 연구의 초기 학자인 Rokeach가 정의내린 바 있다. 개인이 성장하고 성숙하면서 가치를 학습하게 되는데, 이는 자아의식이 발달하면서 변할 수도 있다. 문화, 사회, 조직 등이 가치 형성에 영향을 미치는데, 부모나 존경할만한 역할 모델은 무엇이 옳고 그른지에 대한 가르침을 줌으로써 가치의 발달에 영향을 미친다. 옳고 그름에 대한 일반적인 판단기준과 마찬가지로 가치는 윤리적 행동의 근간이 된다. 가치는 사람들 간에 매우 다양하게 나타나고, 우리는 자신의 가치를 바탕으로 자신과 타인의 행동을 판단하고 평가한다.

도구적 가치와 궁극적 가치 Rokeach는 가치의 유형을 도구적 가치와 궁극적 가치로 구분하였다. **도구적 가치**(instrumental values)는 자신의 목표나 최종 존재 상태를 달성하기 위해 필요한 행동을 형성하는 가치로서, 포부, 정직함, 자만심, 용기 등의 가치가 포함된다. **궁극적 가치**(terminal values)는 달성하고자 하는 목표나 최종 존재 상태를 결정짓는 가치이며, 행복, 성숙한 사랑, 기쁨, 자긍심, 자유 등의 가치가 포함된다. (표 3.3)에 도구적 가치와 궁극적 가치의 전체 목록을 나열하였다. 도구적 가치와

instrumental values Values that shape the acceptable behaviors that can be used to achieve some goal or end state.

terminal values Values that influence the goals to be achieved or the end states of existence.

그림 3.3 윤리적 행동에 영향을 미치는 개인/조직 요인에 관한 모델

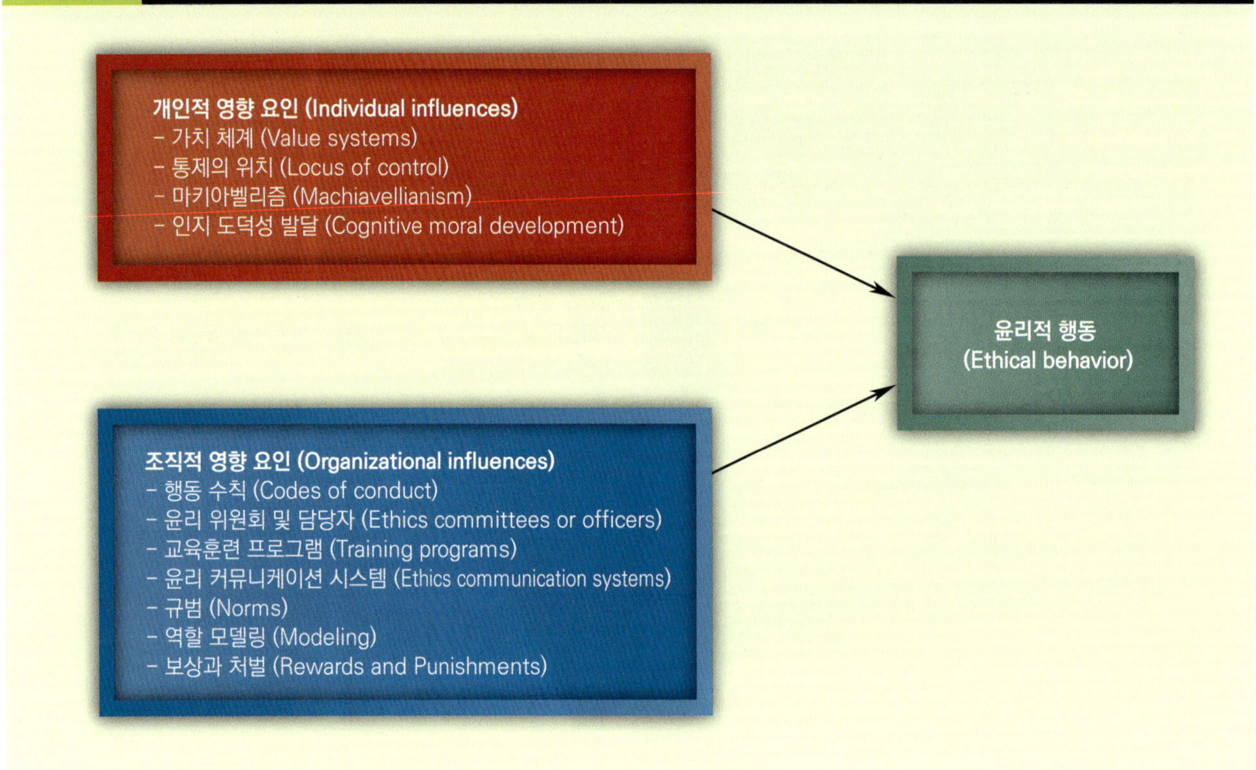

궁극적 가치는 함께 작용하여, 개인이 추구해야 할 목표를 설정해주고 그 목표를 달성하기 위한 적절한 행동이 무엇인지 지침을 제공한다.

미국인들의 도구적 가치와 궁극적 가치 순위는 놀라울 만큼 상당기간 안정적으로 나타난다. 가장 높은 순위를 차지한 도구적 가치는 정직함, 포부, 책임감, 관용, 개방성, 용기이고, 궁극적 가치로는 세계 평화, 가족의 안정, 자유, 행복, 자긍심, 지혜가 가장 높은 순위로 꼽혔다.

나이 또한 가치에 영향을 미치는데, 베이비 붐 세대(baby boomer)의 가치는 출생률 급감기 세대(baby busters)의 가치와 대조된다. 출생률 급감기 세대는 가정생활과 휴가를 중요하게 생각하고 일–가정 균형을 원하는 반면, 베이비 붐 세대는 일 중심적이고 직장에서의 성취 가치를 매우 중요하게 생각한다. 베이비 붐 세대에 뒤이어 등장한 X세대와 Y세대 간에도 큰 차이를 보이는데, X세대는 자립, 개인주의, 일–가정 균형에 가치를 두고, Y세대는 유연한 근무일정을 중시하며 베이비 붐 세대의 일하기 위해 사는(live-to-work) 접근법보다는 살기 위해 일하는(work-to-live) 사고방식을 가지고 있다.

업무 가치 업무 가치(Work Values) 는 업무 수행 시 옳고 그름에 대한 개인의 인식에 영향을 미친다. 네 가지 대표적 업무 가치로는 성취, 타인에 대한 배려, 정직, 공정성 가치를 들 수 있다. 성취(achievement) 가치는 자신의 경력 성장에 대한 관심으로, 열심히 일하고 자신의 기량을 개발하기 위한 기회를 찾으려는 동기로 작용한다. 타인에 대한 배려(concern for others) 가치는 타인을 격려하고 타인의 어려운 과업을 돕는 등 배려와 공감의 행동으로 나타나며, 이러한 행동은 조직시민행동의 예가 된다. 정직(honesty)의 가치는 정확한 정보를 제공하고 사익을 위해 타인을 속이지 않는 것이며, 공정성(fairness)의 가치는 서로 다른 관점을 이해하면서도

표 3.3 도구적 가치와 궁극적 가치		
도구적 가치(Instrumental Values)		
정직함(Honesty)	포부(Ambition)	책임감(Responsibility)
관용(Forgiveness)	개방성(Open-mindedness)	용기(Courage)
도움(Helpfulness)	청결(Cleanliness)	역량(Competence)
절제(Self-control)	정/사랑(Affection/love)	쾌활함(Cheerfulness)
독립성(Independence)	예의바름(Politeness)	지적 능력(Intelligence)
순종(Obedience)	합리성(Rationality)	상상력(Imagination)
궁극적 가치(Terminal Values)		
세계 평화(World peace)	가정의 안정(Family security)	자유(Freedom)
행복(Happiness)	자긍심(Self-respect)	지혜(Wisdom)
평등(Equality)	구원(Salvation)	번영(Prosperity)
성취(Achievement)	우정(Friendship)	국가 안전(National security)
마음의 평온(Inner peace)	성숙한 사랑(Mature love)	사회적 존경(Social respect)
예술과 자연의 미(Beauty in art and nature)	기쁨(Pleasure)	신나고 활기찬 삶(Exciting, active life)

SOURCE: Based on The Nature of Human Values by Milton Rokeach.

중립을 유지하는 행동으로 나타난다.

직장 생활을 할 때 업무 가치의 상대적인 중요성에 따라 사람들은 각각의 가치에 순서를 둔다. 상사의 가치를 공유하는 종업원은 직무에 더욱 만족하고 조직에 몰입한다. 가치는 직업 선택에 있어서도 크게 작용할 수 있다. 전통적으로는 보상과 승진 기회가 직업 선택의 의사결정에 가장 중요한 영향을 미쳤던 반면, 한 연구에 따르면 이제는 세 가지 업무 가치 – 성취, 타인에 대한 배려, 공정성 – 가 더 큰 영향력을 행사한다고 한다. 신입사원을 모집하는 조직은 개개인의 가치와 조직이 추구하는 가치에 대해 조직이 내보내는 메시지에 주의를 기울여야 한다는 시사점을 얻을 수 있다.

가치의 문화적 차이 조직은 나날이 다양해지는 인력을 관리해야 하고 글로벌 시장에서 경쟁을 해야 하는 상황 하에서, 문화가 가치에 미치는 영향을 이해하는 것이 중요하다. 글로벌 시장에서 기업을 경영하다보면 서로 다른 문화 간에 가치 충돌이 일어나는 경우를 맞닥뜨리게 된다. 예를 들어 충성심을 생각해 보면, 일본에서는 충성심이 "공감으로 하는 야근(compassionate overtime)"을 의미하는데, 내 업무를 마무리했더라도 늦게까지 일하는 동료들을 정신적으로 지원하기 위해 함께 늦게 남아있어야 하는 것이다. 이와 대조적으로, 한국인들은 자신이 섬기는 사람에 대한 충성심을 강조하고, 미국에서는 회사나 상사에 대한 충성보다는 가족에 대한 충성이나 개인적 의리를 더 중시한다.

직장에서 가치 있게 여겨지는 개인의 기여 부분 또한 문화마다 다르게 나타난다. 중국, 멕시코 같은 집단주의적 문화(collectivistic cultures)에서는 업무 팀 내 인간관계에 기여하는 것을 가치 있게 여기는 반면, 미국, 네덜란드 같은 개인주의적 문화(individualistic cultures)에서는 과업을 완수하는 일에 기여하는 것을 가치 있게 평가한다. 그러나 집단주의적 문화와 개인주의적 문화 모두 개인의 성과에 근거한 보상을 가치 있게 여기는 것으로 나타난다. 이란(Iran)의 집단주의적 관리자는 모호함에 대한 관용 수준이 낮고 구조화에 대한 욕구가 강하며 사회의 이익을 위해 희생하고자 하는 의지가 강하고, 이 모든 가치는 소속감, 조화, 겸손, 단순함을 장려하는 이슬람교에서 유래한 것이다.

권위를 만들어내는 것이 무엇인지에 대한 사람들의 관점 또한 가치의 영향을 받는다. 프랑스인 관리자들은 권위가 지위와 직급에서 나오는 것으로 여기고, 조직 내 직위를 토대로 권력을 행사하는 경향이 있다. 이와 대조적으로, 네덜란드인 관리자들은 의사결정에 다수가 참여하여 의견을 개진하는 것을 가치 있게 여기며, 관리자들의 결정에 대해 종업원들이 도전하고 토론하는 것을 기대한다.

우리는 타인의 가치 체계를 판단하고 평가하려는 경향이 있는데, 이러한 경향을 경계해야 한다. 다양한 가치를 포용함으로써 다른 문화에 대한 이해가 쉬워지기 때문이다. 다른 나라들의 가치 체계는 반드시 옳거나 그르다고는 할 수 없다. 단지 다를 뿐이다.

3-8b. 통제 위치

윤리적 행동에 영향을 미치는 개인적 속성의 하나로 통제 위치를 들 수 있다. 2장에서 다뤘던 내용으로, 통제 위치가 내부에 있는 사람들은 삶에서 일어나는 일들을 스스로 통제할 수 있다고 믿고 자신에게 일어나는 일들은 자신의 책임이라는 믿음을 가지고 있다. 통제 위치가 외부에 있는 사람들은 운명, 운, 또는 타인 등 외부의 힘에 의해 자신의 인생이 영향을 받는다고 믿는다.

Machiavellianism A personality characteristic involving one's willingness to do whatever it takes to get one's own way.

통제 위치가 내부에 있는 사람들은 자신의 윤리적이거나 비윤리적인 행동의 결과를 자신의 책임으로 여길 가능성이 높고, 통제 위치가 외부에 있는 사람들은 자신의 윤리적, 비윤리적 행동이 외부의 영향을 받아 일어났다고 생각하기 쉽다. 연구결과에 의하면 내부에 통제 위치가 있는 사람들이 더욱 윤리적인 의사결정을 내리고 사회적 압력에 저항하며, 권위 있는 사람의 명령이라 할지라도 타인을 해하려는 의향이 적은 것으로 나타난다.

3-8c. 마키아벨리즘

마키아벨리즘(Machiavellianism) 역시 윤리적 행동에 영향을 미친다. 니콜로 마키아벨리(Niccolò Machiavelli)는 권력을 획득하고 이용하는 방법에 대한 안내서인 '군주론(The Prince)'을 저술한 16세기 이탈리아 정치가였다. 그는 다른 사람을 이용하는 것이 권력을 획득하는 가장 좋은 방법이라고 역설했다. 즉 마키아벨리즘이란 자신의 목적을 달성하기 위해 수단방법을 가리지 않으려는 의지를 포함하는 개인의 속성이다.

마키아벨리즘이 강한 사람들(high-Machs)은 사랑받기 보다는 두려운 존재가 되고자 하는 생각으로 행동하는데, 속임수를 쓰고 인간 본성에 대해 냉소적이며, 옳고 그름에 대한 사회적 통념에 거의 신경을 쓰지 않는다. 자신의 설득력을 활용하여 노련하고 교묘하게 타인을 조종한다. 마키아벨리즘이 약한 사람들(low-Machs)은 이와 대조적으로 충성심과 인간관계를 중시하고, 자신의 이익을 위해 타인을 조종하고자 하는 의지가 적으며 타인의 의견에 관심을 기울인다.

강한 마키아벨리즘의 소유자는 바람직한 목적 달성을 위해서는 어떠한 수단도 정당화될 수 있다고 믿기 때문에 목표 달성을 위해서는 타인을 조종하는 행동도 괜찮다고 느낀다. 다른 사람들에 대해 감정적으로 초연하

"The first method for estimating the intelligence of a ruler is to look at the men he has around him."
—Niccolo Machiavelli(1469–1527)
The Prince

며 상황의 객관적인 측면에 주목하고, 윤리적으로 문제가 될 수 있는 행동을 할 가능성이 높다. 종업원들은 강한 마키아벨리즘의 소유자가 더 유리한 일대일 상호작용 대신 팀워크를 강조함으로써 마키아벨리즘이 강한 사람들에 대처할 수 있다. 서로 간의 합의를 공개적으로 알림으로써 마키아벨리즘 소유자의 조작이나 조종에 덜 휘말리게 된다.

3-8d. 인지 도덕성 발달

개인의 **도덕적 인지 발달**(cognitive moral development) 수준 또한 윤리적 행동에 영향을 미친다. 심리학자인 Lawrence Kohlberg는 개인이 6단계의 도덕발달 과정(표 3.4)을 거치게 된다고 주장했는데, 한 단계 발전할 때마다 옳고 그름에 대한 타인의 의견에 의존하는 경향이 줄어들고 자신의 이익에 초점을 두거나 자기중심적 경향이 줄어드는 특징이 있다. 높은 도덕발달 단계에서는 보편적 정의(justice)의 원리와 스스로 정립한 윤리원칙을 바탕으로 행동한다. Kohlberg의 도덕적 인지 발달 이론은 개인의 의사결정과정과 개인이 윤리적 의사결정을 정당화시키는 방법에 주목하는데, 사람들이 옳고 그름을 결정하는 방식, 그리고 동료들이나 주변 환경과의 상호작용을 통해 의사결정 과정이 변화되는 방식을 설명한다.

도덕적 인지 발달은 세 가지 도덕 발달 수준과 각 수준별 두 가지 하위 단계를 거쳐 일어난다. 수준 I(전 도덕적 수준, Premoral Level)에서는 개인의 윤리적 의사결정의 근간이 보상, 처벌 및 자신의 이익에 있다. 수준 I의 하위 단계 중 1단계에서는 처벌을 피하기 위해 규칙에 따르며, 2단계에서는 자신의 이익에 즉각적으로 도움이 되는 경우에만 규칙에 따른다.

수준 II(관습적 수준, Conventional Level)에서는 사람들은 타인의 기대에 따르는 경향을 보인다. 수준 II의 하위 단계 중 3단계에서는 주변 사람들의 기대에 부응하기 위해 노력하며, 4단계에서는 관점을 사회로 확장하여 법과 사회적 의무를 중심으로 도덕적 판단을 하고, 사회에 기여하기 위해 책임과 의무를 이행한다.

수준 III(원리적 수준, Principled Level)에서는 보편적 가치를 토대로 옳고 그름을 판단하며, 법, 규칙, 타인의 기대를 초월하는 관점을 가지게 된다. 수준 III의 하위 단계 중 5단계에서는 개개인이 다양한 가치 체계를 가지고 있음을 이해하며 타인이 동의하지 않는 경우에도 자신의 내적 기준에 따라 행동한다. 5단계에서의 의사결정은 정의와 인권에 기반하여 이루어지는데, 예를 들어 자신의 종교가 낙태를 금지시키기 때문에 낙태시술병원 앞에서 피켓을 들고 반대시위를 벌이는 사

cognitive moral development
The process of moving through stages of maturity with regard to making ethical decisions.

표 3.4 Kohlberg의 인지 도덕성 발달 단계(Stages of Cognitive Moral Development)

수준 I	전 도덕적 수준(Premoral)	보상, 처벌, 자신의 이익
수준 II	관습적 수준(Conventional)	타인과 사회의 기대
수준 III	원리적 수준(Principled)	보편적 가치와 개인의 윤리적 원칙

람은 도덕발달 5단계에 도달하지 못한 것으로 볼 수 있다. 그러나 앞의 사람과 동일한 행동결정을 내린 경우라도 정의와 인권을 바탕으로 심도 있는 의사결정과정을 거친 사람은 5단계에 도달했다고 볼 수 있는 것이다. 결국 핵심은 의사결정 자체 보다는 그 과정에 있다고 하겠다. 6단계에서는 법에 위배되더라도 자신이 스스로 선택한 윤리적 원칙에 따라 도덕적 판단과 행동을 한다.

사람들은 이 같은 단계를 거쳐 도덕성이 발달하는데, 연구결과에 따르면 대부분의 성인은 3 또는 4단계의 도덕적 사고를 표현하며 원리적 수준인 5와 6단계에 도달하는 성인은 거의 없는 것으로 나타난다. Kohlberg의 도덕적 인지 발달 모델은 30여년 전에 발표된 이후로 많은 연구로 뒷받침되고 있다. 도덕발달 단계가 높은 개인은 속임수를 쓸 가능성이 적고 공익을 위해 내부고발을 하거나 윤리적 경영 의사결정을 내릴 가능성이 높은 것으로 밝혀졌다.

Kohlberg의 모델은 비판을 받기도 했는데, 그 예로 Carol Gilligan은 성별 차이가 모델에 반영되어 있지 않다고 주장했다. 실제로 Kohlberg의 모델은 소년 84명을 대상으로 20년간 진행한 연구를 토대로 한 것이다. Gilligan의 주장에 따르면 여성의 도덕성 발달 패턴은 남성과 달리 인권이나 규칙보다는 책임감과 인간관계에 기반하여 이루어진다. 여성과 남성은 동일한 도덕적 딜레마 상황을 서로 다른 관점에서 접근하는데, 남성은 타인을 동등한 존재로서 존중하는 관점을 취하는 반면 여성은 공감과 보살핌의 관점을 취하는 것으로 나타난다. 그러나 도덕성 발달의 성별 차이에 대해 지금까지 연구된 내용의 결론은, Gilligan이 처음에 주장했던 것만큼 그 차이가 확연하지는 않다는 것이다.

하지만 일반적으로 남성과 여성이 윤리에 대해 서로 다른 관점을 가지고 있다는 연구 결과도 있다. 66개의 연구를 분석한 결과, 특정 행위에 대해 비윤리적이라고 인식하는 경향이 여성이 남성에 비해 높게 나타났다. 규칙위반과 내부자 정보 이용에 대해 비윤리적이라고 평가하는 경향은 여성이 남성보다 높았으며, 담합, 이해상충(conflicts of interest), 절도 행위는 여성과 남성 모두 비윤리적이라고 평가했다. 이 같은 성별 차이가 소멸되는 데는 약 21년이 걸리는 것으로 예측된다. 직장 경험이 쌓일수록 남성의 윤리의식이 높아지는데, 직장생활을 오래 할수록 윤리에 대한 태도가 여성과 비슷해지는 것을 볼 수 있다. 성별에 무관하게 연령과 경험이 증가할수록 사기, 뇌물공여, 절도, 담합에 대해 비윤리적이라고 생각하는 경향이 높아졌다.

가치, 통제 위치, 마키아벨리즘, 인지 도덕성 발달은 성인들에게는 상당히 안정적으로 지속되는 경향이 있으며, 모두 조직 내 윤리적 행동에 영향을 미친다. 이러한 지식을 바탕으로 조직 내 윤리적 행동을 촉진할 수 있는데, 조직 가치를 공유하거나 마키아벨리즘이 약하다든지 인지 도덕성 발달의 높은 단계에 있는 사람들을 고용함으로써 가능해 진다. 그러나 이 같은 고용 전략은 실질적인 측면이나 법적인 측면에서 문제가 될 수 있다. 교육훈련에 적용하는 것이 더 안전한 전략이 될 수 있는데, 교육훈련을 통해 인지 도덕성 발달 정도를 증진시킬 수 있다는 연구결과를 토대로 조직은 세미나 등의 교육

훈련 프로그램을 제공할 것이 권장된다.

가치, 통제 위치, 마키아벨리즘, 인지 도덕성 발달 정도는 개개인마다 다르게 나타나고, 이로써 개개인마다 윤리적 행동이 다르게 나타나는 이유를 설명할 수 있게 된다. 또한 관리자는 윤리적 행동을 장려하는 업무 환경을 조성하기 위해 노력해야 하는데, 대부분의 종업원은 독립적인 윤리적 주체로서 행동하기 보다는 조직의 지침에 의존하기 때문이다. 관리자는 (그림 3.3)에 제시된 조직의 영향력 요인을 활용함으로써 지침을 제시할 수 있다. 행동 수칙, 윤리 위원회, 윤리 커뮤니케이션 시스템, 교육훈련, 규범, 역할 모델링, 보상과 처벌 등을 활용하여 윤리적 행동을 장려할 수 있다. 이 내용은 13장에서 더 자세히 논의하고자 한다.

CHAPTER

4 동기부여

Motivation at Work

학습 목표

- 4.1 동기를 정의하고 개인의 동기부여에 대한 다른 관점을 설명하라.
- 4.2 매슬로우의 욕구단계이론을 설명하고 두 개의 주요 수정사항을 설명하라.
- 4.3 성취욕구, 권력욕구, 친교욕구가 일터에서 개인의 행동에 미치는 영향을 논하라.
- 4.4 동기의 2요인 이론을 설명하라.
- 4.5 동기에 대한 두가지 새로운 관점을 설명하라.
- 4.6 동기에서 불평등의 역할을 설명하라.
- 4.7 동기의 기대이론을 설명하라.
- 4.8 동기부여에 있어 문화적 차이점을 설명하라.

4-1 동기와 조직행동

동기부여(motivation)란 목표지향적 행동을 자극하고 유지하는 과정이다. 동기이론을 통해 우리는 관찰가능한 행동을 설명하고 예측하고자 한다. 동기이론은 크게 내적 이론, 과정 이론, 외적 이론으로 나눌 수 있다. 동기의 **내적 이론**(internal theories)은 동기와 행동으로 이어지는 개인 변인에 주된 관심을 가진다. 매슬로우의 욕구단계이론이 내적 이론의 좋은 예이다. 동기의 **과정 이론**(process theories)은 기대이론과 같이 개인과 환경의 상호작용을 강조한다. 동기의 **외적 이론**(external theories)은, 조직에서 개인의 행동을 이해하고 설명하는 근간으로, 행동의 결과와 같은 환경 요소에 중점을 둔다. 하나의 이론만으로는 인간 행동 전체를 설명할 수 없으므로, 연구자들은 설명되지 못한 행동을 이해하기 위해 많은 대안적인 이론을 만들어왔다. 동기, 행동, 성과를 이해하기 위한 종합적인 접근을 위해서 개인, 직무, 작업환경이라는 세 가지 작업 상황 요소, 그리고 이 요소의 상호작용을 고려해야한다.

motivation The process of arousing and sustaining goaldirected behavior.

4-1a. 내적 욕구

몇 세기동안 학자들은 인간의 욕구와 동기에 대해 연구해왔다. 지난 세기 동안 학자들은 비즈니스 맥락에서 동기를 연구하는데 집중했다. 초기 독일 사회학자인 막스 베버(Max Weber)는 일의 의미는 일 자체에 있는 것이 아니라 인간의 궁극적 구원에 공헌하는 더 깊은 잠재력에 있다고 하였다. 베버와 그 후 밀튼 블러드(Milton Blood)는 칼뱅파의 기초가 된 이러한 ***프로테스탄티즘적 윤리***(protestant ethic)를 인간의 꾸준한 근면의 연료라고 보았다. 프로테스탄티즘 윤리는 부지런한 일꾼이 천국에 갈 것이라는 믿음을 바탕으로 근면을 장려하였다.

지그문트 프로이트(Sigmund Freud)는 더 복잡한 동기 이론을 제안하였는데, 그는 조직 생활을 일에 대한 충동과 사랑의 힘에 근거한다고 설명하였다. 그는 인간 동기에 무의식의 영향력을 강조하였다. **정신분석**(psychoanalysis)은 개인의 동기와 욕구를 이해하기 위해 무의식을 들여다보는 프로이트의 방법이다. 따라서 정신분석학적 접근은 자살, 직장 폭력과 같이 비이성적이고 자기 파괴적인 행동을 설명하는 데 도움이 될 수 있다. 개인의 무의식적 욕구와 동기를 분석하는 것은 이와 같이

A comprehensive approach to understanding motivation, behavior, and performance must consider all three elements of the work situation and how they interact.

psychoanalysis Sigmund Freud's method for delving into the unconscious mind to better understand a person's motives and needs.

강박적 행동은 적응적이며 심지어 실용적이다

강박적 행동은 일반적으로 이상하고 비이성적이며 심지어 정신이 나갔거나 자기파괴적이라고 여겨진다. 그러나 그렇게 단정하기는 이르다. 강박적 행동은 적응의 일환이고, 심지어 실용적이고 매우 인간적인 자기확신의 한 형태일 수 있다. 성인의 약 18퍼센트는 장애라고 말할 수 있을 정도의 극심한 불안으로 고통받고 있다. 이에 비해 우울증을 겪고 있는 사람은 불과 7퍼센트이다.

현재가 불안의 시대라고 말해도 과언이 아닐 것이다. 신경영상연구에서 강박의 근원은 불안을 야기하는 뇌 영역에서 온다고 한다. 그러므로 강박적 행동의 기저는 겉으로 드러난 것처럼 정신이 나갔거나 비이성적이지 않을 수 있다. 강박적 행동 패턴은 기쁨이나 환희로 이어지지 않지만 불안과 그로 인한 고통을 감소시킬 수 있다는 것을 의미한다.

SOURCE: S. Begley, "How Compulsions Help Us Manage Our Age of Anxiety: Neuroimaging and other brain-based studies suggest that compulsive behavior is a form of self-reassurance that can help us function," Wall Street Journal, 19 Jan. 2017.

직장에서 발생한 충격적인 사건들을 이해하는데 도움이 된다.

프로이트 이론은 동기의 욕구 이론(need theories)의 근간이 되었다. 선행연구에 따르면, 대부분 사람들이 공통적으로 중요하게 여기는 것들에 대한 인간 내면의 감정은 문화를 초월한다고 한다. 공정한 보상과 상사에 대한 신뢰와 존중은 직원들이 열심히 일하고 조직에 충성하도록 만든다. 내적 동기부여는 개인차가 있고 개인의 성격에 긍정적인 영향을 미친다. 예를 들어, 순전히 일하는데에서 오는 만족으로 동기부여된 직원은 그 다음날 더 성실하고 경험에 개방적이며 원만한 경향을 보인다. 직원을 통제하지 않고 지원적인 관리자는 직원의 내적 동기부여를 더 효과적으로 이끌어 내는 것으로 알려져 있다.

self-interest What is in the best interest of and benefit to an individual.

4-1b. 외재적 보상

대부분 경제학은 인간의 동기와 관련하여 재무적 보상을 강조한다. 스코틀랜드 출신의 정치 경제학자이며 도덕 철학자인 애덤 스미스(Adam Smith)는 사람의 **자기 이익**(self-interest)은 신이 결정하는 것이지 정부가 결정하는 것이 아니라고 하였다. 그는 자유기업제도의 초석을 마련하였는데, 여기서 그는 보이지 않는 손과 자유시장 개념을 들어 인간 행동의 동기에 대해 설명하였다. "보이지 않는 손"은 높은 생산성을 위해 사람, 재화, 자원의 효율적 사용을 담보하는 자유 시장 제도에의 보이지 않는 힘을 의미한다. 그는 인간은 삶의 필수품과 편이와 같은 경제적 이득과 같은 자기 이익에 의해 동기부여된다고 설명하였다. 그러므로 직원은 자기 이익으로 인해 동기부여 될 때 가장 생산적이다.

경제가 집단의 부를 이루면 이룰수록 개인은 자기 이익을 충족할 수 있게 된다. 기술과 노동 효율성은 집단의 부를 촉진하는 두 가지 방법이다. 스미스는 기술을 매우 중요하게 생각했는데, 그 이유는 국가 노동력의 생산성이 부를 결정한다고 믿었기 때문이다. 그 결과 더 효율적이고 효과적인 노동력은 국가를 위해 더 큰 생산을 할 수 있게 된다. 기술은 노동 생산성을 배가시키는 작용을 한다.

프레드릭 테일러(Frederick Taylor)는 ***과학적 관리법***(scientific management)의 창시자로 그 역시 노동 효율성과 효과성에 주목하였다. 그의 목표는 관리자와 노동자의 관계를 갈등에서 협력의 관계로 변화시키는 것이었다. 테일러는 갈등의 근원은 이익의 분할이라고 믿었다. 이 갈등을 계속하는 것 대신에 노동자와 관리자가 서로 협력하여 전체 이익을 크게 만들어야 한다고 주장하였다.

초기 조직론자들은 인간은 자기 이익과 경제적 이득에 의해 동기부여된다고 믿었다. 그 결과 그들은 외재적 보상을 강조한 차별적 임금 시스템을 제시하였다. 직원 보상프로그램, 유연한 복리후생 패키지, 스톡옵션플랜과 같은 현대적 관리 기법은 스미스와 테일러의 초기 이론에서 기인한 것이다. 이들은 외재적 보상을 강조하였는데, 이 보상은 완전히 금전적이거나 우수직원상패와 같이 좀 더 물질적인 형태를 취할 수도 있다. 왓어버거(Whataburger)회사는 왓어게임(WhataGames)을 만들었다. 이는 우수직원의 타이틀과 메달을 놓고 경쟁하는 교육훈련 및 행사로 이를 통해 이직률이 감소하고 몰입을 증가시킨 효과를 낳았다.

그러나 경제적 동기만으로는 충분하지 않고 다른 외재적 동기를 고려해야한다는 접근도 있다. 호손연구(Howthorne studies)는 조직의 비공적인 측면을 처음으로 인정하였는데, 인간의 생산성을 위한 동기에 대해서도 연구하였다. 이 연구는 인센티브의 긍정적인 효과를 확인하였을 뿐 아니라 사회적, 관계적 동기의 중요성을 밝혀내었다. 또 다른 학자들이 밝혀낸 다른 외재적 동기는 계몽적 이익(enlightened self-interest)다. 이는 최근 조직에서 많은 지지를 받고 있는 개념으로 자기 이익이 자신의 욕구에 대한 것이라면 계몽적 이익은 다른 사람의 이익도 함께 고려하는 것이다.

또 외재적 동기부여와 내재적 동기부여를 통합한 접근이 있다. 심리적 주인의식(psychological ownership)은 직원 동기부여의 요인으로 심리적 욕구와 외재적 보상의 두 측면을 모두 고려한다. 세 개의 회사의 800명의 관리자와 직원을 대상으로 한 연구에서 조직에 대한 "주인의식(feeling of ownership)"이 조직시민행동을 증가시키는 것을 밝혀내었다.

4-2 매슬로우의 욕구단계이론

애브라함 매슬로우(Abraham Maslow)는 신체적, 경제적 동기를 넘어서 심리적, 관계적 욕구를 포함한 동기 이론을 제시한 심리학자이다. 매슬로우 이론의 핵심은 다섯 개의 욕구단계이다. 그는 개인의 욕구 이외의 요인(예: 문화)이 행동을 결정한다는 것은 인식하였지만, 주로 개인의 내적 욕구를 구체화하는데 초점을 맞추

그림 4.1 인간의 욕구, X이론, 그리고 Y이론

Self-interest is concern for one's own needs; enlightened self-interest recognizes others' interests as well.

었다. 그림 4.1에서 보는 바와 같이, 매슬로우는 욕구단계를 5개로 구분하고 생리적욕구, 안전욕구, 사랑(사회적)욕구, 존중욕구, 자아실현욕구로 명명하였다. 이러한 다섯 개의 욕구 단계는 윌리엄 제임스(William James), 존 듀이(John Dewey)의 초기 이론과 지그문트 프로이트(Sigmund Freud), 앨프레드 애들러(Alfred Adler)의 정신역동학을 접목한 결과였다.

매슬로우의 욕구 단계에서 눈에 띄는 것은 ***진행 가설***(progression hypothesis)이라는 점이다. 즉 어떤 단계의 욕구가 만족되었으면 동기의 근원이 그 다음 높은 단계의 욕구로 진행된다는 것이다. 그 결과 인간은 각 단계의 욕구를 단계별로 충족하며 더 높은 단계의 욕구로 나아간다. 매슬로우는 동기부여를 위해 가장 낮은 단계의 불충족된 욕구를 다루어야 한다고 하였다. 그러나 이러한 시각에 대해 반대하는 학자들도 있다.

Theory X A set of assumptions managers might apply to individuals who are motivated by lower-order needs.

Theory Y A set of assumptions managers might apply to individuals who are motivated by higher-order needs.

관리자는 팀의 성과를 위해 다음과 같이 매슬로우의 욕구단계이론을 활용할 수 있다. 각 직원들의 욕구들이 무엇인지 파악하고 다양한 욕구를 충족하기 위한 인센티브를 마련하는 것이다. 예를 들어, 인체공학적 업무 공간은 직원을 편안한 환경에서 근무하게 하여 생리적 욕구를 충족시킬 수 있다. 안전 욕구는 적절한 은퇴 계획을 제공함으로써 충족시킬 수 있다. 어떤 직원들은 사회적 상호작용에 대한 높은 욕구를 가지고 있는데 이는 업무 후 테니스나 라켓볼 같은 기회를 통해 충족시킬 수 있다. 지위와 자아실현 욕구는 고위직과 함께 일하는 기회나 개인의 스킬이나 흥미를 고려한 프로젝트 등을 제공함으로써 만족시킬 수 있다.

4-2a. X이론과 Y이론

매슬로우의 욕구단계이론은 조직행동측면에서 다음의 두 가지 이론에 크게 영향을 미쳤다. 더글라스 맥그리거(Douglas McGreor)는 생리적욕구와 안전욕구를 하위욕구로, 소속욕구, 존경욕구, 자아실현욕구를 상위욕구로 범주화하여 동기를 설명하였다. 맥그리거이론에 따르면 관리자는 직원의 동기에 대해 다음의 두 가지 가정 중 하나를 취한다고 한다. **X이론**(Theory X)은 직원이 하위욕구에 의해 동기부여된다는 가정이고 **Y이론**(Theory Y)은 직원은 상위욕구에 의해 동기부여된다는 가정이다. 표 4.1에는 이 이론이 설명되어 있는데, 그림 4.1의 매슬로우 욕구단계와 연관성을 볼 수 있다. 맥그리거는 관리의 책임은 관리자가 어떤 가정을 취하든지 동일하다고 설명하였다. 특히 "관리는 경제적인 결과물을 위해 기업의 생산적 측면과 관련된 재화, 물적 자원, 도구, 사람을 조직화하는 책임을 가진다." Y이론은

표 4.1 맥그리거의 인간에 대한 가정

X이론	Y이론
• 인간은 본래 게으르다. 즉, 가능한 일을 안하고 싶어한다. • 인간은 야망이 없고 책임을 싫어하며, 남이 리드하는 것을 선호한다. • 인간은 타고나기를 자기중심적이며 조직요구에 대해서는 무관심하다 • 인간은 본래 변화에 저항한다. • 인간은 남을 쉽게 믿고 그다지 똑똑하지 않아 사기꾼과 선동가에 잘 속는다.	• 인간은 본성은 수동적이거나 조직의 요구에 저항적이지 않다. 이렇게 되는 것은 조직 경험에 의한 것이다. • 인간은 동기화되고 개발의 잠재력이 있으며 책임과 조직 목표를 위해 행동할 준비가 되어있다. 회사가 그들을 그렇게 쓰지 않는 것이다. 사람이 이러한 자신의 특성을 인식하고 개발하도록 만드는 것은 관리의 책임이다. • 관리의 필수적 과업은 조직 목표 달성을 위한 노력을 통해 사람들 자신의 목표를 가장 잘 성취할 수 있도록 환경과 운영방식을 마련하는 것이다.

SOURCE: Excerpted by permission of the publisher, from the "MacGregor's Assumptions about People" from Management Review, November 1957, American Management Association, New York, NY. www.amanet.org

직원 참여 프로그램과 관련되어 있는데, 포춘1000기업은 고성과를 위해 직원 참여를 활성화하고 있다. 직원들은 리더가 적절한 메시지를 전달할 때 조직 성과를 위해 동기부여되고 조직 성과와 동일시하는 경향이 있다. 홀푸드(Whole Foods)의 창업자이자 CEO인 존 맥키(John Mackey)는 직원 동기부여를 위해 매슬로우의 욕구 단계를 활용한다.

4-2b. ERG이론

클레이턴 앨더퍼(Clayton Alderfer)는 인간의 동기에 대한 매슬로우의 공헌을 인정하였지만, 그의 욕구 단계 분류가 충분하지 않다고 생각했다. 그는 인간 욕구를 생존 욕구, 관계 욕구, 성장 욕구의 기본 욕구 세 개로 구분하는 **ERG이론**(ERG theory)을 제시하였다. 앨더퍼는 매슬로우의 생리적 욕구와 신체적 안전 욕구를 ***생존 욕구***(existence need)로, 관계적 안전 욕구, 소속 욕구, 관계적 존중 욕구를 ***관계 욕구***(relatedness need)로, 자아실현욕구와 자기존중 욕구를 ***성장 욕구***(growth need)로 분류하였다.

ERG이론은 또한 매슬로우의 진행 가설에 ***퇴행 가설***(regression hypothesis)을 추가로 제안하였다. 퇴행 가설은 사람이 다음 단계의 욕구가 충족되지 않을 때 좌절하며 한 단계 아래 욕구로 퇴행하여 그 욕구를 충족하고자 하는 열망이 강화된다는 것이다. 즉, ERG이론은 욕구 만족에서 오는 진행과 좌절에서 오는 퇴행을 동시에 고려한다.

4-3 McClelland의 욕구 이론

두 번째 동기와 관련된 주요 욕구이론은 성격과 학습된 욕구에 초점을 맞춘다. 헨리 머레이(Henry Murray)는 그의 초기 성격 연구에서 인간 동기의 긴 리스트를 만들고 욕구를 구체화했다. 머레이의 연구에 영향을 받아 데이비드 맥크렐렌드(David McClelland)는 ***성취***(achievement)***욕구***, ***권력***(power)***욕구***, ***친교***(affiliation)***욕구***라는 세 가지 학습된 욕구를 제시하였는데, 쉽게 관찰할 수 있는 **명시적 욕구**(manifest needs)라고 설명하였다. 어떤 사람은 높은 성취욕구를 가졌지만 낮은 성취욕구를 가진 사람도 있다. 이는 다른 두 개의 욕

> **ERG theory** A theory that organizes human needs into the categories of existence, relatedness, and growth.
>
> **manifest needs** Learned or acquired needs that are easily perceived.

사실 확인

성취도가 높은 이민자들의 이동

1990년에서 2010년 사이 전 세계적으로 대학을 졸업한 이민자 수가 130퍼센트 증가하였고, 이에 비해 교육수준이 낮은 이민자 수준은 불과 40퍼센트 증가하였다. 기술 숙련자인 이민자의 미국 및 영어권 국가로의 유입이 증가하였고, 이들은 긍정적인 영향을 주었다. 이는 전체적으로 이민자 수에는 큰 변화가 없는 상황에서 이루어졌다. 전 세계의 3퍼센트만이 자신의 출생지 밖에서 살아가고 있고, 이 숫자는 1960년대 이래로 변함이 없다. 실리콘 밸리의 벤처 기업가와 테크놀로지 분야 인재들의 50퍼센트는 숙련된 기술과 재능을 가진 이민자들이다. 여기서의 교훈은 숙련된 기술과 높은 성취수준이 더 좋은 고용 기회를 가져다 준다는 것이다.

SOURCE: S.P. Kerr, W. Kerr, C. Ozden, and C. Parsons, "Talent: Global Brain Drain," Harvard Business Review, March-April 2017, p. 34.

구도 마찬가지이다. 어떤 관리자는 강한 권력욕구를 가질 수 있지만 중간정도의 성취욕구, 약한 친교욕구를 가질 수 있다. 사람마다 지배적인 욕구는 다르며, 각 욕구별로 인간의 행동에 다르게 영향을 미친다. 아메리칸 익스프레스(American Express)와 같은 회사는 이렇게 다양한 직원 욕구의 중요성을 인정하고 가족 친화적 정책을 펼치고 있다.

4-3a. 성취욕구

성취욕구(need for achievement)는 최고추구, 경쟁, 도전적 목표, 끈기, 장애물 극복의 특성을 가지고 있다. 높은 성취욕구를 가진 사람은 최고의 성과를 추구하며 어렵고 도전적인 목표를 즐기고 인내하며 경쟁적인 특징을 보인다. *머레이의 주제통각검사*(thematic appreception test, TAT)는 투사검사로서 성취 동기의 초기 검사도구로 사용되었는데, 이에 대한 비판과 대안적인 검사가 개발되었음에도 불구하고, 맥크렐렌드와 그의 동료들은 이 검사도구를 수정, 개발하였다.

need for achievement A manifest need that concerns excellence, competition, challenging goals, persistence, and overcoming difficulties.

맥크렐렌드는 성취욕구가 높은 사람이 낮은 사람에 비해 더 높은 성과를 보인다는 것을 밝혀내었다. 성취욕구가 높은 사람의 특징은 다음과 같다. 첫째, 적절히 어렵지만 달성가능한 수준의 높은 목표를 수립한다. 둘째, 이 목표에 대한 진행사항에 대해 피드백 받기를 선호한다. 셋째, 외부사건이나 타인이 목표달성을 방해하는 것을 좋아하지 않는다.

또한 성취욕구가 높은 사람들은 (1) 대체로 성공을 꿈꾸고 계획하며, (2) 자신의 직무에 더 적합한 방식이라면, 혼자 일하거나 다른 사람과 함께 일하거나, 만족하고, (3) 자신의 일을 잘하는 것을 좋아하기 때문에 자신이 선택한 일에 능력과 전문성을 개발한다. 성취욕구가 높은 팀원으로 구성된 집단에서는 각자의 공헌도를 보이기 위해 성과 달성 방식에 대해 갈등이 생길 수 있다. 정규직으로 근무하는 성인들 대상으로 한 연구에서 성취욕구는 국가와 관계없이 일관되게 나타났는데, 성취성향의 경우 미국과 같은 개인주의 문화권에서 가장 높게 나타났으며 일본과 헝가리 같은 집단주의 문화권에서는 가장 낮게 나타났다.

그림 4.2 **동기부여의 욕구 이론**

	매슬로우	맥그리거	앨더퍼	맥클레렌드
상위욕구	자기실현	Y 이론	성장	성취욕구
	존중 — 자기자신, 대인간			권력욕구
	소속(사회적 그리고 사랑)		관계	친교 욕구
하위욕구	안전 — 대인간, 신체적	X 이론		
	생리적		존재	

4-3b. 권력욕구

권력욕구(need for power)는 다른 사람에게 영향을 미치려는 욕구, 다른 사람이나 사건을 변화시키려는 열망, 삶을 의미있게 만들고싶은 바람을 포함한다. 권력욕구는 타인에 대한 영향력을 포함하기 때문에 관계적이라고 할 수 있다. 맥클레렌드는 다수의 사람들에게 이익이 되기 위해 사용하는 ***사회화된 권력***(socialized power)과 개인의 이익을 위해 사용하는 ***개인화된 권력***(individualized power)을 구분하였다. 사회화된 권력은 건설적이지만 개인화된 권력은 파괴적일 수 있다.

맥클레렌드의 연구에 따르면 최고의 관리자는 개인화된 권력이 아니라 사회화된 권력 욕구가 매우 높다. 이러한 관리자는 다른 사람들을 고려하고 조직 목표에 관심을 두며 더 큰 집단, 조직, 사회에 도움이 되고 싶어한다. 예를 들어, 매니지먼트 사이언시스 포 헬스(Management Sciences for Health)의 CEO인 조나단 퀵 박사(Jonathan D. Quick, MD)는 맥클레렌드의 욕구 중 관계적이고 사회화된 권력 욕구가 매우 높으나 황제와

David McClelland

같은 권력 욕구는 낮은 것으로 나타났는데, 이 모두 매우 긍정적인 특성이였다.

need for power A manifest need that concerns the desire to influence others, change people or events, and make a difference in life.

표 4.2 동기의 동기-위생 이론	
직무만족에 영향을 미치는 동기요인	직무불만족에 영향을 미치는 위생요인
성취	회사 정책과 운영
성취에 대한 인정	지휘감독
업무 자체	대인관계
책임	작업조건
승진	임금
성장	지위
임금	안전

4-3c. 친교욕구

친교욕구(need for affiliation)는 타인과 따뜻하고 친밀하며 가까운 관계를 맺고 유지하고자 하는 열망을 의미한다. 친교욕구가 높은 사람은 타인에게 자신의 감정을 표현하도록 동기화되어 있고 타인도 그렇게 해주길 기대한다. 그들은 갈등을 불편하게 생각하고 관계를 막는 어떤 장애물도 해결하도록 강하게 동기화되어있다. 관계에 대한 욕구는 맥클레렌드의 이론 뿐 아니라 지금까지 논의한 이론들 모두에서 중요하게 다루어진다.

성취욕구, 권력욕구, 친교욕구의 세 가지 욕구를 넘어서, 머레이의 명시적 욕구 이론에서는 자율욕구 또한 포함한다. 이 욕구는 독립과 제약으로부터의 자유를 위한 바람을 의미한다. 높은 자율욕구를 가진 사람은 혼자 일하기를 선호하고 자신의 업무 속도를 통제하길 원한다. 그들은 관료적인 법칙, 규제, 절차를 싫어한다.

need for affiliation A manifest need to establish and maintain warm, close, intimate relationships with other people.

motivation factor A work condition that satisfies the need for psychological growth.

hygiene factor A work condition that generates dissatisfaction due to discomfort or pain.

그림 4.2는 매슬로우, 맥그리거, 앨더퍼, 그리고 맥클레렌드의 동기 이론을 나란히 비교하고 있다.

4-4 허츠버그의 2요인 이론

프레드릭 허츠버그(Frederick Herzberg)는, ***동기에 대한 2요인 이론***(two-factor theory of motivation)을 고안하는데 있어서, 기존의 욕구이론을 벗어나 직장에서의 결정적사건에 대한 사람들의 경험을 연구하였다. 허츠버그의 초기 연구는 1950년대 펜실베니아 서부지역의 200명의 엔지니어와 회계사를 포함하였다. 그는 이들에게 업무에서 매우 중요한 두 사건을 묘사하도록 하였다. 이 중 하나는 탁월하게 만족감이 높고 기분 좋았던 사건을, 다른 하나는 매우 불만족스럽고 기분이 좋지 않았던 사건을 물어보았다.

허츠버그와 동료들은 인간은 두 유형의 욕구를 가졌다고 믿었다: 고통을 피하려는 욕구와 심리적 성장을 위한 욕구. 업무 환경에서의 조건들은 각각의 욕구에 영향을 미친다. 심리적 성장 욕구에 대한 만족감과 관련된 업무 조건은 **동기요인**(motivation factors)이라고 명명하였다. 고통과 불편함으로 인한 불만족과 관련된 업무 조건은 **위생 요인**(hygiene factors)이라고 한다. 동기요인은 직무만족과 관련있고 위생요인은 직무불만족과 관련있다. 표 4.2는 다음의 동기요인과 위생요인을 나타낸다.

4-4a. 동기요인

직무충실화(job enrichment)는 직무에 동기요인을 활용하는 것으로, 허츠버그는 직무만족과 관련있다고 하였다. 허츠버그에 따르면 동기요인은 책임, 성취, 인정, 발전, 그리고 업무 자체를 의미한다. 동기요인은 작업자의 노력과 성과를 증진시킨다. 표 4.2는 몇 개의 선행연구결과를 바탕으로 임금을 동기요인으로 포함하였다. 이러한 생각을 바탕으로 많은 조직의 보상 시스템에는 보상 패키지의 일부로 스톡옵션과 같은 재무적인 혜택

을 포함하고 있다.

동기요인은 긍정적인 정신 건강에 도움을 준다. 동기요인은 사람들을 성장하게 하고 업무 환경에 공헌토록 하며 조직에서 자기 자신에게 투자하도록 한다. 동기요인이 없다면 불만족에 이르지는 않고 중립의 상태에 이른다. 동기요인은 2요인 중 더 중요하다고 여겨지는데 그 이유는 일을 열심히 하려는 인간의 욕망에 직접적으로 영향을 미치기 때문이다. 동기요인이 없으면 성과에 대한 동기와 최고를 지향하는 마음이 결여된다.

4-4b. 위생요인

위생요인은 완전히 동기요인과 구별되는 것이며 최고의 성과를 내고 싶은 마음이나 바람과는 전혀 관련이 없다. 동기요인이 직무만족을 야기하고 부재 시 중립의 상태를 느끼는 것에 반해, 위생요인은 부족할 때 직무불만족에 이른다. 허츠버그의 위생요인은 회사정책과 관행, 기술적 지휘감독, 상사와의 인간관계, 업무 조건, 임금, 지위를 포함한다. 위생요인이 충족되더라도 심리적 성장이나 발전을 자극할 수는 없으나, 직무불만족이 생기는 것을 막는데는 필요하다.

이러한 위생요인이 부족하거나 없으면 직원들이 지휘감독, 의료혜택 등 어떤 위생 요인에 대해서도 불평할 것이다. 직원들이 상사의 지휘감독 수준을 판단하는 한 가지 방법은 회사정책을 실행하는 상사의 형평성에 대한 자신들의 지각을 고려하는 것이다. 그러나 상사의 동기가 직장 공정성의 지각에 더 큰 영향을 주었을 수 있다. 많은 회사들이 직무불만족을 감소하고 여성리더를 유인하기 위해 공식적인 유연근무정책을 실시하고 있다. 심지어 위생요인이 부재하더라도 동기요인이 있으면 직원들은 여전히 업무를 수행하는데 동기화되어 있을 것이다.

여기서 두 가지 결론을 낼 수 있다. 첫 번째, 위생요인은 어느 정도는 중요하지만 그 이상 중요한 것은 아니다. 두 번째, 업무 탁월성을 위한 직원들의 동기를 높이는데는 동기요인이 필수적이라는 것이다.

4-4c. 2요인 이론에 대한 비판

첫 번째 비판은 2요인의 분류에 대한 것이다. 한 요인이 완전히 위생요인이나 동기요인 범주에 정확하게 들어가지 않는다는 연구 결과들이 있었다. 예를 들어, 임금의 경우 위생요인과 동기요인 둘 다에 해당되는 것으로 나타났다. 두 번째 비판은 개인차에 대해서 고려하지 않는다는 것이다. 나이, 성별, 사회적 지위, 교육, 직업 수준의 차이가 요인의 분류에 영향을 미칠 수 있다. 세 번째 비판은 업무 프로세스와 같은 내재적 직무 요인이 직무만족과 불만족을 결정짓는데 더 중요할 수 있다는 것이다. 마지막으로, 이론의 상당한 데이터가 ***결정적 사건 기법***(critical-incident technique)으로 수집되었다. 이와 같은 비판에도 불구하고 허츠버그는 일터에서 동기 예측을 위해 개발된 최초의 동기 이론이며, 직무설계를 위해 중요한 시사점을 제공한다.

4-5 동기부여에 대한 새로운 두 가지 관점

최근들어 동기에 대한 새로운 두 가지 관점이 등장했다. 첫 번째는 유스트레스, 강점, 희망을 강조하는 긍정 조직행동의 새 학파에서 나온 접근이다. 두 번째 관점은 긍정 에너지, 완전한 몰입을 강조하는데, 이는 성적이 좋은 운동선수들의 사례를 포춘500 임원과 관리자에 적용하려는 노력에서 비롯되었다.

4-5a. 유스트레스, 강점, 희망

유스트레스(eustress)는 희열(euphoria)과 스트레스(stress)의 합성어로 건강하고 정상적인 스트레스를 말한다. 스트레스는 우리가 도전적이거나 어려운 상황에 직면했을 때 경험하는 에너지이다. 이러한 상황은 디스트레스(distress)를 야기하는데, 이는 짜증, 두려움과 같은 부정적 반응으로 건강하지 않고 비생산적인 결과를 낳는다. 이에 비해 유스트레스는 에너지를 생성하고 성취하도록 동기부여하는 도전에 대한 긍정적인 반응을 야기한다. 유스트레스는 우리 자신을 강점에 투자하고 일의 의미를 찾으며 용기와 실행을 도모하며 긍정적인 정서를 유도한다. 이와 같은 조직생활에 대한 긍정적인 관점은 낙관주의, 희망, 건강한 직장생활을 촉진한다. 개인의 욕구, 보상 혹은 처벌 대신 유스트레스를 촉진하자는 아이디어는 사건에 대한 개인의 해석 혹은 반응에 초점을 둔다. 유스트레스의 기본 전제는 우리 통제 밖에 일어나는 일이 있다해도 우리는 상황에 대한 우리 자신의 반응은 통제할 수 있다는 것이다. 그 결과는 우리는 상황에 대한 우리의 관점을 재정립함으로써 디스트레스를 통제할 수 있다. 유스트레스는 업무 생산성과 조직에의 공헌을 위해 에너지를 활용하도록 하는 건강하고 긍정적인 동기요인이다.

eustress Healthy, normal stress.

4-5b. 긍정 에너지와 완전한 몰입

동기의 두 번째 새로운 개념은 짐로허(Jim Loehr)의 ***완전한 몰입***(full engagement)이다. 그는 전문 운동선수들을 분석한 결과를 바탕으로, 인간은 시간보다는 에너지를 관리해야하며 특정 활동으로 전략적으로 벗어나 완전한 몰입의 힘의 균형을 맞추어야 한다고 주장하였다. 이 이론에 따르면, 개인은 충족되지 않은 욕구로 활

핫 트렌드

뇌 화학물질 옥시토신이 몰입과 팀워크를 높인다

여덟 개의 관리 행동이 뇌의 옥시토신 생성을 촉진하여 더 높은 신뢰수준 확보를 통해 다음 결과를 가져다 준다: 74퍼센트 스트레스 감소; 106퍼센트 에너지 증가; 50퍼센트 생산성 증가; 76퍼센트 몰입 증가; 13퍼센트 결근 감소; 29퍼센트 삶의 만족 증가; 40퍼센트 번아웃 감소. 여덟 개의 관리 행동은 다음과 같다: 탁월성 인정, "도전 스트레스" 유도; 재량권 부여; 직무재창조(잡 크래프팅) 허용; 정보 확산; 의도적으로 관계 형성; 전인적 성장 촉진; 취약점 인정. 이것은 마술이 아니다; 이것은 인간과학이다.

SOURCE: P.J. Zak, "The Neuroscience of Trust: Management Behaviors That Foster Employee Engagement," Harvard Business Review, January–February 2017, pp. 85–90.

성화 될 필요가 없으며, 자신의 신체적, 정서적, 정신적, 종교적 에너지에 의해 이미 활성화되어 있다고 말한다. 그러므로 직원들이 자신의 에너지 관리법을 학습하도록 관리자가 도와준다면, 직원들은 업무를 위해 긍정적인 에너지와 능력을 구축할 수 있을 것이다.

로허의 개념은 전반적 성과를 위한 에너지 회복의 역할을 강조한다. 어떤 사람은 단기간에 생산적인 에너지를 쏟아붓고 휴식을 취하여 다시 에너지를 얻을 때 가장 일을 잘한다. 이 개념은 체력을 구축하고 향상시키는 인간 신체의 잠재력을 모방하여, 개인이 흥미로운 업무 요구에 직면하였을 때 높은 성과를 유지할 수 있다고 설명한다. 높은 수준의 직원 몰입을 보이는 조직의 경우 변덕스러운 경제 상황에서도 견고한 재무 성과를 보인다.

4-6 사회적 교환과 공정성 이론

공정성 이론(equity theory)은 개인과 환경간의 상호작용에 초점을 둔 동기부여의 사회적 교환 과정을 의미한다. 내적인 동기에 바탕을 둔 욕구 이론과는 대조적으로 공정성이론은 동기와 행동에 영향을 미치는 사회적 과정을 다룬다. 권력과 교환은 인간 행동을 이해하는데 중요한 요소이다. 이러한 외부적 요소를 고려하여 아미타이 에치오니(Amitai Etzioni)는 사람들이 조직과의 사이에서 갖는 교환관계를 헌신적(committed) 관계, 계산된(calculated) 관계, 소외된(alienated) 관계의 세 유형으로 제시하였다. 헌신적 관계는 그 강도가 세고 긍정적이며, 계산된 관계는 긍정적이며 약한 강도, 혹은 부정적이며 약한 강도, 소외된 관계는 부정적이며 센 강도를 가지고 있다고 설명한다. 헌신적 관계의 예는 개인이 종교집단에 헌신한 경우, 소외된 관계의 예는 개인이 감옥에 감금된 상황을 들 수 있다.

4-6a. 요구와 공헌

계산된 관계는 사회적 교환 개념을 바탕으로 한 사람이 다른 사람에게 어떤 것을 요구하고 그에 걸맞게 교환한다는 관점에서 비롯되었다. 비즈니스 파트너십이나 상업적 거래는 모두 계산된 관계이다. 양측이 다 교환에서 이득을 보았다면 그 관계는 긍정적이라고 할 수 있다. 이득을 보지 못하였거나 갈등이 생긴다면 관계는 부정적이라고 할 수 있다. 그림 4.3은 계산된 교환 관계의 모형을 나타낸다.

요구 교환 시 양측은 상대방에게 무엇인가를 요구(demands)한다. 조직은 개인에게 목표나 미션, 직무 목표, 성과 목표, 성과 피드백의 형태로 요구사항을 표현한다. 개인은 조직에 대한 기대감의 형태로 요구사항이나 욕구를 표현한다. 직원의 욕구를 충족시키고 소속감을 심어주는 것은 건설적인 교환관계와 조직 소속감을 위해 중요하다. 이러한 욕구의 중요성은 매슬로우, 앨더퍼, 허츠버그, 맥클레랜드 이론에서도 나타난다. 회사가 직원을 잘 대우해 주었을 때, 직원 역시 어려운 상황에서도 회사를 위해 열심히 일할 것이나.

공헌 교환 관계에서 각자 무엇인가를 요구하는 것처럼 상대방에게 공헌한다. 이 공헌(contributions)은 상대방의 요구를 충족시켜주는 것이다. 직원은 자신의 스킬, 능력, 지식, 에너지, 인맥, 타고난 재능을 제공하여 공헌함으로써 조직의 요구를 충족시킨다. 직원이 성장하고 개발됨에 따라 조직의 여러 요구와 기대를 더 큰 폭으로 충족시킬 수 있다.

비슷하게, 조직 역시 교환 관계에서 개인의 욕구를 충족시키는데 공헌한다. 이러한 공헌은 임금, 복지혜택, 승진 기회, 안정성, 지위, 사회적 소속을 포함한다. 어떤 조직은 다른 조직보다 자원이 더 풍부하여 직원의 욕

그림 4.3 개인-조직간 교환 관계

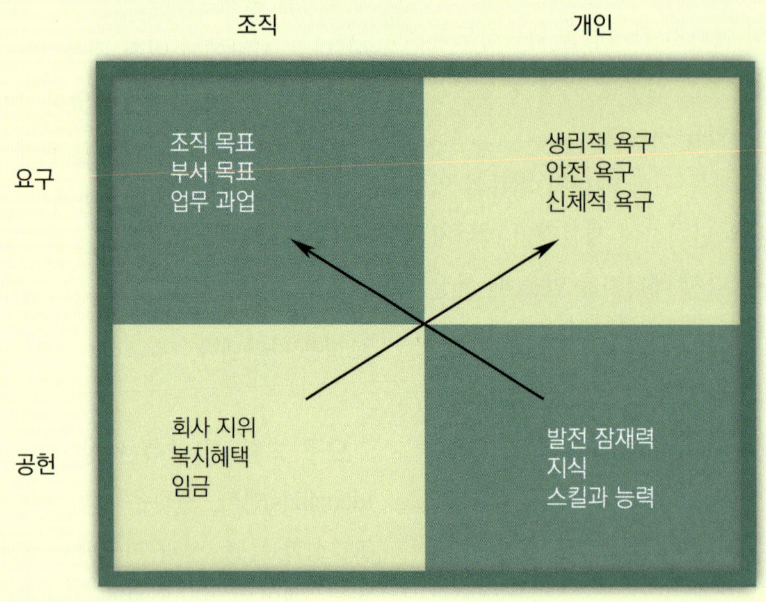

SOURCE: Adapted from McGraw-Hill, Inc, J. P. Campbell, M. D. Dunnette, E. E. Lawler, III, and K. E. Weick, Jr., Managerial Behavior, Performance, and Effectiveness.

구를 더욱 충족시켜줄 수 있다. 여기서 중요한 한 가지는 그 관계가 양측에 공정한 거래냐는 것이다. 사회적 교환 관계 지각은 고위직의 리더십 스타일, 조직문화, 몰입, 성과에 영향을 미친다. 그러나 조직시민행동에는 영향을 미치지 않는데, 이는 3장에서 설명된 바와 같다.

4-6b. 애덤스의 불공정성 이론

에치오니 등이 제시한 사회적 과정과 교환 개념을 바탕으로 업무 관계에서 형평성, 공정성, 그리고 불공성을 이해할 수 있다. 스테이스 애덤스(Stacey Adams)는 사회적 교환 과정에서 특히 중요한 동기원으로 **불공정성**(inequity) 개념을 제안하였다. ***애덤스의 불공정성 이론***(Adam's theory of inequity)은 사람들이 불공정한 상황에서 동기화 된다고 설명한다. 불공정성은 한 사람이 자신의 노력이나 공헌도에 비추어 볼 때 더 받아야 하거나 덜 받아야 한다고 지각할 때 발생한다. 불공정성은 긴장을 초래하고 이로 인해 사람이 불공정성을 해결하기 위한 행동을 취하도록 동기화된다.

inequity A situation in which a person perceives that he or she is receiving less than he or she is giving or is giving less than he or she is receiving.

불공정성 지각은 자신의 투입물(관계에 있어 자신의 공헌)과 산출물(관계에 있어 조직의 공헌)을 고려하여 투입물/산출물 비율을 ***비교 대상***(comparison other)인 다른 사람의 비율과 비교할 때 생긴다. 그림 4.4는 같은 상황에 대한 두 개의 불공정 상황을 나타낸다. 부정적 불공정인 (b)는 예를 들어, 투입물이 같다는 가정 하에 비교 대상이 더 많은 임금을 받을 때 나타날 수 있다. 그에 비해 (c)는 같은 가정 하에 자신이 더 많은 휴가 시간을 얻을 때 나타날 수 있다. 이 예에 나타나지는 않았지만 눈에 보이지 않는 투입물(예: 감정적 몰입)이나 산출물(예: 직무 만족) 역시 이 공정성 공식에 영향을 미칠 수 있다.

임금에 대한 불공정성 이슈는 특히 여성에게 많이 나

그림 4.4 **개인-조직간 교환 관계**

	개인		비교대상
(a) 공정	산출물 / 투입물	=	산출물 / 투입물
(b) 부정적 불공정	산출물 / 투입물	<	산출물 / 투입물
(c) 긍정적 불공정	산출물 / 투입물	>	산출물 / 투입물

타났다. 코닥(Eastman Kodak) 등의 회사는 임금 공정성 이슈를 해결하는데 많은 진전을 보였다. 글로벌화 역시 임금 공정성을 어렵게 하는 요인이 된다. 조직이 국제적으로 성장함에 따라 임금과 복리후생에 있어 국가를 초월한 공정성/불공정성을 판단하는데 어려움을 겪고 있다.

애덤스는 한 가지 변인에 대한 불공정성이 첫 번째 수준의 불공정성이 되는 상황을 고려하였다. 더 많은 변인이 연관되면 불공정성의 두 번째 수준이 발생할 수 있다. 예를 들어, 그림 4.4(b)의 부정적 불공정성이 발생한 상황에서 그 사람의 투입물이 비교대상보다 더 컸다고 가정하자. 한 요소(투입물 혹은 결과물)가 똑같지 않지만 다른 요소(투입물 혹은 결과물)가 같다면, 두 요소 다 같지 않은 상황보다는 불공정성을 약하게 경험할 것이다. 그러나 애덤스 이론은 투입물이나 결과물의 상대적 중요성을 고려하지 않았다는 단점을 가진다.

4-6c. 불공정성 해결

불공정성에 놓인 사람은 공정성을 회복할 여러 전략을 사용할 수 있을 것이다. 애덤스 이론은 이를 위한 다음의 일곱 개의 기본 전략을 제시한다. (1) 자신의 결과물을 바꾸기 (2) 자신의 투입물을 바꾸기 (3) 비교 대상의 결과물을 바꾸기 (4) 비교 대상의 산출물 바꾸기 (5) 비교 대상을 바꾸기 (6) 불공정성을 합리화하기 (7) 해당 조직 상황을 떠나기.

처음 네 개의 전략은 각각 여러 다양한 전술이 사용될 수 있다. 예를 들어, 어떤 직원이 자신의 연봉을 $11,000 올리는 전략을 취한다면, 해당 전술은 임금에 대한 공정성 문제를 해결할 관리자와의 미팅을 가지는 것이 될 수 있다. 또 다른 전술은 회사의 보상 담당자와 논의하는 것이다.

전략과 전술의 선택은 장기적인 여파가 있을 수 있는 민감한 사안이다. 위의 예에서, 비교대상의 결과물을 줄이는 전략은 단기적으로는 공정성을 회복할 수 있을지 모르나 장기적으로는 사기와 생산성을 감소시킨다. 공정성 이론은 전략 선택의 우선순위에 대한 제시는 포함하고 있지 않으나, 그럼에도 불구하고 형평성의 중요성을 잘 일려준다. 임금 격차(pay dispersion, 허용된 직원 임금의 차이)는 직원의 동기를 상승시킬 수도 감소시킬 수도 있다. 보통 임금 격차 전략이 성과를 바탕으로 할 때 직원들은 동기부여된다.

4-6d. 공정성 이론에 대한 새로운 시각

최근 공정성 이론은 새로운 이론과 연구에 의해 수정되었다. 이 중 중요하게 추가된 내용은 개인의 공정성 선호도의 세 유형이다. **공정성 민감형**(equity sensitives)은 기존 이론의 공정성을 선호한다. 즉, 그들의 투입물 대 산출물이 타인의 투입물 대 산출물과 똑같은 관계를 원한다. 공정성 민감형은 회사에서 의무적으로 할 만큼만 일한다. 공정성 민감형은 상사가 상대적으로 자신에게 자원을 덜 제공했다고 지각한다면 조력 행동을 할 의무를 크게 느끼지 않을 것

equity sensitive An individual who prefers an equity ratio equal to that of his or her comparison other.

People believe there is a correlation between the effort they put forth, the performance they achieve, and the outcomes they

이다. **자선형**(benevolents)은 비교 대상보다 공정성 비율이 작더라도 괜찮다고 생각한다. **기대형**(entitleds)은 비교 대상보다 공정성 비율이 큰 상황만을 원한다. 즉, 자선형은 주기만 하는 기버(giver), 기대형은 받기만 하는 테이커(taker)유형이다.

임금에서의 공정성은 동기부여에 중요한 요인인데, 이는 임금이 스스로에게 부과한 성과 기대치와 관계가 있기 때문이라고 알려져 있다. 그러나 어떤 연구 결과에 따르면, 회사에서의 지위 역시 스스로에게 부과한 성과 기대치에 영향을 미치고 임금보다 더 중요한 요인일 수도 있다고 한다. 구체적으로, 임금상승 없이 조직에서 두 단계 승진한 경우가 어느 정도의 임금 상승과 더불어 한 단계 승진한 경우보다 자신에 대한 성과 기대치가 더 높다는 것이다. 이와 유사하게, 임금감소 없이 두 단계 강등한 경우가 어느 정도 임금감소와 함께 한 단계 강등한 경우에 비해 자신에 대한 성과 기대치가 더 하락한다.

불행히도, 불공정성은 또한 역기능적 행동을 유발한다. 더 심각하게 조직불공정성은 개인과 조직 둘 다에게 해가 될 수 있는 공격적인 반응을 촉발할 수 있다. 다행히도, 몇몇 소수의 사람들만이 불공정성에 대해 역기능적 행동을 보인다.

장기간에 걸친 불공정성 증가, 감소, 유지의 경험은, 감소, 유지의 경험은 사람들마다 매우 다른 결과를 낳을 수 있다. 공정성 이론은, 1990년대 초 아메리칸 에어라인(American Airlines)와 같이, 조직에 이중임금제(two-tiered wage structures)를 만드는데 도움이 될 수 있다. 이중임금제는 직원을 두 집단으로 나누어 임금과 복지 혜택에 차이를 두는 것이다. 그러나 이 제도는, 동일노동 동일임금의 가치가 매우 중요하게 여겨지는 조직의 경우 특히나 불공정성 지각을 야기할 수도 있다. 관련 연구에서는 이중임금제도 실시 전에 업무 위치와 고용지위(계약직, 정직원)에 대해 노사가 함께 고려할 것을 제안한다.

benevolent An individual who is comfortable with an equity ratio less than that of his or her comparison other.

entitled An individual who is comfortable with an equity ratio greater than that of his or her comparison other.

Most motivation theories in use today have been developed by and about Americans.

4-7 동기의 기대이론

개인의 욕구와 사회적 교환관계 이외에, 동기는 성과 과정에 대한 개인의 지각에 의해 설명될 수 있다. 빅터 브룸(Victor Vroom)의 ***기대이론***(expectancy theory)은 다음 두 가지 기본 가정에서 비롯된 인지과정 이론이다. 첫째, 브룸은 사람들은 행동과 특정 결과물을 기대하는데, 이는 보상이나 행동의 결과와 같은 것이다. 둘째, 사람들은 자신의 노력, 달성한 성과, 자신이 받은 결과간의 상관관계가 있다고 믿는다. 기대이론은 학생들의 시험에 대한 동기를 포함한 매우 다양한 맥락에서 활용되어 왔다.

기대이론의 중요한 구성개념은 유의성, 기대감, 수단성이다. **유의성**(valence)은 개인이 느끼는 특정 보상에 대한 가치, 중요성을 말한다. **기대감**(expectancy)은 노력이 성과로 이어질 것이라는 믿음이다(예: "내가 더 열심히 노력하면, 더 잘 할 수 있을 것이다"). **수단성**(instrumentality)은 성과가 보상으로 연결된다는 믿음이다(예: "내가 더 좋은 성과를 내면, 더 많은 임금을 받을 것이다"). 그림 4.5은 기대이론의 노력, 성과, 보상 개념을 설명하고 있다.

유의성, 기대감, 수단성은 모두 동기에 영향을 미친다. 노력과 성과의 관계에 대한 지각은 사람마다 다르며 업무/활동에 따라 다르다. 어떤 사람은 자신의 노력이 성과에 직접적, 긍정적으로 영향을 미친다고 믿을 수 있다. 또 다른 사람은 노력과 성과의 관련성에 대해 다르게 생각할 수 있다. 비슷하게, 성과와 보상에 대한 관련성에 대한 사람들의 믿음도 다를 수 있다. 동기부여측면에서, 이 세 요소간의 관계에 대한 실례적인 본질보다는 이에 대한 개인의 믿음이 중요하다.

관리자는 기대이론을 활용하여 ***동기부여프로그램***(motivation programs)을 만들 수 있다. ***성과계획***(performance planning) 혹은 ***평가시스템***(evaluation systems)라고도 불리는 이 동기부여프로그램은 노력은 성과를 향상시키고 그 결과 더 높은 임금으로 이어진다는 사람들의 믿음을 향상시키는데

valence The value or importance one places on a particular reward.

expectancy The belief that effort leads to performance.

instrumentality The belief that performance is related to rewards.

그림 4.5 개인-조직간 교환 관계

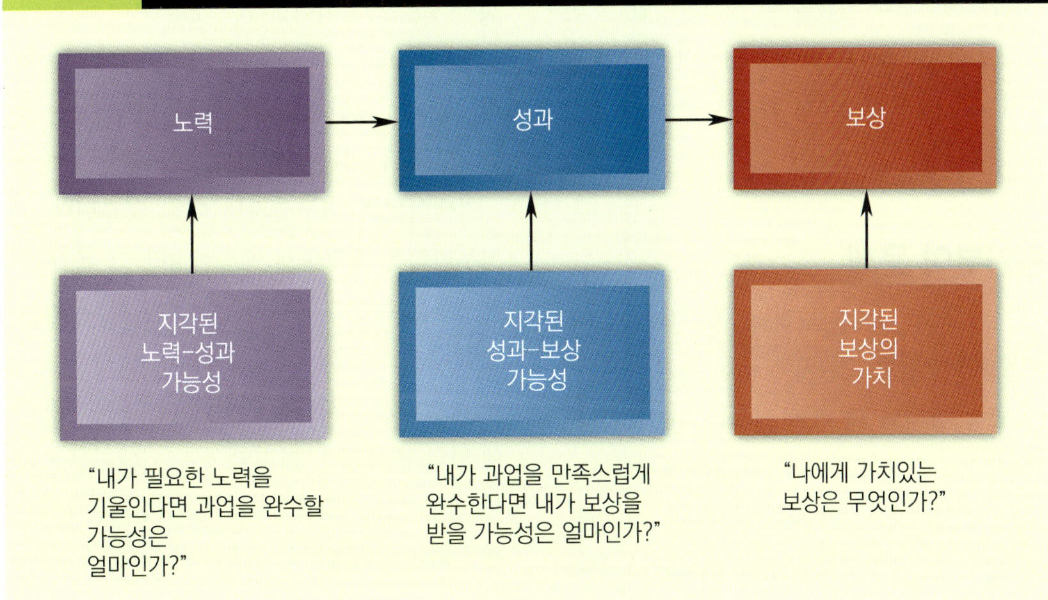

사실 확인

미국인들이 어떻게 게을러졌는가

미국인의 전직(job change)이 15년 전에 비해 50퍼센트나 감소하였다. 창업율도 매우 감소하여 미국 회사의 7~8퍼센트만이 스타트-업이다. 1980년대 스타트-업은 미국 회사의 12~13 퍼센트를 차지하였다. Alexis de Tocqueville의 미국에 대한 묘사처럼, 미국인들의 의지는 미국인의 주요 특성으로 알려져 왔다. 미국인들은 기꺼이 움직이고 위험을 무릅쓰며 변화에 적응하여 벤자민 플랭클린과 스티브잡스까지 변화무쌍한 경제와 혁신의 전통을 만들어왔다. 미국인들이 현실에 안주하게 되었는가? 최근 12개월간 미국인의 이직률은 데이터가 수집된 1948년 이래 가장 낮았다. 여기서 중요한 질문은 다음과 같다. 미국인들의 동력이 바닥난 것인가? 성취를 위한 동기와 의지를 잃은 것인가?

SOURCE: M. Rees, "How American Workers Got Lazy," Wall Street Journal, 28 Feb. 2017.

초점이 맞추어져 있다. 유의성과 기대감은 사람들이 다수의 목표에 대한 우선순위를 정립하는데 특히 중요하다.

유의성은 동기의 기대이론에서 중요한 세 번째 개념이다. 사람들은 저마다 보상에 대한 다른 가치를 둔다. 어떤 사람은 복지혜택보다 임금을 더 선호하지만 그 반대의 사람들도 있다. 직원들은 저마다 업무와 임금의 관련성에 대해서 다양하게 생각하며 돈에 대한 가치 역시 각자 다르다.

4-7a. 동기부여 문제

기대이론은 동기부여 문제를 노력과 성과간의 관계에 대한 불신, 성과와 보상간의 관계에 대한 불신, 제공된 보상에 대한 관심 결여의 세 가지 근본적 원인 때문이라고 설명한다. 동기문제가 노력이 성과를 개선해주지 못할 것이라는 믿음에서 나왔다면, 해결책은 이 믿음을 바꾸는데 있다. 그 사람에게 노력의 양 혹은 노력의 방법을 바꾸면 성과가 개선된다는 것을 보여줄 수 있을 것이다.

동기문제가 성과가 보상으로 이어지지 못할 것이라고 생각하기 때문이라면, 해결책 역시 그 믿음을 바꾸면 된다. 그 사람에게 성과 향상 혹은 성과의 형태를 바꾸는 것이 보상으로 이어진다는 것을 보여줄 수 있을 것이다. 그러나 만약 동기문제가 특정 보상의 가치와 관련있다면, 보상에 대한 가치를 바꾸는 것과 보상 자체를 바꾸는 것, 이 두 가지 해결책이 가능하다.

기대이론의 연구결과는 다소 엇갈린다. 기대이론은 직무만족을 정확하게 예측하지만 그 복잡성 때문에 전체모형을 검증하기는 어렵다. 수단성, 유의성, 기대감에 대한 측정 도구의 타당도는 낮다. 더군다나 기대감 구인을 측정하는데 시간이 많이 들며 각 구인의 가치는 시간에 따라 변화한다. 마지막으로, 기대이론은 개인은 완전히 이성적이고 확률과 가치를 계산하는 미니컴퓨터처럼 행동한다고 가정한다. 실상 기대이론은 사람들이 대개 작동하는 방식 이상으로 더 복잡하다.

4-7b. 동기와 도덕적 성숙도

기대이론은 사람들이 개인의 결과물을 극대화하기 위해 일할 것이라 예측한다. 이것은 사람들이 자기이익을 위해 일한다는 애덤 스미스 생각과 일치한다. 두 이론 다 사람들은 자기자신에게 이득을 가져오기 위해서만 일한다고 설명한다. 기대이론은 이타적인 행동을 설명하지는 못한다. 그러므로 이타적이고 공정한 행동을 이해하기 위해서는 개인의 **도덕적 성숙도**(moral maturity)를 고려할 필요가 있다. 도덕적 성숙도는 개인의 인지적인 도덕 발달의 정도를 의미한다. 도덕적으로 성숙한 사람은 보편적인 윤리원칙에 근거하여 행동하지만 도덕적으로 미성숙한 사람은 자기중심적인 동기에 근거하여 행동한다.

4-8 동기의 문화적 차이

현대 사용되는 대부뷴의 동기이론은 미국학자들에 의해 개발된 미국인에 대한 내용이다. 학자들이 이론의 보편성에 대해 섬증했을 때 직이도 메슬로우, 매클레렌드, 허츠버그 이론에서 문화적 차이를 발견하였다. 예를 들어, 자아실현욕구는 매슬로우의 욕구 단계에서 가장 상위욕구이나, 불확실성 회피 욕구가 강한 문화에서는 안전이 가장 중요한 욕구로 밝혀졌다. 미국인에게 성취욕구가 중요하나, 성취에 그만한 가치를 두지 않는 문화권도 있다는 것을 알아내었다.

2요인 이론 역시 역시 다른 나라에서 검증되었다. 뉴질랜드에서의 연구결과는 미국에서의 결과와 달랐는데, 뉴질랜드에서는 지휘감독과 대인관계가 중요한 동기요인이였으나 미국에서는 위생요인이였다. 다문화적 맥락에서 공정성 이론을 연구한 연구자들은 공정성 선호도, 비교 대상 선택, 비공정성에 대한 반응에 대해 재검증이 필요하다고 주장하였다. 마지막으로, 기대이론은 개인주의 문화권에서는 잘 적용될 수 있으나 협력적 노력을 중시하는 집단주의문화권에서는 잘 맞지 않을 수 있다. 집단주의 문화권에서는 보상이 집단과 팀 노력에 더 밀접하게 관련되어 있고 기대이론은 이러한 차이점에 대해 적절히 고려하지 못하였기 때문이다.

moral maturity The measure of a person's cognitive moraldevelopment.

CHAPTER

5 학습과 성과 관리

Learning and Performance Management

학습 목표

5.1 행동주의 학습이론(behavioral theories of learning)을 설명하라.

5.2 사회 및 인지학습이론(social and cognitive theories of learning)을 설명하라.

5.3 목표 설정이 어떻게 학습과 성과의 지침으로 활용될 수 있는지 설명하라.

5.4 성과를 정의하고 성과 측정 방법을 밝히라.

5.5 성과 피드백의 중요성과 효과적인 피드백 제공 방법을 설명하라.

5.6 관리자들이 성과에 대해 보상할 수 있는 방법을 밝히라.

5.7 부진한 성과를 바로잡기 위한 전략들을 나열하라.

5-1 조직 내 학습의 행동 모델

학습(learning)이란 경험에 의해 이루어진 행동의 변화로서, 행동을 이끌고 안내하는 역할을 한다. 학습은 주제에 대한 지식을 발전시키는 인지적 활동에서 시작하여 행동의 변화까지 유도한다. 한편, 학습에 대한 행동주의적 접근법에 의하면 관찰되는 행동은 그 행동의 결과의 함수로서, 학습은 고전적 조건화와 조작적 조건화에 의해 일어난다고 주장한다. 머신 러닝(machine learning)은 컴퓨터 공학의 한 분야로 패턴 인식과 인공지능의 계산 학습 이론(computational learning theory)에서 발전되었는데, 머신 러닝의 개념은 본 장에서 다루게 될 인간의 학습(human learning) 개념으로부터 도출되었다.

learning A change in behavior acquired through experience.

classical conditioning Modifying behavior by pairing a conditioned stimulus with an unconditioned stimulus to elicit an unconditioned response.

5-1a. 고전적 조건화

고전적 조건화(classical conditioning)는 조건 자극(conditioned stimulus)과 무조건 자극(unconditioned stimulus)이 결합하여 무조건 반응(unconditioned response)을 유발함으로써 행동을 수정하는 과정이다. 1900년대 초 러시아의 생리학자인 Ivan Pavlov의 연구에 근거한 발견으로, Walter B. Cannon

등의 미국인 연구자들과의 교류를 통해 알려지게 되었다.

고전적 조건화는 무조건 자극에 대한 무조건 반응으로 일어나는 생리적 반응에서 시작한다. 개의 경우에는 고기를 줬을 때(무조건 자극)의 반응으로 자연적으로 침을 흘리는 반응(무조건 반응)이 일어난다. 이 때 무조건 자극(예: 고기를 주는 것)과 동시에 조건 자극(예: 종소리)을 줌으로써, 개로 하여금 조건화된 반응(예: 침을 흘리는 반응)을 하도록 만든다. 종을 치면서 고기를 주는 일을 충분히 반복하게 되면 개는 고기를 주지 않아도 종소리만 듣고도 침을 흘리게 된다.

B. F. Skinner가 증명했듯이, 고전적 조건화는 사람에게도 비슷하게 일어난다. 예를 들어, 컴퓨터 앞에서 일하는 사람들은 나쁜 자세(무조건 자극)로 인해 허리 통증(무조건 반응)을 느낄 수 있다. 만일 상사가 나타났을 때만(조건 자극) 허리 통증을 인지한다면, 이들은 상사의 출현에 대해 조건화된 반응(허리 통증)을 보이게 된다.

Reinforcement and punishment are used to manage good and bad behavior.

그러나 고전적 조건화는 조직행동에 적용하기에는 세 가지 이유로 인해 한계가 있다. 첫째, 인간은 개보다 훨씬 복잡한 존재로서 단순한 원인-결과 조건화에 쉽게 동화되지 않는다. 둘째, 조직행동이 일어나는 환경은 복잡해서 단순한 자극-반응 조작으로 행동에 영향을 주기는 어렵다. 마지막으로 인간의 의사결정 역량은 단순한 조건화를 무효화시킬 수 있다.

사실 확인

기계도 학습하고 사람들의 계획과 실행을 도울 수 있을까?

기계(주로 컴퓨터)도 지능의 한 형태인 인공 지능(artificial intelligence)을 보일 수 있는데, 프로그램이 입력되지 않아도 학습할 수 있는 능력이 있기 때문이다. 조직은 경쟁우위를 점하기 위해 기계의 이러한 역량을 활용하고 있다. 다양한 산업 분야에서 선정된 375개 회사(주로 기술 관련 회사)를 대상으로 머신 테크놀로지(machine technology) 활용에 대한 설문조사를 실시하였다. 이 중 60%의 회사가 이미 머신 러닝(machine learning) 전략을 실행하고 있었고 지속적인 투자 계획을 가지고 있었다. 머신 러닝을 채택한 회사들 중 50%는 대규모 데이터 분석을 통해 얻은 통찰과 영감으로 주력 사업 개선 방안을 모색하고 있다. 46%의 회사들은 보다 확실한 경쟁 우위를 추구하고, 45%는 보다 신속한 데이터 분석과 빠른 통찰력을 얻고자 노력하고 있다. 44%의 회사들은 머신 러닝을 활용하여 차세대 제품을 위한 연구개발(R&D) 역량을 확충할 수 있는 방안을 찾고 있다. 기계도 학습할 수 있고 사람과 조직을 도울 수 있다.

SOURCE: L. Columbus, "Machine Learning Is the New Proving Ground for Competitive Advantage," Forbes, Mar. 18, 2017.

5-1b. 조작적 조건화

조작적 조건화(operant conditioning)는 특정 행동에 긍정적이거나 부정적인 결과를 부여함으로써 행동을 수정하는 과정으로, 3가지 전략이 있다: 강화(reinforcement), 처벌(punishment), 소멸(extinction). 이 3가지 전략 중에서 경영학자인 Fred Luthans와 동료들은 강화 전략에 기반한 조직행동 수정(organizational behavior modification: OBM) 방법을 여러 조직에 적용했는데, 이 방법은 세 가지 종류의 결과를 활용한다: 재무적 강화(financial reinforcement), 비재무적 강화(nonfinancial reinforcement), 사회적 강화(social reinforcement). 조직행동 수정은 제조업과 서비스업의 과업 성과에 상당한 긍정적인 영향을 미치는 것으로 밝혀졌고, 특히 제조업 회사의 성과에 주목할 만한 긍정적인 영향을 준 것으로 나타난다. 성과에 대한 보상(pay for performance) 연구에 의하면, 생산성이 높은 종업원일수록 고정급(fixed compensation)보다 성과급(performance-based compensation) 제도를 선택한다고 한다. 그러나 종업원이 어떤 제도를 선택하든지 간에, 성과급 제도 하에서 항상 생산성이 더 높게 나타났다. 비록 문화적 가치 차이에 따라 성과급에 대한 인식은 다양하게 나타나지만, 성과급 제도의 활용률은 전반적으로 증가하고 있다.

operant conditioning Modifying behavior through the use of positive or negative consequences following specific behaviors.

5-1c. 강화 이론

강화 이론은 강화(reinforcement)를 통해 바람직한 행동의 빈도수를 높이고, 처벌(punishment)과 소멸(extinction)을 통해 바람직하지 않은 행동의 빈도수를 줄일 수 있다고 설명한다. 이 이론은 조직 보상 시스템의 설계와 운영에 있어 가장 중심이 되는 내용으로, 보상 시스템은 인재 확보와 유지를 위한 핵심 요소이다. 전략적 보상은 행동이나 활동 및 성취를 위한 동기를 불러일으켜 조직의 경영 목표 달성에 도움이 된다. 전략적 보상은 보너스 등의 금전적 보상뿐만 아니라, 교

그림 5.1 강화와 처벌 전략(Reinforcement and Punishment Strategies)

	강화(Reinforcement) 바람직한 행동 (desirable behavior)	처벌(Punishment) 바람직하지 않은 행동 (undesirable behavior)
긍정적 결과 **(Positive consequences)**	적용(Apply)	철회(Withhold)
부정적 결과 **(Negative consequences)**	철회(Withhold)	적용(Apply)

SOURCE: Table from Organizational Behavior Modification by Fred Luthans and Robert Kreitner. Copyright © 1985, p. 58 by Scott Foresman and Company and the authors. Reprinted by permission of the authors.

육훈련 기회, 스톡옵션(stock options), 포상 여행 등도 포함한다.

1. 긍정적 강화(positive reinforcement): 비람직한 행동에 보상을 주는 것
2. 부정적 강화(negative reinforcement): 바람직하지 못한 행동을 할 때 보상을 철회하는 것
3. 처벌(punishment): 바람직하지 못한 행동에 대해 징계/벌칙을 가하는 것(부정적 강화와 다름)
4. 소멸(extinction): 바람직하지 못한 행동이 일어나게끔 하는 강화요인을 없애서 스스로 사그러 들도록 만드는 것

강화와 처벌은 어떤 행동의 긍정적, 부정적 결과를 나타낸다. **긍정적 결과**(positive consequences)는 사람들이 기분 좋고 만족스럽게 생각하는 결과인데, 연봉 인상, 보너스, 승진, 지리적으로 유리한 지점으로의 전근, 상사의 칭찬 등이 있을 수 있다. **부정적 결과**(negative consequences)는 불쾌하고 불만족스러운 결과로, 징계, 원하지 않는 지점으로의 전근, 강등, 상사로부터의 혹독한 비판 등이 포함될 수 있다. 결과가 긍정적인지 부정적인지의 여부는 그 결과를 받는 사람의 인식에 달려있기 때문에, 개인의 성격이나 성별, 문화 차이가 결과에 대한 긍성 및 부정의 평가에 중요하게 작용할 수 있다.

특정 행동에 대해 긍정적이거나 부정적인 결과가 뒤따르게 되면 그 행동이 강화되거나 처벌되는 것이라고 할 수 있다. Thorndike의 효과의 법칙(law of effect)에 의하면 긍정적인 결과를 얻은 행동은 재발할 가능성이 크고, 부정적인 결과를 얻은 행동은 재발할 가능성이 낮다. (그림 5.1)은 긍정적, 부정적인 결과가 강화 및 처벌 전략에서 어떻게 적용되고 제거되는지 보여준다.

positive consequences Results of a behavior that a person finds attractive or pleasurable.

negative consequences Results of a behavior that a person finds unattractive or aversive.

중요한 문제를 해결하는 과정에서 자연스럽게 발생하는 결과

강화 이론이 조직행동을 형성하는 데 유용하기는 하지만, 창의성과 탐험적 행동(exploratory behavior)이 필요한 모험적인 과제에 있어서는 다시금 생각해 볼 필요가 있다.

이러한 과제들은 최종적으로 성공할 때까지 반복적으로 실패할 가능성이 높기 때문에, 끈기를 가지고 집요하게 시도를 하는 것이 필수적이다. 예를 들어, 아인슈타인은 일반상대성 이론을 도출하던 1912년부터 1915년의 기간 동안 시작단계에서부터 수없이 실패와 오류를 경험했다. 그는 표현할 수는 없지만 존재한다고 믿는 진실을 밝히기 위해 어둠 속을 더듬어 가는 느낌으로 연구했다고 한다.

덴마크인 수학자인 Piet Heim은 중요한 문제를 해결하기 위해 도전하는 일을 운율 경구를 이용하여 표현하기도 했다. 중요한 문제는 마지막에 성공적으로 풀릴 때까지 수많은 오류와 시행착오를 거쳐야만 한다는 내용으로, "달려들 만큼의 가치가 있는 문제는(Problems worthy of attack) 반격함으로써 스스로의 가치를 증명한다(Prove their worth by hitting back)"고 표현했다. 도전적이고 복잡한 문제를 배우고 해결하기 위해서는 낙담스러운 결과와 실패를 지속적으로 넘어서서 결국 해결책을 모색하려는 노력이 중요하다.

SOURCE: F. Wilczek, "The Power of Learning by Doing: From the Beatles to Einstein, the key to creativity is often going for it and learning from your mistakes," Wall Street Journal, 18 Jan. 2017.

reinforcement A strategy to cultivate desirable behavior by either bestowing positive consequences or withholding negative consequences.

강화 강화(reinforcement)는 긍정적인 결과를 제공하거나 부정적인 결과를 제거함으로써 긍정적인 행동의 빈도수를 높이는 전략이다. 긍정적 강화(positive reinforcement)는 바람직한 행동(예: 성공적인 업무 성과)을 했을 때 긍정적인 결과(예: 보너스)가 뒤따라 일어날 경우에 발생한다. Marriott International은 매년 10–20명의 종업원들에게 J. Willard Marriott Award of Excellence를 수여함으로써 긍정적 강화를 제공하고 있다. 수상자 개개인은 회사의 가치(헌신, 성취, 인격, 이상, 노력, 인내)를 표현하는 단어들이 새겨진 메달을 받는다. 최근 한 이스라엘 첨단기술 제조 공장의 보상 관행을 실험 연구한 내용이 있는데, 단기 보너스의 여러 종류(금전적 또는 비금전적) 중 근로자 생산성에 가장 긍정적인 효과가 있었던 종류를 밝히고, 단기 보너스가 어떤 상황에서 종업원 행동을 강화시켰는지 살펴보는 것이 목적이었다. 한 종업원 그룹은 현금과 가족식사권의 형태로 금전적인 보너스를 인센티브로 받았고, 다른 종업원 그룹은 긍정적인 피드백이 적힌 메모의 형태로 비금전적인 보너스를 받았다. 금전적, 비금전적 보너스를 받은 종업원 모두 생산성이 5% 이상 상승하였다. 반대로 성과에 대해 인센티브가 더 이상 지급되지 않을 경우 금전적, 비금전적 보너스를 받던 종업원 모두 생산성이 감소했다. 그러나 생산성 감소 속도 면에서 차이가 있었는데, 현금이나 식사권 등 금전적 보너스를 받았던 종업원보다 좋은 성과에 대한 긍정적인 피드백이 담긴 메모를 받았던 종업원이 생산성 감소가 더 천천히 진행되었다.

부정적 강화(negative reinforcement)는 종업원이 바람직한 행동을 보인 뒤에 관리자가 부정적인 결과를 철회함으로써 일어난다. 예를 들어, 종업원이 지각했을 때(바람직하지 못한 행동) 상사가 월급을 줄였었는데(부정적인 결과), 종업원이 그 후 정시에 출근했을 경우(바람직한 행동) 월급을 더 이상 줄이지 않는 경우이다. 종업원은 바람직한 행동을 보임으로써(정시 출근) 부정적인 결과를(월급 감소) 피하게 된 것이다.

관리자가 조직의 보상 시스템을 설계할 때는 강화의 유형을 선택할 뿐만 아니라, (표 5.1)에 제시된 것과 같

표 5.1 강화 계획(Schedules of reinforcement)

강화 계획	강화 계획에 대한 설명	강화의 효과
연속 강화(Continuous)	꾸준히 연속적으로 목표행동이 나타날 때마다 보상을 제공하는 것	• 목표행동에 대해 매번 보상이 제공되는 한 꾸준히 높은 성과 달성 • 보상 빈도가 높으면 금방 흥미를 잃게 됨. • 보상이 철회되면 급속도로 목표행동이 약화되거나 사라짐. • 처음이라 불안정하고 자주 일어나지 않는 목표행동일 경우에 적합
간헐적 강화(Intermittent)	목표행동이 나타날 때 때로는 보상을 제공했다가 때로는 제공하지 않았다가 하는 것	• 높은 빈도로 목표행동을 이끌어낼 수 있음. • 보상을 낮은 빈도로 제공함으로써 금방 흥미를 잃는 문제를 방지함. • 안정적이고 자주 일어날 수 있는 목표행동일 경우에 적합
고정 비율 강화(Fixed ratio)	목표행동이 정해진 수만큼 발생했을 때 보상을 제공하는 것	• 고정 비율 1:1(목표행동이 발생할 때마다 보상 제공)은 연속 강화 계획과 동일함. • 활동적이고 꾸준한 목표행동을 높은 빈도로 이끌어 냄.
변동 비율 강화(Variable ratio)	목표행동이 정해진 수만큼이 아닌, 변동하는 수나 무작위적인 수만큼 나타났을 때 보상을 제공하는 것	• 보상이 없을 때도 약화되거나 사라지지 않는, 활동적이고 꾸준한 목표행동을 높은 빈도로 이끌어 낼 수 있음.
고정 간격 강화(Fixed interval)	보상을 제공한 뒤 고정된 시간이 경과한 후 다시 목표행동을 보일 때 강화를 제공하는 것	• 목표행동을 꾸준히 하기 보다는, 보상받을 시간이 되기 직전에 신속하고 활발한 목표행동을 보이고, 보상을 받은 직후에는 행동이 느려지고 활기가 감소함.
변동 간격 강화(Variable interval)	보상을 제공하는 시간 간격이 변동하거나 무작위적인 경우	• 보상의 시간 간격을 예측할 수 없기 때문에 균등한 목표행동 빈도를 보임. • 보상이 없을 때도 약화되거나 사라지지 않는, 활동적이고 꾸준한 목표행동을 높은 빈도로 이끌어 냄.

SOURCE: F. Luthans and R. Kreitner, Organizational Behavior Modification(Glenview, Ill.: Scott, Foresman, 1985). Copyright © by Scott Foresman and Company and the authors. Reprinted by permission of the authors.

이 얼마나 자주(지속적으로 또는 간헐적으로) 보상을 제공할지 등에 대해서도 고려하게 된다.

5-1d. 처벌

처벌(punishment)은 바람직하지 못한 행동을 하지 않도록 하는 전략으로, 한 가지 방법은 바람직하지 못한 행동을 했을 때 부정적인 결과를 제공하는 것이다. 예를 들어, 심판에게 지나치게 공격적으로 반응하는(바람직하지 못한 행동) 운동선수를 경기에서 퇴장시키는(부정적인 결과) 것이다. 또 다른 처벌의 방법은 바람직하지 못한 행동을 했을 때 긍정적인 결과를 제거하는 것이다. 한 예로, 영업에 노력을 기울이지 않는(바람직하지 못한 행동) 영업사원은 큰 액수의 커미션(긍정적인 결과)을 받지 못할 가능성이 높다.

punishment A strategy to discourage undesirable behavior by either bestowing negative consequences or withholding positive consequences.

처벌은 때로 의도하지 않은 결과를 가져오기도 한다. 처벌은 처벌되는 사람의 입장에서 불쾌한 일이기 때문에, 일탈행동과 같은 부정적인 심리적, 감정적, 성과 및 행동 결과를 가져올 수 있다. 특히 처벌이 너무 자주 일어나면 부정적인 결과가 더 발생할 가능성이 있다. 일부 관리자들은 처벌이 불러올 수 있는 부정적인 반응과 업무를 더 잘 하고자 하는 의욕이 감소될 수 있는 가능성을 알고 있기 때문에, 실제로 처벌을 행하기보다는 처벌 가능성을 언급만 함으로써 종업원들의 업무 노력을 독려하기도 한다.

소멸 바람직하지 못한 행동을 처벌하는 방법의 대안으로 **소멸**(extinction)을 사용하기도 하는데, 바람직하지 못한 행동에 대해 긍정적이건 부정적이건 아무 결과도 제공하지 않음으로써 그 행동을 약화시키는 전략이다. 시간과 인내가 필요한 전략이지만, 결과가 따르지 않음으로써 결과적으로 바람직하지 못한 행동이 줄어드는 효과를 볼 수 있다. 소멸 전략은 바람직한 행동에 대한 긍정적 강화와 함께 활용될 때 가장 효과적이다. 예를 들어, 비아냥거리는 동료가 있을 때 그의 빈정대는 코멘트는 무시하면서(바람직하지 못한 행동을 소멸시키는 전략) 오히려 건설적인 코멘트를 줬다고 칭찬하면(바람직한 행동을 강화하는 전략) 더 큰 효과가 있을 수 있다. 그러나 소멸이 항상 최적의 전략이라고 할 수는 없다. 위험하거나 심각하게 문제 있는 행동의 경우에는 처벌 전략을 택함으로써 더 신속하고 명확한 교훈을 줄 수 있다.

extinction A strategy to weaken a behavior by attaching no consequences to it.

task-specific self-efficacy An individual's internal expectancy to perform a specific task effectively.

5-2 사회 및 인지 학습 이론

행동주의 이론에 이어, 사회 및 인지 학습 이론에 대해 알아보도록 하자.

5-2a. 반두라의 사회 학습 이론

Albert Bandura의 사회 학습 이론(social learning theory)은 Pavlov와 Skinner의 행동주의 접근법을 보완하는 대안 이론을 제시한다. Bandura는 사람들이 타인을 관찰하고 그들의 행동을 본보기로 삼을 때 학습이 일어난다고 주장한다. 종업원들의 경우 행동 규범을 배우기 위해 상사를 살펴보게 되기 때문에 행동 패턴이 상사와 유사하게 나타날 수 있다. Bandura의 사회 학습 이론의 중심에는 **직무 특화된 자기 효능감**(task-specific self-efficacy) 개념이 있다. 특정 과업을 효과적으로 수행할 수 있다는 개인의 내적인 기대감을 의미하는데, 자기 효능감이 높은 사람들은 자신이 일을 잘 처리할 수 있는 능력이 있다고 믿는다. 자기 효능감은 성과를 내야하는 상황보다 학습 상황에서 더 높게 나타나는데, 특히 학습 지향성(learning orientation)이 높은 사람들의 경우 더 그렇다.

직무 특화된 자기 효능감의 원천에는 대표적으로 네 가지가 있다: 과거의 성공 경험, 행동 모델(타인의 성공을 목격), 타인에 의한 설득(칭찬이나 확신을 주는 말), 현재 자신의 신체적 및 감정적 역량에 대한 평가를 도전 및 열의로 변화시키는 각성. 연구 결과에 따르면 자기 효능감은 매우 다양한 신체적, 정신적 과업을 성공적으로 수행하도록 한다. 높은 자기 효능감을 지닌 종업원은 새로운 것을 배우고 직무를 수행할 때 다양한 방법을 동원한다. 과거의 성공 경험 또한 자기 효능감을 증대시키는데, 예를 들어 신체적 자기 방어 훈련을 받은 여성은 자기 방어와 새로운 과업에 대한 자기 효능감이 증가하는 것으로 나타난다.

Bandura의 자기 효능감과 사회 학습 개념을 토대로, Alexander Stajkovic과 Fred Luthans는 자신들의 기존 행동 관리와 조직행동 수정(OBM) 연구를 확장하여 성과 관리에 대한 포괄적인 틀을 제시하였다. Bandura는 사회적 강화(social reinforcement)의 효과를 밝혔는데, 금전적이거나 물질적 보상은 타인으로부터의 인정(approval)에 뒤따르거나 동시에 일어나고, 처벌은 사회적 반감(social disapproval)에 뒤이어 일어난다는 것이다. Stajkovic과 Luthans는 자기 효능감과 사회적 강화가 행동과 업무 성과에 영향을 미치고, 높은 자기 효능감을 지닌 종업원은 좋은 성과를 낼 것이라고 제안했다.

관리자들은 도전적인 직무를 제공하고 성과 향상을 위한 코칭과 카운슬링을 제공하며 종업원의 업적에 대해 보상함으로써, 종업원에게 권한을 주고(empower) 자기 효능감을 경험하도록 할 수 있다. 또한 관리자들은 종업원이 의미 있는 일에 매진할 수 있도록 조직 내 장애물을 제거해야 한다. 인력이 점점 더 다양해지는 상황에서 관리자들은 여성과 소수자들에게 더욱 관심을 기울일 필요가 있는데, 이들이 일반적으로 평균보다 낮은 자기 효능감을 보이는 경향이 있기 때문이다.

Managers can empower employees and help them develop self-efficacy by providing job challenges, offering coaching and counseling, and rewarding employees' achievements.

5-2b. 인지주의 학습 이론

학습에 대한 인지적 접근은 게슈탈트(Gestalt) 학파의 이론에 기반하고 융(Jung)의 성격차이 이론(2장 참고)을 활용한다. 내향적인 사람(연구하고 집중하며 사색하는 성향)과 외향적인 사람(다른 사람들과 교류하는 성향)의 차이에 대해 2장에서 설명한 내용을 되짚어 보자면, 내향적인 사람은 혼자일 때 가장 학습효과가 좋고 외향적인 사람은 다른 사람들과 아이디어를 교환할 때 학습효과가 가장 좋다.

직관(intuition), 감각(sensing), 사고(thinking), 감정(feeling)의 성격 유형은 〈표 5.2〉에 제시된 바와 같이 모

표 5.2 성격 유형과 학습

성향(Personality Preference)	개인의 학습에 주는 시사점
정보 수집(Information gathering)	
직관형(Intuitors)	• 이론적 틀을 선호하고 자료에 담긴 의미를 탐구함. • 큰 그림을 파악하고자 하며 가능성과 상관관계를 탐색함.
감각형(Sensing)	• 구체적이고 실증 가능한 자료를 선호하며 실질적인 응용 가능성을 탐색함. • 주제의 세부 내용을 완전히 익히고자 하며 현실적이고 실행 가능한 아이디어를 모색함.
의사 결정(Decision making)	
사고형(Thinkers)	• 자료와 정보 분석을 선호하며 공정하고 공평하고자 노력함. • 논리적이고 공정한 결론을 추구하며 지나치게 개인적으로 관여하기를 좋아하지 않음.
감정형(Feelers)	• 사람들이 상호 간에 관심을 가지고 관여하는 것을 선호하며, 인정 많고 좋은 인간관계를 가지고자 노력함. • 주관적이고 정이 느껴지는 결과를 추구하며, 객관적인 사실 분석을 좋아하지 않음.

SOURCE: From Type Talk at Work by Otto Kroeger and Janet Theusen, copyright © 1992 by Janet Theusen and Otto Kroeger. Used by permission of Delacorte Press, an imprint of The Random House Publishing Group, a division of Random House, Inc.

두 학습과 관련된다. 개개인은 각자가 선호하는 정보 수집 및 평가 방법, 의사결정 방식이 있다. 예를 들어, 직관–사고 성격 유형인 경우는 전사적 품질관리 프로그램(total quality program) 실행에 관한 연구 보고서를 대충 훑어본 뒤, 연구 결과를 조직에 어떻게 적용할지 직관에 근거하여 결정하는 방식을 선호한다. 감각–감정 성격 유형은 전사적 품질관리 프로그램을 실행하고 있는 타 회사 종업원들의 인터뷰 동영상을 시청한 뒤, 회사 내에 프로그램을 수용할 가능성이 높은 종업원들을 알아내는 방식을 선호한다.

5-3 일터에서의 목표 설정

목표 설정(goal setting)은 바람직한 결과를 설정함으로써 행동을 이끌고 안내하는 과정을 의미한다. 목표는 목적의식과 미션을 구체화하여 성공을 이끌어내는 역할을 한다. 목표 설정 이론(goal-setting theory)은 Edwin Locke, Gary Latham, John M. Ivancevich와 동료들의 실험실 연구, 현장 실험 연구, 비교 조사 연구를 토대로 발전되어 왔다.

5-3a. 효과적인 목표의 특징

다양한 조직들은 효과적인 목표의 특징을 각기 다르게 정의한다. 한 예로, 백화점 체인 회사였던 Sanger–Harris는 SMART 목표를 활용했다. SMART 목표는 구체적이고(specific), 측정가능하며(measurable), 노력하면 달성 가능한(attainable), 현실적이며(realistic), 시간제한이 있는(time-bound) 목표를 뜻한다. 구체적이며 도전적인 목표는 정확하게 무엇을 달성해야 하는지에 집중하고, 최고의 성과를 달성하도록 고무시키는 효과가 있다. 구체적이고 도전적인 목표를 정해놓은 사람들은 쉽고 불명확한 목표를 지닌 사람들보다 더 높은 성과를 내는 것으로 일관되게 밝혀졌다. 그림 5.2. 잠재의식적인 사고도 긍정적인 효과가 있는데, 잠재의식적 모티베이션에 관한 두 개의 연구에 의하면 어려운 목표일수록 잠재의식 속에 깊이 자리 잡고 있을 때 과업 성과가 향상되는 것으로 나타난다. 반면 쉬운 목표에 있어서는 이 같은 효과가 나타나지 않았다.

goal setting The process of establishing desired results that guide and direct behavior.

측정 가능한 계량적 목표는 진척 상황에 대한 피드백을 제공하기에 용이하다. 질적인 목표 또한 중요한데, Western Company of North America(현재는 BJ Services Company 소속)는 관리자 목표의 15% 정도를 질적인 목표로 설정한다. 질적인 목표의 예로는 고객 관계 개선을 들 수 있는데, 목표 달성 정도를 측정하기 위해 고객 불평 건수 또는 고객칭찬 빈도수 등의 측정 방법을 통해 계량화되기도 한다.

시간제한이 있는 목표는 측정가능성에 도움이 된다. 많은 조직들이 분기 또는 연간 등 표준화된 순환주기로 움직이는데, 목표를 달성해야 하는 시점이나 기간이 불분명할 경우에는 시간 제약을 명확하게 언급해야 한다.

목표의 우선순위를 정함으로써 자원 배분을 효율적으로 할 수 있다. 시간, 에너지, 기타 자원이 활용 가능해지면 목표의 중요도 순서에 따라 배분하게 되는데, 이처럼 우선순위를 정해 놓으면 개인의 노력과 행동의 지침이 될 수 있다.

목표 설정은 다음의 세 가지 효과가 있는데, 1) 업무에 대한 모티베이션과 과업 성과를 증진시키고, 2) 상충되거나 혼동되는 기대로 인한 스트레스를 줄이며, 3) 성과 평가의 정확성과 타당성을 높인다. 다음에서 이 세 가지 효과에 대해 자세히 알아보도록 하자.

5-3b. 목표의 효과 1: 업무 모티베이션과 과업 성과 향상

목표는 종업원의 노력과 모티베이션 수준을 상승시켜 과업 성과를 증진시킨다. 목표가 높은 수준에서 설정될수록 성과가 더 좋게 나타나는데, 사람들은 어려운 목표를 달성하기 위해 더욱 노력을 기울이게 되기 때문이다. 이러한 관계를 (그림 5.2)에 나타냈다.

목표 설정 방식을 활용하는 관리자는 종업원을 참여시키고 관심을 보여야 하며, 유용한 성과 피드백을 제공해야 한다. 목표의 수용과 목표에 대한 몰입은 목표 달성의 두 가지 필수조건인데, 종업원을 목표 설정 과정에 참여시킴으로써 목표를 수용하고 목표에 몰입하도록 할 수 있다. 특히 어려운 목표일 때 종업원의 참여가 중요한데, 어려운 목표가 할당되었을 때 수용과 몰입이 목표 달성에 필수적이기 때문이다.

목표에 대한 상사의 관심과 관여는 목표 설정에 대한 조직 차원의 관심을 반영한다. 곧 소개할 목표에 의한 관리(management by objectives: MBO) 등 성공적인 목표설정 프로그램의 필수 요건으로 조직의 관심과 관여가 꼽힌다. 조직이 목표 설정 프로그램에 관심을 기울일 때 상사와 종업원이 구체적인 업무 목표에 몰입하게 되는 것이다.

상사는 목표 달성 과정 중에 종업원에게 성과 피드백을 제공한다. 성과 피드백은 목표가 구체적일 때 가장 유용하고, 목표 달성 과정 중간에 성과 피드백이 주어질 때 구체적인 목표가 성과를 증진시키는 폭이 가장 크다. 올바르게 적용된다면 부정적인 성과 피드백도 성과를 향상시킬 수 있다. 예를 들어, 보험판매 사원이 6개월 내에 $500,000 어치의 보험을 판매하기로 목표를 설정해 놓았는데, 3개월 지난 시점에 $200,000 정도 밖에 판매를 못 한 경우를 생각해 보자. 중간 성과 피드백 세션에서 상사는 보험판매 사원이 문제점을 파악하도록 도움을 주고(예: 계약체결 가능성이 가장 높은 고객들에게 집중적으로 전화를 걸지 않는 문제 등), 목표 달성을 위한 정상궤도로 되돌아올 수 있도록 한다. 실질적인 조언이 적시에 제공될 때 피드백은 가장 도움이 된다.

5-3c. 목표의 효과 2: 역할 스트레스, 갈등, 모호성 감소

상사, 동료, 종업원 모두 서로의 역할에 대한 기대를 가지는데, 상충되거나 혼동되는 기대로 인한 역할 스트레스(role stress)가 목표 설정을 통해 감소될 수 있다. 목표를 통해 과업-역할 기대(task-role expectations)가 명확해 지기 때문이다. 14개월에 걸친 연구 결과에 따르면 목표를 설정함으로써 갈등, 혼란, 결근율이 감소했다고 한다.

목표 설정이 역할 명료성(role clarity)을 향상시키므로 상사와 종업원 간에 커뮤니케이션도 원활해진다. FedEx는 관리자들로 하여금 연간 MBO 목표설정 시 커뮤니케이션 관련 목표도 설정하도록 독려한다.

그림 5.2 목표 수준과 과업 성과

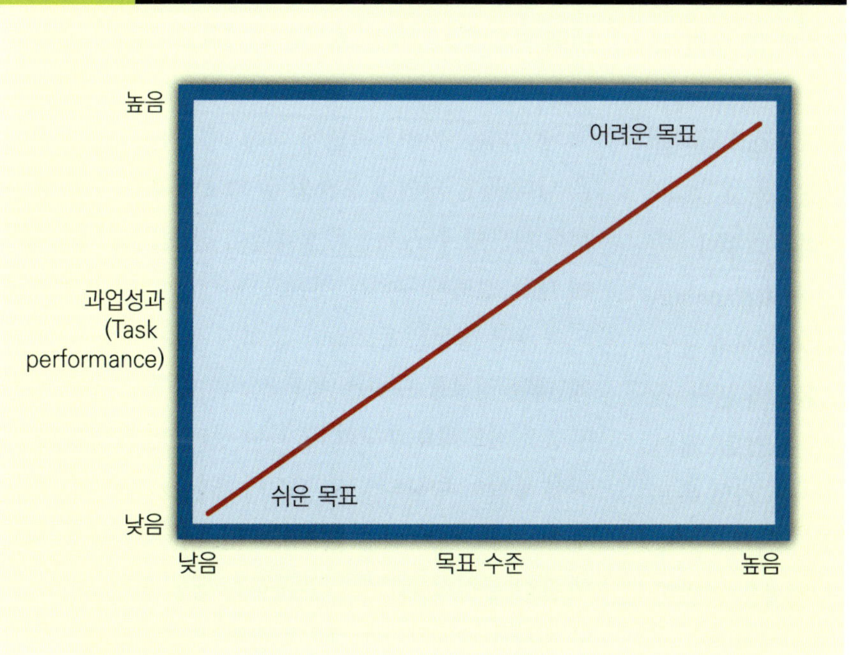

5-3d. 목표의 효과 3: 성과 평가의 질 향상

목표 설정의 세 번째 주요 효과로는 성과 평가의 정확성과 타당성 증진을 들 수 있다. 이를 위한 가장 좋은 방법으로 **목표에 의한 관리**(management by objectives: MBO)를 들 수 있는데, 이는 종업원과 상사 간의 상호작용과 협상에 근거한 목표 설정 프로그램이다.

50여 년 전에 MBO 개념을 개발한 Peter Drucker에 의하면, 목표 설정 과정은 종업원이 상사에게 편지를 작성하는 것에서 시작된다. 편지에는 상사의 업무 범위 및 자기 자신의 업무 범위에 대한 종업원의 전반적인 이해에 대한 설명과 함께, 향후 6-12개월 동안 종업원 자신이 달성하고자 하는 구체적인 목표 관련한 계획을 적는다. 그 후 상사와 종업원 간에 협상과 논의를 거친 뒤, 이러한 내용을 성과 계획에 반영하여 최종 결정한다.

Drucker에 따르면 MBO는 참여적이고 상호작용적인 과정이다. 목표 설정이 조직의 하부에서부터 시작된다는 것을 의미하는 것은 아니고, 모든 종업원들에게 목표 설정이 적용될 수 있다는 것을 의미한다. 조직 내 낮은 직급 종업원들로부터 전문직 직원들까지 모두 목표 설정 과정에 참여하여 영향력을 행사한다. 대부분의 목표 설정 프로그램은 성과를 증진시키도록 설계되었고, 특히 목표 달성에 대해 인센티브가 제공될 때 더욱 그렇다.

목표 설정 프로그램의 두 핵심 요소는 계획(planning)과 평가(evaluation)이다. 계획(planning)은 조직과 종업원 간 상호작용 과정을 통해 설정되는 목표에 관한 것으로, 종업원 개인과 부서는 기업 목표 달성을 위한 운영 및 전략 계획을 개발한다. 여기에서 핵심은 명확하고 일관되며 측정 가능한, 우선순위가 정해진 목표들을 수립하여 무엇을 해야 하는지를(what to do) 논리정연하게 표현하는 것이다. 그 뒤 운영 지원 계획(operational support planning)을 통해 어떻게 해야 할지를(how to do it) 결정한다. 계획의 의도(intention)는 목표(what)와 목표 달성에 이르는 경로(how) 모두를 포함한다.

management by objectives(MBO)
A goal-setting program based on interaction and negotiation between employees and managers.

목표 설정의 평가(evaluation) 부분은 상사와 종업원이 함께하는 중간 리뷰와 공식적인 성과 평가를 포함한다. 중간 리뷰는 종업원이 스스로 행동 수정을 할 수 있도록 돕는 방식으로 설계된다. 공식적인 성과 평가는 보고 기간 종료 시점에 일어나는데, 일반적으로 1년에 한 번 시행된다. 목표 지향 이론(goal orientation theory)에 따르면 4가지 유형의 피드백 추구 행동이 가능하다: 자신에 대한 긍정적 피드백(self-positive), 자신에 대한 부정적 피드백(self-negative), 타인에 대한 긍정적 피드백(other-positive), 타인에 대한 부정적 피드백(other-negative). 자기 자신에 대한 긍정적 피드백 추구 행동은 자신이 잘 하는 분야나 측면에 대해 피드백을 구하는 행동을 의미하고, 자신에 대한 부정적 피드백 추구 행동은 자신이 취약하거나 미진하다고 생각되는 분야나 측면에 대해 피드백을 구하는 행동을 나타낸다. 타인에 초점을 둔 피드백 추구 행동 중 긍정적 피드백 추구 행동은 동료들이 잘 하는 분야나 측면에 대한 정보를 구하는 것이고, 타인에 대한 부정적 피드백 추구 행동은 동료들이 잘 하지 못하는 분야나 측면에 대한 정보를 구하는 행동을 의미한다. 자신에 대한 부정적 피드백을 추구할 때 직무 성과, 역할 명료성, 사회적 통합이 향상되었고, 자신에 대한 긍정적 피드백을 추구할 경우에는 이와 반대되는 결과가 나타났다. 타인에 대한 긍정적 피드백을 추구하는 행동 또한 자신의 직무 성과를 증진시키는 것으로 밝혀졌다.

사실 확인

연간 성과 리뷰(Annual Performance Review)를 다시 생각해 보자.

미국 회사들의 33%가 전통적인 성과 평가 방식을 버리고, 관리자와 종업원 간에 인력개발에 초점을 둔 대화를 자주 나누는 방식을 채택하고 있다. 이러한 대화는 시간도 걸리고 인내심이 필요하지만, 종업원에게는 관리역량 및 리더십 개발 기회가 된다. 성과를 내기 위해 필요한 내용을 교육하는 것은 종업원은 물론 관리자에게도 필요하고 유용하지만, 이것이 전부는 아니다. 특히 창의성과 유연한 적응력이 요구되는 업무를 수행하기 위해서는 교육과 인력개발이 요구된다. 그렇기 때문에 미국 회사의 3분의 1 이상이 전통적인 성과 평가 방식에서 벗어나 인력개발 접근법을 채택하는 것이다.

SOURCE: P. Cappelli and A. Tavis, "Rethinking the Annual Performance Review," Harvard Business Review, December 2016, p. 20.

목표 설정 프로그램은 다소 기계적인 면이 있어서, 안정적이고 예측 가능한 경영 환경 하에서 가장 쉽게 실행될 수 있고 효과가 크다. 예측 불가능한 환경에 처해 있는 소규모 조직에는 유용성이 떨어지는 것으로 나타난다. 개인의 성격이나 성별 차이, 문화적 차이에 의해서 목표 설정 프로그램의 성패가 영향을 받지는 않기 때문에, 종업원의 규모가 크고 다양하게 구성된 경우에도 유용하게 활용될 수 있다.

요약하자면, 목표 설정은 업무 모티베이션과 과업 성과를 증진시키고 스트레스를 줄이며, 성과 평가의 정확성을 높일 수 있다.

5-4 성과: 핵심 개념

성과(performance)는 과업 달성(task accomplishment)과 동일하게 일컬어지는데, 이 때 과업(task)은 Fredrick W. Taylor의 정의에 따르면 근로자가 수행해야 하는 활동이다. 1900년대 초에 Taylor가 제안한 이후로, 성과 관리 및 성과 평가의 개념에 대해 광범위한 응용 연구가 진행되어 왔다. 지난 100여 년 간 연구의 근본적인 관심은 성과 평가와 교육훈련을 시행하는 목적을 밝히고 평가에 대한 반응을 탐색하며, 이에 얽힌 인구통계학적인 차이와 인지적 과정을 밝히는 데 있었고, 좋은 성과를 내기 위해서는 결과와 노력 모두가 중요함을 강조하였다.

직무 성과를 예측하는 것 역시 100여 년이 넘는 기간 동안 연구자들의 주요 관심사였다. 제1차 세계대전 초기 이론들은 지적 능력(intelligence)과 일반적인 정신적 능력(general mental ability: GMA)에 초점을 뒀는데, 민간과 군대 직무 모두에 있어 GMA가 높을수록 직무 지식도 높은 것으로 밝혀졌다. 혼합된 감성 지능(emotional intelligence: EI) 역시 직무 성과를 효과적으로 예측하는 것으로 나타났는데, 혼합된 감성 지능은 성격 특질(personality trait)(예: 외향성, 성실성 등), 정서(affect), 스스로 인지하는 역량(self-perceived abilities)을 포괄하는 개념이다. 직무 성과를 예측하기에 앞서, 우선 직무 성과에 대한 정의를 살펴보도록 하자.

5-4a. 성과 관리

성과 관리(performance management)란 성과를 정의, 측정, 평가하고 피드백을 제공하여 궁극적으로 성과를 향상시키는 과정을 의미

performance management
A process of defining, measuring, appraising, providing feedback on, and improving performance.

한다. 이 때 첫 번째 단계로 행동 관련 용어를 활용하여 성과를 정의하는 것이 기본이라고 할 수 있다. 성과 관리 과정이 제대로 진행되면 종업원 몰입이 증대되는데, 자신에게 기대되는 것이 정확하게 무엇인지 알고 그러한 기대에 부응할 수 있는 스킬과 역량을 갖추고 있을 때 몰입이 가능해 진다. 성과에 대한 정의가 확립되고 나면 성과에 대한 측정, 평가가 이루어져 종업원은 피드백을 받고 관리자는 성과 향상을 위한 목표를 설정하게 된다. 긍정적인 성과 행동은 보상이 되어야 하고, 미진한 성과 행동은 수정되어야 한다.

5-4b. 성과 정의

종업원이 좋은 업무 성과를 내기 위해서는 관리자가 성과를 명확하게 정의해야 한다. 대부분의 업무 성과는 다차원적인데, 예를 들어 영업 담당 이사(sales executive)가 성과를 내기 위해서는 관리적, 재무적, 대인관계 스킬이 요구된다. 특정 직위나 직무에서 성공하기 위해 필요한 스킬과 행동을 인지할 때 직무 성과에 대한 측정과 평가가 가능하게 된다.

각기 다른 직무에는 서로 다른 다양한 스킬과 행동이 요구되지만, 조직시민행동(OCB)은 많은 직무에서 요구된다. 3장에서 언급된 내용을 상기하면 OCB는 자신의 업무 범위를 넘어서서 조직을 위해 하는 행동으로, 종업원 참여 프로그램(employee involvement program)을 통해 OCB를 촉진할 수 있다. OCB는 개인 성과보다 집단의 성과를 강조하는 특성이 있고, 특정 직무에서 요구되는 사항들을 정의할 때 고려되어야 할 요소이다.

성과 평가 상사들은 **성과 평가**(performance appraisal)를 정확하게 함으로써 평가자이자 코치로서의 두 가지 역할을 충실하게 수행하게 된다. 코치로서의 상사는 부하 직원의 성장과 발전을 격려하는 한편, 평가자로서의 상사는 조직 내에서 종업원이 담당하는 역할에 대한 판단을 내린다. 회사 내에서 종업원이 담당하는 역할을 염두에 두고 성과 평가를 할 때, 상황과 맥락 내에서 종업원의 역할의 의의를 성과 평가 과정에 반영할 수 있게 된다.

performance appraisal The evaluation of a person's performance.

성과 평가를 통해 종업원에게 성과에 대한 피드백을 제공하게 되고 인적자원 개발의 필요성을 확인할 수 있으며, 승진, 강등, 해고, 선발, 배치 결정에 활용할 수 있다.

5-4c. 성과 측정

실제 성과가 측정된 성과와 합치되는 것이 이상적이지만, 실제로는 거의 일어나기가 어렵다. 운영 성과(operational performance) 관해서는 계량적 자료가 있기 때문에 관리 성과(managerial performance)보다 측정하기가 쉽다. 양호한 과업 성과를 달성하고자 하는 동기에 관한 최근 연구에 따르면, 단어와 문맥에 따라 자기 보고식(self-reports) 설문의 타당성이 달라질 수 있다고 한다. 자기 성과 평가(self-performance evaluation)의 정확성 또한 중요한데, 특정 과업에 대한 자신의 성과를 정확하게 평가할수록 후속 과업의 성과가 더 양호해 지는 것으로 나타난다.

성과 평가 시스템은 성과 측정의 정확도를 높임으로써 실제 성과와 합치되도록 이루어져야 한다. (그림 5.3)에 나타나듯이, 실제 성과와 측정된 성과가 합치되는 정도를 참된 평가(true assessment)라고 부른다. 결핍(deficiency), 신뢰성 결여(unreliability), 타당성 결여(invalidity) 등의 문제로 인해 성과 측정이 부정확해 진다. 종업원이 달성한 실제 성과의 중요한 측면이 간과되었을 때 결핍(deficiency)이 일어났다고 하고, 성과 측정 도구의 질이 낮을 때 신뢰성이 결여되며(unreliability), 기대되는 직무 성과가 부정확하게 정의될 때 타당성 결여가 발생한다(invalidity).

(표 5.3)은 19세기 보병부대 장교 평가 보고서의 예시인데, 초기 성과 평가의 오류를 보여준다. 현재의 임원진 평가에 있어서도 부정적인 측면이 있어서 관리자나

그림 5.3 실제 성과와 측정된 성과

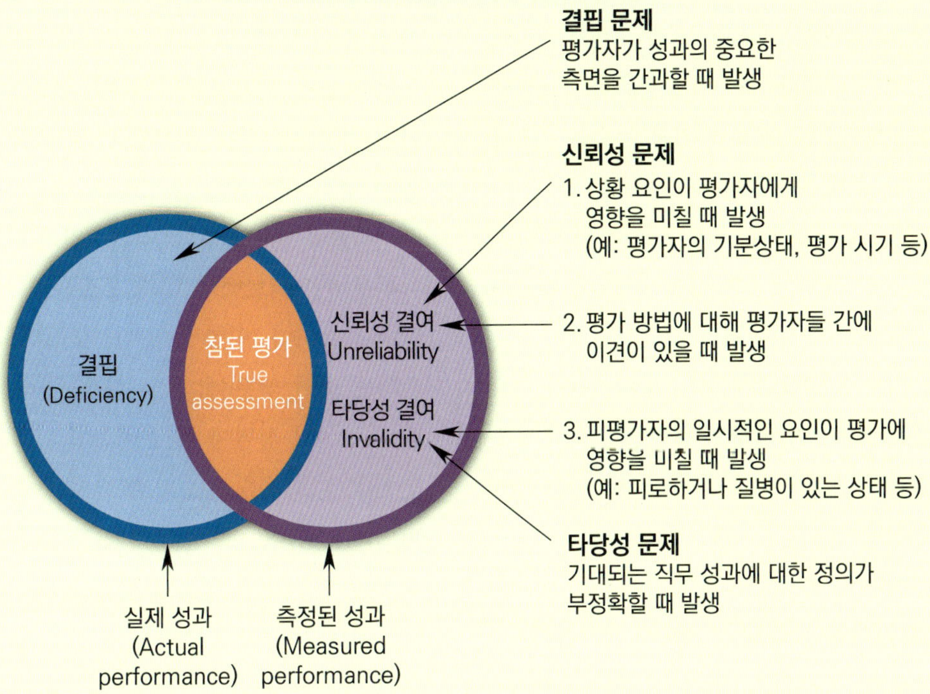

SOURCE: Table from The Air Officer's Guide, 6th ed. Copyright © 1952 Stackpole Books. Used with permission.

임원진들이 자기방어를 하게 되는 경우가 있다. 성과 평가 시 피평가자의 감정과 자기방어를 신중하게 다뤄야 성과 평가가 효과적으로 이루어질 수 있다. 어떤 성과 평가 시스템은 종업원들의 순위를 매기도록 하는데, 이는 논란을 일으킬 수 있고 비생산적일 수도 있다. 최근 한 연구에 의하면 상사들은 일반적으로 부정적인 성과 피드백을 주는 것을 꺼리는데, 특히 소수인종 부하직원의 성과를 기술할 때는 사회적 요소(social factor)를 강조하

표 5.3 장교 평가 보고서(Officer Effectiveness Reports, CIRCA 1813)

Alexander Brown, Lt. Col., Comdg.(중령)	좋은 성품을 지닌 사람
Clark Crowell, 1st Major(소령)	좋은 사람이지만 장교급은 아님
Jess B. Wordsworth, 2nd Major(소령)	뛰어난 장교
Captain Shaw(대위)	모든 사람이 나쁘게 말하는 사람. 모든 사람이 경멸하는 악당 같은 사람
Captain Thomas Lord(대위)	평범하지만 약속을 잘 지킴
Captain Rockwell(대위)	역량 있는 장교이지만 경솔하고 격한 감정을 표출함
1st Lt. Jas. Kearns(중위)	그저 양호하고 장래성은 없음
1st Lt. Robert Cross(중위)	의욕은 넘치나 역량이 부족하고 배워야 할 것이 많음
2nd Lt. Stewart Berry(소위)	무식하고 순진한 사람
Ensign North	성품이 좋은 젊은 사람이고 일을 잘 함

SOURCE: J. C. Benton, The Air Officer's Guide, 6th ed.(Mechanicsburg, Penn.: Stackpole Books 1952). Copyright © 1952 Stackpole Books. Used with Permission.

는 경향이 있는 것으로 나타난다.

상당수의 성과 모니터링 시스템이 첨단 기술을 활용하여 차량 운전자, 컴퓨터 기술자, 고객 서비스 상담원 등의 성과를 측정하고 있다. 한 예로 컴퓨터 기술자의 성과를 측정하는 방법으로 키보드 키를 누르는 속도나 총 횟수를 기록하는 방법이 있다.

때때로 종업원들은 자신의 성과가 측정되고 있다는 사실을 모를 수 있다. 종업원에 대한 전자감시(electronic monitoring)는 부적절한 것인가? 성과 모니터링에 관한 윤리적 이슈에 대해서는 문화권마다 차이가 나타난다. 예를 들어, 미국과 스웨덴 기업들은 일본이나 중국 기업에 비해 개인의 사생활을 존중하는 경향이 있다.

목표 설정과 MBO는 결과 중심적인 성과 평가 방식으로 현대의 첨단 기술을 반드시 필요로 하지는 않는다. 목표 설정과 MBO는 성과 모니터링 시스템과 마찬가지로 주관적이거나 추정이 필요한 성과가 아닌, 관찰 가능하고 증명할 수 있는 결과에 초점을 둔다. 계획 단계에 설정된 목표는 성과를 측정하는 기준이 되는데, 지나치게 결과만을 강조하는 관리자들은 자칫 성과향상에 도움이 될 수 있는 기회를 간과하는 실수를 범하기도 한다.

5-5 성과 피드백

피드백 세션은 상사와 종업원 모두에게 스트레스를 유발한다. General Electric에서 진행된 초기 연구 결과에 의하면 종업원들은 긍정적인 피드백에 대해 적극적으로 반응한 반면, 비판적이거나 부정적인 피드백에 대해서는 종종 자기방어적인 반응을 보였다. 특히 부정적인 피드백에 대해 종업원들은 문제의 책임을 떠넘기거나 노골적으로 부인하기도 하고 다양한 변명을 하기도 했다. 499쌍의 중국인 상사-부하에 대한 연구에서 밝힌 내용은, 부하가 자신의 성과를 개선하고자 하는 의도로 성과 피드백을 달라고 상사에게 요청한 경우 상사들은 긍정적으로 반응한 반면, 자신에 대해 상사가 가지고 있는 인식을 바꾸기 위한 의도로 부하가 상사에게 성과 피드백을 달라고 요청한 경우에는 상사들이 긍정적으로 반응하지 않았다는 것이다.

360-degree feedback A process of self-evaluation and evaluations by a manager, peers, direct reports, and possibly customers.

부정적인 피드백에 대해 종업원이 보이는 반응은 상당히 중요하다. 역할 일치 이론(role congruity theory)에 의하면 어떤 행동(예: 우는 행동)에 대해서는 성과 피드백 과정에서 성별에 따른 편견이 있을 수 있다. 부정적인 성과 피드백을 받았을 때 남성 종업원의 우는 행동은 피드백 제공자(주로 상사)의 입장에서 봤을 때 전형적이지 않은 이례적인 행동이 될 것이다. 이후 여러 다양한 측면에서 이 남성 종업원을 평가할 때(예: 성과 평가, 리더십 역량 평가, 추천서 작성 시) 편견이 개입될 수 있다는 연구결과가 있다. 남자는 울면 안 된다는 조언이 성과 피드백 상황에서 도움이 될 수 있는 것이다.

상사는 성과 피드백 세션을 긍정적인 내용으로 시작하는 것이 좋다. 일단 세션이 시작되고 친밀감이 형성된 뒤, 상사 및 평가자는 좀 더 어렵고 부정적인 이야기를 꺼낼 수 있다. 완벽한 사람은 아무도 없으므로, 누구나 성과 피드백 및 리뷰 세션을 통해 배우고 성장할 수 있다. 비판적인 피드백은 발전의 근간이 된다. 그러나 관리자들의 주의해야 할 것은, 구체적인 피드백이 초기에 성과를 향상시킬 수는 있지만 장기적으로 스스로 성과를 창출하는데 필요한 학습을 저해할 수도 있다는 점이다.

5-5a. 360도 피드백

많은 조직이 **360도 피드백**(360-degree feedback) 제도를 활용하고 있는데, 이는 다양한 정보 원천을 활용하는 피드백으로 성과 평가의 정확도를 높이는 효과가 있다. 이 과정에 자기 평가(self-evaluation)를 포함시킴으로써 종업원이 피드백 세션에 대해 더욱 만족하고 건설적이었다고 평가하며 자기방어적 반응이 줄어든다고 밝힌 연구가 있다. 자기 평가 결과가 종종 상사 평가 결과와 상충되기도 하는 점을 지적하는 사람들도 있지만, 이러한 상충된 의견은 한 개인의 성과를 총체적으로 이해하기 위한 일부분이다. 360도 피드백 제도는 종업원 개인의 성과에 대해 상사, 동료, 부하, 고객의 관점에서 균형 잡힌 이해를 가능하게 한다.

360도 피드백 평가의 장점에 관한 한 예로, 대규모 군대 조직에서 일하는 중간 관리자급 민간인 임원의 경우를 상상해 보자. 그 임원은 긍정적이고 규칙을 존중하며 상급자들에게 공손하지만 동료들에게는 대체적으로 무관심하게 행동한다. 부하들에게는 거칠게 굴고 힘들게 하며 모욕에 가깝게 행동한다. 각각의 관점을 모두 고려하지 않고는 이 민간인 임원의 성과는 정확하게 측정될 수 없다.

체계적인 코칭을 함께 제공할 경우 360도 피드백이 매우 효과적일 수 있다. 피드백 코칭은 자신에 대한 인식(self-awareness)과 행동 관리(behavioral management)를 용이하게 할 수 있도록 도와주기 때문에, 성과와 만족도, 몰입을 증진시키고 이직률을 줄인다. 성과 피드백 측면과 관리자 개발 측면을 분리하는 것 역시 360도 피드백 제도를 개선하는 방법이다. 성과 피드백 측면은 계량적인 피드백과 성과 측정에 관련된 반면, 관리자 개발 측면은 질적인 피드백과 성장 및 발전 역량을 강조한다.

5-5b. 인력 개발 및 경력 성장

효과적인 성과 평가 시스템은 종업원을 개발하고 경력 성장에 도움이 되며, 개인의 성장 욕구와 잠재력을 파악한다. 종업원을 성공적으로 코칭하고 발전시키기 위해서는 종업원과 상사 간에 상호 신뢰가 구축되어야 한다. 즉, 상사는 부하의 도전에 대해 개방적이어야 하고 부하에게 가장 도움이 되는 방식으로 부하의 경력을 개발하는 데 대한 책임감을 지녀야 한다. 훌륭한 상사는 부하를 대할 때 노련하고 공감을 표현하며 경청해야 하고, 부하가 자신의 포부를 상사와 논의하도록 장려해야 한다.

종업원 역시 자신의 발전과 성장에 대해 적극적인 책임감을 가져야 한다. 이는 자신의 향후 경력 발전 방향에 대한 상사의 아이디어에 도전하고 자신의 목표를 표현할 수 있어야 함을 의미한다. 수동적이고 순종적인 종업원은 자기 자신의 발전이 자신의 책임임을 받아들이지 못하고 정서적으로도 충분히 성숙하기 어렵다. 철강 제조 업체인 Gerdau Ameristeel 기업문화의 핵심 특징은 개인의 책임감이다. 이 회사는 종업원을 성인으로 대하고 종업원들이 성숙하게 행동하기를 기대한다.

5-5c. 효과적인 평가 시스템의 주요 특징

효과적인 성과 평가 시스템은 5가지 핵심 특징을 지닌다: 타당성(validity), 신뢰성(reliability), 대응성(responsiveness), 유연성(flexibility), 공정성(equitability). 타당성(validity)은 직무 성과의 다양한 측면을 제대로 측정하는 것을 의미하고, 신뢰성(reliability)은 다양한 원천으로부터 평가 기간 중 여러 차례에 걸쳐 평가 자료를 수집하는 것을 의미한다. 대응성(responsiveness)은 평가를 받는 피평가자가 의견을 제시할 수 있도록 하는 것을 나타내고, 유연성(flexibility)은 정부규제 등 새로운 정보에 맞춰 수정하는 데 대해 개방되어 있는 것을 의미한다. 공정성(equitability)은 설정된 기준에 따라 공정하게 평가하는 것을 나타낸다. 이 같은 특징을 지닌 성과 평가 시스템은 종업원들이 자발적으로 참여하는 비공식적인 학습

활동을 더욱 촉진하는 효과를 불러온다.

FedEx는 서비스 질을 높이기 위해 성과 평가에 새로운 방식을 도입했다. FedEx의 모든 관리자들에 대한 평가를 종업원들이 하는 방식으로, 설문-피드백-행동 시스템(survey-feedback-action system)을 기반으로 진행하는 것이었다. 종업원들은 상사를 평가하기 위해 29개의 표준 항목과 10개의 지역 특화된 항목에 대해 5점 척도를 이용하여 응답했는데, 낮은 평가를 받은 항목은 주의를 기울여야 하는 문제 영역으로 진단된다. 한 번은 상부 경영진이 종업원들의 아이디어나 제안에 관심을 보이지 않는다는 설문 결과가 도출되자, CEO Fred Smith는 이 문제를 바로잡고자 격주로 종업원 뉴스레터를 발간하기도 했다.

5-6 성과에 대한 보상

성과 평가는 보상 결정을 위한 정보를 제공한다. 만약 회사가 팀워크, 가치, 고객 중심을 강조하고자 한다면 이와 관련된 행동에 대해 보상을 해야 한다. 보상 결정은 가장 중요하면서도 관리자들에게 있어서 가장 어렵고 복잡한 결정이 아닐 수 없다. 성별 보상 격차(gender pay gap)에 대한 상당히 많은 연구가 진행되어 왔는데, 모든 조건이 동일하다고 했을 때 여성이 남성에 비해 보상을 적게 받는 현상을 일컫는다. 그러나 "모든 조건이 동일하다"는 전제가 항상 유효한 것은 아니다. 이론과 연구 결과에 의하면, 다양성 확보를 위해 노력하는 조직의 입장에서는 높은 잠재력을 지닌 여성이 남성에 비해 더 높은 가치를 지니는 것으로 평가된다. 따라서 성별 보상 격차가 여성들에게만 항상 불리하게 작용한다는 가정에 의문이 제기될 수 있다. 높은 잠재력을 지닌 여성은 조직의 최고경영진 계층에 도달하기 위해 필요한 역량을 지닌 사람으로서, 최고경영진의 다양성을 확보하고자 노력하는 회사 내에서는 높은 잠재력을 지닌 남성에 비해 여성이 더 유리하며 성별 보상 격차도 역전되어 여성이 더 높은 보상을 받게 된다. 성과에 대한 보상이 가치가 있는 것은 사실이지만, 신뢰, 재미, 의미 있는 일 또한 가치가 있다. 일부 보상 전문가들은 총 보상(total rewards)이라는 개념을 제안하기도 했는데, 이는 보수나 복리후생 등의 외재적 보상과 함께 일 · 생활 간의 균형, 성과에 대한 인정, 경력 개발 기회 등의 내재적 보상을 포괄하는 개념이다.

보상과 처벌 결정은 그 대상이 되는 사람뿐만 아니라 조직 전체에 영향을 미친다. 보상을 배분하기 위해서는 누구에게 어떻게 언제 보상할지 등의 연속된 의사결정을 내려야 한다. 이러한 결정들은 직접적으로 혹은 간접적인 학습을 통해 종업원의 행동에 영향을 미치게 되는데, 특히 새로운 보상 제도가 도입되었을 때 더욱 그렇다. 사람들은 잘못을 저지른 동료에게 어떤 일이 일어나는지를 보면서 그에 따라 자신의 행동을 조정한다.

5-6a. 개인 vs. 팀 보상 체계

많은 국가들이 집단 중심의(group-focused) 모티베이션이나 보상 체계를 가지고 있는 반면, 미국의 많은 기업들은 종업원 개인 중심의 보상 체계를 가지고 있다. 개인 중심의 보상 체계는 독립적인 행동을 촉진하고 창의성, 문제해결력, 조직에 대한 특별한 기여 등을 장려한다. 서로 다른 유형의 종업원들은 각기 다른 보상 체계를 선호하는데, 예를 들어 모험 추구형은 여행 티켓을 선호하고 안락함을 추구하는 형은 휴가를 보상으로 받기를 원한다.

개인 보상 체계(individual reward systems)는 개인의 행동에 직접적으로 영향을 미치고 업무 팀 내에서도 경쟁을 장려한다. 그러나 지나친 경쟁은 비효과적인 업무 환경을 만들어낼 수 있다. Western Company of North America(현재는 BJ Services Company 소속)의 경우, MBO 프로그램을 운영할 때 개인의 성과와 보상을 지나치게 밀접하게 연결시키다 보니 관리자들 간에 분열과 경쟁이 조장되었다. 일부 관리자들은 개인의 성과목표 달성을 위해 여러 부서가 관련된 재무적 조치를 막판에 취했고, 이로 인해 다른 관리자들이 성과 목표 달성에 실패하게 되었다. 동료들을 희생시켜 자신의 이익을 취하는 행동이 과연 어느 수준까지 허용될 수 있는 것인지 윤리적 이슈를 제기하게 된다.

팀 보상 체계(team reward systems)는 협력, 공동의 노력, 정보와 전문지식의 공유 등을 장려함으로써 개인 간 경쟁적 행동이 야기하는 문제들을 해결할 수 있다. 일본과 중국의 집단주의 문화는 개인을 분리된 존재로 보지 않고 팀의 구성요소로 간주한다.

어떤 조직들은 개인과 집단 보상 체계를 혼합하여 활용하기도 하는데, 개인 수준에서는 능력급(skill-based pay)과 지식성과급(pay-for-knowledge) 제도를 통해 직무에서 요구되는 스킬과 지식수준 이상을 익힐 것을 강조한다. 집단 수준에서는 집단 성과급 제도(gainsharing plan)를 시행할 수 있는데, 집단의 비용 절감 노력을 강조하는 제도로서 제조 원가를 절감하여 얻은 이익을 모든 종업원이 동등하게 공유하도록 한다. Avnet, Inc. 회사에서는 집단 이익 배분제도(profit sharing)가 성과를 향상시키는 결과를 얻었다. 인센티브 제도는 개개인의 성과를 분리해 내기보다는 집단이 공동으로 성취한 성과에 대해 시행할 때 가장 효과적이다.

5-6b. 정당하게 보상 받을 자격을 획득하는 것의 효과

개인과 팀 보상 체계 모두 생산적인 행동을 장려하므로, 효과적인 성과 관리를 통해 조직 내 개인과 팀의 성취도를 높은 수준으로 끌어올릴 수 있다. 성과 관리와 보상 체계는 성과와 보상 간의 관계를 명확하게 증명할 수 있음을 전제로 한다. 조직은 보상을 할 때 성과를 끌어낼 수 있으며, 보상 없이 기대만 해서는 원하는 성과를 얻기 어렵다.

Reward and punishment decisions affect entire organizations, not just the people receiving the consequence.

성과와 보상이 명확하게 연계되지 않을 경우에는, 종업원들은 자신의 성과에 관계없이 당연히 보상을 요구할 자격(entitlement)이 있다고 생각하게 될 수 있다. 요구 자격(entitlement)의 개념은 정당하게 요구할 자격을 획득하는 것의 효과(power of earning)와 상충되는데, 정당하게 보상을 요구할 자격을 획득하지 않은 채로 당연히 보상을 요구할 자격이 있다고 생각하는 사람들은 능동적, 적극적으로 행동하지 않는다. 일부 조직에서는 연봉 인상이 당연하게 요구될 수 있는 자격처럼 받아들여져 연봉 인상의 긍정적인 효과가 감소하는 것으로 나타난다. 당연하게 보상을 요구할 자격이 있다고 생각하

Managers must identify the cause of an employee's poor performance and develop a plan for improvement.

는 사람들은 수동적이고 무책임하게 행동하는 반면, 정당하게 보상을 요구할 자격을 획득해야 한다고 생각하는 사람들은 능동적이고 책임감 있는 행동을 보인다. 정당하게 요구할 자격을 획득하는 것의 효과는 성과와 보상 간 직접적인 연계에 기반한다. 관리자들은 성과-보상 간 연계를 확립하기 위해 성과 목표를 설정하고 종업원에게 피드백을 제공하며 성과 목표를 달성할 수 있도록 도움을 준다. 또한 종업원의 성과를 평가하고 성과에 근거하여 보상을 결정한다. 이 같은 상황적합 보상적 리더십(contingent reward leadership) 행동은 종업원으로 하여금 자신의 목표 달성 정도와 지급받는 보상 간의 관계를 더욱 명확하게 인식할 수 있도록 한다.

5-7 부진한 성과의 개선

종업원의 부진한 성과를 개선하는 것은 상사들에게 쉽지 않은 일로, 다음의 3단계 과정을 거치게 된다. (1) 상사는 부진한 성과의 원인이나 주요 책임 소재를 파악해야 한다. (2) 만일 주요한 책임이 조직이 아니라 종업원에게 있다면 상사는 종업원의 개인적인 문제의 원인을 밝혀야 한다. (3) 부진한 성과를 개선하기 위한 계획을 개발해야 한다.

부진한 성과의 원인으로는 다양한 문제들이 있을 수 있는데, 예를 들어 비효과적으로 설계된 업무 체계, 부실한 선발 과정, 부적절한 교육 및 기술 개발, 종업원 개인의 모티베이션(동기) 부재, 사적인 문제로 인한 업무 저해 등이 있다. 부진한 성과의 원인이 모두 종업원 스스로 자초한 것으로 볼 수는 없으며, 업무 체계나 환경에 기인할 수 있다. 따라서 정확한 진단이 우선되어야 하며 업무 체계나 환경의 문제를 가장 우선적으로 고려해야 한다. 업무 설계나 선발 체계의 문제점으로 인해 종업원이 뛰어난 성과를 내지 못할 수도 있기 때문이다.

consensus An informational cue indicating the extent to which peers in the same situation behave in a similar fashion.

만일 종업원의 부진한 성과가 업무 설계나 조직 내 업무 환경으로 인한 것이 아닌 것으로 밝혀지면 상사는 종업원을 살펴보아야 한다. 다음의 3가지 영역에서 일반적으로 문제가 나타나는데, (1) 종업원과 조직, 종업원과 상사 간의 관계, (2) 종업원 개인의 사적인 생활, (3) 불충분한 교육과 개발 등이다. (2)와 (3)의 경우는 부진한 성과가 의도적인 결과이기보다는 문제로 인한 증상으로 나타나는 것으로 볼 수 있다. 이러한 경우에는 금전적 문제나 가정 내 어려움, 건강상의 문제 등을 파악함으로써 문제가 더 깊어지기 전에 종업원이 문제를 해결할 수 있도록 도울 수 있다.

(1)의 경우는 종업원이 조직이나 상사에 대해 가지고 있는 분노나 갈등이 부진한 성과로 표출되는 것으로 볼 수 있다. 이 때 종업원은 부진한 성과를 야기하는 자신의 심리적인 반응을 인식하지 못할 수도 있다. 분노는 방해나 파괴행동, 작업속도 저하, 작업 중지 등을 불러일으키는데, 이를 상사는 종업원의 탓으로 돌리고, 종업원은 상사나 조직의 탓으로 돌리게 된다. 상사는 종업원의 부진한 성과를 일종의 증상으로 간주하고 근본적인 원인을 진단해야 하며, 분노와 갈등을 해결하기 위해 노력해야 한다.

5-7a. 성과와 켈리의 귀인 이론

우리는 사람들이 왜 특정한 방식으로 행동하는지 알고 싶어 한다고 2장에서 설명한 바 있다. 이는 관리자들도 마찬가지이다. Harold Kelley의 귀인 이론(attribution theory)에 의하면 관리자들은 종업원의 행동과 성과의 원인을 분석하고 귀속시키며 추론한다. 관리자들의 귀인과 추론이 항상 정확하지는 않다. 인지와 태도가 유사한 상사와 종업원은 서로를 높게 평가하는 경향이 있다. 그렇지 않은 상사와 종업원은 성과 문제에 대해 서로를 탓할 가능성이 높다.

Kelley의 귀인 이론에 따르면 사람들은 세 가지 유형의 수집된 정보를 바탕으로 원인을 귀속시킨다. **일치성**

그림 5.4 정보가 주는 단서와 귀인(Informational cues and attributions)

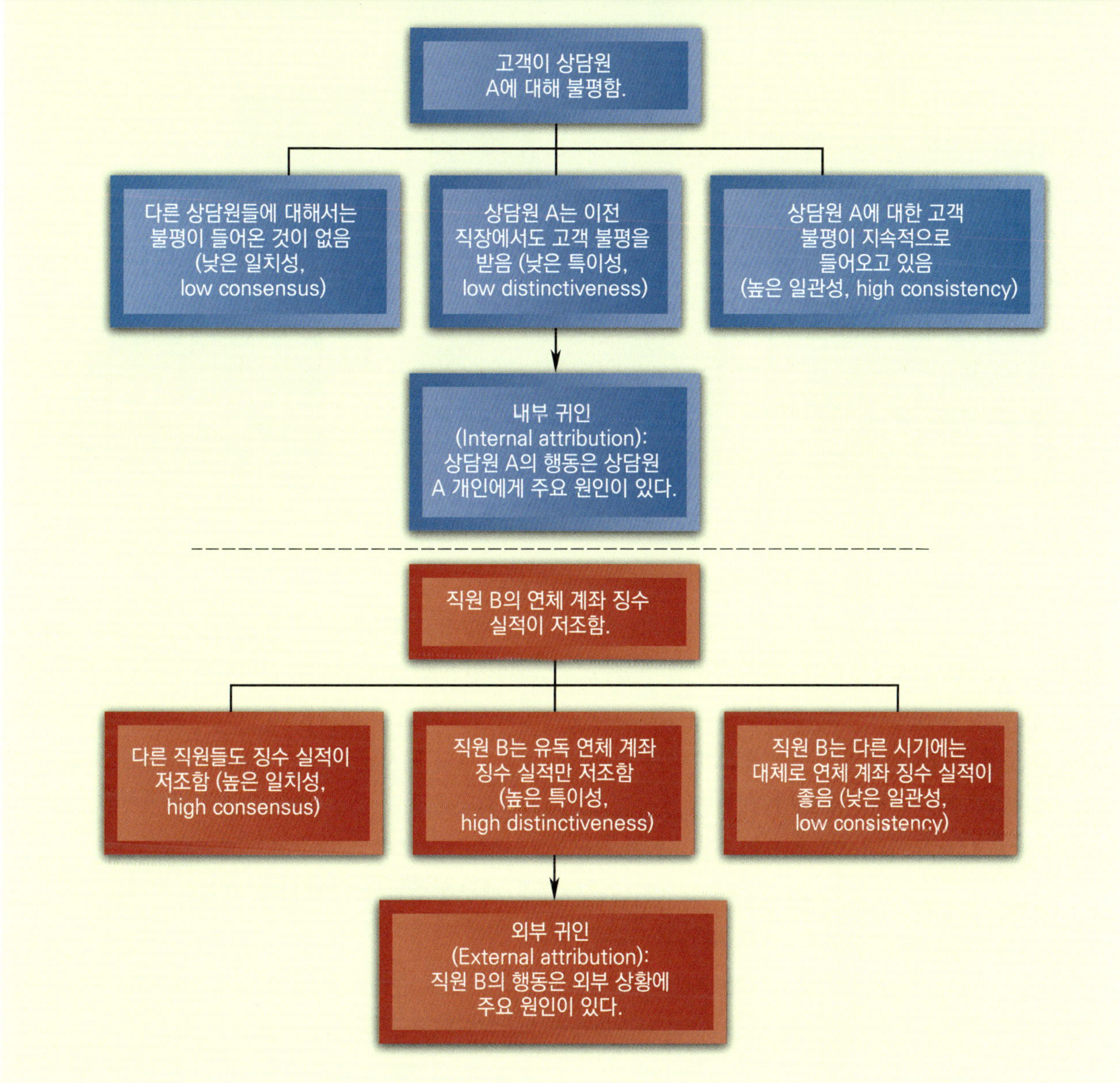

(consensus)은 동일한 상황에 있는 다른 사람들이 비슷하게 행동한 정도이고, **특이성**(distinctiveness)은 다른 상황에서도 개인이 동일하게 행동하는 정도를 나타내며, **일관성**(consistency)은 시간이 지나도 동일한 행동이 반복되는 정도를 의미한다. 사람들은 이 세 가지 기준의 높고 낮음에 따라 행동의 원인을 귀속시킨다.

세 가지 기준의 조합에 따라 부진한 성과의 원인이 내부에 귀속되거나 외부에 귀속될 수 있다. 고객 서비스 상담원 A에 대해 고객들로부터 수차례 불평이 들어왔다고 가정해 보자. 다른 고객 서비스 상담원들에 대해서는 불평이 들어온 것이 없다(낮은 일치성). 상담원 A의 인사 기록을 살펴보니, 이전 직장에서 점원으로 근무할 때도 고객

distinctiveness An informational cue indicating the degree to which an individual behaves the same way in other situations.

consistency An informational cue indicating the frequency of behavior over time.

그림 5.5 귀인 모델(Attribution model)

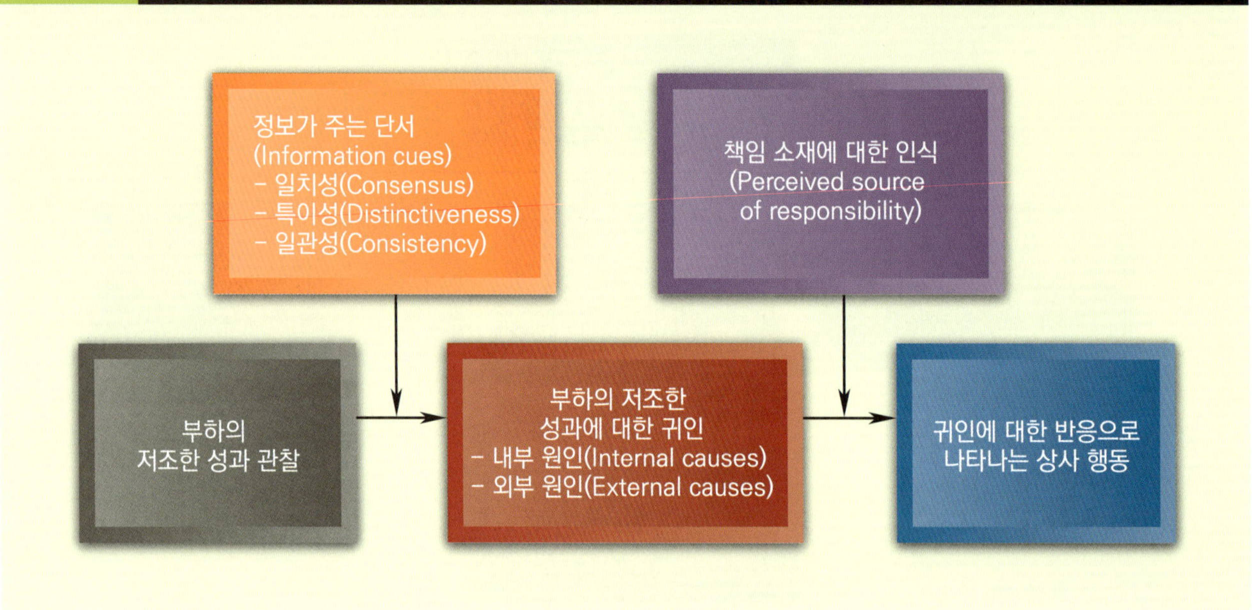

불평을 받은 것으로 나타난다(낮은 특이성). 그리고 고객 불평은 지난 3달 간 지속적으로 들어오고 있다(높은 일관성). 이 경우 문제의 원인을 상담원 A 내부로 귀속시키게 되고, 상담원 A의 행동으로 인해 고객 불평이 들어오는 것이라고 결론을 내리게 된다. 이처럼 낮은 일치성, 낮은 특이성, 높은 일관성의 조합은 내부 귀인을 하도록 한다.

반면 높은 일치성, 높은 특이성, 낮은 일관성의 조합은 외부 귀인을 하도록 한다. 부하 직원인 B의 연체 계좌 징수 실적이 저조하다고 가정해 보자. 이런 저조한 실적이 B뿐만 아니라 팀 전체에 만연해 있고(높은 일치성), B는 다른 업무는 성과가 좋은데 유독 연체 계좌 징수 실적만 저조하며(높은 특이성), B가 다른 시기에는 대체로 연체 계좌 징수 실적이 좋은 편이었다(낮은 일관성). 이러한 경우에는 저조한 실적의 원인이 B에게 있지 않고 업무 상황 등 외부에 있다고 판단하게 될 것이다.

이처럼 수집된 정보를 단서로 활용하여 상사는 내부(개인) 귀인 또는 외부(상황) 귀인을 하게 된다. 내부 귀인은 저조한 성과의 원인을 노력 부족, 낮은 몰입도, 능력 부족 등으로 돌리는 것이고, 외부 귀인은 저조한 성과의 원인을 설비 고장이나 비현실적으로 설정된 목표 등 종업원의 통제 범위를 넘어서는 원인으로 돌리는 것이다. 앞서 제시된 예시들은 (그림 5.4)에 설명되어 있다. 주의해야 할 점은, 행동의 원인을 결정하는 과정은 항상 이 예시들처럼 단순하고 명쾌하지는 않다는 것인데, 때때로 편견이나 선입견이 개입되기 때문이다.

(그림 5.5)는 부하 직원의 저조한 성과에 대한 상사의 귀인 모델을 설명한다. 상사는 개인적으로 걱정을 표현할 수도 있고 부하를 질책할 수도 있으며 교육을 제공하는 등 다양한 반응을 보일 수 있다. 부하 직원의 부진한 성과의 원인을 내부(부하 직원 개인)로 귀속할 경우 외부(업무 상황)로 귀속하는 경우에 비해 상사는 더욱 엄한 반응을 보이게 될 것이다. 상사들은 2장에서 논의되었던 귀인 오류(attribution error) – 근본 귀인 오류(fundamental attribution error)와 자기보호편견(self-serving bias) – 를 범하지 않도록 조심해야 한다.

5-7b. 코칭, 카운슬링, 멘토링

정식으로 멘토로 배정된 조직 내 높은 직급 사람보다

제가 잘 하고 있나요?(How am I doing?)

나이, 성별, 기타 개인차에 상관없이 사람들은 누구나 자신이 어떻게 하고 있는지에 대한 피드백을 구하고자 한다. 원하는 피드백의 양이나 시기는 개인마다 다양하게 나타나지만, 피드백을 받고자 하는 욕구는 누구에게나 있다. 딜로이트(Deloitte)의 Bersin 인사컨설팅 부문에 근무하는 Stacia Sherman Garr는 "목표가 무엇이고 종업원이 어떤 방향으로 나아가야 하는지에 대해 더 잦은 대화가 필요하다"고 한다. 즉, 더욱 적극적인 코칭(coaching)이 필요한 것이다. Accenture, G.E., Goldman Sachs, IBM, Morgan Stanley 등 대기업의 80% 가량은 종업원에 대한 성과평가 방식을 전반적으로 수정하고 있다. 기업 경영 및 운영 속도와 변화 속도가 점점 빨라지고 있는 상황에서 1년에 한 번 하는 성과 평가는 평가가 완료되는 시점에 이미 가치가 없게 된다. 따라서 성과 피드백과 리뷰를 시의적절하게 거의 끊임없이 지속적으로 제공함으로써, 종업원이 자신의 성과와 업무 진행 과정을 미세하게 조정해 나갈 수 있도록 돕는다. 이렇게 하면 업무 주기가 모두 끝난 뒤에야 그동안 업무를 잘못 했다든지 잘못된 목표를 위해 일해 왔다든지 하는 문제를 뒤늦게 발견하는 것을 방지할 수 있다. 따라서, "제가 어떻게 하고 있나요?", "제가 잘 하고 있나요?"는 매우 좋은 질문이며, 코칭 기회로 자연스럽게 이어지게 된다.

SOURCE: H.C., "How Am I Doing?" Fortune, 1 Mar. 2017, 34.

상사나 동료들이 더 효과적인 안내자 역할을 하는 경우가 많다. 결국 상사들은 부하직원에 대한 코칭, 카운슬링, 멘토링을 제공하는 중요한 역할을 담당하는 것이다. 멘토링 관계의 성공은 개방성과 신뢰에 달려 있고, 성과 측면의 부족함이나 개인적 문제에 대한 도움을 받을 수 있다. 상사들은 종업원의 문제 해결에 도움을 줄 수도 있고 전문가에게 도움을 받도록 종업원에게 권유할 수도 있다.

멘토링(mentoring)은 경력 단계를 밟아 가는 사람들에게 경력 개발 및 성장을 위한 도움을 주는 업무 관계이다. 상사의 멘토링과 조직시민행동(OCB) 간에는 긍정적인 관계가 있음이 밝혀졌는데, 직속 상사로부터 멘토링을 받는 종업원은 개인지향 조직시민행동(OCB-I)을 더 많이 보이는 것으로 나타났다. 개인지향 조직시민행동은 동료들에게 직접적으로 도움이 되는 행동으로, 조직 전체에 혜택이 돌아가는 조직시민행동과 구분된다. 멘토 관계는 전형적으로 4 단계를 거친다: 개시(initiation), 배양 및 성장(cultivation), 독립 및 분리(separation), 동료 관계로 재정의(redefinition). 멘토링을 통해 멘티는 많은 경력 상의 혜택을 얻게 되는데, 신입사원 초기에 빠르게 성장하도록 하고 중간 경

mentoring A work relationship that encourages development and career enhancement for people moving through the career cycle.

력 종업원의 지속적인 발전에 중요한 도움을 준다. IBM과 같은 회사들은 모든 직급의 종업원들에게 멘토링을 제공하고, 경영진에 대한 멘토링이나 코칭은 점차 아웃소싱을 하는 추세이다. 동료 관계 내에서도 경력 개발 관련 도움을 얻을 수 있는데, 동료애가 있는 동료들 간에는 정보, 경력개발 전략, 직무 관련 피드백, 정서적 지원, 우정 등을 공유함으로써 개인의 발전에 비공식적인 도움을 주고받기도 한다.

3부

상호간 프로세스와 행동

CHAPTER

6 커뮤니케이션

Communication

학습 목표

6.1 대인간 커뮤니케이션 프로세스와 그 프로세스에서 경청의 역할을 서술하라.
6.2 효과적인 상사의 다섯 가지 커뮤니케이션 기술들에 대해 서술하라.
6.3 다섯 가지 커뮤니케이션 장벽들과 그를 극복할 수 있는 방법에 대해 설명하라.
6.4 공손함과 무례함, 방어적 커뮤니케이션과 비방어적 커뮤니케이션을 구분하라.
6.5 비언어적 커뮤니케이션의 효과를 설명하라.
6.6 긍정적이고 건강한 커뮤니케이션에 대해 설명하라.
6.7 새로운 커뮤니케이션 기술들과 소셜 미디어가 커뮤니케이션 프로세스에 어떤 영향을 미치는지 확인하라.

6-1 대인간 커뮤니케이션

커뮤니케이션(communication)은 타인과 공유된 혹은 공통의 의미를 환기시킨다. **대인간 커뮤니케이션**(interpersonal communication)은 조직 내 두 사람, 혹은 그 이상의 사람들 사이에서 발생한다. 이는 가정에서는 물론 조직 내부에서 개인의 건강과 웰빙(well-being)에 중요한 영향을 미친다. 읽기, 듣기, 정보의 관리 및 해석, 그리고 고객을 돕는 것은 노동부(Department of Labor)에서 제시하는 직장에서 성공하기 위한 필수적인 커뮤니케이션 기술들이기도 하다. 대인간 커뮤니케이션은 예방적 스트레스 관리(preventive stress management)를 위한 사회적 지지(social support)를 발현하는 중요한 요소이다. 대인간 커뮤니케이션은 직장에서 인간관계를 개발·유지하는데 중요한 요소이기도 하다. 최근 정보 기술(information technology)과 데이터 관리(data management)의 발전은 대인간 커뮤니케이션을 대체할 수 없다. 그림 6.1은 대인간 커뮤니케이션에서 중요한 요소들, 즉 의사 전달자(communicator), 수신자(receiver), 지각망(perceptual screens), 그리고 메시지에 대해 소개한다.

communication The evoking of a shared or common meaning in another person.

interpersonal communication Communication between two or more people in an organization.

6-1a. 대인간 커뮤니케이션 모델

의사전달자(communicator)는 메시지를 보내는 사람을 말한다. **수신자**(receiver)는 그 메시지를 받는 사람을 의미한다. **지각망**(perceptual screens)은 우리가 상호작용하는 창(windows)을 의미한다. 의사 전달자와 수신자가 지닌 지각망은 메시지의 질, 정확성(accuracy), 그리고 명확성(clarity)에 영향을 미친다. 이는 메시지가 자연스럽게 전달될 수 있게 할 수도 있고, 메시지의 정체(static) 혹은 왜곡을 일으킬 수도 있다. 지각망은 키, 성별, 가치관, 믿음, 과거의 경험, 문화적 영향, 그리고 개인적 필요과 같은 메시지 송신자와 수신자의 개인 특성을 기반으로 형성된다. 지각망이 얼마나 개방되어 있는가는 송신된, 그리고 수신된 메시지에 지대한 영향을 미친다.

Interpersonal communication is central to health and wellbeing, both at home and on the job.

메시지(message)에는 의사 전달자가 수신자에게 떠오르게 하고자 하는 생각이나 감정들이 포함되어 있다. 메시지는 다음의 두 가지 주요한 요소로 이

communicator The person sending a message.

receiver The person accepting a message.

perceptual screen A window through which one interacts with others. It influences the quality, accuracy, and clarity of the communication.

message The thoughts and feelings that the communicator is attempting to evoke in the receiver.

루어진다. 먼저, 메시지에 포함된 생각 혹은 개념적 요소(즉, 메시지의 내용)는 메시지를 전달하기 위해 선택된 단어들, 아이디어들, 도식들(symbols), 그리고 개념들에 포함된다. 다음으로, 메시지에 포함된 느낌(feeling), 혹은 감정적인 요소(즉, 메시지의 정서)는 의사 전달자의 강도(intensity), 처신(demeanor), 그리고 신체동작(gestures)에 포함된다. 메시지의 감정적 요소는 개념적 요소에 기쁨(joy), 화(anger), 두려움(fear), 혹은 고통(pain)과 같은 함축적 의미를 더한다. 이러한 감정적 요소의 추가는 종종 메시지의 질과 명확성을 높인다.

그림 6.1 **대인간 커뮤니케이션 모델**

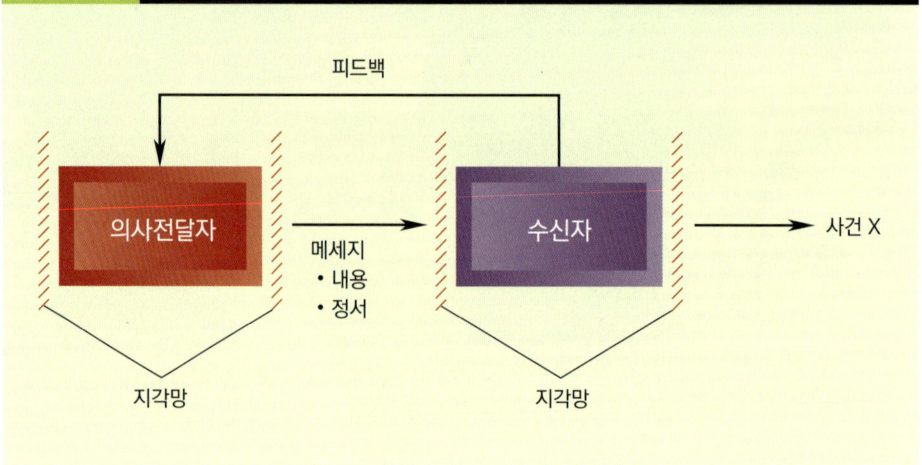

피드백(feedback)은 의사소통 중에 발생할 수도, 혹은 발생하지 않을 수도 있다. 피드백은 수신자가 의사 전달자에게 메시지에 대한 반응을 제공할 때 발생한다. 보다 넓은 의미에서 살펴보면, 피드백은 양방향(two-way) 커뮤니케이션을 위해 수신자가 발신자에게 정보를 되돌려 줄 때 발생한다.

메시지의 **언어**(language)는 매우 중요한 역할을 한다. 언어는 넓은 의미에서 단어(words), 발음(pronunciation), 그리고 다수의 사람들에 의해 사용되고 이해되는 단어와 발음을 조합하는 방법들을 의미한다. 문화와 상황은 메시지에서 활용되는 특정 언어를 결정한다.

feedback Information fed back that completes two-way communication.

language The words, their pronunciations, and the methods of combining them used and understood by a group of people.

data Uninterpreted and unanalyzed elements of a message.

information Data that have been interpreted, analyzed, and have meaning to some user.

richness The ability of a medium to convey meaning to a receiver.

employee voice behavior communication of suggestions, concerns, information about problems, or work-related opinions to effect constructive changes in the workplace.

데이터(data)는 메시지에 대한 어떤 해석이나 분석을 거치지 않은 요소이다. **정보**(information)는 데이터를 해석하거나 분석하는 사람들에게 의미를 가진 데이터를 의미한다. 메시지는 전화나 대면 토의와 같은 매체(medium)를 통해 전달되기 때문에, 매체가 의미를 수신자에게 전달할 수 있는 능력에 따라 그 **풍부성**(richness)이 달라진다. 문자 메시지(text messaging)는 커뮤니케이션 매체로서 자주 이용되고는 있지만, 여전히 직장에서는 커뮤니케이션 방식으로서 이메일(e-mail)을 선호한다. 최근 조사에 따르면 조직 구성원들은 일과 관련된, 그리고 일과 관련되지 않은 사항에 대해 커뮤니케이션을 할 때 텍스트 메시징에 비해 이메일을 3배가량 더 많이 사용하는 것으로 나타났다. 표 6.1은 다양한 매체들의 데이터 용량(capacity)과 풍부성에 대해 비교하고 있다. 커뮤니케이션 매체들의 이러한 특성들은 타인에게 영향을 미치려는 행동들이 어떻게 생겨나고, 또 조직에서 어떻게 지각되는지에 영향을 미친다.

6-1b. 종업원 발언행동

종업원들은 그들의 행동을 통해 의사소통을 하고 발언(voice)을 할 수도 있다. **종업원 발언행동**(employee voice behavior)이란 직장에서 현재의 상황을 변화시키고 건설적인 변화를 만들기 위한 적극적이고 주도적인 행동을 의미한다. 기존 연구들에 따르면 핵심자아평가(core self-evaluations)가 발언행동에 영향을 미치는데, 그 영향은 특히 개인의 통제(personal control)와 접근 동기(approach motivation), 그리고 절차적 공정성(procedural justice)에 대한 지각에 따라 달라진다. 조직의 현재 상황 중 일부는 긍정적인 부분이 있을 수도 있지만, 그 외 다른 부분들은 건설적인 변화가 필요하다. 종업원 발언행동은 그것이 조직에 미치는 기능들을 고려해볼 때 때로는 곤란한 대화(difficult conversation)를 유발할 수도 있다.

6-1c. 숙고적 경청

직장에서 곤란한 대화에 성공적으로 임하고 나아가 발언행동을 하기 위해 필수적인 기술은 잘 듣는 것이다. 숙고적 경청이란 메시지를 주의 깊게 듣고 화자(speaker)에게 즉각적으로 반응하는 기술을 의미한다. 이는 의사 전달자가 의도한 메시지를 보다 명확히 하고 메시지의 부정확함이나 착오를 수정하도록 도와준다. 숙고적 경청은 대인간 커뮤니케이션에서 수신자 혹은 청자의 역할을 강조한다. 숙고적 경청은 청자가 의사 전달자의 의미를 보다 잘 이해할 수 있도록 도와주며, 커뮤니케이션 실패를 불러올 수 있는 지각적 왜곡(perceptual distortions)을 줄이며, 나아가 대인간 장벽(barriers)을 극복할 수 있도록 도와준다. 기업 환경에서 개인의 행동과 감정에 미치는 긍정적인 영향을 고려할 때, 숙고적 경청은 가치 있는 기술이라 할 수 있다.

숙고적 경청은 개인적이고, 감정 지향적이며, 상대에게 호응을 보여주는 것으로 특징지을 수 있다. 첫째, 숙고적 경청은 커뮤니케이션 프로세스에서 개인적인 요소들을 강조한다. **숙고적 경청자**(reflective listener)는 의사 전달자를 목적이 아닌 사람으로 고려함으로써 그에 대한 공감과 걱정을 보여준다. 둘째, 숙고적 경청자는 메시지를 통해 교환되는 느낌들을 강조한다. 즉, 수신자는 메시지를 반복하는 과정에서 느낌의 요소들에 대해 주의를 기울여야 한다. 셋째, 숙고적 경청은 합리적이고 사려 깊은 반응을 강조한다. 수신자들은 자신의 느낌과 생각들을 화자의 느낌과 생각들과 구분해야 한다. 즉, 수신자가 화자에게 효과적으로 반응할 수 있도록 대화의 초점을 항상 화자의 아이디어나 감정에 두어야 한다. 공감과 감정적인 자기 통제(emotional self-control)은 훌륭한 숙고적 경청에 있어 주요한 감정적 역량이다.

숙고적 경청은 4

reflective listening Carefully listening to message and immediately repeating it back to the speaker.

표 6.1 커뮤니케이션 미디어: 정보 풍부성과 데이터 용량

매체	정보 풍부성	데이터 용량
대면 논의	가장 높음	가장 낮음
전화	높음	낮음
전자 메일	중간	중간
블로그	중간	중간
개별화된 편지	중간	중간
사적인 쪽지 혹은 메모	중간	중간
공식 보고서	낮음	높음
전단 혹은 게시판	낮음	높음
공식 수치적 보고서	가장 낮음	가장 높음

SOURCE: Adapted from E. A. Gerloff, "Information Richness: A New Approach to Managerial Behavior and Organizational Design," by R. L. Daft and R. H. Lengel in Research in Organizational Behavior 6(1984): 191-233. Reprinted by permission of JAI Press Inc.

가지 수준의 구두적(verbal) 반응, 즉 연락 확인하기(affirming contact), 표현된 생각들과 감정들 의역하기(paraphrasing), 암묵적인 생각과 감정들을 해명하기(clarifying), 그리고 완전히 표현되지 않은 감정들에 대해 생각하기를 필요로 한다. 각각의 반응들은 까다로운 고객을 위해 현재 구축중인 대형 정보 시스템에서 방금 중대한 문제를 발견한 소프트웨어 엔지니어와 그녀의 상사 간의 관계에 대한 다음의 예를 통해 설명될 수 있다.

연락 확인하기 수신자(이 경우에는 소프트웨어 엔지니어의 상사)는 "알겠어요,""네,"그리고 "네, 이해합니다"와 같은 표현을 함으로써 의사 전달자(즉, 소프트웨어 엔지니어)와의 연락을 확인한다. 확인 반응의 목적은 동의한다는 의미라기보다는 주의를 기울이고 있음을 소통하는 것이다. 연락 확인하기는 표현의 초기단계에서 특히 그 상황이 불안이나 불편함을 수반할 때 화자를 안심시키는 역할을 한다. 해당 문제가 보다 완벽하게 탐구되고 표현됨에 따라 청자는 다른 숙고적 반응들을 사용하는 것이 중요하다.

표현된 것을 의역하기 적절한 시간 후에 청자(즉, 우리의 예에서는 상사)는 화자(엔지니어)의 생각과 감정들은 의역할 것이다. 의역하기는 수신자가 들은 것과 그것에 대한 수신자의 생각과 감정들은 화자에게 전달하기 때문에 중요하다. 이러한 구두적 반응은 커뮤니케이션 프로세스의 정확성을 보장하면서 화자와 수신자 간 공감, 개방성(openness), 그리고 그들의 관계에 대한 동의를 구축하는 것을 가능케 한다. 소프트웨어 엔지니어 사례에서는 상사가 엔지니어의 메시지를 의역하는 것이 시스템 문제에 대한 양자 간의 보다 명확한 이해를 구축하는데 특히 유용할 수 있다. 상사는 예를 들어 상사는 "이 문제에 대해 얼마나 속상했는지 알 수 있을 것 같아요. 당신이 어떻게 이런 일이 생겼는지 잘 모를 수 있겠지만, 좋은 아이디어가 있는 것 같네요"와 같이 이야기할 수 있다. 문제가 서로 명확하게 이해되기 전까지는 문제해결이 힘들다.

암묵적인 부분 해명하기 사람들은 명시적으로 표현된 메시지와 더불어 종종 암묵적인 생각이나 감정들, 즉 명확하게 혹은 완벽하게 표현되지 않은 생각들이나 감정들을 소통한다. 수신자는 이러한 메시지의 암묵적인 요소들을 화자가 의식하고 있다고 혹은 의식하지 못하다고 가정할 수 있다. 예를 들어, 소프트웨어 엔지니어는 시스템 문제에 대해 까다로운 고객에게 어떤 식으로 접근해야할지 불안감을 느낄 수 있다. 이는 그녀가 같은 고객에 대한 이전 논의 때문에, 그녀의 상사와의 상의 중에 암묵적으로 존재할 수 있다. 만약 그녀의 불안한 감정들이 명시적으로 표현되지 않았다면, 상사는 그것들에 대해 명확히 해명하고자할 수 있다. 예를 들어 이를 위해 상사는 "당신은 특히나 스트레스를 받는 것 같아요... 고객의 반응에 대해 걱정이 되나요?"와 같이 말할 수 있다. 이는 엔지니어로 하여금 그녀의 주의를 소프트웨어 자체의 주요한 문제에서 고객과 그 문제에 대해 논의할 때 필요한 중요한 문제로 이동하도록 도와줄 수 있다.

핵심 느낌들에 대해 생각하기 다음으로, 수신자는 화자의 핵심 느낌들, 즉 화자의 진정한 그리고 가장 중요한 감정, 믿음, 그리고 가치관을 이해하기 위해 명시적 그리고 암묵적 메시지 그 이상을 들여다보아야 한다. 만약 소프트웨어 엔지니어가 그녀와 까다로운 고객 간의 관계에 있어 그 어떤 불안함도 인식하지 못했다면, 그러한 긴장감을 감지하고 엔지니어가 그것을 인식할 수 있도록 하는 상사의 능력은 핵심 느낌들에 대한 생각하기의 전형적인 예가 될 것이다. 감성 지능(emotional intelligence)이 특히 여기서 중요할 수 있다.

하지만 수신자와 화자 간에 확실하고 서로 공감하는 관계가 이미 형성되어있지 않았거나 강하게 억눌린 감정들이 반사될 때 수신자는 위험을 수반하게 된다. 심지어 수신자가 옳았다 하더라도, 화자는 그러한 느낌들을 그녀가 인식하지 못하는 것을 원할 수도 있다. 따라서 화자의 핵심 느낌들에 대해 생각함에 있어 주의와 조심을 기하는 것이 중요하다.

침묵 장기간의 침묵(silence)은 불편함과 쑥쓰러움을 야기할 수 있지만, 어느 정도의 침묵은 화자와 청자 모두의 숙고적 경청에 도움이 될 수 있다. 화자의 관점에서 보면, 침묵은 잠시 생각할 때, 그리고 어떻게 다른 의견이나 느낌들을 표현해야할까에 대한 혼란이 있을 때 유용할 수 있다. 소프트웨어 엔지니어는 그녀가 다음에 어떤 말을 해야 할지에 대해 생각하는 과정에서 그녀의 상사와 어느 정도의 침묵이 필요할 수도 있다. 청자는 짧은 침묵의 시간을 화자의 생각이나 느낌들로부터 자신의 생각과 느낌들을 정리하는데 사용할 수 있다. 소프트웨어 엔지니어의 상사의 사례에서 살펴보면, 까다로운 고객에 대한 그 어떤 개인적인 느낌들이 엔지니어가 당면한 문제들을 방해해서는 안 된다. 침묵은 청자의 개인적인 반응들을 확인하고 분리하며, 그것들을 대화에서 배제할 수 있도록 시간을 제공한다.

Law enforcement, firefighters, and military personnel rely on abbreviated one-way communication in emergency situations.

시선 마주침 시선 마주침(eye contact)은 두 사람 간의 커뮤니케이션에 있어 개방성을 증진시킬 수 있는 비언어적(nonverbal) 행동이다. 대화 중 적절한 시선 마주침의 부재는 커뮤니케이션을 쉽게 끝내버릴 수 있다. 하지만 부적절한 시선 마주침 또한 관계를 방해할 수 있다. 문화적 차이나 개인적 차이는 어떤 것이 적절한 혹은 부적절한 시선 마주침이 되는지에 영향을 미친다. 예를 들어, 인도의 여성들과 아이들은 직접적인 시선 마주침은 피해야한다. 사실, 개인이나 문화 차이와 관계없이 과도한 직접적인 시선 '마주침'을 타인에게 겁을 주는 효과가 있을 수 있다.

적절한 수준의 시선 마주침은 화자나 청자에게 겁을 주지 않으면서 서로 개방적이고 지지한다는 의미를 전달할 수 있다. 주기적으로 눈을 피하는 것은 심지어 진지한 대화에서도 프라이버시와 통제의 감지를 가능케 한다. 소프트웨어 엔지니어와 상사는 친밀함의 긴장감을 줄이기 위해 주기적으로 눈을 피하기는 하지만 대화를 하는 동안 계속해서 서로 시선을 마주친다.

단일빙향 커뮤니케이션과 양방향 커뮤니케이션 숙고적 경청은 **양방향 커뮤니케이션**(two way), 즉 서로 간의 생각이나 느낌, 혹은 그 둘 모두의 교환이 이루어지고 공유된 의미를 창출하게 하는 커뮤니케이션을 가능케 한다. 문제 해결이나 의사결정 과정은 종종 양방향 커뮤니케이션의 예가 된다. **단일방향 커뮤니케이션**(one-way)은 한 개인이 다른 개인에게 메시지를 보낸 후에 그에 대한 피드백, 질문, 혹은 상호작용이 따라오지 않을 때 발생한다. 예를 들어 설명이나 지시를 전달하는 것이 단일방향 커뮤니케이션이 될 수 있다.

단일방향 커뮤니

two-way communication
An interactive form of communication in which there is an exchange of thoughts, feelings, or both.

one-way communication
Communication in which a person sends a message to another person and no feedback, questions, or interaction follows.

기존 방식에 대해 의문을 제기하는 것은 곤란한 대화를 야기할 수 있다.

갈등을 좋아하지 않거나 불화를 두려워하는 종업원들은 도전적이고 곤란한 대화를 피하거나 연기하는 것이 당연하다고 생각할 수도 있다. 이는 관계를 해치고, 직장에서 건설적인 변화를 이루는데 실패하는 것과 같은 부정적인 결과를 가지고 올 수 있다. 곤란한 대화를 성공적으로 하는 것은 개인이 가진 생각들을 재구성하는 것을 의미할 수도 있다. 호기심과 존경에 대해 떠올려 보라. 인기나 다른 사람들이 좋아할지 대해 생각하지 말라. 다른 사람이 무엇을 말하고 있는지에 대해 진심으로 생각하고, 당신이 무엇을 말하고 있는가에 대한 생각은 덜 하라. 직접적으로 행동하고, 요점에 대해 집중하라. 미루지 말라. 마지막으로, 긍정적인 결과를 기대하라. 낙관적인 기대는 건설적인 커뮤니케이션에 도움을 줄 수 있다. 기존 방식에 대해 의문을 제기하고 건설적인 변화를 이루는 것은 곤란한 대화를 통한 통로를 의미할 수 있다. 이에 대해 미리 준비하라!

SOURCE: J. Garfinkle, "How to Have Difficult Conversations When You Don't Like Conflict," Harvard Business Review, March 24, 2017.

케이션은 의사소통되는 정보의 양이나 복잡성, 그리고 그를 위해 사용된 매체에 따라 달라질 수 있으나 대개는 효율적인 경향이 있다. 비록 이는 양방향 커뮤니케이션보다 더 빠를 수 있지만, 종종 정확성이 떨어진다. 이는 특히 업무의 완수를 위해서 설명이나 해명을 요하는 복잡한 과업일 때 더 두드러진다. 전시 상황이나 긴급 상황과 같이 시간과 정확성 모두가 업무의 성공적인 완수를 위해 중요하고 양방향 커뮤니케이션이 가능하지 않을 때는 실제 실행에 옮기기 전에 광범위한 훈련(training)을 제공함으로써 정확성과 효율성을 높일 수 있다. 소방관이나 전투에 참여하는 군인들은 위급상황에서 커뮤니케이션의 필요성을 최소화하기 위해 위와 같은 훈련들을 많이 받는다. 이와 같이 고도로 훈련된 개인들은 복잡한 정보를 전달하기 위한 빠른 방법으로 축약적인 단일방향 커뮤니케이션을 사용한다. 하지만 이런 커뮤니케이션은 개인들이 특수한 훈련을 받은 제한된 범위 내에서만 제대로 활용된다.

단일방향과 양방향 커뮤니케이션에 대한 개인적 선호는 일반화하기 힘들다. 예를 들어 피드백을 강하게 원하거나 갈등 상황 혹은 혼란스러운 질문들에 대해 편하게 받아들이는 의시 전달자들은 양방향 커뮤니케이션에 대해 보다 높은 만족감을 느낄 수 있다. 반대로, 메시지가 복잡하지 않아야한다고 믿는 수신자들은 단일방향 커뮤니케이션에 대해 보다 높은 만족감을 느낄 수 있고, 다소 길 수 있는 양방향 커뮤니케이션을 못 견딜 수 있다.

6-2 효과적인 관리자를 위한 커뮤니케이션 기술들

대인간 커뮤니케이션은 조직에서 효과적인 성과와 개인의 안녕(well-being)을 위해 중요하다. 권력(power)은 관리자와 다른 종업원들 사이에 사용되는 언어와 관련된다. 이러한 권력의 역학(power dynamic)은 리더가 조직의 비전을 명확히 하고 종업원들로부터 그 비전을 수용하도록 하려고할 때 특히 중요하다. 다양한 산업에 속한 관리자들을 대상으로 한 한 연구에 따르면 가장 효과적인 작업 단위(work unit)의 관리자들은 부하들과의 일상적인 커뮤니케이션에 집중하는 반면 가장 높은 승진율을 보인 관리자들의 경우 상급자들과의 네트워킹(networking)에 집중하는 것으로 나타났다. 은행 관리자들을 대상으로 한 연구에 따르면 고성과 관리자들이 저성과 관리자들에 비해 커뮤니케이션에 대해 덜 불안해하고 보다 효과적으로 커뮤니케이션하는 것으로 나타났다. 구두적 커뮤니케이션과 관리자적 협동(managerial cooperation)은 근무 환경의 심리사회적인 질(psychosocial quality)에 긍정적인 영향을 미치는 중요한 맥락적 성과(contextual performance) 기술이다.

관리자와 종업원 간의 커뮤니케이션에 대한 연구들은 좋은 상사와 나쁜 상사를 구분할 수 있는 다섯 가지 커뮤니케이션 기술들을 제시한다. 연구들에 따르면 좋은 상사는 표현을 잘하는 화자(expressive speaker), 공감하는 청자(empathetic listener), 설득을 잘하는 리더(persuasive leader), 세심한 사람(sensitive person), 그리고 유용한 정보를 주는 관리자(informative manger)라고 할 수 있다. 하지만 일부 상사들은 위의 다섯 가지 기술들을 모두 가지고 있지 않음에도 불구하고 효과적인 상사의 역할을 하며, 어떤 조직의 경우 다섯 가지 기술들 중 하나 혹은 두 가지의 기술들을 다른 기술들보다 중요시하기도 한다. 하지만 상사와 부하 양자 간의 관계는 조직 기반 커뮤니케이션의 핵심이며, 위의 다섯 가지 기술들을 모두 가지고 있는 것은 상사가 다른 종업원들과 보다 효과적으로 커뮤니케이션할 수 있도록 해준다.

6-2a. 표현성

효과적인 상사들은 그들의 생각, 아이디어, 그리고 느낌들을 솔직하게 표현하고 회의에서 자신의 의견을 말하는 것을 두려워하지 않는다. 이들은 외향적인 경향이 있다. 말을 많이 하지 않거나 내성적인 성향이 있는 상사들은 종종 종업원들로 하여금 그들의 상사가 무슨 이슈에 대해 어떤 생각을 하고 있는지에 대해 궁금케 한다. 공개적으로 표현하는 상사들은 그들과 같이 일하는 사람들로 하여금 그들이 어떤 상황에 있는지, 그들이 어떤 믿음을 가지고 있는지, 그리고 그들이 어떻게 느끼고 있는지에 대해 알 수 있도록 한다.

6-2b. 공감과 세심함

표현을 잘하는 화자가 되는 것에 더해, 좋은 상사는 자발적이고(willing), 이해심이 있으며, 동시에 숙고적 경청을 한다. 공감하는 청자들은 다른 사람들이 그들에게 보내는 메시지에서 아이디어와 이슈의 내용뿐만 아니라 감정적인 요소들까지 파악할 수 있다. 좋은 상사들에게는 말을 붙이기 쉬울 뿐 아니라, 좋은 상사들은 다른 사람들의 제안이나 불만을 들으려고 하는 의지가 있다. 의사들을 대상으로 한 최근 연구에 따르면 통제에 대한 높은 지각을 보이는 의사들은 보다 열린 자세로 커뮤니케이션에 임하고, 환자들은 이런 의사들에 대해 공감을 잘하는 사람이라고 생각하는 것으로 나타났다. 좋은 상사들은 정서 지능이 높다.

좋은 상사들은 또한 종업원들의 느낌들, 자화상들(self-images), 그리고 심리적 방어(psychological defenses)에 세심한 주의를 기울인다. 그들은 종업원들의 심리적 건강을 극대화하기 위해 그들과 언제 어떻게 커뮤니케이션해야하는지를 안다. 예를 들어, 종업원들의 공적, 명예, 그리고 업적들에 대해서는 대중들 앞에서 공지해야하는 반면 비판적인 내용에 대해서는 개인에게 사적으로 전달해야 한다. 최고의 상사들은 타인의 자아 존중감에 세심하게 반응한다.

6-2c. 설득력

모든 상사들은 만약 그들이 높은 성과를 이끌어 내고 긍정적인 결과물들을 성취하고 싶다면 조직 내에서 자신의 권력과 영향력을 활용해야 한다. 효과적인 상사들은 타인에게 영향을 미치기 위해 설득력 있는 언어를 사용하는 경향이 있다. 그들은 속임수를 쓰거나 독재적이지 않다. 오히려 그들은 다른 사람들을 교묘하게 조정하는 대신에 정직한 방법으로 결과들을 이끌어낸다.

Good supervisors keep their employees well informed by appropriately and selectively disseminating information.

물론, 위급상황이나 고위험 상황들에서는 세심한 방법을 활용한 설득을 피해야한다. 예를 들어 석유 굴착 장치에 화재가 발생하였거나 응급실에서 생명을 위협하는 트라우마와 같은 상황에서는 상사가 커뮤니케이션에 있어 직접적이고 단호할 필요가 있다.

6-2d. 유용한 정보를 제공하는 관리 스타일

마지막으로, 좋은 상사들은 적절하게, 그리고 선택적으로 정보를 전파함으로써 종업원들이 어떤 주제나 상황에 대해 잘 알도록 한다. 효과적으로 정보를 여과하는 데 실패할 경우 정보 과잉(information overload)이나 효과적인 업무 수행을 위한 충분한 정보의 부재를 야기할 수 있다. 좋은 상사들은 종업원들에게 조직의 변화에 대해 미리 안내하고, 조직의 정책들에 대한 이유를 설명한다. 또한 좋은 상사들은 투명하고, 종업원들과 열린 자세로 솔직하게 커뮤니케이션한다. 이러한 투명성(transparency)은 종업원들 간의 신뢰를 높이고, 이는 곧 직원몰입을 높인다.

앞서 제시한 커뮤니케이션 기술들 중 한 개 정도 없이도 좋은 상사가 될 수 있다. 예를 들어, 계획(planning), 조직화(organizing), 그리고 의사결정에 있어 특출한 재능이 있는 관리자는 표현성이나 세심함에 있어서의 부족한 점을 보완할 수 있다. 기술 수준이나 효과성에 대해 어떻게 지각하는지와 관계없이 상사들과 종업원들이 서로 자유롭게 커뮤니케이션하고 함께 장래의 계획을 수립할 때 종업원들의 성과와 행동들에 대해 더 높은 수준으로 상호 합의할 수 있다.

barriers to communication
Factors that distort, disrupt, or even halt successful communication.

gateways to communication
Openings that break down communication barriers.

6-3 커뮤니케이션 장애물과 관문

커뮤니케이션 장애물(barriers to communication)이란 성공적인 커뮤니케이션을 왜곡하고, 방해하며, 심지어는 중단시키는 요소들을 가리킨다. 이는 일시적이고 쉽게 해결될 수도 있고, 혹은 장기간에 걸쳐 조직 내 깊게 뿌리박혀 존재할 수도 있다. 커뮤니케이션 장애물들 중 대략 20 퍼센트 정도는 미리 예방할 수 있거나, 커뮤니케이션 정책 지침들에 의해 해결될 수 있다. **커뮤니케이션 관문**(gateways to communications)은 그러한 커뮤니케이션 장벽들을 허무는 시작점이 된다. 커뮤니케이션 장애물을 인식하고 인정하는 것은 그 관문을 여는 첫 번째 단계이다. 자명한 장벽들은 물리적 분리(다른 지역적 위치나 건물에 분리되어 있는 종업원들)와 지위의 차이(즉, 조직의 위계질서와 관련된)이다. 지리적으로 분산된 팀에 대한 좋은 관문은 대면 상호작용의 빈도를 높이는 것이다. 또한 지리적으로 분산된 팀들은 특정한 조정(coordination)의 필요성을 해결하기 위해 정보 커뮤니케이션 시스템(ICT; information communication system)을 활용하여 성과를 높일 수도 있다. 예를 들어 만약 팀들이 비일상적인 과업들을 수행해야 한다면 과업 관련 지식을 제공하는 목적으로 정보 커뮤니케이션 시스템을 활용함으로써 그 팀의 성과를 높일 수 있다. 성 차이, 문화적 다양성, 그리고 언어에 의한 장벽들은 다소 자명하지 않은 장벽들이라 할 수 있다.

6-3a. 성 차이

커뮤니케이션 장애물은 대화 스타일의 차이로 일부 귀인될 수 있다. 다른 경제적 배경을 가진 개인들이 대화할 때 수신자가 이해한 바는 화자가 의미하는 것과 같지 않을 수 있다. 이와 유사하게, 남성과 여성은 서로 다른 대화 스타일을 가지는 경향이 있다. 예를 들어, 앞에 놓인 중요한 문제에 집중하면서 대화를 나눌 때 남성은

사실 확인

사람들은 어떻게 커뮤니케이션하는가?

갤럽(Gallup)에 따르면 응답자들 중 73퍼센트는 매일 문자 메시지를 읽고 보냈으며, 82퍼센트는 휴대 전화를 이용하여 통화했다. 70퍼센트는 이메일을 받거나 보냈으며, 55퍼센트는 커뮤니케이션을 위해 소셜 미디어를 사용했다. 다음은 조직들로 하여금 메시지를 보다 잘 전달할 수 있도록 도와줄 수 있는 직장 커뮤니케이션에 대한 다섯 가지 사실이다.

1. 26퍼센트의 종업원들은 이메일이 생산성을 저하하는 주요한 원인이라고 생각한다.
2. 40세 이하 구직자들 중 43퍼센트는 문자 메시지를 모집담당자(recruiters)가 그들과 커뮤니케이션하는 데 사용할 수 있는 적절한 방법이라고 생각한다.
3. 26퍼센트의 사람들은 근무시간 이외에 직장과 관련된 커뮤니케이션에 대해 응답해야한다는 압박감을 느낀다.
4. 미국인들은 문자 메시지를 하는데 하루에 26분을 사용하며, 그들이 하루에 전화하는 숫자보다 문자 메시지를 5.3배 더 사용한다.
5. 종업원들 중 46퍼센트는 회의가 끝날 때 거의 혹은 절대 그 회의 결과 다음에 해야 할 일에 대해 알지 못한다.

SOURCE: E. Kostelnik, "5 Facts About Communication in the Workplace You Need to Know," Entrepreneur, August 25, 2016.

서로 양 옆에 앉아서 대화하는 것에 대해 편하게 생각하는 반면, 여성은 종종 서로 얼굴을 보고 대화하는 것을 더 선호한다. 따라서 이러한 차이들은 남성과 여성 간의 커뮤니케이션에 있어 장애물로 작용할 수 있다. 남성과 여성 간의 대화는 실로 이문화적(cross-cultural)이다. 직장 상황에서 살펴보면, 어떤 연구에 따르면 여성 종업원들은 남성 종업원들과 비교하여 그들의 상사에게 적은 정보를 보내고 정보 과잉 또한 덜 경험하는 것으로 나타났다.

성 차이와 관련된 장애물에 대한 중요한 관문은 대화 스타일에 있어 성 차이를 인식하고 받아들이는 것이다. 이러한 차이점들은 조직 내 커뮤니케이션의 질을 높일 수 있으며, 전문적 관계(professional relationship)를 가능케 할 수 있다. 두 번째 관문은 자신의 준거 틀에 맞추어 자유롭게 의미를 해석하기 보다는 타인의 의도하는 바를 보다 명확하게 이해하려고 적극적으로 노력하는 것이다.

6-3c. 문화적 다양성

문화에 의해 영향을 받는 가치관이나 행동의 패턴들은 커뮤니케이션을 방해하는 장애물이다. 미국 종업원들은 독일, 영국, 일본, 그리고 다른 국가들의 종업원들과 비교했을 때 일과 관련된 가치관에 있어 많은 차이를 보인다. 이러한 가치관의 차이들은 동기부여, 리더십, 그리고 팀워크에 영향을 미친다. 이러한 특유의 상호작용 패턴들은 모든 문화권에서 커뮤니케이션의 장애물이 될 수 있다. 예를 들어, 독일의 문화는 미국과 비교하여 권한과 위계적 차이에 더 큰 가치를 부여한다. 따라서 미국 종업원들과 비교하여 독일 종업원들을 상사들과 열린 커뮤니케이션을 하는 것이 더 어렵다.

개인이 고정관념(stereotype)을 가지고 다른 문화권의 사람들을 바라볼 때 그 문화권 내에 존재하는 개인 차이들을 경시하게 된다. 예를 들어, 동양 문화권 전반에 퍼져있는 미국인들에 대한 일반적인 고정관념은 미국인들이 공격적이고 무례하기 때문에 무감각하고 쉽게 다가가기 어렵다는 것이다. 미국 전반에 퍼져있는 동양인들에 대한 고정관념은 동양인들은 학구적이고, 복종적이며, 동화력이 있다는 것이다. 이러한 문화적 고정관념의 정확성에 의존하는 개인들은 무의식적으로 다른 문화권 사람들과 커뮤니케이션을 하는 데 있어 장벽을 만들 수 있다.

다양성과 관련된 장벽에 대한 한 가지 관문은 문화적 의식(cultural awareness)과 문화적 민감성을 높이는 것이다. 일례로 다른 문화권 사람들과 커뮤니케이션할 때 메시지의 맥락에 주의를 기할 수 있다. 서양인들은 메시지 내용을 강조하는 낮은 정황(low-context)의 의사 전달자로, 일본인, 한국인, 그리고 중국인들과 같은 동양인들은 외적으로 드러난 내용보다 메시지의 정황을 강조하는 높은 정황(high-context)의 의사 전달자로 분류할 수 있다. 이에 더해, 기업들은 해외 파견 근로자들(expatriates)에게 해외로 파견하기 전에 트레이닝의 일부로 관련 세미나를 제공할 수도 있다. Sunningdale Berkshire의 사장이자 CEO인 Bernard Isautier는 국제 시장에서 성공하기 위한 필수 요소인 조화로운 직장내 다양성을 확보하기 위해서는 이해와 커뮤니케이션이 두 가지 주요 요소라고 제시한다. 두 번째 관문은 다른 문화권 사람들과 상호작용하고 그들을 이해하기 위해 사용할 수 있는 가이드를 만들거나 획득하는 것이다. 예를 들어 아이리시 펍(Irish pubs), 스페인의 투우, 미국에서 미식축구는 타문화권 사람들이 해당 문화권 사람들을 이해하는데 도움을 줄 수 있는 은유로 많이 사용된다.

6-3c. 언어

incivility Discourteous communication and rude behavior that are disrespectful, hurtful, or injurious.

civility Communication and behavior that respect the integrity and dignity of the individual.

언어는 커뮤니케이션이 있어 또 하나의 장애물이다. 두 가지 혹은 그 이상의 언어를 구할 수 있는 경영인들의 수가 증가하고는 있지만, 심지어 같은 언어 내에서도 여러 방언들의 미세한 차이점들은 커뮤니케이션의 장애물이 될 수 있다. 예를 들어, chemist라는 단어는 미국에서는 분자화학자를 의미하지만 영국에서는 약국에서 일하는 사람을 일컫는다. 언어 장애물은 다양한 학문 분야나 전문적인 분야에서 전문 용어들을 사용하게 되면서 발생한다. 비록 약자나 전문 용어들이 특정 한 분야 내에서는 커뮤니케이션을 위한 유용한 도구가 될 수 있으나, 그 분야에 익숙하지 않은 사람들에게는 오히려 혼동을 가져올 뿐만 아니라 명확한 이해를 방해할 수도 있다. 경영을 할 때는 간략하고, 직접적이며, 분명한 언어를 사용하는 것이 제일 좋다. 간략한 문장들로 말하고 청자들이 이미 사용하고 있는 용어나 단어들을 사용하는 것이 필요하다. 가능한 청자의 언어로 이야기하는 것이 필요하다. 다른 무엇보다도 특수한 용어나 기술적 용어들에 익숙하지 않은 사람들과 커뮤니케이션할 때 그것들을 사용하지 않아야 한다.

6-4 공손함과 무례함

무례함(incivility)은 사람들 간에 장벽을 만들 뿐아니라 사람들의 감정에 거슬릴 수 있는 반면, **공손함**(civility)은 조직 내 여러 문제들을 매끄럽게 할 수 있는 커뮤니케이션의 관문이 될 수 있다. 직장내 무례함(workplace incivility)은 해를 입히기 위한 애매모호한 의도를 가지고 행해지는 낮은 강도의 이탈행동이다. 문헌 리뷰에 따르면 세 가지의 유형, 즉 경험한(experienced) 무례함, 목격한(witnessed) 무례함, 부추겨진(instigated) 무례함이 존재한다. 하지만 무례함을 전략적으로 이용할 때 긍정적인 효과가 있는 경우도 있다. 본 장에서 우리는 무례함의 다양한 결과들과 공손함의 장점들에 대해 알아본다. 이에 더해, 우리는 공손한 그리고 무례한 행동이 초래할 수 있는 방어적(defensive), 그리고 비방어적(nondefensive) 커뮤니케이션에 대해 다룬다.

6-4a. 무례함의 결과들

직장내 무례함은 개인의 감정에 거슬리게 하고 조직과 가정에서 다양한 부정적인 효과를 유발할 수 있다. 버릇없음, 성급함, 그리고 존중의 부재는 무례함의 가장 대표적인 예들이다. 무례함의 결과는 그 근원에 따라 달라진다. 연구들에 따르면 직장내 무례함의 부정적 결과들이 얼마나 잘 나타날 수 있는가는 인종적 그리고 문화적 가치에 따라서도 달라진다. 무례함은 많은 경우 상급자와 조직 내에서 권력을 가지고 있는 위치에 있는 사람들에게서 나타난다. 이와 같은 종류의 무례함은 종업원들의 상사에 대한 만족감을 감소시키지만 종종 조직에서 용인되곤 한다. 동료들 또한 무례함을 보일 수 있다. 우리가 예측할 수 있듯, 동료의 무례함을 경험할 경우 그 동료뿐만 아니라 다른 동료들에 대한 만족감 또한 감소할 수 있다. 사실, 무례함을 관찰하는 것은 전문가다운 행동에 대한 개인의 지각을 파괴하고, 관찰자로 하여금 그가 혹은 다른 동료들 또한 유사한 대우를 받는가에 대한 걱정을 불러일으킨다. 이에 더해, 동료들의 무례함은 조직에서 부당한 처우를 받고 있다고 지각하게 하고, 심지어 우울감을 야기할 수도 있다. 따라서 동료의 무례함에 의한 감정적 그리고 심리적 역효과들은 부당한 처우나 우울감으로 인한 비용과 더불어 중요한 문제라 할 수 있다. 직장내 무례함의 역학을 이해하는 것은 무례함에 있어 변화를 가져올 수 있고 부수적으로 탈진(burnout)을 감소시킬 수 있다. 이러한 긍정적인 효과들은 시간차나 개인차가 있을 수 있다.

모든 무례함이 파괴적인 행동이라고 결론내리기 전에, 우리는 직장 내에서 공손하지 않게 보여질 수 있는 장소가 있다는 것을 언급할 필요가 있다. 예를 들어 욕을 하는 것이나 짜증스러운 욕설을 하는 것은 타인의 감정에 거슬리고, 그들에게 스트레스를 주며, 종종 팀의 안녕 뿐만 아니라 사회적 지원(social support)을 해하기 때문에 문제가 된다. 반대로 사회적 욕설(social swearing), 즉 동지애를 유발하기 위한 욕설의 경우 그 언어가 다른 사람을 향하지 않는다면 스트레스를 줄여줄 수 있다. 심지어 사회적 욕설은 관계를 형성하고 동료애를 구축하는 과정에서 강조될 수 있다.

> Civility should not be confused with the avoidance of difficult or complicated workplace issues, which must be confronted and addressed.

6-4b. 공손함의 선효과

공손함의 선효과는 공손함의 자애롭고 긍정적인 기반에서 찾을 수 있다. 공손한 커뮤니케이션과 행동은 타인의 감정을 해치는 것을 막고, 직장 내 관계에서 해나 피해를 끼치는 것을 예방할 수 있으며, 더불어 조직 내 웰빙에 기여할 수 있다. 보다 공손한 환경의 직장을 만들기 위해 여러 방법을 사용할 수 있다. 예를 들어 어려운 문제를 공론화 하고, 말하기 전에 미리 적어보는 습관을 갖거나, 무례함에 대한 가이드라인을 마련하고 그와 일치하게 행동할 수 있다. 공손함은 조직 내 모든 구성원들의 진실성과 존엄성을 획득한다.

6-4c. 방어적, 비방어적 커뮤니케이션

직장 내에서 비방어적인 커뮤니케이션은 관계를 보다 강화시키는 반면 방어적인 언어는 사람들 간의 장벽을 만들 수 있다. **방어적 커뮤니케이션**(defensive communication)은 수동적이고 내향적인 메시지뿐만 아니라 공격적이고 악의적인 메시지를 포함한다. **비방어적인 커뮤니케이션**(nondefensive communication)은 적극적이고, 직접적이며 동시에 영향력이 있다. 물론 공격적이라고 잘못 해석될 여지도 있지만, 적극성은 사실 비방어적이다. 오늘날 기업들은 법정 싸움이나 매개 교류(media

defensive communication
Messages that are aggressive, malevolent, passive, or withdrawn.

nondefensive communication
Messages that are assertive, direct, and powerful.

exchanges)와 같이 다양한 방어적 커뮤니케이션을 하지만 비방어적인 언어와 정서 지능적인 커뮤니케이션으로부터 많은 장점을 취할 수 있는 상황에 보다 집중하고 있다.

방어적 커뮤니케이션은 감정의 상처, 커뮤니케이션 장애물, 직장에서의 고립, 파괴적이고 보복적인 행동, 비생산적인 노력, 그리고 문제 해결의 실패 등과 같은 다양한 문제를 야기한다. 역습이나 당황해하는 철수(sheepish withdrawal)와 같은 방어적 반응들은 커뮤니케이션을 방해한다. 이러한 반응들은 커뮤니케이션에 긍정적이기 보다는 부정적인 영향을 미친다. 방어적 커뮤니케이션은 종종 더욱 방어적인 커뮤니케이션을 불러오기도 한다.

반대로 비방어적 커뮤니케이션은 커뮤니케이션 프로세스를 방해하지 않으면서 자기주장을 함과 동시에 공격성에 대비하여 자신을 방어할 수 있는 기저로 작용한다. 적극적이고 비방어적인 스타일은 직장 내 관계에서 질서, 균형, 그리고 효과성을 회복하게 한다. 다음은 비방어적 커뮤니케이션과 방어적 커뮤니케이션에 대해 더 깊은 논의를 다룬다.

6-4d. 직장에서 방어적 커뮤니케이션

대표적인 두 가지 방어성의 패턴은 지배적 방어성(dominant defensiveness)과 종속적 방어성(subordinate defensiveness)이다. 종속적 방어성은 수동적이거나 순종적인 행동으로 특징지어질 수 있다. 종속적으로 방어적인 사람의 심리적 태도는 "당신이 맞아요. 그리고 저는 틀렸어요."라고 할 수 있다. 낮은 자아 존중감을 가진 사람들이나 조직 내에서 낮은 위치에 있는 사람들은 이와 같은 형식의 방어적 행동을 취하는 경향이 강할 수 있다. 종속적으로 방어적인 개인들은 그들의 생각이나 느낌들에 대해 적절하게 주장하지 않는다. 그들의 노력은 조직에서 잊히기 쉬운데, 심지어 그 노력이 조직의 성과에 중요할 때에도 마찬가지이다. 수동적 공격 행동들은 방어성의 한 형태로 종속적 방어성에서 시작해서 지배적 방어성으로 귀결된다. 이는 실제로 그 기저에 공격성이나 적대감을 감추고는 있지만 매우 수동적인 행동이다.

반대로, 지배적 방어성은 명백하게 공격적이고 위압적인 행동으로 특징지을 수 있다. 이는 그 자체로 공격적이며, 때로는 언어적 혹은 물리적 괴롭힘으로 끝나기도 한다. 지배적으로 방어적인 사람들의 심리태도는 "제가 맞아요, 그리고 당신은 틀렸어요."라고 할 수 있다. 자기중심적이거나 낮은 자아 존중감을 과도하게 보상하려는 개인들, 그리고 조직 내에서 높은 위치에 있는 개인들이 이러한 행동을 보일 수 있다.

6-4e. 방어 전술

방어 전술은 방어적 커뮤니케이션을 사용하는 파괴적인 행동들이다. 불행히도 이러한 전술들은 많은 조직에서 쉽게 발견된다. 방어성과 방어 전략들이 조직 내에 존재한다는 것을 인정하기 전까지는 그것들에 대해 비방어적인 방식으로 대응하거나 해결하기 어렵다. 많은 경우 방어 전술들은 피해자들과 그들의 상사들에게 윤리적 딜레마를 야기한다. 단순한 방어성이 언제 비윤리적 행동으로 변화할까? 다음의 방어적 전술들을 고려해보자.

권력 행사(power plays)는 타인을 통제하고 조정하는데 사용되는 전술이다. 종업원들의 선택을 제한하고, 상황을 강요하며, 의도적으로 타인을 무시하거나 모욕하고 괴롭히며, 공공연하게 공격성을 보이는 것들은 모두 권력 행사라고 볼 수 있다. 권력 행사의 근본적인 동력은 지배와 통제에 있다. 공격자는 피해자로 하여금 열등함을 느끼게 하고 통제에 취약하게 만듦으로써 관계에서 더 높은 위치를 차지하고자 한다.

표시하기(labeling)는 타인을 비정상적이거나 혹은 결함이 있는 것처럼 보이기 위해 종종 사용된다. 의학적인 혹은 법적인 표시는 종종 이러한 목적의 상황 이외에도 사용된다. 피해 망상, 정신 지체, 그리고 정신 이상과 같은 단어들은 방어적 표시하기에 사용되는 명확하고 임상적인 의미들이다. 표시하기와 유사한 것은 공개적으로 개인의 능력, 가치관, 성적지향, 혹은 다른 개인적인 부분에 대해 의문을 제시하는 것이다. 이런 전술은 비록 표시하기의 특수함과 명확함을 결여하는 경향이 있지만 혼란과 불확실성을 야기한다.

오해의 소지를 가진 정보 유포하기(disseminating misleading information)는 속임수의 한 형태로 의도적으로 청자의 마음에 부정확한 인상을 심어주기 위해 선택적으로 정보를 제공하는 것이다. 이러한 애매한 정보들은 과오나 문제에 대한 책임을 엄한 사람에게 돌리기 위해 사용된다. 만약 정보가 변경될 수 없다면 방어적인 개인들은 그들 자신이 잘못한 행위에 대해 다른 사람을 책망할 수도 있다.

마지막으로 적대적 농담(hostile jokes)은 수동적이면서 공격적인 방어 전술이다. 적대적 농담은 그 구성에 있어 공격적인 정서, 그리고 심지어는 자명하게 심술궂은 정서를 감추기 위해 사용되기 때문에 대개 적절치 않다. 이러한 농담들은 긴장을 풀어주고 비방어적인 좋은 유머와 혼동되어서는 안 된다. 다른 사람들을 희생하는 농담은 자아 존중감과 조직 내 커뮤니케이션에 부정적인 영향을 미친다.

6-4f. 비방어적 커뮤니케이션

비방적 켜뮤니케이션(nonverbal communication)은 조직 내 관계에 있어 방어적 커뮤니케이션에 대한 좋은 대체재이다. 비방어적 커뮤니케이션을 지속적으로 사용하는 사람들은 흔들리지 않고, 적극적이며, 세심하고, 유용한 정보를 주며, 현실적이고 정직한 사람으로 특징지을 수 있다. 비방어적 커뮤니케이션은 화자가 청자에게 거부반응을 보이지 않으면서 자기 통제와 침착함을 보여주기 때문에 강력하다. 때로는 그 둘 사이의 균형을 맞추는 것이 어렵기는 하지만 자기 자신을 뽐내지 않으면서 자기 가치를 확인해야 한다.

방어적 커뮤니케이션 패턴을 비방어적으로 전환하는 것은 직장에서 관계를 형성하는데 도움이 된다. 관계를 형성하는 행동들은 직장에서 부정적인 사건이 발생했을 때 생기는 책망이나 화와 같은 부정적인 반응들을 줄인다.

An individual who consistently communicates nondefensively may be characterized as centered, assertive, controlled, informative, realistic, and honest.

비방어적 패턴을 강화하기 위해 종속적으로 방어적인 개인은 어떻게 하면 더 확신을 할 수 있을까를 학습해야 한다. 이를 위한 한 가지 방법은 어떤 일을 하기 위해 타인의 허락을 받기 보다는 자신이 하고자 하는 것을 보고하고 그에 대한 확인을 요청하는 것이다. 다른 방법으로는 "나는 그냥 지시를 따를 뿐이에요"와 같은 자기 비하적 발언들을 멈추는 것이다. '그냥'이라는 단어를 없애고 확신에 찬 서술문으로 바꾸어 표현해야 한다.

지배적으로 방어적인 사람은 비방어적 패턴을 강화하기 위해 덜 공격적인 방법을 학습해야 한다. 이는 확신감을 없애야하기 때문에 특히 어려울 수 있다. 지배적 방어성을 극복하고자 하는 사람들은 그들의 행동에 대한 타인의 피드백에 특히 민감할 필요가 있다. 이런 행동을 바꾸기 위해서 개인은 허락을 하거나 허락을 구하는 행동을 그만둘 수 있다. 대신 승인이나 과업의 보안을 위해 허락이 꼭 필요한 경우를 제외하고 타인들에게 무제한의 자유를 주어야 한다. 아니면 부적절하게 화를 표출하기보다 특정 행동의 부정적 결과에 대한 정보를 제공할 필요가 있다.

nonverbal communication
All elements of communication that do not involve words or language.

6-5 비언어적 커뮤니케이션

방어적 그리고 비방적 커뮤니케이션은 메시지 전달에 사용되는 언어에 초점을 두지만 메시지 대부분의 의미들은 비언어적이거나 행동적인 요소를 포함한다. 무례함은 모호한 메시지를 전달하고, 더 중요하게는 조직 내에서 전염될 가능성이 있는 낮은 강도의 부정적 행동의 예라고 할 수 있다. 따라서 커뮤니케이션의 언어적 그리고 비언어적 요소를 염두에 두는 것이 매우 중요하다. 비언어적 커뮤니케이션은 신체 동작(gesture)이나 물리적 거리 등과 같이 단어나 언어를 포함하지 않는 모든 커뮤니케이션의 요소들을 포함한다. 관리자가 알아야 할 4가지 기본적인 비언어적 커뮤니케이션의 형태는 공간학(proxemics), 동작학(kinesics), 얼굴 및 눈 행동, 그리고 유사언어(paralanguage)이다. 또한 관리자들은 비언어적 커뮤니케이션이 심리적 그리고 생리적인 프로세스 모두에 의해 영향을 받는다는 것을 이해할 필요가 있다.

비언어적 커뮤니케이션에 대한 해석은 상호작용과 그 상호작용을 하는 행위자들에 따라 다르다. 즉, 어떤 비언어적 신호(cue)의 특정 의미는 송신자, 수신자, 그리고 신호가 발생하는 환경에 따라 달라진다. 예를 들어 연방정부나 주(state)의 판사들은 법정에서 비언어적 커뮤니케이션을 제한하려고 한다. 비록 그 비언어적 커뮤니케이션이 법정 밖에서는 아무런 의미가 없을 수 있지만, 재판 중에 어떤 비언어적 행동들이 발견되면 이는 배심원들의 결정에 영향을 미칠 수도 있다. 위와 같은 맥락적인 요소에 더해 비언어적 행동은 문화에 의해서도 영향을 받는다(예를 들어 엄지를 치켜드는 것이 호주와 미국에서 다른 의미를 갖는다).

손님들을 재촉하지 않으면서 테이블 순환시키기

음식점들은 그들의 손님들을 포함해서 계속해서 모든 것을 적절하게 순환시킬 수 있을 때 더 성공적일 수 있다. 하지만, 음식점들은 고객들이 조급함을 느끼거나 정해진 시간에 맞추어 식사를 해야 한다고 느끼는 것을 바라지 않는다. 따라서 음식점들은 테이블들을 정리하고 식사 공간을 배치하는 방법을 비롯해, 관리자, 종업원(server), 그리고 요리사 간의 의사소통이 보이지 않는 곳에도 충실히 이루어질 수 있도록 여러 가지 비언어적 의사소통을 사용한다. 식사 공간에 위치한 테이블 중 적어도 몇몇 개들을 비워두는 것은 바(bar)에서 등받이 없는 의자들과 같이 고객의 순환 속도를 높일 것이다. 음식점에서 다른 사람들의 수요가 많은 자리에 앉은 고객들에게 음식이 잘 제공되고 있는지를 확인하는 것 또한 도움이 될 수 있다. 처음으로 주문하는 음료는 그 고객들이 언제 떠날 것인지에 대한 리트머스 테스트(litmus test)로 활용될 수 있기 때문에, 음식점들은 이러한 비언어적 행동들을 기록할 것이다.

음식점 내 중요한 커뮤니케이션이 모두 구두적인 것은 아니고, 때론 그저 지켜보는 것이 중요하다.

SOURCE: A. Dizik, "How Restaurants Stick to Their Schedules," Wall Street Journal, 22 Feb. 2017.

proxemics The study of an individual's perception and use of space.

territorial space Bands of concentric space radiating outward from the body.

6-5a. 공간학

공간학(proxemics)은 자신 소유 영역을 포함한 공간에 대한 개인의 지각과 이용에 대한 연구 분야이다. **자신 소유 영역**(territorial space)이란 신체로부터 외부로 방사되는 동심 공간의 영역대(band)를 말한다. 이러한 영역대는 보통 컴포트 존(comfort zone)이라 알려져 있다. 그림 6.2

는 미국 문화에서 주로 발견되는 자신 소유 영역의 4가지 구역을 나타낸다.

그림 6.2 미국 문화에서 자신 소유 영역의 구역들

a 구역, 사적인 공간(intimate space): 배우자들, 다른 의미있는 타인들, 가족 구성원들, 개인이 사적인 관계를 가지고 있는 기타 개인들
b 구역, 개인적 거리(personal distance): 친구들
c 구역, 사회적 거리(social distance): 동업자들, 지인들
d 구역, 공적 거리(public distance): 낯선 사람들

자신 소유 영역은 국가에 따라 매우 다르다. 컴포트 존의 크기와 용인되는 상호작용의 종류 모두 문화에 의해 결정된다. 그리고 사람들은 그들이 익숙한 것과 다른 자신 소유 영역에서 일을 할 때 종종 불편함을 느끼곤 한다.

공간학의 유명한 연구자인 Edward Hall에 따르면 아랍인들이 대화할 때 편안함을 느끼는 거리는 미국인이 편안함을 느끼는 거리에 비해 가깝기 때문에, 중동 아시아에서 일하는 미국인들은 아랍인들과 대화할 때 자신이 편안함을 느끼는 거리를 유지하기 위해 뒷걸음치는 경향이 있다고 한다. 그 결과, 아랍인들은 종종 미국인들이 차갑고 냉담하다고 지각한다. 한 아랍인은 "어떤 것인 문제이죠? 그 사람은 제가 공격적이라고 생각하나요?"라고 궁금해 하기도 하였다. 개인적인 영역의 범위는 미국, 영국, 그리고 북유럽과 같이 비교적 시원한 기후를 가진 문화에서 더 큰 경향이 있는 반면, 남유럽, 캐리비언, 인도, 그리고 남아메리카와 같이 비교적 따뜻한 기후를 가진 문화에서 더 작은 경향이 있다.

우리의 관계가 우리가 자신 소유 영역을 어떻게 사용하는가를 결정한다. 예를 들어, 우리는 중요한 사람들(예를 들어 아내나 남편)을 사적인 공간으로 끌어들이기 위해 손을 잡는다거나 팔을 두른다. 역으로, 우리는 상호작용을 형성하기 위해 자신 소유 영역을 사용할 수 있다. 4피트 길이의 책상은 사업상에 일어나는 상호작용을 사회적 거리 영역으로 밀어낸다. 그러한 공간에 대해 불편함을 느낀 SBC의 한 관리자는 그녀의 4피트 책상 주변에 7명의 일선 관리자들과 서로 팔꿈치를 맞대고 만났다. 일선 관리자들이 서로의 사적인 공간 내에 위치하게 한 결과, 그들은 친구처럼 행동하는 것처럼 보였고, 자녀들, 좋아하는 텔레비전 프로그램, 그리고 다른 사적인 고민들에 대해 보다 자주 이야기를 하였다. 관리자가 보다 큰 방으로 회의를 옮겨 다시 일선 관리자들을 서로의 사회적 거리에 위치하도록 했을 때, 그들은 다시 비즈니스 관계처럼 행동하였다.

공간학의 또 하나의 부분인 자리 역학(seating dynamics)은 커뮤니케이션의 목적에 따라 특정 위치에 사람들을 앉게 하는 기술이다. 그림 6.3은 일반적인 자리 역학을 보여준다. 협력을 장려하기 위해서는 인접한 사람들과 자신 옆에 앉아서 같은 곳을 바라봐야 한다. 직접적이고 열린 대화를 이끌어내기 위해서는 책상의 코너에 서로 엇갈려 앉거나, 그 사람이 오른쪽 방향에 위치할 수 있도록 앉아야 한다. 이는 진실된 이야기를 가능케할 수 있다. 타인과 경쟁적인 위치에 있기 위해서는 서로 직접적으로 마주보고 앉아야 한다. 관리자가 컨퍼런스 책상에서 미팅을 열고, 두 명의 참석자들이 큰 소리로 잡담을 하면서 회의를 방해한다고 가정해보자. 그들은 어디에 앉아야할까? 만약 관리자가 회의에 지장을 주는 그 두 사람을 그녀의 양쪽에 앉게 한다면, 한 사람이 관리자 앞으로 몸을 기울여 용감하게 계속해서 잡담을 하지 않는 한 그들은 서로 대화를 할 수 없을 것이다.

6-5b. 동작학

동작학(kinesics)은 신체의 움직임과 자세를 연구하는 분야이다. 동작학은 공간학과 같이 문화의 영향을 받는다. 이를 고려할 때 우리는 미국에서 일반적인 신체 동작들 대해 해석할 수 있다. 숨을 들이 마시면서 손을 맞잡고 부비는 행동은 기대를 나타낸다. 꼭 움켜쥔 주먹, 이를 악무는 것, 손을 부들부들 떠는 것, 혹은 동전을 딸그락 거리는 것 등은 스트레스를 가리킨다. 손가락을 소리를 내며 달그락 거린다거나 주머니에 있는 동전을 딸그락 거리는 것은 초조함을 나타낼 수 있다. 동작학은 또한 사람에게 모욕적인 손가락 욕을 하는 것과 같은 모욕적인 신체 동작들도 포함한다.

kinesics The study of bodymovement and posture.

6-5c. 얼굴 및 눈 행동

얼굴은 비언어적 커뮤니케이션에 다양하게 활용된다. 얼굴 표정과 눈 행동은 감정 상태를 전달하고, 행위의 의도를 나타내며, 수신자에게 신호를 전달하는데 사용된다. 심지어는 의도치 않게 송신자가 감추고 싶은 감정들에 대한 빌미를 제공할 수도 있다. 의도하지 않은 얼굴의 움직임들은 특히 스트레스가 많은 상황에서 진실에 대한 환상을 해칠 수 있다.

미소, 얼굴의 찡그림, 추켜올린 눈썹, 그 외 다른 표현들을 해석할 때 문화, 환경, 그리고 특정 행위자를 모두 고려해야 한다. 일본 학생들과 미국 학생들에 대한 연구는 이를 단적으로 보여준다. 학생들로 하여금 스트레스를 유발하는 영화를 감상하게 하고, 그들의 표현들을 영상 녹화하였다. 혼자 있을 때, 일본과 미국 학생들은 거의 동일한 표현들을 보여주었다. 하지만 다른 사람들이 있을 때, 일본 학생들은 미국 학생들에 비해 불쾌한 느낌의 얼굴 표현을 숨겼다.

이전에 언급했듯이, 시선 마주침은 숙고적 경청을 향상시킬 수 있다. 미소를 짓는 것과 마찬가지로 시선 마주침은 진실함과 긍정적인 감정을 표현할 수 있는 쉬운 방법이다. 하지만 시선 마주침은 문화적 맥락에서 이해되어야 한다. 직접적으로 응시하는 것은 미국에서는 전념, 정직함, 그리고 솔직함을 나타낸다. 눈은 타인과 의사소통할 뿐만 아니라 중요한 메시지를 받아들이는 경로이다. 실제 보이는 것이 보이지 않을 수 있으며, 이는 트라우마 상황에서 매우 문제가 될 수 있다. 하지만 전쟁을 목격한 트라우마는 대개 심리적으로 해롭지 않다. 개인이 속한 조직의 상황은 보이는 것에 대한 의미를 부여하고, 그 결과는 개인이 심리적 성장 혹은 심리적 상처를 경험하게 되는가를 일부 결정한다.

6-5d. 유사언어

유사언어는 음의 높이, 소리의 세기, 템포, 톤, 길이, 웃음, 그리고 울음과 같이 말투에서 나타나는 다양한 변화

그림 6.3 자리역학

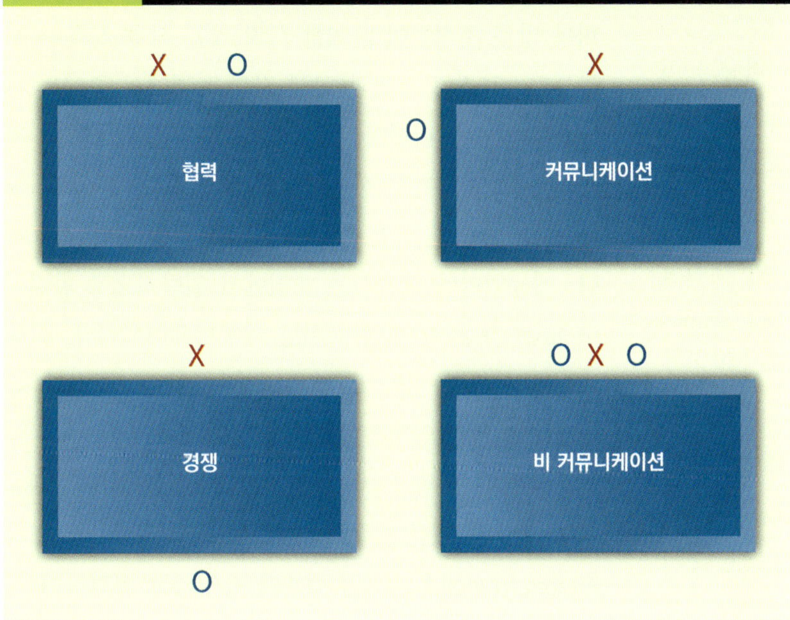

들로 이루어진다. 사람들은 유사언어 신호들을 해독함으로써 의사 전달자에 대해 가정을 형성한다. 여성의 높은 음과 숨소리가 섞인 목소리는 동료들로 하여금 그녀를 머리가 나쁜 금발 미인이라는 고정관념을 갖도록 할 수 있다. 빠르고 큰 소리의 말투는 불안함이나 화를 나타내는 신호로 받아들여질 수 있다. "음"그리고 "좋아요"와 같이 말 중간 중간에 사용하는 언어들은 화자의 말하는 속도를 높임으로써 수신자가 중간에 몇 마디 할 수 있도록 하는데 사용될 수 있다. 혀를 쯧쯧 차거나 쯧쯧 소리를 내는 것은 다른 사람을 부끄럽게 하는데 사용된다. 이런 모든 신호들은 어떤 것이 말해지는 방법과 관련이 있다.

6-6 긍정적이고 건강한 커뮤니케이션

관계에 있어 진실한 커뮤니케이션의 부재는 외로움과 사회적 고립을 유발한다. 이런 상황을 James Lynch는 **커뮤니케이션 질환**(communicative disease)이라 명명했다. 커뮤니케이션 질환은 사람의 심장과 심혈관계에 부정적인 영향을 미치고, 결국 조기사망을 불러올 수 있다. Lynch에 따르면 커뮤니케이션 질환에 대한 유일한 해결책은 친구들, 그리고 사랑하는 사람들과 사려 깊고 마음이 따뜻한 대화를 다시 하는 것이다. 비록 인지(cognition)보다 감정들이 커뮤니케이션 프로세스에 더 중요할 수도 있지만, 그 둘 사이의 안정적인 조화가 필수적이다. 이러한 머리와 마음 사이의 균형은 개인이 긍정적인 감정적 역량을 표출할 때, 그리고 개인의 마음과 감정들 사이에 건강한 내적 대화를 유지할 때 성취가능하다.

긍정적이고 건강한 커뮤니케이션은 다 함께 일할 때, 즉 공유된 목적을 성취하기 위해 협력할 때 개인 내적으로뿐만 아니라 개인 간에도 중요한 요소로 작용한다. 그러한 커뮤니케이션은 신뢰와 신실성을 필요로 한다. 이는 다 함께 일하는 곳인 직장 내에 존재하는 선한 경쟁을 포함한다. 선한, 그리고 잘 관리된 경쟁은 경쟁에 포함된 사람들 모두에게 최고의 결과를 가져올 수 있다.

건강한 커뮤니케이션은 개인의 정직성(integrity)과 관리자로서의 성공에 매우 중요하다. 이는 미국 정부의 행정부에 속한 사람들을 포함한 대부분의 성공적인 경영인들의 삶에서 잘 나타난다. 미국 대통령 Ronald Reagan은 미국 국민들과 잘 친해질 수 있는 그의 능력으로 "훌륭한 의사 전달자"라는 별명을 갖게 되었다. 그는 강력한 윤리적 성격, 개인적 정직성, 그리고 명료함을 그의 커뮤니케이션을 통해 전달했다. 그가 대화나 인터뷰에서 사용한 언어는 핵심 가치와 진실한 열망에서 비롯된 것처럼 보였기 때문에, Reagan은 Lynch가 말하는 진실한 커뮤니케이션의 개념을 잘 보여준다고 할 수 있다. 마음에서 우러난 커뮤니케이션은 개인

communicative disease Loneliness and social isolation resulting from the absence of heartfelt communication in relationships.

의 진실성과 윤리적 특성에 기반을 둔 커뮤니케이션이다.

개인의 정직성은 이전에 언급했듯 정서적 역량과 머리와 마음 사이의 안정적인 조화의 산물이다. 심리학자 Karol Wasylyshyn은 경영진에게 개인적으로, 혹은 프로페셔널하게 도전적인 이슈들에 대해 말할 수 있는 개인의 능력을 개발할 수 있도록 코칭하는 것이 개인의 정직성을 개발하는 한 방법이라는 것을 보였다. James Campbell Quick과 Marilyn Macik-Frey는 대인간 깊은 커뮤니케이션을 통해 경영진들의 내적 자아를 개발할 수 있는 유사한 코칭 프로그램을 개발하였다. 이 경영진 코칭 모델은 Lynch가 말한 경영진과 코치 사이의 "힐링 대화(healing dialogue)"에 기반 한다. 이 모델은 경영진들과 종업원들 간의 대인간 커뮤니케이션을 개선함은 물론 인간관계의 다양한 부분에서 긍정적인 건강한 커뮤니케이션을 증진시킬 수 있다.

6-7 새로운 기술과 소셜 미디어를 통한 커뮤니케이션

비언어적 행동들은 직장 내 관계에서 신뢰를 구축하는 데 중요할 수 있지만, 최근 기술들은 우리가 그러한 신뢰를 유지할 수 있는 능력에 대해 의문을 제기할지도 모른다. 커뮤니케이션에서 기술적 도구를 지나치게 강조하는 것은 대인간 커뮤니케이션이나 대인간 관계에 부정적인 영향을 미칠 수도 있다. 긍정적인 면으로는, 변호사와 법률 상담사가 페이스북(Facebook)이나 트위터(Twitter)를 이용하여 잠재적인 배심원들의 신상정보를 체크하는 것이다. 페이스북의 마크 주커버그는 테러, 질병, 그리고 기후 변화의 문제들을 해결하는데 13년의 역사를 가진 소셜 네트워크가 사용되기를 바란다. 마지막으로, 정보 기술은 도덕적 대화를 장려할 수도 혹은 막을 수도 있으며, 이러한 형태의 대화들은 직장에서 윤리적인 이슈들을 해결하는 데 중요하다.

6-7a. 서면 커뮤니케이션

비록 많은 조직들이 종이를 쓰지 않는 사무실(즉, 사무자동화), 그리고 그들과 고객 간의 관계에서 종이를 사용하지 않는 인터페이스를 추구하고는 있지만, 서면 커뮤니케이션은 아직 사라지기에는 이르다. 여전히 많은 종류의 서면 커뮤니케이션이 경영에 있어 필요하다. 매뉴얼이나 보고서는 조직에서 일반적으로 발견할 수 있는 가장 긴 형태의 서면 커뮤니케이션이다. 작동(operation) 매뉴얼과 절차 매뉴얼은 다양한 과업들을 어떻게 수행할 것인지, 그리고 조직 내에서 일어날 수 있는 문제들은 어떻게 해결할 것인가에 대한 설명을 제공한다. 기업의 연간 재무 보고서와 같은 보고서들은 위원회(committee)나 부서의 성과를 요약하고 어떤 목표에 대한 진척 상황 정보를 제공해줄 수 있다.

편지와 메모는 매뉴얼이나 보고서에 비해 비교적 짧고, 큰 조직에서 더 빈번하게 사용된다. 편지는 개인과 기업이 조직 외부에서 공식적으로 커뮤니케이션하는데 사용된다. 이는 길이나 그 내용에 따라 매우 대양하다. 메모는 주로 조직 내 공식적 커뮤니케이션에 사용된다. 메모는 때때로 개인이 나중에 다시 그 내용을 언급할 수 있도록 조직 내 특정 사건이나 상황에 대한 기록으로 사용된다.

양식(form)은 조직 내외에서 정보를 모으기 위해 사용될 수 있는 가장 짧은 형태의 서면 커뮤니케이션이다.

6-7b. 커뮤니케이션 기술들

컴퓨터를 통한 커뮤니케이션은 직장 내 거의 모든 행동에 영향을 미친다. 이메일, 음성 메일, 인스턴트 메시징, 그리고 팩시밀리 등은 기업에서 오랫동안 일반적으로 사용되어 왔다. 최근 대량의 정보 데이터베이스가 매우 흔해지고 있다. 이러한 데이터베이스들은 단 하나의 버튼으로 엄청난 양의 정보를 제공할 수 있다. 정보 데이터베이스의 한 예는 전 세계적으로 대학 도서관에서 사용되고 있는 전자 카드 카탈로그 시스템(electronic card catalog

핫 트렌드

읽기 힘든 Donald Trump의 트위트

Donald Trump의 트위트나 소셜 미디어 이용은 기존의 대통령 커뮤니케이션 방식을 뒤집어놓았고, 그의 메시지를 해석하고자 하는 사람들에게 많은 도전을 불러 일으켰다. 이는 특히 대통령의 커뮤니케이션이나 행동이 재무성과에 중대한 영향을 미칠 수 있을 때 월스트리트(Wall Street)에서 많이 발생한다. 예를 들어, Eisenhower 대통령이 심장마비가 왔다는 사실이 전해졌을 때, 주식시장은 하루에 25 퍼센트 급락했다(이는 Eisenhower 대통령이 건강을 회복한 것과 같이 이후 다시 회복되었다). Trump 대통령의 경우, 주식 거래자들은 Trump의 트위트 내용을 주식을 사야하는, 아니면 팔아야 하는 의미로 해석해야 할지에 대해 어려움을 겪는나. 더욱이, 소셜 미디어에 대한 대규모 은행 규제는 시장에서 일부 사람들이 중요한 타이밍을 놓칠 수 있는 위험에 처하게 했다. 따라서 기업들은 소셜 미디어 금지를 해제하여 주식 거래자들이 Trump의 트위트뿐만 아니라 시장 이동 정보에 더해 더 많이 접근할 수 있도록 하였다. 금융 시장에서 가장 빠른 정보에 접근하는 것은 큰 가치가 있으며, 소셜 미니어가 이러한 적시성을 제공할 수도 있다.

SOURCE: C. Dieterich, B. Eisen, C. Dulane, and T. Demos, "How to Trade a Donald Trump Tweet," Wall Street Journal, 14 Jan. 2017.

system)이다. 다른 형태의 방대한 데이터의 네트워크에 연결되기도 한 이런 시스템들은 책과 저널의 내용, 배포, 그리고 이용가능여부에 대한 정보를 저장한다.

업무 환경에 영향을 미친 가장 최근 기술은 우리의 삶 어디서나 사용하는 스마트폰이다. 스마트폰은 전화의 기능과 동시에 컴퓨터와 같은 어플리케이션들, 그리고 연결성(connectivity)을 결합한다. 그 예로는 애플의 아이폰, 삼성의 갤럭시 기기들, 그리고 구글 픽셀(Google Pixel)을 들 수 있다. 스마트폰의 등장은 특히 출장이 많은 판매 직업들에 많은 변화를 가져왔다. 스마트폰이 광범위하게 이용되기는 하지만 스마트폰에 대한 반응들이 모두 긍정적인 것만은 아니다. 예를 들어, 어떤 사람은 그가 운전하는 동안의 시간을 개인적으로 생각하고 쉬는데 사용했기 때문에 출퇴근 동안에는 외부의 간섭을 받고 싶지 않아한다. 어떤 예측에 의하면 운전 중 전화를 하는 것은 음주운전만큼이나 위험할 수 있다. 이러한 이유로, 어떤 주(state)의 경우에는 자동차를 운행하면서 전화를 하거나 문자를 하는 것을 법으로 금하고 있다.

6-7c. 커뮤니케이션 기술들이 행동에 어떻게 영향을 주는가?

정보 커뮤니케이션 기술(information communication system, ICT)은 정보에 대한 빠른, 심지어는 즉각적인 접근을 가능하게 하는 대인간 커뮤니케이션에서의 광범위한 새로운 개발들의 범주이다. 이메일, 화상회의, 그리고 와이파이(Wi-Fi)는 모두 ICT로 분류된다. 이는 지역적 차이나 시간의 차이와 관계없이 거의 즉각적인 정보 교환을 가능케 할 수 있다. 적절한 ICT의 활용으로 한때 국내 및 국가 간 비즈니스를 제한했던 시간과 거리에 대한 고려가 정보 교환에 있어 훨씬 덜 중요해지면서 스캐쥴과 근무 시간이 상관없게 된다. ICT가 경영을 방식에 미치는 영향을 고려하면, ICT는 사람들의 행동에 지대한 영향을 미친다.

컴퓨터를 통한 커뮤니케이션은 그 자체로 비인간적이다. 따라서 인스턴트 메시징, 이메일, 그리고 다른 형태의 온라인 커뮤니케이션은 개인 간 상호작용의 풍부함을 감소시킨다. 연구들에 따르면 이러한 기술들을 이용하는 것은 부정적이거나 모욕적인 이메일과 인터넷 메시지의 가능성을 높일 수도 있다. 즉, 컴퓨터를 통한 커뮤니케이션을 통해 무례하고, 불필요하게 시

information communication technology(ICT) An extensive category of new developments in interpersonal communication that allow fast, even immediate, access to information.

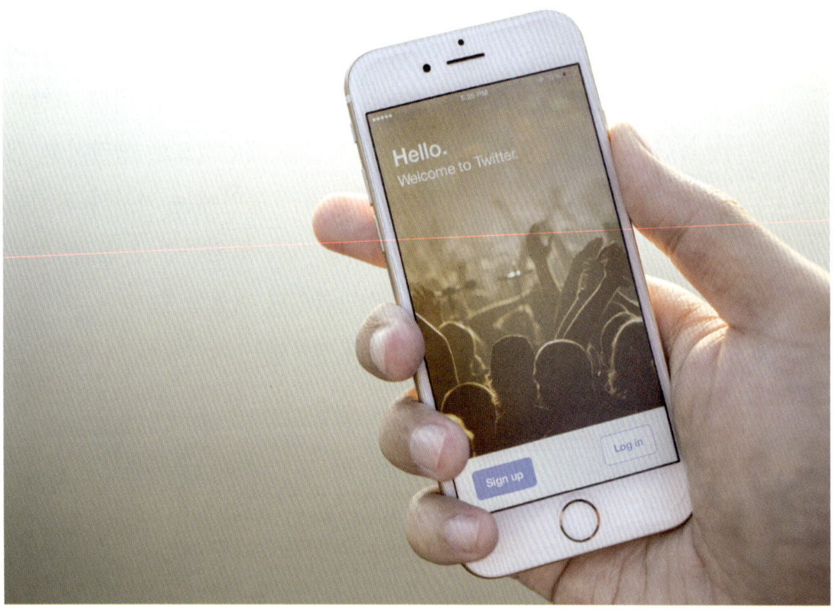

비를 걸고, 음란한 코멘트를 할 수 있다. 재치나 친절함과 같은 개인의 대인관계 기술들은 온라인으로 사라지고, 관리자들은 전자 미디어를 사용할 때 보다 직설적인 경향이 있다. 보통은 토론에 조용하고 예의 바르게 참여하는 사람들도 컴퓨터 회의나 전자 메일을 사용할 때 보다 사적이고, 무례하며, 혹은 거리낌이 없게 될 수 있다.

컴퓨터를 통한 커뮤니케이션의 다른 효과는 우리가 메시지를 해독할 때 사용하는 비언어적 신호가 부재하다는 것이다. 몸짓하고, 만지고, 표정을 짓고, 그리고 눈을 마주치는 것이 불가능하므로 메시지의 감정적인 부분들을 알아채기 힘들다. 사용자들이 서로 얼굴을 바라보는 화상회의에서도 종종 비언어적 신호들을 지각하기 힘들다. 조직 내 직위나 어떤 부서에 소속되어 있는지와 같은 권력에 대한 단서들 또한 부재할 수도 있고, 따라서 교환의 사회적 맥락이 종종 바뀐다.

기술을 통한 커뮤니케이션은 또한 참여를 동등하게 함으로써 집단 역학(group dynamics)을 변화시킨다. 그 결과, 카리스마적이거나 높은 지위에 있는 조직 구성원들은 권력을 어느 정도 잃기도 한다. 집단 의사 결정에 관한 연구들은 컴퓨터를 사용하여 커뮤니케이션하는 집단들은 대면으로 커뮤니케이션하는 집단들에 비교해 의견 일치를 이루는데 더 많은 시간이 걸린다는 것을 보인다. 또한, 그들은 덜 협조적이고, 더 거리낌이 없으며, 지배적인 사람으로 영향을 덜 받는다. 또 다른 연구는 ICT, 특히 이메일과 전자회의(e-meetings)는 다른 문화 간의 커뮤니케이션에 의한 긴장을 줄이는 것을 밝혔다. 컴퓨터를 사용하여 커뮤니케이션을 하는 집단들은 사회적 장애물들과 조직의 장애물들이 없어지는 것을 경험하는 것으로 보인다.

정보 과잉의 가능성은 개인들이 새로운 커뮤니케이션 기술들을 처음으로 접했을 때 특히 커진다. 구할 수 있는 정보의 양과 전달의 속도 모두 믿기 어려울 정도이다. 개인은 정보에 의해 쉽게 압도당할 수 있고, 따라서 선택적으로 정보에 접근할 수 있는 방법을 학습해야 한다.

현대 ICT가 일을 보다 쉽게 하고 종업원들의 생산성을 높일 수 있지만, 이는 또한 관리자들에게 예방책 강구를 요하기도 한다. 모바일 이메일, 인스턴트 메시징, 텍스팅의 결과로 오늘날 관리자들은 그 어느 때보다 동료들, 부하들, 그리고 그들의 상사에 대한 접근성이 높다. 연구자들은 종업원들이 비동기식(asynchronous) 커뮤니케이션에서도 동기식 커뮤니케이션(synchronous communication) 방법들을 사용할 때와 같은 반응 시간에 대한 요구사항이 있는 것처럼 지각할 때 느끼는 압력을 직장 무선압박감(workplace telepressure)이라고 칭했다. 대면 커뮤니케이션과 비교하면 보통 이메일을 보내는 것이 개인들에게 그에 대한 답을 하기 위한 유연성과 시간적 여유를 제공한다. ICT를 대면 커뮤니케이션과 같은 것으로 보는 것은 종업원들에게 ICT를 사용한 방법들을 우선시하도록 할 수 있고, 그들이 ICT로부터 분리되기 더욱 어렵게 한다.

New technologies encourage multitasking.

더욱이, 많은 신기술은 다상의 활동(polyphasic activity), 혹은 멀티태스킹(즉, 한 번에 한 가지 이상의 일을 하는 것)을 부추긴다. 관리자들은 전화통화를 하면서 인스턴트 메시지를 보내고, 또 동시에 메모를 한다. 다상의 활동은 더 많은 일을 처리할 수 있다는 장점이 있지만, 이는 어느 정도까지만 그렇다. 동시에 한 가지 이상의 일에 주의를 기울이는 것은 개인의 주의를 분산시키고 개인의 과업에 있어 효과성을 저하할 수 있다. 극단적으로는 다수의 업무에 집중하는 것이 일을 끝내고 처리하지 못하도록 심리적으로 더 힘겹게 만드는 나쁜 습관이 될 수 있다.

마지막으로 신기술은 사람들의 대면 커뮤니케이션에 대한 인내심을 저하할 수 있다. 전자 미디어의 속도는 모든 형태의 커뮤니케이션에서 빠른 속도에 대한 기대로 이어질 수 있다. 하지만, 사람들이 온라인으로 커뮤니케이션하는데 너무 많은 시간을 할애하게 되면 타인과의 사회적 상호작용을 하지 못하게 되고, 그들의 사회적 욕구가 충족되지 않을 수 있다. 컴퓨터를 통해 커뮤니케이션은 종종 한담(small talk)의 종료를 의미한다. 속도라는 명목으로 효율성을 위해 유용한 기능이 희생된다. 관리자들은 표 6.2에 제시한 제안들을 유념하여 신기술들을 보다 효율적이고 효과적으로 사용할 수 있어야 한다.

표 6.2 채널 에티켓			
페이스 북	**트위터**	**유튜브**	**링크드인(Linkedin)**
- 온라인이나 오프라인상 개인 적인 영역에 대해 세심한 태도 갖기 - 모든 게시물이 공개된다는 것을 기억할 것; 많은 사람이 알아야 할 것이 아닌 것은 쓰지 말 것 - 모든 업데이트는 자주 그리고 관계있는 내용에 대해 해야 하나, 너무 자주 하지는 말 것 - 해당 채널과 목표 청중에 맞는 언어를 사용할 것 - 감사를 보이고, 긍정적인 코멘트들을 받았음을 알릴 것 - 피드백에 대해 반응하고 그에 대한 후속조취를 취할 것	- 봉사활동이나 적극적인 참여를 위해 사용할 경우 도입부를 사용하여 시작할 것 - 표현하는 톤과 개성을 개발할 것 - 리트위트(re-tweet)의 요청을 최소한으로 유지할 것 - 트위트를 가능한 짧게 유지할 것(140글자보다 적게) - 완전한 자기 홍보는 피할 것. 트위터는 지식 공유와 대화를 위한 채널임.	- 쉽게 동요하지 말 것. 많은 코멘트들은 건설적이지 않기 때문에 그것들에 대해 진심으로 받아들이거나 논쟁하지 말 것; 방어적인 반응들은 그러한 부정적인 코멘트를 더 부추김 - 메시지를 전파하는 데 강력하고 좋은 방법이 될 수 있는 비디오 응답을 사용할 것 - 코멘트를 받아들이고, 브랜드에 대해 긍정적인 사람들에게 감사 표시할 것	- 그룹에 참여하고 관련 정보에 대한 정보를 제공할 것 - 질문에 대해 답변하고, 해당 페이지와 커뮤니티를 공유하는데 기여할 것 - 이미 알던 사람이거나 해당 회사가 좋은 서비스를 제공한 경우가 아니라면 추천서 요구를 피할 것 - 연락을 하고자 하는 사람에게 연락하는 사람이 누구이고 왜 연락하는지에 대한 설명을 제공할 것; 연락을 하고자 하는 사람이 프로필을 보았다고 가정하지 말 것

CHAPTER

7 작업 팀과 집단

Work Teams and Groups

학습 목표

7.1 집단과 작업 팀을 정의하라.

7.2 팀으로 일할 때 조직과 개인이 얻을 수 있는 이점을 설명하라.

7.3 집단 내 행동에 영향을 미치는 요인들을 파악하라.

7.4 집단의 형성과 발전 과정을 기술하라.

7.5 과업 수행 기능과 집단 관리 기능이 집단의 성과에 어떤 영향을 미치는지 설명하라.

7.6 집단 효과성에 영향을 미치는 요인에 대해 논의하라.

7.7 임파워먼트(empowerment)가 자율 경영 팀(self-managed team)과 어떻게 연관되는지 기술하라.

7.8 최고경영층(upper echelons)과 최고경영자 팀(top management teams)의 중요성을 설명하라.

7-1 집단과 작업 팀

두 명 이상의 사람들이 공동의 관심사와 목표를 가지고 지속적으로 상호작용할 때 **집단**(group)이 형성된다. **작업 팀**(work team)은 상호보완적인 업무기술을 가지고 공동의 목표를 달성하기 위해 전념하는 사람들의 집단이다. 작업 팀에 대한 초기 연구는 팀 내 개인에 대한 연구 또는 개인과 작업 팀 간의 비교 연구 위주였던 반면, 최근 몇 십 년 동안은 작업 팀 자체에 초점을 둔 연구가 주로 이루어졌다. 집단은 개인의 리더십, 각자의 책임감, 개별적인 업무 산출물을 강조하는 데 반해, 작업 팀은 공유된 리더십, 상호 간 공동의 책임, 공동의 노력으로 도출하는 업무 산출물을 강조한다. 작업 팀은 과업 중심적인 집단으로, 조직에 가치 있는 기여를 하며 팀원들의 욕구 충족을 위해서도 중요한 역할을 한다.

group Two or more people with common interests, objectives, and continuing interaction.

work team A group of people with complementary skills who are committed to a common mission, performance goals, and approach for which they hold themselves mutually accountable.

작업 팀에는 몇 가지 유형이 있는데, 어떤 유형은 야구팀처럼 팀원들이 정해진 역할과 책임을 담당하고, 어떤 유형은 축구팀과 같이 팀원들이 상호조화를 이루어 행동한다. 또 다른 유형은 복식 테니스 팀처럼 팀원들이 각자 맡은 주된 역할이 있으면서도 유연하게 역할분담을 한다. 작업 팀에 대한 또 다른 비유로 지상관리 승무원 팀이 있는데, 모든 팀원들이 하나의 목표

를 위해 시너지를 내며 일하는 방식을 의미한다. 모든 작업 팀은 지식 기반 과정(knowledge-based processes)과 상호작용에 주의를 기울임과 동시에 연구개발 환경과 같은 상황적 요인에 주목함으로써 즉흥적인 창의성을 효과적으로 발현할 수 있다.

모든 팀이나 집단이 대면하여 일하지는 않는다. 컴퓨터와 원거리통신 기술의 발전으로 조직은 가상 팀(virtual teams)을 활용하여 더욱 유연하게 운영된다. 가상 팀을 통해 조직은 전 세계에 흩어져 있는 전문가들과 핵심 인재들을 활용할 수 있게 되었다. 전통적인 팀이든 가상 팀이든, 집단과 팀은 조직행동과 성과에 중요한 역할을 담당하고 있다.

Work teams emphasize shared leadership, mutual accountability, and collective work products.

7-2 왜 작업 팀이 필요한가?

복잡하고 세분화되어 있으며 한 사람이 다루기에는 방대한 업무를 수행할 때 팀이 매우 유용하다. ITT의 의장이었던 Harold Geneen은 "나한테 충분히 많은 팔과 다리, 시간이 있었다면 나는 모든 것을 혼자서 했을 것"이라고 말하기도 했다. 조직 내 어느 누구도 혼자서 모든 것을 다 해낼 수는 없는데, 팔과 다리의 숫자가 적거나 시간적 제약 때문만이 아니라 전문지식, 정보 등의 자원도 개인이 가진 것만으로는 한계가 있기 때문

Integrated involvement in the workplace results in enjoyment of work and being valued for one's skills and abilities.

7-2a. 조직이 얻는 이익

팀이 조직에 최대로 기여하기 위해서는 팀의 결속을 위해 팀원들이 개인의 사익을 제쳐놓을 수 있어야 한다. 이 같은 공동의 행동을 **팀워크**(teamwork)라 부른다. 복잡하고 협력이 필요한 과업과 활동을 수행하기 위해서는 상당한 정도의 팀워크가 필요하다. 지식이나 재능, 역량이 여러 종업원에 분산되어 있고 과업을 완수하기 위해서 통합적인 노력이 필요할 경우, 팀워크가 유일한 해결책이 될 수 있다.

최근에는 팀 중심적인 업무 환경으로 변화되는 추세이고, 독립적인 행동이나 경쟁보다는 협력을 통한 임파워먼트(empowerment)가 강조되고 있다. 경험이 있는 팀원들이 함께 일할 때 의미 있는 혁신을 만들어 낼 수 있고, 팀에 대한 팀원 개개인의 기여 또한 가치 있게 된다. Larry Hirschhorn은 이 같은 구조를 "새로운 팀 환경(the new team environment)"라고 명명했고, 예전에 비해 현저히 많은 권한을 행사하고 있는 미국 산업계의 근로자들이 새로운 팀 환경의 근간이 된다 (새로운 환경이다. 개인의 한계는 팀워크와 협력을 통해 극복될 수 있다. Motorola, Inc.와 같은 세계적인 글로벌 회사들은 글로벌 시장에서 경쟁우위를 차지하기 위해 전 세계의 자회사들에 작업 팀을 점점 더 많이 배치하고 있다. Motorola 필리핀 지사의 "Be Cool"팀은 가족적인 분위기에서 일하며(미팅 시작 전에 기도를 하기도 한다), 개인과 팀 성과를 증진하는 데 전념한다.

teamwork Joint action by a team of people in which individual interests are subordinated to team unity.

표 7.1 새로운 팀 환경 vs. 예전 업무 환경

새로운 팀 환경(New Team Environment)	예전 업무 환경(Old Work Environment)
• 개인이 계획을 세운다. • 팀이 상당한 권한을 가지고 업무 프로세스를 계획한다.	• 개인은 명령을 따른다. • 팀은 관리자가 계획하는 업무 프로세스에 의존한다.
• 팀이 생성된 이유는 자신의 이익을 생각하기보다는 협력하는 방법을 배웠기 때문이다. • 팀원들은 변화를 꾀하기도 하고 함께 협력하기도 한다.	• 팀이 생성된 이유는 관리자가 정한 방향에 팀원들이 순응하고 따랐기 때문이다. • 팀원 어느 누구도 변화를 꾀하지 않는다.
• 팀원들은 자신의 생각과 감정을 활용하여 협력한다. • 직접적인 대화를 통해 서로 연결된다.	• 팀원들은 자신의 생각과 감정을 억누르며 협력한다. • 다른 사람들과 잘 지내고자 한다.

SOURCE: L. Hirschhorn, Managing in the New Team Environment: Skills, Tools, andMethods(San Jose: Authors Choice Press). © 2002. Reprinted with permission.

과 예전 환경에 대한 비교는 (표 7.1) 참조). 새로운 환경 내의 팀은 서로 다른 다양한 전문성과 지식을 가진 팀원들을 한 데 모아 복잡한 문제들을 해결한다. 이는 팀의 성과와 팀원들의 심리적 웰빙(psychological well-being)을 증진한다.

7-2b. 개인이 얻는 사회적 이익

팀이나 집단의 구성원 개개인도 팀워크를 경험함으로써 얻는 혜택이 있다. 크게 두 종류로 나눌 수 있는데, 하나는 **심리적 친밀감**(psychological intimacy)을 얻는 것이고 다른 하나는 **통합된 관여**(integrated involvement)를 통해 얻을 수 있는 혜택이다.

심리적 친밀감은 팀이나 집단의 다른 구성원과 감정적, 심리적으로 가까움을 느끼는 것으로, 심리적 친밀감을 느낄 때 정과 따뜻함, 무조건적인 존중, 표현의 기회, 안정감과 정서적 지지, 서로에 대한 보살핌을 경험하게 된다. 심리적 친밀감을 느끼지 못할 경우 정서적으로 고립되며 외로움을 느끼게 되는데, 이는 특히 최고경영진에게서 나타나는 현상으로 이들은 최고의 위치에서 느끼는 고독함을 토로하기도 한다. 비록 심리적 친밀감이 정서적 건강과 웰빙을 위해 중요하기는 하지만, 반드시 직장에서만 찾아야 하는 것은 아니다. 많은 경영진이 충만한 가정생활을 통해 친밀감에 대한 욕구를 충족하기도 한다.

통합된 관여는 과업이나 활동을 통해 경험하는 친밀감으로, 통합된 관여를 느낄 경우 일의 즐거움, 사회적 정체성(social identity)과 자신에 대한 인식(self-definition)을 경험하게 되고, 자신의 스킬과 능력을 인정받고 권력과 영향력을 행사할 수 있는 기회를 얻으며, 능력에 따라 존중받고 자신의 신념과 가치에 대해 지지를 얻을 수 있다. 통합된 관여를 느끼지 못하면 사회적 고립감(social isolation)을 경험할 수 있다. 심리적 친밀감이 감정이나 정서에 기반하고 있다면, 통합된 관여는 행동과 활동에 기반하고 있다. 통합된 관여는 사회 심리적 건강과 웰빙에 도움이 된다.

7-3 집단 내 행동

집단 내 행동은 오랜 기간 동안 사회 심리학 분야의 주된 관심 주제였고, 집단 내 행동의 많은 다양한 측면들이 연구되어 왔다. 그 중에서도 4가지(행동 규범, 집단 응집성, 사회적 태만, 개인성의 상실)를 살펴보고자 한다. 의사 결정과 관련된 집단 내 행동(예: 극단화(polarization), 집단사고(groupthink))은 8장에서 다루고 있다.

7-3a. 행동 규범

작업 집단이 구성원의 행동을 평가하는 데 사용하는 기준을 **행동 규범**(norms of behavior)이라 한다. 행동 규범은 문서화되거나 되지 않을 수도 있고, 구두로 표현되거나 표현되지 않을 수도 있으며, 드러나지 않을 수도 있고 명시적으로 드러날 수도 있다. 집단의 구성원 개개인이 규범을 이해한다면, 그 규범은 효과적으로 행동에 영향을 미칠 수 있다. 규범은 집단 구성원이 무엇을 어떻게 해야 하는 지(예: 구체적인 드레스 코드) 또는 하지 말아야 하는지(예: 임원진이 종업원에게 무례하게 대하지 말아야 함)에 대한 지침을 제공한다.

규범은 작업 집단의 모든 측면에 존재할 수 있다. 비공식적이거나 무의식적으로 서서히 발달할 수도 있으며, 특별한 위기에 대한 반응으로 발생할 수도 있는데, 예를 들어 경보 3단계의 심각한 화재 상황에 대응할 때 소방관이 자신의 팀을 보호하는 방식으로 훈련된 행동을 보이는 것을 들 수 있다. 작업 집단의 지위를 격상시키기 위해서는 역량 규범(competence norms)보다 도덕성 규범(morality norms)이 더 중요하다. 조직의 입장에서는 성과 규범(performance norms)이 가장 중요

psychological intimacy Emotional and psychological closeness to other team or group members.

integrated involvement Closeness achieved through tasks and activities.

norms of behavior The standards that a work group uses to evaluate the behavior of its members.

한 집단 규범이라 할 수 있다. 집단 구성원들이 각자 독립적으로 창의적 프로젝트를 수행할 때조차도 구성원들은 집단 규범에 순응하는 모습을 보인다. 팀 내 협력행동을 조장하는 집단 규범은 구성원들이 서로에게 이익이 되는 방식으로 일하도록 이끌고, 이는 결과적으로 팀 성과를 증진한다. 한편 부정적인 구두 표현은 팀 성과를 저해하고 집단 규범을 위배하게 된다. Johnson & Johnson 회사의 신조(credo)에서 볼 수 있듯이, 조직 문화와 회사의 윤리강령을 보면 작업 집단의 행동 규범을 파악할 수 있다. 자신의 감정을 파악하고 통제하는 것과 관련된 규범 또한 집단의 효과성에 필수적이다.

7-3b. 집단 응집성

집단 구성원들이 함께 뭉치도록 하는 접착제 같은 역할을 하는 것이 **집단 응집성**(group cohesion)이다. 집단 응집성은 구성원들의 직무 만족도를 높이고 조직의 생산성을 증진시킨다. 응집력이 강한 집단은 약한 집단에 비해 팀을 더욱 효과적으로 관리하는 것으로 나타나는데, 홍콩과 미국의 381개 은행 팀을 연구한 결과 직무 복잡성과 과업 자율성이 높아질수록 집단 응집성과 성과가 높아졌다. 최근 한 연구에 따르면, 조직과 집단의 가치가 부합될수록 집단은 더 강한 응집성과 더 높은 수준의 조직시민행동(OCB)을 보인 것으로 밝혀졌다. 응집성이 높은 집단은 성과 향상은 물론 구성원들 간의 친밀한 관계가 지속적으로 유지된다. 집단 응집성에 대한 더욱 상세한 내용은 효과적인 집단의 공통 특성에 대해 논의할 때 다루고자 한다.

group cohesion The interpersonal glue that makes members of a group stick together.

Social loafing The failure of a group member to contribute personal time, effort, thoughts, or other resources to the group.

loss of individuality A social process in which individualgroup members lose selfawareness and its accompanying sense of accountability, inhibition, and responsibility for individual behavior.

7-3c. 사회적 태만

한 집단 구성원이 다른 구성원들의 노력에 의존하고 자신의 시간, 노력, 아이디어 등의 자원을 집단에 투입하지 않을 때 **사회적 태만**(social loafing)이 발생한다. 사회적 태만은 집단의 노력과 성과 달성에 방해가 된다. 일부 학자들은 사회적 태만(다른 말로 무임승차(free riding))은 불공정함을 느끼거나 개인의 노력이 드러나지 않는 상황에서는 합리적인 반응일 수 있다고 주장한다. 팀 구성원의 성격 특성에 따라 사회적 태만이 팀 성과에 미치는 부정적인 효과가 완화될 수 있다. 팀 구성원 중 매우 성실하고(conscientiousness) 상냥한(agreeableness) 성격을 지닌 사람이 무임 승차자로 인한 손실을 보충하는 경향이 있어서, 팀 성과는 저해되지 않게 된다. 그러나 사회적 태만은 팀 구성원 개개인이 가지고 있는 잠재적으로 가치 있는 자원을 활용하지 못하는 것이므로 결과적으로 손실이 발생하게 된다.

사회적 태만을 방지하는 한 방법으로 집단 구성원들의 자기 평가 시스템(self-evaluation system)이 있다. 구성원들이 자신이 집단에 기여한 바를 공식적으로 리뷰해야 하기 때문에 무임승차의 가능성이 줄어들 수 있다. 집단 산출물에 개인이 기여한 내용을 확인 가능하도록 하는 것 역시 사회적 태만을 줄일 수 있다. 만일 집단 구성원 각각이 구체적인 역할을 맡고 있다면, 한 개인이 역할을 충실히 이행하지 않을 때 나머지 구성원들 모두가 이를 인지하게 될 것이다.

7-3d. 개인성의 상실

사회적 태만이 집단의 성과 달성을 저해하지만, **개인성의 상실**(loss of individuality)이야말로 부정적인 파급효과가 크다. 개인성의 상실이라는 사회적 과정을 통해, 집단 구성원은 자의식(self-awareness)과 그에 수반되는 의무감과 개인행동에 대한 책임감과 자제력을 잃어버리게 된다. 개인성을 상실하면 사람들은 집단이나 조직에 헌신적인 구성원으로서 도덕적으로 비난받을만하거나 심지어 폭력적인 행동을 보인다. 1992년 4월 Rodney

King 재판에 대한 판결 뒤에 일어난 Los Angeles 폭동의 원인 중의 하나도 개인성의 상실이었다. 그러나 개인성의 상실이 항상 부정적이거나 파괴적이기만 한 것은 아니다. 개인의 자아 통제 메커니즘이 느슨해짐에 따라 친사회적 행동이 증가하기도 하고 위험한 상황에서는 영웅적인 행동이 일어나기도 한다.

7-4 집단 형성과 발달

집단 발달 모델에 의하면, 집단은 세 가지 이슈를 다루게 된다: 대인관계 이슈(interpersonal issues), 과업 이슈(task issues), 권한 이슈(authority issues). 대인관계 이슈는 신뢰, 위안, 안정감에 관련된 내용으로, 특히 신뢰는 업무 관계에 있어 핵심 이슈가 된다. 과업 이슈는 집단의 미션이나 목적, 과업 수행 방법, 집단에게 기대되는 산출물과 관련된다. 권한 이슈는 책임자가 누구이고 권한과 영향력이 어떻게 행사되며, 누가 누구에게 명령을 내릴 권리를 가지고 있는지에 관한 것이다. 본 절에서는 집단 형성, 집단 발달 단계, 그리고 성숙한 집단의 특징에 대해 알아보도록 한다.

7-4a. 집단 형성

공식 집단(formal group)과 비공식 집단(informal group)은 조직 내에서 조화를 이루며 존재한다. 공식 집단은 정식 집단(official group) 또는 지정된 집단(assigned group)으로, 비공식 집단은 공인되지 않은 집단(unofficial group) 또는 자생적 집단(emergent group)으로 불리기도 한다. 프로젝트 태스크 포스(project task forces), 이사회(board of directors), 임시 위원회(temporary committees) 등의 공식 집단은 특정한 과업을 수행하기 위해 모인 집단이다. 공식 집단의 한 예로 University of Texas at Arlington에서 결성한 태스크 포스가 있는데, Goolsby Leadership Academy를 설계하는 과업을 수행하는 목적이었다. 태스크 포스는 경영대학 부학장이 의장을 맡고 다양한 학문 분야의 전문가들과 기업경영 경험을 지닌 7명으로 구성되었다. 태스크 포스는 5개년 계획을 세워 Goolsby Fellows and Associates 프로그램에서 고급 리더십 스킬을 함양하는 학부 프로그램을 개설하기로 했다.

비공식 집단은 직장에서 공식 집단이 충족시키지 못하는 다양한 구성원들의 니즈를 충족시키는 역할을 한다. 예를 들어, 조직 구성원들은 비공식적인 운동 동호회 등 취미를 공유하는 집단을 통해 소속감과 지지에 대한 욕구를 충족할 수 있다. 한 부서, 부문, 회사를 대표하는 운동 팀은 준공식적인 지위(semiofficial status)를 획득하게 되는데, AT&T National Running Team은 경기 셔츠에 회사 로고를 넣기도 한다.

다양성은 집단을 형성할 때 중요한 고려 사항이 되는데, 성과를 증진시키고 새로운 사고방식을 유도할 수 있기 때문이다. 팀원들은 학력이나 근속년수와 같이 과업 관련 다양성을 지닌 구성원의 의견을 더욱 따르고, 그들의 전문성과 과업에 대한 기여를 기대한다. 미국인 근로자들의 성별 다양성에 관한 한 연구에 의하면, 성별 균형이 이루어진 집단 내의 남성과 여성이 그렇지 않은 집단에 비해 높은 직무 만족도를 보였다. 조직은 문화적, 언어적, 인종적, 성별 면에서 다양한 사람들이 함께 효과적인 작업 집단을 이루도록 관리해야 한다. 이에 더하여 대인간 다양성도 고려해야

사실 확인

1천 20만 개의 사내 메시지가 틀릴 수는 없다 (10.2 Million Internal Messages Cannot Be Wrong)

신입 팀원이 팀에 잘 적응할지를 예측하기는 매우 어렵다. California의 한 연구팀은 중간 규모 테크놀로지 기업을 대상으로 신입사원들이 적응할지 또는 퇴사할지를 예측하는 새로운 접근법을 사용하였다. 연구팀은 2009년부터 2014년 사이에 601명의 종업원이 주고 받은 사내 메시지 1천 20만 개를 검토했다. 잘 동화된 신입직원은 기존 직원들이 사용하는 언어와 유사한 언어를 사용하는 것을 볼 수 있었다. 욕, 긍정적인 감정의 표현, 구체적인 이미지 활용 등 64개 언어 스타일 카테고리가 나타났는데, 해고된 신입직원은 초창기부터 동료들에게 언어적으로 적응하는 데 실패한 것으로 밝혀졌다. 이직한 직원은 재직 기간 중간시점부터 언어적 적합도가 감소하는 느낌을 받았다고 한다. 팀의 일원이 되기 위해서는 다른 팀원들과 유사한 언어를 구사할 필요가 있음을 알 수 있다.

SOURCES J. S. Lublin, "The Telltale Sign a New Hire Isn't Fitting In," Wall Street Journal, 10 Jan. 2017.

하는데, 이는 소속감의 욕구, 타인과 사건을 통제하려는 욕구, 타인들에게서 지지를 얻고 싶은 욕구 등 다양한 욕구를 포함한다. 일반적으로 집단 구성원들이 높은 감성지능을 지닐 때 대인관계가 더욱 밀접해지는 경향이 있다.

7-4b. 집단 발달 단계

모든 집단은 정도 차이는 있지만 발달 단계를 거치게 된다. 성숙한 집단은 대인관계, 과업, 권한 이슈를 성공적으로 해결해 나가는데, 성숙한 집단으로 가는 경로가 항상 순탄하지만은 않다. 성숙단계에 이르지 못한 집단은 발달 단계를 거치는 과정에 성격차이로 인한 충돌이나 집단 내 균열(fault lines) 문제를 겪기도 한다.

Bruce Tuckman의 집단 발달 5단계 모델에 의하면 팀 내 행동 발달은 다음의 5단계를 거친다: 형성기(forming), 격동기(storming), 정착기(norming), 성과달성기(performing), 조정 · 해체기(adjourning). 각 단계와 관련 특성을 (그림 7.1)에 제시하였다.

형성기(forming) 단계의 특징은 지침 제공과 방향 설정에 의존하는 것으로, 팀원 각자의 역할과 책임이 불명확하기 때문에 팀의 목적, 목표, 외부와의 관계 등에 대한 지침을 리더에게 상당부분 의존한다. 이 단계에서 다음 단계로 넘어가려면 팀원들이 팀에 소속감을 느껴야 한다. 형성기 단계에서는 과업 성과에 초점을 두기 전에 팀원들이 서로를 알아갈 수 있도록 리더가 장려하는 것도 효과적이다.

격동기(storming) 단계에서는 팀원들이 자신의 위치 선정을 위해 서로 경쟁하게 된다. 격동기라는 명칭에서 짐작할 수 있듯이 상당한 갈등이 일어나는 시기인데, 집단 내 권력 다툼, 파벌, 분파 등이 표면화되기 시작한다. 집단의 목적이 더욱 분명해지지만 불확실성도 여전히 남아있다. 팀원들은 서로 신뢰할 만하고 정서적으로 지지를 얻을 수 있을지 가늠하고 서로의 가치를 평가하며 수용한다. 이 단계에서는 팀원들이 리더에게 도전할 수도 있기 때문에 리더의 코칭 스타일이 핵심인데, 리더가 자신의 감정을 통제할 수 있는 역량을 지니는 것이 중요하다.

정착기(norming) 단계의 팀원들의 특징은 동의와 합

그림 7.1 Tuckman의 집단 발달 5단계 모델

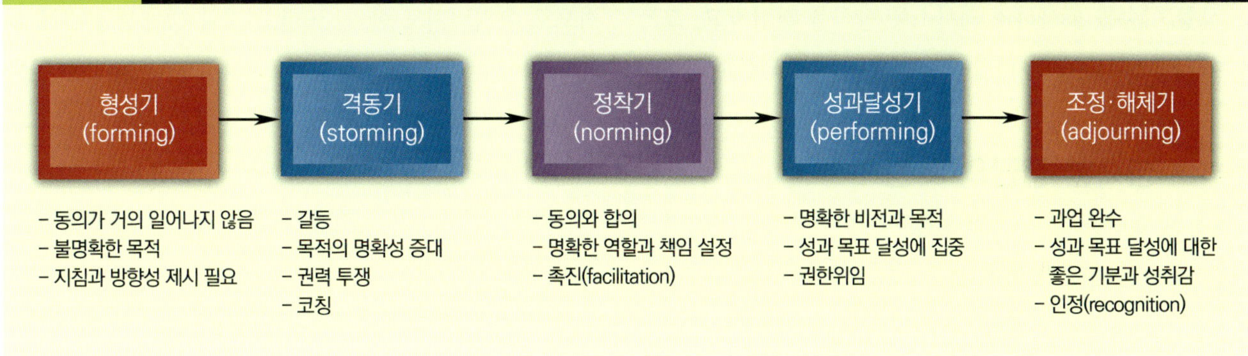

의이다. 역할과 책임이 명확해 지고 수용되며, 집단의 초점이 대인관계에서 벗어나 의사결정과 과업 달성으로 옮겨간다. 중요도가 낮은 의사결정은 개인이나 소집단에게 위임되고, 더 중요한 의사결정은 집단 전체가 논의하고 결정한다. 집단 내 권한에 관련된 문제가 제기될 수 있는데, 예를 들어 대변인의 필요성이라든지 집단 내 역할 위임에 관한 이슈 등이다. 파이프, 밸브, 부품 등의 생산재 유통업 회사인 Wallace Supply Company의 경우, 팀원들이 권한에 대해 의문을 제기하고 이를 해결해 나가는 방식이 상당한 효과가 있다고 여긴다. 이 회사의 팀들이 내린 결론은 리더십이 촉진 역할을 해야 하고 일부 책임은 팀에게 위임되어도 좋다는 것이다.

팀이 성과 달성기(performing) 단계로 발전함에 따라, 팀의 미션과 목적에 대해 더욱 전략적으로 이해하게 된다. 이 단계에 다다를 때까지 집단은 대인관계, 과업, 권한 이슈에 성공적으로 대처해 왔고, 이제 리더의 개입이 거의 없이 자립할 수 있는 상태가 된 것이다. 집단 구조와 업무 프로세스에 변화가 필요할 경우 변화를 줌으로써 의견충돌을 긍정적으로 해결한다. 성숙한 집단은 구성원들을 통제할 수 있어야 하는데, 이는 구성원의 구체적인 행동에 대한 평가를 근거로 긍정적이거나 부정적인 제재를 현명하게 활용함으로써 가능해진다. 최근 연구 결과에 따르면, 상대방에 대한 호감으로 인해 평가에 편견이 발생하는 일은 대면 집단 내에서는 가능하지만, 가상 팀(virtual team)처럼 화상이나 전자기기상으로 만나는 집단 내에서는 일어나지 않는다. 이 단계의 팀원들은 일일이 지시를 받을 필요가 없고, 개인의 발전이나 대인관계 역량 향상을 위해 리더의 도움을 구하기도 한다.

집단 발달의 마지막 단계는 조정 · 해체기(adjourning)이다. 과업을 완수하고 나면 모든 팀원들은 새로운 다른 과업으로 이동할 수 있다. 팀원들은 팀의 목적을 달성한 데 대한 좋은 기분과 성취감을 간직하게 된다. 이 시점에서 리더의 주된 역할은 집단의 성취를 인정하는 일이다. 하지만 집단이 태스크 포스나 비공식 팀이 아닌 이상, 조직 내 대부분의 집단은 성과 달성기에 머무르게 되고 조정 · 해체기처럼 해산하지는 않는다.

7-4c. 단절적 균형 모델

앞서 설명한 Tuckman의 집단 발달 단계 모델이 여전히 팀 및 집단 연구에 많이 활용되고 있지만, 조직의 관점에서 보았을 때는 비현실적일 수도 있다. 많은 팀들이 대인관계 갈등을 다양한 시점과 다양한 상황에서 겪는다는 연구결과도 있다. Connie Gersick은 집단이 빈드시 미리 정해진 순서대로 발전하지 않고, 가시적인 진전이 거의 없는 타성 및 관성(inertia)의 시기를 번갈아 가며 겪는다고 주장했다. 이 때 팀 성과의 가시적인 진전은 폭발적인 에너지를 가지고 중간에 갑자기 발생하며, 이 같은 폭발적인 전환기에 과업의 대부분이 달성된다는 것이다. 예를 들어, 9개월의 기간 동안 과업을 완수해야 하는 태스크 포스는 첫 4개월 동안 규범을 확립하고 상황 이슈를 조사하며 의사소통 방식을 결정하고, 그 후 마지막 5개월 동안 과업을 수행하는 데 전념한다.

7-4d. 성숙한 집단의 특징

성숙한 집단은 네 가지 특성을 지닌다: 명확한 목적과 미션, 확립된 규범과 행동 기준, 높은 수준의 집단 응집성, 유연한 지위 구조.

목적과 미션 집단의 목적과 미션(purpose and mission) 은 주어질 수도 있고(Goolsby Leadership Academy 태스크 포스의 예 참고), 집단 내에서 자연히 생성될 수도 있다(AT&T National Running Team의 예 참고). 미션이 주어진 경우에, 집단은 미션을 기술된 대로 받아들이거나 재검토, 수정하기도 하고 주어진 미션에 의문을 제기하기도 한다. 미션의 중요성은 IBM의 Process Quality Management 사례를 통해 볼 수 있는데, 12명 이하의 인원으로 구성된 프로세스 팀의 첫 과제는 팀의 미션을 명확하게 이해하는 것이었다. IBM의 접근법은 모든 팀원이 동일한 지향점을 추구하는데 동의하도록 이끈다. 사명 선언문(mission statement)으로부터 구체적인 의제(agenda), 명확한 목표, 핵심 성공 요인을 도출할 수 있다. 목적과 미션으로부터 구체적인 목표를 도출함으로써 생산성과 성과를 더욱 효과적으로 증진할 수 있다.

행동 규범 행동 규범(behavioral norms) 은 시간이 지남에 따라 서서히 발전한다. 이는 집단 내에 확립되고 공유된 행동 기준으로, 팀원들이 서로의 행동을 평가하는 기준이 된다. 예를 들어, 팀 내 이타주의 규범은 한 명 또는 그 이상의 팀원들이 이타적인 행동을 보인 결과 규범으로 정립될 수 있는데, 팀원이 이타적인 행동을 하게 되는 데는 친사회적(prosocial) 동기나 인상관리(impression management) 동기가 작용할 수 있다. 출근 정책이나 윤리 강령 등의 규범은 문서화되기도 하지만, 복장 코드나 퇴근 후 친교활동 등의 규범은 비공식적으로 유지되기도 한다. 또한 성과와 생산성 관련된 행동 규범이 생겨나기도 하는데, 생산성 관련 규범은 전문 스포츠 경기나 회사 스포츠 경기 리그전 등에서 스포츠 팀의 성과에 영향을 미칠 수 있다.

집단의 성과 규범은 조직의 성과 기준과 일관될 수도 있고 그렇지 않을 수도 있다. 고성과 팀은 조직의 기대수준 이상의 생산성 기준을 설정하고, 평균적인 성과를 내는 팀은 조직의 기대수준에 부합하는 생산성 기준을 설정하며, 규정을 준수하지 않거나 반생산적인 팀은 때때로 조직에 해를 입히거나 변화를 유도하고자 하는 의도를 가지고 생산성 기준을 조직의 기대수준 이하로 정하기도 한다. 그러나 대부분의 행동 규범은 조직의 문화에 이득이 되는 방식으로 영향을 미치는 것이 일반적이다.

집단 응집성 집단 응집성(group cohesion)은 집단 구성원들이 행동 규범과 기준에 따르도록 하고 효과적으로 구성원들을 통제할 수 있도록 만든다. 성숙한 팀은 팀원 개개인의 내면 행동(deep acting) 전략을 공유하여 감정 표현 방식이 팀원들 간에 비슷하게 나타나도록 한다. 집단 응집성에 위협이 되는 요인으로는 목표 충돌, 불쾌한 경험, 집단 내 일부의 지배력 행사 등이 있다. 응집력이 약한 집단은 구성원들을 통제하거나 행동 기준을 따르도록 요구하는 데 어려움을 겪고, 결국 위협 요인에 더욱 취약하게 된다. (그림 7.2)에 나타나듯이, 업무 관련 긴장 상태(tension)나 불안, 초조감은 응집력이 약한 팀에서 높게 나타나고 응집력이 강한 팀에서는 낮게 나타난다. 응집성이 팀원들을 진정시키는 효과가 있음을 알 수 있다.

또한, 응집력이 강한 팀은 실제 업무 생산성의 변동폭이 적고 훨씬 예측 가능한 것으로 밝혀졌다. 실제 생산성 수준은 주로 각 작업 집단 내에 존재하는 생산성 규범에 의해 결정되는 것으로 나타난다. 따라서 강한 응집력을 지니고 높은 생산성 기준을 가진 집단은 매우 생

핫 트렌드

경쟁에서 협력으로 규범의 전환(Shifting Norms from Competition to Collaboration)

스타(star)의 지위를 누리는 고성과자가 주도하는 업무 환경은 경쟁적인 규범이 자리잡고 있는 경우가 많은데, Dana-Farber Cancer Institute의 사례가 그렇다. 행동 규범을 전환하는 일은 어렵고 도전적이다. 협력적인 팀워크 중심의 규범으로 전환하는 것은 전문가와 전공자의 입장에서는 순리에 어긋나는 것으로 느껴질 수 있다. 그러나 팀워크를 위해서는 협력과 협동이 반드시 필요하다. Dana-Farber는 사태의 긴박감과 절박함을 강조하고, 스타 연구자들을 기관 전체를 아우르는 전략계획 프로세스에 참여시킴으로써 규범 변화에 동참하도록 하였다. 이는 공동의 목적과 미션을 정립하도록 만들었고 협동의 규범을 견고하게 했다. 스타 고성과 연구자들에게 협력의 긍정적인 결과를 계량적인 증거로 보여줌으로써 협력에 동참하도록 만들었고, 시스템과 구조를 협력 규범에 적합하게 수정하여 스타 연구자들의 행동을 변화시켰다. 또한 스타 연구자들에게 협력에 필요한 스킬을 교육시켜 새로운 협력 규범이 자리잡도록 했다. 규범을 전환하는 것은 도전적이기는 하지만 실행 가능하다.

SOURCE: H. K. Gardner, "Getting Your Stars to Collaborate," Harvard Business Review, January–February 2017, pp. 100–108.

산성이 높은 반면, 강한 응집력을 지니고 낮은 생산성 기준을 가진 집단은 높은 응집성에도 불구하고 생산성이 낮다. 그렇지만 생산성의 높고 낮음에 무관하게, 집단 구성원의 만족, 몰입, 의사소통은 응집력이 강한 집단에서 높게 나타난다.

집단 응집성에 영향을 미치는 요인은 다양한데, 가장 대표적으로는 함께 한 시간, 규모, 팀의 명망, 외부의 압력, 내부 경쟁 등이 있다. 일반적으로 응집성은 집단의 발달과정에 걸쳐 점진적으로 발전한다. 즉, 더 많은 시간을 집단이 함께 보낼수록 응집성은 더 높아진다. 또한 소규모의 집단(예: 5–7명의 구성원)이 25명 이상의 대규모 집단에 비해 응집성이 높은 경향이 있는데, 40명을 넘어서면 구성원이 더 많아진다고 해서 응집성이 반드시 약해

Prestigious groups such as the U.S. Navy Blue Angels are highly cohesive.

그림 7.2 **응집성과 업무 관련 긴장***

집단 응집성	1 (Low)	2	3	4	5	6	7 (High)
긴장 평균값	3.50	3.53	3.67	3.78	3.82	3.77	3.95
집단 수	7	16	52	65	57	19	12

주. 피어슨 상관계수(product-moment correlation)는 0.28이며, 임계비(critical ratio)는 4.20임. 집단 응집성과 긴장 간의 관계는 0.001 수준에서 유의함.

*직장내 긴장에 대한 측정은 "당신의 일은 당신을 초조하거나 긴장하게 만들었나요?"라는 질문에 대한 응답의 집단 평균값에 기초함, 낮은 숫자는 상대적으로 높은 수준의 긴장을 의미함

SOURCE: S. E. Seashore, Group Cohesiveness in the Industrial Work Group, 1954. Research conducted by Stanley E. Seashore at the Institute for Social Research, University of Michigan. Reprinted by permission.

지지는 않는다.

팀의 명망 또는 사회적 지위 또한 집단 응집성을 강화시킨다. U.S. Air Force Thunderbirds나 U.S. Navy Blue Angels 같은 명성 있는 집단은 매우 응집성이 강하다. 그러나 사회적 지위가 매우 낮은 집단도 앞서 언급한 응집성을 강화시키는 요인들(예: 긴 시간을 함께 했다거나 소규모 집단 등)로 인해 상당히 응집력이 강할 수 있다. 마지막으로 외부로부터의 압력과 내부 경쟁도 집단 응집성에 영향을 미치는 요인이다. Eastern Airlines의 정비공 노조, 조종사, 그 외 내부 이해관계자들은 각자 다양한 의견을 지니고 있었지만, Frank Lorenzo가 회사를 변화시키기 위해 영입되자 이들은 모두 응집력을 가지고 협력하여 저항하였다. 외부로부터의 압력은 내부의 응집력을 강화시키지만, 집단 내부의 경쟁은 응집력을 일반적으로 약화시킨다. 한 연구에 의하면, 회사가 주도적으로 팀에게 압박을 가하여 팀 내 경쟁을 증폭시키고 협력적인 대인간 활동을 감소시킴으로써 집단 응집성이 와해되기도 한다.

지위 구조 **지위 구조**(status structure)는 집단 구성원들 간의 권한과 과업 관계를 의미하는데, 집단에 따라 위계적일 수도 있고 평등할 수도 있다. 팀 내 권한 이슈를 성공적으로 해결하고 나면 잘 확립된 리더-부하 관계(leader-follower relationships)의 지위 구조가 도출된다. 리더십 관련 문제가 발생하면 해결책을 모색하고 팀 리더의 효과성을 구축하는 것이 중요하다. 집단은 대체로 한 명의 리더를 두지만 팀은 리더십을 공유하는 경향이 있다. 예를 들어, 팀원 A는 팀의 업무 감독으로서 과제를 설정하고 업무 활동의 상당부분에 착수하며 팀이 기한 내 업무를 완수하도록 관리하는 역할을 담당한다. 반면 팀원 B는 리더십 역할을 맡아 팀 내 대인관계를 효과적으로 관리한다. 이처럼 팀 내에서는 공유된 리더십을 실천할 수 있다. 효과적인 지위 구조는 집단 구성원들 간에 역할이 서로 밀접하게 관련되도록 한다. Wm. Wrigley Jr. Company의 Bill Perez와 Bill Wrigley는 2인조 팀의 파트너로서 협력하는 리더십을 발휘하여 상호 밀접하게 관련된 역할을 담당하였으며 회사를 성공적으로 잘 운영하였다.

7-5 과업 및 관리 기능

효과적인 집단이나 팀은 업무를 성공적으로 완수하기 위해 다양한 과업 기능을 수행하고, 구성원 만족과 팀 공동체 정신(team spirit)을 확립하기 위해 다양한 관리 기능 또한 수행한다. 이러한 기능을 성공적으로 이행하는 팀은 구성원들로 하여금 심리적 친밀감과 통합된 관여 등의 사회적 혜택(본 장의 초반에 설명된 내용)을 누릴 수 있도록 한다. (표 7.2)는 팀 또는 집단의 9가지 과업 기능과 9가지 관리 기능을 제시한다.

과업 기능(task functions)은 팀의 업무를 효과적으로 완수하는 데 직접적으로 관련된 활동들을 의미한다. 예를 들어, 착수활동 관련 과업은 아이디어 제안, 문제 정의, 문제에 대한 접근법 또는 해결책 제시 등을 포함한다. 정보 추구활동 관련 과업은 아이디어, 제안사항, 정보 또는 사실 등을 구하는 것이다. 증권 분석가에 관한 연구에 따르면, 동료들의 양질의 업무가 팀원 개인의 업무 질을 향상시키거나 유지하는 데 도움이 되었다고 한다. 효과적인 팀의 팀원들은 필요에 따라 다양한 과업 기능을 수행한다.

집단의 수명 주기(life cycle) 단계별로 중요한 과업 기능이 달라진다. 예를 들어, 신기술에 대한 기술 테스트 시기에는 기술팀은 실제 응용 가능성을 시험하는 일을 중점적으로 담당하는 팀원도 필요하고, 문제점을 진단하고 해결책을 제안하는 일을 주로 담당하는 팀원도 필요하다. 과업 기능을 효과적으로 활용함으로써 집단의 성공을 이끌어낼 수 있다. 하나의 사례로, 한 4년차 레지던트가 응급실 팀원들 간의 활동을 성공적으로 상호 조화 시킴으로써 칼에 찔린 환자의 생명을 구할 수 있었

status structure The set of authority and task relations among a group's members.

task function An activity directly related to the effective completion of a team's work.

표 7.2 팀 또는 집단의 과업 및 관리 기능

과업 기능(Task Functions)	관리 기능(Maintenance Functions)
착수 활동	타 구성원 지원/지지
정보 추구	타 구성원의 리드를 따름
정보 제공	커뮤니케이션에 대한 모니터링
개념 정교화	행동 기준 설정
조정/조율 활동	구성원의 감정 표현
아이디어 요약	집단 의사결정을 테스트 함
아이디어 시험	합의를 테스트 함
효과성 평가	갈등 해소, 화합 달성
문제점 진단	긴장감 감소

Humor and joking behavior have been found to enhance social relationships in work groups.

다. 환자는 심장 아래 4분의 1인치 지점을 칼에 찔린 상태였고, 응급 팀은 신속하게 지혈, 정맥 주사액 투여, 환자의 생체 신호 확인 등을 진행했다. 최근 연구에 의하면 팀원 간의 친숙함은 팀 내 조율 시 발생하는 오류(team coordination errors: TCE)를 줄임으로써 어느 정도 수준까지 팀의 성과를 증진한다. 그러나 서로 간에 친숙함이 지나치면 TCE가 증가할 수 있는데, 습관적으로 판에 박힌 대로 일하거나 명시적인 조율 방식(explicit coordination methods) 대신 암시적인 조율 방식(implicit coordination methods)에 의존하기 때문이다. 팀원 간 친숙함과 TCE 발생 정도 간의 관계는 리더의 경험에 따라 달라질 수 있다.

관리 기능(maintenance functions)은 집단이나 팀 내 효과적이고 만족스러운 대인관계를 위해 필수적인 활동을 나타낸다. 리더가 이끄는 것을 따르는 것은 리더가 되는 것만큼 중요하다. 집단 내 커뮤니케이션을 모니터링 하는 사람은 모든 구성원이 골고루 기여할 수 있도록 관리한다. 과업 활동은 팀이나 집단 내에 긴장감을 불러오기 때문에, 부정적이거나 파괴적인 감정을 없애기 위해 긴장 감소 활동(tension-reduction activities)이 중요하게 된다. 5년 이상에 걸쳐 25개 작업 집단을 연구한 결과, 유머와 농담이 집단 내 사회적 관계를 돈독하게 함이 밝혀졌다. 25개 집단의 성과 향상은 유머와 농담으로 구성원들 간의 관계가 증진됨으로써 달성된 것이다. 관리 기능은 유대감, 일체감, 협력, 팀워크를 강화하여 구성원들 간에 심리적 친밀감을 느끼도록 돕고, 결과적으로 팀의 성공을 이끈다. 공감 능력(empathy)이나 자제력(self-control) 등 정서적 역량은 구성원 간 긍정적인 관계를 유지하는 데 도움이 된다. Jody Grant가 Texas Capital Bancshares의 의장이자 CEO로서 보여준 편안하면서도 적극적으로 지원하는 태도로 인해, Texas 금융 붕괴 이후 활기차고 생기 넘치는 은행을 설립하는 것이 가능했다. Grant는 그의 전문성뿐만 아니라 대인 관계 능력으로 존경받았다. 과업과 관리 기능 모두 성공적인 집단 또는 팀이 되기 위해 중요하다.

maintenance function An activity essential to effective, satisfying interpersonal relationships within a team or group.

7-6 집단 효과성에 영향을 미치는 요인

새로운 팀 환경 하에서 효과적인 업무 팀이 되기 위해서는 업무 팀 구조와 프로세스에 대한 경영진의 관심이 요구된다. 팀이 어떻게 구조화되어 있고 팀이 무엇을 하는지에 추가하여 다양성과 창의성이 새롭게 대두되는 영역으로 제시되며, 팀 성과에 중요한 영향을 미치는 것으로 나타난다.

7-6a. 작업 팀 구조

작업 팀 구조와 관련된 이슈로는 목표와 목적, 운영

지침, 성과 측정 방법, 역할 구체화(role specification) 등이 있다. 작업 팀의 목표와 목적은 무엇을 달성해야 하는지를 구체화하고, 운영 지침은 팀이 따라야 할 조직 내 경계와 의사결정의 한계를 설정한다. 5장에서 논의한 목표 설정 과정(goal-setting process)은 작업 팀에도 적용된다. 이러한 구조적 요소 이외에도, 작업 팀의 과업 성과를 측정하는 데 어떤 성과 측정 방법이 사용되는지 작업 팀이 알아야 한다. 예를 들어, 병원 응급 팀의 성과 측정 방법은 중상 환자를 성공적으로 살려낸 비율 또는 입원실로 옮겨질 때까지 환자가 응급실에서 보낸 평균 시간 등이 가능하다.

마지막으로 작업 팀 구조에 필요한 것은 명확하게 구체화된 역할로, 작업 팀의 업무를 감독하는 경영진이나 관리자, 팀원들에게 영향력을 행사하는 작업 팀 리더, 그리고 팀원들 별로 역할이 정의되어야 한다. 역할 명세서에는 의사결정이나 과업 성과 등 요구되는 역할 행동에 대한 정보, 그리고 작업 팀 활동과 의사결정에 관리자가 개입하는 것을 제한하는 등 역할 행동에 대한 제약 및 제한 내용이 포함되어야 한다. 작업 팀 내 신입팀원이 성공적으로 역할을 수행하는 데에는 기대와 경험이 특히 중요하다.

7-6b. 작업 팀 프로세스

작업 팀 프로세스는 팀 효과성에 있어 두 번째로 중요한 측면이다. 작업 팀의 프로세스 관련된 두 가지 중요한 이슈는 협력 행동에 대한 관리와 경쟁 행동에 대한 관리이다. 두 종류의 행동 모두 과업 달성에 도움이 되고, 두 종류의 행동은 상호 보완적인 것으로 이해되어야 한다. 협력적 팀워크 기술(cooperative teamwork skills)에는 개방적인 커뮤니케이션, 신뢰, 개인의 진실성, 긍정적 상호의존성, 상호지지 및 지원 등이 있다. 반면 긍정적인 경쟁적 팀워크 기술(positive competitive teamwork skills)로는 경쟁을 즐기고 공정하게 경쟁하며 바람직한 승자와 패자가 될 수 있는 역량, 경쟁 중인 팀과 팀원들이 차지하는 위치에 대한 정보를 획득하고 모니터링 할 수 있는 역량, 경쟁의 결과를 지나치게 일반화하거나 과대포장하지 않을 수 있는 역량 등을 들 수 있다. 75개의 4인 팀의 보상 구조에 대한 연구에서, 경쟁적인 보상은 업무의 속도를 증가시킨 반면 협력적 보상은 업무의 정확성을 증가시킨다는 것을 밝히기도 했다.

작업 팀 프로세스 이슈는 글로벌해진 일터에서 더욱 복잡한 양상을 띠는데, 다양한 문화와 배경을 지닌 구성원들로 팀이 이뤄지기 때문이다. 이 같은 복잡성은 글로벌 환경 내의 가상 작업 팀(virtual work team) 상황에서 더욱 증대된다. 협력, 경쟁, 다양성과 같은 프로세스 이슈 이외에도 다른 중요한 이슈들이 있는데, 뒤이어 소개될 임파워먼트, 8장에서 논의될 팀 의사결정, 그리고 11장에서 논의될 갈등 관리와 해결을 들 수 있다.

7-6c. 다양성

작업 집단과 팀의 효과성에 다양성(diversity) 또한 중요한 역할을 담당한다. 집단 내 다양성이 확보되면, 구성원들은 4가지 기본 유형으로 공동의 노력에 참여한다: 기여자(contributor), 협력자(collaborator), 의사소통자(communicator), 도전자(challenger). 기여자(contributor)는 데이터를 중심으로 필요한 정보를 제공하고 높은 성과 기준을 고수한다. 협력자(collaborator)는 큰 그림을 보고 팀의 미션에 지속적으로 집중하며, 미션 달성을 위한 공동의 노력에 팀원들이 참여하도록 독려한다. 의사소통자(communicator)는 경청하고 집단 프로세스를 촉진하며 공동의 노력에 인간적인 향기를 불어넣는다. 도전자(challenger)는 악마의 수호자(devil's advocate)로서 집단의 미션, 목적, 일하는 방식, 윤리 등 모든 것에 의문을 제기하는 역할을 담당한다. 일정 기간 동안 팀원들은 이와 같은 4가지 기본 유형 중 하나 또는 둘 이상의 유형을 보이며 팀의 노력에 동참하게 된다. 이에 더하여, 효과적인 집단은 반드시 통합자(integrator)를 필요로 하는데, 특히 교차다기능(cross-functional) 집단의 경우 서로 다른 관점으로 인해 갈등이 잠재되어 있기 때문에 더욱 그렇다. 그러나 교차다기

Diversity in a group is healthy.

들 간에 의사소통이 일어나는 정도, 집단 정체성(group identity)을 발전시키는 정도에 영향을 미칠 수 있다. 가치(value)의 비유사성은 과업 갈등(task conflict)과 관계 갈등(relationship conflict)을 증가시키는 한편 팀에 대한 몰입을 약화시킨다. 이러한 연구 결과들은 팀 내 비유사성을 관리하는 것, 다양성에 대해 개방적인 것, 그리고 상이한 의견으로 인한 갈등을 긍정적인 결과로 유도하는 것의 중요성을 강조한다.

능 팀에 언제나 문제가 있는 것은 아니다. 예술가, 디자이너, 인쇄 전문가, 재무 전문가로 구성된 교차다기능 팀을 효과적으로 관리함으로써 Hallmark Cards는 신제품 개발 기간을 절반으로 줄일 수 있었다.

비유사성 다양성에 관한 최근 연구는 팀 내 비유사성(dissimilarity)의 효과에 초점을 두고 있다. 비유사성에 대해서는 주로 사회적 정체성 이론(social identity theory)과 자기 범주화 이론(self-categorization theory)과 연계하여 연구된다. 창의성은 새로운 아이디어와 직결되기 때문에, 창의성, 참신함, 혁신이 팀 내에서 활성화되기 위해서는 어느 정도의 비유사성은 필요하다. 창의성에 대해서 8장에서 자세히 논의했고, 여기에서는 팀 맥락에서 간단하게 언급하고자 한다.

1장에서 다양성을 개인 간 차이로 정의했는데, 실제로 최근 연구에 따르면 인구통계학적 비유사성은 종업원의 결근율, 몰입, 이직 의도, 신념, 작업 집단 내 대인관계, 자긍심, 조직시민행동(OCB)에 영향을 미친다고 한다. 즉, 비유사성은 팀과 팀원들에게 긍정적 또는 부정적 효과를 가져올 수 있다. 인종적 비유사성은 팀원

팀 내 비유사성은 전문분야의 다양성으로 나타날 수 있다. 37개 교차다기능 팀(cross-functional team)의 262명의 전문가들을 대상으로 진행한 연구에서, 자신의 전문분야에 대한 정체성이 강할수록 팀 내에서 더 좋은 성과를 낸다는 것을 밝혔다. 또 다른 연구로 Fortune 100에 리스트 된 한 회사의 다기능 경영팀(multifunctional management teams)을 대상으로 한 것이 있는데, 전문분야에 대한 정체성이 강할수록 팀에 몰두하고 몰입하는 정도가 높았다. 여러 분야에 걸친 프로젝트 팀(multidisciplinary project teams) 20개에 속한 129명의 팀원을 대상으로 진행한 연구에서는, 팀원들 간에 과업과 목표에 대해 일치된 의견을 가지고 있을 때 정보의 비유사성(informational dissimilarity)의 부정적인 효과가 나타나지 않았음을 밝혔다.

구조적 다양성 구조적 다양성(structural diversity)은 팀원 간 단절된 관계의 수, 즉 구조적 공백(structural holes)의 수와 관계된다. 한 목공품 회사 19개 팀의 구조적 다양성과 성과에 대한 연구에서, 연구자들은 팀 내 인구통계적 다양성과 구조적 다양성(즉, 구조적 공백의

핫 트렌드

7가지 실천을 활용한 창의적 문제 해결(Creative Solutions for Problems Using Seven Practices)

일터에서 발생하는 어떤 문제들은 매우 다루기 어렵게 느껴진다. 이러한 문제들을 창의적으로 해결하기 위해서는 문제를 새로운 관점으로 재구성할 필요가 있다. 문제를 재구성한 다음 창의적 해결책을 모색하는 데 활용할 수 있는 7가지 실천 방법은 다음과 같다.

(1) 내가 이 이슈에 대해 잘 알고 있음을 팀에게 보여줌으로써 정당성을 확보한다.
(2) 기존 사고방식을 깨뜨릴 수 있는 외부인을 논의에 끌어들인다.
(3) 구성원 각자가 문제에 대한 정의를 글로 작성한다.
(4) 놓치고 있는 것이 무엇인지 함께 탐문한다.
(5) 다양한 카테고리를 고려한다.
(6) 긍정적인 예외 상황을 분석한다.
(7) 객관적인 사실에 대해 의문을 제기한다.

문제를 새로운 관점으로 재구성하는 목적은 팀원들로 하여금 문제에 대해 새롭고 참신한 방식으로 접근하도록 하는 데 있다.

SOURCE: T. Wedell-Wedellsborg, "Are You Solving the Right Problems?" Harvard Business Review, January-February 2017, pp. 76-83.

존재)에 초점을 두었다. 팀 내 인종이나 성별 다양성은 구조적 공백의 비율에 영향을 미치지 않았고, 연령의 다양성은 구조적 통합을 강화시켰다. 즉, 팀 내 연령대가 다양할수록 팀원 간 연결이 증가하였고 팀원 간 단절이 감소하였다.

팀원 간 단절이 팀을 위해 좋은 것일까 아니면 나쁜 것일까? 팀원 간에 구조적 공백이 많거나 적을 때 어떤 결과가 발생할까? 구조적 공백이 거의 없는 팀은 창의성에 문제가 생길 수 있는 반면, 구조적 공백의 비율이 높은 팀은 조율과 조화에 어려움을 겪을 수 있다. 결국, 구조적 다양성 및 구조적 통합과 팀 성과 간에는 역U자형의 곡선 관계가 있다고 할 수 있는데, 중간 정도의 구조적 다양성을 지닌 팀이 가장 높은 성과를 달성하게 된다. 관리자들은 팀원 개개인의 특성에 대한 이해뿐만 아니라, 작업 팀내 관계의 전체적 구조와 망(network)을 살펴봄으로써 최고의 팀 성과를 달성할 수 있게 된다.

7-6d. 창의성

창의성은 팀 수준에서보다는 개인 수준에서 주로 논의되어 왔지만, 실제로는 팀 창의성이 존재한다. 54개의 연구개발(R&D) 팀에 대한 연구에서, 팀원들 간에 총합하는 과정(aggregation processes)과 시간에 걸쳐 집적하는 과정을 통해 팀 창의성이 도출됨을 밝혔다. 일터에서의 문제나 과제에 대한 창의적인 해결책을 찾는 데는 팀워크, 협력, 그리고 문제의 틀을 효과적으로 재구성하는 7가지 핫 트렌드가 요구된다.

어떤 사람들은 팀이 창의성의 주체가 되기에는 어렵다고 생각하지만, Northwestern 대학의 인사조직 교수인 Leigh Thompson은 다르게 주장한다. 팀 내 다양성, 전자 브레인스토밍(electronic brainstorming), 촉진자(facilitator)에 대한 훈련, 팀 구성원 변경, 자유롭게 놀이할 수 있는 공간(playground) 설치 등을 통해 팀 창의성과 확산적 사고(divergent thinking)가 증진될 수 있다고 제안한다. 팀 내 인적 자본(human capital) 다양성은 팀 사회적 자본(social capital)의 원천이 되며, 팀 사회적 자본은 다양한 팀원들이 지닌 다방면의 지식과 경험의 활용을 촉진함으로써 팀 창의성 수준을 높일 수 있다. 이 과정을 통해 팀과 조직 내 사회적 태만, 순응 및 동조행동(conformity), 목표를 하향 설정하는 규범 등을 극복할 수 있다. 팀원들은 자신의 참신한 아이디어를 팀 프로세스 중 적절한 시기에 제안함으로써 긍정적인 효과와 이익을 극대화할 수 있다.

7-7 임파워먼트와 자율 경영 팀

성공적인 팀이 되기 위해서는 조직 내 임파워먼트 문화가 정착되어 있어야 한다. 곧이어 소개될 자율 경영 팀의 경우가 특히 더 그러한데, 이 팀은 전통적으로 관리자들이 수행해 온 책임과 다뤄 온 이슈를 팀이 직접 담당하도록 설계되었다.

리더 개인의 속성으로서 권한을 위임하는 임파워링 리더십(empowering leadership)은 종업원의 심리적 임파워먼트를 증진시키는데, 특히 상사와 종업원 관계가 좋을 경우에는 종업원의 냉소주의나 시간 허비 경향이 감소한다. 조직 문화적 속성으로서의 임파워먼트 조직문화는 종업원 참여를 독려하고, 이는 팀워크를 달성하는 기본 요소가 된다. FedEx의 품질 활동 팀(quality action teams: QATs)은 품질 개선 과정(quality improvement process: QIP)의 핵심 테크닉으로, 관리자와 시간제 근로자로 구성된 4-10명의 문제 해결 팀(problem-solving team)이다. 팀은 구체적인 문제를 해결하고 활동하도록 권한을 위임받는데, 예를 들어 Phoenix 공항에서 지역 물류 센터까지 가는 최적 루트를 차트로 만들거나, 온라인 패키지 추적 시스템 소프트웨어 개선 작업 등을 수행한다.

임파워먼트로 인해 종업원이 기습 파업을 일으키는 것이 가능하지만, 종업원들은 파업에 돌입하기 전에 주의 깊은 계획과 준비 과정을 거쳐야 한다. 이처럼 임파워먼트 문화가 조직에 정착되어 있을 때 팀이 성공할 가능성이 높은데, 상자 안의 글과 같이 모든 회사들이 종업원에게 권한을 위임하는 것은 아니다.

7-7a. 임파워먼트 기술

종업원 자율 경영(employee self-management)을 통한 임파워먼트는 팀워크를 통한 임파워먼트의 대안이 된다. 자율 경영이건 팀워크이건 간에, 임파워먼트가 효과적으로 시행되기 위해서는 관련된 기량(skill)의 개발이 필요하다.

역량 기량(competence skills)은 임파워먼트를 위해 요구되는 첫 번째 기량이다. 자신의 전문 분야와 직업에 통달하고 많은 경험을 쌓는 것은 임파워먼트의 필수 기반이 된다. 신입 종업원과 피훈련자가 더 많은 책임을 수용할 수 있는 능력을 입증할 때까지 제한된 임파워먼트만 제공되어야 한다.

임파워먼트를 위해서는 프로세스 기량(process skills)도 요구되는데, 가장 결정적인 프로세스 기량은 협력자, 상대방, 적대자와의 협상 기량(negotiation skills)이라 하겠다. 협력자(allies)는 팀의 미션에 대해 동의하고 그들의 행동을 신뢰할 수 있기 때문에 협상하기에 가장 쉬운 상대이다. 상대방(opponents)은 이와는 다른 협상 전략이 필요하다. 비록 그들의 행동은 예측 가능하지만, 팀의 미션에 대해서는 동의하지 않는다. 적대자

회사에 이의를 제기하는 것은 종업원들의 임파워먼트를 약화시킬 수 있다.
(Challenging the Company May Disempower Workers)

근로자 집단과 노동 분쟁을 겪는 고용주들은 근로자 개개인으로 하여금 개인 중재(individual arbitration)에 따르도록 요구하는 추세이다. 이는 두 개의 연방법(federal laws) - 미국 노동관계법(National Labor Relations Act)과 미국 연방중재법(Federal Arbitration Act) - 간에 충돌을 일으킨다. 미국 노동관계법은 근로자들이 상호 협력하고 보호받기 위해 집단 행동을 취하는 것을 허용한다. 즉, 회사와 분쟁이 발생했을 때 근로자 집단에게 가장 이익이 되는 방식으로 행동하도록 근로자들을 임파워하는 것이다. 미국 연방중재법은 근로자 간의 상호 협력과 보호를 허락하지 않음으로써 근로자들의 임파워먼트를 약화시킨다. 미국 하급 법원(lower courts)은 중재 조항이 노동 분쟁 상황에서도 집행될 수 있는지에 대해 의견이 엇갈리기 때문에, 대법원(supreme court)이 몇 개의 사건을 맡아 연방법 간에 잠재된 갈등 해결을 도모하고 있다. 고용주와 근로자 간의 권력은 여전히 불확실한 상태에 있다.

SOURCE: B. Kendall and J. Bravin, "Supreme Court to Decide Whether Employers Can Prohibit Groups of Workers from Suing," Wall Street Journal, 13 Jan. 2017.

(adversaries)는 행동 예측이 어렵고 팀의 미션에 대해서도 동의하지 않기 때문에 협상이 어렵다.

임파워먼트를 위해 갖춰야 할 세 번째 기량은 협력적이고 돕는 행동(cooperative and helping behaviors)을 개발하는 것이다. 협력적인 사람들은 격려와 돕는 행동을 통해 팀원 모두에게 이익이 극대화되도록 한다. 협력의 반대 성향으로는 경쟁적, 개인주의적, 평등주의적 접근법이 있다. 경쟁적인(competitive) 사람은 다른 사람들의 희생 여부에 상관없이 자신의 개인적 이득을 극대화하고자 한다. 이는 팀에게 매우 반생산적인(counterproductive) 영향을 미칠 수 있다. 개인주의적인(individualistic) 사람은 독자적으로 행동하지만 반드시 자신의 이익을 극대화하려고 하지는 않는다. 이들은 팀의 노력에 기여하고자 하는 의지가 약하다. 평등주의적인(egalitarian) 사람은 모든 팀원들에게 돌아가는 결과물이 동일하도록 하고자 하는데, 이는 팀의 웰빙에 도움이 될 수도 있고 되지 않을 수도 있다. 모순적이게도 가장 도움이 필요한 팀원이 가장 도움을 적게 받는 경우가 자주 있는데, 가장 전문적인 팀원을 도울 때 그 사람과 더 친밀한 관계를 형성하고 자신에게 이익이 될 수 있기 때문이다. 이 같은 역학 관계는 팀 전체의 성과에 부정적인 영향을 미치게 된다.

커뮤니케이션 기량(communication skills) 또한 임파워먼트에 필수적으로, 자기 표현 기량(self-expression skills)과 타인의 입장에서 경청하는 기량(reflective listening skills)이 포함된다. 팀원들이 감성 지능을 발휘하여 자신을 표현하고 서로를 경청할 때 팀 내에서 임파워먼트가 가능해 진다.

The dramatic success of Chrysler during the early 1980s was later followed by struggle and accommodation, raising the question of how long a CEO and top management team can sustain organizational success.

7-7b. 자율 경영 팀

자율 경영 팀(self-managed teams)은 자율 관리 팀(self-directed team), 자율 작업 집단(autonomous work groups)으로도 불리는데, 전통적으로 관리자들이 내리던 의사결정을 팀에서 자체적으로 내린다. 자율 경영 팀은 조직 내에서 임파워먼트를 실행하는 한 방법이 된다. 비록 자율 경영 팀 내에서 의사결정이 이루어 지지만, 관리자의 영향을 부정하는 것은 아니다. 실상은 관리자들이 리더십과 영향력을 행사하는 중요한 역할을 담당하고 있다. 관리자들은 자율 경영 팀과 커뮤니케이션 할 때 합리적인 설득이나 호소 등 부드러운 영향력 행사 전술(soft-influence tactics)을 활용함으로써 더욱 긍정적인 결과를 유도할 수 있다는 것이 연구 결과 밝혀지기도 했다.

자율 경영 팀들을 대상으로 1년 간 진행된 연구에 따르면, 종업원 태도에는 긍정적인 효과가 있지만 결근률이나 이직률에는 효과가 없었다고 한다. 자율 경영 팀은 팀워크와 업무 설계에 대한 새로운 접근방법으로, 평가연구(evaluative research)를 통해 자율 경영 팀을 제대로 이해하고 더욱 현실적인 기대를 형성할 수 있을 것이다. 자율 경영 팀에도 집단 사고(groupthink) 등이 발생할 수 있는 위험이 있으므로 이를 예방하고 관리할 때 팀이 충분히 발달하고 기능을 발휘할 수 있게 된다.

self-managed team A team that makes decisions that were once reserved for managers.

upper echelon A top-level executive team in an organization.

임파워먼트, 팀, 전사적 품질 경영(total quality management, TQM)에 관한 주목할 만한 연구가 있는데, 이 같은 인기 있는 경영 테크닉을 적용하는 회사들이 더 높은 재무적 성과를 거두지는 않았다는 것이다. 그러나 자율 경영 팀에 대한 또 다른 평가들은 좀 더 긍정적이다. 첨단 기술 항공우주 제조회사인 Southwest Industries는 1990년대 초에 대대적인 조직개편을 단행하였고, 첨단 기술 생산 프로세스에 적합한 자율 경영 팀 제도를 도입하였다. 그 결과, 출하량이 30% 증가하였고 제작 시간이 30% 단축되었으며, 총 재고량이 40% 감소하였고 기계 가동 중단시간 또한 감소하였으며 생산 비용을 30% 가까이 절감하였다. 이처럼 자율 경영 팀은 전반적으로 긍정적인 결과를 가져오는 것으로 나타나며, 다국적 기업들이 글로벌 운영에 점점 더 많이 활용하고 있다.

7-8 최고경영층: 최상위 직급 팀

조직의 최상위에 있는 자율 경영 팀, 즉 최고경영팀(top-level executive teams)을 **최고경영층**(upper echelon)이라 일컫는다. 조직은 종종 최고경영층을 투영하고 있다. 최고경영층 이론(upper echelon theory)에 따르면, 최고경영팀의 이력 특성으로 조직의 특성을 예측할 수 있고, 최고경영팀이 조직 내 가치, 역량, 윤리적 기준, 그 외 독특한 특성을 조직 전반에 설정한다. 또한, 최고경영팀 내 분산된 인지(distributed cognition)와 분산 기억 및 교류 기억 시스템(transactive memory system)은 조직으로 하여금 미래에 대해 탐험적이고(explorative) 현재의 기회를 활용하는(exploitative) 역량을 갖추도록 한다. 최고경영팀은 조직 전체에 대해 권한과 영향력을 행사하고 조직의 성공에 핵심이 된다. 그러나 만일 최고경영팀이 팀워크에 대해 비일관된 메시지를 내보내거나

표 7.3 CEO 임기의 5개 시즌(seasons)

	1	2	3	4	5
중요한 CEO 특성	권한에 대한 반응	실험 (experimentation)	지속적인 주제 (enduring theme) 선택	수렴 (convergence)	기능 저하 (dysfunction)
패러다임에 대한 몰입	적당히 강함	강하거나 약함	적당히 강함	강함; 증가 추세	매우 강함
과업 지식	적으나 급격히 증가	중간 수준; 증가 추세	높음; 약간 증가 추세	높음; 약간 증가 추세	높음; 약간 증가 추세
정부 다양성	여러 정보 원천; 여과되지 않음	여러 정보 원천이지만 점점 여과되는 추세	줄어든 수의 정보 원천; 적당히 여과됨	정보 원천 수가 적음; 고도로 여과됨	정보 원천 수가 매우 적음; 고도로 여과됨
과업 흥미도	높음	높음	적당히 높음	적당히 높으나 약해지는 추세	적당히 낮고 약해지는 추세
권력	낮음; 증가 추세	적당함; 증가 추세	적당함; 증가 추세	강함; 증가 추세	매우 강함; 증가 추세

SOURCE: D. Hambrick and G. D. S. Fukutomi, "The Seasons of a CEO's Tenure," Academy of Management Review(1991): 729. Permission conveyed through Copyright Clearance Center, Inc.

임원진 보상 체계가 경쟁, 정치, 개인주의를 조장한다면 최고경영팀은 부정적인 결과를 가져올 수도 있다.

예를 들어, Lee Iacocca가 Chrylser Corporations의 CEO가 되었을 때, 그의 최고경영팀은 Chrysler의 전통적인 공학적 강점을 기반으로 하는 조직 전략 재편성을 시도하였다. 그러나 1980년대 초의 Chrysler의 극적인 성공에 뒤이어 1980년대 후반에는 고군분투와 조정의 시기를 맞이하였다. 이 사례는 과연 CEO와 최고경영팀이 조직의 성공을 얼마나 긴 시간 동안 유지할 수 있을지 궁금증을 불러일으킨다.

Hambrick과 Fukutomi의 연구는 이 질문을 다루고 있는데, CEO의 임기와 조직의 성공 간의 역동적인 관계를 검증하였다. 연구 결과에 의하면 CEO의 재임기간 중에 5개의 시즌(seasons)이 나타난다: (1) 권한에 대한 반응, (2) 실험(experimentation), (3) 지속적인 주제(enduring theme) 선택, (4) 수렴(convergence), (5) 기능저하(dysfunction). 각 시즌에 대한 요약은 (표 7.3)에서 찾아볼 수 있다. 다른 조건이 동일할 때, 시즌 모델은 조직의 성과에 중요한 시사점을 제공한다. 즉, CEO의 재임 기간 중에 조직 성과는 정점에 다다를 때까지 증가하나가 그 이후부터는 쇠퇴한다는 것으로, (그림 7.3)에 표현되었다. 정점은 약 7년 시점에 일어나는 것으로 나타나는데, CEO의 재임 기간 중반 쯤에 해당된다. 그림에 점선으로 표현된 대로, CEO의 지원 팀 내 다양성 등의 요인에 의해 정점이 유지되는 기간이 연장될 수도 있다.

7-8a. 최고경영팀의 다양성

건강한 조직 관점에서 보았을 때, 최고경영팀의 다양성과 깊이는 CEO의 웰빙을 증진시킨다. 성과 관점에서 보았을 때는, 최고경영팀은 성과의 정점에 도달하는 시기의 선택에 영향을 미칠 수 있고, CEO 재임 기간 마지막 시즌 동안에 기능이 저하되는(dysfunction) 정도에 영향을 미칠 수 있으며, 조직 성과의 쇠퇴 정도에도 영향을 미치게 된다. 이처럼 최고경영팀의 다양성과 이질

그림 7.3 경영진 임기와 조직 성과

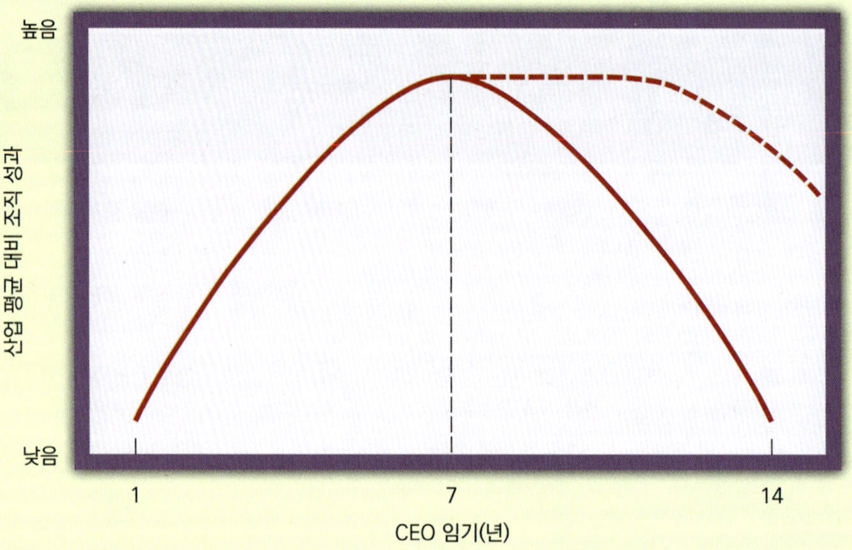

SOURCE: D. Hambrick, "The Seasons of an Executive's Tenure," keynote address, the Sixth Annual Texas Conference on Organizations, Lago Vista, Texas, April 1991.

성(heterogeneity)은 정점에서 조직 성과를 높은 수준으로 유지하도록 하고 CEO의 활력을 유지하는 데 도움이 된다. 11개 산업의 207개 미국 회사에 대한 연구 결과, 최고경영팀의 기능적 다양성은 지사별 리더 비율이 증가함에 따라 기업 성과에 긍정적인 효과를 가져왔다.

최고경영팀 내에 야생 칠면조(wild turkey)라고 불리는 팀원이 있을 때 특별히 긍정적인 영향력을 기대할 수 있다. 야생 칠면조는 악마의 수호자로서(devil's advocate) CEO와 최고경영진의 생각에 도전하고 논쟁 중에 반대 의견을 제시한다. 침묵시키거나 억압하지 않는다면, 야생 칠면조는 CEO와 최고경영팀이 정점의 성과를 유지할 수 있도록 돕고 CEO의 기능 저하와 성과 쇠락을 지연시키는 데 도움이 된다. 예를 들어, 전 미국 국무장관이었던 Colin Powell은 독자적인 목소리를 냄으로써 George W. Bush 대통령 행정부에 긍정적인 영향을 끼쳤다. 정책 이슈에 대해 당시 국방부 장관이나 부통령보다 온건한 입장을 취함으로써, Powell은 Bush 대통령 행정부에 다양성의 가치를 실현할 수 있었다.

리더는 커뮤니케이션 전략을 개발하여 기능적, 지적, 인구통계적, 성격적으로 다양한 팀원들이 협력하고 상호 보완적으로 행동할 수 있도록 이끌어야 한다. 비유사성에서 강점이 발전하며, 유사성에서 팀원 간 관계가 구축된다. 따라서 최고경영진은 작업 팀 내 비유사성과 유사성 간에 균형을 달성하기 위해 노력해야 한다. 최고경영팀이 함께 일하도록 유지하기 위해서는 여러 다양한 보상 구조에 주의를 기울임으로써 팀원이 이직하는 일을 방지하도록 해야 한다.

결국 최고경영팀의 리더십, 구성, 역학관계는 조직의 성과에 중요한 영향을 미치고, 경우에 따라서는 한 명의 CEO가 아닌, 한 명 이상의 CEO로 변화가 일어나기도 한다. 미국 보다는 유럽에서 더 흔한 일이지만, 미국의 역사적인 공동 CEO 제도의 사례로 Walter Wriston이 Citicorp(지금은 Citigroup의 일부)의 의장으로 있을 때 3명의 공동 CEO가 팀으로 만들어지기도 했다.

7-8b. 다문화 최고경영팀

모든 구성원들이 유사한 이력을 지닌 동질적인 (homogeneous) 집단은 점점 사라지고, 한 명을 제외한 나머지 구성원들이 유사한 이력을 지닌 토큰 집단(token groups), 두 명 이상의 구성원들이 두 개의 다른 문화를 각각 대표하는 이중문화 집단(bicultural groups), 3개 이상의 인종적 배경을 지닌 구성원들이 모인 다문화 집단 (multicultural groups)이 많아지고 있다. 부정적인 측면을 보자면, 집단 내 다양성으로 인해 불확실성, 복잡성, 집단 프로세스에 잠재되어 있는 혼란 등이 증가하여, 집단이 충분한 성과를 달성하기가 어려워질 수도 있다. 긍정적인 측면을 보면, 대부분의 조직은 다양성의 증대로 인한 이득을 보여주고 있다. Merck는 다양성을 장려한 리더십 덕택에 회사가 장기간에 걸친 성공을 이룩할 수 있었다고 한다. 전 의장이자 대표이사, CEO였던 Ray Gilmartin은 Merck의 최고경영팀 내의 다양성을 높이 평가하는데, 서로 다른 관점을 지닌 사람들이 함께 모여 해결책을 모색할 때 혁신의 불꽃이 일어난다고 믿는다. 최고경영팀 내 연령과 전문분야의 다양성이 팀 성과에 긍정적인 영향을 미침을 밝힌 연구도 있는데, 특히 팀원들이 인지적 과업에 참여할 때 더욱 긍정적인 효과를 보였다. 한 연구에 의하면, CEO가 다른 회사나 다른 문화권의 임원들과 경험을 많이 공유했을 때 최고경영팀의 성과가 큰 폭으로 상승하기도 했다. 문화적으로 다양한 구성원으로 이루어진 집단이 누릴 수 있는 이점으로 뛰어난 아이디어를 더 많이 도출할 수 있다는 점과 집단사고(groupthink)에 빠질 위험을 예방할 수 있다는 점을 들 수 있다. 이는 8장에서 다루게 된다.

The wild turkey is a devil's advocate who challenges the thinking of the CEO and provides a counterpoint during debates.

CHAPTER

8 개인 및 집단 의사결정

Decision Making by Individuals and Groups

학습 목표

8.1 의사결정과정에서의 단계를 파악하라.

8.2 다양한 의사결정모델을 서술하라.

8.3 의사결정에 영향을 미치는 개인적인 요인들에 대해 논하라.

8.4 집단의사결정에 관해 설명하라.

8.5 의사결정에서 문화의 역할에 관해 서술하라.

8.6 조직에서 참여를 통해 의사결정의 수준을 향상시키는 방법을 설명하라.

8-1 의사결정과정

의사결정은 관리자에게 있어 매우 중요한 활동이다. 관리자가 마주하게 되는 의사결정은 기존에 마련된 의사결정규칙에 근거하는 매우 단순하며 일상적인 의사결정(**정형화된 의사결정**, programmed decisions)에서부터 창의적인 해결책을 필요로 하는 새롭고 복잡한 의사결정(**비정형화된 의사결정**, nonprogrammed decisions)에 이르기까지 다양하다. 예를 들어, 어떤 작업집단의 점심시간을 정하는 것은 정형화된 의사결정이다. 관리자는 이러한 정형화된 의사결정 활동을 일상적으로 수행하는데, 매번 마음속에 명확한 목표를 갖고 사전에 정해진 절차를 따른다. 대조적으로, 어떤 기업을 매입하는 것과 같은 의사결정은 비정형화된 것으로 이는 독특하며 비구조화된 상황에서 상당히 높은 수준의 판단을 해야 한다. 의사결정의 유형에도 불구하고, 개인과 집단이 의사결정을 어떻게 하는가에 관해 가능한 한 많이 이해하는 것이 관리자에게 크게 도움이 된다.

programmed decision A simple, routine matter for which a manager has an established decision rule.

nonprogrammed decision A new, complex decision that requires a creative solution.

의사결정은 그림 8.1에 제시된 것과 같은 일련의 단계들과 관련된 과정이다. 첫 단계는 문제를 인식하는 것이다. 즉, 관리자는 의사결정을 해야 함을 깨닫는다. 문제의 핵심을 파악하는 것이 중요하다. 그렇지 않으면 관리자는 문제의 근본원인 보다는 증상에 대응하게 될 수도 있다. 다음 단계에서, 관리자는 의사결정의 목표를 파악해야 한다. 환언하면, 관리자는 의사결정을 통해 무엇이 달성되어야 하는지를 결정해야 한다. 세 번째 단계는 문제와 관련된 정보를 수집하는 것이다. 관리자는 문제가 왜 발생했는지에 관하여 충분한 정보를 수집해야 한다. 이는 상황에 대한 철저한 진단 및 사실 확인과 관련된다. 네 번째 단계는 여러 대안들을 열거하고 평가하는 것이다. 이 단계에서는 철저한 what-if 분석을 통해 결과물에 영향을 미칠 수 있는 여러 요인을 판단해야 한다. 다음 단계로 옮겨가기 위해서는 광범위한 옵션과 창의적인 해결책을 제시하는 것이 중요하다. 그 다음 단계에서 관리자는 의사결정 목표를 충족시킬 수 있는 대안을 선택해야 한다. 문제가 정확하게 분석되고 충분한 대안들이 파악되었다면 이 단계는 매우 쉽다. 해결책을 실행한 후 의사결정의 목표가 달성되었는지를 살펴보기 위해 상황을 잘 살펴야 한다. 지속적인 관찰과 주기적인 피드백은 후속 과정에서 필수적인 요소이다.

> The first step is recognizing the problem; that is, the manager realizes that a decision must be made

의사결정은 스트레스를 유발시키는 활동이다. 관리자는 심각한 위험과 불확실성을 안은 채, 그리고 때때로

Zingerman's Deli는 성장하고 있지만 여전히 지역의 점포로 남아있다.

Zingerman's Deli는 성장하고 있지만 여전히 지역의 점포로 남아있다.

미시건주 앤 아버에 근거를 두고 있는 Zingerman's Deli의 소유주들은 지난 10년간 큰 성공을 거두었는데, 앞으로 어떻게 성장할 것인지에 대해 의사결정을 하려고 한다. 프랜차이즈를 해야 하는가? 소유주들은 프랜차이즈를 하게 되면 통제권을 잃을 수 있기 때문에, 그리고 보다 중요한 것은 자신들이 사업에서 지역과의 관계를 가장 중요시했기 때문에 프랜차이즈를 하지 않기로 결정했다. 대신 이들은 자신들이 잘하는 것에 대해 장기적인 관점에서 보고자 하였다. 신선한 빵에 대해서는 빵굽는 사업을 시작하였다. 커피에 대해서는 커피를 볶는 사업을 시작하였다. 아이스크림과 치즈에 대해서는 유제품 제조사업을 시작하였다. 훌륭한 음식에 대해서는 레스토랑 사업을 시작하였다. 마지막으로 좋은 고객서비스에 대해서는 지역내의 여러 업체를 대상으로 교육훈련 서비스를 시작하였다. 지역의 점포로 유지하겠다는 결정으로 인해 9개의 지역사업체로 전환되었으며, 각각의 사업체는 파트너십을 보유하고 있다. 파트너들은 매주 모여서 의사결정을 한다. 지역점포로 유지됨으로 인해 앤 아버에는 550개의 일자리가 창출되었고 연간 400만 달러의 매출액을 올리게 되었다.

사업의 확장 기회는 항상 있었는데, 창업자들은 이에 대한 결정을 위해 많은 노력을 하고 있다. 주요 공항에 Zingerman's 카페를 개설할 수 있는 기회들이 있다. 공항점포에서 Zingerman's의 품질과 독특함을 유지하는 것이 가능할까? 지금까지 이에 대한 창업자들의 결정은 나누어져 있다.

SOURCE: www.zingermansdeli.com; M. F. Dunbar, "Interview with Michael Shuman," Conscious Company 1(2015): 45-47; B. Burlingham, "Decades Later, the Owners of Ann Arbor's Iconic Zingerman's Are Still at Odds Over Expansion," Forbes, November 8, 2016, accessed at https://www.forbes.com/sites/boburlingham/2016/10/20/what-pricegrowth/# 5d1fedc832e8

그림 8.1 의사결정과정

충분한 정보도 없는 상태에서 의사결정을 해야 한다. 관리자들은 의사결정과정에서 타인을 신뢰하고 의지해야 한다. 그러나 최종적인 의사결정에 대해 궁극적으로 책임져야 한다. 때때로 의사결정은 고통스럽기도 하다. 사업을 청산하거나, 종업원들을 해고하며, 잘못을 인정해야 할 때도 있다.

Blue Man Group[1]은 오랫동안 효과적으로 의사결정을 해왔다. 이들의 연극적인 결과물은 독특한 엔터테인

1) *Blue Man Group은 얼굴을 파랗게 한 후 공연을 하는 3명으로 구성된 미국의 행위예술가 집단이다.(역자 주)

먼트로서 코미디, 음악, 그리고 멀티미디어를 혼합한 것이다. 이들 창업자 가운데 누구도 음악, 연기, 또는 사업 등에서 공식적인 훈련을 받은 적이 없음에도 불구하고 좋은 사업적인 결정을 함으로써 이 그룹은 상당히 유명해졌고 성공적으로 성장하였다. 이들은 신용카드, 음료수, 브레스 민트(breath mints), 그리고 페인트 등과 같은 블루 색깔과 관련된 모든 것을 판매하자는 제안을 거절하였다. 이 제안에 대해 3명 모두 동일한 평가를 하였다. "오케이, 그거 아주 좋은 생각이야. 그런데 그것이 블루맨스러운 것인가?"이들은 132페이지나 되는 매우 자세한 운영매뉴얼을 만들었는데, 이는 많은 기업에서는 쉽게 볼 수 없는 것이다. 마지막으로 이들은 만장일치로 의사결정을 한다.

8-2 의사결정 모델과 한계

조직의 성공은 **효과적인 의사결정**(effective decision)을 하는 관리자의 능력에 달려있다. 효과적인 의사결정은 적절한 시기에 이루어져야 하며, 의사결정으로 인해 영향을 받는 사람이 수용할 수 있어야 하며, 원하는 목표를 충족시킬 수 있어야 한다. 본 절에서는 의사결정의 3가지 모델, 즉 합리성 모델, 제한된 합리성 모델, 그리고 Z 모델 등에 대해 서술하고자 한다. 그리고 본 절의 마지막 부분에서는 의사결정 기법의 한계점에 대해 토의하고자 한다.

8-2a. 합리성 모델

합리성(rationality)은 대안들과 대안의 결과에 대한 철저한 분석을 통하여 의사결정에 논리적이며, 단계적으로 접근한다. 의사결정의 ***합리성 모델***(rational model)은 고전 경제학 이론에서 비롯되었으며 다음과 같은 가정을 한다.

1. 결과는 완전히 합리적일 것이다.
2. 의사결정자는 일관된 선호체계를 갖고 있는데, 이는 최고의 대안을 선택하는 데 이용된다.
3. 의사결정자는 모든 가능한 대안을 인식하고 있다.
4. 의사결정자는 대안 각각의 성공확률을 계산할 수 있다.

합리성 모델에서 의사결정자는 ***최적화하고자***(optimize), 즉 가능한 최고의 대안을 선택하고자 한다. 합리성 모델의 가정을 고려한다면 이는 비현실적이다. 시간의 제한이 있으며, 인간의 지식과 정보처리 능력에서 한계가 있다. 뿐만 아니라, 관리자의 선호와 욕구가 때때로 변할 수도 있다. 의사결정을 하는 데 있어 관리자가 노력해야 하며 의사결정이 이루어지는 방식을 제시한다는 점에서 합리성 모델은 이상적이라고 할 수 있다. 그러나 합리성 모델은 관리자가 의사결정하는 현실을 제대로 반영하지 못한다.

8-2b. 제한된 합리성 모델

Herbert Simon은 합리성 모델의 단점을 인식한 후에 의사결정자가 실제로 얼마나 합리적인가에 대해 한계가 있다고 주장하였다. 그의 의사결정이론, 즉 ***제한된 합리성 모델***(bounded rationality model)로 1978년 경제학 분야에서 노벨상을 받았다. 그의 이론은 의사결정자가 완벽하게 합리적이기보다는 덜 합리적이게 하도록 하는 제약요인들이 있다는 아이디어에 근거하고 있다. 제한된 합리성 모델은 4가지를 가정하고 있다.

1. 관리자들은 만족스러운 첫 번째 대안을 선택한다.
2. 관리자들은 세상에 대한 자신들의 관념이 단순하다는 것을 인식한다.
3. 관리자들은 모든 대안을 판단하지 않고 편리

effective decision A timely decision that meets a desired objective and is acceptable to those individuals affected by it.

rationality A logical, step-by-step approach to decision making, with a thorough analysis of alternatives and their consequences.

한 의사결정을 한다.

4. 관리자들은 주먹구구식 또는 휴리스틱에 의한 의사결정을 한다.

제한된 합리성(bounded rationality) 가정에 따르면, 관리자들은 **만족화를 한다**(satisfice). 즉, 시간과 노력의 측면에서 최적화하는 비용이 너무 크기 때문에 관리자들은 "충분히 좋은(good enough)"첫 번째 대안을 선택한다. 더욱이 이론에서는 관리자들이 정신적인 활동을 축소하기 위해 의사결정에서 **휴리스틱**(heuristics)이라고 하는 지름길을 찾아낸다고 가정한다. 휴리스틱은 과거의 경험에 근거하여 관리자들이 의사결정을 하도록 하는 주먹구구식 방식(rules of thumb)이다.

제한된 합리성 모델은 관리자들의 의사결정과정이 더욱 현실적으로 되도록 하는가? 연구결과는 이를 지지한다. 관리자들이 합리성을 제한시켜야 하는 이유 가운데 하나가 관리자들은 위험과 시간 압박 하에서 의사결정을 해야 한다는 것이다. 관리자들이 접하는 상황은 매우 불확실하며 성공확률을 알 수 없다.

Managers often sacrifice because of time constraints.

bounded rationality A theory that suggests that there are limits to how rational a decision maker can actually be.

satisfice To select the first alternative that is "good enough," because the costs in time and effort are too great to optimize.

heuristics Shortcuts in decision making that save mental activity.

Herbert Simon은 의사결정에서 감정의 역할이 이해될 때까지 자신의 이론이 불완전할 것이라고 느꼈으며, 연구자들은 의사결정과정에서 감정의 복잡한 역할을 이해하려는 노력을 시작하였다.

8-2c. Z 모델

마이어스-브릭스 유형 지표(Myers-Briggs Type Indicator, MBTI)의 공동개발자인 Isabel Briggs Myers는 ***Z 문제해결모델***(Z problem-solving model)도 개발하였는데, 이는 4개의 선호(감각(sensing), 직관(intuiting), 사고(thinking), 감정(feeling))의 장점을 이용한 것이다. Z문제해결모델을 이용함으로써 관리자들은 의사결정을 좀더 효과적으로 하기 위해 자신들의 선호와 비선호(nonpreference) 모두를 이용할 수 있다. Z 모델은 그림 8.2에 제시되었다. 이 모델에 의하면, 좋은 문제해결은 4가지 단계를 거친다.

1. ***사실과 세부적인 사항을 검토하라.*** 문제에 관한 정보를 모으기 위해 감각(sensing)을 활용하라.
2. ***대안을 개발하라.*** 가능성을 찾기 위해서는 직관(intuiting)을 활용하라
3. ***대안을 객관적으로 분석하라.*** 대안 각각의 효과를 논리적으로 판단하기 위해서는 사고(thinking)를 활용하라.
4. ***영향력을 평가하라.*** 관련되는 사람들이 어떻게 영향을 받을지를 판단하기 위해서는 감정(feeling)을 활용하라.

Z 모델을 통해 개인들은 자신의 비선호를 활용할 수 있다. Z 모델을 활용하는 또 다른 방법은 비선호되는 활동을 수행하는 타인에게 의존하는 것이다. 예를 들면,

그림 8.2 Z 문제해결 모델

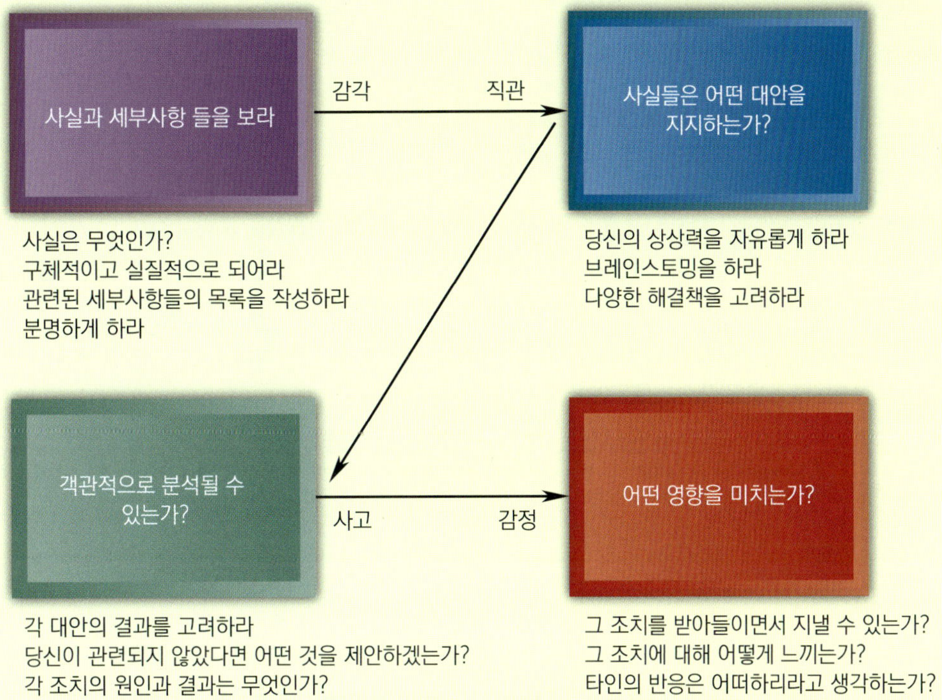

SOURCE: From Type Talk at Work by Otto Kroeger and Janet Theusen, copyright © 1992 by Janet Theusen and Otto Kroeger. Used by permission of Delacorte Press, an imprint of The Random House Publishing Group, a division of Random House, Inc.

NF(직관–감정)인 개인들은 대안들을 객관적으로 분석하는 데 도움이 되고자 신뢰받는 NT(직관–사고)인 사람에게 의존하기를 원할 수도 있을 것이다.

8-2d. 몰입상승

의사결정 모델들은 각각 독특한 한계점을 지니고 있다. 그러나 3가지 모두가 공유하는 한계점이 한 가지 있다. 의사결정자가 나쁜 의사결정을 하지 않으려고 하는 의지의 부재이다. 잘못되고 있는 행동을 지속하려는 것이 **몰입상승**(escalation of commitment)이다. 몰입상승의 상황에서, 잘못된 선택으로 나타난 결정을 하는 개인들은, 상당한 비용이 발생하더라도, 자신들의 선택을 굳건히 유지하려는 경향을 보인다. 몰입상승의 예는 항공사 간에 종종 발생하는 가격전쟁이다. 모두가 승–승이 사라지는 어떤 단계가 될 때까지 항공사들은 경쟁사에 대응하여 가격을 낮춘다. 항공사들은 막대한 손실에도 불구하고 경쟁을 지속한다. 승리하고자 하는 욕망이 상승을 지속하는 동기부여 요인이다. 상대 항공사가 가격전쟁에서 벗어날 것이라는 믿음에 근거하여 각각의 항공사는 지속적으로 가격을 낮춘다(손실을 본다).

몰입상승의 또 다른 사례는 약물남용 저항교육(drug abuse resistance education, D.A.R.E.) 프로그램이다. 프로그램이 젊은이들의 약물남용을 감소시키지 못한다는 과학적인 근거가 점점 많아짐에도 불구하고, 수십억 달러의 기부금과 세금을 지속해서 받고 있다.

escalation of commitment The tendency to continue to support a failing course of action.

사실 확인

의사결정에 걸리는 시간은 의심을 의미한다.

사람들은 의사결정에 소요되는 시간에 대해 가정을 한다. 예를 들며, 텔레비전 쇼 The Voice의 블라인드 오디션에서, 4명의 코치 가운데 누군가가 버저를 누르고 의자를 돌려서 가수에 대한 관심을 보인다. 그러면 가수는 의자를 돌린 코치들 가운데 한 명을 선택하게 되는데, 이는 위험한 결정이다. 연구에 따르면, 참가자들은 의자를 처음에 돌린 코치를 보다 빈번하게 선택하며, 가장 마지막에 의자를 돌린 코치들을 가장 적게 선택한다고 한다. 즉 참가자들은 가장 큰 신뢰를 보이는 코치를 선택하며 가장 큰 의심을 보이는 코치를 회피하는 경향이 있다. 흥미롭게도 생존분석에 따르면, 처음에 의자를 돌린 코치를 선택한 참가자들은 경쟁에서 조기에 탈락되었다.

SOURCES: P. P. Van de Calseyde, G. Keren, and M. Zeelenberg, "Decision Time as Information in Judgment and Choice," Organizational Behavior and Human Decision Processes 125(2014): 113-122. A. M. Evans and P. P. van de Calseyde, "The Effects of Observed Decision Time on Expectations of Extremity and Cooperation," Journal of Experimental Social Psychology, 68(2017): 50-59.

왜 몰입상승이 발생하는가? 한 가지 설명은 제3장에서 다루었던 인지부조화 이론에서 제시된다. 인지부조화 이론에서는 사람들이 비일관성을 싫어하며 그리고 태도 간에 또는 태도와 행동 간에 비일관성이 있을 때 부조화를 줄이고자 노력한다고 가정한다. 또 다른 이유는 낙관주의(optimism)와 통제(control)이다. 일부 사람들은 지나치게 낙관적이며 긍정적인 일들이 자신에게 발생할 가능성을 과대평가한다. 또 다른 사람들은 자신들의 미래를 통제할 수 있는 특별한 기술을 가지고 있다고 믿는 통제의 환상(illusion of control)하에서 움직인다. 일부 개인들은 헛된 것에 이미 돈을 사용했음에도 불구하고 또 돈을 쓰기도 한다(throw good money after bad). 그들은 "글쎄, 나는 이미 이만큼 투자했어…. 조금 더"라고 생각한다. 프로젝트의 완성이 가까울수록 몰입상승이 발생하기 더욱 쉽다.

잘못된 의사결정에 집착하는 것은 조직에 큰 비용을 유발시킬 수 있다. 많은 외국 자동차제조업체들은 환경운동의 전망을 보고 2002년 하이브리드 자동차로 연구개발을 변경하였지만, General Motors(GM)는 생산을 효율화하고 SUV와 트럭의 생산에 초점을 두는 비용절감 전략을 고수하였다. 2005년과 2008년 사이에 GM은 820억 달러의 손실을 입었으며 이러한 손실에 도 불구하고 기업의 전략을 변화시키지 않았다. 2009년 최고경영자 Rick Wagoner는 드디어 몰입상승에서 벗어나고자 시도하였으며 SUV와 트럭에 대한 초점을 두는 전략은 더 이상 적합하지 않음을 선언하였다. 그러나 이는 너무 늦은 것으로, 미국정부로부터 수십억 달러의 대출을 받았음에도 불구하고 GM은 파산을 선언하였다.

축소(de-escalation)에 관한 최근 연구에 따르면, 자존감이 높은 개인들과 중요한 가치를 중시하는 사람들은 좀 더 축소하기 쉽다고 한다. 조직들은 몰입상승을 다루는데 이러한 정보를 여러 방식으로 활용할 수 있다. 상승을 축소하는 한 가지 방법은 다른 프로젝트 단계에서 다른 사람이 의사결정을 하도록 함으로써 프로젝트 결정에 대한 책임을 나누는 것이다. 현재 순간의 자각을 향상시키는 마음챙김(mindfulness) 명상은 매몰비용 관점에서 생각하는 경향을 축소시킨다. 짧은 15분의 호흡 명상도 몰입상승을 줄이는 데 도움이 될 수 있다. 또 다른 방법은 개인에게 잘못된 의사결정으로부터 우아하게 벗어날 수 있도록 함으로써 자신의 이미지가 위협받지 않도록 한다. 몰입상승이 발생하기 전에 잘못된 의사결정을 인정하는 사람들에게는 어떤 유형의 보상이 있을 수 있다. 이러한 방식을 통해 집단의사결정 참여자들은 잘못된 의사결정에 대해 개인적으로 책임을 느끼기보다는 책임의 분산을 경험할 수도 있다. 그들은 자신의 이미지가 상처받지 않으면서 잘못된 의사결정에서 벗어날 수 있다.

우리는 관리자들이 의사결정을 하는 데 있어 얼마나 합리적일 수 있는가에 한계가 있음을 볼 수 있었다. 대부분 관리자의 의사결정은 상당한 위험과 관련 있으며, 그리고 개인들은 위험 상황에 대해 다르게 대응하기 때문이다.

8-3 의사결정에 영향을 미치는 개인적인 요인

어떤 의사결정도 진공상태에서 이루어지지는 않는다. 많은 경우에 의사결정에 의사결정자의 특성이 반영되기 때문에, 위험에 대해 느끼는 편안함의 정도, **인지스타일**(cognitive style), 성격, 직관, 그리고 창의성 등과 같은 의사결정에 영향을 미치는 개인적인 영향요인을 검토하는 것이 필요하다.

8-3a. 위험과 관리자

많은 의사결정이 위험요인들과 관련된다. 관리자들이 고용, 승진, 위임, 인수합병, 해외진출, 그리고 신제품 개발 등에 관한 의사결정을 할 때 위험은 직무의 일부분이 되기도 한다. 물론, 개인적으로 관리자가 위험을 감당하려는 정도, 즉 **위험 회피**(risk aversion)의 정도가 다르다. 어떤 관리자들은 위험이 적은 것을 선택하면서 친숙함과 확실성을 선호하는 한편, ***위험인수자***(risk takers)인 일부 관리자들은 의사결정에서 좀 더 높은 불확실성뿐만 아니라 손실의 위험성이 좀 더 높은 것을 선택하기도 한다. 위험성이 있는 의사결정을 하는 사람들이 집단의사결정에서도 주도권을 갖기가 쉽다.

연구에 따르면, 여성들은 남성들보다 그리고 나이가 많은 경험많은 관리자들은 젊은 관리자들보다 좀 더 위험을 회피하려는 성향을 보인다. 또한, 성공적인 관리자들은 비성공적인 관리자들보다 좀 더 위험을 감수한다. 그러나 위험을 감수하거나 회피하려는 경향은 위험에 대한 행동적인 측면의 한 부분일 뿐이다. 위험감수는 개인적인 경향뿐만 아니라 조직적인 요인에 의해서도 영향을 받는다. 민간은행에서 위험을 평가하는 대출결정은 매일 이루어진다.

고위관리자들은 위험감수 행동을 관리하는데 있어 어려운 의사결정에 직면하게 된다. 하위관리자들이 위험을 감수하지 못하도록 함으로써 하위관리자들은 창의성과 혁신을 발휘하지 못할 수도 있다. 그러나 만일 고위관리자들이 위험감수를 장려한다면, 종업원들이 처벌에 대한 두려움 없이 실패할 수

cognitive style An individual's preferred method for gathering information and evaluating alternatives.

risk aversion The tendency to choose options that entail fewer risks and less uncertainty.

있도록 허용해야 한다. 이를 이루는 한 가지 방법은 실패를 "장려된(enlightened) 시행착오"로 여기는 것이다. 핵심은 조직 내에서 위험에 대해 일관된 태도를 갖는 것이다.

개인들이 위험을 감수할 때 손실이 발생할 수도 있다. 석유생산업자가 오래된 시추지점을 재시추하면 석유를 발견할 수 있을 것으로 생각하고 있다고 가정하자. 석유업자는 여러 투자자를 모으고 그들에게 기록을 보여주었고 투자자들은 사업자금 조달에 합류하였다. 일정 깊이까지 재시추하였으나 아무것도 발견되지 않았다. 석유업자는 충분한 깊이까지 시추된 것이 아니라고 확신한 후 투자자들에게 돌아와서 시추를 계속할 수 있도록 추가적인 자금지원을 요청하였다. 투자자들은 동의하였고 석유업자는 더 깊이 시추하였으나 아무것도 발견되지 않았다. 석유업자는 투자자들에게 긴 연설을 하였고 투자자들은 더 깊이 시추할 수 있도록 자금을 제공하기로 하였다. 왜 의사 결정자들은 때때로 헛된 것에 계속해서 돈을 지출하는가? 왜 그들은 실패한 사업처럼 보이는 것이 계속해서 자원을 투여하는가?

8-3b. 성격, 태도, 그리고 가치

제2장과 제3장에서 논의된 성격특성, 태도, 가치관 등과 같은 개인차 변수뿐만 아니라, 효과적인 의사결정을 위해 관리자들은 자신들의 논리와 창의성 모두를 활용해야 한다. 많은 사람들은 좀 더 편안하게 논리 또는 창의성을 활용하며, 일상적인 의사결정에 그러한 선호들이 반영된다.

사람의 두뇌에는 2개의 영역이 있다. 그림 8.3 참조. 우뇌는 창의적인 기능을 담당하는 반면에, 좌뇌는 논리, 세밀함, 계획수립 등을 담당한다. 2가지 유형의 사고방식 모두는 장점을 갖는다. 그래서 이상적인 것은 상황에 따라 논리나 창의성 가운데 한 가지 또는 두 가지 모두를 활용할 수 있어야 한다. 사람들이 때때로 덜 사용하는 두뇌의 반구를 개발하는 방법들이 있다. 우뇌 또는 창의성을 개발하기 위해서는 what-if 질문을 하고, 어떤 역할을 수행해보고, 직관을 따를 수도 있다. 좌뇌를 개발하기 위해서는 과업완수의 목표를 설정하고 이를 이루기 위해 노력할 수 있다. 관리자들은 큰 그림을 보고, 비전을 설계하고 전략적으로 계획을 세우는 것이 중요하다. 이들 활동은 우뇌기술을 필요로 한다. 그러나 일상적인 운용과 작업흐름도 과정을 이해하는 것도 동일하게 중요하며, 이들 활동은 좌뇌의 기술을 필요로 한다.

의사결정의 효과성을 향상시킬 수 있는 개인적인 영향요인 2가지는 직관과 창의성이다.

8-3c. 직관

관리자들은 의사결정을 위해 때때로 자신들의 **직관**

그림 8.3 좌뇌와 우뇌의 기능

2개의 뇌
2개의 인지스타일

좌뇌	우뇌
구두의	비구두의, 공간시각적인
순차적, 시간적, 디지털적	동시적, 공간적, 유추적
논리적, 분석적	게스탈트(gestalt), 종합적
합리적	직관적
서구적인 사고	동양적 사고

SOURCE: Based on ideas from S. P. Springer and G. Deutsch, Left Brain, Right Brain (New York: W. H. Freeman and Company, 1993), 272.

(intuition)을 활용한다. Henry Mintzberg는 관리자의 역할이라는 저서에서, 많은 경우 관리자들이 의사결정을 할 때 체계적이고 단계적인 접근을 하지 못함을 발견하였다. 오히려 Henry Mintzberg는 관리자들이 "직감(hunches)"에 근거한 판단을 한다고 주장하였다. Daniel Isenberg는 나이 든 관리자들의 의사결정 방식을 연구하고 직관이 광범위하게, 특히 좀 더 합리적으로 만드는 의사결정을 평가하기 위한 메커니즘으로 이용됨을 발견하였다. Robert Beck은 은행산업의 규제완화가 뒤따를 것으로 예상되는 상황에서 Bank of America 관리자들이 은행의 미래방향에 대해 의사결정을 했던 방식을 연구하였다. 그는 분석이 어려울 때의 해결책으로 직관이 이용되거나 혁신적인 해결책을 개발하는데 이용되기 보다는 의사결정을 분석하는 성향으로서 직관을 서술하였다.

저명한 인지심리학자인 Gary Klein 박사는 직관의 힘에 관하여 책을 저술하였다. Klein 박사와 동료들은 숙련된 의사결정자들은 신속하고 효율적인 의사결정을 할 때 학습된 정보의 패턴에 의지한다고 주장하였다. 미국 해군, 소방관, 미국 육군 등과 함께 수행한 일련의 연구에서, 의사결정자들이 친숙하지 않은 도전적인 상황에서는 보통 직관에 의지한다는 것을 발견하였다. 이러한 의사결정들이 정보와 잠재적인 대안들을 세밀하게 분석한 후에 이루어진 의사결정들보다 우수했다.

직관이란 무엇인가? 융의 이론에서 직관(intuiting, N)은 데이터를 모으는데 많이 이용되는 방법이다. 직관의 개념은 관리자의 의사결정에 적용되어 왔다. 그러나 아마도 직관의 개념이 가장 폭넓게 연구되었을 것이다. 관리자에 관한 문헌에 직관에 관한 정의가 많이 제시되었다. 초기의 영향력있는 경영연구자 가운데 한 명인 Chester Barnard는 직관의 주요 속성은 속도 그리고 의사결정자가 어떻게 의사결정을 해야 하는지를 결정하지 못하는 무능력이라고 주장하였다. 다른 연구자들은 직관은 무의식적인 수준에서 발생하며 이것이 의사결정자가 의사결정을 어떻게 해야 하는지를 말로 표현하지 못하는 이유라고 주장하였다.

직관은 다음과 같이 다양하게 서술된다.

- 상황을 신속하게 알거나 이해할 수 있는 능력
- 학습된 행동의 결과를 무의식적으로 수행하는 것
- 단순하게 분석하는 것이 습관으로 굳어진 것으로, 어떤 것을 인식한 후 신속하게 반응할 수 있는 능력

이러한 정의들은 일부 공통된 가정을 공유한다. 첫째, 직관은 빠르다는 인식이다. 둘째, 직관은 의식하지 못하는 수준에서 이용된다. 셋째, 직관은 정보의 학습된 패턴과 관련있는 것으로 보인다. 넷째, 직관은 의사결정에서 긍정적인 것으로 보인다.

직관으로 인해 개인들은 다른 사람의 역할을 쉽게 이해할 수 있으며, 역할수행은 도덕적인 추론을 하는데 매우 중요한 부분이기 때문에 직관의 활용은 좀 더 윤리적인 의사결정으로 이어질 수 있다. 3장의 윤리적인 의사결정에서 인지적인 도덕발달의 역할을 떠올릴 수 있을 것이다. 한 연구에 의하면 인지적인 도덕발달과 직관 사이에는 강한 관계가 있다고 한다. 직관을 통해 새로운 관점을 얻게 되어 높은 도덕적인 성장 나아가 좀 더 윤리적인 의사결정으로 유도될 수 있을 것이다.

떠오르는 한 가지 질문은 관리자들이 직관의 활용을 학습할 수 있는가이다. 관리자의 직관적인 기술활용에 관한 워크숍을 수행하였던 Weston Agor는 피닉스 시정부와 엔터테인먼트분야의 강자인 월트 디즈니 같은 조직에서 긍정적인 결과를 얻었다. 만 명이 넘는 경영자를 대상으로 직관검사를 한 후, 그는 대부분의 경우에 고위관리직은 높은 수준의 직관을 가진 개인들로 구성되어 있다고 결론내렸다. 그러나 두뇌에 두 개의 반구 모두가 필요하듯이, Agor는 조직이 효과적이기 위해서는 조직에 분석적이고 직관적인 두 가지 모두의 사고

intuition A fast, positive force in decision making that is utilized at a level below consciousness and involves learned patterns of information.

가 필요하다고 하였다. Lee Iacocca는 자서전에서 직관의 중요성에 대해 여러 페이지를 할애하였다. "나는 어느 정도 직감(gut feeling)에 따라 움직였다"Agor는 이미지를 활용하여 마음을 다스리거나 의사결정하기 전에 잠시 숨고르기를 갖는 것과 같은 이완(relaxation) 기법을 제안한다. 직관에 관한 연구에 의하면, 직관 자체는 학습될 수 있는 것은 아니라고 하더라도 관리자들이 직관을 자극시키도록 훈련시킬 수는 있다.

Illumination is essential to the creative process.

직관은 정의하기 어려운 개념이다. 일부 연구자들은 소위 합리적인 방법들이 직관보다 선호된다고 보지만, 합리적 의사결정에 대한 만족도는 의사결정이 직관적으로 어떻게 느껴지는가에 의해 결정된다. 직관은 관리자의 의사결정에 긍정적인 효과를 미치는 것으로 보이지만, 논란이 없는 것은 아니다. 일부 연구자들은 직관은 나름의 활용도가 있으며 직관을 믿어야 하지만 그렇다고 이성을 대체하는 것은 아니라고 주장한다. 관리자들은 신기술을 이용하여 보다 많은 정보를 보다 짧은 시간에 분석할 수 있게 되었는데, 이는 과거보다 작은시간에 합리적인 방법을 이용하게 되었다.

8-3d. 창의성

어떤 면에서 창의성은 직관만큼이나 이해하기 어려운 개념이다. 창의성이 매우 개인적인 것이기는 하더라도 창의성은 또한 집단적인 성격을 지닌다. 개인의 창의성은 조직에서 매일 이루어지는 의사결정에서 중요한 역할을 한다. **창의성**(creativity)은 개인적인 그리고 조직적인 요인에 의해 영향받는 과정으로서 참신하고 유용한 아이디어, 제품, 결과물 또는 모두를 가져오는 것으로 정의할 수 있다.

creativity A process influenced by individual and organizational factors that results in the production of novel and useful ideas, products, or both.

창의성의 4단계는 준비(preparation), 부화(incubation), 발현(illumination), 검증(verification) 등으로 이루어진다. 준비는 학습할 수 있는 새로운 경험과 기회를 추구하는 것이다. 창의성은 지식의 기반 위에서 커지기 때문이다. 부화는 반성적인 생각의 과정으로 때때로 무의식적으로 수행된다. 부화 단계에서 개인들은 어떤 행동을 하지만 마음속으로는 문제를 심각하게 고려한다.[2] 발현은 개인들이 문제해결을 위해 통찰력을 감지했을 때 나타난다. 마지막으로 검증은 해결책 또는 아이디어가 타당한지 아닌지를 결정하기 위해 수행된다. 검증은 의사결정의 의미를 생각하고, 타인에게 아이디어를 제시하고, 또는 의사결정을 실행함으로써 이루어진다. 이완을 통해 두뇌를 순간적으로 고요 속에 놓음으로써 두뇌의 다양한 부분들이 함께 작용하도록 하는 능력이 향상될 수 있다. 개인적 및 조직적인 요인들 모두가 창의적인 과정에 영향을 미친다.

개인적인 영향요인 여러 개인적인 변수들이 창의성과 관련이 있다. 한 가지 유형의 요인들은 창의적인 개인들이 사용하기 쉬운 인지과정들과 관련된다. 그러한 인지과정 가운데 하나가 발산적 사고(divergent thinking)인데, 이는 문제에 대해 여러 잠재적인 해결책을 제시할

2) 역자 주) 예를 들면, 어떤 사람이 산책을 하고는 있지만 마음속으로는 어떤 문제에 대해 고민을 하고 있을 수 있다.

수 있는 개인의 능력을 의미한다. 뿐만 아니라, 이미지에 대한 연상능력과 사용은 창의성과 연관된다. 꿈과 같은 무의식적인 과정 또한 창의적인 사고와 관련된 핵심적인 인지과정이다.

여러 다양한 직업을 가진 개인들에 관한 연구에서 성격요인도 창의성과 관련되었다. 이들 특성에는 지적 및 예술적인 가치, 흥미의 폭, 많은 에너지, 성취에 관한 관심, 판단의 독립성, 직관, 자기신뢰, 그리고 창의적인 자기이미지 등이 포함된다. 모호성에 대한 인내, 내적인 동기부여, 위험감수, 그리고 인정욕구 등도 창의성과 관련된다. 동기부여의 수준이 높은 사람들은 다양한 방식으로 생각하기 때문에 이들이 좀 더 창의적인 것은 놀라운 것이 아니다. 또한, 타인의 시각을 보고 이해할 수 있는 사람들이 더욱 창의적이다. 이들은 한 가지 이상의 관점에서 상황을 평가할 수 있는 기술을 갖고 있기 때문이다.

좋은 분위기 속에 있는 사람들이 창의적이라는 근거가 있다. 긍정적 정서는 작업팀에서의 창의성과 관련된다. 팀 구성원들이 긍정적인 분위기 속에 있기에 새로운 방식의 생각을 시도할 수 있기 때문이다. 긍정적인 감정은 사람의 인지 패턴과 자원을 확대시킴으로써 창의성을 향상시킨다. 이러한 긍정적인 감정은 참신하고 즉흥적인 사고와 행동을 촉진시킨다. 더욱이 그것은 순환과정이다. 즉, 긍정적으로 생각하게 되면 보다 창의적으로 되며, 보다 창의적으로 되면 긍정적으로 생각하게 된다.

사람들이 작업과정에서 겪는 창의성 단계는 저녁에 가정에서 배우자와 함께 보내는 시간에 영향을 미친다. 앞서 논의한 단계 가운데 준비, 부화, 그리고 발현 등의 초반의 3단계에서 개인들은 저녁에 자신들의 배우자와 적은 시간을 보낸다. 마지막 검증 단계에서 개인들은 자신들의 배우자와 더욱 많은 시간을 보낸다. 작업에서의 창의적인 행동은 가정에서의 관계에도 영향을 미칠 수 있다.

조직적인 영향요인 사람들이 일하는 조직의 환경이

> People who have a high level of motivation are more creative, since they are more likely to try to think of different ways to get things done.

창의성을 지원하거나 창의적인 노력을 방해할 수도 있다. 창의성 억제요인에는 작업의 평가방식에 초점을 두는 것, 작업과정이 철저하게 관찰되는 것, 그리고 승-패 상황에서 타인들과 경쟁하는 것 등이 포함된다. 대조적으로 창의성 촉진요인에는 자율성을 느끼는 것, 다양한 기술을 가진 팀의 구성원이 되는 것, 그리고 창의적인 상사 및 동료와 함께 하는 것 등이 포함된다. 상사와의 좋은 지원적인 관계는 창의성과 관련된다. 또한 좋은 응집력있는 사회적인 네트워크는 창의적인 의사결정에 긍정적인 영향을 미칠 수 있다. 그러한 사회적인 네트워크는 관련정보에 대한 공유된 센스형성(sense-making)과 합의형성(consensus building)을 촉진시킴으로써 창의적인 의사결정을 지원한다. 뿐만 아니라, 유연한 조직구조와 참여적인 의사결정도 창의성과 연관된다.

조직에서 내부의 정치적인 문제, 새로운 아이디어에 대한 거친 비판, 파괴적인 내부 경쟁, 그리고 위험회피 등은 창의성의 방해요인이 될 수도 있다. 심지어 물리적인 환경도 창의성을 저해할 수 있다. 덴마크의 보청기 제조업체인 Oticon, 존슨 앤드 존슨의 자회사인 Ethicon Endo-Surgery 등과 같은 기업은 칸막이가 없는 사무실을 제공함으로써 종업원들이 더욱 빈번하게 상호작용을 할 수 있도록 한다. 사람들이 어울릴 때 아이디어도 잘 결합될 수 있다. 그러므로 조직들은 지원적인 환경, 참여적인 의사결정, 그리고 유연한 조직구조를 제공함으로써 개인의 창의적인 의사결정을 증가시킬 수 있다.

개인-조직의 적합(fit) 연구에 의하면, 개인적인 영향요인과 조직적인 영향요인 간에 적합성이 이루어질 때

휴스턴에 소재한 AT&T Foundry for Connected Health

AT&T 파운드리는 혁신의 씨앗을 심는 아이디어에서 나온 것이다. 스타트업, 개발자, 그리고 또 다른 혁신가들이 한군데 모일 수 있는 장소로서 여기에서 큰 문제를 해결할 수 있는 기술, 디자인, 그리고 전문성 등이 결합될 수 있다. 아이디어는 빠르게 진행되는 협력적인 환경을 통해 시장에 대한 성공적인 혁신을 빠르게 얻고자 하는 것이다.

텍사스 메디컬 센터의 혁신연구소 캠퍼스에 있는 AT&T Foundry for Connected Health는 디지털 케어 혁신에 초점을 두고 있다. 이는 3개의 디지털 테스트 환경을 특징으로 한다. 환자 퇴원후 홈 모니터링, 간호사실에서 환자자료에 대한 실시간 원격접속, 그리고 연결된 병원환경 등이다. 전용공간을 통해 의사, 간호사, 환자들이 기술자들, 보험전문가, 그리고 기타 사람들과 함께 일을 할 수가 있도록 하여 AT&T가 디지털 건강관리의 어려움을 해결하는데 도움이 되는 실세계(real-world)의 피드백을 제공한다.

무선모니터링을 통해 돌보는 사람들과 환자를 연결시킴으로써 메디컬 센터 안팎으로 좀 더 빠르고 좀 더 효과적으로 자료를 전송할 수 있다. 혈당측정기와 휠체어와 같은 무선연결장치는 환자가 퇴원후 잘 회복되는지를 확인하는데 도움을 줄 수 있다.

SOURCE: http://about.att.com/innovationblog/houston_foundry; L. Lorenzetti, "AT&T Just Announced a Major New Healthcare Venture," Fortune, January 5, 2016, accessed at http://fortune.com/2016/01/05/att-connected-health/.

창의적인 성과가 가장 높다고 한다. 창의적이고자 하는 개인들이 창의적인 아이디어를 중시하는 조직과 만날 때 그 결과가 더욱 창의적인 성과로 나타났다.

창의성에 관한 일반적으로 잘못된 가정은 사람들이 창의성을 가졌느냐 또는 갖지 못했느냐이다. 연구결과는 이러한 미신을 반박하며 개인들은 더욱 창의적으로 되도록 훈련될 수 있음을 보여준다. 예를 들어, Disney Institute는 기업들에 광범위한 프로그램을 제공하는데, 가장 많이 제공된 프로그램 가운데 하나가 창의성 훈련이다. 창의성 훈련에는 의사결정이나 문제에 대한 창의적인 대안을 제시하지 못하도록 하는 ***정신적인 자물쇠***(mental locks)를 푸는 학습이 포함된다. 창의성을 낮추는 정신적인 자물쇠 가운데 일부가 아래에 제시되었다.

- 올바른 대답을 추구하는 것
- 논리적으로 되려고 노력하는 것
- 규칙을 따르려고 하는 것
- 모호성을 회피하려고 하는 것
- 실용성을 추구하는 것
- 바보처럼 보이는 것을 두려워하는 것
- 자신의 전문성 밖에 있는 문제점을 회피하는 것
- 실패를 두려워하는 것
- 우리가 실제로 창의적이지 않다고 믿는 것
- 작업에 관여하지 못하도록 하는 것

이러한 많은 정신적인 자물쇠가 조직 내의 가치관에서 비롯된다는 점에 주목해야 한다.

조직은 여러 방법으로 창의적인 의사결정을 촉진시킬 수 있다. 창의성을 보상하는 것, 종업원에게 실패를 허용하는 것, 일을 재미있게 만드는 것, 그리고 창의성 훈련을 제공하는 것 등이다. 기업들이 창의성을 장려하는 또 다른 방법은 종업원들에게 직무순환을 통해 새로운 아이디어에 노출되도록 하는 것이다. 종업원들이 여러 직무를 수행하면서 이동하기에 조직 내외의 다양한 정보, 프로젝트, 그리고 팀 등에 노출될 수 있다. 마지막으로, 관리자들이 종업원들을 격려하여 종업원들이 창의적인 과정을 향상시킬 수 있다고 생각하는 자극들로 자신들의 주변을 둘러쌓도록 할 수 있다. 이는 음악, 예술작품, 책, 또는 창의적인 사고를 촉진시킬 수 있는 어떤 것들도 될 수 있다.

개인적 및 조직적인 요인 모두가 창의성에 영향을 미친다는 것을 보았다. 리더는 창의적인 행동의 모범을 보

Sir Richard Branson believes that letting employees be creative is vital to success.

이는데 있어 핵심적인 역할을 담당한다. 리더의 성과를 결정하는 가장 중요한 기술 가운데 하나가 창의적인 사고이다. 영국에 근거를 둔 Virgin Group의 창업자이자 이사회 의장인 Richard Branson은 만일 당신이 종업원의 창의적인 잠재력을 활용하지 못한다면 당신은 실패할 수밖에 없다고 믿는다. Virgin Group에서 조직문화는 규칙과 규제를 따르도록 하기보다는 위험을 감수하도록 장려하고 혁신을 보상한다. Branson은 종업원들이 아침에 아이디어를 갖고 점심에 이를 실행할 수 있어야 한다고 말한다.

문화 또한 창의성에 영향을 미친다. 엄격한(tight) 문화는 강력한 사회적인 규범과 규범위반에 대해 강력한 제재를 가진 문화이다. 파키스탄, 노르웨이, 그리고 말레이시아 등은 문화적으로 엄격하다. 느슨한(loose) 문화에서는 덜 예측가능하며 명확한 규범과 행동에 대한 제약이 적다. 헝가리, 브라질, 그리고 호주 등은 느슨한 문화를 가진 국가들이다. 그러나 엄격한 문화는 자신의 문화 내에서의 혁신과는 잘 조화를 이룬다.

8-4 집단의사결정 과정

관리자들은 여러 가지 이유에서 의사결정을 할 때 집단을 활용한다. 이유 가운데 한 가지가 **시너지**(snyergy)인데, 이는 집단구성원들이 상호 영향을 주는 과정과 집단내의 격려 등을 통해 문제에 대한 새로운 해결책을 제시하도록 고무시킬 때 발생한다. 집단을 활용하는 또 다른 이유는 결정에 대한 몰입을 얻고자 할 때이다. 또한, 집단은 문제해결 상황에서 보다 많은 지식과 경험을 활용할 수 있다.

집단의사결정은 때때로 최초 집단구성원의 관점과 최종적인 집단의사결정을 비교함으로써 예측될 수 있다. 이러한 단순한 관계가 **사회적 의사결정 도식**(social decision schemes)이다. 사회적 의사결정 도식 가운데 하나가 ***다수승리의 원칙***(majority-wins rule)인데, 이 원칙에서는 집단은 집단의 구성원 가운데 다수가 선택하는 것을 지지한다. 또 다른 도식은 ***진실승리의 원칙***(truth-wins rule)으로 점점 많은 구성원이 그것이 적합하다는 것을 깨닫게 됨에 따라 올바른 의사결정이 이루어질 것이라고 본다. ***2/3 다수의 원칙***(two-third-majority rule)은 구성원의 2/3 또는 그 이상이 선호하는 결정이 집단에서 지지된다는 것이다. 마지막으로 첫 이동의 규칙(first-shift rule)은 구성원들이 보여준 선택들 가운데 처음으로 변경해서 얻었던 결정을 구성원들이 지지한다는 것이다.

연구에 따르면, 이러한 사회적 의사결정 도식은 집단의사결정을 상당 부분 예측할 수 있다고 한다. 최근의 연구에서는 특정한 유형의 과업에 어떤 규칙이 사용되는지를 밝히는 것을 목표로 하고 있다. 예를 들어, 연구에 의하면, 판단과업

synergy A positive force that occurs in groups when group members are stimulated to produce new solutions to problems through the process of mutual influence and encouragement within the group.

social decision schemes Simple rules used to determine final group decisions.

(예, 의사결정이 선호 또는 의견의 문제일 때)에서는 다수승리의 원칙이 가장 자주 사용되는 반면에, 진실승리의 원칙은 과업이 지적인 것일 때(예, 의사결정이 정확한 응답을 하는 것일 때) 의사결정을 가장 잘 예측한다고 한다.

8-4a. 집단의사결정의 장점과 단점

집단의사결정은 장점과 단점을 갖는다. 집단의사결정의 장점에는 (1) 집단구성원의 자원을 집중시킴으로써 보다 많은 지식과 정보, (2) 구성원들이 의사결정에 대해 의견을 제시하기에 의사결정에 대한 수용성과 몰입의 증가, 그리고 (3) 구성원들이 여러 의사결정 단계에 연관되었기에 의사결정에 대한 이해의 향상 등이 포함된다. 집단의사결정의 단점에는 (1) 의사결정에 동조하고 맞추어야 하는 집단내의 압력, (2) 의사결정을 강제로 받아들이게 하는 한 명의 강력한 구성원 또는 영향력 있는 집단에 의한 지배, 그리고 (3) 집단이 개인보다 느리게 의사결정을 하기 때문에 소요되는 많은 시간 등이 포함된다.

이러한 장점과 단점을 고려한다면, 의사결정은 개인이 해야 하는가 또는 집단이 해야 하는가? 많은 연구에 의하면, 효과적으로 결정하는 것은 과업의 유형에 달려 있다고 한다. 추측이나 예측을 요구하는 판단과업의 경우, 여러 개인이 문제를 위해 활용할 수 있는 경험의 폭 때문에 집단이 보통 개인보다 우월하다. 정확한 해결책을 요구하는 과업의 경우, 일부 연구에 의하면 가장 유능한 개인이 집단보다 뛰어나다고 한다. 그러나 이러한 연구결과에 의문이 제기되었다. 집단에 관한 기존 연구 가운데 많은 연구가 실험실에서 수행되었으며, 집단구성원들은 실험실에서 단지 짧은 시간만 상호작용을 하였다. 연구자들은 좀 더 긴 시간의 집단경험이 의사결정에 어떻게 영향을 미치는지에 대해 연구하기를 원하였다. 이들의 연구에서 오랜 기간 함께 작업했던 집단은 가장 유능한 개인을 능가함을 보여주었다. 집단이 경험을 점점 축적하게 되면서 최고의 구성원은 집단의 성공에 덜 중요하게 되었다. 이 연구에서는 개인 대 집단의사결정의 질문을 평가할 때 집단에서의 경험이 고려해야 할 중요한 변수임을 보여주었다.

groupthink A deterioration of mental efficiency, reality testing, and moral judgment resulting from pressures within the group.

일터에서 팀의 중요성을 고려할 때, 많은 관리자는 집단이 개인보다 좋은 의사결정을 한다고 믿는다. 그러나 결과는 혼재되어 있다. 이 질문에 대해 답변하기 위해서는 조직환경에서 더욱 많은 연구가 수행되어야 할 필요가 있다.

8-4b. 집단의사결정의 한계

집단의사결정에 집단사고와 집단양극화라는 2개의 잠재적인 위험이 있다.

집단사고 응집력있는 집단의 한 가지 문제점은 **집단사고**(groupthink)의 역기능이 나타날 수 있다는 점이다. 이 개념을 처음으로 제시한 Irving Janis는 집단사고를 집단내의 압력에서 유발된 "정신적인 비효율성, 현실 검증, 그리고 도덕적인 판단 등의 악화"로 서술하였다. 집단사고가 나타나도록 이끄는 조건 가운데 하나가 높은 응집력이다. 응집력있는 집단의 구성원들이 집단과 굳세게 동일시하기 때문에 구성원들이 단결을 선호하기 쉽다. 외부의 도움없이 의사결정을 하는 높은 위치에 있는 팀들에게서 특히 집단사고가 나타나기 쉽다. 이들은 공유된 정신모델을 갖고 있기 쉽기 때문이다. 즉 이들은 비슷하게 생각하기 쉽다. 동질적인 집단(구성원들 사이에 다양성이 거의 없는 집단)은 집단사고로 인해 어려움을 겪기 쉽다.

집단사고가 나타나기 쉬운 다른 조건 2가지는 (1) 매우 중대한 의사결정을 해야 하는 것과 (2) 시간의 제약 등이다. 매우 영향력이 큰 의사결정은 집단구성원과 외부의 사람들에게 큰 영향을 미칠 수 있는 의사결정이다. 시간의 제약으로 인해 집단구성원들은 의사결정과정에서 서두르게 된다. 2가지 조건은 서로의 제안을 비판적으로

표 8.1 집단사고의 증상과 예방방법

집단사고의 증상

- 잘못불가의 환상(illusions of invulnerability) 집단구성원은 자신들은 비판 위에 있다고 느낀다. 이 증상으로 인해 지나친 낙관주의에 이르게 된다.
- 집단 도덕성의 환상(illusions of group morality) 집단구성원들은 자신들의 행위가 도덕적이며 따라서 비판받을 것이 없다고 느낀다.
- 만장일치의 환상(illusions of unanimity) 집단구성원들은 의사결정이 만장일치라고 느낀다. 침묵은 동의라고 오해된다.
- 합리화(rationalization) 집단구성원들은 자신들의 의사결정이 합리적이고 올바른 것으로 만들기 위해 설명을 만든다. 그 결과 다른 대안이 고려되지 않으며 집단의 가정에 대해 다시 생각하는 것을 기피한다.
- 적에 대한 상동적 태도(stereotyping the enemy) 경쟁자들은 사악하거나 또는 어리석다는 고정관념을 갖는다. 이로 인해 집단은 상대를 과소평가하게 된다.
- 자기검열(self-censorship) 구성원들은 조치에 대한 자신의 의심이나 걱정을 표현하지 못한다. 이로 인해 의사결정에 대해 비판적으로 분석하지 못하게 된다.
- 동료의 압력(peer pressure) 의심이나 걱정을 표현하는 구성원은 자신의 충성심을 의심하는 다른 동료에 의해 압력을 느낀다.
- 자기보호(mindguards) 일부 구성원들은 부정적인 피드백으로부터 집단을 보호하는 임무를 담당한다. 집단구성원은 자신들의 조치에 의문을 제기할 수 있는 정보로부터 보호된다.

집단사고 예방을 위한 가이드라인

- 각각의 집단구성원에게 반대와 의심을 적극적으로 이야기하는 비판적인 평가자 역할을 담당해달라고 요청한다.
- 집단의사결정을 하기에 앞서 리더가 이슈에 대한 자신의 입장을 밝히지 못하도록 한다.
- 의사결정을 동시에 하는 여러 집단을 만든다.
- 집단의 과정을 평가할 수 있는 외부의 전문가를 초빙한다.
- 집단의 조치에 대해 일관되게 의문을 제기하는 악마의 주장자를 지명한다.
- 가능한 많은 다른 동기와 의도를 제기하도록 하여, 경쟁자를 신중하게 평가한다.
- 합의가 이루어진 후, 집단에게 대안을 재검토하도록 장려한다.

SOURCE: From Breckler/Wiggins/Olson. Social Psychology Alive!, 1E. © 2008 Nelson Education Ltd. Reproduced by permission. www.cengage.com/permissions

평가하지 못하도록 할 만큼 의사결정에서 일치를 보려고 하는 구성원들에게 큰 영향을 미칠 수 있다. 집단사고로 어려움을 겪는 집단은 인지할 수 있는 증상을 보인다. 표8.1에 이러한 증상들과 집단사고를 회피할 수 있는 방법들이 제시되었다.

집단사고의 주요한 사례로 인용되는 사건은 1986년 우주왕복선 챌린저호 사고이다. 기체는 폭발하였고 7명의 승무원 모두 사망하였다. 대통령위원회는 잘못된 의사결정이 사고의 주요 원인이라고 결론지었다. 2003년 우주선 콜롬비아 호는 지구의 대기권에 재진입할 때 텍사스 위에서 폭발하였고, 승무원 7명 모두 사망하였다. 콜롬비아 호 사고를 조사하면서, 항공기관사들이 이륙시 우주선에 발생한 손상이 사소하다고 생각하고 임무를 지속하도록 했던 의사결정과정에 관하여 질문이 제기되기 시작하였다. 사고에 대한 후속 조사에서 조사자들은 NASA의 의사결정과정이 1986년의 사고와 마찬가지로 2003년에도 똑같은 결함으로 보이는 점에 주목하였다. 이는 전형적인 집단사고의 증상을 보여준다. 최종 사건보고서에서는 위험을 경시하고 의사결정에 대한 이견을 억눌렀던 NASA의 문화에 책임이 있다고 하였다.

집단사고의 결과에는 대안에 대한 불완전한 조사, 선호되는 조치들에 대한 위험평가 실패, 편견이 담긴 정보의 처리, 그리고 비상(contingency) 계획의 실행실패 등이 포함된다. 이와 같은 결과들은 의료분야에서 큰 충격일 수 있는데, 인공지능(AI)이 신단 지원, 치료비평, 그리고 해석 등에 점점 더 많이 사용되고 있다. AI 분야에서의 발전은 인간 지능과의 격차를 줄이며, 창의성, 감정이입, 판단 등을 강조한다. 만일 AI가 긍정적인 인간

핫 트렌드

군중사고(crowdthink): 아이디어를 조롱하기

크라우드소싱(crowdsourcing) 또는 공개적으로 아이디어를 아웃소싱하기 위해 IT를 이용하는 것은 Glassdoor과 Shock Top 맥주 등과 같은 여러 성공사례를 가져왔다. 때때로 크라우드소싱이 역효과를 가져올 수도 있다. 영국 자연환경연구위원회(Natural Environment Research Council, NERC)의 Name Our Ship 캠페인에서는 영국인들에게 RRS의 양식에 새로운 연구용 선박의 이름을 제안하라고 요청하였다. 언론에서는 Falcon 그리고 Endeavor와 같은 품위있는 이름을 예로 제시하였다.

크라우드소싱의 결과 가장 인기있는 4개의 이름이 제시되었다. (1) RRS Boaty McBoatface, (2) RRS Henry Worsely, (3) David Attenborough, (4) It's Bloody Cold Here 등이다. 기타 재미있는 제안에는 RRS I Like Big Boats and I Cannot Lie가 포함되었다. 캠페인은 매우 인기가 있어서 웹사이트는 트래픽으로 인해 일시적으로 정지되었다. 최종결정은 위원회가 하는데, 위원회에서는 RRS Sir David Attenborough를 선박의 이름으로 선정하였다. 그러나 Boaty McBoatface는 선박에서 원격으로 작동되는 바닷속 운송수단의 이름으로 살아남았다.

대중이 크라우드소싱 캠페인을 조롱하는 방식으로 반응할 때 이러한 크라우드소싱 경험은 군중사고의 예가 된다. 때때로 크라우드소싱은 역효과를 가져오거나, 실패하며 또는 대중에게 제대로 인식되지 못한다.

SOURCE: M. Wilson, K. Robson, and E. Botha, "Crowdsourcing in a Time of Empowered Stakeholders: Lessons from Crowdsourcing Campaigns," Business Horizons(2017), accessed at http://www.sciencedirect.com/science/article/pii/S0007681316301318.

의 의사결정 요인들을 포함할 수 있다면, 집단사고와 같은 부정적인 인간의 의사결정과정의 희생물이 될 수도 있는데, AI의 경우에는 이를 "루프사고(loopthink)"라고 부른다. AI는 편견과 프로그래밍의 가정에 의해 제한되며 인간의 존엄성과 윤리적인 추론 등과 같은 도덕적인 원칙들은 배제할 수도 있다. 루프사고를 예방하는 한 가지 방법은 인간에게 있어 집단사고를 예방하는 방법들처럼 의료분야에서의 AI가 보다 자기비판적 자기수정적으로 되도록 프로그래밍하는 것이다.

표 8.1에 집단사고를 회피할 수 있는 Janis의 가이드라인이 제시되었다. 이러한 제안의 대부분은 집단의 모든 구성원들이 토론의 기회를 가져 의사결정이 철저하게 평가받도록 보장하는 것에 집중되어 있다. 이러한 전략은 구성원들이 서로의 아이디어를 비판적으로 평가할 수 있도록 장려하는 것이다. 다양성의 가치에 대해 교육받은 집단은 그 결과 더 잘 수행하는 경향이 있다. 동질적이며 다양성의 가치에 대해 덜 교육받은 집단은 덜 성공적이다.

Janis는 집단사고의 틀을 피그만 침공, 베트남 전쟁, 그리고 워터게이트 등과 같은 여러 정치적 군사적 재앙에 대해 역사적으로 분석하는데 활용하였다. 챌린저호 사건에서의 의사결정 상황에 대한 한 검토에 따르면, 2개의 변수, 즉 시간과 리더십 스타일이 포함되어야 한다고 하였다. 의사결정이 신속하게 이루어져야 할 때, 집단사고의 잠재적인 가능성이 크다. 리더십 스타일은(만일 리더가 자신의 의견을 솔직하게 알린다면) 집단사고를 촉진하거나(만일 리더가 개방적인 솔직한 토론을 장려한다면) 집단사고를 회피하게 할 수 있다.

집단사고에 관한 실증적인 연구는 거의 없으며, 이들 연구 가운데 대부분은 실험실 상황에서의 학생들과 관련된 것이다. 그러나 집단사고와 관련된 구성개념을 측정하는 설문지가 개발됨에 따라 더욱 현실적인 연구들을 미래에는 볼 수 있을 것이다. 집단사고에 관한 Janis의 저서는 정책결정을 이해하는데 여러 학문 분야에서의 노력이 요구됨을 인식하게 하였다. 저서에서는 실패한 결정에 대해 여러 설명을 검토할 필요가 있음을 강조하고 있다. 인지적인(과업에 기반을 둔) 갈등을 경험하는 팀은 정서적인(감정에 기반을 둔) 갈등을 경험하는 팀들보다 좋은 의사결정을 하기 쉽다. 관리자에 대한 한 가지 처방은 인지적 갈등을 장려하는 것이지만 정서적인 갈등은 최소화시키는 것이다. 그러나 이러한 2가지 유형의 갈등은 함께 발생할 수 있으며, 어떻게 인지적 갈등은 장려하면서 정서적 갈등은 최소화시킬 것인가에 관해서는 더욱 많은 연구가 필요하다.

집단양극화 다른 집단현상은 대학원생이 발견하였다. 그의 연구에 의하면, 이슈에 관해 집단토론을 한 후에 집단과 집단내의 개인들은 더욱 위험한 의사결정을 하며 높은 수준의 위험을 받아들인다. 후속 연구에서 또 다른 이동, 신중함으로의 이동을 밝혀냈다. 따라서 집단토론을 통해 더욱 위험스러운 위치로의 이동과 더욱 신중한 위치로의 이동 2가지 모두가 나타난다. 추가적인 연구에 의하면, 집단토론 후에 집단구성원들의 태도가 더욱 극단적으로 변화된다고 하였다. 처음에는 이슈에 대해 반대하였던 개인이 더욱 급격한 반대의 입장이 되었으며, 이슈에 대해 찬성했던 개인은 더욱 강력하게 긍정적인 입장으로 변화되었다. 이러한 변화가 **집단양극화**(group polarization)이다.

극단화 경향은 집단의사결정에서 중요한 함의를 갖는다. 집단에서 처음에 어떤 관심을 갖게 되면 후속의 구성원들 간의 상호작용을 통해 좀 더 극단적인 견해를 가질 것으로 기대할 수 있다. 한 가지 설명은 ***사회비교접근***(social comparison approach)이다. 집단토론을 하기 전에, 개인들은 다른 구성원들보다 자신들이 좋은 견해를 갖고 있다고 믿는다. 집단토론을 하는 동안, 개인들은 자신들의 견해가 평균에서 그다지 벗어나지 않았음을 알게 되었고 그래서 보다 극단적인 위치로 변화시킨다. 두 번째 설명은 ***설득주장관점***(persuasive arguments view)이다. 집단토론은 구성원의 최초 주장을 강화시키며, 그래서 개인들은 더욱 극단적인 관점을 갖게 된다고 주장한다. 2가지 설명 모두 연구에서 지지되었다. 2가지 과정을 통해 집단은 더욱 극단적인 태도를 보이게 된다고 보인다.

요컨대, 집단양극화로 인해 집단은 극단적인 태도를 보이게 된다. 어떤 경우에 이는 재앙이 될 수도 있다. 예를 들어, 만일 개인들이 위험스러운 결정으로 기울고 있다면, 집단토론 후에 개인들은 그 결정을 보다 강력하게 지지하기 쉽다. 최근 연구에서는 집단으로 채용결정을 논의한 후, 종업원들의 평가는 덜 정확하였으며 대조효과와 현혹효과가 나타나기 쉬웠다.

집단사고와 집단양극화 모두 집단의사결정의 잠재적인 문제점이지만, 여러 기법이 이들 문제점을 예방하거나 통제하는데 이용될 수 있다.

8-4c. 집단의사결정 기법들

관리자가 집단의사결정방법을 사용해야 한다고 판단하게 되면 의사결정 상황에 가장 적합한 기법을 결정해야 한다. 다음에 브레인스토밍, 명목집단법, 악마의 주장법, 변증법적 토의, 품질분임조와 품질팀, 자율관리팀 등 7가지 기법을 간략하게 제시하였다.

브레인스토밍 브레인스토밍은 대안들을 개발하기 위한 기법으로 잘 알려져 있다. **브레인스토밍**(brainstorming)의 배경 아이디어는 가

group polarization The tendency for group discussion to produce shifts toward more extreme attitudes among members.

brainstorming A technique for generating as many ideas as possible on a given subject while suspending evaluation until all the ideas have been suggested.

The BP oil spill, captured in the movie Deepwater Horizon, may have been the product of groupthink. Numerous investigations explored the causes of the explosion and record-setting oil spill, citing overconfidence, pressure on whistleblowers, and illusions of control as contributing factors.

능한 많은 아이디어를 개발하는 것으로 평가는 모든 아이디어가 제시될 때까지 연기한다. 참여자들은 타인의 제안에 근거하여 제안하는 것도 장려되며 상상력이 강조된다.

그러나 집단의 브레인스토밍이 홀로 일하는 개인들로 구성된 사람들보다는 덜 효과적이라는 자료도 있다. 집단으로 할 경우에, 참여자들이 토론에서 자신들의 논점을 잃어버리게 될 수도 있기 때문이다.

집단 브레인스토밍에서 의견차단(production blocking)을 극복하기 위해 전자적인 브레인스토밍이 개발되었다. 이 방법에서 집단구성원은 컴퓨터를 사용하여 매우 짧은 시간 내에 가능한 많은 아이디어를 동시에 제시하도록 한다. 연구에 따르면, 전자적인 브레인스토밍은 전통적인 브레인스토밍보다 조금 더 효과적이라고 한다. 전자적인 브레인스토밍의 한계점 가운데 하나는 사람들이 타인의 아이디어를 관찰하기보다는 자신들의 아이디어를 개발하는데 보다 많은 시간을 쓸 수도 있다는 것이다. 브레인스토밍 집단에 있는 타인들이 창의적이라는 말을 참여자들이 미리 들었다면 이러한 한계점은 극복될 수도 있다. 이는 사람들이 타인의 아이디어에 관심을 기울이도록 하며 전자적인 브레인스토밍에서 제시되는 아이디어의 수준과 양을 제고시킬 것이다.

nominal group technique(NGT) A structured approach to group decision making that focuses on generating alternatives and choosing one.

devil's advocacy A technique for preventing groupthink in which a group or individual is given the role of critic during decision making.

명목집단법 여러 대안을 개발하고 그 가운데 하나를 선택하는데 초점을 두는 의사결정에 대한 구조화된 접근방법이 **명목집단법**(nominal group technique, NGT)이다. 이는 다음과 같은 구체적인 단계를 거친다.

1. 개인들은 조용하게 자신들의 아이디어를 기록한다.
2. 모든 아이디어가 제시될 때까지 하나의 차트에 적는다.
3. 논의는 아이디어를 명확하게 하는 경우에만 허용된다. 비판은 허용되지 않는다.
4. 투표를 한다.

NGT는 집단구성원들이 타인의 비판을 두려워할 때 사용할 수 있는 좋은 기법이다.

악마의 주장법 **악마의 주장법**(devil's advocacy)에서 집단 또는 개인에게는 비판의 역할이 주어진다. 이 악마의 주장자(advocate)는 제시된 결정의 잠재적인 문제점을 제기하는 과업을 담당한다. 잠재적인 문제점을 앞서서 파악함으로써 조직에서는 의사결정에서의 값비싼 오류를 회피할 수 있다. 7장에서 언급되었듯이 CEO와 최고경영진에 이의를 제기하는 악마의 주장자는 조직의 활력과 성과를 지속시키는데 도움을 줄 수 있다.

변증법적 토의 **변증법적 토의**(dialectical inquiry)는 본질적으로 2개의 대립하는 의견 사이의 논쟁이다. 이는 갈등을 유발시키는 것이기는 하지만 2가지 아이디어 모두의 장점과 한계점을 제시하기 때문에 이 방법은 건설적인 접근방법이다. 그러나 이 기법을 사용할 때 승-패 태도가 생기지 않도록 조심하고 관계자들이 가장 효과적인 해결책 도달에 집중하도록 하는 것이 중요하다. 연구에 따르면, 의사결정의 프레임이 매우 중요하다고 한다. 의사결정의 결과물은 의사결정이 표현되는 방식에 따라 이익 또는 손실로 비춰질 수 있다.

8-4d. 기법선택에 영향을 미치는 요인

집단의사결정 기법을 선택하기 전에 관리자들은 집단구성원과 의사결정 상황을 신중하게 평가해야 한다. 그때 집단의사결정과정의 목표를 달성하기 위한 최고의 방법을 선택할 수 있다. 예를 들어, 만일 목표가 매우 많은 대안을 개발하는 것이라면 브레인스토밍은 좋은 선택일 것이다. 만일 집단구성원이 아이디어 제시를 머뭇거린다면 명목집단법이 적합하다. 전문가의 판단이 필요한 경우에는 전문가 패널을 활용하는 델파이(delphi) 기법이 도움이 될 것이다. 집단사고에 빠지지 않도록 하기 위해서는 악마의 주장법 또는 변증법적 토의가 효과적일 것이다. 제품의 품질과 제품의 생산에 관한 의사결정은 품질분임조 또는 품질팀에서 도움을 얻을 수 있다. 더욱이 최근 연구결과에 의하면, 만일 팀 내의 개인들이 (의사결정 자체가 목표이기보다) 의사결정과정에 책임을 지게 된다면 그러한 팀들은 다양한 정보를 수집하고, 정보를 공유하고, 그리고 더욱 좋은 의사결정을 하기 쉽다고 한다. 마지막으로, 집단에 큰 힘을 위임하기를 원하는 관리자는 자율관리팀을 고려해야 한다.

8-4e. 특수 의사결정 집단들

조직내 많은 유형의 집단이 집단적인 의사결정을 한다고 하더라도 품질지향적인 집단과 자율적인 팀은 집단의사결정에서 높은 수준의 관여와 권한을 가진다.

품질분임조와 품질팀 **품질분임조**(quality circle)는 품질통제, 비용축소, 생산계획과 기법, 그리고 심지어 제품설계 등과 같은 작업관련 문제를 다루기 위해 근무시간, 일반적으로 일주일에 한 시간 정도 자발적으로 활동하는 종업원 집단이다. 또한, 품질분임조는 참여적인 의사결정을 팀으로 확대시킨다. 때때로 관리자들은 품질분임조의 권고안을 경청하고 이를 실행한다. 의사결정과정에의 관여가 주된 보상이다.

품질분임조는 자신들의 권고안을 실행할 수 있는 권한을 위임받지 않는다. 이는 조직구조상의 부서와 비슷하게 활동하지만, 자발적인 참여에 의존하여 이루어진다. 일본에서 품질분임조는 조직과 통합되어 있다. 이 점이 일본이 이 기법을 활용하여 성공한 한 가지 이유일 것이다. 대조적으로 미국에서의 결과는 긍정적이지 않다. 미국기업내 품질분임조의 60–75%는 실패한 것으로 추정된다. 실패 원인에는 최고경영진의 지원 부족과 품질분임조 구성원들의 문제해결기술 부족 등이 포함된다.

대조적으로 **품질팀**(quality team)은 전사적인 품질경영과 기타 품질향상의 노력의 일부로서 조직구조에 반영된 것이다. 품질팀은 기업에서 경영진에 의해 형성되며 자신들의 방안을 실행할 수 있는 권한을 위임받았다. 품질분임조는 아이디어의 개발을 강조하는 반면에, 품질팀은 제품과 서비스의 품질 향상을 위해 데이터에 근거한 의사결정을 한다. 여러 의사결정기법들이 품질팀에서 이용된다. 브레인

dialectical inquiry A debate between two opposing sets of recommendations.

quality circle A small group of employees who work voluntarily on company time, typically one hour per week, to address workrelated problems such as quality control, cost reduction, production planning and techniques, and even product design.

quality team A team that is part of an organization's structure and is empowered to act on its decisions regarding product and service quality.

스토밍, 흐름도, 그리고 원인-결과 다이어그램(cause-and-effect diagram) 등이 품질에 영향을 미치는 문제점들을 정확히 찾아내는 데 도움이 될 수 있다.

품질분임조와 품질팀은 의사결정과정에서 집단을 사용하는 방법이다. 자율관리팀은 참여의 개념을 한 발짝 더 나아간 것이다.

자율관리팀 또 다른 집단의사결정 방법은 제7장에서 언급했던 자율관리팀의 활용이다. 자율관리팀(self-managed teams) 의 의사결정활동은 품질분임조와 품질팀의 것보다 훨씬 광범위하다. 한 때 관리자들이 담당했던 작업일정계획수립, 직무배정, 그리고 충원 등과 같은 많은 의사결정을 자율관리팀이 한다.

많은 조직에서 자율관리팀을 활용하여 성공을 거두었다고 주장한다. Northern Telecom(현재 Nortel Networks)에서 자율관리팀을 활용한 후에 수익은 63% 증가하였고 매출은 26% 증가하였다. 연구에 의하면 자율관리팀은 높은 생산성, 종업원의 낮은 이직률, 그리고 더욱 수평적인 조직구조 등을 보여준다고 한다.

다른 응집력있는 집단들처럼 자율관리팀도 집단사고의 희생자가 될 수 있다. 이들 집단에서 혁신과 좋은 문제해결을 자극하는 핵심은 종업원들 내의 반대의견을 환영하는 것이다. 반대의견은 평온함을 무너뜨리며 더욱 좋은 결정으로 유도하는 과정이 작동되도록 한다. 팀 구성원들은 반대의견이 허용되기에 부끄러움과 조롱을 두려워하지 않아도 됨을 반드시 알아야 한다.

Facebook's VP of engineering Regina Dugan believes that putting together a diverse group of perspectives is essential for creativity.

8-5 의사결정에서의 다양성과 문화

의사결정 스타일은 문화마다 크게 다르다. 구체적으로, Hofstede의 문화차원들은 의사결정에 영향을 미친다. 예를 들어, 불확실성 회피성향은 사람들이 의사결정하는 방식에 영향을 미칠 수 있다. 불확실성 회피성향이 낮은 문화인 미국에서, 의사결정은 변화의 기회로 여겨질 수도 있다. 대조적으로 인도네시아와 말레이시아와 같은 문화에서는 상황을 변화시키려고 하기 보다는 상황을 받아들이려고 한다. 또한, 권력격차도 의사결정에 영향을 미친다. 인도와 같은 계층적인 문화에서, 경영자들은 거의 모든 결정을 한다. 권력격차가 적은 문화에서는 하위 종업원들이 많은 의사결정을 한다. 스웨덴 문화에서는 이러한 유형을 잘 보여준다.

개인주의자/집단주의자 차원도 의사결정에 대한 함의를 지니고 있다. 집단주의 문화인 일본은 집단의사결정을 선호한다. 반면 미국은 개인주의 문화를 갖고 있으므로 집단의사결정에 어려움을 겪는다. 시간지향성은 의사결정의 평가기준에 영향을 미친다. 장기적 관점을 갖는 중국에서는 마음속에 미래를 생각하면서 의사결정을 한다. 미국에서는 오직 단기적인 측면만을 고려하면서 많은 의사결정이 이루어진다.

남성성/여성성 차원은 의사결정에 대한 분석심리학의 사고/감정 선호에 비유될 수 있다. 많은 라틴 아메리카 국가의 남성적 문화에서는 신속하고 자기주장적인 의사결정을 중시한다. 여러 스칸디나비아 국가의 여성적 문화에서는 타인을 배려하는 의사결정을 중시한다.

의사결정에서 문화적 다양성의 효과를 검토한 최근 연구에 의하면, 집단내의 개인들이 인종적으로 상이할 때 이들은 인종적으로 유사한 집단들보다 개방적으로 정보를 공유하며, 다른 관점을 장려하고, 더욱 우수한 의사결정을 하는 것으로 나타났다. 구성원의 배경과 같은 다른 유형의 다양성도 연구되어 왔다. (예를 들면, 마케팅, 회계, 정보시스템 등) 다양한 배경을 지닌 구성원을 보유한 최고경영진이 유사한 배경을 가진 구성원으로 이루어진 최고경영진보다 의사결정에서 더욱 훌륭한 논의를 한다고 한다. 이러한 다양성은 기업에 좋은 재무적인 성과를 가져온다. 의사결정에서의 다양성을 활용하기 위해 리더는 근본적인 편견들을 다루어야 할 필요가 있을 것이다. 그러한 편견 가운데 하나가 본국이 아닌 지역의 억양(accent)에 관한 것이다. 때때로 개인들은 억양에 근거하여 새로운 기업, 제품, 또는 종업원을 선택한다. 이는 자신과 유사한 억양을 좀 더 선호하기 때문이다. 이와 같은 편견들은 글로벌 비즈니스를 하는 기업에게는 큰 함의를 가지며, 관리자들은 자신과 상이한 억양에 대해 편견과 고정관념을 줄이기 위한 훈련을 제공할 수 있다.

8-6 의사결정에의 참여

사람들에 대한 효과적인 관리를 통해 기업의 경제적 성과는 향상될 수 있다. 이러한 점을 활용하는 기업들은 여러 공통의 관행을 갖고 있다. 그 가운데 가장 으뜸은 의사결정에서 종업원의 참여이다. 많은 기업은 상당한 권한이 위임된 자율관리팀을 통해 종업원들이 의사결정에 참여하도록 한다. 공식적인 팀이 가능하지 않은 상황에서도 성과를 위해 지식과 기술을 보유한 현장의 종업원들에게 의사결정 권한이 위임될 수도 있다. 예를 들어, Hampton Inn 호텔에서는 고객을 즐겁게 하는데 필요한 것이라면 고객서비스담당 종업원이, 상사의 자문없이도, 어떤 것이든지 할 수 있도록 권한이 위임되었다.

> If participative decision making is to work, employees must be able to comprehend how it provides a personal benefit to them.

8-6a. 참여의 효과

참여적 의사결정(participative decision making)은 의사결정에 의해 영향을 받는 개인들이 그러한 의사결정에 영향을 미칠 때 나타난다. 참여는 종업원을 조직정치의 부정적인 경험으로부터 보호한다. 기술을 어떻게 개발할 것인가와 같은 의사결정에의 참여는 기술과 기술활용에 대한 종업원의 태도에 영향을 미치는 것으로 나타났다. 더욱이, 참여적인 관리는 종업원의 창의성, 직무만족, 그리고 생산성 등을 증가시킨다. GE Capital은 참여의 중요성을 믿는 기업이다. 매년 이 기업은 소위 꿈꾸는 시간(dreaming session)을 갖는데, 여기서 조직 내 모든 계층의 종업원들이 기업의 방향에 대해 논의하기 위해 전략 및 예산회의에 참여한다.

경제가 점증적으로 지식작업에 기반을 두게 되며 신기술로 인해 분권화된 의사결정자가 연결되는 것을 손쉽게 만듦에 따라, 참여적 의사결정은 분명

> **participative decision making**
> Decision making in which individuals who are affected by decisions influence the making of those decisions.

히 증가할 것이다. 시/카운티 정부조직이 결합한 샌프란시스코의 도시와 카운티를 생각해보라. 2만 명 이상 종업원의 요구사항을 충족시킬 수 있는 단일의 메시지 시스템 도입이 필요한데, 모든 이용자에게 의사결정에 필요한 자료를 제공하는 것은 정말 거대한 도전이다. 관련된 모든 집단의 요구를 조화시키는 시스템을 만드는 데 기술이 도움이 되었다. IT 계획자들은 60개 부서의 요구를 의사결정 매트릭스에 종합할 수 있는 28페이지 스프레드시트를 개발하였다. 2년 이내에 이용자의 90%는 단일 시스템에 동의하고 받아들이게 되어 비용과 복잡성이 낮아졌다.

8-6b. 참여와 임파워먼트의 근거

참여적 의사결정이 작동되기 위해서는 어떤 조건이 있어야 하는가? 조직의 토대에는 지원적인 조직문화와 팀지향적인 작업설계 등이 포함된다. 지원적인 작업환경은 조직내 불확실성 때문에 매우 중요하다. 낮은 계층의 종업원들은 의사결정하고 이에 근거하여 조치를 취할 수 있어야 한다. 그러나 종업원들의 의사결정에의 참여가 장려됨에 따라, 공포, 두려움, 또는 심지어 테러 등이 조직내 중간관리자들 사이에서 생겨날 수도 있다. 따라서 지원적이며 중간관리자들을 안심시키는 조직문화가 형성되어야 한다.

참여적 의사결정을 위한 두 번째 조직의 토대는 작업설계에 관한 것이다. 팀지향적인 작업설계는 조직의 토대에 핵심적이다. 이로 인해 더욱 폭넓은 과업을 수행하고 보다 큰 책임감을 느끼게 되기 때문이다. 예를 들어, Volvo는 팀지향적인 작업설계를 활용하여 자동차를 개발하였는데, 이 방식에서 종업원들 각각은 많은 다양한 과업을 수행한다. 그러므로 종업원들 각자가 완성품에 대해 직접적인 책임감을 느끼게 된다. 이러한 작업설계는 효과적인 참여의 여건을 만들어낸다.

참여적 의사결정을 위한 개인적인 3가지 조건은 다음과 같다.

1. 참여적인 활동에 심리적으로 관여할 수 있는 능력
2. 자율적으로 활동할 수 있는 동기부여, 그리고
3. 개인의 웰빙을 위해 참여가 필요한지를 판단할 수 있는 능력

첫째, 사람들이 효과적인 팀구성원이라고 한다면 참여적 의사결정에 관여되는 것에 심리적으로 준비되어 있어야 한다. 모든 사람이 그러한 것은 아니다. 예를 들어, 독일인들은 개인수준과 집단수준에서 참여적 의사결정에 역행하는 권위주의적인 전통을 갖고 있다. 그 결과, General Motors는 독일공장에서 품질분임조를 실행하는데 있어 심각한 어려움에 직면하였다. 독일 작업자들은 참여적으로 문제해결에 관여하기보다는 상사가 지시하는 것을 기대했기 때문이었다. 독일기업에서 상사/작업자 위원회를 구성하는 새로운 노력은 이러한 권위주의적인 전통을 변화시키는 것으로 이해되었다.

두 번째 조건은 자율적으로 활동할 수 있는 동기부여이다. 의존적인 성격을 지닌 사람들은 무엇을 해야 하는지 지시받으려고 하며 내적인 동기부여보다는 외적인 동기부여에 의존하려고 한다. 이러한 의존적인 사람들은 의사결정에 효과적인 기여자가 되기가 때때로 어렵다.

마지막으로, 만일 참여적 의사결정이 작동되려면, 종업원들은 참여적 의사결정으로 인해 자신이 얼마나 혜택을 받는지를 이해할 수 있어야 한다. 개인에게 있어 그러한 혜택이 단기적일 필요가 없다. 이는 장기적인 것일 수 있는데, 조직의 수익성 향상으로 인해 작업자는 더 많은 보상을 받을 수 있다.

8-6c. 참여의 수준

참여적 의사결정은 복잡하며, 관리자가 이해해야 하는 것 가운데 하나가 종업원은 일부 또는 모든 의사결정 과정에 관여될 수 있다는 것이다. 예를 들어, 종업원들은 문제 파악, 대안 개발, 해결책 선택, 실행계획 수립, 또는 결과 평가 등의 다양한 활동에 관련될 수 있다. 연구에 의하면, 5가지 단계에 더욱 많이 관여할수록 누적효과를 보인다고 한다. 5가지 과정 모두에 관여하는 종업원들은 높은 만족과 높은 수준의 성과를 보인다. 그런데 모든 의사결정과정이 균등하게 되지는 않는다. 만일 모든 단계에서 종업원이 충분히 참여할 수 없다면, 종업원들은 가장 중요한 것으로 보이는 대안 개발, 실행계획 수립, 그리고 결과의 평가, 등의 단계에 관여되어야 한다. 기업이 성장하고 또는 기업의 문화가 변화됨에 따라 의사결정에서 참여의 스타일도 변화될 필요가 있다.

CHAPTER

9 권력과 정치행동

Power and Political Behavior

학습 목표

9.1 권력의 개념을 서술하라.

9.2 조직에서 권력의 유형과 원천을 파악하라.

9.3 권력을 사용하는데 있어 윤리의 역할을 서술하라.

9.4 조직에서 권력과 무력감의 상징들을 파악하라.

9.5 조직정치를 정의하고 정치기술과 주요한 방법들을 이해하라.

9.6 조직내 정치행동을 관리할 수 있는 방법을 파악하라.

9-1 권력의 개념

권력(power)은 다른 사람에게 영향력을 미칠 수 있는 능력이다. 교환관계로서 권력은 대리인과 대상간의 교환에서 발생한다. 대리인은 권력을 행사하는 사람이며 대상은 권력을 사용하려는 시도의 수용자이다. 권력은 능력이기 때문에 개인은 이를 효과적으로 사용할 수 있으며, 영향력 또는 권한 가운데 하나 또는 모두를 이용할 수 있다. **영향력**(influence)은 다른 사람의 사고, 행동, 그리고 기분 등에 영향을 미치는 과정이다. **권한**(authority)은 다른 사람에게 영향을 미칠 수 있는 권리이다. 이들 용어간의 미묘한 차이를 이해하는 것이 중요하다. 예를 들어, 관리자는 권한을 가질 수는 있지만 권력을 갖지 못할 수도 있다. 관리자는 상사라는 직위로 인해 어떤 사람에게 무엇을 해야 하는지 말할 수 있는 권리를 갖고 있을 수도 있다. 그러나 다른 사람에게 영향력을 미칠 수 있는 기술이나 능력은 갖지 못할 수도 있다.

power The ability to influence another person.

influence The process of affecting the thoughts, behavior, and feelings of another person.

authority he right to influence another person.

대리인과 대상간의 관계에서 대상이 합법적이라고 여길 수 있는 많은 영향력 기법들이 있다. 한 주에 40시간 일하는 것, 고객을 맞이하는 것, 문제를 해결하는 것, 그리고 수금하는 것 등을 관리자가 요구할 때 이러한 행동은 고객서비스 담당자에게 합법적인 것으로 간주된다. 이러한 요청은 종업원의 **무관심권**(zone of indifference)에 해당된다. 이는 종업원들에게 영향을 미치는 시도들이 합법적인 것으로 지각되며 많은 생각없이 실행하는 범위이다. 종업원들은 관리자가 그러한 행동을 요구할 수 있는 권한을 가지고 있다고 받아들이며 그러한 요구를 따른다. 그러나 일부 요구는 무관심권 밖에 놓이게 되는데, 그러면 관리자들이 종업원의 무관심권을 확대하려고 노력해야 한다. 무관심권을 확대시키는 것은 권한(권리) 보다는 권력(능력)에 의해 이루어진다.

관리자가 자신의 부인을 위해 종업원에게 생일선물을 구매해달라고 하거나 서비스 호출에 대해 고객에게 높은 가격을 청구하라라고 요구하는 것으로 가정해보자. 종업원은 관리자가 이러한 것을 요구할 권리를 갖지 못했다고 생각할 수 있다. 이러한 요구는 무관심권을 벗어난다. 이러한 요구는 예외적인 것으로 여겨지며, 관리자는 종업원이 이러한 요구를 실행하도록 유인하기 위해서는 권한

Individuals have many forms of power to use in their work settings.

zone of indifference The range in which attempts to influence a person will be perceived as legitimate and will be acted on without a great deal of thought.

사실 확인

이사회의 성별 다양성은 모든 사람에게 혜택을 준다.

Catalyst는 20개국에 걸쳐 주가지수(stock market index) 기업에서 이사회에서의 여성비율에 대해 조사를 하였다. 국가별 여성이 이사회에서 차지하는 비율별 결과의 일부 사례는 다음과 같다.

- 노르웨이, 46.7%
- 프랑스, 34%
- 오스트레일리아, 23.4%
- 캐나다, 21.6%
- 독일, 22%
- 미국, 19.9%
- 인도, 9.5%
- 한국, 4.1%
- 일본, 3.5%

기업의 이사회에 여성이 있는 경우 좀 더 좋은 재무성과, 증가된 혁신, 능력있는 인물의 발탁 등과 연관되었다. 이사회의 성별이 균형잡힌 경우 좀 더 좋은 기업의 사회적 성과와도 연결되었으며, 이는 기업과 사회에도 혜택으로 작용하였다.

* 경영진의 30%를 여성이 차지하도록 하는 독일의 새로운 법률이 2016년 1월 시행되었다.

SOURCES: catalyst.org, "Women on Boards Globally," January 4, 2017, accessed at http://www.catalyst.org/knowledge/women-corporate-boards-globally#footnote20_7m7dqj9.

밖의 다른 것을 활용해야 한다. 어떤 경우에, 특히 종업원들이 관리자가 요구하는 행동들이 비윤리적이라고 생각할 때 종업원이 이러한 요구를 따르도록 유인할 수 있는 충분한 권력기반이 없다.

9-2 조직내 권력의 유형과 원천

개인들은 자신의 업무환경에서 사용할 수 있는 여러 유형의 권력을 보유한다. 이들 가운데 일부는 대인간에 이루어지는 것으로 다른 사람들과의 상호작용에서 사용된다. 가장 초기의 것 가운데 하나이며 가장 영향력있는 권력이론은 John French와 Bertram Raven의 이론이다. 이들은 관리자들이 다른 사람에게 영향력을 미치기 위해 사용하는 권력의 형태와 원천을 파악하려고 시도하였다.

reward power Power based on an agent's ability to control rewards that a target wants.

coercive power Power that is based on an agent's ability to cause an unpleasant experience for a target.

9-2a. 대인간 권력의 유형

French와 Raven은 관리자가 사용하는 대인간 권력의 5가지 유형을 파악하였다. 이는 보상적, 강압적, 합법적, 준거적, 그리고 전문적 권력 등이다.

보상적 권력(reward power)은 봉급인상, 보너스, 그리고 승진 등과 같은 대상이 원하는 보상을 통제할 수 있는 대리인의 능력에 기반을 둔 권력이다. 종업원이 성과와 보상 간에 분명하고 강력한 관계를 인식할 수 있는 경우에만 보상적 권력은 좋은 성과를 이끌어낸다. 따라서 보상적 권력을 효과적으로 사용하기 위해서 관리자는 보상받는 행동에 관하여 명확하게 하여야 하며 행동과 보상간의 관련성을 명확하게 하여야 한다.

강압적 권력(coercive power)은 대상이 불쾌한 경험을 갖도록 할 수 있는 대리인의 능력에 기반을 둔 권력이다. 어떤 사람에게 무엇을 하도록 하게 하는 것은 때때로 처벌을 통한 위협으로 그 사람에게 강요하는 것을 의미한다. 강압적 권력을 사용하는 관리자는 종업원을 언어적으로 위협하거나 종업원에 대한 지원을 철회할 수 있다.

합법적 권력(legitimate power)은 권한과 유사한 것으로 직위와 상호 동의에 근거한 권력이다. 대리인과 대상은 대리인이 대상에게 영향을 미칠 수 있는 권리를 갖고 있음에 동의한다. 관리자는 종업원에게 영향력을 미칠 수 있는 권리를 보유하고 있다고 생각하기 때문에 관리자가 합법적 권력을 가질 것임을 의미하는 것이 아니다. 합법적인 권력이 효과적으로 작동되기 위해서는 종업원들도 관리자가 자신들에게 무엇을 하라고 말할 수 있는 권리를 갖고 있다고 믿어야 한다. 예를 들어, 미국 원주민 사회에서 추장은 합법적인 권력을 갖고 있다. 부족민들은 자신들의 삶에 영향력을 미칠 수 있는 추장의 권리를 믿기 때문이다.

준거적 권력(referent power)은 대인간의 상호작용에 근거한 규정하기 모호한 권력이다. 대상이 대리인과 동일시하거나 대리인처럼 되기를 원할 때 대리인은 대상에 대해 준거적 권력을 갖는다. 카리스마가 있는 개인들은 때때로 준거적 권력을 갖는다고 여겨진다. 흥미롭게도 대리인은 어떻게든 대상보다 우월해야 할 필요가 없다. 준거적 권력을 잘 사용하는 사람들은 대부분 개인주의적이며 대상에게 존경받는다.

전문적 권력(expert power)은 대상이 필요로 하는 전문적인 지식 또는 기술을 대리인이 갖고 있을 때 나타나는 권력이다. 전문적 권력이 작동하기 위해서는 3가지 조건이 있어야 한다. 첫째, 대상은 전문지식이 정확하다고 믿어야 한다. 둘째, 관련 지식이 대상에게 관련성이 있으며 유용하여야 한다. 셋째, 대리인이 전문가라고 대상이 믿는 것이 중요하다. 쉽게 이해할 수 있는 언어를 사용하는 것은 대상에게 전문가가 현실세계를 이해하고 있다는 신호를 보내는 것이며, 전문가에 대한 대상의 신뢰를 향상시킨다.

어떤 유형의 대인간 권력이 가장 효과적인가? French와 Raven이 5가지 권력유형을 소개한 이후 이 질문에 많은 연구들의 초점이 놓여졌다. 일부 연구결과들은 놀라웠다. 보상적 권력과 강압적 권력은 유사한 효과를 보였다. 이들 권력은 복종으로 이어졌다. 즉, 관리자들이 종업원에게 보상을 제시하거나 처벌로 위협한다면 종업원들은, 적어도 일시적으로는, 관리자들이 요구하는 것을 수행할 것이다. 그러나 이러한 권력에 의지하는 것은 위험하다. 그러한 행동들이 나타날 때 보상을 하거나 처벌하기 위해서는 관리자들이 물리적으로 실재해서 관찰하는 것이 필요할 수도 있기 때문이다. 지속적인 감시로 인해 관리자와 종업원 모두에게 불편한 상황이 만들어지며 의존관계가 생겨나게 된다. 즉 관리자가 없으면 종업원들은 일하지 않을 것이다.

합법적 권력도 복종으로 이어진다. "내가 당신의 상사이니까 이것을 하라"라는 말을 듣는다면 대부분의 종업원들은 복종할 것이다. 그러나 합법적 권력의 사용은 조직의 효과성 또는 종업원의 만족으로 연결되지 않는다. 관리자들이 합법적 권력에 크게 의존하는 조직에서는 조직목표가 반드시 달성되지는 않는다.

준거적 권력은 조직유효성과 연결된다. 그러나 준거적 권력은 다른 사람의 행동을 변화시키는데 있어 매우 광범위하고 강력할 수 있기 때문에 가장 위험한 권력이다. 카리스마가 있는 리더들은 타인에 대한 책임감을 함께 가져야 할 필요가 있다. 배우인 Michael J. Fox는 준거적 권력을 효과적으로 이용하였다. 1991년 파킨슨병을 진단받은 후, 그는 3권의 책을 저술하고, 영화에서 목소리 작업을 했으며, 텔레비전에서 계속해서 연기하였다. 그는 파킨슨병 치료제를 개발하는데 중점

legitimate power Power that is based on position and mutual agreement; agent and target agree that the agent has the right to influence the target.

referent power An elusive power that is based on interpersonal attraction.

expert power The power that exists when an agent has specialized knowledge or skills that the target needs.

을 두는 Michael J. Fox 재단을 설립하였다.

전문적 권력은 미래의 권력이라고 불려진다. 권력의 5가지 유형 가운데 성과와 만족간의 관계가 가장 강력하다. 핵심적인 기술, 능력, 그리고 지식 등은 조직내에서 전문적 권력을 통해 전해진다. 종업원들은 전문가로 인식되는 관리자로부터 관찰하고 배운 것을 내면화시킨다.

이러한 권력의 5가지 유형의 효과성에 관한 연구결과에 대해 조직에서는 고려할 것이 있다. 관리자들은 가장 덜 효과적인 권력기반들(합법적, 보상적, 강압적)을 가장 많이 사용하기 쉽다. 관리자들은 자신들이 감독직위를 담당하게 될 때 이러한 권력기반도 직위의 일부분으로 부여받는다. 대조적으로, 가장 효과적인 권력기반(준거적, 전문적)은 종업원과의 대인적인 관계를 통해 형성되며 강화되어야 한다. 펩시의 CEO인 Indra Nooyi는 준거적 및 전문적 권력 모두를 갖고 있다. 그녀는 전문지식을 활용하여 분석가들의 기대를 뛰어넘는 기업운영성과를 보이고 있을 뿐만 아니라 감성적인 부분도 활용한다. Nooyi는 부모님께 글을 직접 써서 보내어, 부모님이 훌륭한 부모이었음을 알도록 하고 아이들에게 선물을 주신 것에 대해 부모님께 감사를 표하였다. 그녀는 리더가 종업원들을 기업과 결속시키고 종업원들의 생각뿐만 아니라 가슴도 얻을 수 있도록 열심히 해야 한다고 믿는다. CEO는 전문적 권력과 사회적 네트워크를 통해 기업의 수익을 높일 수 있는 방식으로 최고경영진에게 영향을 미칠 수 있을 것이다.

Indra Nooyi has referent and expert power as a leader.

strategic contingencies Activities that other groups depend on in order to complete their tasks.

9-2b. 집단간 권력의 원천

조직내 집단 또는 팀 또한 여러 원천에서 권력을 행사할 수 있다. 집단간 권력의 원천 가운데 하나가 ***핵심자원***(critical resource)의 통제이다. 다른 집단이 원하는 중요한 자원을 한 집단이 통제할 때, 이 집단은 권력을 보유하게 된다. 다른 집단이 필요로 하는 자원을 통제함으로써 권력을 보유한 집단은 권력을 덜 가진 집단의 행동에 영향을 미칠 수 있다. 이 과정은 나선형 형태로 지속적으로 올라간다. 강력하게 보이는 집단은 최고경영층으로부터 보다 많은 자원을 받는 경향이 있다.

집단도 **전략적 상황**(strategic contingencies)을 통제할 수 있는 권력을 어느 정도는 보유한다. 전략적 상황은 자신들의 과업을 완수하기 위해 다른 집단에 의존해야 하는 활동이다. 예를 들어, 학장실에서는 각 학과의 교수의 수를 통제할 수 있다. 학과의 채용계획은 학장실의 승인에 달려있다. 이러한 경우에, 학장실은 교수채용의 전략적 상황을 통제하며 권력을 갖고 있는 것이다.

3가지 요인들이 전략적 상황에 대한 집단의 통제에 영향을 미칠 수 있다. 하나는 ***불확실성 대처능력***(ability to cope with uncertainty)이다. 만일 다른 집단이 불확실성에 잘 대처할 수 있도록 어떤 집단이 도움을 줄 수 있다면 그 집단은 권력을 갖고 있는 것이다. 대부분의 조직에서 최근에 권력을 확보한 집단은 법률부서이다. 증가되는 정부의 규제와 소송의 두려움과 마주해야 하는 많은 다른 부서들은 법률부서로부터 가이드라인을 구한다.

다른 요인은 조직내 ***높은 중심성의 정도***(high degree of centrality)이다. 집단의 기능이 조직의 성공에 중요하다면, 이는 중심성이 높은 것이다. 예를 들어, 컴퓨터기업의 판매원은 기업운영에의 즉각적인 영향 때문에 그리고(예를 들어, 회계부서와 지원부서 등) 다른 부서는 판매원의 활동에 의지해야 하기 때문에 권력을 갖는다.

세 번째 요인은 ***비대체가능성*** (unsubsitutability), 즉 집단이 조직에 핵심적인 기능을 수행하는 정도이다. 컴퓨터 전문가팀은 시스템에 대한 전문성으로 인해 권력을 가질 수 있다. 다른 팀이 제공할 수 없는 전문화된 경험을 갖고 있기 때문이다.

이와 같이 전략적 상황 모델은 집단이 불확실성을 줄여줄 때, 집단의 기능이 조직의 성공에 중심적일 때, 그리고 집단의 활동을 대체하기 어려울 때 집단이 권력을 갖게 됨을 보여준다. 이들 3가지 요인의 핵심은 의존성(dependency)이다. 한 집단이 다른 집단이 필요로 하는 것을 통제할 때, 이는 의존관계를 형성하게 되며 한 집단이 다른 집단에 대해 권력을 갖게 된다.

표 9.1 권력의 윤리적 사용에 대한 가이드라인

권력의 유형	사용에 대한 가이드라인
보상적 권력	준수 여부를 확인하라 타당한 합리적인 요청을 하라 윤리적인 것만을 요구하자 부하가 원하는 보상을 제공하라 오직 신뢰할만한 보상을 제공하라
강압적 권력	부하에게 규칙과 벌칙을 알려라 처벌하기 전에 경고를 하라 처벌을 일관되게 동일하게 하라 행동하기 전에 상황을 이해하라 신뢰를 유지하라 위반의 정도와 처벌은 적합하게 하라 다른 사람이 없는 곳에서 처벌하라.
합법적 권력	다정하고 친절하라 자신감을 보여라 명확하여야 하며 이해를 했는지 확인하라 요청이 적정했음을 확인하라 요청에 대한 이유를 설명하라 적절한 방식을 이용하라 권력을 일관되게 사용하라. 복종을 요구하라 부하의 관심에 민감하게 대응하라
준거적 권력	부하를 공전하게 대하라 부하의 관심사를 보호하라 부하의 욕구와 느낌에 민감하게 대응하라 자신과 유사한 부하를 선택하라 역할모델을 보여라
전문적 권력	신뢰를 유지하라 자신감 있고 결단성 있게 행동하라 최신 정보를 잘 파악하라. 종업원의 관심사를 인식하라 부하의 자존감을 위협하는 것은 피하라

SOURCE: G. A. Yuki, Leadership in Organizations, 1st ed., © 1981. Reprinted by permission of Pearson Education, Inc., Upper Saddle River, N.J.

9-3 권력의 윤리적 활용

관리자는 미래에 사용하기 위해 5가지 유형의 권력을 보유하려고 노력할 수 있다. 권력 사용에서의 핵심은 표 9.1에 제시된 바와 같이 권력을 윤리적으로 활용하는 것이다. 예를 들어, 강압적 권력이 윤리적인 방식으로 사용되려면 신중하게 사용되어야 한다. 종업원들은 사전에 규칙에 대해 알고 있어야 하며 처벌은 일관되게 동일하게 비공개적으로 사용되어야 한다. 대인간 권력 5가지 모두를 윤리적으로 사용하는데 있어 핵심은 종업원의 관심사항에 대해 민감하여야 하며 잘 의사소통을 하는 것이다.

오늘날 조직에서 매우 중요하다고 여겨지는 원천을 French와 Raven의 5가지 권력원천에 추가할 수 있다. **정보적 권력**(information power)은 중요한 정보에 대한 접근과 이에 대

information power Access to and control over important information.

한 통제를 말한다. 예를 들어, 최고경영자의 관리보좌관을 생각해보자. 사람들이 최고경영자를 만나려고 할 때 필요한 최고경영자의 일정에 관한 정보를 보좌관은 갖고 있다. 정보적 권력의 핵심은 조직내 의사소통의 네트워크내에 위치한, 공식적인 그리고 비공식적인, 사람의 직위이다. 또한 중요한 것은 생각에 대한 ***프레이밍***(framing)으로서, 이는 관리자가 정보에 대해 그럴듯하게 의견을 제시하는 것(spin)이다. 관리자는 부하에게 정보를 전달할 뿐만 아니라 정보를 해석하고 정보에 대한 부하의 지각에 영향을 미친다. 정보적 권력은 관리자에서부터 부하에게 내려갈 수도 있을 뿐만 아니라 부하에서부터 관리자에게 올라갈 수도 있다. 예를 들면, 제조공장에서 데이터베이스 운영자는 관리자의 의사결정에 매우 중요한 공장의 여러 지표에 관한 정보를 때때로 통제한다. 또한 정보적 권력은 수평적으로 흐를 수도 있다. 판매원은 마케팅활동에 중요한 외부환경(고객)으로부터의 정보를 전달한다.

권력관련 행동이 윤리적인지의 여부를 판단하는 것은 복잡하다. 이에 관한 기준을 만드는데 유용한 방법은 3가지 질문을 하는 것이다.

1. ***그 행동이 조직내부와 외부의 사람에게 좋은 결과를 가져오는가?*** 이 질문은 공리주의적 결과(utilitarian outcomes)의 기준을 나타낸다. 그 행동은 수많은 사람들에게 가장 좋은 결과를 가져와야 한다. 만일 권력관련 행동이 개인의 이익만을 위한 것이며 조직의 목표달성에 도움이 되지 않는다면, 그 행동은 비윤리적으로 여겨진다. 판매원이 경쟁 때문에 매출을 증가시키려고 제품할인을 크게 할 수 있다. 그렇게 하는 것은 판매원 개인의 이익에는 도움이 될 수 있지만 조직에는 도움이 되지 않을 것이다.
2. ***그 행동이 관련된 모든 당사자의 권리를 존중하는 것인가?*** 이 질문은 개인의 권리(individual rights)에 관한 기준을 강조하는 것이다. 언론의 자유, 프라이버시, 그리고 정당한 절차 등은 존중받아야 할 개인의 권리이다. 그리고 이러한 권리를 침해하는 권력관련 행동은 비윤리적으로 여겨진다.
3. ***그 행동이 모든 당사자들을 동등하게 그리고 공정하게 대우하는가?*** 이 질문은 ***분배정의***(distributive justice)를 나타낸다. 다른 당사자는 희생시키면서 어떤 당사자에게 혜택을 주거나 독단적으로 대하는 권력관련 행동은 비윤리적이다. 바쁜 주에 어떤 종업원에게는 하루의 휴가를 주는데 다른 종업원에게는 그 종업원의 몫을 담당하도록 하는 것은 비윤리적으로 여겨질 수 있다.

권력관련 행동이 윤리적이라고 여겨지기 위해서는 3가지 기준 모두를 충족시켜야 한다. 만일 충족시키지 못한다면 다른 행동을 고려해야 한다.

불행하게도, 대부분의 권력관련 행동은 분석하기가 쉽지 않다. 기준들 사이에 갈등이 있을 수 있다. 예를 들어, 한 행동이 매우 많은 사람들에게 가장 좋은 혜택을 최대로 할 수 있지만 모든 당사자들을 동등하게 대우하지 못할 수도 있다. 개인의 권리가 조직을 위해 희생될 수도 있다. 조직을 구하기 위해 최고경영자가 물러나야 될 수도 있다. 여전히 이러한 기준들은 권력의 사용과 관련된 복잡한 윤리이슈를 사례별로 분류하는데 이용될 수 있다. Bernie Madoff 같은 최고경영자의 권력남용으로 인하여 권력의 윤리적인 사용은 최근 비즈니스 분야에서 가장 뜨거운 주제 가운데 하나이다. 그는 전세계의 많은 사람들과 기업을 재무적으로 파멸시킨 500억 달러 폰지사기(Ponzi scheme)로 인해 유죄판결을 받았다.

9-3a. 긍정적인 권력 대 부정적인 권력

조직에서 사용하는 올바른 대 잘못된 유형의 권력에 대해 강한 입장을 취하는 권력이론을 살펴보자. David McClelland는 권력의 필요성과 관리자의 권력사용방식을 연구하는데 그의 경력의 상당부분을 보냈다. 제4장에서 논의되었듯이, 그는 권력에 2가지 측면, 즉 부정적

사회적 권력 창출을 위한 개인적 권력의 이용: 기빙 플레지(The Giving Pledge)

반빈곤 단체인 Oxfam에 따르면, 현재 8명의 남성이 전세계에서 가장 가난한 36억 명이 가진 부와 비슷한 정도의 부를 보유하고 있다고 한다. 모두 더하면, 이들의 부는 46억 달러이다: 마이클 블룸버그, 워렌 버핏, 빌 게이츠, 제프 베조스, 아만치오 오르테가, 래리 엘리슨, 카를로스 슬림, 그리고 마크 주커버그 등이다. 소득 불평등은 권력격차의 주요 원천이며, 부를 축적하는 것을 개인적 권력의 축적으로 볼 수도 있다.

Bill and Melinda Gates and Warren Buffett

이러한 부를 보유한 사람들 가운데 일부는 기빙 플레지(세계의 부자들에게 살아있는 동안 또는 사후에 자신들이 보유한 부의 절반을 자선활동에 기부하도록 고취시키는 캠페인)에 가입함으로써 개인적 권력을 사회적 권력으로 전환시키고 있다. 빌 게이츠, 워렌 버핏, 래리 엘리슨, 마이클 블룸버그, 그리고 마크 주커버그 등은 기빙 플레지에 가입했다. 빌 게이츠와 멜린다 게이츠 그리고 워렌 버핏 등이 세운 조직의 목표는 빈곤을 완화시키는 것에서부터 의료혜택과 교육에 이르기까지 사회의 가장 긴급한 문제를 이야기하는 것이다.

SOURCES: https://www.oxfam.org/sites/www.oxfam.org/files/file_attachments/bp-economy-for-99-percent-160117-en.pdf; L. Lorenzetti, "17 More Billionaires Join Buffett and Gates' Giving Pledge This Year," Fortune, June 1(2016), accessed at http://fortune.com/2016/06/01/giving-pledge-new-members-2016/.

인 측면과 긍정적인 측면이 있다고 믿었다. 권력의 부정적인 측면이 **개인적 권력**(personal power)으로서, 이는 개인적인 이익을 위해 사용되는 권력이다. 개인적 권력을 사용하는 관리자는 권력에 굶주린 것으로 많이 표현된다. Uber의 최고경영자 가운데 한 명은 사퇴하라는 요구를 받았는데, 그가 전 직장인 구글에서 성희롱으로 피소되었음을 다른 경영자들이 알게 된 다음이었다. Amit Singhal는 자신이 채용될 때 내부의 의혹을 공개하지 않았다. 전 엔지니어가 Uber의 기업문화의 문제들에 대해 블로그에 올린 후, 현재 Uber는 주장된 성희롱에 대한 내부조사에 직면하고 있다. 교환적 관계로 접근하는 사람들은 관계에서 최소한 자신의 공정한 몫을, 그리고 때때로 보다 많이, 얻기 위하여 때때로 개인적 권력을 사용한다. 그들 관심사의 대부분은 자신들의 필요와 이해관계에 놓여있다. 조직에서 윤리적 행동을 고무시키는 한 가지 방법은 ***원칙에 입각한 반대***(principled dissent)를 장려하는 것이다. 이는 작업조건에 대한 단순한 불평보다는 조직에 도움이 될 수 있는 타당한 비판을 의미한다. 조직내 권력자에 대한 점검기능을 하는 양심선언자들처럼, 반대자들은 잘못을 정확히 지적하고, 주요 이슈에 관한 종업원의 의견제시를 권장하며, 그리고 권력의 윤리적 사용을 유도하는 분위기를 만들 수 있다.

극단적으로 개인적 권력에 의지하는 개인들을 ***마키아벨리적 인물***(Machiavellian), 즉 자신들이 원하는 것을 얻기 위해 무엇이든지 하려고 하는 사람이라고 할 수 있다. Niccolo Machiavelli는 16세기에 군주론(The Prince)을 저술한 이탈리아 정치인이다. 이 책은 권력의 획득과 행사에 관한 지침이라고 할 수 있다. 권력을 사용하는 방법들 가운데에는

personal power Power used for personal gain.

사람들을 조작하는 것도 포함되는데, 사람들에게 사랑받기 보다는 두려움의 대상이 되는 것이 더 좋다고 여긴다. 마키아벨리적 인물은 개인의 이익을 위해 타인을 조작하려고 하며 타인의 선택과 안녕에 대해서는 관심이 없다.

권력의 긍정적인 측면이 **사회적 권력**(social power)인데, 이는 동기부여를 이끌어내고 집단의 목표를 달성하기 위해 사용되는 권력이다. McClelland는 관리자의 사회적 권력의 사용을 명확히 선호한다. 공동의 지향점을 지닌 관계를 추구하는 사람들은 타인의 필요와 흥미에 초점을 둔다. 바꾸어 말하면, 사람들은 사회적 권력에 의지한다. McClelland는 권력을 성공적으로 사용하는 관리자들은 4가지 권력지향적인 특성을 갖고 있음을 발견하였다.

1. ***권한체계에 대한 믿음.*** 그들은 제도가 중요하며 권한체계가 타당하다고 믿는다. 그들은 영향을 주고받는 것을 편하게 느낀다. 그들에게 있어 권력의 원천은 자신이 소속되어 있는 권한체계이다.
2. ***작업과 규율에 대한 선호.*** 그들은 자신들의 일을 좋아하고 질서를 매우 잘 지킨다. 그들은 청교도적인 직업윤리를 기본적으로 선호하며, 일은 사람에게 수익창출의 가치 그 이상으로 중요한 것이라고 믿는다.
3. ***이타주의.*** 그들은 공개적으로 자신들의 필요에 앞서 기업과 기업의 필요를 우선한다. 그들은 자신의 웰빙을 기업의 웰빙과 통합된 것으로 보기 때문에 그들은 이것을 할 수 있다.
4. ***정의에 대한 믿음.*** 그들은 무엇보다도 정의가 추구되어야 한다고 믿는다. 사람들은 자격이 있다고 믿는 것과 자신들이 일해서 얻은 것을 가져야 한다.

social power Power used to create motivation or to accomplish group goals.

McClelland는 관리자의 적절한 권력사용에 관해 분명한 입장을 취한다. 권력이 개인적인 이득보다는 집단을 위해 사용될 때 권력은 긍정적인 것이다.

9-4 권력의 상징

조직도(organization chart)는 누가 권한을 갖고 있는지를 보여주지만, 권력 보유자에 대해 많이 알려주지는 못한다. 권력의 상징에 관해 2가지 매우 상이한 생각들이 Rosabeth Moss Kanter와 Michael Korda에게서 제시되었다.

9-4a. Kanter의 권력의 상징들

Kanter는 누가 권력을 갖고 있으며 누가 무력하게 느끼는지를 판단하는데 학술적인 접근을 하였으며, 조직 내 권력자의 여러 특성을 제시하였다.

1. ***어려움에 처한 사람을 도와줄 수 있는 능력.*** 궁지에 몰려있는 사람을 벗어나게 할 수 있는 개인들은 권력을 갖고 있다.
2. ***좋아하는 종업원에게 좋은 위치에 있도록 할 수 있는 능력.*** 종업원을 중요한 위치로 승진시키는 것은 권력의 상징이다.
3. ***예산한도를 초과하는 것.*** 질책받지 않고서 예산한도를 넘어서 진행할 수 있는 관리자는 권력을 갖고 있다.
4. ***종업원에게 평균이상의 임금을 인상시키는 것.*** 예산에서는 4% 인상만을 허용함에도 불구하고, 학과장은 가장 우수한 성과를 보인 교수들에게 10% 인상을 제시하였다. "학과장이 그것을 어떻게 해냈는지 나는 모릅니다. 학과장이 어떤 힘을 갖고 있음이 틀림없습니다."라고 교수가 말하였다.
5. ***회의에서 어떤 주제를 의제로 다루는 것.*** 만일 관리자가 회의에서 이슈를 제기할 수 있다면, 이는 권력의 상징이다.
6. ***정보에 일찍 접근하는 것.*** 다른 사람보다 앞서 정보

를 얻는 것은 관리자가 중요한 원천과 연결되어 있다는 상징이다.

7. *최고경영자가 자신에게 의견을 구하도록 하는 것.* 최고경영자들이 문제가 있을 때, 낮은 계층의 관리자에게 조언을 구할 수도 있다. 이 때 관리자들은 권력을 갖는다.

By identifying powerful people and learning from their modeled behavior, you can learn the keys to power use in the organization.

Kanter의 목록에 배어있는 근본적인 주제는 타인을 위해, 예를 들면, 어려운 상황에 처해 있는 사람들, 종업원들, 그리고 상사들을 위해 어떤 것을 하는 것이다. Kanter의 권력의 상징에는 적극적인 타인지향적인 요소들이 있다. 조직내 권력자를 피악하기 위해 Kanter의 권력상징을 활용할 수 있다. 이는 권력을 효과적으로 사용할 수 있는 멘토를 찾는데 특히 유용할 수 있다.

9-4b. Kanter의 무력감의 상징들

Kanter는 조직의 여러 계층의 관리자들에게서의 **무력감**(powerlessness), 즉 권력 부족의 증상에 대해서도 서술하였다. 예를 들어, 일선관리자들은 때때로 무력감의 3가지 증후군을 보인다. 지나치게 밀접한 감독, 규칙에 대한 유연하지 못한 집착, 그리고 그들의 종업원들이 일을 하도록 훈련시키기 보다는 자신이 직접 일하는 경향 등이다. 회계사와 법률가와 같은 스태프 전문가들은 다른 유형의 무력감 증후군을 보인다. 자신들이 무력하다고 느낄 때, 변화에 저항하고 자신들의 영역을 보호하려고 한다. 또한 최고경영자도 무력감을 느낄 수 있다. 이들은 예산절감, 처벌, 독재적인 하향식 의사소통 등에 집중하는 증상을 보인다. 어떤 방식으로 행동하느냐에 따라 종업원은 관리자가 무력하다고 생각할 수 있다. 부정적인 사건에 대해 ***외부요인***(external attribution)을 탓한다면(타인이나 환경을 비난하기) 관리자가 무력한 것처럼 보인다.

9-4c. Korda의 권력의 상징들

Michael Korda는 유형의 권력 싱징에 대해 조금 느슨하게 바라보았다. 권력상징에는 사무실 가구배치, 시간권력, 대기하기 등이 포함된다. 가구는 물리적으로 유용할 뿐만 아니라 권력에 대한 메시지를 전달한다. 잠겨진 파일보관함은 관리자가 사무실에 중요한 비밀 정보를 갖고 있다는 신호이다. (둥글기 보다는) 직사각형 긴 퍼런스 테이블에서는 가장 중요한 사람이 테이블의 상석에 앉게 된다. 대부분의 경영자들이 크고 값비싼 책상을 사용하듯이, 책상의 크기도 권력의 양을 의미한다.

시간권력(time power)은 권력의 상징으로서 시계를 이용하는 것이다. Korda에 따르면, 바쁜 경영자가 방문자에게 제공하는 가장 큰 칭찬은 자신의 시계를 풀어서 책상위에 엎어 놓는 것으로, 이는 "내 시간은 당신 것입니다"라고 말하는 것이다. 경영자가 보유한 권력이 약할수록 일정이 더욱 복잡하다. 더욱이, 자신의 권력이 정말로 안전한 관리자는 시계를 전혀 착용하지 않는다. 어떤 중요한 일도 자신이

powerlessness A lack of power.

관여하지 않은 상태에서 일어날 수 없다고 믿기 때문이다. 꽉 찬 일정 또한 권력의 증거이다. 개인적으로 일정을 계획할 수 있는 사람은 바쁜 일정을 보여주는 책상위에 빈 공간으로 남겨둔다.

대기하기(standing by)는 경영자가 언제든지 호출할 수 있도록 휴대폰이나 호출기 등을 항상 보유하도록 하는 것이다. 이러한 생각은 어떤 사람이 다른 사람에게 자신의 일정을 강요할 수 있을수록 그 사람은 보다 많은 권력을 갖고 있다는 것이다. 사실 Korda는 권력을 다음과 같이 정의한다. 당신이 누구를 대신하여 자신을 불편하게 만드는 사람이 있기 보다는 당신을 대신하여 자신을 불편하게 하는 보다 많은 사람들이 있다. 이는 타인이 당신을 위해 커피나 우편물을 가져오도록 하는 것과 같은 단순한 과업을 하도록 시킬 수 있는 능력과 밀접히 관련되어 있다.

Kanter의 상징은 타인을 도울 수 있는 능력에 초점을 두는 것에 비하여 Korda의 상징은 지위, 즉 위신에 근거한 집단내 상대적인 위치로서 타인들이 그에게 경의를 표하도록 하는 것에 초점을 두고 있다. 권력자를 파악하고 그의 본보기가 되는 행동을 배움으로써 당신은 조직내 권력사용의 핵심을 배울 수 있다.

9-5 조직내 정치행동

권력이라는 용어와 마찬가지로, 조직내 정치는 부정적인 이미지를 떠올리게 할 수 있다. 그러나 **조직정치**(organizational politics)는 반드시 부정적일 필요는 없다. 이는 조직내 권력과 영향력의 사용에 관한 것이다. 조직은 사람들이 상충되는 이해관계를 갖고 있기 때문에 효과적인 관리자는 상충하는 이해관계를 잘 조정해야 한다. 조직정치는 관리의 중심에 놓여있다. 사람들은 권력을 획득하고 권력기반을 확대하려고 하기에 다양한 전술과 전략을 사용한다. 방법들 가운데 (조직에서 수용될 수 있는) 일부는 인정되지만, 일부는 인정되지 않는다. **정치적 행동**(political behavior)은 자신의 개인적인 이익을 충족시키기 위하여 타인에게 영향을 미치려고 취하는 조치로서 조직에서 공식적으로 인정되지 않는다. 때때로 개인적인 목적이 팀의 또는 조직의 목적과 보조를 맞추기도 하는데, 이는 타인의 이익에 도움을 주면서 이루어질 수도 있다. 그러나 다른 경우에 개인의 목표와 타인의 이익이 충돌하며 개인들은 타인의 이익을 희생시키면서 정치를 추구하기도 한다.

> **organizational politics** The use of power and influence in organizations.
>
> **political behavior** Actions not officially sanctioned by an organization that are taken to influence others in order to meet one's personal goals.

정치는 관리자들 사이에 논란이 되는 주제이다. 일부 관리자는 정치적인 행동에 대해 긍정적인 관점을 갖는다. 반면에 다른 관리자들은 정치를 조직에 해가 되는 것으로 보기도 한다. 자신들의 일터를 매우 정치적으로 보는 일부 종업원들이 정치행동에 관여할 때 이들은 실제로 정치적인 방법의 사용을 보다 만족스럽게 보며 보다 높은 직무만족을 보여준다. 그러므로 일부 종업원들은 정치적 환경에서 성공하는 반면, 일부는 사무실의 정치를 혐오스럽고 스트레스를 유발시키는 것으로 여기기도 한다. 그러나 정치행동은 본질적으로 건설적이거나 파괴적인 것이 아님을 기억하는 것이 중요하다.

또한 대부분의 사람들은 기업의 모든 계층에서 정치행동을 놀라울 정도로 잘 인식하고 있다. 종업원들은 자신의 계층에서 정치행동을 매우 잘 파악하고 있을 뿐만 아니라 상사의 계층과 최고경영층 모두에서의 정치행동도 인식할 수 있다.

정치활동은 많은 조직여건들로 인해 생겨나기 쉽다. 불명확한 목표, 전제적인 의사결정, 모호한 권한체계, 희소한 자원, 그리고 불확실성 등이 포함된다. 더욱이 심지어는 객관적인 활동에도 정치가 관련될 수 있다. 그러한 활동 가운데 하나가 인사평가과정이다. 인사평가 경험이 많은 경영자 60명을 대상으로 한 연구에 의하면, 정치적인 고려는 거의 항상 성과평가과정의 일부

표 9.2 조직내에서 이용되는 영향력 전술		
전술	설명	사례
압박 (pressure)	당신이 요청을 따르거나 제안을 받아들이도록 하기 위해 요구, 위협, 협박을 사용한다.	"당신이 이것을 하지 않는다면, 해고될거야. 5시까지 마음을 바꾸지 않는다면, 당신없이 나 혼자 갈거야"
상향식 호소 (upward appeals)	요청이 고위관리층에서 승인되었다고 당신을 설득하거나 요청에 대한 당신의 동조를 얻을 수 있도록 고위관리층에게 지원을 호소한다.	"나는 당신을 상사에게 보고하겠습니다. 나의 상사는 이 아이디어를 지지합니다."
교환 (exchange)	당신이 요청을 따르거나 제안을 지지한다면 당신은 보상 또는 혜택을 받을 것이라는 약속을 명백하게 또는 암묵적으로 하거나 또는 과거의 호의를 상기시킨다.	"내가 전에 당신에게 도움을 주었습니다. 이 문제에 대해 나를 지지해준다면 내가 점심을 사겠습니다."
연합 (coalition)	당신을 설득하여 무엇을 하도록 타인의 도움을 구하거나 타인의 지지를 당신도 동의할 만한 논거로 이용한다.	"다른 상사들은 나의 의견에 동의합니다. 전체 위원들 앞에서 당신에게 질의하겠습니다."
아부 (ingratiation)	당신에게 무엇을 하라고 요구하기 전에 당신을 좋은 분위기에 있도록 하거나 그 사람을 호의적으로 생각하도록 한다.	"오직 당신만이 이 일을 제대로 할 수 있어. 나는 항상 당신을 의지할 수 있었어. 그런데 한 가지 요청이 있는데."
합리적 설득 (rational persuasion)	제안이나 요청이 실행가능하며 과업목표를 달성할 수 있다고 당신을 설득할 수 있는 논리적인 주장과 사실근거를 이용한다.	"이 새로운 절차로 인해 15만 달러의 간접비를 절약할 수 있습니다. 존을 채용하는 것이 타당합니다. 그가 가장 경험이 많습니다"
감화를 주는 호소 (inspirational appeals)	당신의 가치와 이상을 어필하거나 또는 당신이 할 수 있다는 자신감을 고취시킴으로써 열정을 불러일으키는 감정적인 요청이나 제안을 한다.	"환경을 의식하는 것은 옳은 것이다. 그것을 하는 것이 힘들지만, 당신이 해낼 수 있다는 것을 알고 있다."
자문 (consultation)	의사결정 또는 정책, 전략 또는 변화 등을 실행하는 계획에 당신이 참여하기를 원한다.	"이 새로운 출근계획은 논란이 많다. 이것이 잘 수용되도록 할 수 있는가? 작업자들이 생산라인의 로봇을 덜 두려워하도록 할 수 있는가?"

SOURCE: Adapted from E. A. Gerloff, "Information Richness: A New Approach to Managerial Behavior and Organizational Design," by R. L. Daft and R. H. Lengel in Research in Organizational Behavior 6(1984): 191-233. Reprinted by permission of JAI Press Inc.

분이었다.

정치적 행동이 자신의 이익을 극대화시키기 위해 전략적으로 이루어졌을 때, 조직에서 정치적 행동의 효과는 상당히 부정적일 수 있다. 만일 조직내 사람들이 경쟁적으로 이기적인 목표를 추구하고 있다면, 이들은 타인의 관심사에 대해 관심을 기울이기가 어려울 것이다. 그 결과, 일터는 덜 협조적이며, 보다 위협적이며, 그리고 더욱 예측하기 어렵다고 인식될 수 있다. 사람들이 조직의 목표보다는 자신의 관심사에 집중하게 될 때, 앞서 David McClelland가 개인적 권력으로 서술했던 권력의 부정적 측면이 보인다. 그리고 종업원들이 조직의 정치분위기가 극단적이라고 인식하게 될 때, 두려움, 긴장, 피로, 그리고 소진 등을 더욱 경험하게 된다. 또한 이들은 자신의 직무에 대해 불만족하게 되어 이직하기가 쉽다.

그러나, 모든 정치적 행동이 파괴적이지는 않다. 긍정적인 정치적 행동이 자기이익과 관련된다고 하더라도, 그것이 조직목표와 결부될 때 종업원은 자기이익을 긍정적으로 인식한다. 정치적 행동이 어떤 것을 성취하려는 수단으로 인식될 때 이는 긍정적으로 여겨진다. 직무만족과 동료작업자 및 상사에 대한 만족은 어떤 정치적 행동에 의해 영향을 받는다.

9-5a. 영향력 행사 방법

영향력(influence)은 타인의 사고, 행동, 또는 느낌 등을 움직이게 하는 과정이다. 그 사람이 상사(상향적 영향), 종업원(하향식 영향), 또는 동료(수평적인 영향) 등이 될 수 있다. 영향력 전술 8가지는 표 9.2에 서술되어 있다. 연구에 따르면, 가장 자주 사용되는 4가지는 자문, 합리적인 설득, 감화를 주는 호소, 그리고 아부 등이다. 상향식 호소와 연합전술이 중간 정도로 이용된다. 교환전술은 가장 적게 이용된다.

영향력 전술은 제2장에서 서술하였듯이 ***인상관리***(impression management)를 위해서도 사용된다. 인상관리에서 개인들은 자신에 대한 타인의 인상을 통제하기 위해 영향력 전술을 사용한다. 사람들이 인상관리에서 사용하는 한 가지 방법은 이미지 구축(image building)이다. 인터뷰는 모든 당사자들이 사용하고 있는 이미지 구축의 주요한 예이다. 직무 지원자는 확고한 악수, 굳건한 시선 마주침, 그리고 자신감있는 자세 등을 통해 면접자와 좋은 인상을 형성하고자 노력한다. 이와 유사하게 면접자는 따뜻함을 보여주기, 지원자의 이름을 부르기, 그리고 자신을 지원자와 유사하게 보이기 등을 통해 지원자와 좋은 인상을 형성하려고 노력한다.

아부(ingratiation)는 인상관리를 위해 자주 사용되는 전술 가운데 하나이다. 아부는 아첨(flattery), 의견동조, 그리고 굽실거리는 행동 등 여러 형태를 갖는다. ***교환***(exchange)은 인상관리를 위해 사용될 수 있는 또 다른 영향력 전술이다. 좋은 인상을 형성하려는 노력에서 어떤 사람에게 호의를 베푸는 것은 교환전술이다.

어떤 전술이 가장 효과적인가? 이는 영향력을 시도하려는 대상과 목표에 달려있다. 개인들은 다양한 목적에서 그리고 다양한 사람들을 대상으로 다양한 전술을 활용한다. 예를 들어, 부하에 대한 영향력 시도는 보통 과업을 배정하거나 행동을 변화시키는 것과 관련된다. 동료의 경우, 목표가 가끔 도움을 요청하는 것일 수 있다. 상사의 경우, 영향력 시도는 승인, 자원, 정치적 지원, 또는 개인적인 혜택 등을 요구하기 위한 것일 수 있다. ***합리적인 설득***(rational persuasion)과 ***연합전술***(coalition tactics)은 기업정책을 변경시키기 위해 동료와 상사로부터 지원을 얻으려고 할 때 가장 자주 이용된다. ***자문***(consultation)과 ***감화를 주는 호소***(inspirational appeal)는 신규 프로젝트를 위해 지원과 자원을 얻으려고 할 때 특히 효과적이다. 전체적으로 목표달성이라는 관점에서 가장 효과적인 전술은 합리적인 설득이다. ***압박***(pressure)은 가장 덜 효과적인 전술이다.

영향력 전술은 종업원을 더욱 좋게 평가하도록 하려고 하거나 또는 종업원을 승진시키도록 하기 위해 상사들에게 가끔 이용된다. 합리적인 설득과 아부, 이 2가지 전술이 효과적으로 작용하는 것으로 보인다. 이들 전술을 사용하는 종업원들은 그렇지 않은 종업원들 보다 높은 성과평가를 받는다. 상사들은 자신들에게 도움이 되는 일을 하려는 종업원을 좋은 종업원이라고 믿을 때, 상사들은 보상하기 쉽다. 그러나 종업원의 동기가 아첨하는 것으로 여겨질 때, 상사는 부정적으로 반응한다. 그리고 종업원이 상사에게 좋은 인상을 주어 무엇인가를 얻으려는 것이 더욱 분명해질 때, 아부가 성공할 가능성은 낮아진다. 어떻게 아부를 효과적으로 이용할 것인가?

대규모 주정부기관의 상사와 부하들을 대상으로 수행된 연구에 의하면, 정치기술에서 높은 점수를 얻은 부하들은 아부를 정규적으로 사용하며 높은 성과평가를 받는 반면에, 정치기술에서 낮은 점수를 보이는 개인들이 아부를 자주 사용하는 경우에는 낮은 성과평가를 받았다.

관리자들과 높은 사회적 지위와 권력을 지닌 다른 사람들에게 성공적으로 아부하는 것은 때때로 상당히 어렵다. 성공적인 한 가지 방법은 높은 지위의 동료에 대한 존경과 같은 진실한 긍정적인 느낌을 곰곰이 생각하는 것이다. 이는 수용자가 더욱 진실하게 느끼게 하며 호의를 얻고자 하는 노골적인 시도처럼 느껴지지 않도록 하는 아부로 여겨진다.

최고경영자들은 때때로 아첨 또는 의견동조 등과 같은 아부 시도의 대상이 되는데, 이들은 이러한 시도에 대해 때때로 긍정적으로 반응한다. 그러나 때때로 아부의 실패는 역효과를 가져올 수 있다. CEO에게 아부를 할 필요가 있다고 느끼는 경영자들은 분개할 수가 있다. 그 분개는 CEO와 기업에 관하여 글을 쓰는 저널리스트와 같은 중요한 사람들간의 사회적 관계의 손상으로 확대될 수도 있다.

남자와 여자는 정치와 영향력 시도를 다르게 평가한다는 근거가 있다. 남자는 여자보다 정치적 행동을 보다 긍정적으로 보는 경향이 있다. 남자와 여자 모두 정치적 행동을 목격했을 때, 대리인이 자신들과 동성이며 대상은 이성이라고 한다면 이를 긍정적으로는 본다. 일부 여성경영자들은 정치를 혐오하며, 오로지 자신들의 성과에 근거하여 인정받고 승진하기를 기대할 수도 있다. 조직정지의 인식부족은 고위경영층으로의 이동이라는 측면에서 여성을 방해하는 걸림돌이 된다. 더욱이, 멘토와 역할모델의 부족으로 인해 그리고 때때로 비공식 네트워크에서 배제되기 때문에 여성은 정치기술을 개발할 수 있는 기회를 적게 가질 수도 있다.

다른 문화에서는 일터에서 다른 영향력 전술이 요구된다. 한 연구에 의하면, 느긋한 종업원을 다루어야 하는 미국인 관리자는 "자네가 작업에 대해 정시에 보고하지 않는다면, 나는 자네의 임금을 삭감하지 않을 수가 없을 것이야"등과 같은 압박 전술에 의존하는 경향이 있다. 대조적으로, 일본인 관리자는 종업원의 의무감에 호소하거나("이 기업의 책임감있는 종업원으로서 정시에 작업을 시작하는 것이 당신의 의무이다") 또는 자문접근법을 강조하는("당신이 정시에 작업하려고 오는 것에 장애가 되는 문제를 극복하도록 내가 도와줄 것이 있는가?") 영향력 전술에 의존한다.

Eileen Fisher에서의 지속가능성과 기후변화

패션디자이너 Eileen Fisher는 지속가능한 디자인에 대해 책임감을 갖는다. "그것은 정말 큰 문제인데, 우리는 엉망으로 하고 있습니다. 디자이너로서 우리는 지구를 잘 돌보고 해를 끼쳐서는 안된다는 책임감을 잘 인식하고 있습니다." 그녀의 노력가운데 일부가 Green Eileen이다. 고객들은 더 이상 원하지 않는 의류를 점포로 보내고 5달러를 받을 수 있도록 하는 것으로, 옷들이 잘 활용될 것임을 알고 있다. 그녀는 패션산업에서 낭비를 줄이기를 원한다. 원하지 않는 의류의 84%는 매립지에서 끝나게 된다.

Eileen Fisher는 자연섬유 기반의 회사이며, 면직물, 아마섬유에서 나온 리넨, 목초로 사육한 양에서 나온 양털 등을 주로 활용한다. 기후변화는 사업에 현실적인 위협이다. 허리케인 샌디로 인해 기업본부가 침수되었을 때 기후변화 이슈는 실제로 영향을 미쳤던 것이다. Eileen Fisher는 파리 기후변화 회의에서 Gap, H&M, 그리고 기타 의류업체 등의 최고경영자들과 합류하여 세계의 지도사들에게 의미있는 조치를 취할 것을 요구하였다. 개인적인 책임감과 영향력의 활용을 결합시킴으로써 디자이너들은 사람들에게 비즈니스를 세계에서의 긍정적인 변화의 연결다리로 생각하도록 고무시켰다.

COURCES: L. Rose, "Eileen Fisher Is Growing Her Business by Reducing Its Environmental Impact," Fast Company, November 13(2016), accessed at https://www.fastcompany.com/3065315/the-fast-company-innovation-festival/eileen-fisher-is-growing-herbusiness-by-reducing-its-e; D. Brodwin, "Eileen Fisher: Making the Point," Conscious Company, 10(2016): 31.

영향력은 그 사람의 성격이 작업환경과 적합하도록 하는 방법에서 비롯될 수도 있다. 최근 연구에서 외향적인 사람은 팀지향적인 작업환경에서 좀 더 영향력을 갖는 반면에, 성실한 종업원은 기술적인 과업을 홀로 수행하는 환경에서 좀 더 영향력을 갖는 것으로 나타났다.

영향력 전술이 일부 긍정적인 효과를 가져온다는 것에 주목하는 것이 중요하다. 투자자들이 연합을 형성하여 연구개발노력을 증가시키라고 기업에 압박한다면, 이는 효과가 있을 것이다. 그러나 압박, 연합형성, 그리

핫 트렌드

권력자의 미안합니다 라는 말은 효과가 없을 수도 있다.

모든 사람들이 그렇듯 리더들도 실수를 하며 때때로 자신들의 실수에 대해 반성을 표현하고 용서를 구해야 한다. Lululemon의 전임 CEO인 Chip Wilson의 비만을 비난하는 발언으로 인해 그는 사과를 하였으나 일부 사람들은 이를 진실하지 않다고 보았으며 이는 소비자의 이탈로 이어졌다. 기업에서 생산한 요가바지가 너무 얇아서 비친다는 것과 필링(pilling)이 발생한다는 불만이 쌓여졌다. 이에 대해 Wilson은 요가바지를 입고서는 "일부 여성들은 몸을 제대로 움직일 수 없다"고 주장하였다. 그 후 그는 사퇴하였다.

연구에 따르면, 용서를 구하는 경우에 사과는 때때로 효과가 있을 수 있다. 권력자에서부터 비권력자에 이르기까지 사과를 했을 때 이들의 사과는 별로 효과적이지 못한 것으로 보인다. 이유는 비권력자는 권력자의 사과를 냉소적으로 해석하는 경향이 있기 때문이다. Lululemon의 CEO의 사과가 가식적으로 인식된 것과는 달리, 권력자의 매우 진실한 사과조차도 냉소와 불신으로 받아들여 질 수 있다.

SOURCE: X. Zheng, M. van Dijke, J. Leunissen, and D. de Cremer, "When Saying Sorry May Not Help: Transgressor Power Moderates the Effect of an Apology on Forgiveness in the Workplace," Human Relations, 69 (2016): 1287-1313.

고 교환 등과 같은 일부 영향력 전술은 강력한 윤리적인 시사점을 제시한다. 인상관리자(impression manager)가 되는 것과 조작자(manipulator)처럼 보이는 것 사이에는 작은 차이가 있다.

관리자가 어떻게 영향력 전술을 잘 사용할 수 있는가? 첫째, 관리자는 모든 방향으로, 즉 수평적으로, 수직적으로, 그리고 대각선으로 향하는 개방적인 의사소통망을 형성하고 유지할 수 있다. 그러면 관리자는 영향력 시도의 대상, 즉 관리자, 종업원, 또는 동료들을 기본적인 존중을 갖고 대우할 수 있다. 마지막으로 관리자는 영향력 관계가 상호적임을, 즉 관계가 쌍방향임을 이해할 수 있다. 영향력 시도가 조직의 목표를 위한 것인 한, 영향력 과정은 관련된 모든 사람에게 도움이 될 수 있다.

political skill The ability to get things done through favorable interpersonal relationships outside formally prescribed organizational mechanisms.

9-5b. 정치기술

플로리다 주립대학교의 연구자들은 정치기술에 대해 상당히 많은 연구를 수행하였다. 이들은 정치기술이 관리자의 성공에 중요한 대인적인 요인임을 밝혀냈다. 연구자들은 정치기술은 채용과 승진결정에서 고려되어야 한다고 주장하였다. 리더의 정치기술은 팀성과, 리더에 대한 신뢰, 그리고 리더에 대한 지원 등에 긍정적인 영향을 미친다. 더욱이 정치기술은 작업상황에서의 역할 갈등과 같은 스트레스 요인에 의한 부정적인 효과를 완화시킨다. 이러한 연구결과는 관리자의 성공을 위해 정치기술을 개발하는 것이 중요함을 지적하고 있다.

그렇다면 **정치기술**(political skill)은 정확히 무엇인가? 이는 공식조직 밖의 긍정적인 대인관계를 통해 일을 수행하는 능력이다. 개인적인 또는 조직의 목표를 달성하기 위해 정치기술에 숙련된 개인들은 타인을 정확하게 이해하고 영향력을 미칠 수 있는 지식을 활용할 수 있는 능력을 갖고 있다. 정치기술은 사회적 예리함, 대인간의 영향력, 네트워킹 능력, 그리고 진실성 등의 핵심적인 차원 4가지로 구성된다.

사회적 예리함(social astuteness)은 사회적 상황에 대한 정확한 지각과 평가를 말한다. 사회적으로 예리한 개인들은 자신들에게 가장 유리한 방향으로 사회적 상황을 관리한다. ***대인간의 영향력***(interpersonal influence)은 일을 수행하는데 가장 효과적인 미묘하며 영향력있는 개인적인 스타일이다. 대인간의 영향력을 가진 개인들은 자신들의 목표를 달성하기 위하여 자신들의 행동을 영향력의 다양한 대상에 또는 다양한 상황에 적응시키는데 있어 매우 유연하다. ***네트워킹 능력***(networking ability)은 다양하고 광범위한 사회적 네트워크를 개발하고 유지할 수 있는 개인의 능력이다. 정치기술을 지닌 개인들은 동료들이 정보를 전달하는 네트워크의 중심위치에서 잘 해낼 수 있다. 마지막으로, ***진실성***(sincerity)은 개인의 모든 관계에서 솔직함과 진정성을 표현하는 개인의 능력을 말한다. 성실하게 행동하는 개인들은 더욱 신뢰와 믿음을 갖도록 하며, 이는 다른 사람들에게 성공적으로 영향력을 미칠 수 있도록 한다. 정치기술의 이러한 4가지 차원은 학습될 수 있다.

높은 자기점검 성향의 사람과 정치적인 요령을 갖춘 개인들은 정치기술의 점수가 높다. 감성지능을 보유한 개인들은 일터에서 정치기술을 더욱 잘 개발할 수 있을 것이다. 조직에 신규종업원을 모집하는 것이 중요한데 정치기술을 갖춘 리쿠르터는 더욱 성공적으로 수행하기 쉽다. 심지어 대학풋볼에서 감독의 승리기록과 함께 더불어 리쿠르터의 정치기술은 NCAA 풋볼선수를 모집하는데 있어 크게 도움이 될 수 있다. 정치기술을 보유한 개인들은 조직시민행동을 보다 잘 보이며, 승진횟수도 많으며, 높은 경력성공을 보이며, 높은 삶의 만족을 보이는 것으로 나타났다.

9-6 조직내 정치기술의 관리

정치는 조직에서 제거될 수 없으며 제거되어서도 안 된다. 그러나 관리자들은 적극적인 태도를 취하고 어쩔 수 없이 발생하는 정치행동을 관리해야 한다. 정치행동을 관리하는데 있어 첫 단계는 이를 인식하는 것이다. 관찰되어야 할 행동에는 네트워킹, 계획을 지원해 줄 수 있는 핵심인물 파악하기, 권력자와 친구맺기, 규칙을 왜곡하기, 그리고 자기홍보 등이 포함된다. 덜 사용되는 전술에는 오보, 루머 퍼뜨리기, 그리고 공갈(blackmailing) 등이 포함된다.

이러한 행동을 확산시키기 위해서는 개방적인 의사소통이 중요하다. 불확실성으로 인해 정치기술이 증가되는 경향이 있으며 불확실성을 줄이는 의사소통이 중요하다. 개방적인 의사소통의 한 가지 방법은 조직에서 인정되는 그리고 인정되지 않는 정치행동을 명확히 하는 것이다. 예를 들어, 관리자는 개인적 권력의 반대로서 사회적 권력을 장려하기를 원할 수 있다.

다른 방법은 성과에 관한 기대를 명확히 하는 것이다. 이는 구체적인 수량적인 목표를 사용하여 그리고 목표달성과 보상간의 명확한 관계를 형성함으로써 이루어질 수 있다. 참여적 관리는 여전히 중요하다. 때때로 사람들은 자신이 조직내 의사결정과정에서 배제되었다고 느낄 때 정치행동에 관여한다. 그들을 포함시킴으로써 관리자는 긍정적인 노력을 장려하며 은밀하게 계책을 마련하지 못하도록 할 수 있다. 또한 작업내의 협력을 장려하는 것은 정치행동을 관리하는데 도움이 된다. 관리자들은 협조적인 행동을 보상함으로써 그리고 공동의 목표를 향한 팀의 노력을 통합하는 활동을 함으로써 작업팀내에 일치된 목표를 불어넣을 수 있다.

희소한 자원을 관리하는 것도 중요하다. 희소한 자원에 대한 명확한 해결책은 자원의 총량을 증가시키는 것이지만, 자원을 풍부하게 보유한 관리자는 거의 없다. 그러나 자원배분과정을 분명하게 하고 성과와 자원간의 관계를 명확하게 함으로써 역기능적인 정치행동을 줄일 수 있다. 지원적인 조직분위기를 조성하여 종업원들이 논란이 되는 이슈를 즉각적으로 공개적으로 논의할 수 있게 하는데, 이는 이슈가 커져서 종업원들 사이에서 잠

재적으로 마찰을 일으키지 못하도록 하는 것이다.

역기능적 정치행동에 대한 지각이 직무만족에 영향을 줄 수 있기 때문에 일터에서의 정치행동을 관리하는 것은 중요하다. 종업원들이 지배적인 이익집단이 있다고 지각하게 되면, 종업원들은 임금과 승진에 대해 덜 만족하게 된다. 조직의 보상방식이 자신의 수행성과 보다는 자신이 누구를 알고 있는가에 의해 영향을 받는다고 믿게 될 때, 종업원들은 덜 만족한다. 더욱이 동료들이 증가된 정치행동을 보인다고 믿게 될 때, 종업원들은 동료에 대해 덜 만족한다. 개방적인 의사소통, 성과와 보상에 대한 명확한 기대, 참여적인 의사결정 방식, 작업집단의 협력, 희소한 자원의 효과적인 관리, 그리고 지원적인 조직분위기 등으로 인해 관리자는 정치행동의 부정적인 결과들을 예방할 수 있다.

9-6a. 상향적 관리: 상사 관리

권력과 정치에 대해 가장 적게 논의된 측면 가운데 하나가 부하와 상사간의 관계이다. 상사는 조직의 나머지 부분과의 가장 중요한 연결이기 때문에 이는 핵심적인 관계이다. 종업원-상사 관계는 상호의존의 관계 가운데 하나이다. 성과 피드백을 제공할 수 있으며, 자원을 제공하며, 그리고 중요한 정보를 공급할 수 있는 상사에게 종업원은 의존한다. 성과, 정보, 그리고 지원 등을 위해 상사도 부하에게 의존한다. 이는 상호관계이기 때문에 부하들은 관계를 관리하는데 있어 적극적인 역할을 담당해야 한다. 이러한 관계의 관리는 상사에게 떠맡겨진다. 그러나 관계가 종업원의 욕구를 충족시키지 못한다면, 관계를 적극적으로 관리하는 책임을 갖지 않았던 종업원에게 기회가 있다.

표 9.3은 상사와의 관계를 관리하는데 있어서의 기본적인 단계들이 제시되었다. 첫 단계는 상사에 대해 이해할 수 있는 만큼 이해하려고 노력하는 것이다. 상사의 목표는 무엇인가? 상사는 직무에서 어떤 종류의 압박에 직면하는가? 많은 개인들은 상사가 완벽하기를 너무 쉽게 기대하며 상사가 그러하지 않을 때 실망한다. 상사의 강점, 약점, 그리고 모르는 부분이 무엇인가? 이는 감정적으로 격앙될 수 있기 때문에 객관적으로 되는 것은 어렵지만, 효과적인 관계를 형성하는데 있어 중요한 단계이다. 상사가 선호하는 업무스타일은 무엇인가? 상사는 보고서를 쓸 때 모든 것을 구체적으로 서술하는 것을 좋아하는가 또는 싫어하는가? 상사는 부하가 정확하게 약속을 해서 만나기를 원하는가 또는 어떤 시간대에 잠깐 들르기를 원하는가? 요점은 상사에 대해 얻을 수 있는 한 많은 정보를 모으고 상사의 스타일에 자신을 맞추도록 노력하는 것이다.

두 번째 단계는 상사에 대해 평가했던 것과 같은 방법으로 자신과 자신의 욕구를 평가하는 것이다. 자신의 강점, 약점, 그리고 모르는 부분은 무엇인가? 자신의 업무스타일은 무엇인가? 자신은 상사와 얼마나 정규적으로 만나는가? 일부 사람들은 역의존성(counterdependence)의 경향을 갖고 있다. 즉 상사의 권한에 대해 저항하고 상사를 성과달성에 있어서의 방해물로 본다. 또는 대조

표 9.3 상사와의 관계를 관리하기

상사와 상사의 상황을 이해하라: 상사의 목표와 목적, 상사에 대한 압박, 상사의 장단점과 사각지대, 상사의 업무스타일 등
자신과 자신의 욕구를 평가하라: 자신의 장점과 단점, 자신의 스타일, 상사에게 의존하는 것에 대한 자신의 성향 등
관계를 개발하고 유지하라: 상사와 자신의 욕구와 스타일을 적합하게 하고, 상호 기대를 가져야 하며, 상사에게 잘 알려주어야 하며, 믿음과 정직에 기반을 두어야 하며, 상사의 시간과 자원을 선별적으로 이용하라.

SOURCE: Reprinted by permission of Harvard Business Review. From "Managing Your Boss," by J. J. Gabarro and J. P. Kotter (May-June 1993): 155.

적으로 지나치게 의존적인 견해를 갖기도 한다. 즉 수동적으로 종업원–상사 관계를 받아들이고 상사는 모든 것을 알고 있는, 자식을 보호하는 부모처럼 대우한다. 자신의 경향은 어떠한가? 자신이 상사에 대해 어떻게 반응하는지를 파악하는 것이 상사와의 상호작용을 이해하는데 도움이 될 것이다.

신중하게 자기분석을 하고 상사를 이해하려고 노력한 후, 다음 단계는 효과적인 관계를 형성하는 것이다. 당사자들의 욕구와 스타일 모두 반영되어야 한다. 대규모 자선단체의 한 기금모집인은 새로 온 상사에 관한 이야기를 들려주었는데, 새로운 상사를 차갑고, 냉담하며, 비체계적이며, 그리고 서툴다고 묘사하였다. 기금모집인은 상사를 만나려고 여러 번 시도하였는데, 상사의 일상적인 응답은 시간이 없다는 것이었다. 이에 기금모집인은 좌절하여 새로운 일자리를 알아보았다. 기금모집인은 "나는 상사를 만날 수가 없어"라는 말을 되풀이 하였다. 그런데 기금모집인은 상사와 자신의 스타일에 대해 조금 거리를 두고 생각을 하였다. 자신은 직관(intuitive)–감정(feeling) 유형이며 타인으로부터의 지속적인 피드백과 강화를 좋아하는데, 상사는 직관–사고(thinker) 유형으로 타인의 피드백없이 편안하게 일하는 것을 좋아하며 타인을 칭찬하거나 보상하지 않는 경향을 갖고 있다. 기금모집인은 상사와 함께 앉아서 자신들의 욕구에서의 차이점에 대해 신중하게 논의를 하였다. 이 논의는 편안한 관계를 만드는데 도움이 되었다 "나는 여전히 상사를 좋아하지는 않는다, 그러나 나는 상사를 더 잘 이해한다"라고 말한다.

관계를 유지하는 또 다른 측면은 서로에 대한 기대를 이끌어내는 것이다. 한 가지 중요한 활동은 업무목표에 대한 계획을 마련하고 이에 대해 상사가 동의하도록 하는 것이다. 일을 올바르게 하는 것이 중요하지만, 올바른 일을 하는 것도 중요하다. 관계에서 어떤 당사자도 독심술사는 아니며 따라서 목표를 명확히 하는 것이 중요하다. 상사에게 보고하는 것도 중요하다. 누구도 모른 상태로 있는 것을 좋아하지는 않는다.

종업원–상사 관계는 의존가능성(dependability)과 정직에 근거해야 한다. 이는 긍정적 및 부정적 피드백을 주고받음을 의미한다. 많은 사람들이 상사에게 어떤 피드백을 제공하는 것을 꺼려한다. 긍정적인 피드백은 고위계층에서 환영받는다. 부정적인 피드백은 시작하기가 매우 어렵지만 상황을 개선할 수 있다. 문제해결적인 방식으로 제공된다면 보다 친밀한 관계를 만들 수도 있다.

마지막으로, 상사도 자신이 속해있는 팀의 구성원임을 기억하라. 황금률에 따르면 상사가 성공한 것처럼 보이도록 만드는 것이 필요하다. 상사가 자신에 대해서도 같은 것을 해주기를 기대할 수 있기 때문이다.

9-6b. 권력의 공유: 임파워먼트

현대 조직이 수평적으로 되어 관리계층을 축소시킬수록, 임파워먼트는 점점 중요하게 된다. Jay Conger는 **임파워먼트**(empowerment)를 '개인의 자기효능감(self-efficacy)을 강력하게 만들어서 고조된 동기부여 상태를 만드는 것"이라고 정의하였다. 이는 개인들이

empowerment Sharing power in such a way that individuals learn to believe in their ability to do the job.

> The driving idea of empowerment is that the individuals closest to the work and to the customers should make the decisions and that this makes the best use of employees' skills and talents.

직무를 수행할 수 있는 자신들의 능력을 믿도록 하는 방식으로 권력을 공유함을 의미한다. 임파워먼트의 주된 아이디어는 작업 및 고객들과 가장 가까이 있는 개인들이 의사결정을 해야 하며 이것이 종업원의 기술과 재능을 가장 잘 활용한다는 것이다. 사람들은 자기효능감을 갖게 됨에 따라 임파워먼트를 가질 수 있게 된다.

임파워먼트는 4가지 차원을 포함하고 있다. 의미감, 유능감, 자기결정력, 영향력 등이다. ***의미감***(meaning)은 작업의 역할과 종업원의 가치와 신념간의 적합을 말한다. 이는 임파워먼트의 엔진으로서 이를 통해 종업원들은 자신의 직무에 대해 활력을 갖게 된다. 만일 종업원의 심장이 자신들의 업무속에 있지 않다면, 종업원들은 임파워먼트를 가졌다고 느낄 수 없을 것이다. ***유능감***(competence)은 자신이 직무를 잘 수행할 수 있는 능력을 갖고 있다는 믿음이다. 유능감이 없다면, 종업원은 임파워먼트가 충분하지 않으며 부족하다고 느낄 것이다. ***자기결정력***(self-determination)은 자신이 일을 수행하는 방식을 통제할 수 있는가에 관한 것이다. 자신들은 단지 상사의 지시를 따르고 있을 뿐이라고 느끼는 종업원들은 임파워먼트를 가졌다고 느끼지 못할 것이다. ***영향력***(impact)은 자신의 직무가 조직내에서 중요하다는 믿음이다. 목표달성에 기여하지 못한다고 느끼는 종업원은 임파워먼트를 갖지 못한다고 느낄 것이다. 효과적인 임파워먼트를 통해 종업원은 더 좋은 직무성과, 높은 조직몰입, 그리고 낮은 수준의 직무스트레스 등을 보일 것이다. 개인들이 보다 많이 임파워먼트를 가졌다고 느끼도록 만드는 한 가지 방법은 그들의 작업팀이나 부서가 임파워먼트를 갖도록 하는 것이다. 임파워먼트를 가진 집단에서 일하는 종업원들은 보다 심리적으로 임파워먼트를 가졌다고 느끼며, 이는 개인성과와 팀 성과 모두를 향상시킨다.

임파워먼트를 주장하는 것은 쉽지만 임파워먼트를 실행시키는 것은 어렵다. Conger는 조직내에서 리더가 사람들에게 임파워먼트를 갖도록 하는 방법에 관해 몇 가지 가이드라인을 제시하였다. 첫째, 리더는 종업원에 대한 신뢰를 표현하고 성과에 대한 높은 기대를 제시해야 한다. 제2장의 피그말리온 효과에서 제시되었듯이, 긍정적인 기대는 종업원들이 좋은 성과를 얻도록 하는데 많은 도움이 된다. 둘째, 관리자는 종업원이 의사결정에 참여할 수 있는 기회를 만들어야 한다. 이는 의견과 선택이라는 2가지 형태로의 참여를 의미한다. 종업원들이 단지 이슈에 관하여 자신들의 의견을 제시하도록 요청받아서는 안 되며, 결정하는데 투표할 수 있어야 한다. 참여를 향상시키는 한 가지 방법은 자율관리팀(self-managed team)을 활용하는 것이다. 제8장에서 논의되었듯이 이는 전통적으로 관리자에게 속하는 의사결정과 활동을 담당하기 때문에 임파워먼트를 가진 팀의 최고의 모습이다. 셋째, 관리자는 자율성을 억누르는 관료적인 제약들을 제거해야 한다. 때때로 기업들은 종업원들의 자율적인 관리를 방해하는 낡은 규칙과 방침을 갖고 있다. 그러한 예로 한 미수금처리대행회사(collection agency)를 보자. 이 회사에서는 채무불이행 고객에 대한 장기지불약정을 승인하는데 관리자의 서명이 한 때 필요하였다. 고객을 직접적으로 상대하는 징수원이 지불약정이 실행가능한지의 여부를 가장 잘 판단할 수 있는 사람인데, 관리자와 협의하도록 함으로써 징수원들은 면밀하게 감독받고 있으며 무력하다고 느끼게 된다. 이 규칙이 나서 자금회수는 증가되었다. 넷째, 관리자는 의미있는 목표를 설정해야 한다. 개인들이 자신의 목표를 갖고 있다고 느낄 때, 목표에 대해 개인적인 책임감을 가질 것이다.

임파워먼트는 정도의 문제이다. 직무는 직무내용과 직무상황의 2가지 관점에서 생각할 수 있다. ***직무내용***

그림 9.1 종업원의 임파워먼트 그리드(grid)

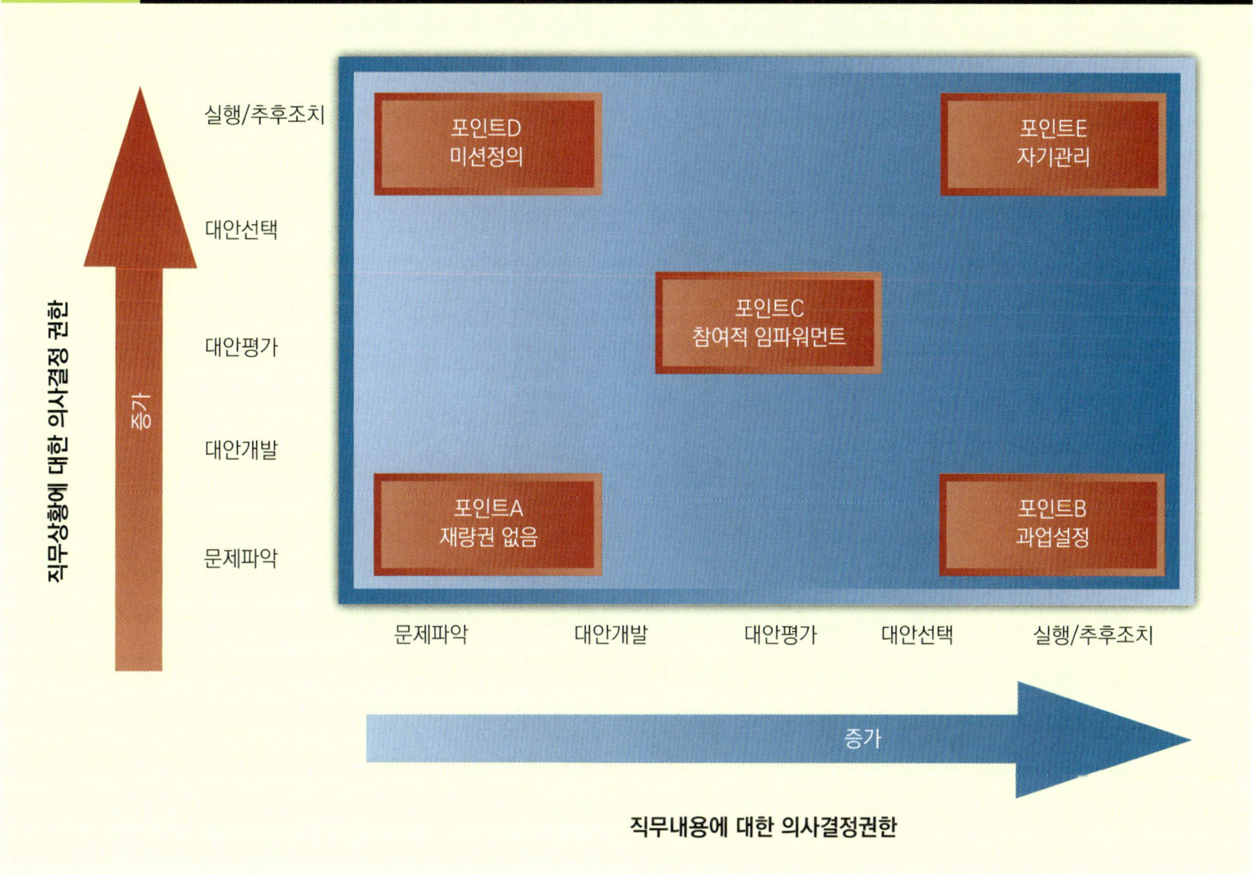

(job content)은 특정 직무를 수행하는데 필요한 과업과 절차로 구성된다. *직무상황*(job context)은 좀 더 광범위하다. 직무상황이 조직에서 직무가 필요한 이유이며, 직무가 조직의 사명, 목적, 목표 등과 적합하도록 하는 방법을 포함한다. 이들 2가지 차원은 그림 9.1에 제시되어 있다.

그리드(grid)의 양 축 모두에 의사결정과정의 주요 단계들이 포함되어 있다. 가로축에 제시되었듯이 직무내용에 대한 의사결정 권한은 의사결정과정에서 관여도가 커짐에 따라 증가한다. 이와 유사하게, 세로축에서도 의사결정과정에서의 관여도의 증가에 따라 직무상황에 대한 권한은 증가한다. 이러한 방식으로 직무내용과 직무상황 권한을 결합하게 되면 임파워먼트의 정도의 측면에서 볼 때 5가지 지점이 나타난다.

재량권 없음(포인트 A)은 전통적인 조립라인 직무를 보여준다. 이러한 직무는 의사결정 권한은 없으며 매우 일상적이며 반복적이다. 7장을 되돌아보면, 이들 직무에서 힘겨운 속도를 유지해야 한다면 그리고 작업자들은 재량권이 없다면 디스트레스가 나타날 것이다.

과업설정(포인트 B)은 오늘날 조직에서 많은 임파워먼트 프로그램의 핵심이다. 이러한 경우, 작업자들은 직무수행에 가장 좋은 방법을 결정할 수 있지만 직무상황에 대한 책임에 대해서는 결정하지 못한다.

참여적 임파워먼트(포인트 C)는 직무내용과 직무상황 모두에 대해 일부 의사결정권한을 갖는 전형적인 자율적인 작업집단의 상황을 보여준다. 이들의 관여는 문제파악, 대안 개발, 그리고 대안 평가 등이다. 그러나 대안의 실제적인 선택은 이들의 권한 밖이다. 참여적 임파워먼트는 직무만족과 생산성으로 이어지게 된다.

미션정의(포인트 D)는 임파워먼트의 예외적인 경우로

서 거의 나타나지 않는다. 여기서, 종업원들은 직무상황에 대해서는 권한을 갖지만 직무내용에 대해서는 권한을 갖지 못한다. 자신들의 직무를 외부업체에게 외주를 줄 것인지의 여부를 결정하라고 요청을 받은 노조에 가입한 작업팀의 사례이다. 외주를 결정하는 것은 기업의 미션에 매우 큰 영향을 주겠지만 노조와의 협약에 구체적으로 적시된 직무내용에는 영향을 미치지 않는다. 이들의 결정에도 불구하고 종업원에게 고용지속을 확인하는 것이 임파워먼트의 이번 사례에는 필요하다.

자기관리(포인트 E)는 직무내용과 직무상황 모두에 대한 전체적인 의사결정 통제를 의미한다. 이는 신뢰의 최고의 표현이다. 한 사례는 Texas Industries의 일부인 TXI Chaparral Steel인데, 종업원은 회사에 혜택이 되도록 자신의 직무를 재설계하였다.

임파워먼트는 직무내용과 함께 시작하여 직무상황으로 나아가야 한다. 노동력은 매우 다양하기 때문에 관리자는 일부 종업원은 다른 사람들보다 임파워먼트의 준비가 더 잘 되어있음을 인식해야 한다. 그러므로 관리자는 상황을 진단하고 종업원에게 적용할 임파워먼트의 정도를 결정해야 한다. 또한 관리자는 적절히 관여하면서 모든 종업원 팀들이 임파워먼트를 갖도록 할 수 있다. 팀들이 임파워먼트를 갖게 될 때, 개인들은 보다 많이 배우며 자신들의 팀에 더욱 몰입하게 된다. 또한 임파워먼트를 가진 개인들은 더욱 동기부여 되며, 만족하며 그리고 창의적이기 때문에 조직에 더욱 소중하다.

불행하게도, 임파워먼트 과정에는 실패의 위험도 따른다. 책임과 권한을 위임할 때 종업원들이 실패하는 것을 허용할 수 있도록 준비되어 있어야 하는데, 실패는 대부분의 관리자들이 잘 인내할 수 있는 것이 아니다. 항공운송산업이 수준 낮은 고객서비스로 인해 비판을 받는다고 하더라도, Southwest Airlines은 종업원이 임파워먼트를 갖도록 하여 뛰어난 서비스를 제공함으로써 자신들의 충실함을 50년간 유지하였다. 규칙변경이 고객에게 최고의 혜택을 주는 것이라고 종업원들이 믿는다면, 회사는 종업원들에게 규칙을 변경할 수 있도록 하였다. 그 결과가 바로 고객을 즐겁게 하기 위해 한층 더 노력하는 종업원이다.

CHAPTER

10 리더십과 팔로워십

Leadership and Followership

학습 목표

10.1 리더십과 관리, 리더와 관리자의 차이를 설명하라.
10.2 리더를 설명하는데 있어 특성 이론의 역할을 설명하라.
10.3 리더십 이론 발달에 있어 기능적 행동 연구의 역할을 설명하라.
10.4 리더십의 상황 이론 4개를 설명하고 비교하라.
10.5 리더 멤버 교환 이론과 영감적 리더십의 최근 이론에 대해 설명하라.
10.6 감성지능, 신뢰, 젠더, 섬기는 리더십이 현대의 리더십 모델에 시사하는 바를 설명하라.
10.7 팔로워십을 정의하고 어떤 팔로워 유형이 있는지 설명하라.
10.8 역사적 리더십 연구를 바탕으로 리더를 위한 주요 가이드라인을 만들어라.

조직의 **리더십**(leadership)은 업무 환경에서 사람들의 행동을 이끌고 지시하는 과정을 의미한다. 먼저 리더십과 관리(management)의 차이에 대해 논할 것이다. **공식적 리더십**(formal leadership)은 공식적 지위에서 오는 권한을 바탕으로 부여된 리더십을 말한다. **비공식적 리더십**(informal leadership)은 조직의 구성원으로부터 부여된 리더십을 말한다. 리더십은 조직행동에서 가장 많이 연구된 주제이지만 충분히 이해되지 않은 사회적 과정의 하나로 알려져있다.

10-1 리더십 대 관리

leadership The process of guiding and directing the behavior of people in the work environment.

formal leadership Officially sanctioned leadership based on the authority of a formal position.

informal leadership Unofficial leadership accorded to a person by other members of the organization.

존 코터(John Kotter)는 리더십과 관리를 분명히 구분되지만 서로 상호보완적인 조직의 두 개의 활동 시스템이라고 설명하였다. 특히 그는 효과적인 리더십은 조직에서 유용한 변화를 창출하며 효과적인 관리는 조직과 환경의 복잡성을 통제한다고 믿었다.

관리 과정(management process)은 (1) 계획과 예산 (2) 조직화와 채용 그리고 (3) 통제와 문제해결을 포함한다. 효과적으로 실행되었을 때 관리 과정은 불확실성을 감소시키고 조직을 안정화시킨다. 제네럴 모터스(General Motors)의 초기 성장 이후 앨프레드 슬론(Alfred P. Sloan)이 이끈 통합과 안정화는 효과적 관리의 예이다.

이에 비해, ***리더십 과정***(leadership process)은 (1)조직의 방향 설정 및 (2) 의사소통을 통해 사람들을 조직 방향으로 정렬, 그리고 (3) 어느 정도의 임파워먼트와 어느 정도의 기본 욕구 충족을 통해 사람들이 행동하도록 동기부여하는 것을 포함한다. 리더십 과정은 불확실성을 만들고 조직의 변화를 창출한다. 효과적인 리더는 조직의 미래를 통제할 뿐 아니라 조직의 변화를 조장하는 역할을 하기도 한다. 그들은 기존 행동 패턴을 방해하고 참신한 아이디어를 독려하며 조직 구성원이 변화 과정을 이해하도록 돕는다. 페이스북(Facebook)의 최고운영책임지인 쉐럴 샌드버그(Sherly Sandberg)는, 2007년에 회사에 참여하여 세계의 유명 브랜드를 매료시킨 광고 플랫폼을 만드는 큰 성공을 이끌어 변화를 창출한 좋은 예이다.

애브라함 잴레즈닉(Abraham Zaleznik)은 리더는 관리자와는 매우 다른 성격을 보인다고 설명하였다. 그러므로 리더와 관리자 모두 조직에 가치있는 공헌을 하지만, 그 공헌은 다를 수 있다. **리더**(leaders)가 변화와 새로운 시도를 위해 선동할 때, **관리자**(managers)는 안정성과 현상 유지를 옹호한다. 그 결과 리더와 관리자사이에는 역동적인 긴장이 있으며 이로 인해 서로 이해하기가 어려울 수 있

Healthy organizations need both effective leadership and good management.

leaders An advocate for change and new approaches to problems.

managers An advocate for stability and the status quo.

표 10.1 리더와 관리자

성격차원	관리자	리더
목표에 대한 태도	비개인적이고, 수동적이고, 형식적인 태도를 가짐; 목표는 필요와 현실에서 나온다고 믿음	개인적이고 적극적 태도를 가짐; 목표는 열망과 상상에서 온다고 믿음
업무 인식	업무는 사람, 생각, 물건을 합치는 가능한 과정으로 인식; 조율과 균형을 통해 중간정도의 위험을 추구	기존 문제에 참신한 접근을 찾음; 큰 이익을 가져오는 높은 위험부담이 있는 일을 추구
대인관계	타인과의 협력 선호하며 독자적 업무 활동 회피; 밀접하고 끈끈한 관계 회피; 갈등 회피	독자적 업무 활동을 마다하지 않음; 긴밀하고 끈끈한 업무관계 독려; 갈등을 회피하지 않음
자아개념	타고난 대로 삶; 삶에 큰 변화를 주지 않음 ;삶을 있는 그대로 수용	두 번 태어남; 인생의 질서의식을 위해 고민함; 자신의 삶에 대해 의문을 던짐

SOURCE: Reprinted by permission of Harvard Business Review. From "Managers and Leaders: Are They Different?" by A. Zaleznik(January 2004).

Effective leaders, like Sheryl Sandberg of Facebook, act as enablers of change.

다. 리더와 관리자는 다음 네 가지 성격 차원에서 차이를 보인다: 목표를 향한 태도, 일에 대한 신념 , 타인과의 관계, 그리고 자아 개념. 이 두 성격 유형의 차이는 표 10.1에 설명되어 있다.

관리자의 안정성과 리더의 비전을 제시하는 능력을 통합하여 시너지를 내는 ***전략적 리더***(strategic leaders)인 사람들도 있다고 알려져 있다. 코카콜라(Coca-Cola)와 마이크로소프트(Microsoft)의 전례없는 성공은 리더인 고 로버트 고이주에타(Robert Goizueta)와 빌 게이츠(Bll Gates)가 전략적 리더였다는 것을 말해준다.

10-2 초기 특성 이론

리더십 초기 연구들은 리더가 다른 사람들과 구분되는 신체적 특성, 성격적 특성, 능력이 무엇인지 밝혀내려고 노력하였다. 신체적 특성은 키, 몸무게, 체형, 에너지, 건강, 외모, 나이 등을 포함하였다. 이러한 연구는 몇 개의 흥미로운 결과를 보여주기는 했으나, 신체적 특성으로 리더를 구분할 수 있다고 결론내리기에는 증거가 충분하지 않았다.

리더의 ***성격적 특성***(personality)에 대해서는 참신성, 적응성, 내향성–외향성, 지배, 자신감, 고결함, 확신, 낙관성, 감정 통제 등이 연구되었다. 리더는 다른 보통의 사람들보다 더 높은 적응성과 자신감을 가진다는 것이 어느 정도 검증되었다. 리더의 능력과 관련하여, 사회스킬, 지능, 학습능력, 언어유창성, 협력, 영감에 대

핫 트렌드

나르시시스트 CEO들은 서명을 크게 한다

나르시시스트 CEO들은 서명을 크게 한다

서명을 크게 하는 CEO는 나르시시스트일까? 최근 연구에 따르면 그럴 수 있다고 한다. 연구자들은 연차보고서와 주주총회위임장에 나와있는 미국 회사 605명 CEO들의 서명을 비교하였다. 소프트웨어프로그램으로 서명의 크기를 분석한 결과, 서명 크기가 큰 경우 과투자, 낮은 매출 성장, 낮은 ROA를 예측한다는 것을 밝혀냈다. 낮은 재무 성과에도 불구하고 서명을 크게 하는 CEO들은 많은 연봉을 받았고, 그러나 재임기간은 짧았다.

나르시시스트 리더의 자기중심주의와 자만심은 자신의 성과를 지나치게 부풀려 인식하였고, 이러한 자기 평가가 실제 성과와는 일치하지 않았다. 이들은 다른 사람을 깔보고 자신의 행동에 대한 피드백을 무시한다. 나르시시즘이 늘어나고 있어 어쩌면 직장에서 나르시시스트를 만날 수도 있을 것이다. 이 때 같이 일해 볼 수는 있으나 피하는 것이 상책일 것이다.

SOURCE: C. Ham, N. Seybert, and S. Wang, "Narcissism Is a Bad Sign: CEO Signature Size, Investment, and Performance"(March 22, 2016). UNC Konan-Flaglor Research Paper No. 2013-1, accessed at http://ssrn.com/abstract=2144419; P. Korkki, "Bosses Who Love Themselves," New York Times, March 7, 2015, accessed at http://www.nytimes.com/2015/03/08/business/the-perils-of-narcissistsin-the-workplace.html?_r=0. M. J. C. Guedes, "Mirror, Mirror on the Wall, Am I the Greatest Performer of All? Narcissism and Self-Reported and Objective Performance," Personality and Individual Differences, 108(2017): 182-185.

해 연구되었다. 이 중 리더는 더 높은 지능, 언어력, 협력성, 그리고 학습능력을 가진다는 것이 어느 정도 검증되었다.

그럼에도 불구하고, 이러한 연구 결과가 강하게 나타난 것도 아니며 일관되지도 않는다. 리더와 팔로워를 구분한다고 밝혀진 특질이나 특성의 경우에도 언제나 적어도 하나 이상은 정반대의 연구결과가 있었다. 어떤 면에서 특성 이론은 흥미롭고 직관적으로는 관련성이 있어 보이나 타당성이 부족하다고 할 수 있다. 특성 이론은 리더를 구분짓는 보편타당한 특질을 밝혀내는데 거의 성공하지 못했다는 것이 일반적인 중론이다.

10-3 행동 이론

행동 이론은 특성 이론의 결점에 대한 반향으로 등장하였다. 특성이론은 리더의 특징에 대해 설명하려고 시도했지만 리더의 행동에 대해 다루지 않았다. 많은 현대 리더십 이론의 바탕이 된 세 연구는 다음과 같다: 레빈, 리핏, 화이트 연구(the Lewin, Lippitt, and White studies); 오하이오 연구(the Ohio studies), 미시건 연구(the Michigan studies).

10-3a. 행동 연구의 기초

쿠르트 레빈(Kurt Lewin)과 그의 제자들이 수행한 리더십 스타일에 대한 초기 연구는 세 가지 리더십 유형으로 독재형(autocratic), 민주형(democratic), 방임형

사실 확인

리더가 용서받는 것은 어렵다

리더는 가끔 자기 자신이나 회사의 실수에 대해 사과해야할 일이 생긴다. Uber의 전 CEO Travis Kalanick는 샌프란시스코에서 자신의 운전수 중 한명에게 소리 지르는 비디오가 유출되면서 회사 직원들에게 사과했다. 그는 또한 회사 내 제기된 성희롱과 성차별 건과 관련하여 회사 문화에 대해 사과하였다. 결국 그는 이사회에는 남았지만, 2017년 8월에 타의에 의해 사임하였다.

연구에 따르면 우버의 직원들은 그를 용서하지 않은 것으로 보인다. 힘있는 지위에 있는 사람들, 특히 임금과 승진에 영향을 미치고 직원들에게 지시하던 사람들의 사과에 대해서 직원들은 냉소적이다. 높은 권력을 가진다는 것은 숨겨진 어젠다가 있다는 것이고 다른 사람들을 착취하는 것과 관련있을 수 있다. 사과의 내용 역시 그다지 중요하지 않은 것으로 보인다. 리더와 직원간의 권력 역학이 리더를 용서하는 것을 어려운 일로 만든다.

SOURCE: X. Zheng, M. Van Dijke, J. M. Leunissen, and D. De Cremer, "When Saying Sorry May Not Help: Transgressor Power Moderates the Effect of an Apology on Forgiveness in the Workplace," Human Relations, 69(2016): 1387–1418.

(laissez-faire style)을 제시하였다. 리더는 리더십 지위에서 팔로워들에게 이 세 가지 유형 중 하나를 사용한다. 리더의 스타일은 상황에 따라 변하지 않기 때문에 구체적 상황은 중요하게 고려하지 않았다. **독재형**(autocratic style)은 업무 환경에서 규칙, 제약, 활동, 관계를 통제하기 위해 강하고 지시적인 행동을 취한다. 팔로워들은 업무, 성취, 업무 환경의 여러 면에서 자유재량이 거의 없다. **민주형**(democratic style)은 업무와 업무 환경을 이끄는데 팔로워들과 상호작용과 협력한다. 궁극적 권한과 책임은 리더에게 있지만, 팔로워들은 강한 자유재량권을 가진다. **방임형**(laissez-faire style)은 무신경하게 내버려두는 식의 접근을 취하여, 지위의 권한과 책임을 회피하고 종종 혼란을 야기시킨다. 이 유형은 또한 목표, 책임, 결과를 명확하게 규정하지 않기 때문에 팔로워들에게 역할 불명확성을 초래한다. 일터에서 관계적 갈등도 야기한다.

오하이오 주립대의 리더십 연구 프로그램 역시 구체적인 리더 행동을 측정하였다. 초기 연구는 리더십 행동에 중요한 두 개 차원인, **구조 주도적 행동**(initiating structure)과 **배려**(consideration)를 제시하였다. 구조 주도적 행동은 조직, 의사소통, 업무 방식의 명확한 패턴뿐만 아니라 업무 관계와 역할을 정의하고 조직화하는 행동을 말한다. 배려는 업무 단위에서 상호 신뢰와 존중을 독려하고 친밀하고 따뜻한 업무 관계를 고양하는 행동을 의미한다. 두 차원의 리더 행동은 서로 독립적이다;

autocratic style A style of leadership in which the leader uses strong, directive actions to control the rules, regulations, activities, and relationships in the work environment.

democratic style A style of leadership in which the leader uses interaction and collaboration with followers to direct the work and work environment.

laissez-faire style A style of leadership in which the leader has a hands-off approach.

initiating structure Leader behavior aimed at defining and organizing work relationships and roles, as well as establishing clear patterns of organization, communication, and ways of getting things done.

consideration Leader behavior aimed at nurturing friendly, warm working relationships as well as encouraging mutual trust and interpersonal respect within the work unit.

즉, 두 차원 다 높을 수도, 낮을 수도, 혹은 한 차원은 높고 다른 차원은 낮을 수 있다.

마지막으로 미시건 대학에서 수행된 연구는 리더의 스타일이 업무 환경의 정서적 분위기, 그리고 그로 인해 부하직원들에게 중요한 역할을 한다고 설명하였다. 미시건 연구에서 제시한 두 유형의 리더십 스타일은 생산 중심 유형과 직원 중심 유형이다. ***생산 중심 유형***(production-oriented style)은 업무 완수를 위한 업무 환경을 중시한다. 이러한 환경의 리더는 지시적이고 긴밀한 지휘/감독 혹은 행동을 통제하는 많은 법칙과 제약을 사용한다.

이와 반대로 ***직원 중심의 리더십 유형***(employee-oriented leadership)은 관계에 초점을 둔 업무 환경을 중시한다. 이러한 리더는 덜 지시적이고 덜 긴밀한 지휘/

그림 10.1 리더십 그리드(grid)

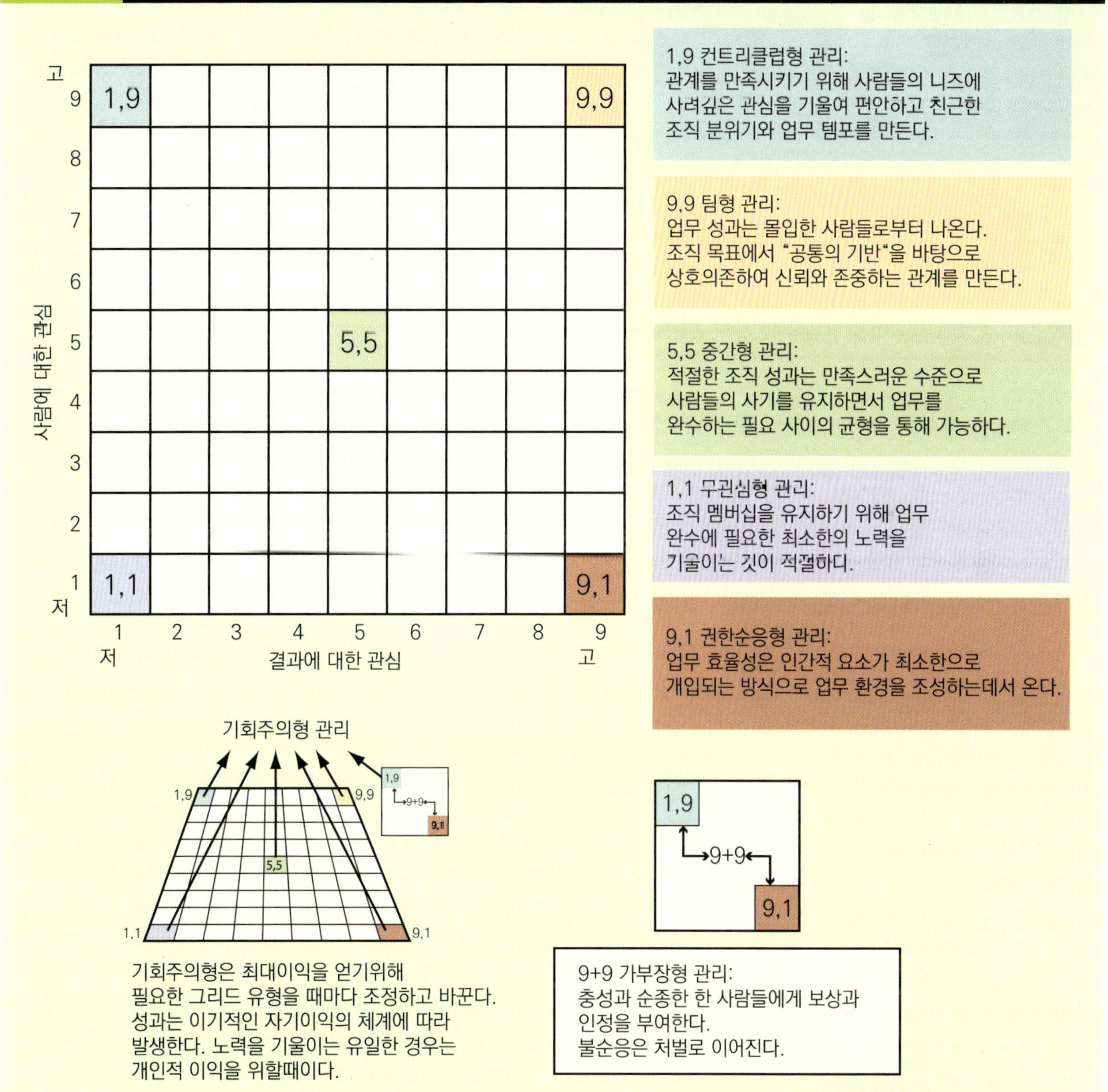

SOURCE: B. Dumaine, "Buffett's Mr. Fix-It," Fortune (August 16, 2010): 78-86; M. M. Rose, "NetJets Returns to Profit in the First Quarter," The Columbus Dispatch (April 22, 2010), http://www.dispatch.com/live/content/business/stories/2010/04/22/netjets-returns-to-profit-in-first-quarter.html, accessed August 22, 2010.

S'Well CEO Sarah Kauss has a mission to rid the world of plastic bottles. Her success has led her to commit $800,000 to provide clean water to the world's most vulnerable communities by partnering with UNICEF.

감독 스타일을 보이며 행동에 대한 법칙이나 제약이 적다. 직원 중심의 리더는 사람과 그들의 욕구에 대해 고려한다.

종합적으로 볼 때, 레빈 연구, 오하이오 연구, 미시건 연구는 최근 많은 리더십 이론들의 바탕이되었다. 이 연구들의 공통점은 **업무**(tasks) 중심적인 유형(독재적, 생산 중심적, 구조주도 유형)과 사람(people) 중심적인 유형(민주적, 직원 중심적, 배려 유형)의 두 가지 기본 리더십 유형을 규명했다는 것이다.

leadership grid An approach to understanding a leader's or manager's concern for results(production) and concern for people.

organization man manager (5,5) A middle-of-the-road leader.

authority-compliance manager(9,1) A leader who emphasizes efficient production.

country club manager(1,9) A leader who has great concern for people and little concern for production, attempts to avoid conflict, and seeks to be well liked.

10-3b. 리더십 그리드: 현대적 확장

로버트 블레이크(Robert Blake)와 제인 무튼(Jane Mouton)의 **리더십 그리드**(leadership grid)는 태도에 초점을 맞추어 개발되었다. 원래 관리그리드(managerial grid)라고 불렸던 리더십 그리드의 두 하위차원은 결과에 대한 관심(concern for results)과 사람에 대한 관심(concern for people)이다. 태도와 관련된 이 두 개 차원은 서로 독립적이며, 서로 다른 조합을 통해 다양한 리더십 유형을 형성한다. 블레이크와 무튼은 원래 5개의 서로 다른 관리 유형을 제안했는데, 후에 그림 10.1과 같이 일곱 개의 리더십 유형을 포함한 격자를 개발하였다.

중간형(organization man manager)**(5,5)**인 리더는 사람과 생산에 대한 관심이 중간정도이다. 이 리더는 사람과 생산의 관심 중 어느 하나에 치중하지 않고 균형을 유지하려고 노력한다. **권한순응형**(authority-compliance manager) **(9,1)**은 생산에 대해서 큰 관심을 가지나 사람에 대한 관심은 적다. 이 리더는 업무의 효율성을 위해 강하게 통제하며 창의성과 인간 관계를 불필요한 것이라 가정한다. 권한순응형 관리자는 효율적인 조직 운영에 너무 집중한 나머지 따돌림같은 방법을 사용하기도 한다. 어떤 권한순응형 관리자는 협박하거나 언어적으로 그리고 정신적으로 공격하고 혹은 부하직원을 부당하게 대하기도 한다. 이러한 괴롭힘 형태는, 미국 직장인의 6명 중 1명이 관리자로부터 따돌림당했다고 보고된바 있듯이, 꽤 만연하다고 알려져 있다. 그 반대 위치에 있는 유형이 **컨트리 클럽형**(country club manager)**(1,9)**이다. 이 유형은 사람에 대한 큰 관심이 있으나 생산에 대한 관심이 적어, 갈등을 피하고 다른 사람들의 마음에 드는 것을 중요시한다. 이러한 리더의 목표는 좋은 관계를 통해 사람들을 기쁘게 만드는 것이고, 이것이 업무 보다는 자기 자신에게 더 중요하다(이 유형은 건전한 인간관계적 접근이라 보기 어렵고 부드러운 X이론 접근이라고 할 수 있다).

팀형(team manager)**(9,9)**은 헌신적인 사람들로 구성된 매우 생산적인 팀을 구축하려고 노력한다. 이 유형의 리더는 직원이 가장 높은 성취를 달성하도록 독려하며 변화에 반응하고 변화의 필요성을 이해한다. **무관심형**(impoverished manager)**(1,1)**은 자신의 직위를 유지하는데 필요한 최소한의 노력만 투입한다. 이 유형의 리더는 사람과 생산 모두에 관심이 없고, 어느 편을 들지 않고 회피하며, 갈등에서 벗어나고자 한다. 종종 방임형 리더로 불린다. 이와 같은 다섯 개의 리더십 유형에 두 개의 새로운 리더십 유형이 추가되었다. **가부장형**(paternalistic father-knows-best manager)**(9+9)**은 순응에 보상을 약속하고 불순응에 처벌로 위협한다. **기회주의형**(opportunistic what's in-it-for-me manager)**(Opp)**은 자기 이익을 극대화하기 위한 유형을 그때마다 활용한다.

리더십 그리드는 ***팀형 관리자***(9,9)를 가장 효과적인 관리자 행동으로 평가한다. 이는 조직 개발을 위한 팀빌딩과 리더십 교육 훈련의 기초로서 활용된다. 조직 개발 방법으로서, 리더십 그리드는 조직에서 리더를 최고의 방식으로(그리드에서 팀 접근방식으로) 이끌도록 변화시키는데 목표를 둔다. 팀 유형은 사람과 결과 모두에 최상의 관심을 추구하는 방식이다.

기본 접근의 동일성, 표현의 상이성	
오하이오 주립대 묘사적 비평가적 태도와 무관	**블레이크-무톤** 규범적 처방적 태도에 중점

10-4 상황이론

상황이론은 리더십 유형이 특정 상황에 적합해야한다는 믿음을 바탕으로 한다. 상황이론은 그 특성상 '만일 ~하면, 그럼~'식의 조건문 형태를 취한다: 상황이 x라면, 적절한 리더십 행동은 y이다. 본 장에서는 피들러의 상황 이론(Fiedler's contingency theory), 경로-목표 이론(path-goal theory), 규범적 의사결정론(normative decision theory), 상황적 리더십 이론(situational leadership theory)의 네 개의 리더십 상황이론을 다룬다.

10-4a. 피들러의 상황이론

피들러의 리더십 상황이론은 리더의 욕구 구조와 상황적 호의성 사이의 적합도가 업무 성취에서 팀의 효과성을 결정한다고 제안한다. 이 이론은 리더가 자신의 주요 욕구 만족을 어디에서 얻느냐에 따라 업무 중심적이거나 관계중심적이라고 가정한다. 업무 중심적 리더는 주로 업무를 달성하고 일을 끝마치는데서 만족을 얻는다. 관계 중심적인 리더는 주로 우호적이고 편안한 대인관계를 수립하는데서 만족을 얻는다. 이에 따라, 두 리더 유형의 효과성은 상황의 호의성에 달려있다. 이 이론은 리더 상황의 호의성을 리더의 지위 권력, 팀 과업 구조, 리더와 구성원의 관계 질에 달려있다고 설명한다.

가장 싫어하는 동료 작업자 피들러는 투사법인 LPC 척도(least preferred coworker scale)를 사용하여 리더를 분류하였다. 이 척도는 리더에게 **가장 일하기 싫어 하는 동료작업자**(least preferred coworker, LPC)를 선택하여 정반대의 형용사 조합을 사용하여 그 사람을 1-8점 사이로 묘사하도록 하였다. 이 정반대의 형용사 조합의 예는 다음과 같다(리더는 해당 LPC를 가장 잘 묘사한 것에 표시하도록 되어있다).

team manager(9,9) A leader who builds a highly productive team of committed people.

impoverished manager(1,1) A leader who exerts just enough effort to get by.

paternalistic fatherknows-best manager(9+9) A leader who promises reward and threatens punishment.

opportunistic what'sin-it-for-me manager(Opp) A leader who uses whichever style will maximize self-benefit.

least preferred coworker LPC The person a leader has least preferred to work with.

Recent research has shown that relationship-oriented leaders encourage team learning and innovation, which helps products get to market faster.

효율적 ::::::::: 비효율적

발랄한 ::::::::: 우울한

자신의 LPC를 긍정적인 용어(예: 즐거운, 효율적인, 발랄한 등)로 묘사한 리더는 높은 LPC혹은 관계 지향적 리더로 분류하였다. 또한 자신의 LPC를 부정적인 용어(예: 기분 나쁜, 비효율적인, 우울한 등)로 묘사한 리더는 낮은 LPC혹은 업무 지향적 리더로 분류하였다.

LPC점수는 상황이론에서 논란이 되어왔다. 투사법의 낮은 측정 신뢰도 때문에 방법론적으로 그리고 개념적으로도 비판받아 왔다.

상황의 호의성 리더의 상황은 세 차원으로 나뉜다: 과업 구조, 지위 권력, 리더-구성원 관계. 이 세 차원에 따라 상황은 리더에게 호의적일 수도, 비호의적일 수도 있다. **과업 구조**(task structure)는 집단에게 부여된 업무의 명확성 혹은 불명확성의 정도를 의미한다. **지위 권력**(position power)은 조직 내 리더의 공식적 지위에서 오는 권한을 의미한다.

task structure The degree of clarity, or ambiguity, in the work activities assigned to the group.

position power The authority associated with the leader's formal position in the organization.

leader–member relations The quality of interpersonal relationships among a leader and the group members.

리더-구성원 관계(leader-member relations)는 리더와 집단 구성원간 개인관계의 질을 의미하는데, 이는 8개 척도로 구성된 9개의 정반대 형용사 조합을 포함한 ***집단 분위기 척도***(group-atmosphere scale)로 측정된다. 이 정반대 형용사 조합의 예는 다음과 같다:

친절한 ::::::::: 불친절한

수용적인 ::::::::: 거절하는

피들러에 따르면, 호의적인 리더십 상황은 집단에게 구조화된 과업과 리더에게 강한 지위 권력이 있고, 리더-구성원 관계가 좋을 때이다. 반대로 비호의적인 리더십 상황은 비구조화된 과업, 리더에게 약한 지위 권력, 중간정도의 낮은 리더-구성원 관계에 있을 때이다. 이 두 극단의 상황 가운데에 리더에게 중간정도의 호의성에 해당되는 다양한 상황이 있다.

	호의적인 중간의	비호의적인
과업구조	구조화된	비구조화된
지위권력	강한	약한
리더-구성원 관계	좋은	나쁜

리더십 효과성 피들러 상황 이론은, 적합한 상황에서는 낮은 LPC와 높은 LPC리더 둘 다 효과적이라고 설명한다. 구체적으로 낮은 LPC(과업중심적) 리더는 매우 호의적이거나 매우 비호의적인 리더십 상황에서 가장 효과적이다. 반대로 높은 LPC(관계지향적)리더는 중간정도의 호의성 상황에서 가장 효과적이다. 그림 10.2에서는 이러한 관계를 나타내고 있으며 리더십 효과성이 리더와 상황의 적합성에 의해 결정된다는 것을 보여준다. 최근 연구에 따르면 관계중심적 리더는 팀 학습과 혁신을 독려하여 제품의 시장 진입 속도를 촉진한다고 한다. 즉 가장 관계 중심적 리더가 새 제품 개발 팀을 리드하는데 가장 효과적이었다는 것이다. 축약하면, 적합한 팀 리더가 신제품 출시 속도를 빠르게 하였으며, 리더와 상황의 부조화는 반대결과를 초래한다는 것이다.

그렇다면 만약 부적합하다면 어떻게 해야할까? 낮은 LPC리더가 중간정도의 호의성 상황에 있거나 높은 LPC 리더가 매우 호의적이거나 비호의적인 상황에 있다면

그림 10.2 상황이론의 리더십 효과성

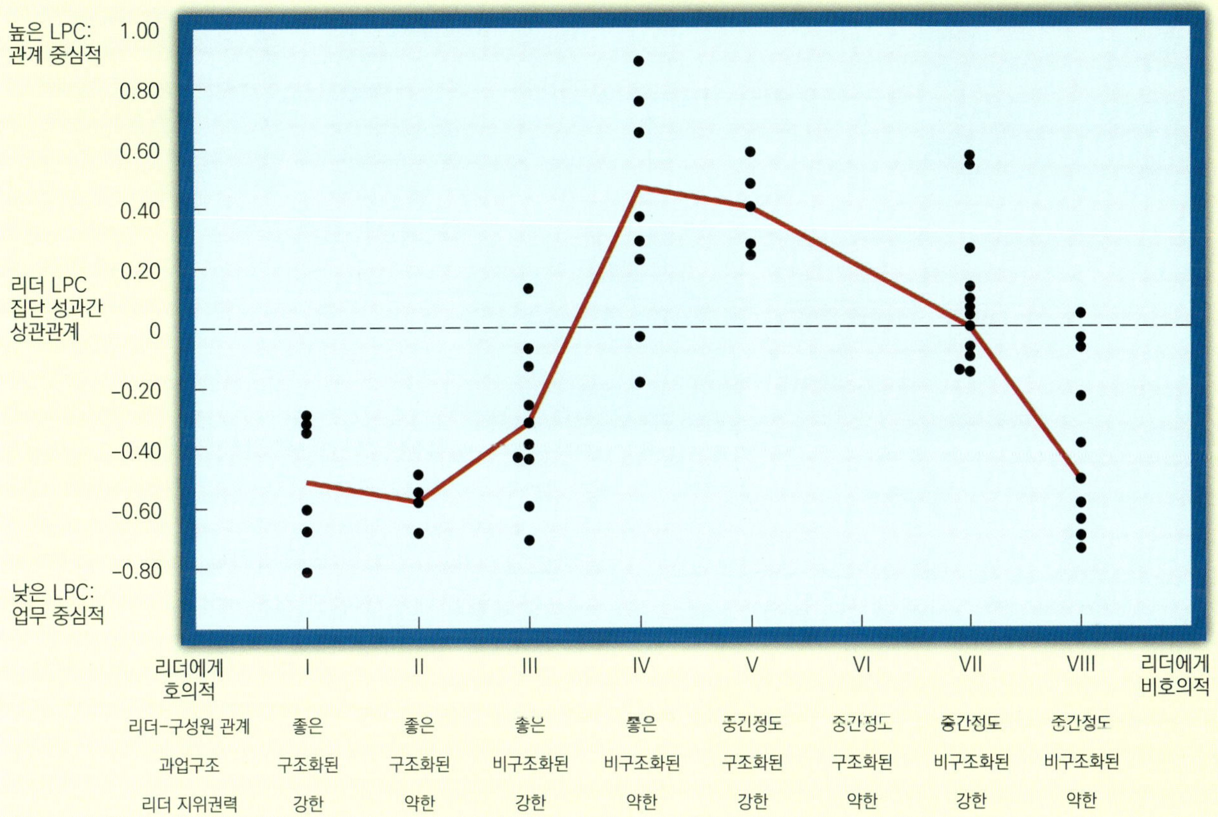

SOURCE: F. E. Fiedler, A Theory of Leader Effectiveness (New York: McGraw-Hill, 1964). Reprinted with permission of the author.

어떻게 될까? 이 이론에 따르면, 리더의 욕구 구조는 변하기 어려운 지속적인 특질이므로 리더가 변화되는 것이 어렵다. 피들러는 리더의 스타일에 맞는 상황을 바꿀 것으로 제안한다. 즉 중간정도의 호의성 상황을 더 호의적으로 바꾸어 낮은 LPC리더에 더 적합하도록 바꾸는 것이다. 또한 매우 호의적이거나 비호의적인 상황을 중간정도의 호의성 상황으로 바꾸어 높은 LPC리더에게 적합하도록 만들 수 있을 것이다.

10-4b. 경로-목표 이론

로버트 하우스(Robert House)는 동기부여의 기대이론을 바탕으로 리더 효과성의 경로-목표 이론을 개발하였다. 경로-목표 이론에 따르면 리더의 기본 역할은 목표를 향한 구성원의 경로를 명확하게 하는 것이다. 리더는 이렇게 구성원의 업무와 개인 목표를 규명하도록 하는 네 개의 리더 행동 유형 중 가장 적절한 유형을 사용한다. 이 이론의 주요 개념은 그림 10.3에 나타나있다.

리더는 그림 10.3의 네 개의 리더 행동 유형 중 주어진 상황에서 구성원에게 가장 도움이 되는 하나를 선택하는 것이다. ***지시형***(directive style)은 리더나 업무 과업에 대해 구체적인 지시를 주고 업무의 일정을 짜며 구성원들에게 기대사항을 제공하는 것이 필요할 때 사용된다. ***지원형***(supportive style)은 리더가 구성원의 안녕과 사회적 위치에 대한 관심을 표현할 필요가 있을 때 사용된다. ***참여형***(participative style)은 리더가 구성원과 함께 의사결정을 내려 할 때 사용된다. ***성취형***(achievement-

그림 10.3 리더십 경로-목표 이론

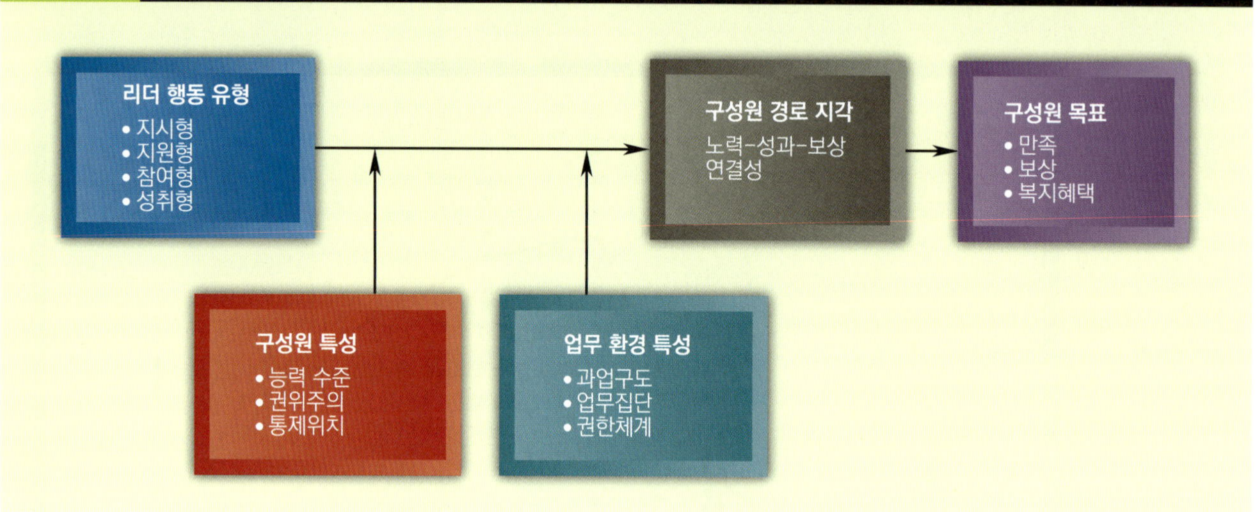

oriented style)은 리더가 구성원에게 도전적인 목표를 세우고 강한 믿음을 표현해야할 때 사용된다.

적절한 리더 행동 유형을 선택하기 위해서 리더는 구성원과 업무 환경 모두를 고려해야한다. 그림 10.3에 다양한 특성이 포함되어 있다. 두 가지 시나리오를 가정해보자. 먼저, 구성원이 경험이 없고 불확실하고 비구조화된 과업을 수행하고 있다. 이 경우에 리더는 지시형을 사용하는 것이 가장 효과적일 것이다. 두 번째 경우, 구성원이 매우 훈련된 전문가이며 과업이 어렵지만 성취가능한 것이라면, 리더는 성취형이 가장 효과적일 것이다.

경로-목표 이론에서 리더는 언제나 구성원의 목표 달성을 위해 도움이 되는 리더 행동 유형을 선택한다. 이 이론은 리더가 구성원의 특성과 업무 환경에 맞게 행동

페이스북의 마크 주커버그: 이 사람을 위해 일하고 싶은가?

페이스북의 CEO 마크 주커버그는 인재 고용의 중요성을 알고 있다. 그에게는 일반적인 채용방식을 뒤집는 자신만의 원칙이 있다. 대부분의 관리자들은 "이 사람이 내 밑에서 일하는 것을 내가 원하는가?를 고민한다. 대신, 주커버그는 "나의 상사로서 이 사람을 위해 내가 일하고 싶은 마음을 들게 할 때만 바로 그 사람을 내 밑에서 일하도록 채용한다"고 한다. 페이스북의 COO인 Sheryl Sandberg가 좋은 예로, 자신이 상사로 모시고 싶은 사람이라고 한다. 그의 채용 전략은 성공하였고, 페이스북은 3500억 달러 가치의 강력한 소셜미디어 기업이다.

SOURCES: A. Lashinsky, "The Unexpected Management Genius of Facebook's Mark Zuckerberg," Fortune, November 10, 2016, accessed at http://fortune.com/facebook-mark-zuckerberg-business/; J. Bercovici, "Mark Zuckerberg's Foolproof Rule for Hiring," Inc., March 4, 2015, accessed at http://www.inc.com/jeff-bercovici/mark-zuckerberg-hiring-rule.html.

그림 10.4 시간 압박 모형

시간압박 모형 →

설명 : 행렬(matrix)는 마치 깔때기처럼 작동한다. 당신은 특정한 의사 결정 문제를 염두에 두고 좌측에서 출발한다. 행렬의 열(column)의 제목들은 해당 문제에 존재할 수도, 존재하지 않을 수도 있는 상황적 요인을 나타낸다. 관련된 각각의 상황적 요인에 대해 높음 또는 낮음 (H 또는 L)을 선택하여 진행한다. 권장되는 프로세스에 도달할 때까지 판단이 필요한 상황적 요인들에 대해서만 판단하면서 깔대기로부터 내려가라.

	결정 중요성	몰입 중요성	리더 전문성	몰입 가능성	집단 지원	집단 전문성	팀 역량	
문제 설정	H	H	H	H	–	–	–	결정하라
				L	H	H	H	위임하라
							L	자문하라(집단)
						L	–	
					L	–	–	
			L	H	H	H	H	촉진하라
							L	자문하라(개인)
						L	–	
					L	–	–	
				L	H	H	H	촉진하라
							L	자문하라(집단)
						L	–	
					L	–	–	
		L	H	–	–	–	–	결정하라
			L	–	H	H	H	촉진하라
							L	자문하라(개인)
						L	–	
					L	–	–	
	L	H	–	H	–	–	–	결정하라
				L	–	–	H	위임하라
							L	촉진하라
		L	–	–	–	–	–	결정하라

SOURCE: Reprinted from Organizational Dynamics 28, by V. H. Vroom, "Leadership and the Decision-Making Process," pp. 82–94 (Spring 2000) with permission from Elsevier.

과 스타일을 조정한다고 가정한다. 실제 경로 목표 이론과 가정을 검증한 결과는 다소 상반되었다. 경로-목표 이론은 직관적으로 매력적이며 리더십 유형의 적정성은 업무 상황과 구성원에 달려있다는 관점을 강화한다. 관련 연구는 리더십 유형과 구체적 상황과의 관련 성을 밝혀내는데 주력하였다. 예를 들어, 규모가 작은 조직에서 리더는 독재적 행동보다는 비전을 보이며, 거래적이고, 권한을 부여하는 행동이 가장 성공적이라는 것이 밝혀졌다.

10-4c. 브룸-예튼-자고의 규범적 의사결정론

빅터 브룸(Victor Vroom), 필립 예튼(Phillip Yetton), 아서 자고(Arthur Jago)는 규범적 의사결정론을 제안하고 후에 수정하였다. 이 모형은 리더와 관리자가 의사결정에의 직원 참여 수준을 결정하는데 도움을 준다. 또한 독재적, 민주적, 자문형 리더 행동의 이점을 규명하였다. 이 모형에서 제안한 의사결정의 다섯 유형은 다음과 같다:

1. ***결정하라***(decide). 관리자가 혼자 결정하고 이에 대해 알리거나 설득한다.
2. ***개별적으로 자문하라***(consult individually). 문제를 집단 구성원에게 개별적으로 알리고 의견을 구하여 결정한다.
3. ***집단에 자문하라***(consult group). 관리자가 회의에서 집단 구성원에게 문제를 알리고 의견을 구해 결정한다.
4. ***촉진하라***(facilitate). 관리자가 회의에서 집단에게 문제를 알리고 조력자(facilitator)로서 문제를 정의하고 결정과 관련된 제약사항을 규명한다. 관리자의 생각이 다른 집단 구성원보다 더 중요하게 고려되지 않고 의견일치를 목표로 한다.
5. ***위임하라***(delegate). 관리자가 필요한 자원을 제공하고 격려하면서 정해진 제한 내 집단이 의사결정하도록 한다.

규범적 의사결정 모형의 핵심은 관리자가 주어진 상황에서 가장 적절한 의사결정 방법을 사용해야하는 것이다. 관리자는 그림 10.4와 같은 매트릭스를 활용하여 적절한 방법을 찾을 수 있다. 모형 첫줄의 요인(결정 중요성, 몰입, 리더 전문성 등)은 규범적 의사결정 모형에서 상황 요인에 해당된다. 이 매트릭스는 시간 압박 상황에서 내려야하는 의사결정을 위한 것으로, 다른 매트

그림 10.5 상황적 리더십 모형

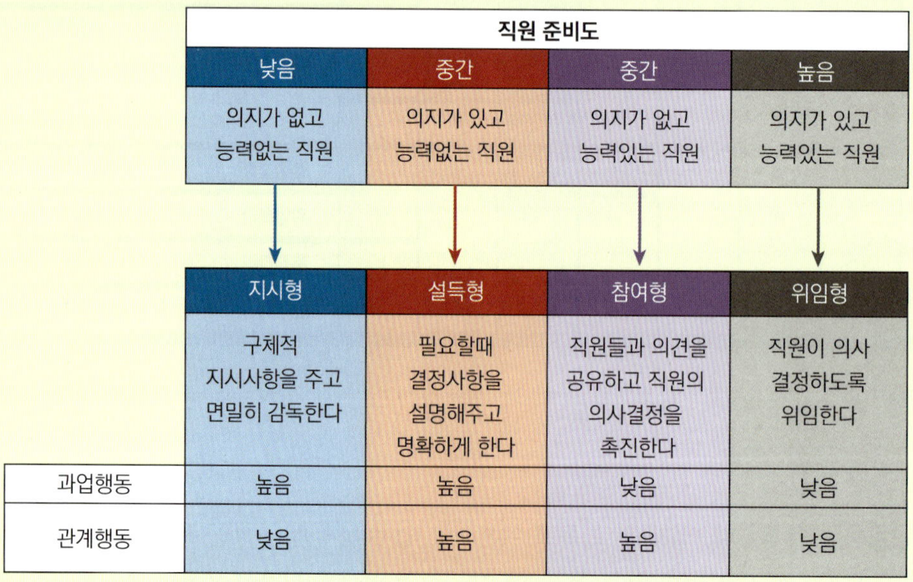

SOURCE: From Phillips/Gully, Organizational Behavior, 1E. © 2012 Cengage Learning.

릭스 역시 존재한다. 예를 들어, 관리자의 목표가 부하 직원의 의사결정 스킬 개발에 있을 때 사용하는 다른 매트릭스가 있다. 이 모형은 리더를 위한 명확한 처방과 예측을 제공해주지만, 리더의 의사결정 과업에만 제한된다는 단점이 있다.

> Employees who enjoy more frequent contact with the boss also have a better understanding of what the boss's expectations are.

10-4d. 상황적 리더십 모형

폴 허쉬(Paul Hersey)와 케네스 블랜차드(Kenneth Blanchard)의 상황적 리더십 모형은 리더 행동은 직원의 성숙도에 적합해야한다고 제안한다. 이 모형은 오하이오주립대 연구의 리더 행동 두 차원인 업무 중심적 행동과 관계 중심적 행동을 사용하였다. 직원의 성숙도는 그림 10.5의 네 가지 수준으로 구분되었다. 직원 준비도는 특정 과업 완수를 위한 직원의 능력과 의지로 결정된다. 따라서 준비도는 특정 과업에 따라 낮을 수도 있고 높을 수도 있다. 또한 준비도는 같은 사람이더라도 과업에 따라 다를 수 있다. 어떤 사람이 고객의 간단한 요구를 만족시키는데 의지가 있고 능력이 있을 수 있으나(높은 준비도) 고객에게 수준높은 기술적 조언을 제공하는데 의지는 있으나 능력이 부족할 수 있다(낮은 준비도). 리더가 각 과업에 대한 각 개인의 준비도를 평가하는 것이 중요하다. 그림 10.5는 준비도 네 수준에 따른 리더 행동 네 유형을 보여준다.

상황적 리더십 모형에 따르면, 리더는 직원이 특정 과업을 수행하는데 능력이 없고 의지가 없으면 ***지시형***(telling style, S1)을 사용해야한다. 이 유형은 지침을 제공하고 성과를 긴밀하게 점검하는 행동을 포함한다. 그러므로 지시형은 상당한 과업 행동과 낮은 관계 중심적 행동을 보인다. 직원이 과업수행에 능력이 부족하나 의지와 자신감이 있다면 리더는 ***설득형***(selling style, S2)을 사용할 수 있다. 이 유형은 높은 과업 행동과 높은 관계 행동을 보이는데, 리더가 결정사항을 설명하고 직원이 도움이나 추가 설명을 요청할 기회를 준다. 종종 직원이 업무 완수 능력이 있으나 그렇게 할 의지가 부족해 보일 경우가 있다. 이 때는 높은 관계적 행동과 낮은 과업 행동이 특징인 ***참여형***(participating style, S3)이 적절하다. 여기서 리더는 직원이 의사결정에 참여할 것을 독려한다. 마지막으로 직원이 능력과 의지가 있는 경우, 리더는 낮은 과업 행동과 관계 행동이 특징인 ***위임형***(delegating style, S4)을 사용할 수 있다. 이 경우에 직원 준비도가 높으며 리더의 관여(과업이나 관계 행동)가 거의 필요 없다.

상황적 리더십 모형의 중요한 한계점은 검증할 주요 가설의 부재로, 이로 인해 높은 타당도와 신뢰도를 갖춘 리더십 이론으로 자리 잡기 어렵다는데 있다. 그러나 이 이론은 직관성 측면에서 장점이 있으며 기업의 훈련 개발 상황에서 널리 활용되고 있다. 또한 리더십 과정에서 중요한 결정요인인 직원 성숙도에 주목하였다는 것도 이 이론의 장점이다.

10-5 최근 리더십 이론

주목할 만한 최근 리더십 이론은 리더-구성원 교환 이론과 변혁적 리더십, 카리스마적 리더십, 진성 리더십을 포함한 영감적 리더십이다.

10-5a. 리더-구성원 교환

리더-구성원 교환 이론(leader-member exchange theory, LMX)는 리더가 구성원별로 다른 형태의 관계를 맺는다고 설명한다. LMX의 기본 개념은 리더가 구성원과 두 종류의 집단을 구성하는데, 하나는 내집단(in-groups) 다른 하나는 외집단(out-groups)이다. ***내집단 구성원***(in-group members)은 리더와 비슷한 점이 많으며 리더가 더 많은 책임과 보상, 관심을 제공하고, 리더의

Howard Shultz transformed Starbucks from a single specialty coffee bar into one of the most widely known brands in the world. Now he's turning his attention to Starbucks' Roasteries(pictured) and highend Reserve Coffees.

의사소통 핵심층에 있다. 그 결과 내집단 구성원들은 더 만족감이 높으며 낮은 이직율, 높은 조직몰입을 나타낸다. 반대로, 외집단 구성원(out-group members)들은 의사소통 핵심밖에 있으며 관심과 보상을 더 적게 받으며, 공식적 법칙과 정책으로 관리한다.

이는 LMX 연구 결과로도 지지된다. 내집단 구성원은 조직시민행동을 더 많이 보이며 외집단 구성원은 조직에 보복할 경향이 더 강하다. 집단에 따라 스트레스 유형이 다르다. 내 집단 구성원의 스트레스는 리더가 부과한 추가적 책임에서 오지만, 외집단 구성원의 스트레스는 의사소통 네트워크에서 벗어난 소외감에서 온다. 한 가지 놀라운 결과는 상사와 더 잦은 의사소통이 해당 직원이 내집단 소속인지 외집단 소속인지에 따라 고과점수에 도움이 될 수도 해가 될 수도 있다는 것이다.

내집단 구성원의 더 높은 성과는 그들이 더 많은 권한을 부여받는다고 느끼고 책임을 지는 일에 더 많이 관여하기 때문에 나타난다.

내집단 구성원은 또한 더 창의적이다. 직원이 상사와 긍정적인 관계에 있으면 자신감과 자기효능감이 증가하여 창의성 역시 증가하게 된다. 리더로부터 의사소통에 대해 구성원은 다른 관점을 가지는데, 신경과학에 따르면 이는 리더가 "우리 중 하나"로 인식하느냐 그렇지 않느냐에 달려있다. 구성원은 리더가 내집단 리더인지 외집단 리더인지에 따라 같은 말도 다르게 이해한다. 예를 들어, 버락 오바마 대통령이 영감을 주는 스피커로 알려져 있으나, 그를 내집단이 아닌 외집단으로 인식하는 사람들이 감동을 받기 어려웠던 이유를 설명할 수 있다. 신경과학연구에 따르면, 내집단 리더가 "우리"에 대해 이야기 할 때 구성원은 영감을 받는다고 한다.

10-5b. 영감적 리더십

리더십은 조직행동 분야에서 지속적으로 새로운 연구가 활발히 진행되는 영역이다. 새로운 세 개의 이론에 주목할 만한데, 변혁적 리더십, 카리스마적 리더십, 진성 리더십이다. 이 세 개의 이론들은 ***영감적 리더십 이론***(inspirational leadership theories)이라고 불릴 수 있는데 이는 구성원이 리더로 인해 성과창출을 위한 영감을 받는 특징이 있기 때문이다.

변혁적 리더십 *거래적 리더*(transactional leaders)는 구성원과의 거래로서 보상과 처벌을 사용하여 구성원의 행동을 형성한다. 이와 반대로 ***변혁적 리더***(transformational leaders)는 고성과를 위해 구성원에게 영감을 주고 동기부여한다. 그들은 자신의 공식적인 지위 대신에 개인적 특성을 활용해 구성원을 관리한다. 변혁적 리더십은 학습된다는 연구 결과가 있다. 변혁적 리더십은 다음 네 개의 하위 차원으로 구성되어 있는데, 카리스마, 개별적 고려, 영감적 동기부여, 지적 자극이다. ***카리스마***(charisma)는 잠시 후에 논할 것이다. ***개별적 고려***(individualized consideration)는 리더가 구성원의 개인의 욕구에 보이는 관심과 코치나 멘토로서 제공하는 도움을 의미한다. ***영감적 동기부여***(inspirational motivation)는 리더가 자신의 비전을 구성원에게 얼마나 매력적으로 전달하는가와 관련된다.

변혁적 리더십은 회사 성과 향상에 영향을 주는 것으로 밝혀졌다. 글로벌 경제 시대에 미국 기업들의 리더는 자신의 비전을 현실화하고 구성원들이 주어진 임무 이상으로 성과를 내도록 영감을 줄 필요가 훨씬 더 증가하였다. 스타벅스 커피의 창시자이자 회장인 하워드 슐츠(Howard Schultz)는 변혁적 리더로 스타벅스 비전의 중심에 있다. 그는 작은 스페셜티 커피 바에서 시작하여 회사를 세계에서 가장 유명한 브랜드 중 하나로 성장시켰다. 그러나 시들해지는 글로벌 경제로 인해 슐츠가 과거 급 성장하도록 회사를 도왔던 새로운 리더를 개발하는데 어려워지고 있다.

변혁적 리더십은 개별 구성원에게 매우 중요하기도 하다. 개인에 초점을 맞추는 변혁적 리더십은 과업 수행과 주도성을 증가시킨다. 변혁적 리더를 위해 일하는 직원들은 상대적으로 더 만족하며 더 동기부여되고 좋은 성과를 낸다고 한다. 리더는 변혁적일수도 있고 거래적일 수 있다. 그러나 변혁적 리더십이 거래적 리더십의 효과에 보완이 될 수 있으나, 뛰어난 거래적 리더십은 변혁적 리더십을 대체할 수 없다. 변혁적 리더는 구성원이 구성원 자신의 관심과 가치에 일치하는 목표를 수립하도록 독려하기 때문에 효과적이다. 그 결과 구성원은 자신의 업무를 중요하다고 생각하고 그들의 목표가 자기 자신과 부합한다고 생각한다.

카리스마적 리더십 애플을 개척한 선구자인 스티브 잡스는 비전을 창조하고 다른 사람들이 이 비전의 일부가 되도록 설득하는 묘한 능력이 있었다. 잡스의 독특한 능력은 매우 강력하여 애플의 직원들은 1980년대에 ***현실 왜곡장***(reality-distortion field)이라는 용어를 만들어내었다. 이 표현은 스티브 잡스와 같이 설득적 능력과 독특한 카리스마를 가진 관리자를 묘사하는데 쓰였다. 그는 현실 왜곡장을 사용하여 자신의 계획이 아무리 실행할 수 없을 것 같이 보여도 지지할만 하다고 의심하는 사람들을 설득하였다. 카리스마적 관리자에 가까운 사람들은 실행의 현실성이나 시장에서의 경쟁력 부족으로 아마도 정상으로 보이지 않는 프로젝트에 다른 사람들이 몰입하도록 만드는 특징이 있다.

카리스마 리더십은 리더가 개인적 능력과 재주를 발휘하여 구성원 깊은 곳까지 크게 영향을 미칠 때 나타난다. 카리스마 리더십은 선택받거나(즉 카리스마라는 재능을 타고 났거나) 그 재능이 개발될 수 있다. 카리스마 리더는 타고났다는 학자도 있으며 학습되었다고 설명하는 학자도 있다.

카리스마 리더십(charismatic leadership)은 구성원에게 높은 성취와 성과를 가져다줄 잠재력이 있으나 구성원이나 타인에게 해가될 파괴적인 행동의 위험성을 내포하기도 한다. 몇몇 학자들은 카리스마 리더십의 신화를 벗겨내려고 노력하여 이러한 양면성을 밝혀내었다. 카리스마의 문제점은 독일 나치의 아돌프 히틀러(Adolf Hitler)와 텍사스 와코 브랜치 데비디안 집단(Brance Davidian cult)의 데이빗 코레슈(David Koresh)의 개인화된 권력욕에서 나타났다. 이들은 자신의 팔로워들을 투쟁, 갈등, 그리고 죽음으로 내몰았다. 카리스마의 긍정적인 면은 빌 클린턴과 로널드 레이건 대통령의 사회화된 권력욕에서 나타난다. 이들은 정치적 신념에서 차이를 보였지만 팔로워들에게 영감을 주고 구체적 비전을 실천하도록 동기부여하는데 자신의 카리스마를 사용했다는 점은 공통적이다. 이들의 팔로워들은 자신의 리더가 미국을 위해 독특한 비전과 그 비전을 실천할 탁월한 능력이 있다고 지각하였다.

카리스마는 보는 사람에 따라 다르고 리더와 팔로워는 감정적으로 연결되어 있다. 남녀 모두 카리스마 리더라고 지각될 수는 있으나, 사회적 네트워크에 따라 카리스마를 지각하는 방식이 달라진다. 남성은 자신의 업무팀 네트워크가 한 개인을 중심으로 이루어졌을 때 카리스마리더라고 인식되는 경향이 강하다. 여성 리더는 업무 팀 네트워크가 여러 사람들간 많은 관계로

charismatic leadership A leader's use of personal abilities and talents to have profound and extraordinary effects on followers.

이루어졌을 때 더 카리스마가 있다고 인식된다.

진성리더십 최근에 비즈니스 환경을 뒤흔든 비윤리적인 스캔들로 인해 새로운 형태의 리더십이 많은 관심을 받게 되었다. 영감적 리더십 형태의 잠재적 부정성에 대한 반향으로, 학자들은 진성리더십이라는 새로운 형태를 제안하였는데, 이는 상황에 따라 변혁적, 카리스마적, 거래적 리더십을 포함하지만 특히 리더의 의식적인 그리고 성숙한 가치의식을 갖춘 리더십이다. 진성 리더는 자신의 가치체계와 일치하는 방향으로 행동하기 때문에 도덕적으로 옳고 그름에 대한 높은 의식을 가지고 있다. "중요한 순간(moments that matter)"이라고 명명된 인생 경험을 통해 진성 리더십이 개발되고 진성리더가 자신에게 진실되도록 만든다.

진성 리더는 높은 희망, 낙관주의, 회복력(resiliency), 자기 효능감을 가진 인력을 만들어 고성과를 내는 구성원이 되도록 자극하고 동기부여한다. 팔로워들은 또한 진성 리더의 투명성과 리더가 만드는 집합적으로 배려하는 풍토를 통해 더 긍정적인 감정과 신뢰를 경험한다. 학자들은 간디, 넬슨 만델라와 같은 역사적 인물들이 이러한 리더십을 보인다고 설명한다. 진성 리더십이 조직 리더십으로서 실질적 결과를 낼지는 견고한 연구와 시간이 필요하다.

If employees trust their leaders, they will buy in more readily.

진성리더를 구분하는데 있어서 감정 영역과의 관련성이 최근 보고되고 있다. 감정은 카리스마의 문제점으로 작동할 수 있고 팔로워들한테 특정 신호를 준다. 예를 들어, 선행에 대한 가치를 가지고 있으나 감정적으로 동정심을 보이지 않는 리더가 있으면 팔로워들 눈에는 그다지 진성적이라고 보이지 않는다. 유사하게, 해고하면서 동정심을 보이는 리더에 대해 팔로워들은 더 도덕적이라 인식하며 좀 더 깊은 존경을 보일 것이다.

진성리더십은 진성 팔로워들을 만든다. 리더가 진실된 감정을 보이는 것을 구성원이 본다면 그들 역시 진실하게 행동할 경향이 높다. 진성 리더는 또한 구성원들이 조직에서의 실수를 보고하도록 독려한다. 진성리더의 팔로워들은 자기 고발(whistleblowing)을 할 가능성이 높은데 진성리더가 본이 되어 심리적 안전 풍토가 조성되어 있기 때문이다. 진성 리더십은 학습될 수 있다. 진성리더가 되는데 두 과정이 필요한데, 하나는 사회적 과정, 다른 하나는 내적 과정이다. 사회적 과정은 진성 리더십이 개발되는 과정이고, 내적 과정은 자기 인식과 자기 관리 스킬을 학습하는 과정을 의미한다.

10-6 리더십의 최근 이슈들

최근 이론의 발달과 더불어 리더가 알아두어야 할 중요한 이슈들 역시 밝혀졌다. 감성지능, 신뢰, 여성 리더, 서번트 리더십이 그것이다.

10-6a. 감성지능

효과적 리더는 자신과 타인의 감정을 인식하고 관리하는 능력인 감성지능이 높다고 알려져 있다. 사실 몇몇의 학자들은 IQ나 기술적 스킬보다 감성지능이 리더십 효과성에 더 중요하다고 주장한다. 감성지능의 하위 요소는 자기 인식, 공감, 적응, 자기 자신감 역량으로 구성되어 있다. 대부분의 사람들이 나이가 들면서 감성지능이 높아지기는 하지만, 감성지능의 시작점이 같은 것은 아니다. 다행스럽게도, 감성지능은 학습될 수 있다. 동료들의 솔직한 피드백과 지속적인 지도가 있다면 어느 누구도 감성지능을 향상 시킬 수 있고 역경 속에서도 리드하는 능력 역시 배양할 수 있다.

감성지능은 리더가 의사결정하는 방식에 영향을 준다. 높은 스트레스 상황에서, 높은 감성지능을 가진 리더는 침착성을 유지하고 더 나은 의사결정을 하는 경향이 있으나, 감성지능이 낮은 리더의 경우 의사결정 질이 낮고 효과성을 감소시키는 경향이 있다. 조 토리(Joe Torre)가 뉴욕 양키스의 감독 시절, 악명높은 상사 밑에 일하면서도 침착성을 유지하고 팀의 성취를 이끌내었다. 로스앤젤러스 다저스 감독이었을 때도, 그는 동정심 있으면서 스트레스에서도 침착하고 훌륭한 동기부여자로, 감성지능의 본보기가 되었다. 그는 상황이 어려울 때 침착함을 유지하지만 상황이 좋을 때 선수들에게 압박을 가하는 식의 사이클에 반대되는 관리법(managing against the cycle)을 사용하였다.

10-6b. 신뢰

타인의 행동에 기꺼이 영향을 받도록 내버려두는 마음을 의미하는 신뢰는 리더십의 필수적 요소이다. 신뢰가 있을 때, 팔로워는 리더가 팔로워의 이익을 염두에 두고 행동할 것이라고 믿는다. 신뢰성(trustworthiness)은 감성지능의 한 역량 중 하나이다. 최고 관리직 팀에서 신뢰는 전략실행을 촉진한다. 즉 이 팀에 신뢰가 있다면 직원들로부터 회사의 방향에 대해 지지를 얻을 가능성이 높다는 것이다. 직원이 리더를 믿는다면 그들은 더 쉽게 설득될 것이다.

유명한 여러 CEO의 실패 사례에서 볼 때 탑 비즈니스 리더들의 신뢰는 지속적으로 낮다고 말할 수 있다. 2000년에서 2009년까지 제네럴 모터스(GM)의 CEO였던 릭 와고너(Rick Wagoner)는 역사상 어떤 CEO보다 많은 돈을 잃었지만 자신의 회사와 전략에 대해 계속해서 자신감을 드러내었다. 정부는 GM부도 직전 그를 해고하였다. 역사상 가장 큰 기름 유출 중에도 BP의 CEO였던 토니 헤이워드(Tony Hayward)는 유출의 환경적 영향이 "매우, 매우 적다"고 말했고 후에 기자들에게 그의 삶을 돌려받고 싶다고 불평하였다. 걸프지역의 사람들이 삶에 위협을 받고 있을 때 헤이워드는 요트경기에 가기위해 하루 휴가를 내기도 하였다.

> Evidence shows that women tend to use a more people-oriented style that is inclusive and empowering. Women managers excel in positions that demand strong interpersonal skills.

효과적인 리더는 누구를, 어떻게 신뢰해야하는지 이해한다. 극단적으로, 리더는 종종 가까운 조언자 집단만 신뢰하여 이들의 말에만 귀를 기울이고 반대 의견은 듣지 않는 실수를 범하기도 한다. 현명한 리더는 다양한 의견과 생각을 구하며 자신이 신뢰하는 사람들의 역량과 위치를 모두 조심스럽게 평가한다.

10-6C. 젠더와 리더십

중요하게 대두되고 있는 리더십 이슈 중 하나는 남성과 여성의 리더십이 다른가에 관한 질문이다. 역사적으로 편견이 존재하고 사람들은 성공적인 관리자를 여성 중심적인 특징 보다는 남성 중심적인 특징을 가졌다고 설명한다. 어느 정도 합리적인 젠더 차이는 존재할 수는 있으나, 같은 리더십 특질도 편견 때문에 남성인지 여성인지에 따라 다르게 해석될 수 있다. 실제 이슈는 젠더에 대한 편견과는 무관한 리더 행동 자체여야 한다.

초기 연구에 따르면, 여성은 좀 더 참여적이고 임파워먼트를 부여하는 사람 지향적인 스타일의 리더십을 사용한다고 한다. 여성 관리자는 강한 대인관계 스킬이 요구되는 자리에서 탁월한 성과를 낸다. 더 많은 여성이 조직의 리더십 자리에 있음에도 불구하고, 흥미롭게도 대부분 우리가 알고 있는 리더십에 대한 지식은 남성을

여성 CEO의 회사 성과가 남성CEO의 회사 성과를 추월한다

많은 여성이 CEO자리에 오르면서, 여성 CEO와 남성 CEO 중 누가 이끄는 회사가 더 나은지에 대한 궁금증이 자연스럽게 생길 수 있다. Quantopian의 연구자들이 포춘100에 대한 연구를 수행한 결과, 여성이 이끄는 회사가 S&P 500보다 자기자본이익률이 226퍼센트 더 높게 나타났다.

가장 좋은 예 중 하나가 세계에서 가장 큰 방위산업체인 Lockheed Martin의 CEO, Marillyn Hewson이다. 그녀의 리더십 아래, 회사는 기록적인 이익을 만들었고 주가는 두 배 이상 뛰었다. 그녀의 주요 전략으로는 헬리콥터 회사인 Sikorsky인수와 해외시장으로 확장이 있다.

반드시 여성 CEO일 필요는 없다. 또 다른 글로벌 연구에서는 회사 리더십에(CEO, 이사회, 다른 임원직) 아예 여성이 없는 회사와 비교하여 여성이 리더십 직위의 30%를 차지하는 회사는 구성된 경우는 회사 수익성이 15퍼센트까지 증가한다는 것을 밝혔다.

SOURCES: P. Wechsler, "Women-Led Companies Perform Three Times Better Than the S&P 500," Fortune, March 3, 2015, accessed at http://fortune.com/2015/03/03/women-ledcompanies-perform-three-times-better-than-the-sp-500/; M. Noland and T. Moran, "Study: Firms with More Women in the C-Suite Are More Profitable," Harvard Business Review,February 8, 2016, accessed at https://hbr.org/2016/02/study-firms-with-more-women-in-the-c-suite-are-more-profitable; "The World's 100 Most Powerful Women," Forbes(2016),accessed at https://www.forbes.com/power-women/#/tab:overall_page:3.

대상으로 한 연구를 바탕으로 하였다. 여성의 리더십에 대해서는 더 많은 연구가 필요하다.

최근 연구에서는 유리 천장 효과와는 다른, ***유리절벽***(glass cliff) 현상에 대해 주목하고 있다. 유리절벽은 성과를 내기 힘든 상황에서 조직이 여성에게 리더십 지위를 더 많이 부여하는 경향을 나타낸다. 여성은 통상적으로 리더십 지위를 획득하기 어렵고 남성 호의적인 내집단에서 다른 대안이 없기 때문에 이렇게 어려운 상황도 받아들일 수 밖에 없다고 지각한다. 그러나 남성은 여성이 더 나은 의사결정자이기 때문에 어려운 상황에서 리더십 지위에 더 적합하다고 지각한다.

10-6d. 서번트 리더십

AT&T의 경영 연구 책임자인 로버트 그린리프(Robert Greenleaf)는 오랫동안 리더는 직원, 고객, 그리고 지역사회를 섬겨야한다고 주장하였고, 그의 에세이는 오늘날 ***서번트 리더십***(servant leadership)의 바탕이 되었다. 그의 개인적, 그리고 직업적 철학은 리더는 다른 사람을 섬김으로써 리드해야한다는 것이다. 또 사람이 일을 위해 존재하는 것처럼 일도 사람을 위해 존재하는 것이며 서번트리더는 집단의 지향점을 찾아 그것을 바탕으로 리드하는 것이다. 서번트 리더십은 팀 성과를 향상시키고 조직에서 조직시민행동을 높이는 것으로 나타났다. 서번트 리더는 신뢰를 바탕으로 한 리더십을 추구하며 조직을 떠날 때 다음 세대를 위해 더 발전된 모습을 갖추도록 열망하는 청지기(steward)라고 스스로를 생각한다. 그린리프는 30년 전에 이러한 생각을 완성했지만, 최근 들어서야 그의 글들이 출판되고 각광을 받게 되었다.

10-6e. 비인격적 감독

학자들은 또한 효과적 리더의 요인뿐 아니라 부정적인 리더 행동도 연구하였다. 가장 공통된 주제는 성희롱, 신체적 폭력, 분노폭발, 공개적 조롱, 직원의 공 가로채기, 희생양 만들기 등이 있다. 이러한 행동을 ***비인격적 감독***(abusive supervision)이라고 하는데 미국 직장인의 13%로 이를 경험했으며많은 부정적 결과를 초래한다고 알려져 있다. 비인격적 대우를 받은 직원은 일탈 행동, 음주 문제, 심리적 디스트레스, 감정적 소모가 증가하여 행복감이 감소된다고 보고되었다. 그리고 비인격적 감독은 결근을 증가시키고 생산성을 감소시킨다. 실제로 미국 기업에서 비인격적 감독의 비용은 약 238억 달러에 이른다. 왜 상사가 비인격적으로 직원을 대하는지는 명확하지 않다. 어떤 연구에서는 상사로부터 경험한 불공정성 때문에 직원이 다른 사람도 비인격적으로 대할 가능성이 높다고 제시하였다. 다른 연구는 관리자가 자기 자신을 통제하지 못하고 스트레스를 관리하지 못해 이러한 행동을 한다고 설명한다. 비인격적 대우를 하는 관리자는 부정적이며 혹은 약해 보이거나 자신을 방어할 의지가 없거나 할 수 없어 보이는 직원에게 자신의 공격성을 발휘할 가능성이 높다고 한다.

그림 10.6 팔로워의 다섯가지 유형

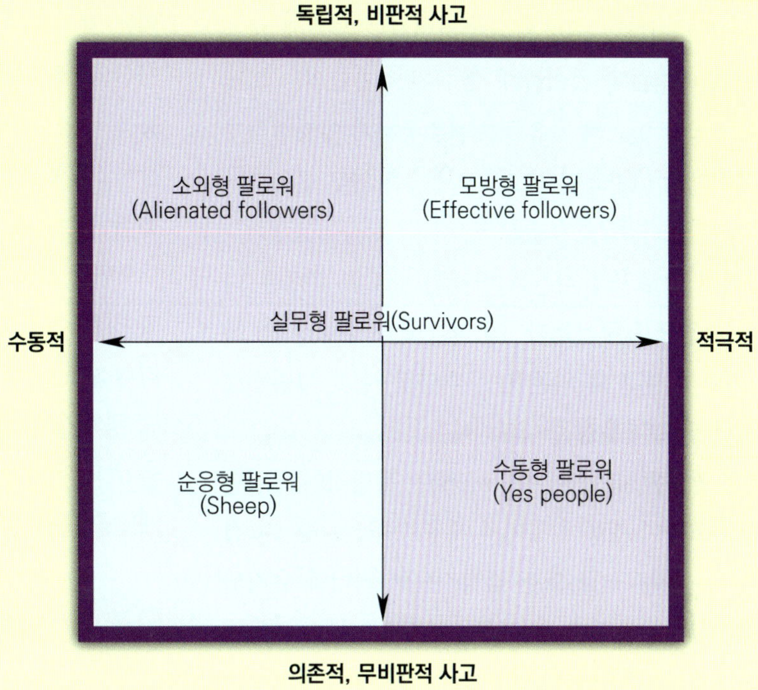

SOURCE: Reprinted by permission of Harvard Business Review. From "In Praise of Followers" by R. E. Kelley (November-December 1988, p. 145. Copyright © 1988 by Harvard Business School Publishing Corporation; all rights reserved.

10-7 팔로워십

리더십과 대조적으로 **팔로워십**(followership) 주제에 대한 연구는 많지 않다. 대부분의 리더십 문헌에서 리더와 팔로워의 역할은 매우 다르다고 설명한다. 전통적인 관점에서는 팔로워를 수동적인 존재로 간주하나 현대적 관점에서 팔로워의 역할은 리더십의 가능성을 가진 적극적 존재로 여겨진다. 팔로워의 역할은 자기 자신의 성과에 대한 책임을 지는 셀프 리더십의 하나로도 간주되어 왔다. 이 접근은 팔로워의 개인적 책임과 자기 통제를 강조한다. 셀프리더로서 팔로워는 자연적으로 동기가 생긴 과업을 수행할 뿐 아니라 자연적으로 동기가 생기지 않는 과업이지만 반드시 해야 하는 일도 수행한다. 셀프리더십은 팔로워가 자기 절제와 성과를 내는데 도움을 주는데, 이것은 바로 리더가 되는 필수적인 첫 걸음이다. 기업은 임파워먼트와 자기 관리 업무 팀과 같은 프로그램을 통해 팔로워의 역할을 더 활성화시킬 수 있다.

followership The process of being guided and directed by a leader in the work environment.

10-7a. 팔로워의 유형

현대의 업무 환경은 팔로워가 리더와의 상호의존성을 인식하고 리더의 권한을 존중하면서도 동시에 도전하는 법을 배우도록 격려한다. 효과적인 팔로워는 활동적이고 책임감 있으며 자유롭고 불순종하지 않으면서도 무례하지 않게 비판적인 사고를 하는, 즉 업무 몰입도가 높은 구성원이다.

효과적인 팔로워와 다른 일반적인 팔로워 유형은 다음의 두 차원으로 구분된다: (1) 적극성 대 수동성 (2) 독립적, 비판적 사고 대 의존적, 무비판적 사고. 그림 10.6은 이러한 팔로워 유형을 나타낸다.

소외형 팔로워(alienated followers)는 독립적이고 비판적으로 사고하나 행동에 있어서 매우 수동적이다. 그 결과 그들은 심리적으로 또한 감정적으로 리더와 유리되어있다. 이러한 소외형 팔로워는 잠재적으로 파괴적일 수 있고 건전한 조직에 위협이 될 수 있다. 양과 같은 ***순응형 팔로워***(sheep)는 독립적으로나 비판적으로 사고하지 않고 행동에도 수동적이다. 예스맨과 같은 ***수동형 팔로워***(yes people)는 독립적으로나 비판적으로 사고하지 않으나 행동에 있어서 매우 적극적이다. 이들은 리더의 생각을 무비판적으로 지지하고 리더의 제안에 대해 의문을 달거나 도전하지 않는다. 그러나 이들은 리더에게 가장 위험할 수 있는데 이는 그들이 잠재적 위험에 대해서 경고하지 못하고 옳지 못한 긍정적 반응을 보일 수 있기 때문이다. 생존자와 같은 ***실무형 팔로워***(survivors)는 파괴성이 가장 낮고 조직에서 위험성이 가장 낮은 구성원이다(그림10.6에서 가장 중앙에 위치). 그들은 "나중에 후회하기 보다는 조심한 것이 더 낫다"는 믿음을 가지고, 지속적으로 조금씩 시도하는 특징을 가진다.

효과적 팔로워인 ***모범형 팔로워***(effective followers)는 리더와 조직에게 적극적으로 공헌하는, 가장 가치있는 구성원이다. 모범형 팔로워에는 네 가지 특징이 있다. 첫째, 그들은 자기 관리와 자기책임에 능숙하다. 리더는 결과에 대한 우려없이 이들에게 위임할 수 있다. 둘째, 조직과 목적, 원칙, 타인에게 몰입한다. 이들은 자기 중심적이지도 자기 과시하지도 않는다. 셋째, 모범형 팔로워는 자신의 역량과 전문성을 키우고 최대 효과를 위해 자신의 에너지를 집중시킨다. 이들은 자신의 능력과 재능을 배양할 모험과 방법을 추구한다. 넷째, 이들은 용감하고, 정직하며, 믿을만하다. 회사는 마음챙김 훈련을 통해 구성원에게 이러한 특성을 독려할 수 있다.

모범형 팔로워는 긴밀한 감독이 불필요한 셀프리더라고 칭할 수 있다. ***셀프리더십***(self-leadership), 혹은 ***수퍼리더십***(super-leadership) 개념은 리더인지 팔로워인지 그 경계가 불분명하다. 배려하는 리더는 종종 팔로워들을 효과적이고 적극적으로 만들어 직원들의 셀프리더십 개발을 도울 수 있다.

10-8 리더십 가이드라인

리더십은 조직행동에 영향을 미치며 조직 효과성을 달성하는데 매우 중요하다. 리더십 승계에 대한 연구에서 다른 변인을 통제했을 때 리더가 조직 성과 미치는 영향이 어느 정도 강한 것으로 나타났다. 그렇지만 조직 성과에 영향을 미치는 다른 요인 역시 알아둘 필요가 있다. 이러한 요인에는 환경 요인(예: 전반적인 경제 상황)과 기술 요인(예: 효율성) 등이 있다.

기업의 리더는 조직의 윤리와 가치를 수립하는데 중요한 역할을 한다. 많은 기업의 리더들이 윤리에 대해 이야기하지만 윤리적 결정을 위해 회사의 운명까지 건 경우는 그렇게 많지 않다. 1976년 존슨 앤 존슨의 책임자 제임스 버크(James Burke)는 회사의 윤리성을 위해 임원들에게 헌신하도록 대대적으로 요구하였다. 그러나 이때 버크는 이러한 헌신을 실제로 행동을 옮겨야 할 상황이 발생할 지는 몰랐을 것이다. 그로부터 6년 뒤, 타이레놀 박스에 독극물이 포함되었다는 것이 밝혀졌을 때, 버크는 자신의 신념을 실천하는데 주저하지 않았다. 회사는 일억 달러의 비용으로 제품을 수거했고 새로운 제품 포장 디자인에 상금을 걸기도 하였다. 결국 타이레놀은 다시 한번 미국에서 진통제 분야 리더가 될 수 있었다.

지난 60년간의 최근 리더십 연구를 바탕으로 다음 다섯 개의 가이드라인을 활용할 수 있다.

1. 리더와 조직은 각 리더의 독특한 특질, 경향, 재능을 인정해야한다. 어떤 리더도 같지 않으며 리더의 다양성은 가치있다.
2. 최고의 리더십 유형 하나가 존재하지는 않지만 조직별로 선호하는 유형은 있다. 필요할 때 조직 문화를 파괴하지 않고 조직문화에 도전하는 리더가 선택되어야 한다.
3. 사람들을 고려하는 참여적이고 사려깊은 리더 행동은 업무 환경에서 구성원의 건강과 행복을 증진시킨다. 그러나 이것은 리더가 팀의 과업을 무시해야 한다는 말은 아니다.
4. 각기 다른 리더십 상황은 다른 리더십 재능과 행동을 요구한다. 리더는 조언을 제공할 때, 상담할 때, 코칭하고 멘토링을 제공할 때를 알아야 한다. 구성원의 니즈를 만족하기 위해 리더는 진단에 능해야 한다.
5. 좋은 리더는 좋은 팔로워일 가능성이 높다. 둘 사이의 사회적 역할은 다르지만, 리더와 팔로워의 자질과 행동은 크게 다르지 않을 수 있다.

CHAPTER

11 갈등과 협상

Conflict and Negotiation

학습 목표

11.1 조직내 갈등의 성격을 서술하라.

11.2 조직내 갈등을 유발시키는데 있어 구조적 및 개인적 요인들의 역할을 설명하라.

11.3 조직내 집단갈등의 성격을 서술하라.

11.4 조직내 개인들간의 갈등에 영향을 미치는 요인들을 서술하라.

11.5 갈등을 관리하는데 효과적인 그리고 비효과적인 기법들을 서술하라.

11.6 갈등관리의 5가지 스타일을 파악하라.

11-1 조직내 갈등의 성격

우리 모두는 다양한 유형의 갈등을 경험한다. 그러나 우리는 아마도 조직내에서 발생하는 다양한 갈등을 인식하지 못할 것이다. 갈등(conflict)은 양립할 수 없는 목표들, 태도, 감정, 또는 행동 등이 둘 또는 보다 많은 당사자들 간에 불일치 또는 반대를 초래하는 상황으로 정의된다. 오늘날 조직은 역사상 과거보다 더욱 큰 잠재적인 갈등에 직면할 수 있다. 경쟁과 글로벌화가 점점 증가되고 있는 시장은 성격, 가치관, 태도, 지각, 언어, 문화, 그리고 국가 배경 등의 관점에서 사람들 간의 차이를 확대시킨다. 노동력의 다양성 증가로 인해 양립불가능성과 갈등의 여지가 나타난다.

11-1a. 갈등관리 기술의 중요성

통계에 따르면, 관리자들은 자신들의 시간에서 21% 또는 매주 하루를 갈등을 처리하는데 소비한다고 한다. 그래서 갈등관리기술이 관리자의 성공에 주요 예측지표인 것은 놀라운 것이 아니다. 관리자의 갈등관리능력 핵심지표는 ***감성지능***(emotional intelligence, EI)인데, 이는 자신의 감정을 통제하고 타인의 감정을 지각하며, 변화에 적응하고, 그리고 역경을 관리할 수 있는 힘이다.(갈등관리기술은 IQ보다는 EQ에 보다 잘 반영된다.) 감성지능, 특히 감정이입이 부족한 또는 타인의 관점에서 삶을 보는 능력이 부족한 사람들은 갈등의 관리자이기 보다는 갈등의 원인이 되기가 훨씬 쉽다. 충동억제와 같은 EI 능력에 초점을 두는 관리개발프로그램은 갈등관리기술과 함께 도움이 될 수 있다.

Estimates show that managers spend about 21% of their time, or one day every week, dealing with conflict.

11-1b. 기능적 갈등 대 역기능적 갈등

모든 갈등이 나쁜 것은 아니다. 사실, 갈등의 일부 유형은 문제에 대한 새로운 해결책을 장려하며 조직에서 창의성을 촉진시킨다. 이러한 경우에 관리자들은 갈등을 조장하기를 원한다. 그래서 갈등관리의 핵심은 기능적 갈등을 자극하고 역기능적 갈등은 예방하거나 해결하는 것이다. 그러나 기능적 갈등과 역기능적 갈등을 구분하는 것은 쉽지 않다. 갈등의 결과는 표 11.1에 제시되었듯이 긍정적이거나 부정적일 수 있다.

DreamBox Learning의 CEO는 자비로운 마찰(benevolent friction)을 권장한다.

DreamBox Learning의 CEO인 그녀가 기억하듯이, Jessie Woolley-Wilson 가문의 아이티(Haiti) 쪽 사람들은 저녁 식사 테이블에서 큰 소리로 많은 것을 토론한다. 대화의 주제는 경제 또는 다른 나라에서 일어나고 있는 것일 수도 있다. 대가족이 모였을 때, 문화적인 차이가 연결되며 관계가 형성된다.

그녀는 그 기억을 "자비로운 마찰"이라고 하였는데, 이는 갈등이 긍정적인 힘이 될 수 있다는 것이다. 탄소에 압력이 충분히 가해지지 않고는 다이아몬드가 만들어질 수 없음을 설명할 때까지 동료들을 설득하는 것은 매우 힘든 작업이었다. 환언하면, 세밀한 검토 없이 대략적인 아이디어라도 제시되어야 하며 모든 사람은 도움이 될 수 있는 중요한 아이디어를 갖고 있다는 것이다. 그녀의 주장은 아이디어에 대해서는 열심히 탐구해야 하지만 사람에 대해서는 부드러워야 한다는 것이다.

DreamBox Learning과 같은 스타트업에서 자비로운 마찰은 매우 중요하다. 기업에서는 아동용 온라인 학습시스템을 제공하는데, 이는 혁신을 위한 긍정적인 갈등에 의존한 것이다.

SOURCE: http://www.dreambox.com; A. Bryant, "Jessie Woolley-Wilson on Creating Benevolent Friction at Work," The New York Times, accessed at https://nyti.ms/2nCTZdy.

표 11.1 갈등의 결과

긍정적인 결과	부정적인 결과
• 새로운 아이디어 유도	• 작업에의 에너지를 다른 곳으로 전환
• 창의성 자극	• 심리적인 웰빙 위협
• 변화 자극	• 자원 낭비
• 조직의 활성화 촉진	• 부정적인 분위기 형성
• 개인과 집단의 정체성 확립에 도움	• 집단응집력 감소
• 문제를 보여주는데 안전장치로 작용	• 적대감과 공격적인 행동 증가

기능적 갈등(functional conflict)은 둘 또는 그 이상의 사람들 간의 건강한 건설적인 불일치이다. 개인들 사이에서 새로운 아이디어, 학습, 그리고 성장 등은 기능적 결과를 낳을 수 있다. 그러한 갈등은 건설적인 갈등이다. 즉 개인들은 이를 통해 자신과 타인에 대해 더욱 잘 인식할 수 있다. 뿐만 아니라, 두 당사자가 불일치를 해결하였을 때 그들은 어떤 것을 함께 이루었다고 느낄 수 있기 때문에, 기능적 갈등은 작업관계를 향상시킬 수 있다. 이러한 방식으로 함께 일할 때 긴장을 풀어주고 문제를 해결함으로써 사람들은 사기가 올라가는 것을 경험하게 된다. 기능적 갈등은 조직을 위한 혁신과 긍정적인 변화로 이어질 수 있다. 이는 개인들 사이에 창의성을 장려하는 경향이 있기 때문에 이러한 유형의 갈등은 때때로 생산성 증가로 전환된다. 기능적 갈등을 인식하는데 있어 중요한 것은 때때로 기능적 갈등은 기본적으로 인지적(cognitive)이라는 점이다. 즉 낡은 정책에 도전하거나 문제에 대해 새로운 접근법을 생각하는 어떤 사람에게서 비롯된다. 사실, 관리자들은 집단이 집단사고로 인해 어려움을 겪고 있다고 의심이 될 때 이러한

functional conflict A healthy, constructive disagreement between two or more people.

유형의 갈등을 자극하도록 노력해야 한다.

역기능적 갈등(dysfunctional conflict)은 둘 또는 그 이상의 사람들 간에 건강하지 못한 파괴적인 불일치이다. 이것의 위험성은 수행되어야 하는 작업에 놓여 졌던 초점이 갈등 자체와 관련된 당사자들에게 놓여 진다는 것이다. 지나친 갈등은 보다 생산적으로 사용되어야 하는 에너지를 고갈시킨다. 역기능적 갈등을 인식하는데 있어 중요사항은 때때로 역기능적 갈등은 기본적으로 감정적 또는 행동적이라는 점이다. 예를 들어, 구체적인 아이디어가 아닌 특정 개인에게 향하는 개인적인 분노와 관련된 불일치는 역기능적이다. 역기능적 갈등과 관련되는 개인들은 생각하기에 앞서 행동하는 경향이 있으며, 의사소통을 하는데 있어 때때로 위협, 속임수, 그리고 악담 등에 의존한다. 더욱이 역기능적 갈등은 때때로 상사, 동료, 부하 또는 심지어 서비스 제공자 등을 향해 공격적인 행동 또는 보복으로 이어질 수 있다. 역기능적 갈등에서 당사자 모두의 손실은 갈등으로부터 얻는 어떤 잠재적인 이익을 초과할 수 있다.

11-1c. 갈등의 진단

갈등이 기능적인지 또는 역기능적인지를 진단하는 것은 쉽지 않다. 관리자는 이슈, 갈등의 상황, 그리고 관련 당사자 등을 살펴야 한다. 일단 관리자가 갈등의 유형을 진단하면, 관리자는(역기능적인 경우에) 갈등을 해결하거나 갈등을 자극할 수 있다.

갈등을 진단하는데 있어 실수하기 쉽다. 가끔 기능적인 과업갈등을 개인적인 것으로 잘못 판단할 수 있으며, 이로 인해 역기능적 갈등이 뒤따를 수도 있다. 작업집단내에 신뢰를 형성함으로써 원인을 잘못 판단하는 것을 예방할 수 있다. 집단효과성에 관한 연구에 의하면, 친구들로 구성된 의사결정집단은 낯선 사람들로 구성된 집단보다 공개적으로 불일치에 관여할 수 있었다. 친구들로 구성된 집단은 보다 효과적인 의사결정을 할 수 있었기 때문이다. 과업갈등과는 대조적으로 관계갈등은, 특히 이것이 시간이 흐르면서 지속된다면, 역기능적으로 되기가 훨씬 쉽다. 오래 지속된 해결되지 않은 관계갈등은 종업원의 에너지를 고갈시키며 종업원은 소진된다. 소진된 종업원은 제대로 업무를 수행하지 못하며 역기능적 갈등으로부터 벗어나기 위해 조직을 떠날 수도 있다.

11-2 조직내 갈등의 원인

갈등은 조직내에 널리 퍼져 있다. 갈등을 효과적으로 관리하기 위해 관리자는 갈등의 여러 원천을 이해해야 한다. 이는 크게 2가지 범주로 구분될 수 있다. ***구조적인 요인***(structural factors)은 조직의 성격과 작업이 구조화되는 방식에서 비롯되며, ***개인적인 요인***(personal factors)은 개인들간의 차이에서 비롯된다. 그림 11.1에 각각의 범주내의 갈등의 원천을 정리되어 있다.

11-2a. 구조적인 요인

조직구조와 관련된 갈등의 원인으로는 전문화, 상호의존성, 공동의 자원, 목표의 차이, 권한관계, 지위불일치, 그리고 관할권의 모호성 등이 있다.

전문화 직무가 상당히 전문화(specialization)되어 있을 때 종업원들은 구체적인 과업에서 전문가가 된다. 예를 들어, 한 소프트웨어 회사는 데이터베이스 전문가 한 명, 통계패키지 전문가 한 명, 그리고 전문가시스템의 전문가 한 명 등을 보유하고 있다. 사람들은 타인이 수행하는 과업을 거의 인식하지 못하기 때문에 고도로 전문화된 직무는 갈등으로 이어질 수 있다.

전문화에 따른 전통적인 갈등은 영업사원과 엔지니어 간에 때때로 발생한다. 엔지니어는 제품설계와 품질에 대해 책임을 지는 기술전문가이다. 영업사원들은 마케팅 전문가이며 고객과의 연락을 담당한다. 이들은 배달마감일을 맞추는데 필요

dysfunctional conflict An unhealthy, destructive disagreement between two or more people.

그림 11.1 조직내 갈등의 원인들

한 기술지식이 부족하기 때문에, 때때로 엔지니어가 지킬 수 없는 고객과의 배달약속으로 인해 영업사원들이 비난을 받는다.

상호의존성 상호 의존되는 작업들을 수행하기 위해서는 집단 또는 개인이 목표달성을 위해 타인에게 의존해야 한다. 작업과정이 부드럽게 흘러갈 때에는 직무수행을 위해 타인에게 의존한다는 것이 괜찮다. 그러나 문제가 생기면 상대방을 비난하기가 쉬우며 그러면 갈등은 커져간다. 예를 들어, 의류제조공장에서 의류를 절단하는 사람의 작업이 늦어질 때, 의류에 바느질하는 사람도 지연된다. 바느질기계에서 일하는 작업자는 느린 절단 속도로 인해 자신이 노력이 방해받고 있으며 성과급 방식이기에 자신의 임금에도 영향을 받는다고 느낄 때, 상당한 불만이 나타날 수 있다.

공동의 자원 복수의 당사자가 자원을 공유해야 할 때 갈등의 가능성이 있다. 공유되는 자원이 점점 희소해질 때 갈등의 가능성은 커진다. 예를 들어, 관리자들은 때때로 관리부서의 지원을 공유한다. 한 명의 관리직 직원이 열 명 또는 그 이상의 관리자를 지원하는 것이 드문 경우는 아니다. 이는 관리직 직원에게 부담을 주게 되며, 작업의 우선순위를 정하고 일정계획을 수립하는데 있어 잠재적인 갈등으로 이어질 수 있다.

목표의 차이 작업집단이 상이한 목표를 가질 때, 이들 목표는 양립하기 어려운 것일 수도 있다. 예를 들어, 한 케이블 텔레비전 회사에서 영업사원의 목표는 가능한 한 새로운 설비를 많이 판매하는 것이다. 이로 인해 서비스부서에서 문제가 생길 수 있다. 서비스부서의 목표는 적시에 설치하는 것이기 때문이다. 증가하는 매출로 인해 서비스부서는 도움을 받아야 되며, 주문들은 지체된다. 개인들이 다른 부서의 목표에 대해 알지 못하기 때문에 때때로 이러한 유형의 갈등이 발생한다.

권한관계 전통적인 상사–종업원 관계는 본질적으로 수직적인데, 상사는 종업원들 보다 우월한 위치에 있다. 많은 종업원의 경우 그러한 관계는 편안하지 못하다. 종업원들은 자신들에게 무엇을 하라고 지시할 수 있는 권리를 가진 다른 사람을 좋아하지 않는다. 일부 사람들은 다른 사람들보다 권한에 대해 분노하며, 이는 갈등을 유발시킬 수 있다. 뿐만 아니라 일부 상사는 다른 상사들보다 전제적이며 이는 관계에서의 갈등 가능성을 복잡하게 만든다. 조직이 팀지향적 그리고 임파워먼트의 방향으로 변화함에 따라 권한관계로부터의 갈등 가능성은 감소될 것이다.

Personality conflicts are realities in organizations; it is naive to expect that you will like all of your coworkers or to expect that they will all like you.

지위불일치 일부 조직에서는 관리자와 비관리직 종업원들 간에 지위의 차이가 심각할 수 있다. 관리자들은 유연한 일정, 정해진 주차장소, 그리고 보다 긴 점심시간 등과 같은 특권을 누릴 수 있는데, 이는 비관리직 종업원들은 이용할 수 없으며 이는 분노와 갈등을 낳을 수 있다.

관할권의 모호성 어떤 문제로 인해 회사에 전화를 한 적이 있으며 전화가 여러 다양한 사람들과 부서를 통해 전달되었는가? 이러한 상황이 **관할권의 모호성**(jurisdictional ambiguity), 즉 조직내 불명확한 책임관계를 보여준다. 이러한 회사에서의 전통적인 상황은 하드웨어/소프트웨어 딜레마와 관련된다. 당신이 컴퓨터를 만든 회사에 전화를 걸었는데, 회사에서는 문제가 소프트웨어로 인한 것이라고 한다. 그리면 당신은 소프트웨어 부서에 전화를 하고 그 부서에서는 원인이 하드웨어라고 말한다. 이런 방식으로 왔다갔다 한다.

11-2b. 개인적인 요인

모든 갈등이 조직의 구조적인 요인에서 비롯되는 것은 아니다. 일부 갈등은 개인들간의 차이에서 발생한다. 개인 차이에서 발생하는 갈등의 원인에는 기술과 능력, 성격, 지각, 가치와 윤리, 감정, 의사소통의 장애물, 그리고 문화적 차이 등이 포함된다.

기술과 능력 기술과 능력(skills and abilities)에서의 다양성은 조직에 긍정적일 수 있지만, 특히 직무가 상호의존될 때, 갈등의 가능성도 지니고 있다. 경험많은 유능한 작업자는 미숙련인 신입 작업자들과 함께 일하는 것이 힘들 수 있다. 대학을 갓 졸업한 신입 상사가 사람들을 관리하는 기법은 많이 알지만 자신들이 사용하고 있는 기술에 대해서는 잘 모를 때, 작업자들은 분노할 수 있다.

성격 개인들은 일터에 들어설 때부터 자신의 성격(personalities)에서 벗어나지 못한다. 성격갈등은 조직에서 현실적이다. 동료들 모두가 당신을 좋아할 것으로 기대하는 것이 순진한 것처럼 당신이 동료 모두를 좋아할 것으로 기대하는 것도 순진한 것이다.

많은 사람들이 대처하기 어려워하는 성격특성은 거친 성격(abrasiveness)이다. 거친 사람은 작업에서의 대인적인 측면과 동료의 느낌을 무시한다. 이러한 유형의 사람은 때때로 성취지향적이며 열심히 일하지만, 이들의 완벽주의자이며 비판적

jurisdictional ambiguity
The presence of unclear lines of responsibility within an organization.

핫 트렌드

일터에서 여성들 간에 갈등이 더 많은가? 아니오!

직장 여성과 그들 사이의 갈등에 대한 대중지의 보도에서는 부정적인 시각을 보여주었다. 여왕벌(queen bee) 신드롬, 토큰(token) 여성 신드롬, 그리고 고위직에 대한 여성들의 경쟁 등은 일터에서 어떤 유형의 갈등 보다 다른 여성들과의 갈등을 보다 많이 겪는 여성들의 경쟁을 묘사한 것이다. 이것이 실제로 그러한가?

연구자들은 일터에서 여성들끼리 서로 갈등을 갖기 쉽다는 주장에 이의를 제기한다. 대신, 연구자들은 여성들 간의 갈등이 제3자에게 보다 큰 문제로 보여지기 쉽다고 주장한다. 사람들은 같은 여성들 간의 갈등에 좀 더 초점을 두어 갈등의 발생을 강조하는 경향이 있다. 이로 인해 일터에서 여성들끼리 보다 역기능적인 갈등을 갖는다는 오해를 유도하게 된다.

제3자가 함께 일하는 여성이 보다 갈등을 잘 유발한다는 식의 고정관념을 갖게 될 때, 여성들이 일터에서 직면하는 승진에의 실제적인 장애물에 대한 관심을 다른 곳으로 돌리게 된다.

SOURCE: L. D. Sheppard and K. Aquino, "Sisters at Arms: A Theory of Female Same-Sex Conflict and Its Problematization in Organizations," Journal of Management, 43 (2017): 691-715.

인 스타일로 인해 다른 사람들이 중요하지 않다는 느낌을 가질 수 있다. 거친 사람들의 작업스타일로 인해 그들 주변에 있는 사람들에게 스트레스와 긴장이 발생할 수 있다.

지각 지각(perceptions)에서의 차이 또한 갈등으로 이어질 수 있다. 예를 들어, 관리자와 작업자는 무엇이 사람을 동기부여시키는가에 대해 지각을 공유하지 않을 수 있다. 작업자들이 실제로 원하는 것이 아니라 작업자들이 원한다고 관리자들이 생각하는 것을 제공한다면, 보상시스템으로 인해 갈등이 발생할 수도 있다.

가치와 윤리 가치와 윤리(values and ethics)에서의 차이가 불일치의 원천이 될 수 있다. 예를 들어, 나이 든 작업자들은 기업에의 충성심을 중요하게 여기며 자신들이 정말로 아프지 않을 때에는 병가를 잘 쓰지 않는다. 이직가능성을 중시하는 젊은 작업자들은 "정신건강의 날(mental healthy days)[1]"을 좋아하는데, 전화로 병결을 알리고 일터에서부터 벗어나 휴식을 갖는다. 이것이 모든 작업자에게 해당되지는 않을 수도 있지만, 이는 가치관의 차이가 갈등으로 이어질 수 있음을 보여준다.

대부분의 사람은 일터에서 윤리를 적용하는 정도가 다르다고 하더라도 자신만의 가치와 윤리를 갖고 있다. 일부 사람들은 타인으로부터의 인정에 대해 강한 욕구를 가지고 있으며 타인의 윤리기준을 맞추기 위해 일을 할 것이다. 다른 사람들은 상대적으로 타인으로부터의 인정에 대해 관심이 없으며 자신의 윤리기준을 강력히 적용하려고 한다. 다른 사람들은 외견상으로는 윤리 또는 가치를 고려하지 않고 움직인다. 가치 또는 윤리에 관한 갈등이 제기될 때, 개인 차이로 인해 불일치가 격하게 나타나는 것이 일반적이다.

감정 갈등은 본질적으로 감정적인 상호작용이며 갈등

1) 역자 주) 집에서 쉬는 날

사실 확인

감정이입은 일터에서의 용서를 촉진시키는데 도움을 줄 수 있다.

우리가 일터에서 업신여김을 당하거나 상처를 받을 때, 대부분의 사람들은 피해가 의도적인 것이라고 생각하는데, 항상 그러한 것은 아니다. 공격을 했던 작업자는 때때로 죄책감을 느끼며 자신의 행동에 대해 용서를 원한다. 이러한 마음이 연결되지 않음으로 인해 일터에서 많은 갈등이 유발된다.

긴장을 낮추는데 도움이 되는 한 가지 방법은 피해자가 가해자와 공감하도록 하는 것이다. 어떤 경우에는 잘못된 행동이 의도적인 것이 아니며 가해자가 용서를 원한다는 것을 피해자가 이해하는데 이것이 도움이 될 수 있다. 감정이입과 용서를 장려함으로써 일터에서의 일부 갈등은 해결될 수도 있다.

물론, 가해자가 자신이 잘못을 했다고 믿지 않을 때에는 이 방법은 효과적이지 않나. 따라서 감정이입과 용서가 효과적이기 위해서는 양 당사자가 잘못에 대해 서로 이해를 해야 한다.

SOURCE: G. S. Adams and M. E. Inesi, "Impediments to Forgiveness: Victim and Transgressor Attributions of Intent and Guilt," Journal of Personality and Social Psychology, 111 (2016): 866-881.

과 관련된 당사자들의 감정은 어떤 유형의 협상을 인식하느냐와 서로에게 어떻게 대응하느냐에 있어 매우 중요한 역할을 한다. 사실, 오늘날 감정(emotions)은 협상에서 매우 중요한 요소로 고려되고 있으며 협상과정을 검토하는데 반드시 포함되어야 한다. 협상가가 인지보다는 감정에 근거하여 행동하기 시작할 때 이들은 교착상태에 빠지기가 상당히 쉽다.

의사소통의 장애물 물리적인 격리, 언어 등과 같은 의사소통의 장애물이 메시지에서 왜곡을 초래할 수 있으며, 갈등으로 이어질 수 있다. 다른 의사소통의 장애물(communication barriers)은 가치판단으로서, 이는 청취자가 메시지를 받기도 전에 판단하는 것이다. 예를 들면, 팀구성원이 만성적으로 불평을 한다고 가정해보자. 이 개인이 관리자의 사무실에 들어왔을 때, 관리자는 메시지를 받기도 전에 메시지의 내용을 낮게 평가할 수 있다. 그러면 갈등이 발생할 수 있다.

문화적 차이 문화적 차이(cultural differences)가 조직에서는 자산이라고 하더라도, 가끔 문화적 차이가 갈등의 원천이 될 수 있다. 이러한 갈등은 다른 문화에 대한 이해부족에서 비롯된다. 예를 들어, 어떤 MBA 반에서 미국인 학생들이 교수에게 이의를 제기할 때 인도 학생은 충격을 받는다. 한편, 미국인 학생들은 인도에서 온 학생들이 지나치게 수동적이라고 생각한다. 후속 논의를 통해 인도에서 교수는 특별하게 대우받으며 교수에게 크게 경의를 표한다는 것이 알려졌다. 학생들은 활발하게 아이디어를 제시할 수는 있지만 교수에게는 거의 이의를 제기하지는 못한다. 문화적 차이에 대한 교육을 강조하는 다양성 훈련은 오해를 예방하는데 크게 도움을 줄 수 있다.

11-3 조직내 집단갈등의 유형

조직에서 갈등은 여러 다른 형태를 갖는데, 집단수준에서 일어나는 갈등과 개인수준에서 일어나는 갈등으로 구분될 수 있다. 각 수준에서의 갈등은 사이(inter) 또는 내부(intra)로 더욱 세분될 수 있다. 접두사 inter는 between을 의미하는 반면에 접두사 intra는 within을 의미한다. 집단수준에서의 갈등은 조직간, 집단간, 또는 집단내에서 발생할 수 있다.

11-3a. 조직간 갈등

둘 또는 그 이상의 조직 간에 발생하는 갈등을 **조직간 갈등**(interorganizational conflict)이라고 한다. 경쟁은 조직간 갈등을 고조시킬 수 있다. 또한 기업양도, 합병, 그리고 인수 등도 조직간 갈등을 일으킬 수 있다. 종종 백만장자들과 억만장자들 간의 다툼으로 여겨지기도 하는 National Football League의 선수노조와 구단주들 사이의 조직간 갈등은 어떠한가? 구단주로부터 이익을 보다 많이 얻고자 선수들은 정규적으로 파업에 들어가는 반면, 구단주들은 전혀 수익을 내지 못하고 있다고 우는 소리를 한다.

11-3b. 집단간 갈등

갈등이 집단들 또는 팀들 간에 발생할 때 이를 **집단간 갈등**(intergroup conflict)이라고 한다. 집단들 간의 갈등은 각 집단내에 집단응집력, 과업에 대한 집중 증가, 그리고 집단에 대한 충성심 향상 등과 같은 긍정적인 효과를 가져올 수 있다. 그러나 또한 부정적인 결과도 초래할 수 있다. 갈등이 있는 집단은 상대에 대해 적대적인 사고방식을 형성하기 쉽다. 즉 각 집단은 상대팀을 적으로 보며, 더욱 적대적으로 되며, 그리고 타집단과의 의사소통을 감소시킨다. 집단들은 더욱 경쟁적이며 덜 협조적으로 된다. 이에 따른 필연적인 결과는 한 집단이 이익을 얻으면 다른 집단은 손해를 본다는 것이다.

interorganizational conflict Conflict that occurs between two or more organizations.

intergroup conflict Conflict that occurs between groups or teams in an organization.

intragroup conflict Conflict that occurs within groups or teams.

역기능적 갈등을 확대시키지 않도록 하기 위해서 집단간의 경쟁은 조심스럽게 관리되어야 한다. 연구에 따르면, 오직 한 집단만이 달성할 수 있는 목표를 놓고 여러 집단이 경쟁할 때, 텃세, 공격 그리고 상대집단에 대한 편견 등과 같은 부정적인 결과들이 나타날 수 있다. 또한 몰입도 집단간 갈등에서 중요한 역할을 한다. 종업원들이 전체 조직보다 자신의 집단이나 팀에 더욱 몰입할 때, 역기능적인 갈등을 다루는 전략이 나타나기 쉽다. 이를 예방하기 위해 관리자들은 종업원들에서 팀몰입과 조직몰입 모두를 장려해야 한다. 뿐만 아니라, 관리자들은 집단들 사이의 사회적인 상호작용도 장려해서 신뢰가 형성되도록 해야 한다. 신뢰를 통해 개인들은 다른 집단의 구성원들과 아이디어 및 자원을 교환할 수 있으며, 다양한 집단의 구성원들이 협조를 할 때 혁신으로 이어질 수 있다.

11-3c. 집단내 갈등

집단내 또는 팀내에서 발생하는 갈등을 **집단내 갈등**(intragroup conflict)이라고 한다. 일부 집단내 갈등은, 제8장에서 논의되었듯이, 집단사고를 예방하는데 도움을 줄 수 있기 때문에 기능적이다.

심지어 가상팀(virtual team)도 갈등에서 벗어나지 않는다. 대면 의사소통의 뉘앙스와 미묘함이 이들 팀에서는 종종 부족하며, 이로 인해 오해를 낳을 수 있다. 초기에 대면하고 전화로 상호작용함으로써 후일의 갈등을 제거할 수 있으며 가상팀이 전자적 의사소통을 이용하도록 할 수 있다. 이는 신뢰가 형성되었기 때문에 가능하다. 최고경영진이 전략적 의사결정을 할 때, 그 만큼 위험도가 높기 때문에 팀내 갈등이 자주 일어난다. 그 만큼 만일 위기가 발생한다면 집단내 갈등은 팀구성원간에 긴급한 결정의 필요성과 협동에 의해 대체될 수 있다.

그림 11.2 조직내 갈등의 원인들

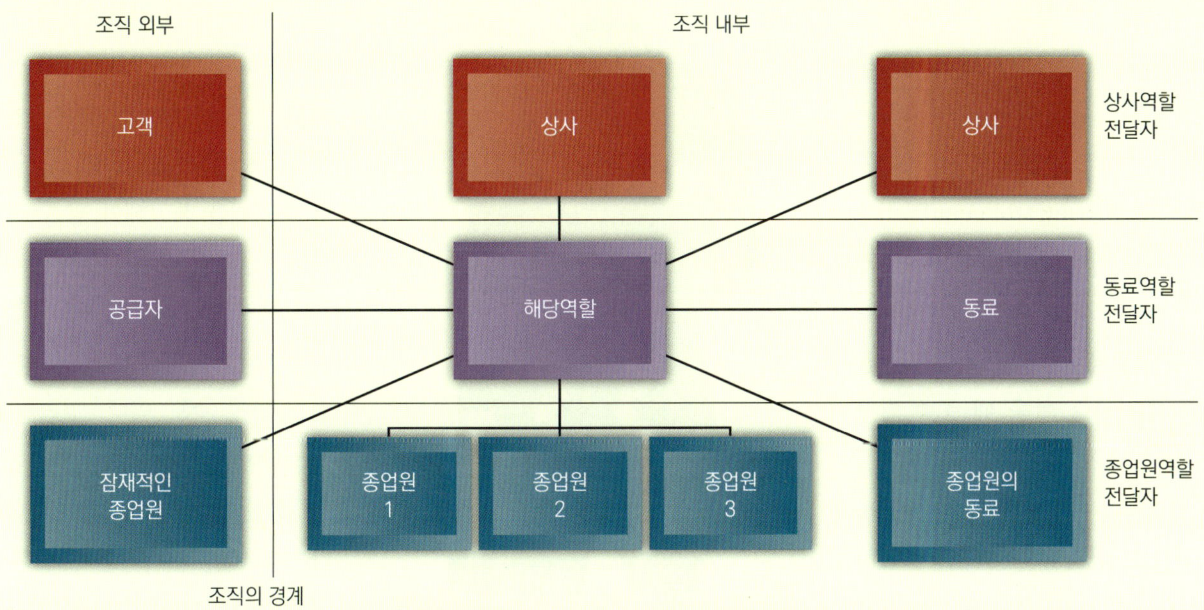

SOURCE: J. C. Quick, J. D. Quick, D. L. Nelson, and J. J. Hurrell Jr., Preventive Stress Management in Organizations(Washington, DC: American Psychological Association, 1997). Copyright © 1997 by the American Psychological Association. Reprinted with permission.

11-4 조직내 개인갈등

집단에서와 마찬가지로, 갈등은 개인들간에 또는 한 개인의 내부에서도 발생할 수 있다.

11-4a. 개인내 갈등이 유형

갈등이 개인 내부에서 발생할 때 이를 **개인내 갈등**(intrapersonal conflict)이라고 한다. 역할간, 역할내, 그리고 개인-역할 갈등 등을 포함하여 여러 유형의 개인내 갈등이 있다. ***역할***(role)은 타인에 의해 한 개인에게 놓이는 기대의 집합이다. 해당 역할을 차지하는 사람이 ***역할담당자***(role incumbent)이며, 개인에게 기대를 하는 사람이 ***역할전달자***(role sender)이다. 그림 11.2에 여러 역할관계가 제시되었다.

역할간 갈등(interrole conflict)은 개인이 자신의 삶에서 여러 역할들 간에 갈등을 경험할 때 발생한다. 종업원들이 경험하는 역할간 갈등 가운데 하나가 ***직장-가정 갈등***(work-home conflict)인데, 이는 작업자로서의 역할과 배우자 또는 부모로서의 역할이 충돌하는 것이다. 직장-가정 갈등은 시간제약, 긴장, 그리고 일터와 가정의 사람들에 대한 책임감 등에서 비롯될 수 있다. 이러한 유형의 갈등은 가정에서 일하는 전문가와 재택근무의 등장과 더불어 더욱 흔한 현상이 되고 있다. 재택근무로 인해 가정이 사무실이 되며 직장과 가정의 경계가 모호해진다. 야심있는 열정적인 종업원은 사무통신(예, 문자 메시지, 이메일 등)을 밤과 주말에도 이용한다. 종업원들이 언급하였듯이 근무시간 후의 의사소통은 직장-삶 갈등의 증가와 관련있다. 직장-가정 갈등은 개인의 웰빙을 저하시키며, 조직 시민행동을 줄이며,

intrapersonal conflict Conflict that occurs within an individual.

interrole conflict A person's experience of conflict among the multiple roles in his or her life.

그리고 스트레스를 증가시킨다. 또한 사람들은 직장-가정 갈등을 겪는 날에는 음주를 더 많이 하는 경향을 보인다. 직장-가정 갈등으로 인해 업무에 집중하는 것이 어려워지며 직무성과는 저하된다.

역할내 갈등(intrarole conflict)은 한 개인 내부의 갈등이다. 이는 개인이 특정 역할을 수행하는 방식에 관하여 역할전달자로부터 상충되는 메시지를 받을 때 종종 발생한다. 관리자가 비관리직 직원들과 어울리는 것을 줄이라는 자문을 부서장으로부터 들었다고 가정하자. 그런데, 관리자는 프로젝트 관리자로부터는 보다 좋은 팀 구성원이 되려면 다른 비관리직 직원들과도 보다 많이 어울려야 한다는 말을 들었다. 이러한 상황이 역할내 갈등이다.

개인-역할 갈등(person-role conflict)은 특정 역할을 담당하는 개인이 자신의 가치와 충돌되는 행동을 하도록 기대될 때 발생한다. 예를 들어, 영업사원은 판매할 때 가장 값비싼 품목을 고객에게 처음에 권유하도록 요구받을 수 있다. 심지어는 고객이 그것을 원하지 않거나 구매할 여유가 없음이 명백히 보일 때조차도 그럴 수 있다. 컴퓨터 영업사원은 매우 정교한 시스템을 자금의 여유가 없는 학생에게 권유하도록 요구받을 수 있다. 이는 영업사원의 가치관과 충돌할 수 있으며, 영업사원은 개인-역할 갈등을 겪게 된다.

intrarole conflict Conflict that occurs within a single role, such as when a person receives conflicting messages from role senders about how to perform a certain role.

person-role conflict Conflict that occurs when an individual in a particular role is expected to perform behaviors that clash with his or her personal values.

One intrapersonal conflict that many employees experience is work-home conflict.

개인내 갈등이 긍정적인 결과를 가져올 수도 있다. 종종 전문가적인 책임은 자신의 확고한 가치관과 충돌하기도 한다. 예산부족으로 인해 충성스럽고 근면한 종업원을 해고해야 될 수도 있다. 당신의 가장 큰 고객이 시내의 사무실에 방문하기로 예정된 그 날에 당신의 딸이 피아노 연주회를 가질 수도 있다. 그러한 갈등상황에서 당신은 옳은 것과 옳은 것 가운데 선택을 해야 한다. 나쁜 선택은 없다. 단지 어떤 것이 다른 것보다 더좋은 것이다. 이러한 결정은 개인들이 신뢰하는 둘 또는 그 이상의 것들 사이에서 선택하도록 하는 ***결정적 순간***(defining moments)으로 생각될 수 있다. 이러한 결정을 통해 개인들의 정체성이 만들어지기 때문에, 사람의 성격(character)은 결정적 순간들을 통해 형성된다. 이는 사람들이 자신의 가치들을 확고하게 하며 개인의 성장을 위한 기회로 삼는데 도움이 될 수 있다.

11-4b. 개인내 갈등의 관리

개인내 갈등은 신중한 자기분석과 상황진단을 통해 관리될 수 있다. 특히, 3가지 조치가 개인내 갈등을 예방하거나 억제하는데 도움이 될 수 있다. 첫째, 새로 구직을 할 때 조직의 가치에 대해 가능한 한 많이 파악해야 한다. 많은 개인-역할 갈등은 조직의 가치와 개인의 가치간의 차이에 중점을 두고 있다. 연구에 따르면, 개인의 가치와 조직의 가치가 잘 어울릴 때, 개인들은 조직에 더욱 만족하고 몰입하며 덜 이직한다.

둘째, ***역할분석***(role analysis)은 관리자가 역할내 갈등

승객은 뇌진탕을 일으켰다: United 항공사의 평판은 타격을 입다

항공사는 일상적으로 항공기에 오버부킹(overbook)을 하며 자신의 자리를 포기한 승객들에게는 보상을 제공한다. 그렇게 되지 않았을 때, 원치 않지만 승객들과 충돌할 수 있다. 한 사례에서, United 항공사의 한 승객은 비행기를 떠나달라는 요청을 받았으나 이를 거절하면서, 자신은 의사인데 다음 날 환자를 진료해야 한다고 말하였다. 보안요원이 호출되었고 보안요원은 무고한 승객을 비행기에서 끌어내렸는데, 승객은 폭력적인 논쟁으로 인해 피를 흘렸기 때문에 결국에는 들것에 실려 옮겨졌다. 그는 치아가 부러졌으며, 코가 부러졌고, 그리고 뇌진탕을 겪었다. 다른 승객이 갈등을 촬영한 비디오 영상이 공개되었을 때 전세계적으로 격노가 뒤따랐다.

United 항공사의 최고경영자인 Oscar Munoz는 여러 번 사과문을 발표하면서, 그 사건은 엄청난 큰 잘못이라고 하였다. United Airline은 부상을 입은 승객과 합의를 하였으며 오버부킹을(완전히 없애지는 않고) 줄이겠다고 선언하였다. 이러한 매우 공개적인 갈등은 항공산업에서의 빈약한 고객서비스에 대한 논쟁을 불러일으켰다. United 항공사는 대중으로부터의 심각한 반발에 직면하였다.

SOURCES: D. Temin, "How United Became the World's Most Hated Airline in a Day," Forbes, April 11, 2017, accessed at https://www.forbes.com/sites/daviatemin/2017/04/11/how-united-became-the-worlds-most-hated-airline-in-one-day/#6d24c30c61f2

Reverend Jesse Jackson stages a protest against United Airlines at Chicago's O'Hare International Airport in 2017 in response to airport police officers physically removing passenger Dr. David Dao from his seat and dragging him off the airplane.

또는 역할간 갈등을 다루는데 유용한 도구이다. 역할분석에서 개인들은 다양한 역할전달자에게 자신에게 기대하는 바가 무엇인지를 질의한다. 결과는 명확한 작업역할 및 갈등과 모호성의 축소이다. 역할분석은 관계를 맺고 있는 당사자들의 기대를 명확하게 하며 역할내 또는 역할간 갈등의 가능성을 축소시키는 간단한 도구이다.

셋째, 정치기술도 역할갈등에서 비롯되는 스트레스의 부정적인 효과를 완화시키는데 도움이 될 수 있다. 유능한 정치인은 갈등이 발생할 때 역할기대에 대해 협상을 할 수 있다. 이러한 유형의 갈등은 관리될 수 있다. 많은 유형의 갈등을 이해하는 것이 첫 단계이다.

11-4c. 개인간 갈등의 관리

둘 또는 그 이상의 개인들 사이에서 발생하는 갈등, 즉 **개인간 갈등**(interpersonal conflict)은 성격, 태도, 가치, 그리고 지각 등을 포함하는 여러 개인적인 차이에서 비롯될 수 있다. 개인간 갈등을 관리하기 위해서는, 조직내 권력 네트워크 그리고 갈등상황에 놓여있는 개인들의 방어기제를 이해하는 것이 도움이 된다.

권력 네트워크(power networks) W.F.G. Mastenbroek에 따르면, 조직내 개인들은 권력 네트워크의 기본적인 3가지 유형으로 조직된다. 이러한 권력관계에 근거하여, 갈등의 유형이 나타난다. 그림 11.3에 조직내 권

그림 11.3 **조직내 권력관계**

권력관계의 유형	행동적인 경향과 문제점	관여
동등한 경우 (Equal vs. equal)	하위최적화 • 서로 경쟁하려는 경향 • 지위를 위한 은밀한 다툼 • 경계영역내 지속적인 마찰	• 휴전선 정의하기 • 조정절차 개선하기 • 부서들을 통합하기 • 협상기술 가르치기 • 공동관심사 명확하게 하기 • 중심이 되는 권력
높고 낮은 경우 (High vs. low)	통제 대 권한 • 변화에 대한 저항 • 동기부여 문제	• 규칙을 통해 권력을 관료화하기 • 다양한 리더십 스타일 이용하기 • 구조적 및 문화적 관여
높고 중간 낮은 경우 (High vs. middle vs. low)	역할갈등, 역할모호성, 스트레스 • 양보, 횡설수설, 그리고 입장을 강화시키기 위한 제재와 보상의 사용	• 커뮤니케이션 향상시키기 • 과업을 명확하게 하기 • 수평화, 수직적인 과업 확대 • 권력전략을 가르치기

SOURCE: W. F. G. Mastenbroek, Conflict Management and Organization Development(New York: Wiley, 1987). Copyright John Wiley & Sons Limited. Reproduced with permission.

력관계의 기본적인 3가지 유형이 제시되어 있다. 첫 번째 관계는 ***동등한 경우***(equal versus equal)로서 당사자들 사이에 수평적인 권력균형이 있는 경우이다. 이러한 관계의 사례는 2개의 다른 프로젝트 팀에 소속된 개인들간의 갈등이다. 이의 행동적인 경향은 ***준최적화***(suboptimization)를 향해 나아간다. 즉 초점이 문제에 대한 승–패 접근에 놓여 있으며 당사자 각각은 상대를 희생시키면서 자신의 권력을 최대화하려고 노력한다. 이러한 네트워크 내의 갈등은 우울함, 낮은 자아존중감, 그리고 높은 디스트레스 증후군(distress symptoms) 등으로 이어질 수 있다. 당사자들 간의 협조를 향상시키고 공동의 이익을 위해 노력하도록 조정하는 것이 이러한 갈등을 관리하는데 도움이 될 수 있다.

두 번째 권력 네트워크는 ***높고 낮은 경우***(high versus low), 즉 권력이 강한 상대 대 권력이 약한 상대의 경우이다. 여기서 나타나는 갈등의 기본적인 형태는 권력이 많은 개인은 상대를 통제하려고 하는 반면에 권력이 약한 사람은 보다 많은 자율성을 가지려고 노력한다. 이러한 네크워크에서 갈등은 직무불만족, 낮은 조직몰입, 그리고 이직 등으로 이어질 수 있다. 전형적으로 조직은 이러한 갈등에 규칙을 엄격히 적용함으로써 대응한다. 그러나 이러한 갈등을 관리하는 보다 성공적인 방법은 코칭 및 카운슬링과 같은 다양한 유형의 리더십을 시도하거나 또는 조직구조를 보다 분권화된 방식으로 변화시키는 것이다.

세 번째 권력 네트워크는 ***높고 중간이고 낮은 경우***

(high versus middle versus low)이다. 이 권력 네트워크에서는 중간관리자들이 느끼는 전통적인 갈등을 보여준다. 중간관리자들에게 특히 2가지 갈등이 나타난다. 역할갈등(role conflict)은 상사와 부하로부터의 상충되는 기대가 관리자에게 놓일 때 나타난다. 역할모호성(role ambiguity)은 상사의 기대가 명확하지 않을 때 나타난다. 모든 당사자간 의사소통이 개선될 때 역할갈등과 역할모호성은 줄어들 수 있다. 뿐만 아니라, 중간관리자는 타인에게 영향을 미치는 긍정적인 방법을 훈련받는 것이 도움이 될 것이다.

다양한 유형의 갈등에서 발생하는 전형적인 유형의 갈등을 이해함으로써 관리자는 갈등을 진단하고 갈등관리에 적합한 방법을 활용할 수 있을 것이다.

11-4d. 방어기제

개인들이 타인과 갈등에 관련될 때, 종종 좌절을 경험한다. 갈등은 때때로 성과평가시기에 나타날 수도 있다. 한 오래된 연구에서 자신의 작업에 대해 비판이 제기될 때 50%가 넘는 종업원이 방어적으로 대응한다고 하였듯이, 대부분의 사람들은 부정적인 피드백에 잘 대응하지 못한다.

개인간 갈등상황에 놓여있을 때처럼 개인들이 좌절을 경험할 때, 개인들은 ***방어기제***(defense mechanisms)를 보이는 방식으로 반응을 한다. 고착, 전치, 그리고 반항 등과 같은 공격기제는 갈등의 원천을 공격하는 것을 목표로 한다. **고착**(fixation)의 경우에, 개인들은 갈등을 고정시키거나 또는 갈등을 명확하게 해결할 수 없는 역기능적 행동을 유지한다. 고착이 일어나는 사례로는 교수가 학장과 다투고 있는 대학을 들 수 있다. 교수가 충분한 정도의 임금인상이 이루어지지 않았다고 느껴서 학장에게 항의 편지를 보냈는데, 해당 대학에 예산배정이 적게 되어 있었기 때문에 학장은 어찌할 수가 없었다. 또 다른 공격기제는 **전치**(displacement)이다. 이는 갈등의 원천이 아닌 사람에게 분노가 향하는 것을 의미한다. 예를 들어, 관리자는 성난 고객과 전화로 다툰 후 종업원에게 거칠게 대답할 수 있다. **부정주의**(negativism)은 개인이 문제를 해결하려는 어떠한 시도에도 비관적으로 대응하는 것을 의미하는 공격기제이다. 자신이 원하지 않았던 위원회에 구성원으로 지명된 후, 회의 내내 부정적인 말을 하는 관리자를 예로 들 수 있다.

보상, 동일시, 합리화 등과 같은 ***타협기제***(compromise mechanism)는 갈등상황을 매우 잘 활용하는 개인들이 이용한다. **보상**(compensation)은 개인이 다른 것에 열심히 몰두함으로써 부정적인 상황을 만회하려고 시도하는 타협기제이다. 보상은 어떤 사람이 사무실에서 보다 많은 시간을 소비함으로써 가정에서의 나쁜 관계를 만회하려고 할 때 나타난다. **동일시**(identification)는 개인이 타인의 행동에 따라 자신의 행동을 맞추려고 하는 타협기제이다. 건축회사의 한 감독자는 자신이 승진되지 않으리라는 것을 의식적으로 인정하지 않으려고 하면서 상사의 행동을 따라한다. 심지어는 상사의 자동차와 동일한 유형의 것으로 구매하려고 한다. **합리화**(rationalization)는 자신의 행동에 대해 가짜 이유를 제시함으로써 정당화하려고 노력하는 것이다. 종업원들은 "모든 사람이 그렇게 한다"는 주장을 덧붙이면서 비용계정을 부풀리는 것과 같은 비윤리적인 행동을 합리화시킬 수

fixation An aggressive mechanism in which an individual keeps up a dysfunctional behavior that obviously will not solve the conflict.

displacement An aggressive mechanism in which an individual directs his or her anger toward someone who is not the source of the conflict.

negativism An aggressive mechanism in which a person responds with pessimism to any attempt at solving a problem.

compensation A compromise mechanism in which an individual attempts to make up for a negative situation by devoting himself or herself to another pursuit with increased vigor.

identification A compromise mechanism whereby an individual patterns his or her behavior after another's.

rationalization A compromise mechanism characterized by trying to justify one's behavior by constructing bogus reasons for it.

Withdrawal mechanisms are exhibited when frustrated individuals try to flee from a conflict.

있다.

철회기제(withdrawal mechanism)는 좌절한 개인들이 물리적 또는 심리적인 수단을 사용하여 갈등으로부터 벗어나고자 노력할 때 나타난다. 도피, 전환, 그리고 공상 등이 철회기제의 예이다. 물리적으로 갈등을 탈출하는 것이 **도피**(flight)이다. 종업원이 상사와 한바탕 한 후에 휴가를 갖는 것이 그러한 사례이다. **철회**(withdrawal)는 "나는 더 이상 관여하지 않는다"라는 태도를 보이는 것처럼 감정적으로 갈등을 떠나는 형태를 갖는다. **전환**(conversion)은 감정적인 갈등이 신체적인 증상으로 표현되는 과정이다. 많은 사람들은 타인과 감정적인 소모를 겪은 후에 두통이라는 반응을 경험한다. **공상**(fantasy)은 백일몽(daydreaming)을 통해 갈등으로부터 탈출하려는 철회기제이다. 인터넷 시대에 탈출기제로서 공상은 새로운 의미를 갖는다. International Data Corporation(IDC)의 연구에 의하면, 사무실에서의 인터넷 서핑의 30% 내지 40%는 업무와 관련이 없으며 그리고 70% 이상의 기업에서 회사의 네트워크를 통해 섹스사이트에 접속되었다고 한다. 이는 종업원들의 정신이 항상 업무에 집중하는 것은 아님을 보여주는 것이다.

flight/withdrawal A withdrawal mechanism that entails physically escaping(flight) or psychologically escaping(withdrawal) a conflict.

conversion A withdrawal mechanism in which emotional conflicts are expressed in physical symptoms.

fantasy A withdrawal mechanism that provides an escape from a conflict through daydreaming.

종업원들이 철회기제를 보일 때, 직접적인 갈등을 회피하기 위하여 종업원들은 종종 상사 또는 동료들의 의견과 일치하는 것처럼 보인다. 기업들은 비공식적으로 일치는 보상하고 불일치는 처벌하기 때문에, 많은 종업원들이 이러한 방식으로 긍정적인 반응을 조작한다. 철회와 긍정적인 반응의 조작에 따른 장기적인 결과는 종업원의 감정적인 디스트레스(emotional distress)이다.

이러한 방어기제를 인식하는 것은 관리자에게 매우 크게 도움이 될 것이다. 개인간 갈등에 대한 사람들의 전형적인 대응방식을 이해함으로써, 관리자는 종업원의 반응에 대해 준비할 수 있으며 갈등에 대한 종업원의 느낌을 이해하는데 도움을 받을 수 있다.

11-5 갈등관리 전략과 기법

갈등이 있을 때 종합적인 접근법(전략)은 갈등이 긍정적인 또는 부정적인 결과를 가져오는지의 여부를 결정하는데 중요하다. 갈등을 다루는 종합적인 전략은 경쟁적 대 협조적인 전략으로 구분할 수 있다. 표 11.2는 2가지 전략과 4가지 상이한 갈등 시나리오를 보여주고 있다. ***경쟁전략***(competitive strategy)은 승–패의 가정에 근거하며 부정직한 의사소통, 불신, 그리고 당사자들로부터의 엄격한 거리유지 등을 야기한다. ***협력전략***(cooperative strategy)은 상이한 가정에 근거하는데, 여기에는 승–승의 결과의 가능성, 정직한 의사소통, 신뢰, 위험과 취약점에 대한 개방성, 그리고 부분의 합보다 전체가 클 수 있다는 생각 등이 포함된다.

종합적인 전략의 중요성을 설명하기 위해 희소한 자원을 놓고 경쟁하는 2개의 집단의 사례를 생각해보자. 보험회사에서 예산삭감이 이루어져야 한다고 가정하자. 보험금심사 관리자는 영업사원들이 충분한 훈련을 받았

표 11.2 승-패 대 승-승 전략

전략	부서A	부서B	부서C
경쟁적	패	패	패
	패	승	패
	승	패	승
협조적	승2	승2	승

기에 영업훈련분야 인력이 해고되어야 한다고 주장한다. 한편, 영업훈련 관리자는 회사가 보상지급을 적게 처리하고 있기 때문에 보험금심사분야 인력이 해고되어야 한다고 주장한다. 양 당사자 모두 양보하지 않기 때문에 이는 역기능적인 소동이 될 수도 있다. 결과는 승-패, 패-승, 또는 패-패 시나리오가 될 것이다. 인력감축은 한 부서나 다른 부서, 또는 두 개의 부서 모두에서 이루어질 수도 있다. 3가지 경우 모두 경쟁적인 접근으로 인해 조직에는 실패의 위치에 놓이게 된다.

희소한 자원에 대한 갈등처럼 치열한 갈등 상황에서도 승-승 전략은 조직에 전체적인 승리를 가져올 수 있다. 사실, 당사자들이 협력적인 목표, 즉 양 당사자 모두에게 승리의 해결책을 추구하는 전략을 갖고 있다면 희소한 자원에 대한 갈등은 생산적일 수 있다. 승-승의 결과를 얻기 위해서는, 상대의 견해에 대해 열린 사고로 하는 토론을 통해 갈등에 접근해야 한다. 열린 사고로 토론을 함으로써 양 당사자는 관점들을 통합하고 그리고 생산성 촉진과 이들의 관계 강화를 위한 새로운 해결책을 만들어낼 수 있다. 그 결과 분리보다는 통합의 느낌을 갖게 된다.

보험금심사 관리자와 영업훈련 관리자들 간의 갈등의 사례에서, 열린 사고의 논의를 통해 인력의 해고없이 예산을 감축할 수 있는 방법들이 있는지를 찾아볼 수 있다. 영업훈련 관리자는 여행예산의 일부를 포기하고 보험금심사 관리자는 초과근무수당을 축소할 수 있다. 이는 기업에게 승-승의 상황이 된다. 예산은 축소되었으며 두 부서의 관계는 유지될 수 있다. 양 당사자 모두는 어떤 것을 포기하였지만(표 11.2에 제시된 "승-"상황을 주목), 갈등은 긍정적인 결과를 얻으면서 해결되었다.

갈등에 대한 종합적인 전략의 중요성을 보았는데, 이제부터는 종합적인 전략에서 보다 구체적인 기법을 검토하기로 한다.

효과적인 갈등관리기법에는 상위목표에의 호소, 자원 확대, 인력 교체, 조직구조 변경, 그리고 대결 및 협상 등이 포함된다.

11-5a. 비효과적인 기법

갈등을 다루는 많은 구체적인 기법들이 있다. 이들 기법에 대해 관심을 갖기 전에 조직내에서 갈등을 다루기 위해 많이 이용되는 일부 조치들은 효과적이지 못함을 인식해야 한다.

무조치(nonaction)는 갈등이 사라질 것이라는 기대에서 아무 것도 하지 않는 것이다. 일반적으로, 대부분의 갈등은 사라지지 않으며 갈등과 관련된 개인들은 좌절감을 갖고 대응하기 때문에 이는 좋은 기법이 아니다. **비밀유지**(secrecy)는 갈등 또는 갈등의 가능성이 있는 이슈를 감추려고 시도하는 것으로 이는 의심을 낳게 된다. 이의 사례로서 임금에 대한 비밀유지 정책을 갖고 있는 조직을 들 수 있다. 일부 조직에서 임금논의는 해고의 사유가 된다. 이러한 경우에 종업원들은 회사가 무엇인가를 숨기고 있다고 의심한다. **관리의 궤도돌기**(administrative orbiting)는 시간을 벌어서 갈등에 대한 조치를 지연시키는 것으로, 일반적으로 관련된 개인들에게 문제에 대해 연구하고 있다거나 또는 상사가 이슈에 대해 계속해서 생각하는 중이라고 말한

nonaction Doing nothing in hopes that a conflict will disappear.

secrecy Attempting to hide a conflict or an issue that has the potential to create conflict.

administrative orbiting Delaying action on a conflict by buying time.

다. 무조치와 마찬가지로 이 기법은 종업원들에게 좌절과 분노를 느끼게 한다.

적법절차 미활용(due process nonaction)은 갈등을 다루기 위해 마련된 절차로서 이는 매우 많은 비용이 소요되며, 장시간이 걸리며 또는 개인적으로 위험이 있어 아무도 사용하지 않을 것이다. 일부 기업들의 성희롱 정책은 이 기법의 사례가 될 수 있다. 성희롱을 고소하기 위해, 고소인은 상세한 서류작업을 마쳐야 하며, 적절한 절차를 거쳐야 하며, 그리고 트러블메이커로 낙인찍힐 수도 있다. 따라서 기업은 불만을 다루기 위한 절차(적법절차)를 갖추고 있으나 아무도 이를 이용하지는 않는다(무조치).

인신공격(character assassination)은 상대를 낙인찍거나 불신하도록 하는 시도이다. 인신공격은 역효과를 가져와 이를 이용하는 개인을 부정직하거나 잔인한 사람으로 보이게 할 수도 있다. 이로 인해 때때로 양 당사자가 욕하고 비난하게 되는데, 갈등을 바라보는 사람들의 눈에는 양 당사자 모두 패자로 끝나게 된다. 2010년 Dana Holgorsen은 West Virginia University에 풋볼 수석코치로 채용되었다. 유일한 문제점은 학교에는 이미 Bill Stewart 라는 수석코치가 있다는 것이어서, Holgorsen은 Stewart 밑에서 1년간 보조코치로 일하고 나중에 Stewart를 대신하도록 하였다. 이러한 조정으로 인해 Stewart는 분노하였고 이에 인신공격을 하려고 언론인과 접촉하여 Holgorsen의 비행을 캐달라고 요청하였다. 이것이 공개되었을 때 Stewart는 사임하였다.

due process nonaction A procedure set up to address conflicts that is so costly, timeconsuming, or personally risky that no one will use it.

character assassination An attempt to label or discredit an opponent.

superordinate goal An organizational goal that is more important to both parties in a conflict than their individual or group goals.

11-5b. 효과적인 기법

다행스럽게도, 효과적인 갈등관리기법도 있다. 여기에는 상위목표에의 호소, 자원 확대, 인력 교체, 조직구조 변경, 그리고 대결 및 협상 등이 포함된다.

상위목표 개인 또는 팀의 목표보다 갈등상황에 있는 양 당사자 모두에게 더욱 중요한 조직목표가 **상위목표**(superordinate goals)이다. 상위목표는 개인 또는 하나의 팀에 의해서는 달성될 수 없다. 상위목표를 달성하기 위해서는 양 당사자의 협력이 요구된다. 갈등을 해결하는 한 가지 효과적인 기법은 이러한 상위목표에 호소하는 것, 즉 양 당사자가 모두 동의할 수 있는 큰 이슈에 집중하도록 하는 것이다. 이를 통해 양 당사자들은 차이점 보다는 유사점을 깨닫게 된다.

앞서 언급했던 영업사원과 케이블 텔레비전 설치요원 간의 갈등에서, 상위목표에의 호소는 갈등을 해결하는 데 효과적인 기법이 될 수 있다. 두 부서 모두 훌륭한 고객서비스가 추구해야 할 가치있는 목표이며 그리고 케이블이 적절한 방식으로 적절하게 설치되지 않아서 고객의 불만을 효과적으로 처리하지 못한다면 이 목표는 달성될 없음에 동의할 것이다. 고객에게 뛰어난 서비스를 제공하려면 두 부서 모두에게 목표달성을 위한 협조가 요구된다.

자원 확대 한 가지 갈등해결기법은 매우 간단해서 지나칠 수도 있다. 갈등의 원천이 공동의 또는 희소한 자원이라면, 보다 많은 자원을 제공하는 것이 해결책이 될 수 있다. 물론, 빠듯한 예산과 씨름해야 하는 관리자는 추가적인 자원을 얻을 여유가 없을 수도 있다. 그럼에도 불구하고, 이는 고려할 가치가 있는 기법이다. 본 장의 앞부분에서 제시된 관리지원 공유의 사례에서, 관리지원에 대한 관리자들 사이의 갈등을 해결하는 한 가지 방법은 보다 많은 관리보조원을 채용하는 것이다.

인력 교체 일부의 경우, 오랜 심각한 갈등이 특정 개인에게서 시작되었을 수가 있다. 예를 들어, 낮은 수준의 감성지능을 가진 관리자는 더욱 부정적인 작업태도를 드러내며, 이타적인 행동을 거의 보이지 않으며, 그리고 보다 부정적인 작업결과물을 만들어낸다. 낮은 감성지능을 가진 관리자가 만성적으로 불만을 품었을 때, 종업원들은 좌절할 뿐만 아니라 부서의 성과에도 방해가 된다. 그러한 경우에, 정당한 절차를 거친 후에 개인을 다른 부서로 전근시키거나 해고하는 것이 최선의 해결책이 될 수도 있다.

Changing the structure of an organization is one way to resolve conflict.

조직구조 변경 갈등을 해결하는 또 다른 방법은 조직의 구조를 변경하는 것이다. 이를 달성하는 한 가지 방법은 통합자 역할을 만드는 것이다. ***통합자***(integrator)는 다양한 이해관계를 가진 집단들 간의 연결자이다. 심각한 갈등상황에서는 통합자가 제3자인 것이 가장 좋을 수 있다. 통합자의 역할을 두는 것이 의사소통에 어려움을 겪는 집단들 간에 대화를 시작하게 하는 방법이다.

다기능팀(cross-functional team)을 활용하는 것도 갈등을 관리하기 위해 조직구조를 변화시키는 또 다른 방법이다. 조직에서 신제품을 설계하는 오래된 방법들을 보면, 많은 부서들이 기여하도록 해야 하는데 다양한 부서의 활동을 조정하는 것의 어려움으로 인해 지연이 발생한다. 여러 부서의 구성원으로 구성된 다기능팀을 활용함으로써 순차적으로 하기 보다는 동시에 여러 활동을 수행할 수 있게 되어 조정기능은 향상되며 지연이 감소된다. 팀 접근방식으로 인해 여러 부서에서 온 구성원들이 함께 일하며 갈등의 가능성을 줄일 수 있다. 그러나 또한 최근 연구에 따르면, 집단의 목표를 달성하는데 무엇이 요구되는가에 관한 팀구성원들의 지각에서의 차이로 인하여 그러한 기능적 다양성이 팀내의 정보처리를 느리게 할 수도 있다고 한다. 다기능팀이 함께 일하도록 할 때, 조직에서는 상위목표를 강조하고 갈등해결을 위해 팀구성원들을 훈련시켜야 한다. 그러한 훈련기법 한 가지는 팀내의 모든 사람이 공유된 지식을 갖도록 하기 위해 다른 기능분야의 구성원을 교육시키는 것이다. 팀워크의 측면에서 보면, 큰 과업은 보다 작고 덜 복잡한 과업들의 집합이기 때문에 이를 분해하여 보다 작은 팀이 보다 작은 과업을 담당하도록 하는 것이 유용하다. 이는 갈등을 줄이는데 도움이 되며 조직은 하위팀의 성과를 향상시킴으로써 팀 전체의 성과를 향상시킬 수 있다.

대결 및 협상 일부 갈등은 당사자들 간에 대결과 협상을 필요로 한다. 이러한 전략 모두는 협상자의 기술 그리고 협상하기 전의 신중한 계획수립 등을 필요로 한다. 협상과정은 문제해결책에 대한 개방적인 논의와 관련되며, 그 결과는 때때로 양 당사자가 서로에게 유익한 해결책을 향해 노력하는 것이다.

협상은 복잡한 갈등에 대해 상호 수용가능한 해결책을 발견하는 공동의 과정이다. 주요한 협상접근법 2가지는 분배적 협상과 통합적 협상이다. **분배적 협상**(distributive bargaining)은 한 당사자의 목표가 다른 당사자의 목표와 직접적인 갈등상태에 놓여 있을 때의 접근방법이다. 자원은 제한되어 있는데, 각 당사자는 자기 몫의 자원을 최대로 하기를(파이에서 가장 큰 조각을 갖기를) 원한다. 이는 협상에 대해 경쟁적인 승-패의 접근방식이다. 때때로 분배적 협상으로 인해 협상가들은 차이에 초점을 맞추며 공통점은 무시한다 이러한 경우에, 분배적 협상은 반생산적으로 된다. 그러나 현실에서 일부 상황

distributive bargaining A negotiation approach in which the goals of the parties are in conflict, and each party seeks to maximize its resources.

은 본질적으로 분배적이다. 특히 당사자들이 상호 의존될 때 더욱 그러하다. 만일 협상가가 한 거래의 가치를 최대화하고자 하며 상대와 좋은 관계를 유지하는 것에 관심이 없다면, 분배적 협상을 선택할 수 있다.

대조적으로, **통합적 협상**(integrative bargaining)은 당사자들의 목표가 상호 배타적으로 보이지 않을 때의 접근방식이며, 초점은 목표를 달성하고자 하는 양 당사자에 놓여 있다. 통합적 협상은 이슈의 혜택에 초점을 두며 승–승의 접근방식이다. (어떻게 하면 파이를 더욱 크게 할 수 있는가?) 통합적인 협상이 성공하기 위해서는어떤 전제조건들이 제시되어야만 한다. 여기에는 공동의 목표를 갖는 것, 자신의 문제해결능력에 대한 믿음, 상대 입장의 타당성에 대한 믿음, 함께 일하고자 하는 동기부여, 상호 신뢰, 그리고 명확한 의사소통 등이 포함된다. 또한 양 당사자가 조망수용(perspective taking)을 잘 한다면, 즉 즉 타인의 관점에서 볼 수 있는 능력이 있다면 도움이 될 수 있다.

문화적 차이는 협상스타일에 중요한 역할을 한다. 예를 들어, 협상전략은 품위문화(dignity culture, 예를 들면, 미국), 체면문화(face culture, 중국), 그리고 명예문화(honor culture, 카타르) 간에 차이가 있다. 품위문화에서, 사람들은 내재적으로 자아존중감을 가지며 각각의 개인들은 내적인 자아존중감을 갖는 것으로 본다. 독립과 자신의 가치를 선택하는 것을 중요하게 여긴다. 체면문화에서, 사람들은 사회적인 상호작용에서 자신들의 자아존중감을 얻는다. 체면을 살리고, 겸손을 보이며, 그리고 사회적인 화합을 유지하는 것 등을 중요하게 여긴다. 명예문화에서, 사람들은 자신과 가족을 보호하는데 있어 확고하지만, 사회적인 상호작용에서의 친절하고 따뜻함은 상황에 달려있다. 연구자들에 따르면, 새로운 사업관계를 협상할 때 체면문화와 명예문화의 사람들은 품위문화의 사람들보다 더욱 경쟁적인 협상전략을 사용한다. 명예문화에서 보다 경쟁적인 협상스타일을 갖는다는 것은 놀랍지는 않지만, 중국과 같은 체면문화에서 경쟁적인 스타일이 많이 사용된다는 것은 흥미롭다. 모든 체면문화가 동일하지는 않다는 점을 기억해야 한다. 중국에서 개혁정책은 경쟁에 중점을 두는데, 이는 보다 어려운 협상스타일로 이어질 수 있다. 한국이나 일본과 같은 다른 체면문화에서는 그러하지 않을 수도 있으며, 특정 문화 유형(품위, 체면, 또는 명예)에 속하는 협상가들은 동일한 협상행동을 공유한다. 그러나 문화유형들 사이에는 미묘한 차이들이 있을 수 있다.

또한 성별도 협상에서 중요한 역할을 할 수 있다. 남자들이 여성들 보다 또는 반대의 경우에 더 잘 협상한다는 근거는 없는 것으로 보인다. 이는 협상의 상황에 달려있다. 남자들은 자신을 위해 협상할 때 좋은 경제적인 결과를 얻는다. 대조적으로, 여성들은 다른 사람을 위해 협상할 때 보다 좋은 결과를 얻는다. 때때로 여성들은 협상에서의 경험이 부족한데, 협상기술 훈련을 통해 도움을 얻을 수 있을 것이다.

integrative negotiation A negotiation approach in which the parties' goals are not seen as mutually exclusive, but the focus is on both sides achieving their objectives.

11-6 갈등관리 스타일

관리자는 마음대로 다양한 갈등관리 스타일을 활용할 수 있다. 갈등관리스타일을 분류하는 한 가지

그림 11.4 갈등관리 스타일

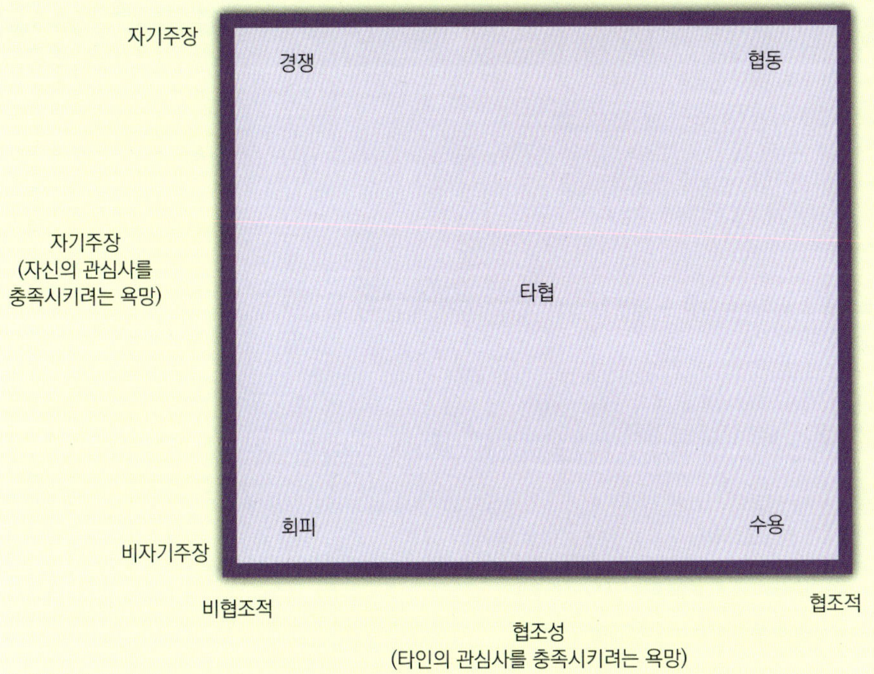

SOURCE: K. W. Thomas, "Conflict and Conflict Management," in M. D. Dunnette, Handbook of Industrial and Organizational Psychology(Chicago: Rand McNally, 1976), 900. Used with permission of M. D. Dunnette.

방법은 스타일의 ***자기주장***(assertiveness)과 ***협조성***(cooperativeness)을 검토하는 것이다. 자기주장은 자신의 목표를 충족시키고자 하는 정도를 말하며, 협조성은 상대방의 관심사항이 충족되기를 원하는 정도이다. 그림 11.4에 이러한 2가지 차원을 활용한 갈등관리 스타일 5가지, 즉 회피, 수용, 경쟁, 타협, 그리고 협동 등이 제시되었다. 표 11.3에는 각각의 갈등관리 스타일을 사용하는 적합한 상황들의 목록이 제시되었다.

11-6a. 회피

회피는 자기주장과 협조성 모두 낮은 스타일이다. 회피는 갈등에 대해 조치를 취하지 않거나 갈등상황 밖에 머물러 있는 신중한 결정이다. 최근 유럽의 항공기 제조업체인 Airbus는 동일한 모기업을 갖는 프랑스, 독일, 스페인, 그리고 영국 등지의 자회사를 포함한 주요한 확장에서 비롯된 거대한 조직내 갈등에 직면하였다. 조직구조의 큰 변화와 결부된 경영자들 간의 권력투쟁이 이러한 갈등으로 이어진다고 믿는다. Airbus는 이러한 갈등이 가라앉도록 하는 노력에서 회피전략을 채택하고 있는 것으로 보인다. 정치적인 규범과 개인적인 기호 등과 같은 일부 관계갈등으로 인해 팀구성원은 자신들의 과업에 집중하기 어렵게 되었고, 그러한 경우에 회피는 적합한 전략이 될 수도 있다. 당사자들이 분노하고 진정할 시간이 필요할 때 회피를 이용하는 것이 가장 좋을 수 있다. 그러나 회피스타일을 너무 자주 이용하는 것에는 잠재적인 위험이 있다. 연구에 따르면, 회피 스타일의 남용은 인터의 다른 사람들로부터 부정적인 평가를 가져올 수도 있다.

11-6b. 수용

상대방의 목표가 충족되는지에 관심을 갖지만 자신의 목표달성에는 상대적으로 덜 관심을 갖는 스타일을 수용이라고 한다. 이는 협조적이지만 자기주장을 하지 않는 경우이다. 수용에 적합한 상황은 자신의 판단이 틀렸음을 알았을 때, 후일 자신에게 유사한 대우를 하도록 하기 위해 상대방이 마음대로 하는 것을 허용하고자 할 때, 또는 관계가 중요할 때 등이다. 수용 스타일에 지나치게 의존하는 것은 위험할 수 있다. 타인에게 지속적으로 양보하는 관리자는 타인들이 자신을 존중하지 않음을 알게 되기도 한다. 뿐만 아니라, 수용스타일의 관리

표 11.3 갈등관리 5가지 스타일의 활용

갈등관리 유형	적합한 상황
경쟁	신속하고 결단력있는 조치가 중요한 경우(예, 응급상황) 인기없는 조치를 실행하는 것이 필요한 중요한 이슈의 경우(예, 원가절감, 인기없는 규칙 실행, 징계) 기업의 복지에 매우 중요한 이슈에 대해 자신이 옳음을 알고 있는 경우 비경쟁적인 행동을 하려는 사람을 반대하는 경우
협동	양 쪽의 관심사가 너무 중요해서 타협할 수 없을 때 통합적인 해결책을 찾고자 하는 경우 자신의 목표가 학습인 경우 사람들의 생각과 다른 관점을 결합시키고자 하는 경우 관심사를 합의에 통합시킴으로써 약속을 얻고자 하는 경우 관계를 방해했던 감정을 극복하고자 하는 경우
타협	목표가 중요하지만 노력할 만큼의 가치가 있지는 않거나 자기주장적인 방식이 지속되지 못할 경우 동등한 힘을 가진 상대가 상호배타적인 목표를 향해 노력할 경우 복잡한 이슈에 대해 임시적으로 해결책을 얻고자 하는 경우 시간의 압박하에서 편리한 해결책을 찾는 경우 협동이나 경쟁이 성공적이지 못할 때의 대안인 경우
회피	이슈가 사소하거나 보다 중요한 이슈가 압박하고 있는 경우 자신의 관심사를 충족시킬 수 없다고 생각하는 경우 중단하는 것이 해결책 보다 효과가 더 큰 경우 사람들을 진정시키고 균형감을 찾도록 하는 경우 정보수집이 즉각적인 결정을 대체하는 경우 타인들이 갈등을 보다 효과적으로 해결할 수 있을 경우 이슈가 별로 관련없다고 보이거나 다른 이슈의 징후로 보일 경우
수용	자신이 틀렸음을 알았을 때 – 보다 좋은 위치를 허용하고, 학습하고, 그리고 자신의 합리성을 보이려고 하는 경우 이슈가 자신보다 타인에게 보다 중요할 때 – 타인을 만족시키고 협조를 유지시키려고 하는 경우 후일의 이슈를 대비하여 사회적 신뢰를 쌓기 위한 경우 자신이 압도되거나 지고 있을 때 손실을 최소화하려는 경우 화합과 안정성이 특히 중요한 경우 종업원들에게 시행착오를 통한 능력향상을 허용하는 경우

SOURCE:K. W. Thomas, "Toward Multidimensional Values in Teaching: The Example of Conflict Behaviors," Academy of Management Review, 2(1977): 309–325. Reproduced by permission of the publisher via Copyright Clearance Center, Inc.

자는 자신의 욕구는 결코 충족되지 못하기 때문에 그리고 자신의 자아존중감을 상실할 수도 있기 때문에 좌절을 경험할 수도 있다. 또한 연구에서는 개인들은 관계의 중요성을 과대평가하여 실제적인 결과를 손해보면서 수용하는 것을 보여준다. 또 다른 연구에 따르면, 갈등 또는 협상에 관련된 2명의 여성은 유사한 상황에 있는 2명의 남성들보다 수용을 훨씬 많이 이용한다고 한다.

11-6c. 경쟁

경쟁은 매우 자기주장적이며 비협조적인 스타일이다. 사람들은 자신의 이익을 충족시키기를 원하는데, 상대가 손해를 보더라도 그렇게 하고자 한다. 응급상황 또는 자신이 옳음을 알고 있는 상황에서, 단호히 반대하는 것이 적절할 수도 있다. Greenpeace는 기업들이 환경이슈에 대응하도록 하기 위해 오랫동안 공격전략을 이용하였다. Greenpeace의 주목할 노력 가운데 하나가 장난감 제조업체 LEGO가 거대한 석유회사인 Shell과의 사업을 그만두도록 영향력을 발휘하는 것이었다. Shell이 북극에서 시추를 하고 있기 때문이었다. 수백만 명의 사람들이 청원에 서명하려고 모였으며, LEGO의 의상을 입은 채 항의를 지속하였고, 그리고 석유 때문에 녹아내리고 있는 북극에서 개발하는 것을 중단하라고 요구하였다. (Shell의 상표가 붙어 있는 LEGO 장난감이 주유소에서 판매되었기에) LEGO는 Shell과의 계약을 갱신하지 않음으로써 응답을 하였다. 이는 Greenpeace가 갈등에서 적극적인 저항을 활용하는 방식 가운데 하나이다. 경쟁전략에만 의존하는 것은 위험하고 힘들다. 그런 방식으로 일을 하는 관리자는 자신이 틀렸을 때 이를 인정하는 것을 주저할 수 있으며 자신과의 의견불일치를 두려워하는 사람들로 둘러싸여 있음을 알게 될 수도 있다. 앞서 언급하였듯이, 과업갈등이 팀에는 기능적으로 그리고 관계갈등은 역기능적으로 보일 수 있다고 하더라도 과업갈등과 관계갈등이 팀 상황에서 함께 발생할 수 있다. 최근 연구에서 참여자 쌍(dyad)이 과업에 근거한 갈등에 노출되었다. 쌍의 두 명 가운데 한 사람은 경쟁적인 갈등처리 스타일 또는 협동적인 스타일을 훈련받았다. 결과에 따르면 경쟁스타일은 대부분 관계갈등으로 이어지는 반면에 협동스타일은 최소의 관계갈등으로 이어졌다고 한다.

Greenpeace activists at a Shell station in Chile demand that LEGO remove Shell logos from its toys because of Shell's oil search in the Arctic.

11-6d. 타협

각 당사자는 갈등에 대한 해결책을 구하기 위해 어떤 것을 포기해야만 하기에, 타협스타일은 자기주장과 협조성 모두의 중간지점에 있다. 시간이 매우 중요할 때, 타협은 노사협상의 최종시한에 이루어진다. 협동을 향한 노력이 성공적이지 않을 때 타협은 효과적인 지원스타일이 될 수 있다.

타협은 최적의 해결책이 아님을 인식하는 것이 중요하다. 타협은 합의에 이르기 위해 자신의 위치를 부분적으로 포기하는 것을 의미한다. 이러한 이유에서, 타협을 시작할 때 사람들은 자신들의 요구를 과장한다. 타협에서의 문제는 도달한 해결책이 겨우 일시적인 것일 수도 있으며 때때로 타협은 갈등상태에 있는 당사자들 간의 관계를 개선시키는데 도움이 되지 않기도 한다.

11-6e. 협동

자기주장과 협조성 모두가 높은 승-승 스타일이 협동이다. 협동의 방향으로 노력하는 것은 갈등에 대해 개방적이며 철저한 논의를 하고 양 당사자가 만족스러워 하는 해결책에 도달하는 것이다. 협동이 효과적일 수 있는 상황은 양 당사자가 최종 해결책에 집중해야 할 필요가 있을 때 또는 여러 관점을 종합한 것이 해결책으로 되었을 때 등이다. 장기적인 협동은 향상된 관계와 효과적인 성과로 이어진다. 협동을 효과적으로 사용하는 팀은 갈등을 해결책을 얻기 위해 함께 생각해야 할 필요가 있는 상호간의 문제로 바라본다. 이렇게 생각하기에 팀구성원들은 다른 구성원들이 서로에게 혜택이 되는 해결책을 얻도록 노력하며 궁극적으로 팀성과를 촉진시킬 수 있는 다양한 아이디어를 제시할 것이라는 믿음을 갖는다.

갈등관리의 5가지 스타일에 관한 연구에서는 대부분의 관리자들이 특정 유형의 스타일을 선호한다고 하더라도 이들은 상황의 필요에 따라 스타일을 변화시킬 수 있는 능력을 갖고 있다고 한다. 상사가 갈등에 대해 제3자일 때, 경쟁이나 수용보다는 협동을 사용하는 것 그리고 갈등 초기에 개입하는 것이 팀구성원들간의 두려움과 괴롭힘을 최소화하는 것이다.

4부

조직 차원의 프로세스와 구조

CHAPTER

12 조직설계와 조직구조

Organizational Design and Structure

학습 목표

12.1 조직설계 프로세스상의 분화와 통합화를 정의하라.
12.2 경영관리자가 조직을 설계할 때 고려해야 하는 기본 설계 개념을 설명하라.
12.3 조직구조의 다섯 가지 유형을 설명하라.
12.4 조직구조에 영향을 미치는 4가지 상황변수를 설명하라.
12.5 조직 재편성에 영향을 미치는 변화요인을 설명하라.
12.6 새롭게 등장하는 조직구조 방식을 설명하라.
12.7 조직구조에 악영향을 미치는 요소를 설명하라.

전략경영(strategic management)이란 경쟁이 치열한 환경에서 조직의 주요 목표를 설정하고 실행해나가는 프로세스이다. 251페이지의 사실확인에서는 자본 과잉의 시대에 전략적 경영이 당면한 과제를 이야기하고 있다. **조직설계**(organizational design)란 조직의 비즈니스 전략과 목표를 달성하기 위해서 조직의 구조를 갖추고 조정하는 프로세스이다. 조직설계 프로세스는 조직의 목표에서 출발한다. 조직의 목표는 업무 또는 작업 수준으로 나뉘어 직무의 기본을 이룬다. 직무들은 부서들로 그룹화되고, 부서들은 서로 이어져서 **조직구조**(organizational structure)를 구성한다.

12-1 핵심 조직설계 프로세스

organizational design The process of constructing and adjusting an organization's structure to achieve its business strategy and goals.

organizational structure The linking of departments and jobs within an organization.

뒤에 더 자세히 설명하겠지만 ***분화***(differentiation)란 조직의 목표를 직무별로 세분화하여 설계하는 과정이라고 말할 수 있다. ***통합***(integration) 또한 뒤에 곧 설명이 나오겠지만 여러 직무들을 한데 모아 연결시켜서 조직목표 달성을 돕는 조직구조로 만들어 설계하는 과정이라고 생각하면 된다. 이 두 가지 프로세스는 조직설계의 성공에 핵심적인 요소이다. 조직구조는 보고체계와 커뮤니케이션 경로를 질서정연하게 정리함으로 조직의 혼란을 방지하도록 설계된다. 핵심 조직설계 프로세스와 조직구조를 이해함으로 자신이 처한 업무환경을 더 폭넓게

이해할 수 있고 조직내의 혼란을 방지할 수 있다.

조직도(organization chart)는 조직구조와 세부요소들을 시각적으로 가장 잘 표현한다. 그림 12.1은 세계무역기구(World Trade Organization)의 조직도이다. 대부분의 조직이 가진 일련의 조직도를 보면 조직시스템 내의 보고관계성을(reporting relations) 파악할 수 있다. 그 안에서 찾을 수 있는 세부요소는 (1) 권한과 책무의 공식적 라인(조직구조를 보면 직무들과 부서들이 어떻게 배치되어 있는지에 따라 보고관계성패턴을 알 수 있다) (2) 커뮤니케이션, 협업, 총괄의 공식적 시스템이다(조직구조를 보면 직원들 간에 공식적 상호작용이 어떻게 전개될지 알 수 있다).

Differentiation and integration are the keys to successful organizational design.

12-1a. 분화

조직은, 특히 규모가 큰 조직에서, 업무를 관리 가능한 크기의 단위로 구조화하기 위해 **분화**(differentiation)한다. 분화를 함으로 조직의 모든 핵심적인 업무들이 한 개 이상의 직무에 할당되어 빠짐없이 처리될 수 있다. 조직에서 분화는 여러 차원으로 적용될 수 있다. Lawrence 와 Lorsch는 연구를 통

differentiation The process of deciding how to divide the work in an organization.

그림 12.1 조직도

세계무역기구 조직구조

모든 WTO 회원국은 상소 기구, 분쟁 해결 패널, 섬유 감시 기구 및 다자 위원회를 제외한 모든 자문위원회, 전문위원회 등에 참여할 수 있다.

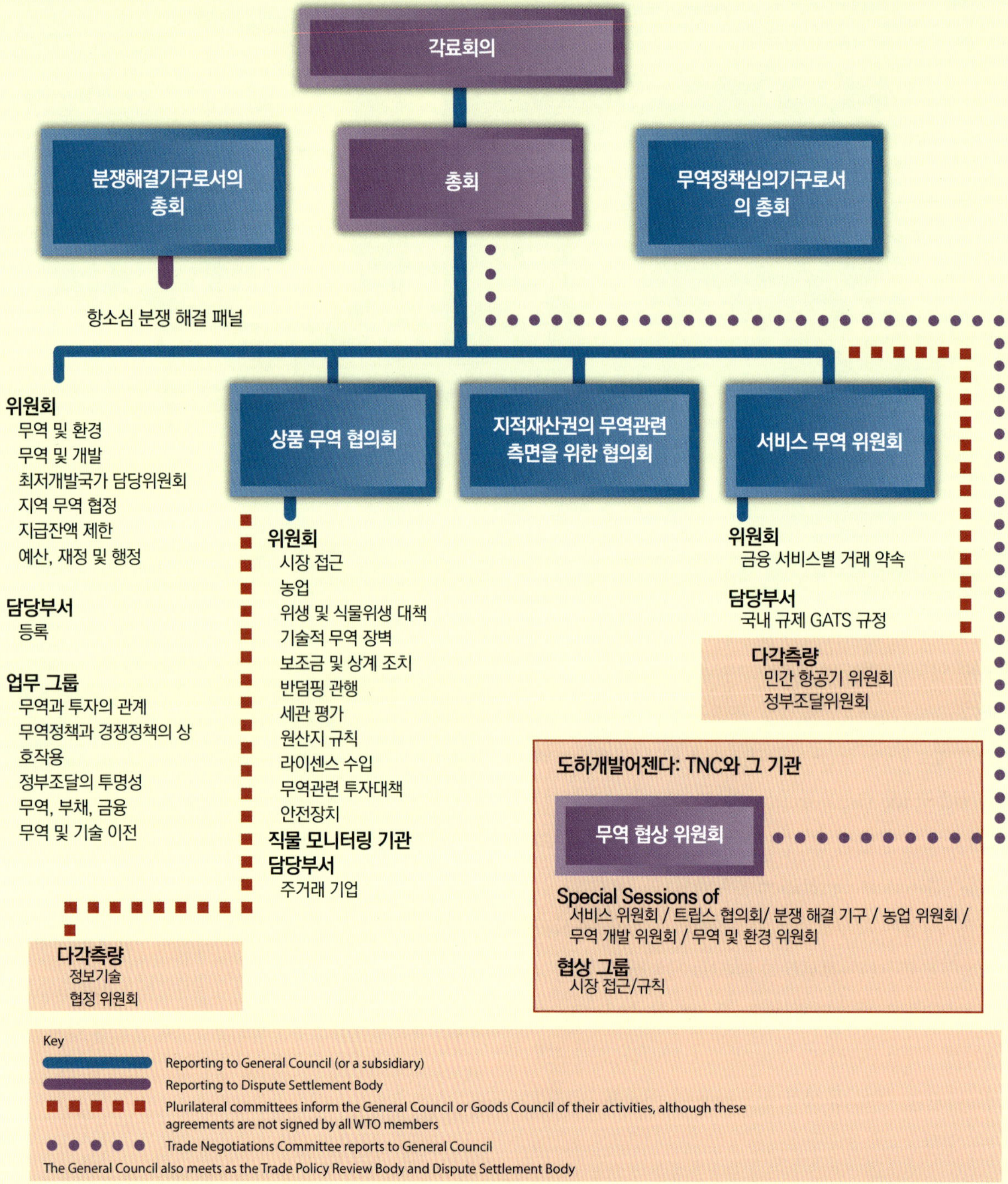

SOURCE: WTO Organization Chart, http://www.wto.org/english/thewto_e/whatis_e/tif_e/org2_e.htm.

사실 확인

과잉자본시대의 전략

현 시대에는 조직에 필요한 자본이 풍부하고 싸다. 기업 자본은 GDP보다 빠르게 성장하고 있다. 이것은 기업 전략, 조직설계 및 조직 구조에 중요한 의미가 있다. 새로운 자본 환경에서 조직은 규모가 큰 투자기회 보다는, 규모가 작고 다양한 성장 기회를 많이 추구해야 한다. 기업들은 이런 소규모 사업 전략을 지원하는 조직 구조를 필요로 한다. 이 새로운 시대에 기업들은 성공을 위해 실패의 위험을 감수해야한다. 또한 인적자본은 매우 부족한 자원이며, 이는 곧 조직설계와 조직구조에 시사하는 바가 크다. 기업의 전략을 지원하는 조직설계를 하고 조직구조를 만들어야한다. 조직원들의 잠재된 재능이 발휘되고 지원될 수 있는 조직구조와 프로세스를 만드는 것은 기업의 성공에 필수적이다.

SOURCE: M. Mankins, K. Harris, and D. Harding, "Strategy in the Age of Superabundant Capital," Harvard Business Review, March-April 2017, pp. 66-75.

해 네 가지 차원의 분화를 주장했다. (1) 관리자의 목표 오리엔테이션 (2) 시간 오리엔테이션 (3) 관계적 오리엔테이션 (4) 구조의 공식화이다. 또 다른 분화의 자원 3가지는 수평적, 수직적, 공간적 분화이다.

수평적 분화 수평적 분화(horizontal differentiation)는 직원들의 특수 지식, 교육, 훈련정도를 기준으로 조직내 하부단위조직을 분화한 정도이다. 예를 들면, 각기 다른 학문전공학부에서 다른 학문분야를 가르치는 두 교수는 수평적 분화에 의해 구별된 것이다. 수평적 분화는 전문화와 부서화에 따라 심화된다.

전문화(specialization)라는 것은 한 사람이 수행하는 활동들을 특정방식으로 그룹화하는 것이다. 조직에서 전문화의 정도, 다른 말로 일의 분업화의 정도를 보면 여러 직무마다 어느 정도의 훈련이 필요한지, 여러 직무의 업무범위가 어느 정도인지, 직무수행자에게 필요한 개인특성이 무엇인지를 알 수 있다. 전문화를 통해 관련 전문용어와 관련 행동규범이 생길 수 있다. 서로 다른 전공의 두 대학교수에게 축약어는 독특한 의미로 쓰일 수 있다. 예를 들면, OB라는 축약어는 경영학 교수에게는 조직행동(organizational behavior)을 의미하고 의학 교수에게는 산과학(obstetrics)을 의미한다. 대개, 조직에서 직무가 점점 더 전문화될수록, 관련 부서들도 점점 더 분화된다(다른 말로, ***부서화***가 점점 더 심해진다). 부서화는 기능별, 제품별, 서비스별, 고객별, 지역별, 업무 프로세스별, 또는 이들의 조합으로 이뤄질 수 있다. 규모가 큰 조직은 위와 같은 방법 중 몇 가지 또는 모두 다 활용하여 조직의 서로 다른 차원에서 조직구조를 부서화할 수 있다. 예를 들면, 미육군예비군 조직이 부서를 개편할 때 처음에는 부문별 부서였다가 운영전략별 부서로, 다음으로 운영실행부별 조직구조로 개편했다.

수직적 분화 수직적 분화(vertical differentiation)는 조직 위계계층에 따라 권한과 책임을 달리하는 것이다. 예를 들면, 이사급 임원과 지원부서 감독자간에는 수직적 분화가 존재한다. 위로 길고 좁은 조직은 수직적 분화가 크고, 낮고 평평한 조직은 수직적 분화가 작다. 조직의 높이는 수평적분화의 정도와 통제 범위의 정도에 따라 영향을 받는다. ***통제범위***(the span of control)란 관리자가 감독하는 하급자의 수를 말한다.

통제범위가 좁고 위로 긴 조직구조에서는 철저한 감독과 엄격한 통제를 하는 특성이 있다. 또한, 지시사항

과 정보가 더 많은 단계를 거쳐야하기 때문에 커뮤니케이션은 더 힘들다. 은행업계 조직들은 주로 위로 긴 구조를 갖고 있다. 반면 ***평평한 구조***는 더 넓은 통제범위를 가지고 있는데 커뮤니케이션 채널이 더 단순하고 경영진 승계급수가 더 적기 때문에 승진 기회도 줄어든다. Sears 백화점은 수평구조로 전환한 조직의 한 예이다. 많은 조직들이 수많은 중간급 경영관리자급을 정비한 후 더 수평적인 구조가 되었다. 수직적 분화의 정도는 조직의 효과적 목표달성에 영향을 미치지만 수직적 구조와 수평적 조직구조 중 어느 것이 더 나은지에 대한 확실한 연구 증거는 없다.

공간분화 공간분화(spatial differentiation)는 조직의 오피스, 공장, 인력을 지역적으로 분산시키는 것이다. 미국 포트랜드에 본부를 둔 회사의 영업직원이 뉴욕에서 일한다면 공간분화에 해당한다. 오피스가 여러 지역에 위치할수록 공간적 분화를 위해서 조직설계가 더 복잡해진다. 하지만 조직의 목표달성을 위해서 또는 조직을 보호하기 위해서 필요할 수 있다. 예를 들어, 다른 나라로 시장을 확대하고자 하는 조직이라면, 그 나라 사람들이 소유와 경영을 일부 맡는 독립 자회사를 만드는 것이 나을 것이다. 미국 셰일가스 회사가 네덜란드에 글로벌 본부를 둔 로얄더치/셸 그룹의 자회자라는 것을 아는 사람은 많지 않다. 글로벌기업은 성평등에 대한 정책과 태도의 나라별 차이와 같이 직원들의 일-가정 조화에 영향을 미치는 문화간 이슈를 다루어야 하는 쉽지 않은 과제가 있다.

분화의 적용점 수평적, 수직적, 공간적 분화는 조직설계가 어느 정도 옆으로 넓고, 위로 길고, 폭으로 깊은지

를 나타낸다. 한 조직이 이 셋 중 한 차원에 특별히 더 분화되었다고 다른 두 차원에도 분화가 이뤄졌다고는 할 수 없다. 예를 들면, 대학교 조직은 보통 수평적 분화의 정도가 강하고 상대적으로 수직적, 공간적 분화의 정도는 약하다. 반면, 코카콜라 같은 회사는 이 세 차원의 분화가 모두 강하게 나타난다.

조직의 구조적 분화가 심할수록 복잡도가 커진다. 여기서 ***복잡도***(complexity)는 조직 내의 활동, 하위조직, 하위시스템의 개수를 나타낸다. Lawrence 와 Lorsch가 주장하기는 조직의 복잡도는 조직을 둘러싼 환경의 복잡도를 반영한다고 한다. 조직의 복잡도가 증가할수록, 분화된 부분들을 연결하고 조율하는 매커니즘에 대한 필요도 커진다. 만일 이렇게 부분들이 연결되어 있지 않다면 조직 내 부서 또는 분화된 부문들이 조직의 미션을 잊어버리게 되어 조직은 혼란에 빠질 위험을 갖게 된다. 하지만 환경적 복잡도를 조직역량과 조직학습을 강화하는 퍼즐연습으로 여긴다면 그 혼란을 피할 수 있다.

Military organizations have a well-defined chain of command and depend heavily on vertical linkages.

12-1b. 통합

조직의 효과적인 운영을 위해서는 연결하고 조율하는 메커니즘을 설계하고 만들어야 한다. 조직의 서로 다른 부분들을 조율하는 프로세스를 **통합**(integration)이라고 한다. 통합 메커니즘은 조직목표와 조직업무를 성취하기 위해 짜여진 여러 다양한 직무, 부서, 부문에 배치된 조직원들과 집단들의 통일을 성취하기 위해 설계된다. 조직의 통합이 효과적으로 이루어지면 조직은 ***역동적인 평정상태***(dynamic equilibrium)를 유지할 수 있다. 이는 조직 내 모든 부분들이 상호 연결되고 균형을 이룬 상태이다.

조직명령계통을 따라 위아래에 있는 활동들을 통합하려면 수직적 연결을 위한 다양한 구조적 장치들이 쓰인다. 이런 장치들로는 위계참조(hierarchical referal), 규칙과 절차, 계획과 일정, 조직 구조상의 직위들, 경영정보시스템 등이 있다. 조직도에서 수직으로 그어진 선은 이런 수직적 연결을 나타내고 이는 조직 내 위아래를 연결하는 위계참조계통을 보여준다. 일선직원들이 문제해결방법을 모를 때는 이를 검토하고 해결하기위해 상부로 그 업무를 올릴 수 있다. 업무가 배분될 때는 보통 아래방향으로 위임된다.

규칙 및 절차는 계획 및 일정과 마찬가지로 커뮤니케이션이 직접적으로 주어지지 않아도 일정한 정보를 상시 제공한다. 사내규칙과 같은 수직적 통합장치는 직원들에게 그들 스스로 이해할 수 있는 수준의 정보나 표준적인 정보를 제공한다. 그러한 통합장치를 통해 관리자는 더 넓은 통제범위(spans of control)를 갖게 된다. 왜냐하면 직원 한 명 한 명에게 기본적인 기대치를 일일이 알려주지 않아도 되기 때문이다. 수직적 통합장치는 관리자가 ***예외에 의한 관리***(management by exception)를 통해 직원들이 문제를 파악하여 상부에 가져왔

Integration The process of coordinating the different parts of an organization.

을 때만 필요한 의사결정을 할 수 있게 한다. 군사기관은 잘 정리된 명령계통을 활용한 수직적 연결을 주로 이용한다. 어떤 임무들은 실행된 후 서류업무가 제대로 이루어져야 한다. 하지만 위기상황에서는 훨씬 더 많은 양의 정보가 처리되고 그에 따르는 서류업무를 제대로 하지 못하고 실행에만 급급하게 된다. 수직적 연결은 조직원들이 특히 위기상황에서 조직 내 자신의 역할이 무엇인지 알 수 있게 한다.

관리자가 위계참조로 업무에 과부하가 걸린다던지 명령체계에 문제가 발생할 때 위계상에 직급을 추가하는 것은 수직적 통합기저의 한 방법이다. 한 직급의 어시스턴트라는 직급명으로 추가되거나 새로운 직급을 하나 만들어 추가하는 방법도 있다. 이렇게 직급이 추가되는 것은 조직이 커지거나 복잡도가 증가하고 있다는 것을 반영한다. 이렇게 하면 통제범위가 좁아져서 의사소통이 더 잘 되고 더 밀착된 감독을 할 수 있다.

일반적으로 조직이 수직으로 더 길어질수록, 더 많은 수직적 통합기저가 필요하다. 왜냐하면 명령체계와 커뮤니케이션 경로도 더 길어지기 때문이다. 조직이 위로 길어질수록 오해와 불통의 가능성을 최소화하기 위한 연결고리가 더 많이 필요하다.

수평적 통합기저(horizontal integration)는 조직 내 직무 간, 부서 간 연결에 필요한 커뮤니케이션과 조율을 가능하게 한다. 조직의 복잡도가 증가할수록 수평적 통합기저가 더 필요하다. 이런 수평적 연결고리가 조직설계에 적용될 때 연결역할(liaison roles), 테스크포스(task force), 전임 통합직무(intergrator positions), 그리고 팀(team)이 활용된다.

연결역할(liaison role)은 조직의 한 부서나 부문의 한 직원이 다른 부서와 조율하는 책임을 가지는 것을 말한다. ***테스크포스***(task forces)는 여러 부서의 대표들로 구성된 임시위원회로 모여서 부서에 관련된 구체적인 문제를 함께 다룬다.

formalization The degree to which the organization has official rules, regulations, and procedures.

더 강력한 통합 방법은 통합 활동을 책임지는 직무나 부서 따로 만드는 것이다. 대부분의 조직에서 ***통합책임자***(integrators) 또는 통합책임부서는 통합에 대한 많은 책임을 맡고 있지만 상응하는 권한을 가지고 있지는 않다. 이들은 사람들이 조직목표의 관점에 맞추어 함께 의견 차이를 좁힐 수 있게 해야 한다.

수평적 통합을 위한 가장 효과적인 방법은 ***팀***(teams) 운영이다. 수평적 팀은 기존의 수직적 조직구조 체계를 무너뜨리고 조직에 필요한 의사결정을 담당하는 새로운 독립체를 만드는 것이다. 마케팅, 연구개발, 디자인, 및 생산 부서의 인력들로 이뤄진 팀을 꾸려서 제품개발을 함께 하는 것도 이런 팀제의 활용 예이다. 자동차회사인 포드도 미국 내 시장점유율을 되찾기 위해 이런 복합 기능팀(cross-functional team)을 꾸려서 Taurus 모델을 개발했다. 이런 제품개발팀에서 교환되는 정보를 이용해서 고객들뿐만 아니라 조직 내의 여러 부문에게도 용인되는 제품이 개발되는 것이다.

이런 연결기저를 사용하는 방식은 조직마다 다르기도 하고 한 조직 내의 분야마다 다르기도 하다. 일반적으로 조직이 평평할수록, 수평적인 통합기저가 더 필요하다.

12-2 기본 설계 관점

분화(differentiation)는 조직에서 업무를 쪼개는 프로세스이고, 통합(intergration)은 조직에서 업무를 조율하는 프로세스이다. 모든 관리자와 조직은 조직목표를 달성하기 위해서 조직설계의 관점에서 분화와 통합의 가장 최상의 조합을 찾는다. 이 프로세스는 많은 접근방법이 있다. 그중 하나는 바라는 구조적 차원의 목표 수준을 먼저 정하고 나서 원하는 배치설정을 구현할 조직구조를 개발하는 것이다. 이런 구조적 차원은 다음과 같다.

1. 공식화(formalization). 직원의 역할이 공식적 문서로 정의되어있는 정도(절차, 직무기술서, 매뉴얼, 규정)

핫 트렌드

비즈니스 모델 혁신은 가치를 더한다

구글은 새로운 제품이나 서비스를 만들어 비즈니스 실세가 된 것도 아니고, 독특한 조직설계나 조직구조를 통해 강자가 된 것도 아니다.

구글은 기업영역에서 새로이 출현한 현상인 비즈니스 모델 혁신을 통해 강자가 됐다. 그러나, 이 혁신적 프로세스와 이로 인해 새롭게 생긴 조직 형태에 관한 이론적 기반과 경험적 증거는 아직 부족하다. 이것은 기업의 실무가 이론과 연구를 앞지르는 영역이다. 그러나, 적어도 150여 편의 평론된 학술 연구논문이 이 기업 실무에 대한 지식 기반을 구축하기 시작했다. 구글이 경험한 바와 같은 성공적인 성과를 얻는 조건과 가능성을 찾으면서, 비즈니스 모델 혁신의 핵심 구조와 프로세스 요소를 밝혀내는 것은 조직 연구학자들이 앞으로 해야 할 과제이다.

SOURCE: N. J. Foss and T. Saebi, "Fifteen Years of Research on Business Model Innovation: How Far Have We Come, and Where Should We Go?" Journal of Management, 43, 1 (January), 2017, pp. 200-227.

2. **중심화**(centralization). 의사결정 권한이 조직의 하위 부문에 위임된 정도. 의사결정이 조직의 상부에서 일어날수록 조직이 중심화 되었다고 하고 의사결정이 하부로 일임되었다고 하면 탈중심화(decentralized)되었다고 한다.
3. **전문화**(specialization). 조직의 업무들이 개별적 식무로 세분되어 있는 정도. 분업의 정도와 정식 직무기술서에 직무 필요요건이 명시되어 있는 정도로 조직의 전문화의 수준을 알 수 있다.
4. **표준화**(standardization). 업무활동이 설명되어있고 주기적으로 같은 방법으로 수행되어가는 정도. 표준화가 높은 조직은 직무를 정의할 때 직무 간 차이가 많지 않다.
5. **복잡도**(complexity). 조직 내 존재하는 업무활동의 개수와 필요한 분화(differentiation)의 정도.
6. **권한계층**(hierarchy of authority). 조직구조내의 보고관계성과 통제범위에 따른 수직적 분화의 정도

공식화, 중심화, 전문화, 표준화, 복잡도 정도가 모두 심하고 권한계층이 높은 조직은 ***관료화***(bureaucratization)가 강하다고 한다. 관료화가 그 자체로 나쁜 것은 아니지만 오용(abuse)과 관료적 형식주의(red tape)라는 오명을 가지고 있다. 하지만 중앙집권적인 구조가 유리할 경우도 있다. 예를 들면 한 연구가 밝혔듯이 관계적 정의와 절차적 정의가 조직내에 존재할 때는 중앙집권적 구조에서 보다 더 직무만족이 증가된다. 1000여 개의 미국기업대상의 한 연구에 의하면 중앙집권적인 기업은 가장 높은 수준의 연구투자를 하고 있고 연구개발 비용 대비 더 많은 특허를 보유하고 있다.

이들 각 요소의 연속선상 가장 반대쪽

centralization The degree to which decisions are made at the top of the organization.

specialization The degree to which jobs are narrowly defined and depend on unique expertise.

standardization The degree to which work activities are accomplished in a routine fashion.

complexity The degree to which many different types of activities occur in the organization.

hierarchy of authority The degree of vertical differentiation across levels of management.

표 12.1 다섯 가지 조직구조 유형

조직구조 유형	주요 조정 메커니즘	조직의 핵심 부분	분권화 유형
단순구조	직접적 감독	상부 전략부문	중앙집권화
기계적 관료제	작업 프로세스 표준화	기술 스태프	제한적 수평적 분권화
전문적 관료제	스킬 표준화	작업활동 계층	수직적·수평적 분권화
분과구조	산출물 표준화	중간 계층	제한적 수직적 분권화
애도크라시(adhocracy)	상호간 조정	지원 스태프	선별적 분권화

SOURCE: Mintzberg, Henry, Structuring of Organizations, 1st Edition,© 1979. Reprinted by permission of Pearson Education, Inc., Upper Saddle River, N.J.

속성을 가진 조직은 유연하고 느슨하다. 이러한 조직에서는 통제가 시행되고 유지되기가 매우 어렵다. 하지만 이런 유연한 조직구조가 적합할 경우도 있다. 많은 조직의 연구개발 부서는 창의성을 도모하기위해서 타부서보다는 좀 더 유연한 편이다. 유연성은 **비즈니스 모델 혁신**(business model innovation)을 위한 비결일지도 모른다. 핫 트렌드 섹션에서 이에 대해 구체적으로 알아볼 것이다.

조직목표달성을 향한 또 다른 접근방법은 구체적인 조직의 특성에 연연하기보다는 조직의 성공에 무엇이 중요하고 중요하지 않은지를 명확히 기술하는 것이다. Henry Mintzberg는 관리자들이 조직의 독특한 상황에 맞는 공식적 조직구조를 설계할 때 다음의 질문들이 가이드가 될 수 있다고 주장했다:

business model innovation The innovative processes and rationale for how an organization creates, delivers, and captures value.

1. 특정 직위(position)에 몇 개의 업무가 할당되어야 하나? 각 업무의 전문화정도는 어느 정도이어야 하는가?
2. 각 직위의 업무내용은 얼마나 표준화되어야 하나?
3. 각 직위별로 어떤 스킬, 업무능력, 지식, 훈련이 필요로 하나?
4. 여러 직위들을 업무단위, 부서, 부문 등으로 그룹화할 때 어떤 기준을 근거로 할 것인가?
5. 각 그룹화 단위의 규모는 어느 정도 되어야하며, 통제범위는(각 관리자 직속 부하직원의 수) 어느 정도 되어야 하는가?
6. 각 직위가 만들어내는 성과물의 품질/양을 어느 정도 표준화시켜야 하는가?
7. 각기 다른 직위와 업무단위에 있는 직원들이 다른 조직원들의 요구에 맞출 수 있도록 어떤 장치기저(mechanisms)를 설정해야할까?
8. 권한계통상에서 의사결정권은 얼마나 중앙집권화

또는 분권화되어야 하는가? 대부분의 의사결정이 조직의 상부에서 이루어져야 하는가(중앙집권적) 아니면 권한계통의 아래 부분에서 이루어져야(분권적) 하는가?

위와 같은 질문에 답을 할 수 있는 관리자는 기본 조직구조관점에서 어떻게 조직을 운영해야할지 잘 이해하고 있는 것이다. 이러한 기본적 조직설계관점은 여러 관점들이 서로 결합하여 작용하는 것이지 전적으로 독립적인 개별적 조직특성이 아니다.

12-3 다섯 개의 조직구조 유형

분화, 통합, 그리고 기본 설계관점이 결합하여 다양한 조직구조유형이 생긴다. 사업조직은 초창기에는 보통 제품별 또는 기능별 구조를 이룬다. ***매트릭스 조직구조***(matrix organization)는 제품별 구조와 기능별 구조를 합친 것이다. Mintzberg는 이런 초장기의 접근법에서 나아가서 다섯 개의 조직구조유형을 제안했다. 단순구조, 기계적 관료구조, 전문가 관료구조, 사업분과구조, 애도크라시 구조(임시혁신조직)이다. 표 12.1에는 각 조직구조유형에 따른 조직의 핵심부, 주요편성기저, 분권화유형이 정리되어 있다. Mintzberg가 제시한 다섯 가지 조직의 기본부분은 1) 상위 계층 또는 전략부문, 2) 중간층 또는 중간라인부문 3) 과업이 완수되는 핵심운영부문, 4) 기술 스태프 또는 기술전문가부문 그리고 5) 지원스태프부문이다. 그림 12.2에는 이러한 다섯 가지 기본부문이 묘사되었다, 꼭대기 전략부문이 중간라인부문에 걸쳐내려와 하단의 핵심운영부문에 연결되어있다. 각 부문이 조직 내 사람들에게 미치는 영향은 다소 다르다. 그리고 모든 조직구조는 기업의 전략적 목표를 지원해야한다.

12-3a. 단순구조

단순구조(simple structure)는 조직이 중앙집권화된 유형으로, 기술전문가부문과 지원스태프부문의 크기가

그림 12.2 Tuckman의 집단 발달 5단계 모델

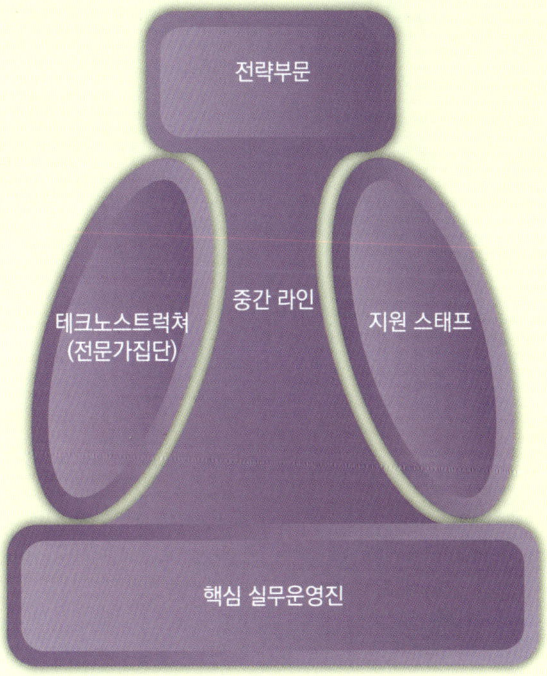

SOURCE: From H. Mintzberg, The Structuring of Organizations (Upper Saddle River, N.J.: Pearson, 1979): 20.Reprinted by permission of Pearson Education, Inc., Upper Saddle River, N.J.

작고 중간라인부문의 최소화된 상태에서 전략부문에 의사결정권한이 강하게 중앙집권화 되어있다. 이런 조직구조는 권한의 수식석 분화의 정도와 공식화의 정도가 최소화되어 있다. 단순구조는 전략부문의 최고경영자가 직접 관리하여 편성한다. 단순구조의 한 예는 독립적인 소규모 조경 프로젝트로서 한 두명의 조경 설계자가 중간관리자 없이 대부분의 조경프로젝트를 감독하는 것이다.

simple structure A centralized form of organization that emphasizes a small technical and support staff, strong centralization of decision-making in the upper echelon, and a minimal middle level.

machine bureaucracy A moderately decentralized form of organization that emphasizes support staff differentiated from the line operations of the organization, limited horizontal decentralization of decisionmaking, and a well-defined hierarchy of authority.

12-3b. 기계적 관료구조

기계적 관료구조(machine bureaucracy)는 중앙

Hospitals exemplify professional bureaucracies; the expertise of doctors, nurses, and technicians is emphasized as the operating core of the organization.

Competitive pressures in many industries led to outsourcing, labeled one of the greatest shifts in organization structure in a century.

집권화가 중간정도인 조직유형으로 지원스태프가 핵심 운영부문과 차별화되어있고, 의사결정권한의 수평적 분권화는 제한되어있고, 권한계층이 잘 갖춰진 특성이 있다. 기술전문가부문은 기계적 관료구조에서 큰 권력을 가진다. 정책, 절차, 규율, 규정을 통한 공식화가 강하다. 업무 프로세스를 표준화함으로 관리조정한다. 기계적 관료구조의 예로는 운영업무가 일괄화된 자동차 조립공장이 있다. 기계적 관료구조의 장점은 안정적이고 변하지 않는 환경에서 운영의 효율성이 크다는 것이다. 기계적 관료구조의 단점은 외부변화 및 직원들의 선호도와 아이디어에 대한 반응이 느리다는 것이다.

professional bureaucracy A decentralized form of organization that emphasizes the expertise of the professionals in the operating core of the organization.

divisionalized form A loosely coupled, composite structural configuration composed of divisions, each of which may have its own structural configuration.

12-3c. 전문가 관료구조

전문가 관료구조(professional bureaucracy)는 분권화된 조직유형으로서 조직 내 핵심운영부문 전문가들의 전문기술을 중요하게 여긴다. 기술스태프와 지원스태프가 전문가들을 지원한다. 전문가 관료구조에는 수직적 분화와 수평적 분화 모두 존재한다. 전문가들의 스킬을 표준화함으로 관리 조정한다. 이런 전문가 관료구조를 가진 조직은 병원과 대학이다. 의사, 간호사, 교수들은 전문적인 연수나 교육을 통해 폭넓은 업무를 수행할 수 있다. 대형 회계법인 또한 전문가 관료구조에 해당한다.

12-3d. 사업분과 구조

사업분과구조(divisionalized form)는 각각 고유한 구조 유형을 가진 여러 사업분과가 느슨히 결합된 복합 구조 유형이다. 각 사업분과는 그 사업분과가 운영하는 시장에 대응하기 위해 설계되었다. 상위 전략부문에서 중간 라인까지 수직적 분권화가 되어 있고, 중간관리층이 조직의 핵심부이다. 이런 유형의 조직에는 기계적 관료구조에 해당하는 사업분과 하나, *애도크라시* 구조(추후 설명)의 사업분과 하나, 단순구조의 사업분과 하나가 함께 존재할 수 있다. 사업분과 구조를 가진 조직은 성과물의 표준화를 통해 관리조정한다.

12-3e. 애도크라시 구조

애도크라시(adhocracy) 조직은 선별적으로 분권화된 조직유형으로서 지원스태프를 중시하고 조직원간의 상호조정을 강조한다. 이 조직유형은 여러 전문분야를 아우르는 전문가들을 원활히 운영되는 특별임시 프로젝트팀에 통합하도록 설계되어있다. 연결장치(liaison devices)는 상호조정과정을 통해 프로젝트팀들을 통합하기위한 주요 메커니즘이다. 공식적 훈련과 전문기술 습득을 기반으로 한 수평적 전문화 수준이 높다. 애도크라시 구조내에서는 프로젝트팀들이 선택적으로 분권화되어있다. 이러한 조직유형의 예는 미국 항공우주국(NASA)으로, 재능있는 많은 전문가들이 소규모팀으로 구성되어 미국의 우주개발 계획을 위한 광범위한 프로젝트을 담당하고 있다. 새로운 하이테크 기업들 또한 종종 애도크라시 조직유형을 선택한다.

12-4 상황변수

기본설계관점과 그에 따른 최종 조직구조유형은 조직의 내부 및 외부 환경의 상황 안에서 성해신나. 네 가지 상황변수(contextual variables)가 조직 설계의 성공에 영향을 미친다. 조직규모, 기술, 환경, 그리고 전략 및 목표이다. 이와 같은 상황변수가 그 자체로 조직구조를 결정하지는 않더라도 적합한 조직설계를 위해 관리자들이 핵심적으로 고려해야 할 사항을 제시해준다. 많은 산업 분야에서 경쟁 압박으로 인해 *아웃소싱*(outsourcing)을 감행했는데, 이는 지난 백년 동안 일어난 가장 큰 조직 구조 변화 중 하나라고 기록되었다. 자본시장의 성숙도는 특히 외부환경에서 기인한 경제적 쇼크를 겪고 이후 구조조정(restructuring)과 규모재조정(resizing)을 실천하는 조직에게 중요한 상황 변수가 될 수 있다.

12-4a. 조직규모

조직구조설계를 논할 때 전체 직원의 수로 조직규모를 나타내는 것은 적절하다. 이것이 논리적인 이유는 사람들과 그들 사이의 상호작용은 조직구조의 구성단위이기 때문이다. 순자산, 생산률, 총매출액 등과 같은 지표는 일반적으로 총직원수와 높은 상관관계를 가진다. 그러나 이런 지표들은 효과적인 조직구조를 결정하는데 필요한 실제 대인관계의 수를 반영하지 못할 수 있다.

조직규모가 조직구조결정에 미치는 영향의 정도에 대해 논쟁이 있기는 하지만 조직규모가 조직설계 옵션에 영향을 미친다는 것에 대한 이의는 없다. 한 연구에서 Meyer는 조직의 규모가 조직구조와 설계에 영향을 미치는 요인 중에서 가장 중요한 요인이라는 것을 밝혀냈다. 반면, 다른 연구에서는 조직의 사업을 확장하려는 결정을 할 때 확장계획을 수용할 수 있도록 조직구조가 조정되어야 하기 때문에 이에 따라 조직규모가 커진다고 주장한다. 다운사이징은 조직규모를 줄이려는 전략계획이고, 구조조정(restructuring)과 사업재활성화(revirtalizing) 활동과 연동되어 실행된다. 연구에 따르면 기업들이 다운사이징의 규모를 대규모로 하거나 소규모로 행했을 때 다운사이징 이후 가장 큰 성과개선을 경험했다. 중간규모의 다운사이징으로는 긍정적 성과개선이 미미했다.

조직규모가 조직구조에 미치는 영향은 조직규모와 조직구조 설계관점(design dimensions)간의 관계만큼 중요하지 않다. 달리 말하면, 조직구조의 대안을 탐색할 때 관리자들은 구조설계에 대한 특정 사실들을 대규모 조직과 소규모 조직별로 대조해서 이해해야한다. 예를 들어, 규모가 큰 조직에서는 조직 내의 여러 활동들을 통제하기 위해서 공식화, 전문화, 표준화의 정도가 더 큰 경향이 있다. 규모가 큰 조직은 통제를 위해 관리자가 직접 감시하는 것보다 서류, 규칙, 문서화된 정책과 절차, 상세직무기술서 등을 이용해서 통제하는 경향이 있

adhocracy A selectively decentralized form of organization that emphasizes the support staff and mutual adjustment among people.

contextual variables A set of four characteristics that influence the success of an organization's design: size, technology, environment, and strategy and goals.

다. 맥도날드는 모든 제품을 만드는 방법, 고객을 맞이하는 방법, 시설 유지 방법 등을 설명하는 여러 권의 매뉴얼을 가지고 있다. 이러한 수준의 표준화, 공식화, 전문화를 통해 맥도날드 지점이 어디에 있든 동일한 품질의 제품을 유지할 수 있다. 이와는 대조적으로, 소규모의 자영업 카페에서는 방문할 때마다 햄버거와 감자튀김의 맛이 약간 다를 수 있는데 이는 표준화의 정도가 낮은 것이다.

규모가 크고 성장하는 조직은 공식화와 전문화를 통해 의사결정권한을 분산시킬 수 있다. 예를 들어, 호주의 경영컨설팅회사인 Nous Group은 직원이 2000년 초반 20명에서 2014년 120명으로 증가할 때 직무기술서, 회사정책, 표준운영절차와 규범에 근거해서 의사결정권한을 하부 관리자와 일부 직원들에게 위임했다. 규모가 큰 조직에서는 수많은 복잡한 의사결정이 이루어지기 때문에 조직 하부층에 의사결정권한을 위임하는데 공식화와 전문화가 사용된다. 만일 군사권의 총사령관인 대통령이 테러리즘과의 전쟁에서 작전실행차원의 의사결정을 일일이 내려야한다면 그 혼란을 상상할 수 있겠는가? 대규모 조직에서 의사결정권한을 분산시키면 수평적으로, 수직적으로 더 복잡해지기는 하지만 그렇다고 공간적으로도 복잡해지는 것은 아니다. 그러나 대규모 조직은 지리적으로 더 분산되는 것이 일반적이다. 예를 들면 미국 캘리포니아주 샌디에이고 카운티 정부는 지역별로 조직 구조를 구속하여 의사결정권한을 분산시키고, 공유 자원과 역량을 함께 쓰고, 고객의 고유한 요구를 충족시킬 수 있도록 하였다.

권한계층(hierarchy of authority)은 조직 복잡성과 관련된 또 하나의 설계관점이다. 조직규모가 커질수록 복잡성도 증가하고 따라서 권한계층에 더 많은 계층이 추가된다. 이는 통제범위(span of control)가 과하게 늘어나는 것을 막아준다. 그러나 공식화와 전문화가 더해지기 때문에 균형이 잡힌다. 조직내 역할들이 점점 더 공식화, 표준화, 전문화될수록, 통제범위가 늘어날 수 있다.

12-4b. 기술

조직이 가진 기술(technology)은 조직구조를 결정짓는 중요한 상황변수이다. 기술은 조직이 투입물(input)을 산출물(output)로 변형시키는데 쓰이는 도구, 테크닉,

핫 트렌드

조직과 고위 경영진에 영향을 미치는 디지털 기술

미국에서만 해도 디지털 기술에 대한 지출은 2019년에 7320억 달러에 이를 것으로 예상되며 연평균 16%의 연복리 성장률을 보인다. 전 세계적으로 디지털 기술에 대한 지출이 2조 1천억 달러에 이를 것으로 예측하고 있다. 디지털 기술에 대한 방대한 지출은 조직 모델과 고위급경영진에 영향을 미친다. 전통적인 비즈니스 모델과 조직구조는 기술과 IT를 중심으로 구축된 비즈니스 모델과 조직구조에게 자리를 양보해야 한다. 기술 변화는 기술진화를 뒷받침하는 기업경영의 변화를 요구한다. 영향을 받고 있는 대규모 조직의 예로는 보험사인 Liberty Mutual과 거대 생활용품 회사인 Procter & Gamble Company가 있다. 기술의 진보로 인해 CIO(Chief Information Officer)는 조직에서 더 광범위한 리더십을 발휘하고 있다. 디지털 기술이 조직설계와 고위경영진에 미치는 영향은 계속될 것이다.

SOURCE: A. Loten and J. Simons, "Leadership Evolves Amid Tech Changes," Wall Street Journal, 3 Jan. 2017.

활동으로 정의된다. 조직의 투입물은 인적자원, 기계, 원자재, 정보, 돈이 될 수 있다. 산출물은 조직이 외부환경에 제공하는 제품과 서비스이다. 부서마다 서로 다른 기술을 이용할 수 있기 때문에 기술과 조직구조의 관계를 결정하는 것은 복잡하다. 조직이 커짐에 따라서 사업단위별 기술의 차이가 더 커진다. Woodward, Perrow, Thompson은 전통적인 조직기술을 이해하는 법을 고안해냈다. 이전 페이지의 핫 트렌드의 내용과 같이 현대적인 디지털 기술들은 새로운 방법으로 조직구조를 형성하고 있다.

Woodward는 가장 잘 알려진 기술 분류 체계를 만들었다. 단위기술, 대량기술, 그리고 프로세스 생산기술이 세 가지 유형이다. ***단위기술***(unit technology)은 소량 제조기술이며 종종 선주문 후제작 생산이기도 하다. 단위기술의 예로는 무기 제조사 Smith & Wesson과 고급 가구 제조가 있다. ***대량기술***(mass technology)은 대규모 제조기술이다. 자동차 조립라인과 고무장갑의 제조가 예가 될 수 있다. ***프로세스 기술***(process technology)은 연속적으로 생산하는 프로세스이다. 오일정제와 맥주제조과정이 예가 될 수 있다. Woodward는 단위기술을 가장 덜 복잡한 기술로, 대량기술을 그보다는 더 복잡한 기술로, 프로세스 기술을 가장 복잡한 기술로 분류했다. 조직의 기술이 복잡할수록 조직의 행정요소나 구조가 더 복잡해질 필요가 있다.

Perrow는 Woodward의 기술 분류 방식에 대안을 제시했는데 ***업무 다변성***(task variability)과 ***문제분석 가능성***(problem analyzability), 이 두 요인을 바탕으로 하였다. 업무다변성은 직무 내에서 업무를 수행할 때 겪게 되는 예외상황의 빈도수를 조사한다. 문제분석 가능성은 예외적 업무상황에 대응하는 방법을 찾기 위하여 따라야하는 검색 절차의 유형을 조사한다. 예를 들어 어떤 일은 수행 중에 예외적 상황이 발생하더라도 적절한 대응책을 찾기 쉽다. 자동차로 길을 달리다가 "우회 – 다리 폐쇄"라는 표시판을 발견한다면 이런 업무 다변성에

Technological interdependence is the degree of interrelatedness of an organization's technological elements.

그림 12.3 Perrow 연구결과의 요약

문제 분석가능성 \ 업무 다변성	예외 적음	예외 많음
불명확하고 분석불가능	**수공예 업무** 1. 중 2. 중 3. 중 4. 중–약 5. 강 6. 약	**비일상업무** 1. 약 2. 약 3. 약 4. 약 5. 강 6. 약
명확하고 분석가능	**일상업무** 1. 강 2. 강 3. 중 4. 강 5. 약 6. 강	**엔지니어링 업무** 1. 중 2. 중 3. 강 4. 중 5. 중 6. 중

키: 주요 요소들
1. 공식화
2. 중앙집권화
3. 전문화
4. 표준화
5. 복잡성
6. 권한 계층

SOURCE: Built from C. Perrow, "A Framework for the Comparative Analysis of Organizations," American Sociological Review (April 1967): 194–208.

대응하는 것은 매우 쉽다. 그래서 분석가능성이 낮다(분석이 많이 필요하지 않음). 반면, 토마스 에디슨이 최초로 전구를 만들고 있었을 때 그가 하는 일의 문제분석가능성은 매우 높은 수준이었다.

Perrow 는 더 나아가 기술에 의해 수정될 수 있는 조직구조의 네 가지 주요 측면을 밝혀냈다. (1) 개인이 업무를 완수하기 위해 행사할 수 있는 재량권의 양 (2) 사업단위의 목표와 전략을 통제하는 집단의 힘, (3) 집단 간의 상호의존성 정도, (4) 조직의 사업단위가 피드백이나 기획을 통해 일을 조정할 수 있는 정도.

technological interdependence The degree of interrelatedness of the organization's various technological elements.

environment Anything outside the boundaries of an organization.

그림12.3에는 기술의 유형과 기본 설계관점에 대한 Perrow의 연구결과가 요약되어있다.

Thompson은 기술 그리고 조직설계와 기술과의 관계에 대한 또 다른 견해를 제시했다. 이 견해는 조직의 다양한 기술적 요소들 간의 상호연관성의 정도를 나타내는 **기술적 상호의존성**(technological interdependence) 개념에 기반하고 있다. Thompson의 연구결과가 시사하는 바는 기술적 상호의존성이 클수록 조직복잡성이 커진다는 것과 이로 인한 문제들은 분권화된 의사결정으로 상쇄될 수 있다는 것이다.

조직설계에 기술이 미치는 영향력에 대한 이들 세 학자들의 연구는 조직에서 투입물을 산출물로 바꾸는 프로세스의 일상성(routineness)이라는 하나의 통합된 개념으로 모아질 수 있다. 이런 일상성은 조직 구조와 매우 긴밀한 관계를 가지고 있다. 조직의 업무가 일상적이고 반복적일수록, 가능한 공식화의 정도가 더 강하고, 더 중앙집권적이고, 더 전문화되고, 더 표준화되고, 보다 광범위한 통제범위를 갖고, 더 많은 위계계층이 존재할 수 있다.

12-4c. 환경

조직설계의 세 번째 상황변수는 **환경**(environment)이다. 조직이 처한 환경을 가장 쉽게 정의하자면 조직경계선 외부에 있는 모든 것이라고 할 수 있다. 서로 다른 환경의 양상이 조직구조에 미치는 영향력의 정도는 서로

제도적 복잡성과 상충하는 요구의 영향

조직 환경에서 정부의 규제와 지침이 기업의 사회적 책임(CSR)에 영향을 미치는 것은 잘 알고있지만, 상충하는 정부 요구에 대해서는 잘 알려지지 않았다. 2008~2011년 중국의 상장기업을 대상으로 한 연구는 중앙정부와 지방정부의 상충되는 요구에 주목했다. 지방정부는 단기 GDP 성장에 높은 우선순위를 두고 있는 반면, 중앙정부는 CSR 보고서를 요구하기 때문에 기업에 긴장과 갈등을 야기한다. 이는 기업의 특성상 지방정부 및 중앙정부 양쪽으로부터 받는 기업감찰이 강화되면 힘들어지는 기업에게 특히 문제가 되었다. 이 연구는 많은 회사들이 CSR 보고서 제출 요구를 빨리 받아들였지만 보고서의 질은 낮았다는 것을 밝혔다.

SOURCES: X. R. Luo, D. Wang, and J. Zhang, "Whose Call to Answer: Institutional Complexity and Firms' CSR Reporting," Academy of Management Journal, 60, JCQ: 2017, pp. 321-344.

다르다. 1996년과 2000년 사이에 318명의 CEO를 대상으로 한 연구에서 전략적 의사결정 속도가 환경과 조직구조와 성과 간 관계의 조절변수가 된다고 밝혔다. 일반적인 환경은 경제적요인, 정치적 고려사항, 생태계 변화, 사회문화적 요구, 정부규제와 같이 조직에 영향을 미칠 수 있는 모든 조건을 포함한다. 정부의 복잡성은 위에 설명한 기사에 나오듯이 기업의 사회적 책임 보고에 영향을 미칠 수 있다.

과업환경 일반적인 환경의 측면이 조직에 직접적 이해관계가 있는 분야에 점점 더 집중될 때, 그런 환경의 측면은 **과업환경**(task environment) 또는 특정환경의 일부가 된다. 과업환경은 조직과 직접적으로 밀접한 환경 부분이다. 일반적으로, 이런 자원의 환경은 노조, 고객, 공급업체, 경쟁사, 정부규제기관, 무역협회 같은 이해관계자를 포함한다.

조직의 활동영역(domain)이란 조직 스스로 관련 환경의 어디쯤 자리잡고 있는지를 밝히는 분야를 말한다. 조직의 활동영역은 조직 스스로에 의해 정의될 뿐만 아니라 그 환경 내에서 조직이 어떻게 판단하고 반응할지에 영향을 미치기 때문에 특히 더 중요하다. 예를 들어, 월마트와 니민마커스 백화점은 둘다 의류를 유통하지만, 그들의 활동영역은 매우 다르다.

조직이 인지하는 조직 환경과 실제 환경은 일치하지 않을 수도 있다. 관리자가 인지하는 환경은 조직이 대응하고 대비하는 환경이다. 그러므로 다른 두 조직이 객관적으로 비교적 같은 환경에 놓여 있지만 각 조직의 관리자들이 환경을 다르게 인지한다면 같은 환경에 대처하더라도 매우 다른 조직구조를 구성할 수 있다. 예를 들어, 같은 환경 하에서 한 회사는 의사결정을 분권화하고 회사가 공격적이고 경쟁에 뒤쳐지지 않게 하는 금전적 인센티브를 관리자에게 제공하는 반면, 또 다른 한 회사는 의사결정을 중앙 집권화해서 조직내 경쟁이 덜 치열하도록 하는 인센티브를

task environment The part of the environment that is directly relevant to the organization.

관리자들에게 제공할 수 있다.

환경 불확실성 **환경 불확실성**(environmental uncertainty)은 조직 환경에 존재하는 변화의 양과 비율이다. 환경 불확실성의 인식 수준은 조직 설계에 가장 큰 영향을 미치는 환경 변수이다. 환경 불확실성의 수준은 다국적 기업 정책과 실무에 맞도록 내부관행을 표준화시키는 정도에 영향을 준다. 예를 들면, 불확실성이 높은 환경에 적합한 인적자원관리로 맞추었더니 재무성과와 고객 만족도도 따라서 개선되는 경우이다. 어떤 조직은 불확실성이 거의 없어서 비교적 정적인 환경에 있는 반면, 어떤 조직은 다음날 어떤 일이 생길지 예측할 수 없을 만큼 역동적인 환경에 있다.

표 12.2 조직구조가 전략적 의사결정에 어떻게 영향을 미치는가

공식화
공식화의 수준이 올라갈수록 나타나는 현상은 다음과 같다. 1. 사업기회를 선제적으로 잡기보다는 닥친 위기에 대응하는 정도의 전략적 의사결정을 할 것이다. 2. 전략적인 변화는 점진적이고 엄밀해질 것이다. 3. 조직 내 분화는 통합 메커니즘과 균형을 이루지는 못할 것이다. 4. 공식적인 조직시스템이 감시하는 영역에 있는 환경위기에만 대응할 것이다.
중앙집권화
중앙집권화 수준이 올라갈수록 나타나는 현상은 다음과 같다. 1. 전략적인 의사결정 과정은 소수의 지배적인 개인에 의해 착수될 것이다. 2. 의사결정 과정은 목표 지향적이고 합리적일 것이다. 3. 전략적 프로세스는 최고경영층 역량의 한계안에서 제약을 받을 것이다.
복잡성
복잡성의 수준이 올라갈수록 나타나는 현상은 다음과 같다. 1. 전략적인 의사결정 프로세스는 더욱 정치적 이슈에 개입될 것이다. 2. 환경적 기회와 위협을 인식하기가 더 어려워질 것이다. 3. 의사결정 프로세스는 조직내 모든 개개인의 한계로 의한 제약을 받을 것이다.

SOURCE: Republished with permission of Academy of Management, from "The Strategic Decision Process and Organizational Structure" (Table), J. Fredrickson, Academy of Management Review (1986): 284; permission conveyed through Copyright Clearance Center, Inc.

예를 들어, Binney & Smith는 제품 디자인이나 포장의 변경이 별로 없이 50년 이상 거의 동일한 제품을 만들어 왔다. Crayola사의 환경도 비교적 정적이다. 실제로 일부 낡은 색깔 크레용을 없애고 새 색깔을 넣으려 하자 고객들이 반발했다. 이와는 대조적으로, 지난 20년 동안 항공 산업의 경쟁자들은 규제완화, 합병, 파산, 비용 및 가격 구조의 변화, 고객 및 직원 인구통계상의 변화, 글로벌 경쟁의 변화에 직면해 왔다. 이처럼 불확실한 상황에서 신속한 대응을 하기위해 조직은 분산된 전문지식을 적시에 관리하고 적용할 수 있도록 전문지식 조정관리를 가동해야 한다.

environmental uncertainty The amount and rate of change in the organization's environment.

mechanistic structure An organizational design that emphasizes structured activities, specialized tasks, and centralized decision-making.

organic structure An organizational design that emphasizes teamwork, open communication, and decentralized decision-making.

환경 불확실성의 정도는 조직구조관점에 영향을 미친다. Burns와 Stalker는 환경 불확실성 정도의 극단에 자리 잡은 양끝 각각의 조직구조를 **기계적 구조**(mechanistic structure)와 **유기적 구조**(organic structure)라고 명했다. 기계적 구조와 유기적 구조는 모든 조직설계유형을 나열했을 때 서로 반대쪽 끝에 위치한다. 환경 불확실성과 구조적 관점에 대한 일반적인 전제는 연구에 의해 확인되었지만, 조직구조를 설계할 때는 조직이 인지하고 있는 환경의 현실에 맞춰서 조정해야 한다. 일부 연구는 기계적 구조이든 유기적구조이든 조직구조의 유형은 관리자의 조직 설계 경험과 공식적인 훈련 수준에 따라 좌우된다고 주장한다.

조직 환경이 불확실하고, 역동적이며, 복잡하고, 자원이 부족할 경우, 관리자가 원하는 구조는 조직 환경에 더 잘 적응할 수 있는 유기적 구조이다. 경영상 위험부담은 전략적 경영의 중요한 측면이며, 환경 불확실성의 상황하에서도 종종 위험을 감수해야 한다. 불확실성에도 불구하고 관리자들은 경쟁우위와 성과를 향상시키키 위해서 위험을 감수해야 한다.

12-4d. 전략과 목표

전략과 목표(strategies and goals)는 조직구조의 설계 관점에 영향을 미치는 네 번째 상황변수이다. 전략과 목표는 조직에 필요한 타당성뿐만 아니라 직원을 이끄는 방향성, 의사결정 지침 및 성과 기준을 제시한다. 또한 전략과 목표는 조직이 환경에 맞춰가도록 돕는다.

예를 들어, 애플이 퍼스널 컴퓨터 라인을 시장에 선보였을 때, 애플의 전략은 매우 혁신적이었다. 애플의 조직 구조는 비교적 수평적이었고 형식적이지도 격식에 얽매이지도 않았다. 애플은 금요일 오후 맥주와 팝콘 토론회를 가졌고, 기이한 행동도 문제없이 받아들여졌다. 그러나 퍼스널 컴퓨터 시장에 경쟁이 심해지면서 애플은 제품을 차별화하고 비용을 통제하는 데 도움이 되도록 조직구조를 바꿨다. 애플의 창업자 중 한 명인 스티브 잡스가 고안한 혁신적인 전략과 조직구조는 더 이상 맞지 않았다. 그래서 이사회는 퍼스널 컴퓨터시장 경쟁에서 이기기 위해 Pepcico 출신의 마케팅 전문가인 존 스컬리를 영입했다. 1996년과 1997년에 애플은 심기일전하여 잡스를 복귀시키고 혁신적 우위를 회복시키려 했다. 스티브 잡스가 돌아온 후 애플은 아이팟과 아이폰의 여러 모델을 선보이며 디지털 음악 시장의 주역이 되었다.

그러나 전략과 목표가 조직구조에 영향을 미치는 정도에는 한계가 있다. 조직의 공식적인 정보처리경로는 조직구조의 일부이기 때문에, 전략 변경의 필요성이 그런 공식적인 경로를 통하지 않고서는 조직 전체에 전달되지 못할 수 있다는 주장은 일리가 있다. 이 경우, 조직

그림 12.4 조직설계 핵심요소간의 관계

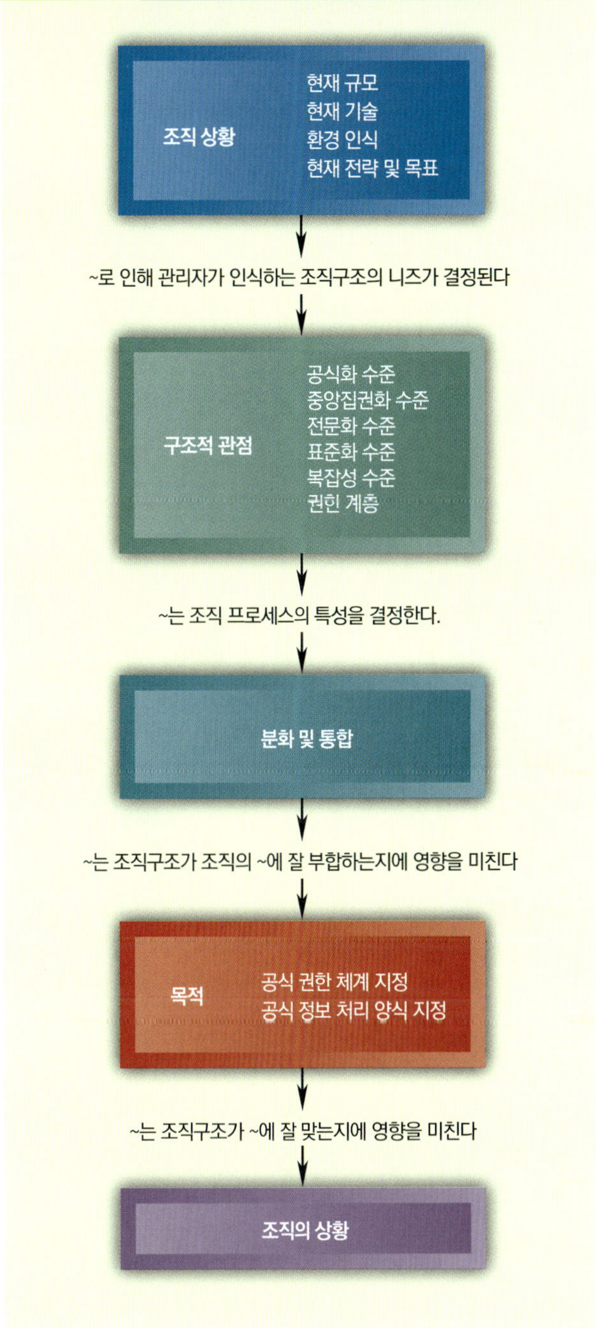

구조는 전략 선택에 영향을 미친다. 조직구조를 바꾸더라도 가치를 창출하지도 못하고 오히려 비용과 어려움이 배가될 수 있다. 따라서 전략적 성공은 적합한 조직설계를 선택한 후에 전략시스템을 통해 조직구조를 미세 조정하는데 전적으로 달려있다. 전략과 조직구조 간 연관성은 인수합병까지 이어진다. 관련형 인수, 수직형

인수, 비관련형 인수 등 다른 특성을 가진 인수전략은 조직구조 측면에서 중앙집권화와 통합화의 적정한 정도가 서로 다를 것이다. 또한 인수 후 조직 문화통합 과정은 조직이 채택한 인수 전략의 유형에 따라 달라질 것이다.

환경 변화를 효율적으로 감지하지 못하는 조직구조는 나아가 사업실패까지 초래할 수 있다. 항공업계에서는 몇몇 항공사들이 항공산업 규제완화와 치열한 경쟁시장에 재빨리 적응하지 못했다. 항공산업 규제완화 이후 정보처리 시스템을 잘 갖추고 린(Lean)경영에 맞는 조직구조를 가진 항공사들만이 힘든 시간을 통과해 번창했다. 다른 설계관점이 전략적 의사결정 프로세스에 어떻게 영향을 미칠 수 있는지에 대한 예는 표 12.2에 수록되어 있다.

조직규모, 기술, 환경, 전략과 목표 등 네 가지 상황변수가 복합적으로 조직설계 프로세스에 영향을 미친다. 그러나 기존의 조직구조는 조직이 각 상황변수에 대한 정보를 해석하고 그에 대응하는 방법에 영향을 미친다. 각각의 상황변수가 가장 적합한 조직구조설계를 결정하는데 가장 중요한 변수라고 주장하는 경영학 연구자들이 변수별로 있다. 네 가지 상황적 관점이 상호작용하는 것을 연구하기가 어렵고, 조직구조가 복잡하기 때문에 어떤 상황변수가 가장 중요한가에 대한 논쟁은 계속되고 있다.

분명한 것은 조직구조와 조직의 상황적 관점이 서로 어느 정도 적합하게 맞아야한다는 것이다. 적합도(fit)가 높을수록 조직의 단기 목표를 달성할 가능성이 높아진다. 또한 적합도가 높을수록 조직은 장기적 번영을 위해 정보를 처리하고 적절한 조직내 역할을 설계할 가능성이 더 높아지는데 이를 그림 12.4가 설명하고 있다. 특정 설계 요소들은 기업운영의 각기 다른 단계에 더 적합하다고 알려졌다. 예를 들어, 창업활동에 매진하는 기존 기업들은 전통적으로 사업기회 발굴 단계 동안에만 분권화와 공식화를 선호해 왔다. 최근 연구는 이러한 조직설계 요소들이 사업기회 실현 단계동안에 기업가정신을 촉진할 수도 있다고 주장한다.

organizational life cycle The differing stages of an organization's life from birth to death.

12-5 조직 재편성에 영향을 미치는 변화요인

관리자와 연구자는 전통적으로 기본설계관점과 상황변수라는 틀 안에서 조직설계와 조직구조를 연구한다. 그러나 최근 몇십 년 동안 조직을 재편성해온 여러가지 변화요인에 대응하여 관리자들은 전통적인 틀에서 벗어나 고객의 요구에 더 잘 부응하기 위한 방법을 검토하게 되었다. 이러한 변화요인으로는 줄어든 조직수명주기, 글로벌화, 정보기술의 급격한 변화, 고성능 업무시스템 등이 있다. 이 네 가지 변화 요인에 의해 조직의 설계와 구조를 변경하고 이에 적응해야 할 필요성이 커진다. 그러므로 조직의 안녕과 활력을 유지하기 위해서 조직은 주어진 업무 환경에 반응하는 열린 시스템(open system)으로서 기능해야 한다.

12-5a. 조직의 수명 주기

조직은 역동적인 존재이다. 이처럼 조직은 서로 다른 단계를 밀물과 썰물처럼 거쳐 지나간다. 통상 연구자들은 이러한 단계들을 **조직의 수명 주기**(organizational life cycle)로 여긴다. 조직 전체가 탄생단계부터 시작해서 성장단계와 성숙단계를 거쳐 쇠퇴단계로 나아가고, 어쩌면 부활단계까지 경험할 수도 있는 수명 주기를 가지고 있다.

조직의 하위부서도 매우 유사한 수명 주기를 가질 수 있다. 기술과 제품디자인의 변화 때문에, 많은 하위부서들, 특히 제품 기반의 하위 사업 단위들은 더 짧은 수명 주기를 가지고 있다. 따라서 조직을 구성하는 하위부서는 과거보다 빠르게 변화하고 있다. 이러한 짧은 수명 주기로 인해 조직은 외부로부터의 요구와 변화에 신속하게 대응할 수 있다.

표 12.3 오늘날 관리자와 미래 관리자의 조직구조 역할

오늘날 관리자의 역할	1. 상사와 직원 관계를 엄격히 고수한다. 2. 명령을 내려 일을 처리한다. 3. 메시지를 계층 위로 이동 및 아래로 이동 4. 직무기술서에 따라 정해진 일련의 업무를 수행한다. 5. 한정된 기능역할에 중점을 둔다. 6. 정식 절차를 하나씩 다 밟는다. 7. 부하를 통제한다.
미래의 관리자의 역할	1. 위계적 관계보다는 기능적 관계와 동료적 관계를 더 중요시한다. 2. 협상을 통해 일을 처리한다. 3. 문제 해결과 의사결정 4. 창업가적 프로젝트를 개발하여 일자리를 창출한다. 5. 광범위한 기능 간 협업을 한다. 6. 속도와 유연성을 강조한다. 7. 직원들의 코치가 된다.

SOURCE: T. R. Horton and P. C. Reid (1991). "What Fate for Middle Managers?" Management Review, 80(1), 22.

새로운 조직이나 하위부서가 처음 생길 때, 그 구조는 유기적이고 비공식적이다. 조직이나 하위사업부서가 성공하면 성장하고 성숙해진다. 그러면 보통 공식화, 전문화, 표준화, 복잡화가 진행되어 보다 기계적인 조직구조로 바뀐다. 그러나 환경이 바뀌면 조직은 그에 대응할 수 있어야 한다. 기계적 조직구조는 역동적인 환경에 유기적 조직구조 만큼 잘 대응할 수는 없다. 조직이나 하위부서가 이에 대응한다면 더욱 유기적인 조직으로 살아나고, 대응하지 못하면 쇠퇴하여 사라질 가능성이 있다. 새로운 연구에 의하면 종종 상충되는 조직의 요구를 충족시키기 위해 일시적으로라도 기계적 설계와 유기적 설계를 교대로 순환하는 것이 현명할 수 있다고 한다.

수명 주기가 짧으면 조직이 유연하면서 동시에 효율적이어야 한다는 압박감을 더 많이 받는다.

또한, 유연한 조직이 조직설계를 활용하여 경쟁 우위를 얻듯이, 여러 개별 조직 수명주기를 활용하면 효율성을 추구하는 다채로운 조직설계가 지속적으로 등장할 수 있다. 이런 상황에서 관리자의 도전과제는 끊임없이 변화하는 시장과 사업지역에 맞추기 위해 다양한 조직설계관점 사이에서 조화를 찾아내는 것이다. 빠르게 성장하는 많은 조직들이 조직수명주기를 통해 성장 및 조직구조에 대한 도진과제를 맞이하게 되는 중요한 전환점에 직면해 있다. 조직은 다음 단계인 성장과 발전의 단계로 넘어가기 전에 이러한 도전과제들을 해결하기 위해 노력해야 한다.

12-5b. 글로벌화

조직을 재편성하게 하는 또 다른 변화요인은 조직이 단지 한 국가나 지역만이 아니라 전 세계적으로 활동하는 글로벌화 과정이다. 글로벌화의 잠재적인 문제 중 하나는 법규와 규칙이 국경을 넘어 상충할 때 기업들이 그 대상국가와 대립할 수 있다는 것이다. 또한, 글로벌화로 인해 조직들은 공간 차별화라는 현실적인 문제를 갖게 된다. 지리적 차이 외에도, 조직이 운영되는 다양한 국가들 사이에 깊은 문화적, 가치 체계적 차이가 있을 수 있다. 이로 인해 조직구조 설계 프로세스에 또 다른 차원의 복잡성이 더해지고, 사람들이 서로를 알고 이해할 뿐만 아니라 서로 협력할 수 있게 하는 통합 메커니즘이 필요해진다.

글로벌 비즈니스 관리를 위한 조직구조를 선택할 때 보통 다음의 세 가지 요소를 고려한다.

1. *수직적 분화의 정도.* 국내 및 해외 관리자의 책임을 명확히 하는 권한계층이 있어야 한다.
2. *수평적 분화의 정도.* 해외사업장과 국내사업장은 회사가 모든 고객요구에 효과적으로 부응할 수 있도록 그룹화되어야 한다.
3. *형식화, 전문화, 표준화, 중앙집권화의 정도.* 글로벌 조직구조는 조직의 가장 적절한 영역에서 의사결정이 이루어질 있도록 해야한다. 그러나 모기업의 전략과 목표를 전달하는 통제는 마련되어야 한다.

12-5c. 정보처리 기술의 변화

정보처리 기술의 많은 변화로 인해 조직은 새로운 제품과 시장 영역으로 더 빨리 진출할 수 있게 되었다. 그러나 앞서 설명된 조직수명주기 단축과 글로벌화와 마찬가지로 첨단 정보처리 기술의 사용 증가로 인해 조직구조 설계에 새로운 고려사항이 생겼다. 새로운 비즈니스 기술은 점점 더 변화를 더해가면서 미래의 비즈니스 프로세스, 사업방향성 및 조직 설계를 구체화하고 있다.

조직 구조는 이미 첨단 정보 처리 기술의 영향을 감지하고 있다. 전 세계의 관리자들이 컴퓨터 네트워크를 통해 연결될 수 있기 때문에 더 높은 수준의 통합과 조정을 필요로 한다. 기본설계관점도 다음과 같은 영향을 받았다.

1. 권위계층이 평평해졌다.
2. 중앙집권화의 기반이 바뀌었다. 이제 관리자들은 기술을 사용하여 더 많은 정보를 얻고 더 많은 결정을 내릴 수 있고, 정보와 의사결정권한을 하부계층으로 이전하여 중앙집권화를 감소시킬 수 있다.
3. 첨단 정보처리 기술을 사용하는 사람들은 조직에서 업무가 실행되는 법을 폭넓게 이해해야 하는 보다 수준 높은 직무를 맡고 있기 때문에 전문화와 표준화를 덜 필요로 한다.

그림 12.5 Harley-Davidson의 서클 조직

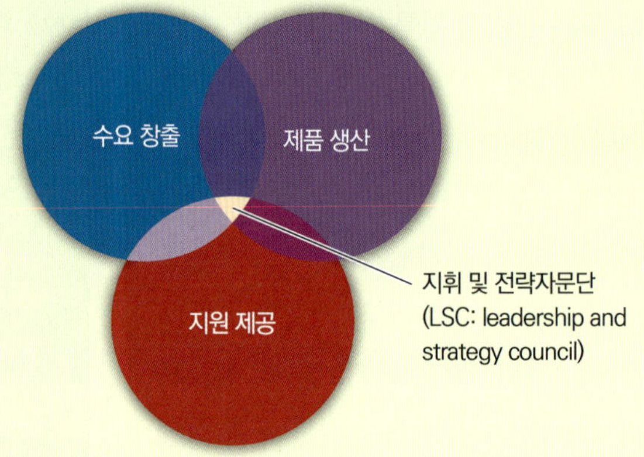

SOURCE: Reprinted by permission of Harvard Business School Press from R. Teerlink and L. Ozley, More Than a Motorcycle: The Leadership Journey at Harley-Davidson (Boston, Mass.: Harvard Business School Press, 2000): 139. Copyright © 2000 by the Harvard Business School Publishing Corporation; all rights reserved.

정보처리기술의 발전으로 가상기업조직, 역동적인 팀 구성, 지식 네트워킹을 아우르는 지식기반 조직으로 이끌고 있다.

12-5d. 고성과업무시스템

고성과업무시스템(high performance work systems, HPWS)은 직원의 효율성과 조직 생산성 향상을 목적으로 하는 독립적이고 통합된 인적자원관리(human resource, HR) 실무를 총칭한다. HPWS의 HR 업무에는 선발, 교육훈련, 성과 평가 및 보상이 포함된다. HPWS는 조직성과를 향상시키기 위해 HR 기능을 기업의 전략적 목표와 연계함으로써 조직 설계와 조직구조에 영향을 미친다. 이것은 역동적인 맞춤(fit)의 과정이다. 핵심 질문 중 하나는 HPWS와 조직 성과 사이에 인과관계가 있는지에 관한 것이다. 이전의 HPWS가 이후의 생산성에 긍정적으로 기여한다는 연구가 있지만 그 순서를 바꿔도 마찬가지라는 증거가 있다. 즉, 조직 생산성이 HPWS에 영향을 미치고, 상호적 관계를 만들어, 결국 HR 실무와 조직성과가 함께 조직을 형성한다는 것을 시사한다.

12-6 새롭게 등장하는 조직구조

관리자와 프로세스 역량에 대한 요구는 결국 조직구조에 대한 요구로 이어진다. 따라서 조직에서는 프로세스에 맞추어 조직화하는 방향으로 강조하고 있다.(표 12.3 참조) 예를 들어 Procter & Gamble은 시장조사 수행, 기술개발, 사업계획 수립, 특정 프로젝트에 대한 가능성 테스트 등을 전담하는 팀을 만들어 혁신의 수준을 높였다. 이러한 프로세스 지향은 응용 조직설계의 세 가지 흐름인 고성과 자율관리팀, 기능별 경영이 아닌 프로세스 경영, 그리고 정보 기술의 진보가 조합되어 나타난다. 정보기술과 첨단 통신 시스템은 결과적으로 사내네트워킹(internetworking)으로 이어졌다. 469개 기업을 대상으로 한 연구에서, 사내네트워크가 강한 기업은 집중력이 더 높고 더 전문화되고 덜 계층적이며 외부와의 제휴에 더 몰입하는 것으로 나타났다. 이러한 변화와 더불어 최근에 부상하는 세 가지 조직 구조는 네트워크 조직, 가상 조직, 그리고 서클 조직이다. 조직 내 가상성(virtuality)은 지리적 확산, 전자기술발달에 의한 상호의존성, 역동적 조직구조, 국가 다양성이라는 상호 밀접한 네 가지 요소로 이루어져 있다.

네트워크 조직(network organizations)은 운영 기능이 일부 또는 전부를 조직에 위탁하고, 본사의 관리자 및 직원을 통해 활동사항을 조정하는 거미집과 같은 조직 구조다. 정보 기술은 이와 같은 시스템의 운영에 필요한 네트워크 조직과 사업부 관리자를 거미집과 같은 구조로 만드는 기초가 된다. 이러한 유형의 조직은 전자상거래 시대에 출현하여 거래비용 경제학, 조직간 협력, 전략적 동맹이 실행되었다. 네트워크 조직은 글로벌하게 확장될 수 있다.

가상조직(virtual organizations)은 독자적인 기업들로 구성된 임시 네트워크 조직이다. 많은 닷컴 회사들은 그럴듯한 시장 기회에 편승하기 위해 신속히 형성될 수 있게 설계된 가상 조직이다. 그들은 마치 "공연"을 위해 함께 모이는 연극단과 비슷한 기능을 한다. 윤리, 도덕, 감정, 가치관, 그리고 본연의 마음가짐과 관련된 복잡한 현상인 신뢰(trust)는 가상 조직들에게 특히 어려운 과제일 수 있다. 그러나 신뢰를 주는 것과 신뢰를 받는 것은 가상 환경에서 중요한 연결성에 대한 문제이다. 가상 조직에서 신뢰를 증진시키기 위해 필요한 3가지 핵심 요소는 (1) 감정을 소통할 수 있는 기술, (2) 가치, 비전, 조직 정체성의 공유, (3) 높은 윤리 기준이다.

> Trust—a complex phenomenon involving ethics, morals, emotions, values, and natural attitudes—can be particularly challenging for virtual organizations.

서클 조직(circle organization)은 팀 없이 팀워크를 이루기 위해 Harley-Davidson이 고안한 새롭게 등장한 세 번째 조직 구조이다. 그림 12.2에 나타난 세 가지 조직 부분은 (1) 수요를 창출하고 (2) 제품을 생산하며 (3) 자원을 조달하는 조직이다.

그림에서 알 수 있듯이 이 세 부분은 지휘 및 전략 자문단(leadership and strategy council, LSC)에 연계되어 있다. 서클 조직은 대부분의 조직보다 개방적인 시스템으로 고객응대를 높이기 위한 유기적인 구조이다. 이러한 조직체제가 가진 혁신 중 하나는 소위 서클 코치(circle coach)라 불리는 것으로 서클 코치는 서클 멤버들과 사장으로부터 높은 존경을 받을 만한 고도의 의사소통 능력과 경청 능력과 영향력을 지니고 있다.

12-7 조직구조에 부정적 영향을 주는 요인

이 장에서는 조직구조의 목적, 조직설계의 프로세스, 조직구조에서 고려해야 하는 관점과 상황을 파악하였다. 또한, 조직설계에 영향을 미치는 변화요인과 동향을 살펴보았다. 조직행동을 배우는 학생에게는 두 가지 중요한 유의점이 있다. 첫째로, 조직 구조가 상황 변수에 맞춰 조정되지 않으면 힘을 잃고 결함이 생길 수 있으며, 이 경우 다음 네 가지 증상이 하나라도 나타나게 된다.

- 상부지도층에 과부하가 걸리고 한두 개의 경로로 너무 많은 정보가 몰리기 때문에 의사결정이 지연된다.
- 정보 연결시스템이 올바른 형식으로 적합한 사람에게 정확한 정보를 제공하지 못하기 때문에 의사결정의 질이 떨어진다.
- 특히 부서 간 공동의 노력이 부족한 경우, 조직은 변화하는 환경에 혁신적으로 대응하지 않는다.
- 조직 전략과 목표을 향해 한몸으로서 함께 일하지 않고 일부 부서가 서로 대립하여 일하며 상당한 갈등이 드러난다. 종종 조직구조에 헛점이 있다.

둘째, 최고 경영자의 성격은 조직구조에 악영향을 미칠 수 있다. 관리자의 개인적, 인지적 편견과 정치적 성향은 그들의 바른 판단과 의사결정에 영향을 미칠 수 있다. 조직생활과 관련된 역기능적 성격 다섯 가지는 편집성, 우울, 망상, 강박성, 분열성이다. 이러한 성격은 조직에서 일하는 사람들에게 문제를 일으킬 수 있다. 예를 들어, 편집증 성향의 조직에서는 사람들이 서로를 의심하기 때문에, 업무 관계에 대한 불신으로 효과적인 의사소통과 업무 수행에 방해가 될 수 있다. 우울증 성향의 조직에서는 사람들이 침체되고 업무활동에 제약을 받는데, 이것은 낮은 생산성과 업무 성취로 이어질 수 있다.

CHAPTER

13 조직문화

Organizational Culture

학습 목표

13.1 조직문화의 세 가지 차원을 파악하고 조직문화의 역할을 이해하라.
13.2 조직문화의 네 가지 기능을 이해하라.
13.3 조직문화와 성과의 관계를 설명하라.
13.4 리더들이 조직 문화를 강화하는 다섯 가지 방법을 설명하라.
13.5 조직 사회화의 세 단계와 각 단계에서 문화가 전달되는 방법을 설명하라.
13.6 관리자가 조직 문화를 어떻게 진단하는지 설명하라.
13.7 관리자가 조직 문화를 바꾸기 위해 할 수 있는 노력을 이해하라.
13.8 조직이 긍정적이고 응집력 있는 문화를 발전시킬 때 직면하는 과제를 이해하라.

조직문화의 개념은 문화인류학에 뿌리를 두고 있다. 더 큰 인간 사회에도 문화가 있듯이 조직 내에도 문화가 있다. 조직문화는 사회의 문화처럼 공유되고, 상징을 통해 소통되며, 조직원들에 의해 다음 세대로 전해진다.

조직에서의 문화 개념은 작업집단 문화를 설명한 Hawthorne의 연구 시절부터 일찍이 언급되었다. 1970년대 초 관리자와 연구자들이 경쟁이 심하고 격변하는 환경에서 조직이 살아남기 위한 비책을 찾기 시작하면서 조직문화라는 주제가 본격적으로 등장했다. 그 후 1980년대 초, Terry Deal, Allan Kennedy의 기업문화(Corporate Cultures), William Ouchi의 Z 이론(Theory Z), 그리고 Thomas Peters와 Robert Waterman의 초우량 기업의 조건(In Search of Excellence)을 포함해 기업문화에 대한 몇 권의 책이 출판되었다. 많은 사람들이 이 책들에 주목했고, 조직문화라는 파악하기 어려운 주제에 대한 연구가 본격적으로 시작되었다. 경영진들은 이러한 문화가 실제적이고 관리될 수 있음을 시사했다.

13-1 조직문화의 차원

조직문화에 대한 많은 정의가 제시되었다. 제시된 대부분의 정의에서 일치되는 의견은 문화에는 여러 차원이 있고 차원마다 가시성(visibility)과 변화가능성 측면에서 다르다는 것이다. 조직문화는 한 조직의 가치를 규정하는 것으로도, 조직에서 어떻게 행동해야 하는지를 알려주는 지침도구로도 여겨져 왔다. 이와 같이 조직 문

화는 조직이 달성하고자 하는 결과물과 그 결과물을 달성하는 데 필요한 프로세스에 영향을 미친다. 이 장에서 채택된 **조직(기업)문화**(organizational(corporate) culture)의 정의는 한 조직에서 인식하고 사고하고 느끼는 방식으로서 새로운 구성원들에게 학습되는 타당한 기본 가정의 양식이다.

Edgar Schein은 조직 문화와 리더십에 관한 백서에서 조직문화에는 세 가지 차원이 있다고 주장한다. 그가 보는 문화의 관점이 그림 13.1에 제시되어 있다. 문화의 차원은 가시적인 인공물(artifacts)과 창작물로부터 검증가능한 가치관까지, 나아가 눈에 보이지 않고 전의식적(preconscious)인 기본 가정까지 이른다. 조직 문화를 완전히 이해하기 위해서는 세 가지 차원을 모두 알아야한다.

Organizational cultures are shared, communicated through symbols, and passed down from generation to generation of employees.

13-1a. 인공물

물리적, 사회적 작업환경에서 문화의 상징이 되는 것을 **인공물**(artifacts)이라고 한다. 그것은 가장 가시적이고 접근하기 쉬운 문화 차원이다. 인공물을 통해 문화를 이해하는 열쇠는 인공

organizational(corporate) culture A pattern of basic assumptions that are considered valid and that are taught to new members as the way to perceive, think, and feel in the organization.

artifacts Symbols of culture in the physical and social work environments.

그림 13.1 조직 문화의 차원

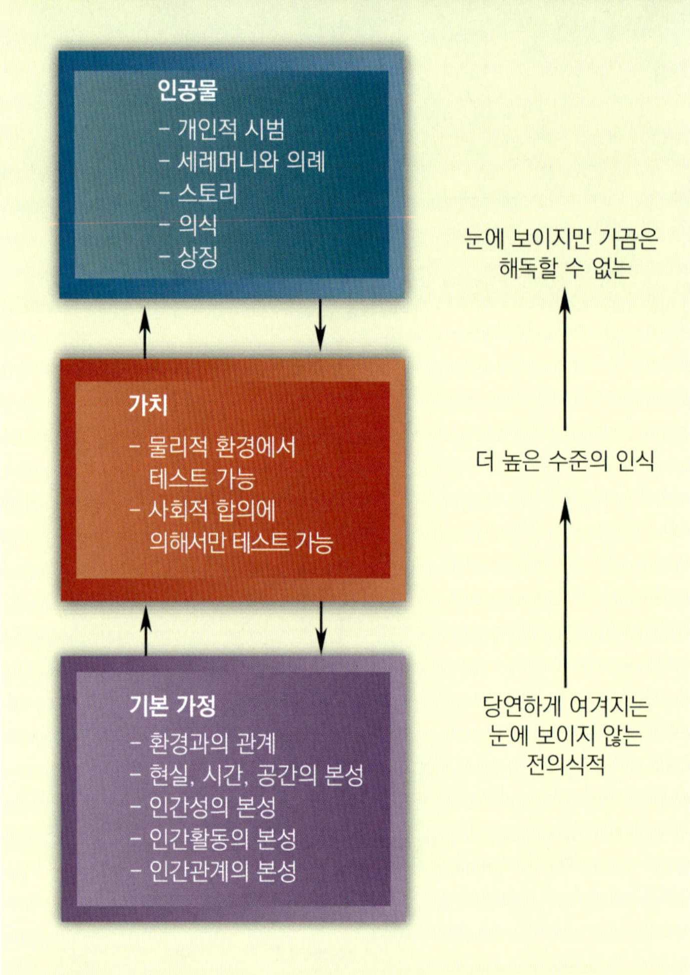

SOURCE: From Edgar H. Schein, Organizational Culture and Leadership: A Dynamic View. Copyright © 1985 Jossey-Bass, Inc. Reprinted by permission of John Wiley & Sons, Inc.

물의 의미를 파악하는 데 있다. 또한 인공물은 높은 접근성때문인지 가장 빈번히 연구되는 조직문화의 발현(manifestation)이다. 문화 인공물의 예로는 개인적 시범(personal enactment), 세레모니(ceremonies)과 의례(rites), 이야기(story), 의식(rituals), 상징(symbols) 등이 있다.

구글의 기업 문화는 캘리포니아 마운틴뷰에 위치한 구글 본사 사무실에서 뚜렷이 나타난다. 로비는 용암램프, 피아노, 전 세계 구글 검색 엔진의 실시간 검색 디스플레이로 가득 차 있다. 복도에는 자전거와 운동기계가 설치되어 있고 사무실 공간에는 안락의자와 주인따라 출근한 개들이 있어 여유롭게 느껴진다. 구글의 인공물은 회사가 직원들을 아낀다는 것과 직원들이 편안히 지내고 창의적이길 바란다는 회사의 뜻을 강화한다.

개인적 시범 문화는 조직 구성원 행동양식의 조사를 통해 일부 이해될 수 있다. 이러한 개인의 행동양식이 조직의 가치를 반영할 때 이를 ***개인적 시범***(personal enactment)이라고 한다. 특히 최고 경영자에 의한 개인적 시범은 조직의 가치에 대한 통찰력을 제공한다. Charles Sharf가 Visa의 최고경영자(CEO)가 됐을 때 신용카드회사인 Visa는 상인들로부터 함께 일하기 어렵다는 평판을 갖고 있었다. Sharf는 카드 회사 간 경쟁이 아주 치열하다는 것을 인식하고 상인들이 지켜야할 번거로운 규정의 50%를 없앴다. 그는 1,538페이지나 되었던 예전 규정집을 사무실 문버팀쇠용으로 썼다. 4년 임기를 마치고 물러날 때, Sharf가 달성한 경영지표는 그의 판단으로 큰 성공을 거두었다는 것을 보여주었다. 그가 CEO로 재직하는 동안 Visa의 주가는 130% 올랐고 수익도 26% 증가했다.

미국 오클라호마주 스틸워터에 본사를 둔 레스토랑 체인점이자 미국내 가장 큰 티셔츠 판매점 중 하나인 에스키모 조(Eskimo Joe)는 아마도 훨씬 이전에 전국적인 체인점이 되었을 수도 있었다. 그러나 한 때 작은 술집의 공동 소유자로 시작한 Stan Clark는 자신의 바람은 사업규모를 더 키우는 것이 아니라 더 좋은 레스토랑을 만드는 것이라고 말한다. Clark는 늘 레스토랑의 신입 직원을 직접 만나서 음식과 음식이 주는 즐거움에 대한 그의 철학을 확실히 전달하려고 노력한다.

시범 행동(modeled behavior)은 Bandura의 사회학습 이론이 증명했듯이 직원들을 위한 강력한 학습 도구이다. 4장에서 보았듯이 사람은 다른 사람의 행동을 관찰하고 그 행동을 비슷하게 따라함으로써 대리(vicarious) 학습을 한다. 이와 같이, 문화는 중요한 리더쉽 도구가 될 수 있다. 관리자가 보여주는 행동을 통해 직원들은 무엇이 중요한지 명확히 알고 업무를 조정할 수 있게 되고, 그 결과 관리자가 밀착감독을 할 필요성이 낮아진다.

세레모니와 의례 중요한 행사에 반복적으로 시행되는 비교적 정교하게 정리된 활동을 조직의 세레모니와 의례라고 한다. 이러한 행사들은 기업의 조직가치에 부합하는 행동을 하는 직원들을 보상하고 인정하는 기회를 제공한다. 세레모니(ceremony)와 의례(crite)는 기업의 가치를 지지하고 실현하는 직원은 칭찬받아야 할 영웅이라는 메시지를 전달한다.

Warren Buffett is known for hosting celebrations that appear more as rock concerts than ceremonies for his annual shareholders meeting.

세레모니는 또한 조직 구성원들을 하나로 묶는다. Southwestern Bell(현 AT&T)은 회사운영에 관리자 훈련의 중요성을 강조했다. 관리자 훈련의 첫 수업은 고위급 임원이 진행하는 갱생의식으로 시작하고 모든 수업을 다 완수하면 통과의례로 졸업식이 열린다. 표 13.1에 조직내 6가지 의식이 제시되었다.

버그셔 헤셔웨이 주식회사는 미국 오마하에 본사를 두고 다수의 보험회사와 몇몇 자회사를 소유하고 운영하고 있다. 회장 겸 CEO인 Warren Buffett은 뛰어난 사업 감각으로 주주 투자에 대한 좋은 수익을 보장하는 것으로 유명하다. 버크셔의 연례 주주총회는 축하 세레모니이며 주주총회라기보다는 락 페스티벌 같다. 주주총회 회의는 Warren Buffett과 단짝 파트너 Charlie Munger를 놀리는 단편 영화로 시작한다. 회의참가자들은 이 짧은 영상에서 누가 카메오로 출연하는지 누가 드라마 Breaking Bad의 패러디 대역으로 나오는지 열심히 본다. 아놀드 슈워제네거, 도널드 트럼프, 그리고 "Desperate House Wife"의 여배우 등 유명인사들이 카메오로 출연했었다. 어느 해 CEO와 같은 성씨인 가수 Jimmy Buffett이 회의에서 그의 노래 "마르가리타빌(Margaritaville)"을 불렀고, 가사를 "버크셔-해서웨이-아빌(Berkshire-Hathaway-a-ville)"로 개사했다.

이사회 멤버인 빌 게이츠는 회의에 자주 참석하며 워런 버핏과 탁구를 치는 모습이 목격됐다. 매년 4만명 이상의 주주, 직원, 그리고 버핏의 친척들은 인기스타들이 함께하는 이 행사에 참석한다.

스토리 일부 연구자들은 조직 가치를 강화하는 가장 효과적인 방법은 스토리(story)를 통해서라고 주장해 왔다. 스토리가 재해석되면서 조직에게 의미와 정체성을 부여하고 특히 신입사원 오리엔테이션 교육에 도움이 된다. 조직 스토리의 강점 중 하나는 사람들이 그 스토리를 듣고 자기 나름대로의 결론을 도출하게 되는 강력한 의사소통 도구라는 것이다.

어떤 기업스토리는 심지어 문화적, 정치적 경계를 초월하기도 한다. Walmart China의 웹사이트를 방문하면, 깊은 산중에 있는 작은 마을인 아칸소 주 해리슨의 약사 Jeff의 실제 경험담을 읽을 수 있다. Walmart의 약사인 Jeff가 어느 주말 이른 아침에 당뇨병 환자가 급하게 인슐린이 필요하다는 전화를 받자 재빨리 약국을 열고 처방전을 써서 인슐린을 제공한 이야기이다. 아칸소와 베이징은 멀리 떨어져 있지만, 이와 같은 이야기들은 Walmart의 기업 "인격"을 아시아의 새로운 동료들에게 전해준다. Joanne Martin과 동료들에 의한 연구에 의하면 유형이 다른 조직들의 스토리에서도 어떤 공통된 주제를 발견할 수 있다고 한다.

1. ***사장에 대한 스토리.*** 이 스토리에서는 사장이 "인간미"가 있는지, 혹은 직원의 실수에 어떻게 반응하는지를 표현한다.
2. ***직원 해고 스토리.*** 직원 해고로 이어지는 사건들이 설명된다.
3. ***재배치해야 할 직원들을 어떻게 대하느냐에 대한 스토리.*** 직원 재배치 시 회사의 조치에 대해서, 즉 회사가 어떤 도움을 줬는지 가족문제와 다른 개인적인 문제도 고려해줬는지 등에 대한 스토리이다.
4. ***신입직원이 최고경영자 자리에까지 오르는 스토리.*** 종종 이런 스토리들은 밑바닥에서부터 시작해서 결국에 CEO가 된 사람을 묘사한다. Qu!kTrip은 내부 직원 승진으로 잘 알려져 있는데, 이는 7년 동안 포춘지 선정에서 가장 일하기 좋은 100대 기업 중 하나로 선정된 이유이다. 실제로 Qu!ckTrip의 우수 관리자 100명 중 3분의 2가 신입직부터 출발했다.
5. ***회사가 위기 상황을 어떻게 대처하는지에 대한 스토리.*** 이 스토리들은 회사가 어떻게 장애물을 극복하는지 보여준다. 미국 노스캐롤라이나에 있는 소프트웨어 회사인 SAS의 직원들은 회사가 세계적인 불황 속에서도 한 번도 직원을 해고하지 않은 이야기를 좋아한다. 이런 스토리는 재정 위기 중에도 SAS가 수익보다 직원들을 더 소중히 여긴다는 것을 보여준다.
6. ***규칙을 어겼을 때 직급의 위아래에 구분을 두지 않는 스토리.*** IBM의 CEO인 Tom Watxon이 사원증을 목에 걸고 있지 않아 회사 경비원과 실랑이를 한 이야기도 있다.

이런 내용들이 스토리가 전파되면서 생길 수 있는 주제(theme)이다. 이들 스토리에서 나온 정보는 조직원들의 행동을 지도하는 역할을 한다.

단, 스토리가 문화적 도구로서 효과적으로 쓰이려면

표 13.1 조직 내 여섯 가지 의례

의례	역할	예시
1. 통과의례	개인의 지위가 바뀌었음을 보여줌	은퇴 만찬
2. 향상의례	개인의 성취감을 강화함	판매 콘테스트 수상자에게 상품권 수여
3. 갱신의례	조직변화와 학습과 성장에 헌신을 강조함	새로운 기업 교육 센터 개설
4. 통합의례	조직 내 다양한 그룹이나 팀을 통합하고, 조직에 대한 헌신을 강조함	연례 단체소풍과 같은 행사
5. 갈등완화의례	조직에서 자연스럽게 발생하는 갈등이나 의견충돌에 대처함	고충처리 공청회와 노조계약 협상
6. 강등의례	조직가치와 규범을 준수하지 않는 사람을 공개적으로 징계할 때 사용함	비윤리적 행위 또는 조직 목표 달성 실패로 인한 CEO 공개 교체

받아들여질 수 있는 스토리여야 한다. 회사에서 수평적 직급체계가 정착되었다는 스토리를 전파하는데 한편으로는 관리자 전용 주차장을 제공하는 것은 안 된다. 현실의 뒷받침이 되지 않는 스토리는 냉소와 불신을 초래할 수 있다.

효과적인 스토리는 동기를 부여할 뿐만 아니라 조직 문화를 강화하고 새로운 에너지를 불어넣는다. 사우스웨스트 항공의 스토리텔링은 조직문화를 강화하고 고객을 대하는 궁극적 목적을 상기시킨다. 사우스웨스트의 사내 기업 동영상에는 고객서비스를 위해 최선을 다한 직원들의 스토리로 가득하다. 그 스토리 중 하나는 다음과 같다. 사우스웨스트 항공의 한 고객 가족이 쿠웨이트에 6개월 동안 부대배치 받은 군인인 남편을 공항으로 배웅나갔다. 한 고객서비스 직원이 그 가족을 보고 그 군인과 함께 탑승구까지 가고 싶은지 물었다. 탑승구에서는 다른 직원이 가족이 함께 비행기 안에서 배웅을 하겠냐고 물었다. 승객들이 환호성 속에 그 군인의 아이들은 그에게 마지막 포옹을 할 수 있었다. 직원들이 회사의 가치와 일치하는 행동을 한다는 스토리는 다른 직원들도 그렇게 하도록 동기부여한다.

의식 매일 반복적으로 행해지는 조직 내 의식을 의식(ritual)라고 한다. 공식문서화 되어있지 않지만 의식은 "우리가 이 곳에서 일하는 방식"에 대한 분명한 메시지를 보낸다. 어떤 회사들은 직원들의 전문가적 이미지를 강화하기 위해 서로 직함과 성으로 불러주고, 어떤 회사들은 최고경영자부터 말단직원까지 이름으로만 호칭을 쓰기 원한다. Hewlett-Packard는 열린 커뮤니케이션에 가치를 두고 호칭을 이름으로만 부른다.

페이스북의 창시자인 마크 주커버그는 직원들과 함께 주먹을 위아래로 흔들며 "Domination!(기선제압)"이라고 구호를 외치는 의식으로 회의를 끝내곤 했다. 그는 후에 직원들에게 돈을 버는 것보다 더 크고 의미 있는 일에 종사하고 있다는 것을 상기시키기 위한 영화 대사를 인용함으로써 이 의식을 대체했다. 일상적인 관행처럼 행해지는 의식은 조직문화를 강화한다. 의식을 의례이 행하는 조직원들은 의식이 미치는 미묘한 영향력을 느끼지 못할 수도 있지만, 외부인들은 쉽게 알 수 있다.

상징 상징(symbols)은 무언의 메시지를 통해 조직 문화를 전달한다. 상징은 조직 정체성과 조직원 소속감을 나타낸다. Nike사의 어떤 직원들은 발목에 있는 나이키 로고 문신을 자랑스럽게 내보인다. 상징은 조직문화를 통해 결속을 다지는데 쓰인다.

개인적 시범, 세레모니와 의례, 스토리, 의식, 상징은 문화의 다음 차원인 가치를 강화하는 역할을 한다.

13-1b. 가치

가치는 문화의 두 번째 차원이다. 가치는 어떤 것은 해도 좋고, 어떤 것은 해서는 안 되는지에 대한 고유한 신념을 반영한다. 가치는 일상대화나 회사의 사명 선언문이나 연차보고서에 의식적으로 분명하게 표현되곤 한다. 그러나 기업이 **지지하는 가치**(espoused values: 조직원이 말하는 가치)와 **재연하는 가치**(enacted values: 조직원의 실제 행동에 반영되는 가치) 사이에는 차이가 있을 수 있다. 에너지바 제조사인 Clif Bar는 회사의 가치를 명확하게 서술하고 그것을 자신들의 다섯 가지 염원(Five Aspirations)이라고 부른다. 이 회사는 이러한 가치들을 살아내는 것이 지속적인 여정임을 알고 있다. 다섯 가지 가치는 그들의 비즈니스, 브랜드, 직원, 지역공동체, 지구행성을 지지하고 있다. Clif Bar는 그 가치가 바퀴의 바퀴살과 같아서 회사의 균형을 유지한다고 믿는다.

기업이 어떻게 조직 가치를 홍보하고 알리는지는 직원들이 자신의 직무와 자기 자신에 대해 어떻게 느끼는지에 영향을 미칠 수 있다. 180명의 관리자 대상의 한 연구는 회사가 직원 복지에 대한 회사의 관심을

espoused values What members of an organization say they value.

enacted values Values reflected in the way individuals actually behave.

잘 소통하는지에 대해 평가했다. 직원 복지에 대한 관심을 일관되게 소통하고 직원들을 공정하게 대우한 조직의 관리자들은 자기 자신과 조직에서의 자신의 역할에 대해 만족했다. 여기서 우리가 배울 점은 직원들을 소중한 팀원처럼 대하면, 그들도 자신들을 소중한 팀원으로서 느낀다라는 것이다.

어떤 조직 문화는 건강한 생활 습관을 지원하는 가치를 특징으로 한다. 사내 문화가 직원들의 건강과 심리적 요구를 중시할 때, 성과가 올라가고 직원 웰빙이 향상될 가능성이 커진다. 에너지 바 제조업체인 Clif Bar는 회사 사무실 한쪽 벽에 22피트 높이의 암벽등반장치까지 설치했다.

Actress Gina Rodriguez partnered with Luna nutrition bars to support women's equality and Equal Pay Day in 2017.

13-1c. 가정

가정(assumptions)은 깊이 자리 잡은 신념으로써 행동의 지침이 되어 주어진 상황 및 사람들을 어떻게 인지하는지를 조직의 구성원들에게 알려준다. Edgar Schein에 따르면, 가정은 조직 문화의 가장 깊고 근본적인 차원에 있는 문화의 본질(essence)이라고 한다. 가정은 너무 강하고 깊게 뿌리잡고 있어서 가정에 반하는 행동을 하는 조직원은 상상도 할 수 없다. 또한 가정은 보통 무의식적인 특징이 있다. 조직 구성원은 자신이 가진 가정을 자각하지 못할 수도 있으며, 이에 대해 논하거나 가정을 변화시킬 마음이 없거나 변화가 아예 불가능할 수도 있다.

가정이 보통 무의식적으로 기업의 행동과 의사결정을 인도하지만, 일부 기업들은 직원에 대한 가정을 분명히 표현한다. 일/생활 균형이 보다 만족스럽고 생산적인 기업을 만든다는 가정 하에 운영되는 기업도 있는데 capSpire도 이를 분명히 표현하는 기업이다. capSpire는 글로벌 컨설팅 및 기술 솔루션 회사로서 무제한 휴가 정책을 가지고 있다. 그들은 양질의 가정생활과 생산적인 커리어를 장려하기 위해 창의적인 아이디어를 발휘하여 Alfred P. Sloan Award를 받았다.

assumptions Deeply held beliefs that guide behavior and tell members of an organization how to perceive situations and people.

13-2 조직문화의 기능

조직에서 문화는 네 가지 기본적인 기능을 한다. 첫째, 조직문화는 구성원들에게 정체성을 제공하고 조직에 대한 헌신을 높인다. 직원들이 회사의 가치를 내면화하면 자신의 일이 주는 본연의 보람을 느끼고 동료 직원들과 동질감을 갖는다. 그 결과 동기부여가 강화되고, 직원들은 더욱 헌신하게 된다.

둘째, 문화는 직원들이 조직행사의 의미를 이해할 수 있는 방법을 제공한다. 리더는 직원들이 조직 정체성의 변화를 쉽게 이해할 수 있도록 기업 로고와 같은 조직 상징을 사용할 수 있다. 기업이 변화를 추진하는 상황에서도 어떤 것은 지키고자 상징을 바꾸지 않는 경우가 있

핫 트렌드

비욘드 미트(Beyond Meat): 모든 이들의 가정에 도전하기

Beyond Meat의 CEO인 Ethan Brown은 급진적인 가정을 기초로 회사를 세웠다: 고기는 꼭 동물에서 얻을 필요가 없다는 것이다. 이 회사의 미션은 동물성 제품과 구분할 수 없는 식물성 고기를 모든 이의 접시위에 놓는 것이다.

그것은 더 인간적이고, 더 건강에 좋고, 지속가능하다. Brown은 소비자들이 식료품점에서 햄버거 옆에 전시된 '비욘드 버거'를 볼 때 올바른 선택을 할 것이라고 확신하고 있다. Whole Foods는 이 회사의 제품을 유통하고 있는데, 여기에는 닭고기 스트립과 소고기 크럼블도 포함된다. 이 회사의 투자자들은 고기를 꼭 동물에게서 얻을 필요가 없다는 가정을 믿고 있다. 동물보호협회(Humane Society)가 투자자인 것은 놀랍지도 않지만, Tyson Foods 또한 투자자인 것이다. Tyson과 같은 육고기 생산업자도 식물성 고기에 대한 기대가 크다. Beyond Meat은 축산업의 대안으로서 지속가능한 주류가 되고 있으며, 산업을 안으로부터 변화시키고 싶어한다.

SOURCES: Fast Company's World's Most Innovative Companies, 2017, accessed at https://www.fastcompany.com/3067490/whybeyond-meat-is-one-of-the-most-innovative-companies-of-2017; R. Zurer, "What If Meat Didn't Have to Come from Animals?" Conscious Company, November 16(2016), accessed at https://consciouscompanymedia.com/the-new-economy/what-if-meat-didnthave-to-come-from-animals/.

나. 한편 조직의 새로운 문화를 반영하기 위해서 상징을 바꿔야 할 때도 있다.

셋째, 조직문화는 조직의 가치를 강화한다.

넷째, 문화는 행동을 유도하기 위해 통제하는 장치적 역할을 한다. 행동을 인도하는 규범은 문화의 일부분이다. 그러므로 회사조직이 촉진하고자 하는 규범이 팀워크라면, 조직문화는 그 규범을 강화해야 한다. 그 회사의 조직문화는 열린 의사소통, 팀 간의 협력, 그리고 팀 통합의 특징을 보여야한다. 어떤 규범은 허용범위 안에서 감정을 어떻게 표현해야 괜찮은지도 포함한다. 예를 들어 소방관들은 극도로 위험한 일에 종사한다. 그들은 종종 감정을 억제해야 하고 높은 수준의 일-가정 갈등을 겪는다. 소방서가 즐겁고 사랑이 넘치는 조직문화를 가질 때, 소방관들은 불필요한 위험을 덜 감수하고 직무에 더 잘 내처할 수 있다.

13-3 성과와의 관계

조직문화의 효과는 조직행동주의자들과 연구자들에 의해 뜨겁게 논의되고 있다. 비록 관리자들이 조직문화의 긍정적인 효과를 강하게 증명하고 있지만, 이러한 효과를 계량화하기는 어려운 것 같다. John Kotter와 James Heskett은 조직문화와 성과간의 관계에 대한 세 가지 이론과 이러한 이론을 지지하거나 반박하는 증거들을 검토했다. 세 가지 이론은 강한 문화 관점, 적합성 관점, 적응 관점이다.

표 13.2 적응 vs 비적응 조직문화		
	적응 조직문화	비적응 조직문화
핵심 가치	대부분의 경영자들은 고객, 주주, 직원들을 깊이 배려한다. 또한 유용한 변화를 창출할 수 있는 인력과 프로세스를 매우 중시한다(예: 경영계층 위에서 아래까지 이르는 리더십).	대부분의 관리자는 주로 자신, 담당업무팀, 또는 해당 업무팀과 관련된 제품(또는 기술)에 관심을 갖는다. 그들은 이미 체계가 잡힌 리스크 감소지향 관리 프로세스를 최고경영진이 구상한 새로운 계획보다 훨씬 더 높게 평가한다.
공통적 행동	관리자들은 그들의 모든 지지층, 특히 고객들에게 세심한 주의를 기울이며, 비록 약간의 위험을 수반하더라도 정당한 이익을 얻기 위해서라면 필요한 변화를 도모한다.	관리자들은 다소 편협하고 정치적이고 관료적으로 행동하는 경향이 있다. 그 결과 비즈니스 환경의 변화에 적응하거나 변화를 활용하기 위해 전략을 재빨리 바꾸지 않는다.

SOURCE: Reprinted with the permission of The Free Press, a Division of Simon & Schuster, Adult Publishing Group, from Corporate Culture and Performance by John P. Kotter and James L. Heskett.

13-3a. 강한 문화 관점

강한 문화 관점에서 주장하는 것은 강한 문화를 가진 조직이 다른 조직보다 성과가 좋다는 것이다. **강한 문화**(strong culture)란 회사를 이끄는 조직가치에 대한 합의가 이루어져 있고, 외부인들에게도 인정될 정도로 강한 수준의 조직문화이다. 따라서 강한 문화는 깊이 뿌리 박혀있고 광범위하게 공유된다. 또한 변화에 대한 저항력도 높다. 강한 문화를 가진 조직 중 좋은 예는 IBM으로 보수주의, 직원 충성도, 고객 서비스 중심의 강한 문화를 가지고 있다.

강한 문화는 세 가지 이유로 성과향상에 유리하다고 여겨진다. 첫째, 이러한 문화는 목표정렬(goal alignment)을 특징으로 한다. 즉, 모든 직원들이 공통의 목표를 갖는다. 둘째, 강한 문화는 조직원들이 공유하는 가치로 인해 높은 동기 수준을 형성한다. 셋째, 강한 문화에서는 관료주의가 주는 억압적 영향력이 없어도 통제가 가능하다.

strong culture An organizational culture with a consensus on the values that drive the company and with an intensity that is recognizable even to outsiders.

강한 문화의 관점에 대한 알쏭달쏭한 질문이 두 가지 있다: (1) 강한 문화가 성과를 이끄는 것이 아니라 뛰어난 경제적 성과가 강한 문화를 만들 수도 있다는 증거에 대해 어떻게 생각하는가? (2) 강한 문화가 회사를 잘못된 방향으로 인도하는 경우도 있지 않은가? 예를 들어 미국 백화점 Sears는 강한 문화의 조직이었지만 1980년대 이후로 경쟁과 소비자 선호를 무시하고 성과에 손해를 끼치면서까지 내부적 결속에만 치중했다.

13-3b. 적합성 관점

적합성 관점(the fit perspective)은 문화는 산업이나 기업의 전략에 맞아야만 좋다고 주장한다. 예를 들어, 전통적인 위계적 구조와 안정성을 중시하는 조직문화는 빠른 대응과 간결하고 수평적인 조직을 요구하는 컴퓨터 제조 산업에서는 잘 맞지 않을 것이다. 경쟁적 환경, 고객 요구사항, 사회적 기대 이 세 가지로 구성되는 산업 특성이 문화에 영향을 미칠 수 있다.

미국의 12개 대기업을 대상으로 한 연구에 의하면 해당 산업 상황과 잘 맞는 조직문화 아래에서 관리자들이 더 효과적인 의사결정을 하기 쉽다고 한다. 또한 이 연구결과는 산업이 변하지 않는 한 조직문화도 변할 필요

가 없다고 주장한다. 하지만 막상 산업이 변화할 때는 많은 조직들이 기업의 성과에 부정적인 영향을 미칠까봐 문화를 신속히 변화하지 못한다.

적합성 관점은 단기성과에 대한 설명에는 유용하지만 장기성과에는 유용하지 않다. 특히 조직문화가 널리 공유되고 깊게 뿌리내렸다면 조직문화를 빨리 바꾸기 어렵다고 한다. 하지만 이 이론은 기업들이 환경 변화에 어떻게 적응할 수 있는지는 설명하지 못한다.

13-3c 적응 관점

문화와 성과에 대한 세 번째 이론은 적응 관점이다. 조직이 환경 변화에 적응하는 데 도움이 되는 문화만 우수한 성과로 이어진다는 견지이다. **적응문화**(adaptive culture)는 직원들이 자신감을 갖고 리스크를 감수하도록 격려하고, 변화를 이끌어내는 리더십이 있고, 변화하는 고객요구에 주목하는 문화다. 적응 관점을 시험하기 위해, Kotter와 Heskett은 22개 기업의 문화에 대해 산업 분석가들을 인터뷰했다. 적응 문화와 비적응 문화 사이의 차이는 주목할만 했다. 연구 결과는 표 13.2에 요약되어 있다.

적응 문화는 주

adaptive culture An organizational culture that encourages confidence and risk taking among employees, has leadership that produces change, and focuses on the changing needs of customers.

사실 확인

근무 시간 후 이메일 끄기

퇴근 이후에도 이메일을 주고 받는 것은 많은 기업문화의 특징이다. 그러나 프랑스에서는 바뀔지도 모른다. 근로자들에게 퇴근 후 회사로부터의 연락을 끊을 권리를 부여하는 새로운 법이 시행되었다. 50명 이상의 직원을 둔 모든 회사는 근로자의 직무소진(burnout)을 방지하도록 고안된 이 법을 준수해야 한다. 이메일은 업무 스트레스의 큰 원천이며, 디지털 디톡스는 직원들이 근무 외 시간에 긴장을 푸는 데 도움이 될 수 있다. 몇몇 회사들은 이미 그런 방향으로 전환했다. 폭스바겐의 이메일 서버는 직원들이 퇴근한 뒤나 휴가를 갈 때 직원들에게 이메일을 보내는 것을 제한한다. BMW나 Daimler 같은 회사들도 그 뒤를 따랐다.

프랑스의 법이 너무 앞서나간 것인가? 디지털 과부하가 전 세계적으로 문제가 되고 있는 상황에서 기업들이 법적 제약 없이도 근로자의 습관을 바꿀 수 있을까? 관리자 역할 모델링을 통해 기업 문화를 바꾸는 것은 좋은 출발점이 될 수 있다.

SOURCE: D. Z. Morris, "New French Law Bars Work Email After Hours," Fortune, January 1(2017), accessed at http://fortune.com/2017/01/01/french-right-to-disconnect-law/; M. Hanrahan, "France 'Right to Disconnect' Law: Do We Need Rules to Reclaim Personal Time?" NBC News, January 9(2017), accessed at http://www.nbcnews.com/news/world/france-right-disconnect-law-do-we-need-rules-reclaim-personal-n704366.

주, 고객, 직원의 세 가지 구성 요소의 요구를 충족시키기 위해 변화를 쉽게 받아들인다. 비적응 문화는 기업의 이익만을 지키려는 신중한 경영이 특징이다. Kotter와 Heskett의 연구결과 적응형 기업들은 장기적 경제성과를 크게 향상시켰다. 강한 문화를 가진 조직이 적응에 열심히 집중하면 재정적으로 더 나은 성과를 낼 수 있다. 고성과 문화가 적응 문화라는 점을 감안할 때 관리자는 적응 문화를 발전시키는 법을 알아야 할 것이다.

13-4 조직문화를 형성하고 강화하는 리더의 역할

Edgar Schein에 따르면 리더는 문화를 형성하고 강화하는데 중요한 역할을 한다. 조직문화 관리에 가장 중요한 다섯 가지 요소는 (1) 리더가 무엇에 주안점을 두는가 (2) 리더가 위기에 어떻게 대처하는가 (3) 리더가 어떤 행동을 보여주는가 (4) 리더가 어떻게 보상을 배분하는가 (5) 리더가 어떻게 조직원을 채용하고 해고하는가이다.

13-4a. 리더가 무엇에 주안점을 두는가

조직의 리더는 그들의 주요 관심사에서 일관적으로 드러나는 주제(themes)를 통해 우선순위, 가치, 및 신념을 알린다. 리더가 강조하고, 언급하고, 측정하고, 통제하는 것을 통해 이러한 주제가 나타난다. 리더의 주요 관심사가 일관적이라면 직원들은 조직에서 중요한 것이 무엇인지에 대해 분명한 신호를 받는다. 그러나 리더가 일관성이 없다면 직원들은 그 일관성 없는 신호의 의미를 찾고 해독하는데 많은 시간을 소비할 것이다.

13-4b. 리더가 위기에 어떻게 대처하는가

리더가 위기에 대처하는 방식은 조직문화에 대한 강력한 메시지를 전달한다. 위기에 처하면 감정이 고조되고, 진지하게 배우게 된다. 어려운 경제상황에서 많은 기업들은 위기를 맞이하며 조직마다 다른 가치를 보여준다. 어떤 조직들은 어떤 희생을 치르더라도 직원해고는 피한다. 또 어떤 조직들은 직원들이 중요하다는 자신들의 주장에도 불구하고, 경기 침체의 첫 신호에 대규모 해고를 신속히 시행한다. 직원들은 회사가 위기에 처했을 때 본색을 드러낸다는 것을 인식하고 리더들의 대처에 많은 관심을 갖는다.

13-4c. 리더가 어떤 행동을 보여주는가

리더들은 역할 모델링, 교육, 코칭을 통해 조직문화를 뒷받침하는 가치를 강화한다. 직원들은 종종 리더의 행동을 본받고 리더를 주시하며 적절한 행동의 단서를 찾는다. 많은 회사들은 직원들이 더 자주적이고 혁신적으로 기업가정신을 발휘하기 바란다. 한 연구는 직원들이 기업가적 정신을 좀 더 발휘하기 원한다면, 리더들이 먼저 그런 기업가적 행동을 보여줘야 한다고 주장한다. 이는 다른 어떤 조직문화 가치에도 해당한다. 직원들은 조직가치를 알아내기 위해 리더의 행동을 관찰한다.

13-4d. 리더가 어떻게 보상을 배분하는가

조직가치가 받아들여지기 위해서는 리더들이 조직가치에 부합하는 행동에 대한 보상을 해야 한다. 예를 들어 어떤 회사가 성과에 기반해서 보상을 배분하는 성과급제를 사용한다고 주장한다. 그럼에도 임금인상 시기가 되면 성과가 아닌 회사 근속연수에 따라 임금이 인상된다. 개인성과급제도의 가치를 지지한다는 리더의 발언을 들은 뒤에 신입 직원이 높은 성과에도 불구하고 아주 미미한 임금인상을 받았다면 그 기분이 어떨지 상상해보라.

어떤 회사들은 팀워크를 중시한다고 주장할 수 있다. 그들은 다기능팀(cross-functional team)을 구성하고 이 팀이 중요한 결정을 내리도록 권한을 부여한다. 그러나 성과를 평가할 때 직원 평가 기준은 개인성과를 중심으로 한다. 이는 직원들에게 회사의 조직문화에 대해 혼란스러운 신호를 보낸다: 중요한 것이 개인성과인가, 아니면 팀워크인가?

13-4e. 리더가 어떻게 조직원을 채용하고 해고하는가

리더들이 조직문화를 효과적으로 강화하는 방법은 신입사원의 채용을 통해서이다. 온라인상의 채용모집이 등장하면서 조직문화에 대한 지원자의 인식은 채용모집 웹사이트에 회사의 어떤 모습이 홍보되고 있는지에 의해 형성된다. 지원자의 인식을 형성하기 위해 쓰이는 전형적인 매커니즘은 조직가치, 조직정책, 보상, 기업목표를 통해서이다. 신입사원들이 기업 웹사이트를 통해 조직문화를 익히듯이, 리더들은 직원을 채용하는 방식으로 조직문화를 형성하고 알린다.

많은 CEO들은 지원자 면접에 사용하고 싶은 여러 개의 질문을 가지고 있다. Mitch Rotschild는 환자와 의사를 연결하는 웹사이트인 Vitals의 CEO이다. Vitals은 빠르게 변화하는 것에 자부심을 느끼는 회사이기 때문에, Rotschild는 지원자가 변화를 편안하게 느끼는지를 알고 싶어한다. "자신의 삶의 몇 퍼센트를 통제하고 있는가?"라는 질문을 통해 지원자가 스스로 변화를 일으킬 수 있다고 믿는지 알아볼 수 있다. Roths child는 지원자의 답이 높은 퍼센트이길 바란다. 왜냐하면 Vitals에는 빠른 변화가 필요하기 때문이다.

기업이 직원을 해고하는 방식과 함께 근거 있는 해고의 이유도 조직문화를 나타낸다. 어떤 기업에서는 저성과자들을 상대할 때 먼저 조직 내에서 더 나은 성과를 내고 공헌할 수 있는 직무를 찾아주려고 노력한다. 한편 어떤 기업들은 저성과자들은 빨리 해고되어야 한다는 철학을 갖고 있기도 하다.

직원의 해고 사유가 다른 직원들에게 직접 전해지지 않을 수도 있지만 궁금증은 의혹을 불러일으킨다. 한 직원이 비윤리적인 행위로 붙잡혔을 때 그 행위가 조직가치에 명백히 위배됨에도 불구하고 별다른 처벌 없이 가벼운 질책만 받는다고 가정해보자. 다른 직원들은 이것을 조직 내 조직가치를 강화하는데 실패한 경우로 볼 수도 있다.

요약하면, 리더는 조직문화를 형성하고 강화하는데 중대한 역할을 한다. 관리자들은 리더가 무엇에 주안점을 두는가, 리더가 위기에 어떻게 대처하는가, 리더가 어떤 행동을 보여주는가, 리더가 어떻게 보상을 배분하는가, 리더가 어떻게 조직원을 채용하고 해고하는가를 통해 긍정적인 조직문화를 만들어야 한다. 변혁적 리더는 조직을 더 쉽게 적응하는 문화로 이끌고, 이는 결과적으로 사업 성과를 높인다.

13-5 조직 사회화

지금까지 우리는 조직문화 형성에 리더가 중요한 역할을 맡고 있다는 것을 배웠다. 조직문화를 지속시키는 방법 중 하나는 그것을 다음 세대로 계속 전수하는 것이다. 새로운 조직원들은 **조직 사회화**(organizational socialization)를 통해 조직문화를 습득하는데 이는 신입사원들이 외부인의 정체성을 벗고 모든 것을 함께하는 실제적인 조직원으로 변모하는 과정이다. 앞서 살펴본 바와 같이 문화적 사회화는 조직문화를 강화시킬 수 있는 신입사원을 신중히 선발하는 것으로 시작한다. 일단

> **organizational socialization**
> The process by which newcomers are transformed from outsiders to participating, effective members of the organization.

그림 13.2 조직 사회화 프로세스: 단계와 결과

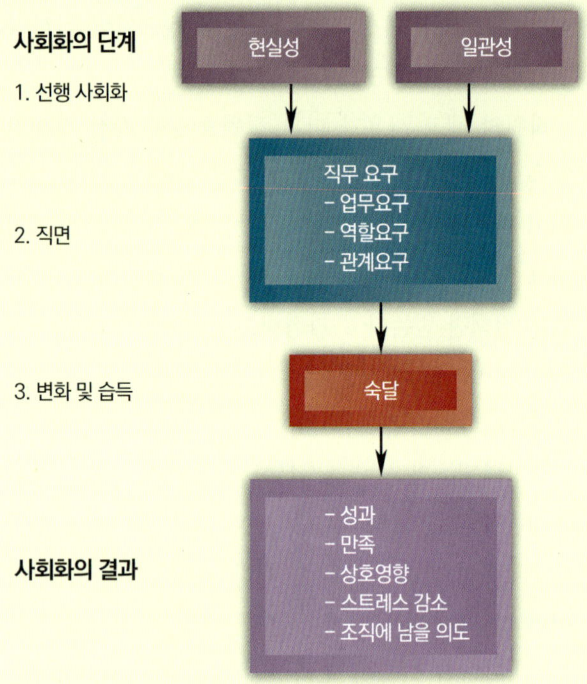

SOURCE: Reprinted from Organizational Dynamics, Autumn 1989, "An Ethical Weather Report: Assessing the Organization's Ethical Climate" by John B. Cullen et al. Copyright © 1989, with permission from Elsevier Science.

선발되면 신입사원들은 스트레스가 많은 사회화 과정을 거친다.

13-5a. 사회화 프로세스의 단계

조직사회화 프로세스에는 일반적으로 세 가지 단계가 있는데, 선행 사회화, 직면(encounter), 변화와 습득이다. 그림 13.2는 조직사회와 프로세스 모델과 각 단계별 주요 관심사를 보여준다. 또한 다음 섹션에서 논의될 프로세스의 결과물도 보여준다.

anticipatory socialization The first socialization stage, which encompasses all of the learning that takes place prior to the newcomer's first day on the job.

선행 사회화 사회화 프로세스의 첫 번째 단계인 **선행 사회화**(anticipatory socialization)는 신입사원의 기대감으로부터 시작해서 신입사원이 직무를 시작하는 첫날 전까지 이루어지는 모든 학습을 망라한다. 이 단계에 필요한 두 가지 주요 고려사항은 현실성과 적합성이다.

현실성(realism)은 신입사원이 직무와 조직에 대해 갖는 현실적 기대의 수준이다. 신입사원들이 조직에 합류할 때 꼭 알아두어야 할 것은 조직문화에 대한 정보이다. 이 단계에서 조직가치에 대한 정보는 신입사원들이 앞으로 경험하게 될 조직을 해석하는 프레임을 형성하는데 도움이 된다. 이후에 조직에서 보내는 시간과 경험을 통해 조직문화를 더 깊이 이해할 수 있을 것이다. 직무에서 겪는 주요 스트레스요인들 뿐만 아니라 대처전략까지 알려주는 등 직무에 대한 현실적인 정보를 제공하면 신입사원들은 입사 후 6개월에서 9개월 후에 스트레스를 덜 받고 높은 적응력을 보인다고 한다.

개인과 조직 사이에는 두 가지 유형의 적합성(congruence)이 있다. 즉 개인의 능력과 직무의 요구조건 사이의 적합성, 그리고 개인의 가치와 조직가치 사이의 적합성이 있다. 조직은 회사 웹페이지, 연차보고서 및 채용 브로셔를 통해 조직가치에 대한 정보를 배포한다. 가치 적합성은 조직 문화에 특히 중요하다. 신입사원들의 조직적응에도 중요하다. 회사의 가치와 일치하는 가치를 가진 신입사원들은 새로운 직무에 더 만족하고, 더 빨리 적응하며, 더 오랫동안 회사에 남을 생각이라고 말한다. 조직이 약속을 잘 이행하고 신입사원들의 기대를 충족시켰다고 믿는다면 신입사원들은 조직사회화 경험 내내 더 잘 대처할 것이다.

직면 사회화의 두번째 단계인 직면(encounter)은 신입직원이 직무와 관련된 업무를 배우고, 자신의 역할을 명확히 하며, 직장에서 새로운 관계를 수립하는 단계이다. 이 단계는 입사 첫날부터 시작되며 첫 6개월에서 9개월 정도까지 다다른다. 신입자들은 이 기간 동안 업무 요구, 역할 요구, 대인관계 요구에 직면한다.

업무 요구란 실제 수행하는 일이다. 업무 수행을 배우는 것은 조직문화와 관련이 있다. 창의성이 중시되는 일부 조직에서는 신입사원들이 자신의 일에 새로운 방법을 실험할 수 있는 상당한 자유가 주어진다. 다른 조직에서는 신입사원이 정해진 업무절차를 익히길 기대한다. 입사 초기에 업무 요구사항을 익히려고 노력했던 경험은 직원들의 경력 전반에 영향을 미칠 수 있다. 예를 들어, 감사담당자는 종종 빈틈없이 꼼꼼한 것과 일을 빠르게 해내는 것 중 하나를 선택하도록 강요받는다. 이런 식으로 감사담당자를 압박하면 이로 인해 그들이 비윤리적인 의사결정을 내리게 될 것이고 결국 기업은 문제에 봉착하게 될 것이다.

역할 요구는 신입사원에게 주어진 기대이다. 신입사원은 그들에게 기대되는 것을 정확히 알지 못하거나(역할모호성) 다른 이들로부터 상충되는 기대를 받을 수 있다(역할갈등). 신입사원들이 이런 상황에 대처하는 법은 일부 조직문화에 달려있다. 상당히 불확실한 상황에서도 신입사원이 일을 추진하기를 기대하는가 아니면 관리자가 신입사원의 역할을 명확히 해주기를 기대하는가? 어떤 조직문화는 신입사원들이 겸손함을 갖게 하는 경험을 포함한 사회화 과정에서 상당한 스트레스를 받게 해서 회사의 가치와 규범을 더 잘 받아들일 수 있게 한다. 긴 업무시간, 피곤한 출장 일정, 과중한 업무가 사회화 관행의 예가 될 수 있다.

관계 요구는 업무상 관계에서 일어난다. 조직정치, 리더십 스타일, 집단압력이 관계 요구인데 이 모두 조직 내에서 통용되는 조직가치와 가정을 반영한다. 대부분의 조직은 인간관계의 본질에 대한 기본적인 가정을 가지고 있다. 예를 들어 한국의 재벌 LG그룹은 관계와 사회 속에서 조화의 가치를 중시여기고, 의사결정 정책에선 만장일치를 강조한다.

선행 사회화에서 형성된 기대가 직면 단계에서 직무의 현실과 충돌할 수 있다. 직면 단계는 새로운 직무의 업무와 역할과 대인관계에 대한 요구를 직면하는 시점이다.

> Newcomers who are successfully socialized should exhibit good performance, high job satisfaction, and the intention to stay with the organization.

변화와 습득 사회화의 세 번째이자 마지막 단계인 **변화와 습득**(change and acquisition) 단계에서는 신입사원들이 직무에서 요구되는 바를 마스터하기 시작한다. 신입사원들은 업무 관리, 역할의 명료화 및 역할협의, 업무상 인간관계에 능숙해진다. 사회화 프로세스가 완료되는 시기는 개인별, 직무별, 조직별로 매우 다르다. 신입사원 자신과 다른 사람들이 신입사원을 조직 내부자(insiders)로 간주하기 시작할 때 사회화 프로세스가 끝났음을 알 수 있다.

13-5b. 사회화의 결과

사회화를 성공적으로 마친 신입사원들은 좋은 업무성과와 높은 직무 만족도, 그리고 조직에 계속 남고자하는 의도를 보일 것이다. 스트레스로 인한 괴로운 증상들도 얼마 없을 것이다. 높은 수준의 조직헌신도 사회화가 성공적이었다는 증거이기도 하다. 이러한 헌신은 사회화 프로세스 동안 내내 신입사원들이 받아들일 수 있는 조직 가치를 소통함으로 촉진된다. 신입사원과 조직이 서로 영향을 주고받는다는 것은 사회화가 성공적이라는 것을 나타낸다. 즉, 신입사원은 자신의 능력과 성격이 직무와 조직에 수용되기 위해서 맞추며 적응을 하게 된다. 신입사원들은 조

> **change and acquisition** The third socialization stage, in which the newcomer begins to master the demands of the job.

Levi Strauss의 직원 건강과 공급업체 웰빙의 문화

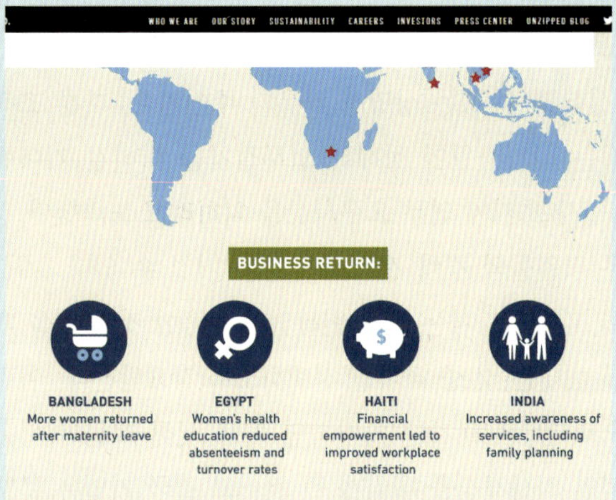

Levi Strauss는 샌프란시스코에 있는 본사에서 오래전부터 직원 건강에 초점을 맞춰왔다. 직원들을 위해 체육관 회원권 보조금을 지급하고 회사 구내식당에서 신선한 유기농 음식을 제공한다. 또한 사내 건강 프로그램과 함께 체중을 줄이고, 담배를 끊고, 운동을 하도록 인센티브를 제공한다. 이제는 더 나아가서 협력업체에 대한 복지를 주장하고 있다. Levi는 근로자들이 "무해한" 노동 기준을 넘어서 전 세계적으로 번영하도록 돕고 싶어한다. 이러한 노력은 특정 지역의 근로자들이 직면하고 있는 과제를 파악하기 위한 포커스 그룹(focus group)으로부터 시작된다. 예를 들어 터키의 한 공장에서 여성근로자들이 최소 한 달에 한 번은 결근을 하고 있었다. 그들의 근무스케줄로는 주중에만 가능한 집안일을 돌볼 수 없었던 것이다. 그리하여 근무스케줄이 조정되었고 근로자들의 스트레스가 줄었다. 방글라데시에서는 개인자산관리에 관한 교육과 근로자의 가족을 위한 무료 의료 상담이 포함되어 있다. 캄보디아에서는 수인성 질환을 예방하기 위해 영양과 위생에 중점을 두는 보건 프로그램이 있다. Levi의 목표는 2025년까지 전 세계의 모든 전략적 공급업체 근로자들을 포함해 30만명을 커버하는 근로자 웰빙 계획를 실천하는 것이다. 이 기업은 근로자 웰빙 제도와 자원을 대중들에게도 공개하고 있으며, 근로자의 안녕을 지키기 위해서 협력업체와 함께 하도록 글로벌 공급망을 가진 다른 기업들에게 도전하고 있다.

SOURCE: A. Peters, "How Levi's Is Building Well-Being Programs Where They Matter Most: In Its Factories," Fast Company, October 13, 2016, accessed at https://www.fastcompany.com/3064477/how-levis-is-building-well-being-programs-where-they-matter-most-in-its-factories; http://www.levistrauss.com/sustainability/people/#apparel-workers.

직에 완전히 순응만하는 것이 아니라 조직에 자신의 영향력을 미쳐야 한다.

사회화가 잘 이루어지면 신입사원들은 조직의 가치와 규범을 이해하고 수용한다. 이렇게 회사의 핵심가치를 포함한 조직문화가 유지되는 것이다. 신입사원들은 조직원들로부터 긍정적인 지지를 받을 때 회사의 규범과 가치를 더 빨리 수용한다. 이것은 종종 비공식적인 사교모임을 통해 이루어진다.

사회화는 조직과 관리자의 책임일 뿐만 아니라 직원들의 책임이기도 하다. 호기심이 많고 적응력이 뛰어난 신입사원들은 새로운 직무에 더 효과적으로 적응하며 더 우수한 성과로 이어진다. 게다가, 적극적인 성격을 가진 신입사원들은 사회화에 필요한 정보를 찾아낼 가능성이 더 높기 때문에 조직에 더 효과적으로 적응한다.

13-6 조직문화 진단

일부 조직연구자들이 조직문화를 양적 방법으로 진단해야 한다고 주장하는, 한편 반드시 질적 방법으로 진단해야 한다는 견해도 있다. 설문지와 같은 정량적 방법은 정확성, 비교 가능성, 객관성 때문에 큰 가치가 있다. 인터뷰나 관찰과 같은 질적인 방법은 그 세밀함, 묘사, 독특성 때문에 가치가 있다.

널리 사용되는 두 가지 정량적 조직문화 진단 도구는 organizational culture inventory(OCI)와 Kilmann-Saxton Culture-Gap Survey다. 둘 다 조직의 인공물, 가치 또는 가정이 아닌 조직문화의 행동 규범을 진단한다.

13-6a. OCI 조직 문화 진단지

조직문화 진단도구인 OCI(organizational culture inventory)는 직원들이 조직에 맞추려하고, 동료들의 기대에 부응하려할 때 도움이 되는 행동에 초점을 맞추고 있다. Maslow의 동기부여적 욕구 단계를 근거로 12가지 문화 유형을 측정한다. OCI의 두 가지 기본 관점의 차원은 일/사람과 안전/만족이다. 만족 문화 유형은 4가지, 안전 문화 유형은 8가지가 있다.

OCI는 자기보고식(self-report) 도구이며 120개의 질문으로 이루어져있다. 개인 조직원이 개별적으로 조직을 진단하고 그것을 작업집단 단위로 합치고, 다시 조직 단위로 통합 집계한다. OCI는 미국 군사 부대, 연방 항공국, 비영리 단체뿐만 아니라 북미, 서유럽, 뉴질랜드, 태국 전역의 기업에서 사용되어 왔다.

13-6b. Kilmann-Saxton 문화-갭 설문도구

Kilmann-Saxton 문화-갭 설문도구는 실제로 일어나는 일과 조직 내의 다른 사람들에 대한 기대에 초점을 맞춘다. 두 가지 기본 관점은 (1) 기술 지향/사람 지향과 (2) 단기적 시간/장기적 시간이다. 이러한 두 가지 관점으로 형성된 네 분야에 걸쳐 실제 운용규범과 이상적 규범을 진단한다. 그 네 분야는 과업지원(단기-기술지향규범), 과업혁신(장기-기술지향규범), 사회적 관계(단기-사람지향규범), 개인적 자유(장기-사람지향규범)이다. 네 분야 중 어느 분야든 실제 운용규범과 이상적 규범 사이에 현저한 격차가 있다면 그것을 성과, 직무 만족, 사기 향상을 위한 문화 변화의 출발점으로 이용한다.

OCI와 마찬가지로, 문화-갭 설문도구(gap survey)는 자기보고식 도구로서 문화에 대한 개인별로 진단을 하

그림 13.3 조직문화 변화를 위한 인터벤션들(interventions)

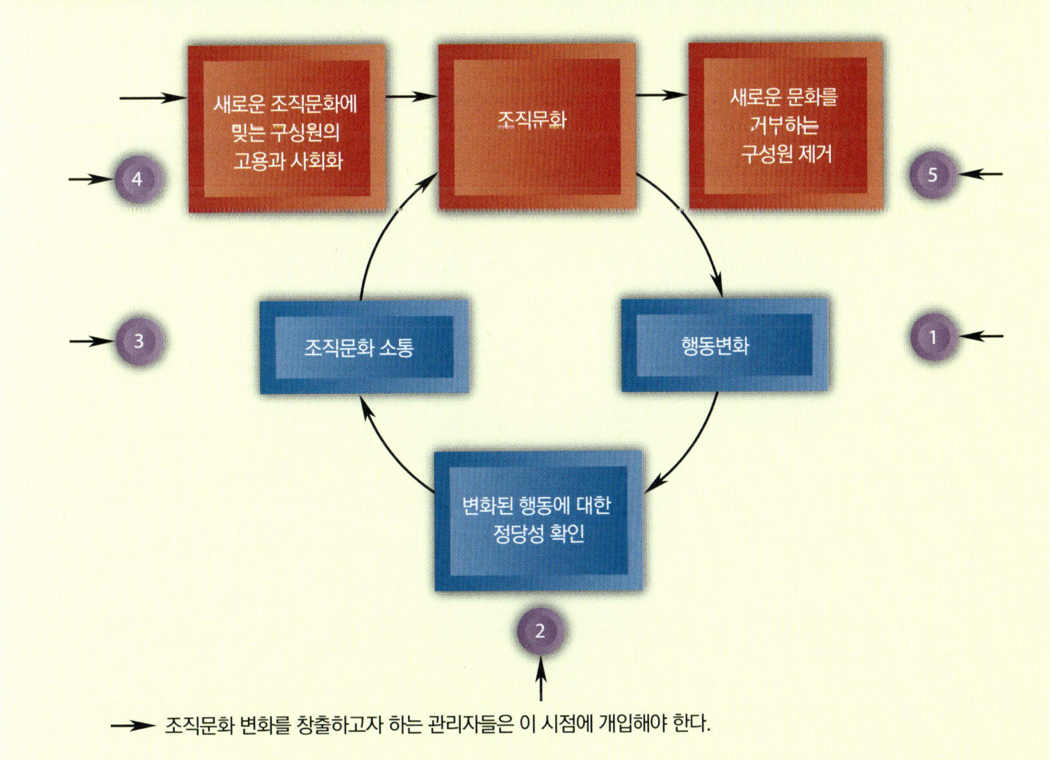

SOURCE: From Vijay Sathe, "How to Decipher and Change Corporate Culture," Chap. 13 in Gaining Control of the Corporate Culture(R. H. Kilmann et al., eds.), Fig. 1, p. 245. Copyright © 1985 Jossey-Bass, Inc. Reprinted by permission of John Wiley & Sons, Inc.

고, 작업 집단으로 통합 집계 될 수 있다. 이 진단도구는 미국 전역의 기업과 비영리 단체에서 사용되어 왔다.

13-6c. 삼각측정법

400개 병상을 가진 한 병원의 재활센터에 대한 한 연구는 **삼각측정법**(triangulation: 조직문화를 다수의 방법으로 측정하는 방법)을 채택하여 조직문화 측정 시 포용성과 정확성을 향상시켰다. 삼각측정은 조직문화를 연구하기 위해 인류학자, 사회학자 및 기타 행동과학자들이 사용해 왔다. 삼각측정(triangulation)이란 명칭은 물체를 찾기 위해 다수의 기준점을 사용하는 항법 기법에서 유래한다. 재활센터 연구에서 조직문화에 대한 삼각측정에 사용된 세 가지 방법은 (1) 외부자 관점을 제공한 8명의 훈련된 관찰자의 공개적인 관찰, (2) 정량적 내부자 정보를 제공한 자기 보고식 질문지, (3) 질적 상황 정보를 제공하는 센터 직원과의 개인 인터뷰였다.

이 연구를 통해 세 가지 방법이 각각 재활센터 조직문화 진단에 고유한 기여를 했다는 것을 알 수 있었다. 온전한 모습이 단 하나의 기법만으로 설명될 수는 없었을 것이다. 삼각측정은 조직문화의 현상을 더 잘 이해할 수 있게 만드는 조직문화 진단을 위한 최선의 접근방법이다.

13-7 변화하는 조직 문화

글로벌화, 노동인구 다양성, 기술 혁신과 같은 급속한 환경 변화로 말미암아 조직의 근본적인 가정과 기본적 가치에 변화가 요구될 수도 있다.

조직의 문화를 바꾸는 것은 실현가능하지만 어려움이 있다. 어려운 이유 중의 하나는 가장 깊은 차원의 문화인 가정들이 대개 무의식의 수준에 있기 때문이다. 그러므로 가정은 대립과 논쟁에도 좀처럼 변하지 않는다. 또 다른 어려움의 이유는 조직문화는 뿌리가 깊고 행동 규범과 보상은 학습에 의해 익숙해진다는 것이다. 어떤 의미에서 직원들은 새로운 규범을 배우기 전에 이전 규범에서 벗어나야 한다. 조직문화를 바꾸고 싶은 관리자들은 우선 기존의 조직문화가 유지되는 방식을 살펴야 한다. 여러 병원을 대상으로 한 연구의 결과로 협업 문화를 가진 사립병원에서는 변화를 환영하는 반면 독재적인 문화를 가진 국립병원에서는 변화가 반대에 부딪힌다는 것이 밝혀졌다.

관리자가 사용할 수 있는 인터벤션(intervention, 개입 노력)을 요약한 조직문화 변화 모델은 그림 13.3에 제시되어 있다. 이 모델에서 숫자는 관리자가 밟아가는 단계의 순서를 나타낸다. 기존 문화를 바꾸는 데는 두 가지 기본적 접근법이 있는데 (1) 현재 조직원이 새로운 가치관으로 받아들이기 쉽도록 만드는 것(1단계, 2단계, 3단계), (2) 새로운 조직원을 영입해서 사회화시키는 것과 필요하다면 현재 구성원을 제거하는 것이다 (4단계, 5단계).

첫 번째 단계는 조직원의 행동을 바꾸는 것이다. 그러나 행동이 바뀌더라도 이런 변화는 문화적인 변화가 일

triangulation The use of multiple methods to measure organizational culture.

어나기에 충분하지 않다. 행동은 조직문화의 인공물(제1단계)이다. 조직원은 그들의 행동을 바꿀 수 있지만 그 행동을 견인하는 가치는 바꿀 수 없다. 조직원들은 "난 단지 관리자가 원해서 이러는 거야."라고 합리화할지도 모른다.

따라서 관리자들은 변화된 행동에 대한 정당성을 확인하기 위한 2단계를 사용해야 한다. 직원들이 새로운 가치관을 인정하고 수용하고 있는가 아니면 그저 상부 지시를 따르고 있는 것인가?

세 번째 단계인 문화적 소통은 매우 중요하다. 모든 인공물(개인적 시범, 스토리, 의례와 세레모니, 의식, 상징)은 새로운 가치와 신념에 대한 일관된 메시지를 선날해야 한다. 신빙성 있는 커뮤니케이션이어야 한다. 즉, 관리자들이 새로운 가치를 실제로 실천해야지 말만하면 안 된다. 리더들은 조직 변화를 주도할 때 조직구조상의 직급보다는 비공식적인 사회적 네트워크에 더 관심을 기울여야 한다. 이러한 비공식 네트워크 커뮤니케이션 채널은 직원들의 가치와 변화를 위한 관리자의 헌신적인 노력에 대한 직원들의 믿음과 함께 하면 변화를 성공적으로 이끌 수 있다.

나머지 두 단계(4단계와 5단계)는 의도된 문화에 맞게 인력풀을 형성하는 것을 포함한다. 첫째, 새로운 문화를 보다 정확하게 반영하도록 직원 채용 전략을 수정할 수 있다. 둘째, 조직문화 변화에 저항하거나 조직의 새로운 가치를 불편하게 여기는 직원들을 가려낼 수 있다. 인력풀 조정은 부적합한 직원들을 가차 없이 찾아내는 것이 아니며 상당한 시간이 걸리는 점진적이고 눈에 띄지 않는 변화이여야 한다. 조직의 인사업무를 바꾸는 것은 긴 시간이 요구되는 프로세스이기 때문에 별문제 없이 단기간에 효과적으로 이루어질 수 없다.

조직문화의 변화가 성공이었는지 평가하는 가장 좋은 방법은 조직원들의 행동을 살펴보는 것이다. 만약 변화된 행동이 내재적으로 동기부여가 되어 "자동적으로"행해지면 조직문화의 변화가 성공적이라고 말할 수 있다. 만약 보상이 없을지라도 새로운 행동이 지속되고 직원들이 새로운 가치 체계를 내면화했다면, 그 행동은 아마도 내재적으로 동기부여된 것일 것이다. 직원들이 위기 상황에서 자동적으로 기업문화와 일치하는 방식으로 대응한다면 문화변화 노력은 성공적이라고 볼 수 있다.

최근 비즈니스 환경을 고려할 때 관리자는 (1) 글로벌 비즈니스 관점을 위한 지원, (2) 윤리적 행동의 강화, (3) 직원의 제품 및 서비스 품질 향상을 위한 권한 부여 등 세 가지 특수한 관점을 중심으로 조직문화 변화를 고려할 수 있다.

13-8 긍정적이고 응집력 있는 조직문화 개발을 위한 도전과제

조직문화 개발은 그 자체로 도전이지만 인수합병, 글로벌화, 윤리, 권한 부여와 품질관리와 같은 요인들은 긍정적이고 응집력 있는 조직문화를 추구하는 관리자들에게 추가적인 도전과제가 된다.

13-8a. 합병 또는 인수

조직문화 변화가 필요할 수 있는 특수한 상황은 합병 또는 인수이다. 현저히 다른 두 조직문화의 혼합은 선의의 노력에도 불구하고 어려울 수 있다. Heinz와 Kraft Foods의 합병으로 각각 100년 이상 된 두 회사가 결합해서 가장 친숙한 브랜드의 케첩, 핫도그, 피클, 머스타드, 그 밖의 포장 식품을 팔게 되었다. 합병이 완료된 후, 새로운 Kraft Heinz는 경쟁력 있고 비용 절감을 추구하는 조직문화를 계속 이어갔다. 그 후 이 회사는 Unilever와 인수합병을 시도했으나 기업문화의 충돌로 거래가 결렬되었다. 영국-네덜란드계 기업 Unilever의 문화는 글로벌하고 목적 지향적인 반면 Kraft Heinz의 문화는 미국 중심적이고 효율 지향적이다. 문제는 사람들이 포장음식에서 덜 가공되고 더 건강에 좋은 옵션으로 옮겨갈 때, 변화하는 소비자 취향에 반응할 수 있는 새로운 조직문화가 등장할 것인가 하는 것이다.

조직 문화와 국가 문화를 모두 아우르는 합병은 많은

도전과제를 제시한다. 스웨덴 볼보건설장비가 한국 삼성중공업의 건설 부문을 인수하면서 양사 직원들이 난관에 봉착했다. 그들은 두 개의 기업 문화와 국가 문화의 차이와 "우리"가 "그들"과 어떻게 다른지에 대해 우려를 표명했다. 왜 "그들"이 "우리"를 이해하지 못하는지에 대한 불만이 제기되었다. 문화적 차이에 대한 세심한 주의와 인수 후 통합 노력이 문화적응 스트레스를 관리하는데 필요하다.

또한 기업에서 다른 나라의 사람들을 고용할 때 조직문화 변화가 필요할 수 있다. 연구에 따르면 어떤 조직문화는 실제로 국가문화의 차이를 강화한다고 한다. 한 연구는 다국적 조직에서 일하는 외국인 직원들과 자국 내 여러 다른 조직에서 일하는 근로자들을 비교했다. 이 연구는 한 다국적 조직에서 함께 일하는 여러 나라의 직원들이 자국의 여러 다양한 조직에서 일하는 직원들보다 서로가 더 비슷할 것이라는 가정으로 시작했다. 그 결과는 놀랍게도 다국적 기업의 여러 나라 출신 직원들 간의 차이가 모국 내 다른 여러 기업에서 일하는 관리자들 간의 차이보다 훨씬 컸다. 다국적 기업에서 스웨덴인은 더 스웨덴인다워졌고, 미국인들은 더 미국인다워졌다. 직원들이 단일 조직 문화 내에서 일할 때에도 그들의 국가 문화 전통을 강화시키는 것으로 보인다. 직원들은 같은 기업문화에서 근무하더라도 자기나라의 전통적인 문화를 강화하는 것이다. 이런 양상은 조직 내 다양성(diversity)이 보통 수준일 때 더 드러난다. 다양성이 매우 높으면 직원들은 자신의 국가 문화에 의존하지 않고 조직문화 안에서 공유된 정체성을 발전시킬 가능성이 더 높다.

13-8b. 글로벌 조직문화 개발

조직문화를 견인하는 조직가치는 기업이 추구하는 글로벌 관점과 그에 따르는 노력을 뒷받침해야한다. 경영진은 공유가치를 구체화하고 글로벌 관점을 지지하는 직원들을 보상해야 한다. 마지막으로, 조직가치는 시간이 지나도 일관되어야 한다. 일관된 가치는 경쟁자들이 모방할 수 없는 통일된 주제를 제시한다. 글로벌 기업들은 중앙집권화(centralization)와 분권화(decentralization)라는 상충된 압력아래 있기 때문에, 세계 각지에 분권화된 자회사를 통합하는 지배적인 기업문화는 경쟁이 날로 심해지는 글로벌 시장에서 큰 자산이 될 수 있다.

Sterling Jewelers은 더 윤리적인 조직문화를 만들 수 있을까?

Zales, Jared's, 그리고 Kay Jewelers의 모회사인 보석업계 거인 Sterling은 몇몇 민사소송에서 성희롱과 성편향과 차별을 가진 조직문화를 가졌다는 혐의를 받고 있다. 그 조직 문화는 집단소송 중재 사건 중에서 여성이 남성보다 훨씬 적은 임금을 받는 성적 공격과 권력 남용 사건에서 묘사된다. 250명 이상의 남녀 직원들이 괴롭힘(harassment) 문화를 폭로하는 성명을 발표했다. 일부 의혹에는 더 나은 직무와 임금 인상, 처벌로부터의 보호 등의 대가로 여성 부하직원에게 성관계를 강제하는 내용이 포함됐다. 아이러니하게도, 지점 관리자의 68%가 여성인 회사에서 괴롭힘 문화가 일어났다. Sterling이 조직문화를 바꿀 수 있는지, 그리고 어떻게 바꿀 수 있는지는 의문의 여지가 있다. 그러는 동안 직원들과 회사 양쪽 다 피해를 봤다. 이러한 혐의와 부정적인 언론의 결과로 Sterling의 주가는 2015년 최고치의 절반으로 떨어졌다.

SOURCE: D. Harwell, "Hundreds Allege Sex Harassment, Discrimination at Kay and Jared Jewelry Company," The Washington Post, Business, February 27(2017), accessed at https://www.washingtonpost.com/business/economy/hundreds-allege-sex-harassment-discrimination-at-kay-and-jared-jewelry-company/2017/02/27/8dcc9574-f6b7-11e6-bf01-d47f8cf9b643_story.html?utm_term=.c11da7c37ae6; R. Adams, "Sterling Jewelers Settles Charges of Bias Against Female Workers, " New York Times, May 5(2017), accessed at https://www.nytimes.com/2017/05/05/business/sterling-jewelers-settles-bias-case.html?_r=0.

13-8c. 윤리적인 조직문화 개발

조직문화는 조직 구성원의 윤리적 행동에 깊은 영향을 미칠 수 있다. 최고 경영자와 관리자들이 윤리적 행동의 롤모델이 되고 윤리적 문제를 터놓고 말할 수 있는 기업분위기를 가진 조직들은 비윤리적 행위로 인한 사건사고가 적다. 기업의 문화가 윤리적 규범을 고취할 때 개별 직원들도 그에 따라 행동한다. 관리자는 직원들의 좋은 롤모델이 됨으로써 윤리적 행동을 장려할 수 있다. 관리자들은 윤리적 행동이 사업적으로도 도움이 되고 기업을 더 큰 사회적 가치와 일치시킬 수 있다는 철학을 확립할 수 있다. 관리자들은 또한 비윤리적인 행동에 대한 합리화는 결코 용인될 수 없나는 뜻을 선날할 수 있다.

신뢰도가 높은(high-trust) 조직문화에서 일하는 직원들은 그들의 일을 더 즐기고, 회사의 목적과 가치에 더 잘 맞추며, 직원간의 공감대가 높아서 서로 더 잘 대한다. 신뢰도가 높은 조직문화를 만들고 양성하면 향상된 생산성과 직원들의 윤리적 행동으로 그 성과가 돌아온다.

비윤리적이라고 여겨질 수 있는 행동은 사이버태만(cyberloafing) 또는 합법적인 일을 하는 척하면서 직장에서 개인적 업무를 위해 인터넷을 사용하는 것이며, 그것은 수백만 달러의 생산성 손실을 초래할 수 있다. 기업들은 개인 인터넷 사용을 금지하고 직원들의 인터넷 접속을 차단하는 등 사이버태만을 관리하기 위해 온갖 방법을 시도해 왔다. 사이버태만을 막는 한 가지 방법은 윤리적인 기업 문화를 장려하는 것이다. 이 방법은 특히(관료제와는 반대로) 형식적 구조가 느슨한 유연하고 적응력이 뛰어난 문화권에서 잘 작동한다.

13-8d. 포용적인 조직문화 개발

우리는 이 장에서 통해 성공적인 조직들이 다양성을 중시하고 포용성을 장려하는 조직문화를 양성하는 것을 살펴보왔다. 리더의 행동은 회사정책 문구보다 더 효과적으로 포용적인 문화를 조성할 수 있다. 리더가 포용적인 일터를 조성하기 위해 실천할 수 있는 구체적인 방안이 있다.

모든 미팅에서 다양성을 보장하라. 다양한 관점은 다양한 아이디어로 이어진다.

포용적인 행동을 보여주는 롤모델이 되어라.

어떤 식의 무례한 행동에도 "무관용"의 자세를 취하라.

무례로 이어지는 미묘한 행동일지라도 없애기 위해 신속히 제거하라.

소프트웨어 회사 SAP는 남성 중심의 산업에서 성 다양성(gender diversity)을 지지하는 회사로서 인정을 받있다. 자신들의 노력을 진난하기 위해 SAP는 보상 정책, 탄력적인 업무일정 수용, 기업 문화, 채용 및 승진 정책 등을 점검하는 독립 감사를 받았다. 이 회사의 목표는 리더십 자리의 최소 25%를 여성으로 만드는 것이다. SAP는 보다 다양한 임원급 인재를 채용하고자 채용공고에 성별 중립적인 언어를 쓰게끔 채용 관행을 세심하게 개정하였다.

인권운동 재단은 매년 기업이 LGBT 직원의 포용을 어떻게 도모하는지를 평가하는 기업평등지수(corporate equality index)를 발행한다. 만점을 받는 회사로는 Ford, Bank of America, J. P. Morgan Chase, Chevron, Wells Fargo 등이 있다. LGBT 차별 철폐는 우수한 인재를 유치하고 보유하며, 뜻있는 소비자로부터 실적도 올리고, LGBT 직원들의 지식을 활용하여 혁신을 추진함으로써 회사를 더욱 경쟁력 있게 만든다.

AT&T는 다양성과 포용성의 긴 역사로 인해 꾸준한 찬사를 받는다. AT&T에서는 모든 목소리를 중요하게 여기며, 12개의 종업원 지원 그룹(employee resource groups)과 12만 2천명 이상의 회원으로 이루어진 9개의 직원 네트워크를 지원하고 있다. 종업원 지원 그룹은 문화 단체, 참전용사, 여성 직원, 장애인, 청년, LGBT 커뮤니티 등에 지원, 멘토링, 교육 및 지원을 제공한다. 또한 AT&T는 포용성을 전체 비즈니스 전략에 반영했다.

CHAPTER

14 변화관리

Managing Change

학습 목표

14.1 조직변화를 일으키는 외부 영향력과 내부 영향력을 알아보라.
14.2 다양한 유형의 변화의 범위가 어떻게 다른지 설명하라.
14.3 조직에서 변화에 대한 저항에 잘 대처하기 위해 사용할 수 있는 방법에 대해 논하라.
14.4 Lewin의 조직 변화 모델을 설명하라.
14.5 기업이 조직 개발 인터벤션의 필요성을 어떻게 알아내는지 설명하라.
14.6 조직개발 인터벤션에 쓰이는 주요 그룹 중심 기법에 대해 논하라.
14.7 조직개발 인터벤션에 쓰이는 주요 개인 중심 기법에 대해 논하라.

14-1 조직변화를 일으키는 힘

대부분의 조직에서 변화는 늘 있는 일상이 되었다. 많은 미국 기업들은 공장 폐쇄, 사업실패, 인수합병, 다운사이징 등을 경험해 왔다. *적응성*, *유연성* 및 *대응성*은 기업이 직면하는 치열한 경쟁 속 도전과제를 성공적으로 해결할 수 있는 조직의 특성이다. 과거에는 조직이 한 분야의 우수성만을 (예를 들어 품질, 신뢰성 또는 비용) 주장함으로써도 성공할 수 있었지만 오늘날에는 그렇지 않다. 현재의 환경은 모든 분야에서 탁월해야하고 깨어있는 리더들을 필요로 한다. 최근 위기에 직면한 CEO들을 대상으로 한 설문조사 결과 응답자의 50%는 위기가 갑작스럽게 발생했다고 믿고 있으며 이에 대한 준비를 제대로 하지 않았었던 것으로 나타났다. 응답자의 10% 이상은 자신이 그 문제를 제일 나중에 알게된 사람이었다고 한다.

1장에서 보았듯이 관리자는 늘 변화를 마음에 담고 산다. 다운사이징, 구조조정, 리엔지니어링, 생산성 관리, 생산주기 단축 및 기타 노력을 통해 조직의 효과성을 추구하는 것은 그 무엇보다 중요하다. 기업들은 엄청난 혼란과 과도기에 있으며, 모든 구성원들이 영향을 받는다. 계속되는 구조조정으로 인해 기업들은 비용을 더 절감할 수 있지만 반드시 부가 더 증가하는 것은 아니다. 비록 다운사이징은 수익 대비 비용을 잘 조정해서 주주의 가치를 높일 수 있지만, 기업은 그 결정에 대한 대중의 비난에 시달릴 수 있다. 직원들의 고통과 주주 및 경영

진의 재정적 성과를 연결시키듯이 직원들을 해고하면서 CEO의 급여와 스톡옵션을 올려줄 수도 있다.

또한 조직은 윤리적, 환경적, 그리고 기타 사회적 문제들을 다루어야 한다. 경쟁은 치열하고, 기업들은 더 이상 과거의 성공에 안주할 수 없다. 이를 잘 아는 아메리칸 항공은 회사의 침체를 막기 위해 끊임없이 재평가하고 운영 방식을 바꾸는 프로그램을 잇달아 개발했다. General Electric은 변화에 효과적으로 대응할 수 있는 빠르고 덜 복잡한 조직을 만들자는 목표를 가지고 관리자 및 직원들과 함께 사외로 나가서 워크아웃(workout) 세션을 개최한다. 워크아웃 세션에서 직원들은 구체적인 변화 안건을 제안하고, 변화 안건이 필요한 이유를 설명하며, 변화 안건을 실현할 수 있는 방법을 제시한다. 최고 경영진은 승인, 거부(설명 필요) 또는 추가정보 요청 등 즉각적인 응답을 해야 한다. GE 워크아웃 세션은 직원들이 변화에 기여하는데 장애물이 되는 장벽을 제거한다.

> Organizations are in a state of tremendous turmoil and transition, and all members are affected.

조직의 변화에는 두 가지 기본적인 형태가 있다. **계획된 변화**(planned change)는 조직을 변화시키려는 의도적인 결정에서 기인한 결과이다. 예를 들어 전통적인 계층 구조에서 자율적 관리팀이 쉽게 운영되는 구

planned change Change resulting from a deliberate decision to alter the organization.

> The workforce will be more culturally diverse as a result of globalization and changing U.S. demographics, such as the dramatic rise in the participation of Hispanic Americans.

조로 전환하고자 하는 기업들은 사전에 적극적이고 세심하게 짜여진 접근방식을 사용해야 한다. **계획되지 않은 변화**(unplanned change)가 조직에 닥칠 수 있는데 대개는 예상치도 못한다. 예를 들면 정부 규제 변화와 경제동향 변화이다. 계획하지 않은 변화에 대응하려면 엄청난 유연함과 적응력을 필요로 한다. 관리자는 조직에서 계획되거나 계획되지 않은 형태의 변화를 모두 처리할 준비가 되어 있어야 한다.

변화를 불러오는 영향력은 여러 곳에서 기인될 수 있다. 이들 중 어떤 변화는 회사 바깥에서 발생하는 외부 영향력으로부터 오는 반면, 어떤 변화는 조직 내부로부터 생기는 내부 영향력으로부터 발생한다.

14-1a. 외부 영향력

이 책 전반에 걸쳐 설명된 네 가지 경영 도전 과제인 글로벌화, 인력의 다양성, 기술적 변화, 윤리적 행동 관리는 변화를 일으키는 주요한 외부 영향력(external forces)이다.

글로벌화 글로벌 시장의 파워 플레이어는 전 세계 신흥 시장을 기회로 활용할 수 있는 조직이다. 대표적인 예가 세계 2위의 경제대국이 된 중국이다. 네슬레, 프록터 & 갬블, 켄터키 프라이드 치킨과 같은 서양 회사들은 모두 중국에서 시장 점유율을 끌어올리려고 애쓰고 있다. 중국문화의 독특성을 이해하는 기업은 성공을 거두고 그렇지 못하는 기업은 성공하지 못한다. 예를 들어, Home Depot는 중국 사람들은 집수선용 도구를 따로 보관하지 않을 뿐더러 손수 집을 고치지 않고 보통 용역업체에 맡긴다는 것을 알지 못했기 때문에 중국에서 어려움을 겪었다. 중국 정부가 여전히 사업 규칙을 정하기 때문에 기업들은 소비자들 간의 차이점뿐만 아니라 다른 법적 요건들을 협상해야 한다. 글로벌 비즈니스는 여러 나라의 정부와 법률 시스템과 알게 모르게 연관되었기 때문에 단일 국가 내에서 경쟁하는 기업에서는 찾아볼 수 없는 고유한 리스크를 안고 있다.

> **unplanned change** Change that is imposed on the organization and is often unforeseen.

미국은 새로운 글로벌 시장 개척을 추진하는 국가 중 하나에 불과하다. 일본과 독일은 글로벌 경쟁에 아주 적절히 대응하고 있으며, 강력한 무역국가집단으로 부상하는 유럽연합은 세계 시장에 지대한 영향을 미칠 것이다. 작은 나라의 기업들은 유럽 이웃 국가들과 제휴함으로써 글로벌 시장에서 큰 진전을 이루기 시작할 것이며, 따라서 이미 존재하는 치열한 경쟁을 심화시킬 것이다.

무엇보다도 이러한 변화로 말미암아 기업들은 시장의 국가 경계를 다시 정의하고 직원들에게 글로벌한 사고를 하도록 권장하게 되었다. GE의 전 CEO인 Jack Welch는 국내와 국외 사업 간에 또는 관리자와 직원들 간에 심리적 구분이 없는 국경 없는 기업(borderless company)을 그 누구보다 먼저 촉구했다. GE는 전 세계 160개국에 지점을 두고 있는 진정한 다국적 기업이 되었다. 국경 없는 기업을 추진하는 기저 사고는 장벽이 사람들의 협력을 방해하고 있으므로 제거되어야 한다는 것이다. 조직이 글로벌화 된다는 것은 자원을 이용하고, 정보를 모으고 전파하고, 사람을 발전시키는 가장 효율적인 방법에 대해 다시 생각해본다는 것을 의미한다. 구조적 변화뿐만 아니라 직원들의 사고방식 변화도 요구된다. 당신은 대형 할인 소매업체인 코스트코를 미국 기업으로만 생각할 지 모른다. 그러나 실제로 코스트코는 미국, 캐나다, 멕시코, 영국, 한국, 일본에 500개 이상의 매장을 가지고 있다. 호주 시장 확장은 큰 성공을

핫 트렌드

Warby Parker-인터넷에서 만들어진 브랜드

인기 있는 안경 브랜드 Warby Parker는 인터넷에서 시작했고 회사의 성공은 쉬워 보였다. 그러나 공동 CEO인 Warby Parker와 Neil Blumenthal에 따르면, 그것은 사실 많은 수고가 필요했고 심사숙고한 과정이었다. 그들은 실행력과 브랜드에 집중함으로써 안경 산업을 뒤흔드는 변화를 가져왔다. 인터넷에서 소비자들에게 싸게는 95달러에 팔리는 그들만의 안경테를 디자인하고 제작하면서, 그들은 고급 안경브랜드의 고객층을 빼앗았다. Warby Parker는 7천만 개의 매장을 열면서 소매 시장에 진출했다. 그들은 고객의 경험을 엄격하게 테스트한다. 이 방법으로 안경매장에 보통 사용하는 작은 거울 대신 전신 거울을 설치하는 법을 배웠다. 또한 이 회사는 광학 연구소를 개설했다. 렌즈를 맞추기 위해 제3자 공급자에게 렌즈를 보내는 대신에, 자사에서 직접 맞춤으로써 고객의 구매경험을 간소화하는 것이다. 즉, 고객이 더 빠른 배송을 받게 되는 것이다. 그리고 비영리 단체와 협력하여 판매되는 안경 한 개당 한 개씩 도움이 필요한 사람들에게 기부한다. Warby Parker는 소비자들이 안경 구매에 대해 생각하는 방식을 바꾼 회사다.

SOURCES: https://news.fastcompany.com/warby-parker-opens-its-first-optical-lab-streamlining-its-operations-4028556; https:// www.warbyparker.com/history.

거두었고 앞으로 더 많은 매장을 열 계획이 세워졌다. 월마트는 호주로의 확장을 한 때 고려했지만, 아직까지 진출하지는 못했는데 이는 코스트코에게 좋은 징조다.

노동인력의 다양성 글로벌화와 노동인력의 다양성을 추구하는 노력은 서로 관련이 있다. 이 책에서 계속 강조되었듯이, 노동인력의 다양성은 조직의 변화를 몰고 오는 강력한 힘이다. 여성의 노동인력 참여율은 꾸준히 증가해 왔으며, 대학 학위를 가진 여성의 비율은 1970년 이후 4배로 증가했다. 여성들은 학사, 석사, 박사 학위자의 반 이상을 차지한다. 현재 미국 노동인구의 47%는 여성이다. 둘째로, 히스패닉계 미국인들이 극적으로 증가하는 것과 같은 미국 인구통계학의 변화와 글로벌화의 결과로 노동 인구는 점점 더 문화적인 다양성을 보일 것이다. 셋째, 노동 인구가 노령화됨에 따라 젊은 노동자는 줄어들고 고령 노동자는 더 많아질 것이다. 글로벌 노동인구도 다양성이 증가하고 있다. 160년 된 독일의 기술 및 장비 회사인 지멘스는 (많은 고위 임원들이 사임한) 유명한 뇌물 스캔들을 겪은 후에 고객의 다양성을 더 잘 제시하는 방향으로 조치를 취했다. 지멘스는 최고 다양성 책임자(chief diversity officer)를 고용하여 기존에 모두 남성뿐이었던 관리자 직급에 다양성을 증대시키고 멘토링에 초점을 두는 여러 가지 프로그램을 착수했다. 전 세계 지멘스의 여성 관리자 비율은 2002년 이후 15.6%로 두 배 가까이 증가했다.

기술 변화 급속한 기술 혁신은 조직에 변화를 가져오는 또 다른 힘이며, 이 혁신에 보조를 맞추지 못하면 금

Wells Fargo가 (비)윤리적 문화를 바꿀 수 있을까?

Wells Fargo는 윤리와 관련된 스캔들에 휘말렸다. 첫째, 소액거래 은행들은 2백만 개 이상의 위조 은행계좌와 신용카드 계좌를 만들어 1억 8천 5백만 달러의 벌금을 냈고 최고경영자(CEO)인 John Stumpf는 직위에서 물러났다. 그 회사의 문화는 경쟁과 압박이 심했고 직원보너스는 새로 개설한 계좌의 개수에 기반을 두고 있었다. 이런 범칙적 행위는 은행의 명성에 큰 타격을 입혔고, 스캔들로 인해 5,300명의 직원이 해고되었다.

Is Wells Fargo stuck in the mud because of its ethical scandals?

또한 Wells Fargo는 동의도 없이 대출자들의 담보 대출 계약을 변경한 것에 대해 소송을 당했다. 비록 계약변경의 의도는 파산한 대출자들을 돕기 위한 것이었을지 모르지만, 그 움직임은 수상쩍었다. 은행은 대출자들의 월별 상환금을 낮추었지만 대출금에 대한 대출연수도 연장했는데, 이는 대출자나 파산법원의 동의 없이 총 이자가 증가했다는 것을 의미한다. Wells Fargo는 혐의를 부인하고 있다.

슬픈 아이러니는 Wells Fargo는 윤리적 문화의 가치를 지지한다는 것이다. 문제를 일으킨 직원을 해고하는 것만으로는 충분하지 않을 수 있다; 조직문화를 훨씬 더 깊이 파고들어 바꿀 수 있다면 그것을 바꿔야 할 것이다. 감독 당국이 이 회사에 엄격한 과징금을 부과한 후 Wells Fargo는 "2018년 재건된 Wells Fargo"라는 새로운 광고 캠페인을 채택했다. 시간이 지나서야 이 기업이 조직문화를 바꾸고 명성을 회복할 수 있을지는 시간이 지나서야 알 수 있을 것이다.

SOURCES: C. Cancialosi, "Wells Fargo and the True Cost of Culture Gone Wrong," Forbes, September 15 (2016), accessed at https://www.forbes.com/sites/chriscancialosi/2016/09/15/wells-fargo-and-the-true-cost-of-culture-gone-wrong/2/#10c4d1af42ec; A. Currie, "Oops, Wells Fargo Did It Again," New York Times, June 15 (2017), accessed at https://www.nytimes. com/2017/06/15/business/dealbook/wells-fargo-mortgage-home-loan.html?_r=0. J.B. Stewart, "Punishing Wells Fargo: Just Deserts, or Beating a Dead Horse?" The New York Times, April 19 (2018).

세 뒤처질 수 있다. 기술은 모바일 결제 시장이 경쟁력을 갖게 만들었다. 모바일 결제시장의 주요 업체인 구글 월렛, 페이팔, 애플페이는 소비자들이 지갑을 버리고 휴대폰을 사용하길 바란다. 그러나 소매업자들은 이 기술에 대한 투자에 대해 그다지 열광하지 않는다. 상인들은 모바일페이를 이용하기 위해 새로운 기술 장치를 설치해야 할 것이고 소비자들은 사이버 도난과 결제 해킹에 대해 우려하고 있다. 선두에 선 애플페이는 참여 상인들을 늘려가고 있지만, 사용 가능기기가 최신 아이폰(6 또는 6 Plus)에만 한정되어 있고 이전 사양 기기를 가진 소비자들은 제외되었다.

신용카드업계도 최근 비슷한 변화를 겪었다. 마그네틱 스트립 카드는 무단도용의 가능성을 줄이는 칩이 있는 EMV 카드로 대체되었다. 상인들은 기존의 신용카드 단말기를 새로운 단말기로 교체해야 했고, 새로운 단말기에서 모바일 결제도 가능했기 때문에 모바일 결제 사업자들에게는 유리하게 되었다.

기술 혁신은 조직 내에 지대한 변화를 가져오는데 그 이유는 혁신을 해가는 과정 중에 업무 관계적인 변화와 조직구조의 변화가 일어나기 때문이다. 많은 조직에서 채택한 팀 중심의 업무방식은 수평적인 조직구조, 분권화된 의사결정, 그리고 리더와 팀원 간의 보다 열린 의사소통을 가져왔다.

윤리적 행동 관리 최근의 스캔들로 의해 조직의 윤리적 행동은 대중의 관심의 대상으로 부상했다. 그러나 윤리적인 이슈가 항상 대중에 공개되는 대단한 사건에 국한되는 것만은 아니다. 직원들은 일상 업무에서 윤리적 딜레마를 직면한다. 일상 업무에서 마주치는 윤리적 행동을 관리해야 할 필요성이 생기자 조직에 여러 변화가 생겼는데, 그 변화의 대부분은 윤리적 행동을 장려하는 조직문화를 만들어야 한다는 취지를 중심으로 한다.

Transformational change occurred when Orville and Wilbur Wright gave up their bicycle business to concentrate on building flying transportation.

모든 상장기업은 연례 재무보고서를 발행한다. Gap은 연례 윤리보고서를 발행함으로써 한 발 앞서 나갔다. 의류업계는 저임금 착취공장과 매우 밀접한 관계를 가지고 있는데 Gap이 다른 의류회사들과 다른 점은 3천개의 공급업체 중 어느 회사도 Gap이 추구하는 윤리적 행동규범을 완선히 준수하고 있진 않다는 것을 솔직하게 인정한 것이다. Gap은 이러한 문제를 회피하기보다는 해외 근로조건을 개선하기 위해 공급업체와 협력하기로 결정했다. Gap Inc.이 공급업체 고용 및 모니터링 팀은 12개국에 걸친 30명 이상의 직원으로 이루어졌으며 업무개신프로그램(Better Work Program)에 동참하지 않는 공장의 근무 조건을 추적 관찰한다. 연례 보고서에는 어떤 공장이 감찰되고, 어떤 위반사례가 있었는지, 어떤 공장이 위반 때문에 계약이 취소되었는지 등 공급업체 근로자의 활동에 대한 자세한 설명이 포함되어 있다. Gap과 그 운영에 비판적인 언론 보도도 다루고 있다.

Gap은 공급업체에게 훈련프로그램을 제공하고 협력업체들이 자체적인 행동강령을 개발하도록 독려함으로써 근로조건을 개선하려고 한다. 예를 들어 중국에서는 점심시간을 이용해서 근로자들의 권리를 교육시키도록 독려했다. 대부분의 공장들이 이러한 노력에 긍정적으로 대처했지만, 일부 공장들은 그렇지 않았고 Gap은 개선되지 않을 것으로 결론지은 136개 공장에서 사업을 철수했다. 또 미성년자 노동력 사용이 밝혀진 2개 공장과의 계약도 종료했다. Gap의 해외 노동에 대한 집근 방식은 다른 의류 회사들에게 모델을 제공한다.

사회는 기업들이 조직 내 윤리적 행동 뿐 아니라 타 조직, 고객, 환경, 사회와의 관계에서도 윤리적 행동을 시킬 것으로 기대한다. 이러한 기대는 비공식적일 수도 있고, 규제 강화의 형태로 나타날 수도 있다. 기업이 사회로부터 받는 기대뿐만 아니라 법률적 발전, 변화하는 이해관계자들의 기대와 소비자의 요구도 변화를 가져올 수 있다. 그리고 어떤 기업들은 단순히 다른 기업들이 변화한다는 이유만으로도 변화하기도 한다. 이외에도 강력한 변화의 추진력은 조직 내부에서 비롯된다.

14-1b. 내부 영향력

조직 내부에서 일어나는 변화에 대한 압박은 일반적으로 조직효과성의 저하와 같은 증상으로 나타날 수 있다. 회계연도 내에 3분기 연속으로 재정손실이 난 회사라면 의심할 여지없이 변화에 대한 압력을 경험한다. 이에 대해 어떤 회사들은 해고와 대규모 비용 절감 프로그램을 선택함으로써 반응하는 반면, 어떤 회사들은 더 큰 그림을 보고 손실을 근본적인 문제의 징후로 여기며 그 원인을 찾는다.

위기도 조직의 변화를 자극할 수 있다. 근로자의 파업이나 작업중단은 경영진이 임금 구조를 바꾸도록 이끌 수도 있다. 핵심 의사결정권자의 사임으로 인해 경영진의 구성과 조직 내 역할을 재고하게 될 수 있다.

조직에 대한 직원들의 기대치 변화 또한 조직 내 변화를 일으킬 수 있다. 젊은 신입사원들을 대거 고용하는 회사는 그들의 기대가 연령이 높은 직원들의 기대와는 매우 다르다는 것을 알 것이다. 직원들의 기대치가 변하는 이유 중의 하나는 노동인구의 교육수준이 그 어느 때보다 높아졌기 때문이다. 이것이 장점이 되기도 하지만, 근로자들이 교육을 많이 받을수록 고용주에게 더 많은 것을 요구하기도 한다. 게다가 오늘날의 근로자들은 부양가족 돌봄문제와 같은 일과 가정의 균형 문제에 많은 관심이 있다. 또한 여러 원인으로 발생한 노동인구 다양성으로 인해 직원 간에도 기대치가 많이 다르게 나타날 가능성이 많다.

또 변화를 부르는 다른 압박은 무기력하고 동기부여가 되지 않고 불만족스러운 직원들을 양산하는 근무 분위기의 변화다. 이런 증상은 정리해고를 실행한 조직에서 흔히 볼 수 있다. 해고를 면한 직원들은 해고된 옛 동료를 생각하며 슬퍼하며 이전보다 생산성이 저하될 수 있다. 자신들도 해고될 수 있다고 생각하며 많은 이들이 일자리에 대한 불안감을 느낄 수도 있다.

incremental change Change of a relatively small scope, such as making small improvements.

strategic change Change of a larger scale, such as organizational restructuring.

transformational change Change in which the organization moves to a radically different, and sometimes unknown, future state.

14-2 변화의 범위

변화는 업무 절차의 수정(**점진적 변화**(incremental change))과 같이 비교적 작은 범위에서 일어날 수 있다. 그러한 변화는 조직을 미세하게 조정하는 것이다. 예를 들어 인텔 및 여러 반도체 생산업체들은 경쟁력을 유지하기 위해 제조 장비를 지속적으로 업그레이드해야 한다. 인텔이 아리조나 반도체 제조공장을 구형에서 신형 기술로 전환하는 데는 30억 달러가 들었다. 급진적 변화가 논의하기에 더 흥미진진하고 재미있는 반면, 대부분의 조직 변화 및 그에 대한 대부분의 연구는 급진적 변화보다는 점증적(점진적) 변화에 초점을 맞췄다. 변화는 조직의 구조조정(**전략적 변화**(strategic change))과 같은 더 큰 규모로 진행될 수도 있다. 전략적 변화가 진행되면 조직은 통제된 기간 동안 이전 상태로부터 새롭지만 이미 알려진 상태로 이동한다. 전략적 변화가 효과가 있을 때가 있지만 효과가 없을 때도 있다. 유튜브는 구글이 16억5000만 달러에 인수한 스타트업이었고 구글은 유튜브의 전략을 ABC, NBC, CBS와 같은 프리미엄 콘텐츠 공급업체를 따라잡으려는 것으로 수정했다. 게다가, 인기 많은 사용자들이 그들의 동영상이 창출한 광고 수익을 공유할 수 있는 파트너 프로그램을 시작했다. 그러나 이런 전략 변화는 효과가 없었다. 이후 지금은 10억이 넘는 뷰어를 가지고 있지만 아직까지 수익을 창출하지 못했다. 젊은 층을 넘어 더 다양한 시청자들을 끌어들이는 데 초점을 맞춘 새로운 전략이 필요하다는 의견도 있다.

범위가 가장 큰 변화는 때로는 조직이 아무도 모르는 근본적으로 다른 미래 상태로 조직이 이동하는 **변혁적 변화**(transformational change)이다. 변혁적 변화는 조직의 사명, 문화, 목표, 구조, 리더십 모두를 극적으로 바꿀 수 있다. 한 세기 전, 잘나가던 두 자전거 제조사가 전 세계의 여행, 전쟁, 통신의 판도를 변화시킨 놀랍고도 새로운 발명품인 비행기를 제조 판매하기 위해 안정적이었던 그들의 사업을 과감히 내려놓기로 결정했다.

라이트 형제는 자전거 사업뿐만 아니라 전 세계를 변화시켰다! 많은 사람들은 리더가 하는 모든 일들 중에서 조직의 형태와 특성을 바꾸는 것이 가장 어렵다고 보는데 사실 연구결과로도 입증된 관찰이다.

리더들이 직면하는 가장 어려운 결정 중 하나는 변화의 적절한 속도를 결정하는 것이다. 어떤 학자들은 급진적 변화가 가속력을 만들어내기 때문에 느린 변화보다 성공할 가능성이 높다고 주장하는 반면, 다른 학자들은 이러한 짧고 급격한 변화는 실제로 드물게 발생해서 대부분의 기업이 경험하지 못한다고 주장한다. 그럼에도 다른 이들은 대규모 조직에서 변화가 기업의 일부 부분에서는 점진적으로 그리고 다른 부분에서는 빠르게 전개될 수 있다고 주장한다. 요약하자면 연구자들은 모두 조직 변화의 속도가 중요하다는 것에 동의하지만, 변화의 속도가 어느 정도일 때 가장 이로운지에 대해서는 의견이 분분하다.

연구자들과 경영자들 모두가 동의할 수 있는 한 가지는 비즈니스의 변동성, 상호 연결성, 불확실성이 점점 증가하고 있다는 사실이다. 이러한 변화 때문에 빠르게 움직이는 변화무쌍한 세상을 이끌기 위해 무엇을 해야 하는지 파악할 것을 리더들에게 요구한다. 복잡성 리더십(complexity leadership)이란 탄력적이면서 융통성있게 복잡한 변화를 처리하도록 사람과 조직을 모두 이끄는 것을 의미한다.

14-2a. 변화 에이전트의 역할

조직에 변화를 도입하고 관리하는 개인이나 집단을 **변화 에이전트**(change agent)라고 한다. 변화 에이전트는 변화 프로세스를 감독하기 위해 임명된 관리자나 직원과 같이 조직 내부에서 세울 수도 있다. Rosabeth Moss Kanter 는 자신의 저서 "변화 마스터(the change masters)"에서 휴렛패커드나 폴라로이드 같은 회사에서는 경영자와 직원들 모두 같이 조직의 변화와 혁신을 창출하기 위해 필요한 스킬을 개발하고 있다고 지적한다.

"My profession has probably been transformed again just since we started this session."

내부 변화 에이전트는 변화 프로세스를 관리하는 데 있어 장점을 가지고 있다. 첫째, 그들은 그 조직의 역사, 정치 체제, 문화를 알고 있다. 또한 내부 변화 에이전트들은 그들 자신이 변화 노력의 결과를 감수해야 하기 때문에 변화를 관리하는 데 매우 신중할 가능성이 높다. 반면 내부 변화 에이전트가 갖는 단점도 있다. 그들은 조직 내의 특정 파벌들과 연관되어 있거나, 편파적 대우를 한다는 비난을 받거나, 너무 조직 상황에 밀접해서 처리해야 할 일에 대한 객관적인 시각을 갖기 힘들 수 있다.

조직 내 변화 리더들은 나이가 25세에서 40세 사이로 대체로 젊다. 변화 리더의 다수가 여성이다. 또한 변화 에이전트는 일반 관리자보다 더 유연하고 인간중심적이다. 기술적 스킬과 대인관계 스킬을 잘 조화시키면서도 성과 결과를 중요시하는 냉정한 의사결정자들이다. 게다가 그들은 사람들에게 에너지를 주고 한 방향으로 나아가도록 지지한다. 또 두 가지 이상의 리더십 스타일로 운영할 수 있는 능력을 갖추고 있으며 상황에 따라 팀 모드에서 지휘와 통제 모드로 전환할 수도 있다. 끝으로 변화 에이전트는 불확실성을 편하게 받아들인다.

변화의 규모가 크거나 전략적 특성을 갖는다면 다양한 기술, 전문성, 영향력을 가지고 함께 조화

change agent The individual or group that undertakes the task of introducing and managing a change in an organization.

롭게 일할 수 있는 리더들로 이루어진 팀이 필요할 수 있다.

*외부 변화 에이전트*는 외부인의 객관적인 관점을 조직에 전달한다. 외부인이 지닌 공정성 때문에 직원들이 더 선호할 수 있다. 그러나 외부 변화 에이전트는 어떤 난관에 직면하게 된다. 외부인으로서 조직 역사에 대한 지식에 한계가 있고, 조직원들로부터 불신에 찬 시선을 받을 수도 있다. 외부 변화 에이전트는 직원들의 신뢰를 얻고, 중요한 전문성을 보유하며, 신빙성을 더해주는 일련의 업계 경험을 갖고 있을 때 더 힘있게 변화를 추진할 수 있다.

변화 프로세스의 각각의 단계에서는 각각 다른 변화 에이전트 역량이 요구된다. 변화가 진행됨에 따라 리더십, 커뮤니케이션, 훈련 및 직원참여가 미치는 영향의 수준이 달라지는데, 이는 변화 에이전트들이 변화 프로세스의 매 단계마다 유연하게 진행해야한다는 것을 의미한다. 성공적인 변화 리더는 리더십 팀 내 관계와, 리더십 팀과 조직원들 간의 관계 그리고 리더십 팀과 주요 외부이해관계자간의 관계를 강력하게 구축한다. 이 세 유형의 관계를 동시에 유지하는 것은 상당히 어렵기 때문에, 성공적인 리더들은 변화 프로세스가 진행되는 동안 대상을 바꿔가며 지속적으로 관계를 맺었다 놓았다를 반복한다. 적응력(adaptability)은 내부와 외부 변화 리더 모두에게 필요한 핵심 역량이다.

14-3 변화에 대한 저항

변화에 대한 저항은 사람들이 종종 자신의 이익을 보호하기 위해 합리적인 대처를 하는 것이다. 하지만 사람들이 변화를 거부하는 이유는 수없이 많다. 대다수의 이유는 *저항*(reactance)이라는 개념 때문인데 이는 즉 개인의 자유가 위협받고 있다고 느낄 때 발생하는 부정적인 반응이다. 저항반응이 표출되는 몇 가지 예를 살펴본 다음 그것에 대처하는 방법을 살펴보도록 하자.

14-3a. 사람들이 변화에 저항하는 주요 이유

사람들이 변화에 저항하는 일반적인 이유는 미지의 것에 대한 두려움, 손실에 대한 두려움, 실패에 대한 두려움, 인간관계의 붕괴에 대한 두려움, 성격적 요인, 정치적 요인, 조직문화의 가정과 가치 등이다.

미지의 것에 대한 두려움 기술적 변화에 직면한 직원들은 이로써 그들이 한때 누렸던 편한 상태에 애매모호함이 더해진다는 사실만으로도 그 변화에 저항할 수 있다.

손실에 대한 두려움 어떤 직원들은 임박한 변화로 인해 일자리를 잃을까 두려워할 수도 있는데, 특히 로봇공학과 같은 첨단 기술이 도입되었을 때 그렇다. 직원들은 또한 변화로 인해 그들의 지위를 잃는 것을 두려워할지도 모른다. 예를 들어, 컴퓨터 시스템 전문가들은 사용자 친화적인 네트워크 정보 시스템을 설치할 때 그들의 전문지식이 평가절하 될 것이라고 느낄 수 있다. 또 다른 두려움은 변화로 인해 개인이 직무에서 누렸던 업무특성이 감소될 수 있다는 것이다. 예를 들어, 사우스웨스턴 벨(현재의 SBC Communications의 일부)이 고객 서비스 직무를 전산화하자 직원들은 그들이 누렸던 자율성에 위협을 느꼈다.

실패에 대한 두려움 일부 직원들은 변화의 결과로 인해 자신이 겪게 될 수도 있는 실패에 대한 두려움 때문에 변화를 두려워한다. 업무량 증가 또는 업무 난이도 증가로 이어질 수 있는 변화를 그들의 역량으로 감당할 수 있을까하는 의문을 가진다. 또한 변화 후 성과실적 기준이 높아지면 그 기준에 미치지 못할 수 있다는 염려를 할 수 있다.

또한 저항은 변화가 실제로 일어나지 않을 것이라는 두려움에서 생길 수 있다. 즉 개인적 차원이 아니라 조직 차원에서 실패에 대한 두려움이 있을 수 있다는 얘기다. 대대적인 자동화 혁신을 벌이고 있는 한 대형 도서관의 직원들은 자동화 설비업체가 약속한 첨단 시스템을 제대로 구축할 지 의문이었다. 이 경우 자동화 작업은 실현되지 않았다; 직원들의 두려움은 충분히 근거 있는 것이었다.

인간관계의 붕괴에 대한 두려움 직원들은 그들이 직장에서 의미 있게 유지해온 인간관계에 제약이 되는 위협적인 변화에 저항할 수 있다. 자동화시스템으로의 변화를 직면한 도서관 직원들은 전산화된 시스템이 시행되면 자료를 찾기 위해 도서관의 다른 층으로 오가면서 형성한 직원간의 상호작용이 사라지게 될 것을 우려했다.

Transformational change occurred when Orville and Wilbur Wright gave up their bicycle business to concentrate on building flying transportation.

성격적 요인 내재적 통제위치, 높은 성장 욕구, 강한 동기, 낙관적인 인생관을 가진 사람은 직장에서 일어나는 변화를 포용할 가능성이 더 높다. 성격적인 갈등은 변화에 대한 직원들의 수용도에 영향을 미칠 수 있다. 직원들의 우려와 감정에 무감각해 보이는 변화 에이전트는 자신들의 요구가 고려되지 않는다고 느끼는 사람들의 저항을 직면할 수 있다.

정치적 정치 조직의 변화는 조직의 기존 권력 균형을 바꿀 수도 있다. 기존의 체제에서 권한을 누렸던 개인이나 집단은 다가오는 변화로 인해 자신들의 정치적 이점을 잃을 수 있다는 위협을 느낄 수 있다.

조직문화의 가정과 가치 때때로 조직문화의 가정과 가치는 특히 그 변화의 근간이 되는 가정(assumptions)이 직원들에게 생소한 경우에 변화에 방해물이 될 수 있다. 한편으로 직원들은 전략적 변화 추진계획을 조직가치 체계와 경영진의 경영철학의 관점에서 해석하기도 한다. 실제로 연구결과에 의하면 직원들은 조직에서 일반적으로 통용되는 비공식적 의미부여(sense-making) 과정을 예의주시하는데 이 때문에 상명하달식 변화 추진계획이 실패로 돌아가기도 한다. 조직문화의 가정은 무의식의 차원에 존재하기 때문에 이러한 유형의 저항은 극복하기 어려울 수 있다. 어떤 조직문화는 불확실성을 회피하는 성향이 있다. 예를 들어 멕시코와 그리스 문화에서는 불확실성을 많이 유발하는 변화는 큰 저항에 부딪힐 수 있다.

지금까지 변화에 대한 저항의 원천을 여러 가지로 설명했지만, 저항의 원인은 노동인구 특성만큼 다양하고 개인별로 조직별로 다 다르다. 관리자들이 해야 할 과제는 변화를 긍정적인 분위기에서 실천하고 직원들의 저항을 잘 관리하는 것이다.

14-3b. 저항 관리 및 회복성 개발

변화에 대한 저항을 관리하는 전통적인 견해는 저항을 극복해야 하는 것으로 여기는 것이었고, 저항을 줄이려는 많은 조직적 시도는 오히려 저항을 강화시켰다. 최근 현대적 관점에서는 저항은 단지 피드백의 한 형태일 뿐이며 이 피드백은 변화 프로세스 관리를 위해 매우 생산적으로 사용될 수 있다고 주장한다. 개인이나 팀이나 조직이 변화에 대한 준비가 되어 있지 않다면, 이는 조직의 변화 추진 방식에 대한 취약점을 파악하고 프로세스를 개선할 때 유용하게 쓰일 중요한 진단 정보를 수

One key strategy for managing resistance to change is open communication.

집할 수 있는 기회가 된다. 이러한 관점에서 보면, 저항 관리란 저항에 대한 계획을 하고, 다양한 전략을 준비해서 저항을 피드백으로 활용하며 직원들과 과도기를 잘 넘길 수 있도록 준비하는 것이다. 변화에 대한 저항을 관리하는 세 가지 핵심 전략은 소통, 참여, 공감 및 지원이다.

직원들이 변화에 잘 적응하도록 하려면 다가오는 변화에 대한 **소통**(communication)이 필수적이다. 변화의 세부사항을 알려주는 것 못지않게 중요한 것은 변화의 이유를 알려주는 것이다. 정확하고 시기적절한 정보는 근거 없는 두려움을 방지하고 잠재적인 악성 루머를 막을 수 있다. 반대로 변화에 대한 발표를 늦추고 정보를 공유하지 않으면 루머가 더 퍼질 수 있다. 서로 신뢰하는 문화 안에서 개방적인 소통은 성공적인 변화를 위한 핵심 요소이다. 관리자들은 변화와 관련된 정보를 전파하는 주요 통로 역할을 하는 조직의 비공식 커뮤니케이션 네트워크를 주목해야한다. 직원들에게 새로운 업무 절차와 변화로 인해 생길 수 있는 결과에 대해 교육하는 것도 도움이 된다. 또한 멘토와 멘티 모두 조직변화의 과정을 함께 거치면서 얻는 것이 있다. 멘티는 멘토들의 도움으로 변화를 더 잘 이해할 수 있고 멘토들은 변화 과정 동안 멘티에게 도움을 준 만족감을 느낄 수 있다. 직원들이 변화에 적응하도록 도울 수 있는 또 다른 중요한 요소는 그들이 신뢰할 수 있는 상사(supervisor)이다. 상사에 대한 직원들의 신뢰는 사회적 지원 메커니즘으로 작용하여 직원들이 변화 과정을 통제할 수 없다고 느끼더라도 조직에 더 헌신할 수 있게 된다.

직원들이 변화 과정에 ***참여하는 것***이 중요하다고 주장하는 상당히 많은 연구 자료가 있다. "우리가 만든 것은 우리가 지지한다."라는 개념이 내포하듯이 성공적인 변화를 이루려면 직원들이 변화에 적극적으로 참여해야 한다. 직원참여는 직원들이 변화에 몰두하고 그 과정에서 주인의식을 갖게 한다. 인수합병은 오늘날 거의 모든 비즈니스 환경에서 흔히 일어난다.

저항 관리를 위한 또 다른 전략은 변화에 대처하는 데 어려움을 겪는 직원들을 ***공감하고 지원해주는 것***이다. 적극적 경청(active listening)을 잘 활용하면 직원들이 느끼는 저항의 이유를 파악하고 두려움을 알아낼 수 있다. 직원들이 변화에 대해 느끼는 우려는 변화 프로세스 개선을 위해 사용할 수 있는 중요한 피드백이 될 수 있다. 직원들을 위한 감정적인 지지와 격려는 변화에 대한 자연스러운 반응인 불안감을 극복하는 데 도움을 줄 수 있다. 변화에 대한 부정적인 반응을 심하게 느끼는 직원들은 상담사와 상담하는 것도 좋은 방법이다. 일부 회사들은 직원지원제도를 통해 상담을 제공한다.

직원들의 회복탄력성(resilience)을 증진시키면 변화기간 동안에도 직원들의 상태를 지속적으로 건강하고 생산적으로 유지하기 쉽다. 회복탄력성은 도전과 역경에 직면했을 때 흔들리지 않고 지속적으로 집중하기 위해 긍정적인 스킬을 사용하는 능력이다. 스트레스가 많은 근무 환경은 건강에 좋지 않은데, 직장에서 인정받고 지지받는다고 느끼는 직원들은 더 회복탄력적이다. 회복탄력성은 변화의 시기에 수면, 스트레스, 직무소진, 우울증, 생산성 저하로부터 직원들을 지키는 효과가 있다.

그림 14.1 운동을 하려는 결심에 대한 역장 분석(Force Field Analysis)

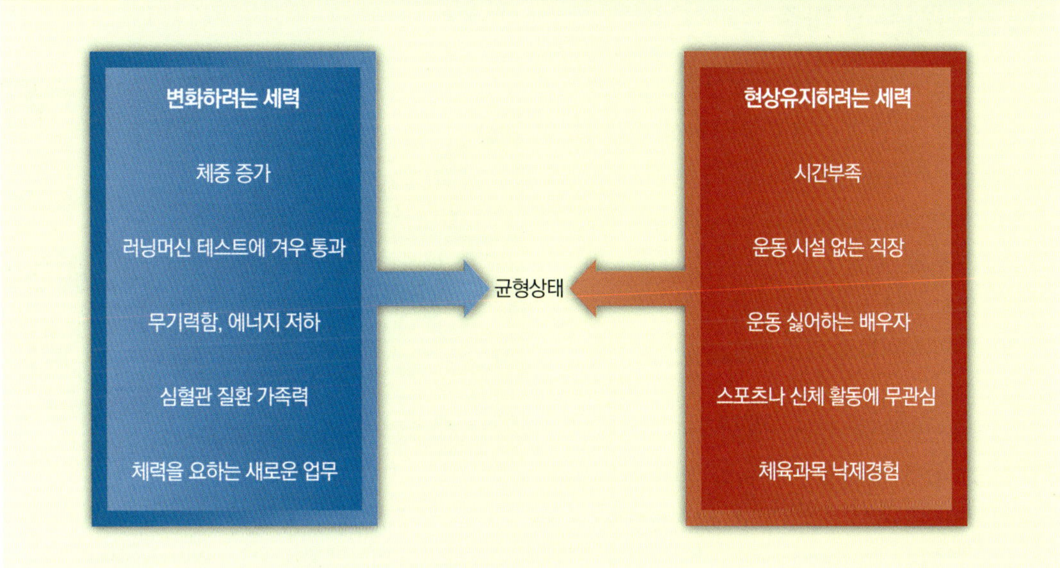

그림 14.2 Lewin의 변화 모델

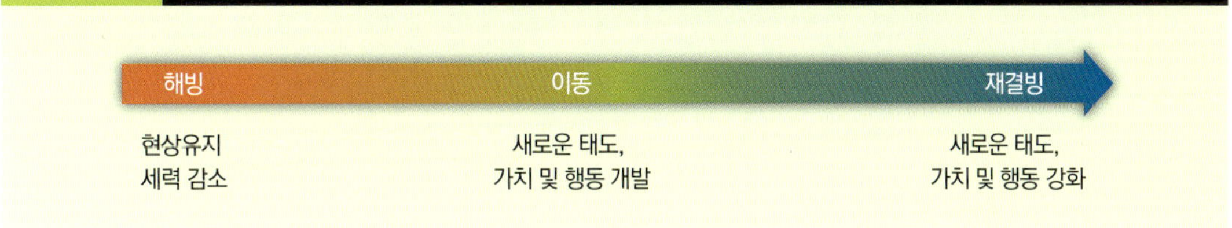

이러한 이점 때문에 많은 회사들이 직원들에게 회복탄력성 훈련을 제공한다. 회복탄력성 훈련을 사용하는 회사들 중에는 Aetna, IBM, Goldman Sachs가 있다.

14-4 LEWIN의 변화 관리 모델

Kurt Lewin은 변화 프로세스 모델을 개발했는데 이 모델은 오랜 시간동안 유효성이 입증되었고 조직의 계획된 변화 관리 방법에 지속적으로 영향을 미치고 있다. Lewin의 모델은 역장분석 (force field analysis) 아이디어에 기반을 두고 있다. 그림 14.1은 운동습관(exercise behavior)을 가지려는 결심에 대한 역장 분석을 보여준다. 이 모델은 한 사람의 행동은 두 가지 서로 반대되는 세력의 산물이라고 주장한다. 한 세력은 현상 유지 쪽으로 밀어내고 다른 하나는 변화 추진 쪽으로 밀어낸다. 상반되는 두 세력의 힘이 거의 같다면 현재의 행동이 유지된다. 행동 변화가 일어나려면 현상 유지하는 세력을 압도해야 한다. 이것은 변화를 추구하는 세력을 증가시키거나, 현상유지를 원하는 세력을 약화시키거나, 또는 두 조치를 조합함으로 이루어질 수 있다.

Lewin의 변화 모델은 그림 14.2와 같이 3단계 프로세스로 이루어져있다. 그 프로세스는 **해빙**(unfreezing)으로 시작되는데, 이것은 변화 프로세스의 중요한 첫 번째 장애물이다. 해동은 개인이 현상을 유지하는 평형 상태를 흔들어

unfreezing The first step in Lewin's change model, in which individuals are encouraged to discard old behaviors by shaking up the equilibrium state that maintains the status quo.

끊임없이 변화하는 아마존

Jeff Bezos는 지속적인 혁신을 공약으로 내세우며 아마존을 설립했다. 연간 119달러의 멤버십 옵션인 프라임(Prime) 제도는 상당히 많이 성장했다. 긴급버튼(Dash buttons)을 통해서 고객들이 가정용품을 클릭 한 번에 재주문할 수 있게 만들었다. 로지스틱스에 심혈을 기울이기에 첨단 로봇의 힘으로 고객주문처리 센터를 강화했다. 이 회사는 또한 소매상 매장에도 문을 두드렸다. Amazon Go는 계산대에 줄 서 기다릴 필요도 없고 계산원도 없는 스마트폰 연동 구매방식이다. 대신 고객이 매장 안으로 들어가 필요한 것을 고르고 매장 밖으로 나가면 고객의 아마존 계좌로 자동 청구된다. Amazon이 Whole Foods를 인수하는 것은 Amazon Go에서 써먹은 것과 마찬가지로 가격 인하와 자동화를 의미한다. 공정한 보수, 훌륭한 문화, 지속 가능한 공급원을 갖춘 일하기 좋은 직장으로서의 Whole Foods의 명성은 Amazon의 치열하고 도전적인 문화와 충돌할 수 있다. 최근 일어난 이 변화는 미국 식료품 산업을 뒤흔들 것이다.

SOURCES: K. Lightbody, "How Amazon Is Infiltrating the Physical World," Fast Company, February 13 (2017), accessed at https://www.fastcompany.com/3067456/most-innovativecompanies/amazon-gets-physical; F. Manjoo, "In Whole Foods, Bezos Gets a Sustainably Sourced Guinea Pig," New York Times, June 17 (2017), accessed at https://www.nytimes.com/2017/06/17/technology/whole-foods-amazon-jeff-bezos.html.

낡은 행동을 버리도록 장려하는 것이다. 변화 관리에 대한 연구문헌은 오래 전부터 특정 개인은 변화에 더 저항하는 성격을 가지고 있다고 주장해 왔다. 그러나 최근의 한 연구는 연구 응답자 중 일부(23%)만이 조직구조 변화, 기술 변화, 사무실 이전이라는 세 가지 다른 종류의 변화에 대한 반응에서 일관성을 보였다는 것을 보여준다. 대다수의 응답자(77%)는 이러한 다양한 종류의 변화에 대해 서로 다른 반응을 보였으며, 변화에 대한 반응은 이전에 생각했던 것보다 더 상황에 따라 달라질 수 있음을 시사했다. 조직은 종종 현재의 행동에 대한 보상을 없애고 현재의 행동이 가치 있게 평가받지 않는다는 것을 보여주면서 해빙 단계를 진행한다. 요컨대 조직원들은 변화를 준비하는 과정에서 현상유지의 경계선을 내려놓으면서 포기한다.

moving The second step in Lewin's change model, in which new attitudes, values, and behaviors are substituted for old ones.

refreezing The final step in Lewin's change model, in which new attitudes, values, and behaviors are established as the new status quo.

변화 프로세스의 두 번째 단계는 **이동**(moving)이다. 이동 단계에서는 새로운 태도, 가치관, 행동이 과거의 것들과 대체된다. 조직이 이동단계를 진행하기 위해서는 새로운 선택지를 제시하고 변화의 근본이유를 설명하고 직원들이 필요로 할 새로운 스킬을 개발하는 훈련을 제공할 수 있다. 조직은 직원들이 새로운 조직구조와 프로세스 안에서 그들의 역할을 잘 찾도록 이를 관통하는 비전을 제시해야한다.

재결빙(refreezing)은 변화 프로세스의 마지막 단계다. 이 단계에서는 새로운 태도, 가치관, 행동이 새로운 현상유지(status quo)상태로 자리매김된다. 새로운 운영방식은 확실하게 굳혀지고 강화된다. 관리자는 새로운 행동을 장려하는 조직 문화와 공식적인 보상 시스템을 만들어야 한다. 보상 시스템의 변화가 필요한 이유는 조직이 이전 행동을 더 이상 보상하지 않고 새로운 행동을 바란다는 것을 확실하게 알리기 위해서이다. Exxon Research and Engineering의 연구에 의하면 관리자의 사무실에 기업의 사명소명서(mission statement)를 액자에 걸어주면 2%의 관리자만 행동이 변화되는 반면 관리자들의 평가와 보상 시스템을 바꾸면 55%의 관리자들이 하룻밤 사이에 행동을 변화시킨다는 것이다.

Monsanto가 사내 여성 직원들에게 기회를 더 많이 제공하기 위해 사용한 접근방법은 Lewin의 변화 모델을 어떻게 효과적으로 활용하는지 잘 보여주는 예이다. 첫째, Monsanto는 직원들이 직장 내 여성에 대해 가진 부정적인 스테레오타입이 틀린 것이라는 것을 깨달을 수 있게 도와주는 방식으로 해빙 단계에 주안점을 두었다. 이 방식은 또한 변화에 대한 저항을 극복하는 데 도움이 되었다. 둘째, Monsanto는 다름(difference)이 긍정적으로 강조되는 다양성 훈련(diversity training)을 통해 직원들의 태도와 행동을 변화시켰고, 관리자들에게는 여성 직원들을 훈련하고 개발하는 방법을 교육시켰다. 셋째, Monsanto는 보상 시스템을 바꾸어서 여성 직원을 어떻게 코칭하고 승진시켰는가에 기반하여 관리자들의 실과평가를 했는데 이는 새로운 태도와 행동이 잘 동결되도록 도왔다.

자주 간과할 수 있는 문제는 그 변화가 회사의 핵심 가치와 일치하는지 여부다. 가치 일관성은 변화가 정착하는데 매우 중요하다. 조직의 변화가 기업의 가치와 일치한다고 인식하면 조직원들은 변화를 훨씬 더 쉽고 온전하게 받아들인다. 반대로 조직원들의 가치관이 변화와 상충되는 조직에서는 조직원들이 변화에 대해 긍정적인 립서비스를 할 수는 있지만 결국에는 그들의 이전 행동으로 되돌아가는 "표면적 동조"를 보일 수 있다.

14-5 조직개발 인터벤션 필요성 확인

변화와 관련된 주제는 ***조직개발***인데 이는 조직을 보다 효과적으로 만들기 위한 다양한 프로그램으로 구성된 방법이다. **조직개발**(organization development, OD)은 개인 및 조직의 웰빙과 효과성을 높이기 위해 행동과학 이론과 연구를 적용하여 조직을 향상시키는 체계적인 접근방법이라고 정의할 수 있다. 이 정의는 몇 가지 특징을 내포하고 있다. 첫째, 계획된 변화를 이루는 체계적인 접근방식으로서 조직개발은 조직의 문제와 기회를 진단한 다음 필요한 전문지식을 적용하는 구조화된 순환모델(cycle)이다. 둘째, 조직개발은 탄탄한 연구와 이론에 기반을 두고 있다. 조직개발은 조직이 직면하는 도전과제에 행동과학 지식을 적용한다. 셋째, 조직개발은 개인과 조직의 상호관계를 인정한다. 조직이 변하기 위해서는 개인이 변해야 한다는 것을 인정한다. 마지막으로 조직개발은 목표 지향적이다. 조직개발은 개인과 조직의 웰빙과 효과성을 모두 향상하기 위한 프로세스이다.

관리자들은 인터벤션 방법을 결정하기 전에 그들이 해결하려고 하는 문제를 신중하게 진단해야 한다. 진단 및 니즈 분석(needs analysis)은 모든 조직개발 인터벤션의 중요한 첫 번째 단계다. 이에 따라 인터벤션 방법을 선택하고 적용한다. 마지막으로, 조직개발은 프로세스의 철저한 후속조치(follow-up)를 실행한다. 그림 14.3은 조직과 조직원들이 효과적으로 운영되도록 변화시키는 지속적인 프로세스인 조직개발 순환모델(OD cycle)을 설명하고 있다.

14-5a. 진단 및 니즈 분석

인터벤션을 계획하기 전에 철저한 조직진단이 이루어져야 한다. 진단은 모

organization development (OD) A systematic approach to organizational improvement that applies behavioral science theory and research in order to increase individual and organizational wellbeing and effectiveness.

그림 14.3 조직개발 순환모델

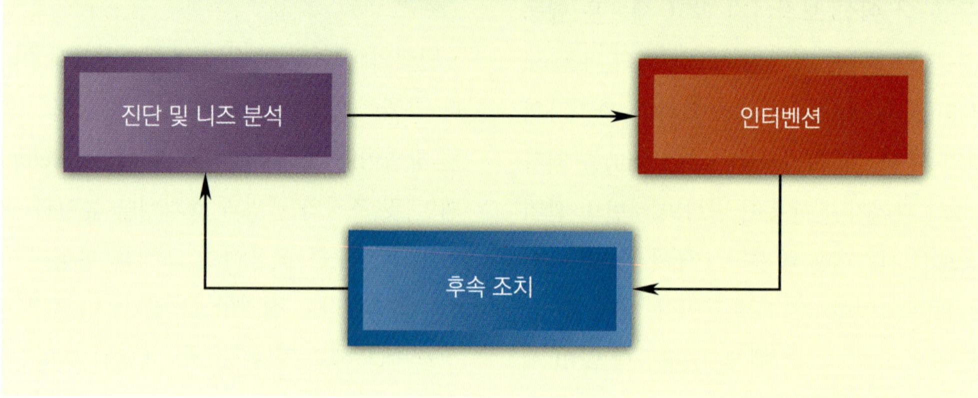

든 조직개발 인터벤션에 필수적인 첫 단계이다. 진단(analysis)이라는 용어는 *dial*(통하여)과 *gnosis*(지식)라는 두 그리스어에서 유래한다. 따라서 진단은 개선이 필요한 구체적인 문제와 분야를 정확히 지적해야 한다. 세심하게 검토해야 할 6가지 영역은 조직의 목적, 조직구조, 보상 시스템, 지원 시스템, 조직원관계 및 리더십이다.

Harry Levinson의 진단 접근방식은 조직의 고통(문제)이 어디에 있는지, 어떤 상태인지, 얼마나 오래동안 발생했는지, 그리고 그것에 대해 이미 어떤 대처를 해왔는지를 파악하는 것으로 프로세스를 시작해야 한다고 주장한다. 그런 다음 네 가지 단계로 이루어진 종합적인 진단이 시작될 수 있다. 진단의 첫 번째 단계는 조직의 내력을 이해하는 것이다. 두 번째 단계는 조직 전체를 분석하여 그 구조와 프로세스에 관한 데이터를 얻는 것이다. 세 번째 단계에서는 태도, 인간관계 및 현재 조직적 기능(organizational functioning)에 대한 해석적 데이터가 수집된다. 진단의 네 번째 단계에서는 데이터를 분석하고 결론을 내린다. 진단 각 단계에서 관찰, 인터뷰, 설문지, 보관기록 등의 다양한 방법을 사용하여 데이터를 수집할 수 있다.

니즈 분석(need analysis)은 변화 관리의 또 다른 중요한 단계다. 이는 직원들이 변화의 목표를 달성하기 위해 반드시 갖춰야 할 스킬과 역량을 분석하는 것이다. 훈련 프로그램과 같은 인터벤션은 이러한 스킬과 역량을 대상으로 해야 하기 때문에 니즈 분석이 필수적이다.

survey feedback A widely used intervention method whereby employee attitudes are solicited using a questionnaire.

대안적인 조직개발 인터벤션 방법은 수백 가지가 있다. 이러한 방법들을 분류하는 한 가지 방법은 조직, 집단, 개인 등 변화의 대상을 기준으로 분류하는 것이다.

14-6 집단 중심의 조직개발 인터벤션

일부 조직개발 인터벤션은 개인 직원들을 변화의 대상으로 하기보다는 조직 자체에 변화를 주거나 조직 내의 업무집단에 변화를 주는 것을 주로 한다. 이 범주의 인터벤션에는 설문조사 피드백(survey feedback), 목표관리(management by objectives), 제품 및 서비스 품질 프로그램(product and service quality programs), 팀빌딩(team building) 및 프로세스 자문(process consultation)이 포함된다.

14-6a. 설문조사 피드백

설문조사 피드백(survey feedback)은 설문지를 이용하여 직원들의 태도를 알아보기 위한 목적으로 널리 사용되는 인터벤션 방법이다. 데이터를 수집한 후에는 분석하여 직원들에게 피드백하고 그 내용을 바탕으로 문제를 진단하고 다음 인터벤션을 계획한다. 설문조사 피드백은 종종 탐색 도구로 사용되며, 그 후 다른 인터벤션과 함께 쓰인다. 실제 성과향상(예를 들어 근퇴 또는 생산성)에 미치는 설문조사 피드백의 효과성은 이것을 다른 인터벤션과 결합하여 쓸 때 상당히 상승한다. 더욱이 이 기법의 효과는 경영진과 직원들 간의 신뢰를 전제로 하고 있으며, 설문조사 응답의 익명성과 비밀보장성을 통해 그 효과가 강화될 수 있다.

설문조사 피드백을 효과적으로 사용하려면 특정 가이드라인을 사용해야 한다. 직원들에게 설문지 답변이 익명처리되고 비밀보장이 될 것에 대한 확신을 주어야 한다. 피드백은 집단 단위로 정리되어 보고되어야 한다. 직원들은 그들의 답변으로 인해 부정적인 영향을 받지 않을 것이라고 믿을 수 있어야 한다. 직원들에게 설문조사의 목적을 알려야 한다. 이렇게 하지 않으면 설문조사 결과로 생길 수 있는 변화에 대한 비현실적인 기대를 갖게 할 수 있다.

또한 경영진은 설문조사 결과에 대한 후속 조치(follow-up)를 준비해야 한다. 변화가 불가능한 상황에 대해서는 그 이유(예: 과다한 비용)를 직원들에게 설명해야 한다. 적절한 후속 조치가 없다면, 직원들은 다음번에 설문 조사 과정을 진지하게 받아들이지 않을 것이다.

14-6b. 목표 관리

조직 차원의 기법으로서, **목표 관리**(management by objectives, MBO)는 직원과 관리자 간의 공동 목표 설정이 중요하다. MBO 프로세스에는 초기 목표 설정, 주기적인 진행 상황 검토, 목표 달성을 방해하는 장애물을 제거하는 문제 해결 등이 포함된다. 이 모든 단계는 관리자와 직원 간의 협력으로 이뤄진다.

MBO는 세 가지 필요를 충족시키기 때문에 매우 유용한 인터벤션이다. 첫째, 조직이 직원에게 기대하는 바를 명확히 한다. 이것은 역할 갈등과 역할 모호성을 줄인다. 둘째, MBO는 직원들의 효과적인 직무수행에 필수적인 요소인 수행결과 파악에 필요한 정보를 제공한다. 마지막으로 MBO는 관리자가 직원들에게 제공하는 코칭과 상담의 기회를 포함한다. MBO의 문제해결 접근법은 열린 커뮤니케이션을 통해 목표 달성을 막는 장애물에 대한 논의가 활발히 이뤄지도록 돕는다.

MBO를 성공적으로 사용한 기업에는 Tenneco의 전신인 Mobil(현 ExxonMobil), General Electric 등이 있다. 그러나 MBO의 성공 여부는 개인의 목표와 조직의 목표를 연결하는 데 달려 있다. 하지만 MBO 프로그램은 신중하게 사용해야 한다. 목표 달성을 지나치게 강조하면 직원들 간의 치열한 경쟁, 결과 조작, 어떤 대가를 치르던 성과만 추구하는 부작용이 생길 수 있다.

14-6c. 제품 및 서비스 품질관리 프로그램

조직문화에 제품 및 서비스 품질 우수성 개념을 단단히 고정시키는 **품질관리 프로그램**(quality programs)은 많은 기업의 조직개발 노력에 핵심적인 역할을 하고 있다. 서비스 회사의 성패는 제공되는 고객 서비스의 품질에 달려 있을 수 있다. 제조 회사들조차도 고품질의 제품에 더해서 고품질의 고객 서비스가 필요하다. 도요타 자동차 회사는 첨단 기술 혁신과 고통스러운 글로벌 시장 확장을 연결시키는 방법을 끊임없이 찾는다. 도요타의 잘 알려진 경영방침은 혁신에 초점을 맞춘 지속적인 개선과 사람에 대한 존중이라는 두 가지 핵심 원칙에 초점을 맞추고 있다.

14-6d. 팀빌딩

팀 빌딩(team building) 프로그램은 업무 집단의 업무효과성을 향상시킬 수 있다. 일반적으로 팀빌딩은 팀 구성원이 문제를 파악하는 진단 프로세스에서 시작하여 그

management by objectives (MBO) An organization-wide intervention technique that involves joint goal setting between employees and managers.

quality program A program that embeds product and service quality excellence in the organizational culture.

team building An intervention designed to improve the effectiveness of a work group.

A popular method for team building is the use of outdoor challenges.

문제를 해결하기 위한 팀 차원의 실행계획 작성으로 이어진다. 팀빌딩의 조직개발 실무자는 퍼실리테이터 역할을 하며, 팀빌딩 활동 자체는 팀원들에 의해 완성된다.

팀빌딩은 매우 인기있는 조직개발 인터벤션이다. 포춘지 선정 500대 기업을 대상으로 한 조사에서 인사담당자들은 팀빌딩을 가장 성공적인 조직개발 기법으로 생각했다. 관리자들은 특히 학습가능한 팀을 만드는 데 관심이 있는 것으로 나타났다. 학습팀을 구성하려면 구성원이 피드백을 구하고, 실수에 대해 논의하며, 성공과 실패를 성찰하고, 새로운 수행 방법을 실험하도록 권장해야 한다. 개선방안을 찾기 위해 실수를 분석해야 하며, 상호지원의 풍토가 조성되어야 한다. 학습팀의 리더는 팀원들이 문제에 대해 토론하는 것을 편안하게 느끼도록 심리적으로 안전한 분위기를 조성하는 훌륭한 코치이다.

process consultation An OD method that helps managers and employees improve the processes that are used in organizations.

To build learning teams, members must be encouraged to seek feedback, discuss errors, reflect on successes and failures, and experiment with new ways of performing.

팀빌딩에 쓰이는 인기 있는 기술 중 하나는 야외 도전활동(outdoor challenges)이다. 팀빌딩 컨설팅회사인 Teambuilding은 조정(rowing)을 팀빌딩 훈련용으로 사용한다. 올림픽 금메달리스트 Dan Lyons의 자문을 도입하여 조정을 핵심 조직화 테마로 사용한 팀빌딩에 중점을 둔 세미나를 만들었다. 이 활동을 통해 참여자들은 리더십, 의사소통, 목표설정, 갈등관리 및 동기부여를 훈련할 수 있다. GE Healthcare, ING Direct, Wyeth Corporate Communications 등의 기업들 모두 이 프로그램을 팀빌딩 프로그램으로 활용했다. TeamBonding의 요리 도전과제 중 하나는 푸드트럭의 인기를 이용하는 것이다. 푸드트럭 챌린지에서 팀들은 앞치마에 그려질 로고와 함께 테이블 상판 푸드트럭의 전면부를 디자인한다. 그들은 조리법을 만들고, 대표 요리를 준비하며, Southwest, All-American 또는 Tailgater 이 세 가지 요리 중 하나를 선택해서 판매한다. 심사위원단이 맛을 평가하는데 팀들은 맛, 프리젠테이션, 조리법에 대해 평가된다. 푸드트럭 챌린지의 목표는 게임놀이의 효과를 통해 팀워크를 향상시키는 것이다.

팀빌딩은 구성원이 직접 대면하는 경우가 드문 가상팀(virtual teams)에서 진행하기가 특히 까다롭다. 갈등관리, 의사결정, 감정소통과 같은 평범한 프로세스도 가상팀에게는 도움이 필요한 도전과제이다. 가상팀은 관계를 구축하는 데 시간이 걸리므로 지역적으로 분산되어 있는 팀원들 간에 신뢰를 쌓는 데 도움이 되는 인터벤션이 중요하다. 다문화간 팀워크와 같은 주제가 도움이 되고, 가상팀에 새로 들어오는 멤버들에게 특히 팀빌딩 훈련이 큰 도움이 된다.

14-6e. 프로세스 자문

Edgar Schein이 처음 시작한 **프로세스 자문**(process consultation)은 관리자와 직원이 조직에서 운영되는 프로세스를 개선하는 데 도움을 주는 조직개발 인터벤션이다. 가장 자주 적용되는 프로세스는 커뮤니케이션, 갈등해결, 의사결정, 집단 상호작용, 리더십이다.

프로세스 자문의 두드러진 특징 중 하나는 외부 컨설턴트가 사용된다는 것이다. 컨설턴트의 역할은 직원들이 스스로를 돕도록 도와주는 것이다. 이렇게 하면 인터벤션이 성공적인 결과를 얻었을 때 직원들이 주인의식을 갖게 된다. 컨설턴트는 조직 구성원들이 조직 내의 프로세스를 검토하고 개선하도록 지도한다. 프로세스 자문의 진행단계는 컨설턴트가 조직에 들어가서, 관계를 정의하고, 접근 방식을 선택하고, 데이터를 수집하고, 문제를 진단하고, 인터벤션을 실행하고, 차차 조직을 떠나는 것이다.

프로세스 자문은 직원들과 외부 컨설턴트가 상호작용하는 기법이기 때문에 단독 조직개발 방법으로는 거의 사용되지 않는다. 대부분 다른 조직개발 인터벤션과 함께 사용된다.

앞서 설명한 모든 조직개발 방법은 조직이나 업무 집단의 변화에 중점을 두는 반면, 다음에 제시된 조직개발 방법은 개인 차원의 변화를 목표로 한다.

14-7 개인 차원 조직개발 인터벤션

개인을 대상으로 하는 조직개발 인터벤션에는 스킬 훈련, 리더십 훈련 및 개발, 임원 코칭, 역할 협상, 직무 재설계, 웰니스 프로그램, 경력 계획 등이 포함된다.

14-7a. 스킬 훈련

스킬 훈련(skills training)이 다루는 핵심 질문은 "이 일을 효과적으로 하기 위해서는 어떤 지식과 스킬과 능력이 필요한가?"이다. 스킬 훈련은 정식 강의실 세팅에서 또는 업무 중에 이루어진다. 당면 과제는 스킬 훈련을 급변하는 오늘날의 조직 환경에 알맞는 조직개발로 통합하는 것이다. 대부분의 직무에 필요한 업무 지식은 빠른 변화를 따라잡기 위해서 지속적인 업데이트가 필요하다.

Google이나 Genentech 같은 기업은 마음챙김(mindfulness) 훈련으로 기존의 스킬 훈련을 보완하고 있다. 기업에서 연구자들은 온라인에서 가르치는 마음챙김 기법이 강의실 환경에서 가르치는 마음챙김 기법만큼 많은 효과가 있을지 궁금해 했다. 한 무리의 직원들이 온라인 마음챙김 수업에 참여했는데, 이들은 수업 대기자 명단에 오른 직원들과 비교됐다. 온라인 마음챙김 교육을 경험한 직원들은 아직 교육을 완료하지 않은 직원들보다 스트레스 감소, 회복력 및 활력 향상, 업무 참여도 증가, 전반적인 웰빙 향상이 보고되었다.

14-7b. 리더십 훈련 및 개발

기업들은 **리더십 훈련 및 개발**(leadership training and development)에 수백만 달러를 투자하는데 이는 개인의 리더십 역량을 향상시키기 위해 고안된 다양한 기법을 포함한다. 일반적인 기법은 차세대 리더들을 사외 교육훈련 수업에 보내는 것이다. 연구에 따르면 이런 유형의 교육 경험은 어느 정도 영향을 미칠 수 있지만, 직장생활의 도전과제와 현실상황 때문에 참가자들의 열의에 찬 직장 복귀는 오래가지 못할 수도 있다. 즉 강의실 학습으로만 이루어진 리더십 역량 훈련은 한계가 있다.

일부 리더십 훈련과 개발 프로그램은 강의실 학습과 현장 경험을 결합한다. 리더십 역량을 개발하는 방법 중 하나는 유럽에서 시작된 방법인 **액션러닝**(action learning)을 이용하는 것이다. 액션러닝에서는 리더에게 익숙치 않은 문제 또는 낯선 환경에서의 익숙한 문제가 주어진다. 리더들은 문제해결에 매진하며 다른 조직에서 온 참가자들과 소규모 그룹으로 매주 만남을 갖는다. 액션러닝의 성과는 리더들이 참가 동료들의 도전과제를 통해 자기 자신에 대

skills training Increasing the job knowledge, skills, and abilities that are necessary to do a job effectively.

leadership training and development A variety of techniques that are designed to enhance individuals' leadership skills.

Companies like General Mills are including mindfulness training in their leadership development programs.

한 배움을 얻는 것이다. 참가자들에게 액션러닝을 제공하는 다른 기법은 시뮬레이션, 비즈니스 게임, 롤플레이 및 사례 연구이다.

Eli Lilly는 차세대 기업 리더 14명을 모아 전략적 비즈니스 문제를 해결하는 액션러닝 프로그램을 운영한다. 6주 동안 훈련생들은 전문가, 모범사례 기업, 고객과 만남을 갖은 후에 임원급 경영진에게 제안서를 발표한다. 한 액션러닝 팀은 전자상거래 전략을 고안하는 과제를 맡았고 그 팀이 제안한 전략계획이 너무 우수한 나머지 임원진은 즉시 받아들여 실행했다. Eli Lilly와 다른 여러 기업은 액션러닝 프로그램을 통하여 리더들에게 성장하는 경험을 제공하고, 그 결과로 추진력이 되어 기업에 큰 도움이 되었다.

General Mills나 Apple 같은 회사들은 리더십 개발 프로그램에 마음챙김 훈련을 포함시키고 있다. Google은 오랫동안 그렇게 해왔고 훈련 프로그램에 마음챙김과 감성지능을 통합시켰다. 마음챙김 훈련은 스트레스 감소, 공감력 향상, 웰빙 향상이라는 측면에서 리더 자신들에게 도움이 된다. 리더가 받는 마음챙김 훈련은 리더와 함께 일하는 직원들에게도 파급 효과를 가져다준다. 리더가 마음챙김을 잘 하면, 직원들의 업무 만족도와 성과가 높아질 뿐만 아니라 웰빙도 향상된다.

executive coaching A technique in which managers or executives are paired with a coach in a partnership to help them perform more efficiently.

리더십 훈련과 개발은 상당한 시간과 노력이 필요한 지속적인 프로세스이다. 빠른 지름길은 없다. IBM에서는 관리자들이 리더십 개발에 대한 책임을 진다. 실제로 IBM의 관리자들은 부하직원의 리더십 개발을 맡아본 경험이 없으면 고위 임원직으로의 승진이 어렵다. 향후 리더 자리에 오르게 될 잠재력 높은 직원들의 승계 파이프라인을 만들고자 한다면 최고 경영진이 리더십 훈련과 개발 프로세스에 각별한 관심을 두어야 한다.

14-7c. 임원 코칭

임원 코칭(executive coaching)은 관리자나 임원이 코치와 파트너가 되어 함께 업무수행의 효율을 높이는 기술이다. 코칭은 보통 1대1 방식으로 이뤄지지만 그룹별로 시도되기도 한다. 임원 코칭의 인기는 최근 몇 년간 급격히 증가했다. 임원 코치를 양성하고 자격인증을 부여하는 단체인 국제 코치 연맹은 창립 2년 만에 회원 수가 두 배로 늘어 35개국 7000명이 되었다.

코칭은 보통 임원급 관리자들을 대상으로 하는 특히 중요한 투자이다. 코치는 임원에게 또 다른 눈과 귀를 제공하고 임원이 자신의 곁눈가리개 너머를 볼 수 있도록 도와준다. 코치는 먼저 제안하기 보다는 임원으로부터 해결책과 아이디어를 이끌어낸다. 이렇게 임원에게 내재한 재능과 능력을 개발하고 향상시킨다. 많은 코칭 세션은 고객 임원의 감성지능 개발에 초점을 맞추고 본인, 상사, 동료, 부하, 심지어 가족 구성원이 임원의 감성적 능력을 평가하는 360도 평가(360-degree assessment)를 사용한다. 이 평가결과로 임원에게 피드백을 하고 코치와 함께 발전 계획을 세운다.

유능한 코치는 고객과 강한 유대감을 형성하고, 전문성을 발휘하고, 솔직담백하고 진솔한 피드백을 제공한다. 임원들이 코치를 찾는 가장 큰 이유는 개인적인 행

사실 확인

웰니스 프로그램(Wellness programs) 성공 요소

Facebook, Valero Energy, General Mills, Target과 같은 기업이 지닌 통합적 웰니스 프로그램은 웰빙의 5대 주축인 경력, 인간관계, 재정, 건강, 지역사회에 초점을 맞추고 있다. 기업의 웰니스 프로그램의 영향을 극대화하기 위한 핵심 요소는 다음과 같다.

사내 마케팅 캠페인을 열어서 사내에 소문 퍼트리기

단순 활동이 아닌 혜택으로 유도하기: 생산성, 회복성 및 건강 향상

매력적인 물리적 공간을 제공하기

근무시간 중 웰니스 프로그램 이용을 공식적으로 허가하기

직원들에게 선택권을 부여하기

일부 기업들은 웰니스 프로그램의 담당부서를 인사부서에서 지속가능성 부서로 옮김으로 인적 자본을 지키는 것이 환경만큼이나 중요하다는 점을 강조하고 있다.

Source: N. Klemp, "Rethinking Wellness at Work," Conscious Company, January/February (2017): 41-45.

동습관을 바꾸고, 업무효과를 높이고, 더 단단한 대인관계를 형성하기 위해서다. 임원 코칭이 비용대비 효과가 있을까? 성공적인 코칭이 경영자의 행동습관 변화, 자기이해와 타인에 대한 이해심 향상, 리더십 역량의 효과성 향상이라는 긍정적 변화를 가져온다는 것이 다수에 의해 입증되었다. 예를 들어 한 연구에 의하면 단순히 설문지 결과만을 피드백으로 받은 임원들과 비교했을때 임원코칭을 받았던 임원들은 구체적인 목표를 설정하고, 상사에게 피드백을 요청하며, 상사와 부하 직원들로부터 더 높은 수행평가를 받을 가능성이 더 높았다. 효과적인 코칭 관계는 전문적이고 경험이 풍부한 코치, 배우고 변화하려고 동기부여된 임원, 그리고 두 사람이 서로 얼마나 잘 맞는가에 달려 있다.

14-7d. 역할 협상

함께 일하는 사람들은 때때로 업무관계 내에서 서로에게서 기대하는 바가 다를 수 있다. **역할 협상**(role negotiation)은 개인이 심리적 계약, 즉 서로에 대한 기대치를 명확히 하고 충족시키는 기법이다. 역할 협상으로 얻는 결과는 두 사람이 서로에 대한 이해를 더 높이는 것이다. 두 사람이 서로에 대한 기대치에 대해 상호 합의를 하면 함께 일하는 과정에서 모호성이 적어진다.

14-7e. 직무재설계

조직개발 인터벤션 방법으로서 **직무재설계**(job redesign)는 개인이 가진 스

role negotiation A technique whereby individuals meet and clarify their psychological contract.

job redesign An OD intervention method that alters jobs to improve the fit between individual skills and the demands of the job.

Green Mountain Coffee Roasters offers yoga, meditation and physical therapy programs to reduce stress for their employees.

킬과 직무요구 간의 적합성을 향상시키기 위해 직무를 수정하는 것이다. 많은 경우 직무재설계는 업무 요구 사항과 개인의 역량을 맞추거나 직무를 새로운 기술이나 조직구조에 더 잘 맞도록 재설계하기 위한 조직개발 기법으로 사용된다.

포드 자동차 회사는 거의 모든 제조 직무를 재설계하여, 근로자들이 개인 기반 역할에서 팀 기반 역할로 전환하여, 그들이 업무를 더 잘 통제하고 제품 및 생산 기술 개선에 주도권을 잡을 수 있게 했다. 포드는 10여 년 전부터 이 기법을 시도하기 시작했는데, 그 결과 직원들의 직무만족도 뿐만 아니라 생산성과 제품 품질도 향상되었다는 것을 알게 되었다.

직무재설계의 또 다른 형태는 재택근무이다. American Express, AT&T, Merrill Lynch를 비롯한 기업에는 이런 방식으로 일하는 직원들이 상당히 많다. 변화의 시기에 직원들은 종종 그들 스스로 직무재설계를 시도한다. 어떤 직원들은 재택근무와 같은 유연근무제도(flexible work arrangement)를 요구한다. 늘어난 업무량을 감당하기 위해 추가 자원을 요청하는 직원들도 있고, 일자리가 불안하다고 느낄 때 일자리를 사수하기 위해 추가 업무 과제를 요청하는 직원들도 있다. 직원들을 직무재설계 과정에 참여하도록 하면 스트레스가 높은 변화의 시기에 직원들의 웰빙을 지키는데 도움이 된다.

As organizations have become increasingly concerned with the costs of stress in the workplace, health promotion programs have become a part of larger OD efforts.

14-7f. 웰니스 프로그램

기업들이 직원들의 스트레스로 발생되는 비용에 대해 점점 더 관심을 갖게 되면서, 웰니스 프로그램(wellness programs)은 더 큰 범주의 조직개발 활동의 일부가 되었다. 스트레스와 긴장을 해소하기 위해 Levi Strauss and Co., Motley Fool, Chesapeake Energy Co., Johnson & Johnson 같은 회사들은 웰니스 프로그램을 조직에 성공적으로 접목시켰다.

웰니스 프로그램에는 사내 피트니스 센터, 금연 및 체중 감량 프로그램, 영양 상담, 점심식사 및 건강 스낵, 요가, 마사지가 포함될 수 있다. 관심이 쏠리고 있는 건강상의 위험요소 중 하나는 수면 부족이다. 낮은 수면의 질과 수면 부족은 직원들의 건강에 여러 위험요소를 늘리고 업무 생산성에 영향을 미친다. 기업은 직원들의 건강을 지키기 위해 직원 복지에 투자하고, 그 결과 의료비 지출 감소, 생산성 향상, 직원 채용 및 유지 개선 등의 이득을 누린다.

미국심리학회는 심리적으로 건강한 근무환경을 지원하는 혁신적인 프로그램을 갖춘 기업들을 찾아내어 수상한다. 이전 수상기업인 Green Mountain Coffee Roasters는 일과 관련된 스트레스와 부상을 줄이기 위해 요가, 명상, 물리치료 프로그램을 제공하고 있다. 이 회사는 정규직 직원들의 의료비용의 90%를 지불한다. 게다가 웰니스 프로그램, 헬스클럽 회원권 또는 금연 프로그램에 참여하는 직원 한 명당 연간 400달러까지 지급한다.

기업들이 오래 전부터 기계설비 유지관리의 중요성을 인식해 왔지만, 많은 이들은 최근에야 인적 자산에도 유지관리가 필요하다는 것을 알게 되었고, 직원의 웰빙과 건강 증진 활동의 형태로 그러한 필요를 충족시키고 있다. 이 프로그램들은 직원들의 스트레스 관리와 건강문제 예방에 초점을 맞추고 있다.

14-7g. 경력 계획

개인의 경력에 대한 바람과 조직에서 생기는 경력 기회를 서로 맞추는 것이 경력 계획(career planning)이다. 이러한 경력 관리에 대한 선제적 접근방식이 조직과 개인의 공동 책임이기도 하지만 때때로 조직개발 활동의 한 방법이 된다. 경력 계획 활동은 조직과 개인 모두에게 도움이 된다. 상담 세션을 통해 직원들은 자신이 가진 역량과 부족한 역량을 파악한다. 그 후 조직은 이 정보를 바탕으로 훈련과 개발을 계획할 수 있다. 또한, 이 과정은 승진 가능성을 가진 재능 있는 직원들을 발견하고 육성하는 데 사용될 수 있다.

요약하자면 관리자는 조직의 변화를 촉진하는 수많은 조직개발 기법 중에서 선택할 수 있다. 대규모의 조직 변화는 복합적인 기법을 사용해야 한다. 예를 들어, 로봇 기술과 같은 새로운 기술을 도입하려면 조직의 구조, 업무 집단의 구성, 개인의 태도에 대한 변화가 동시에 이루어질 필요가 있다.

조직개발은 조직이 변화를 관리하는 것을 돕기 위해 구상되므로 이러한 활동결과의 효과성을 평가하는 것이 중요하다. 모든 조직개발 인터벤션의 성공은 사용된 기법, 변화 에이전트의 역량, 조직의 변화 준비 정도, 최고 경영진의 헌신을 포함한 수많은 요인에 따라 결정된다. 모든 상황마다 효과적인 단 하나의 조직개발 기법은 없다. 대신, 여러 가지 접근법의 이점을 활용할 수 있는 다중 기법의 조직개발 접근법이 권장된다.

조직개발 효과성을 평가하기 위한 노력은 생산성과 같은 결과물에 집중되어있다. 200개 이상의 인터벤션을 리뷰한 결과 근로자 생산성이 사례의 87%에서 개선된 것으로 나타났다. 조직개발 프로그램은 적절하게 적용되고 관리되기만 한다면 조직성과에 긍정적인 영향을 미친다는 결론을 내릴 수 있다.

찾아보기

Index

ㄷ

ㄹ

ㅁ

ㅂ

ㅅ

ㅇ

ㅈ

ㅊ

ㅋ

ㅌ

ㅍ

ㅎ

ENDNOTES

1. H. Schwartz, "The Clockwork or the Snakepit: An Essay on the Meaning of Teaching Organizational Behavior," *Organizational Behavior Teaching Review* 11, No. 2 (1987): 19–26.

2. P. Schilpzand, I. E. Depater, and A. Erez, "Workplace Incivility: A Review of the Literature and Agenda for Future Research," *Journal of Organizational Behavior*, early view published Online October 28, 2014.

3. Rath and Strong Management Consultants, "Creating an Energized Organization," http://www.rathstrong.com/whitepaper_creatingenergized.htm, accessed June 27, 2008.

4. H. G. Barkem, J. A. C. Baum, and E. A. Mannix, "Management Challenges in a New Time," *Academy of Management Journal* 45 (2002): 916–930.

5. K. Lewin, "Field Theory in Social Science: Selected Theoretical Papers" (edited by Dorin Cartwright) (New York: Harper, 1951).

6. N. Schmitt, ed., Industrial/Organizational Section in *Encyclopedia of Psychology* (Washington, D.C.: American Psychological Association, and New York: Oxford University Press, 2000).

7. R. E. Poyhart, N. Schmitt, and N. T. Tippins, "Solving the Supreme Problem: 100 years of selection and recruitment at the Journal of Applied Psychology," *Journal of Applied Psychology*, 102 (2017): 291–304.

8. R. Lopopolo, "Development of the Professional Role Behaviors Survey (PROBES)," *Physical Therapy* 81 (July 2001): 1317–1327.

9. F. W. Taylor, *The Principles of Scientific Management* (New York: Norton, 1911).

10. E. A. Locke and G. P. Latham, *A Theory of Goal Setting and Task Performance* (Englewood Cliffs, N.J.: Prentice-Hall, 1990).

11. A. L. Wilkins and W. G. Ouchi, "Efficient Cultures: Exploring the Relationship between Culture and Organizational Performance," *Administrative Science Quarterly* 28 (1983): 468–481.

12. M. F. R. Kets de Vries and D. Miller, "Personality, Culture, and Organization," *Academy of Management Review* 11 (1986): 266–279.

13. H. Schwartz, *Narcissistic Process and Corporate Decay: The Theory of the Organizational Ideal* (New York: NYU Press, 1990).

14. J. G. March and H. A. Simon, *Organizations* (New York: Wiley, 1958).

15. H. B. Elkind, *Preventive Management: Mental Hygiene in Industry* (New York: B. C. Forbes, 1931).

16. J. C. Quick, "Occupational Health Psychology: Historical Roots and Future Directions," *Health Psychology* 18 (1999): 82–88.

17. R. Eby and D. Mahone, "How to Use Ergonomics as a Loss Control Tool," *Risk Management* (March 1, 1991).

18. "Workplace Initiative Reduces Headaches, Neck and Shoulder Pain," *Occupational Health and Safety* (June 10, 2008), http://www.ohsonline.com/articles/64148.

19. B. M. Staw, L. E. Sandelands, and J. E. Dutton, "Threat-Rigidity Effects in Organizational Behavior: A Multilevel Analysis," *Administrative Science Quarterly* 26 (1981): 501–524.

20. D. Kirkpatrick, "The Net Makes It All Easier—Including Exporting U.S. Jobs," *Fortune* (May 26, 2003): 146.

21. C. Crosby, "Quest for Talent Is Driving Evolution in Outsourcing," *Banking Wire* (June 25, 2008): 59.

22. E. V. Brown, Vice President of Global Business Development, Alberto Culver, Inc., "Commencement Address—College of Business Administration, the University of Texas at Arlington" (December 2003).

23. T. Reay, K. Golden-Biddle, and K. Germann, "Legitimizing a New Role: Small Wins and Microprocesses of Change," *Academy of Management Journal* 49 (2006): 977–998.

23a. H. A. Haveman, N. Jia, J. Shi, and Y. Wang, "The Dynamics of Political Embeddedness in China," *Administrative Science Quarterly* 62 (2017): 67–104.

24. R. L. A. Sterba, "The Organization and Management of the Temple Corporations in Ancient Mesopotamia," *Academy of Management Review* 1 (1976): 16–26; S. P. Dorsey, *Early English Churches in America* (New York: Oxford University Press, 1952).

25. Sir I. Moncreiffe of That Ilk, *The Highland Clans: The Dynastic Origins, Chiefs, and Background of the Clans and of Some Other Families Connected to Highland History*, rev. ed. (New York: C. N. Potter, 1982); D. Shambaugh, "The Soldier and the State in China: The Political Work System in the People's Liberation Army," *Chinese Quarterly* 127 (1991): 527–568.

26. L. L' Abate, ed., *Handbook of Developmental Family Psychology and Psychopathology* (New York: Wiley, 1993); J. A. Hostetler, *Communitarian Societies* (New York: Holt, Rinehart & Winston, 1974).

27. J. M. Lewis, "The Family System and Physical Illness," in *No Single Thread: Psychological Health in Family Systems* (New York: Brunner/Mazel, 1976).

28. D. Katz and R. L. Kahn, *The Social Psychology of Organizations*, 2nd ed. (New York: John Wiley, 1978); H. J. Leavitt, "Applied Organizational Change in Industry: Structural, Technological, and Humanistic Approaches," in J. G. March, ed., *Handbook of Organizations* (Chicago: Rand McNally, 1965): 1144–1170.

29. J. D. Thompson, *Organizations in Action* (New York: McGraw-Hill, 1967).

30. M. Malone, "The Twitter Revolution," *The Wall Street Journal* (April 18, 2009): A11.

31. P. E. Queen, "Enlightened Shareholder Maximization: Is This Strategy Achievable?" *Journal of Business Ethics* 127 (2015): 683–694.

31a. A. K. Schnackenberg and E. C. Tomlinson, "Organizational Transparency: A New Perspective on Managing Trust in Organization—Stakeholder Relationships," *Journal of Management*, 42, No. 7 (November 2016): 1753–1783.

32. F. J. Roethlisberger and W. J. Dickson, *Management and the Worker* (Cambridge, Mass.: Harvard University Press, 1939).

33. W. L. French and C. H. Bell, *Organization Development*, 4th ed. (Englewood Cliffs, N.J.: Prentice-Hall, 1990).

34. S. G. Barsade and D. E. Gibson, "Why Does Affect Matter in Organizations?" *Academy of Management Perspectives*, 21 (2007): 36–59.

35. J. P. Kotter, "Managing External Dependence," *Academy of Management Review* 4 (1979): 87–92.

36. H. K. Steensma and D. G. Corley, "Organizational Context as a Moderator of Theories on Firm Boundaries for Technology Sourcing," *Academy of Management Journal* 44 (2001): 271–291.

37. M. Yunus, F. Dalsace, D. Menasce, and B. Faivre-Tavignot, "Reaching the World's Poorest Consumers," *Harvard Business Review* 93 (March 2015): 46–53.

38. T. B. Lawrence and V. Corwin, "Being There: The Acceptance and Marginalization of Part-Time Professional Employees," *Journal of Organizational Behavior* 24 (2003): 923–943.

39. M. K. Gowing, J. D. Kraft, and J. C. Quick, *The New Organizational Reality: Downsizing, Restructuring and Revitalization* (Washington, D.C.: American Psychological Association, 1998); T. Tang and R. M. Fuller, "Corporate Downsizing: What Managers Can Do to Lessen the Negative Effects of Layoffs," *SAM Advanced Management Journal* 60 (1995): 12–15, 31.

40. L. E. Thurow, *Head to Head: The Coming Economic Battle among Japan, Europe, and America* (New York: William Morrow, 1992).

41. S. Ovide, "Microsoft CEO Nadella Hints at Organizational Changes; Chief Asks Top Staff to Simplify Operations; Defends Xbox Business," *Wall Street Journal* (July 10, 2014).

42. B. Dattée and J. Barlow, "Multilevel Organizational Adaptation: Scale Invariance in the Scottish Healthcare System," *Organizational Science*, 28, No. 2 (March–April 2017): 301–319.

43. D. Ciampa, *Total Quality* (Reading, Mass.: Addison-Wesley, 1992).

44. T. J. Douglas and W. Q. Judge Jr., "Total Quality Management Implementation and Competitive Advantage: The Role of Structural Control and Exploration," *Academy of Management Journal* 44 (2001): 158–169.

45. American Management Association, *Blueprints for Service Quality: The Federal Express Approach* (New York: American Management Association, 1991); P. R. Thomas, L. J. Gallace, and K. R. Martin, *Quality Alone Is Not Enough* (New York: American Management Association, 1992).

46. J. de Mast, "A Methodological Comparison of Three Strategies for Quality Improvement," *International Journal of Quality & Reliability Management* 21 (2004): 198–213.

47. M. Barney, "Motorola's Second Generation," *Six Sigma Forum Magazine* 1, No. 3 (May 2002): 13.

48. S. Shahabudin, "Six Sigma: Issues and Problems," *International Journal of Productivity and Quality Management* 3 (2008): 145–160.

49. J. A. Edosomwan, "Six Commandments to Empower Employees for Quality Improvement," *Industrial Engineering* 24 (1992): 14–15.

50. N. T. Duarte, J. R. Goodson, and T. P. Dougherty, "Managing Innovation in Hospitals and Health Systems: Lessons from the Malcolm Baldrige National Quality Award Winners," *Journal of Healthcare Management* 7 (2014): 21–34.

51. G. H. W. Bush, "Remarks at the Presentation Ceremony for the Malcolm Baldrige National Quality Awards" (speech, December 13, 1990).

52. See also the five articles in the Special Research Forum on Teaching Effectiveness in the Organizational Sciences, *The Academy of Management Journal* 40 (1997): 1265–1398.

53. L. Proserpio and D. A. Gioia, "Teaching the Virtual Generation," *Academy of Management Learning & Education* 6 (2007): 69–80.

54. L. W. Porter, G. A. Bigley, and R. M. Steers. *Motivation and Work Behavior*, 7th ed. (Burr Ridge, IL: Irwin/McGraw-Hill, 2003).

55. C. L. Cooper and J. C. Quick, *The Handbook of Stress and Health: A Guide to Research and Practice* (Chichester, UK: Wiley Blackwell, 2017).

56. D. L. Whetzel, "The Department of Labor Identifies Workplace Skills," *Industrial/Organizational Psychologist* 29 (1991): 89–90.

57. D. A. Whetton and K. S. Cameron, *Developing Management Skills*, 3rd ed. (New York: HarperCollins, 1995).

58. E. R. Kemery and L. T. Stickney, "A Multifaced Approach to Teamwork Assessment in an Undergraduate Business Program," *Journal of Management Education* 38 (2014): 462–479.

59. C. Argyris and D. A. Schon, *Organizational Learning: A Theory of Action Perspective* (Reading, Mass.: Addison-Wesley, 1978).

60. A. Y. Kolb and D. A. Kolb, "Learning Styles and Learning Spaces: Enhancing Experiential Learning in Higher Education," *Academy of Management Learning & Education* 4 (2005): 193–212.

1. M. A. Hitt, R. D. Ireland, and R. E. Hoskisson, *Strategic Management: Competitiveness & Globalization—Concepts and Cases, 12e* (Mason, OH: CENGAGE Learning, 2017).

2. H. G. Barkem, J. A. C. Baum, and E. A. Mannix, "Management Challenges in a New Time," *Academy of Management Journal* 45 (2002): 916–930.

3. S. C. Harper, "The Challenges Facing CEOs: Past, Present, and Future," *Academy of Management Executive* 6 (1992): 7–25; T. R. Mitchell and W. G. Scott, "America's Problems and Needed Reforms: Confronting the Ethic of Personal Advantage," *Academy of Management Executive* 4 (1990): 23–25.

4. K. Sera, "Corporate Globalization: A New Trend," *Academy of Management Executive* 6 (1992): 89–96.

5. K. Ohmae, *Borderless World: Power and Strategies in the Interlinked Economy* (New York: Harper & Row, 1990).

6. C. A. Bartlett and S. Ghoshal, *Managing across Borders: The Transnational Solution* (Boston: Harvard Business School Press, 1989).

7. F. Warner, "Learning How to Speak to Gen Y," *Fast Company* 72 (July 2003): 36–37.

8. K. R. Xin and J. L. Pearce, "Guanxi: Connections as Substitutes for Formal Institutional Support," *Academy of Management Journal* 39 (1996): 1641–1658.

9. P. S. Chan, "Franchise Management in East Asia," *Academy of Management Executive* 4 (1990): 75–85.

10. H. Weihrich, "Europe 1992: What the Future May Hold," *Academy of Management Executive* 4 (1990): 7–18.

10a. B. Schneider, V. Gonzalez-Roma, C. Ostroff, and M.A. West, "Organizational Climate and Culture: Reflection on the History of the Constructs in the *Journal of Applied Psychology*," *Journal of Applied Psychology* 102, No. 3 (2017): 468–482.

11. E. H. Schein, "Coming to a New Awareness of Organizational Culture," *MIT Sloan Management Review* 25 (1984): 3–16.

12. S. S. Sarwano and R. M. Armstrong, "Microcultural Differences and Perceived Ethical Problems: An International Business Perspective," *Journal of Business Ethics* 30 (2001): 41–56.

13. F. Warner, "Learning How to Speak to Gen Y," *Fast Company* 72 (July 2003): 36–37.

14. R. Sharpe, "Hi-Tech Taboos," *The Wall Street Journal* (October 31, 1995): A1.

15. G. Hofstede, *Culture's Consequences: International Differences in Work-Related Values* (Beverly Hills, Calif.: Sage Publications, 1980); G. Hofstede, "Motivation, Leadership, and Organization: Do American Theories Apply Abroad?" *Organizational Dynamics* (Summer 1980): 42–63.

16. G. M. Spreitzer, M. W. McCall, Jr., and J. D. Mahoney, "Early Identification of International Executive Potential," *Journal of Applied Psychology* 82 (1997): 6–29.

17. M. A. Hitt, L. Bierman, K. Uhlenbruck, and K. Shimizu, "The Importance of Resources in the Internationalization of Professional Service Firms: The Good, the Bad, and the Ugly," *Academy of Management Journal* 49 (2006): 1137–1157.

18. A. J. Michel, "Goodbyes Can Cost Plenty in Europe," *Fortune* (April 6, 1992): 16.

19. G. Hofstede, "Gender Stereotypes and Partner Preferences of Asian Women in Masculine and Feminine Countries," *Journal of Cross Cultural Psychology* 27 (1996): 533–546.

20. G. Hofstede, "Cultural Constraints in Management Theories," *Academy of Management Executive* 7 (1993): 81–94.

21. "IBM Offers Employees New 'Learning Accounts' and Global Training Programs," *InformationWeek* (July 26, 2007).

22. J. Sandberg, "Global-Market Woes Are More Personality Than Nationality," *The Wall Street Journal* (January 29, 2008).

23. L. R. Offerman and M. K. Growing, "Organizations of the Future," *American Psychologist* 45 (1990): 95–108.

24. J. Chatman, J. Polzer, S. Barsade, and M. Neale, "Being Different Yet Feeling Similar: The Influence of Demographic Composition and Organizational Culture on Work Processes and Outcomes," *Administrative Science Quarterly* 43 (1998): 749–780.

25. S. Caudron, "Task Force Report Reveals Coke's Progress on Diversity," *Workforce* 82 (2003): 40, http://www.workforceonline.com/section/03/feature/23/42/44/234246.html.

26. S. Prasso, "Google Goes to India," *Fortune* (October 29, 2007).

27. Women in the Labor Force: A Databook, http://www.bls.gov/opub/reports/cps/women-in-the-labor-force-a-databook-2014.pdf.

28. "Degrees Earned by Women," *Indicator* 27 (2008), http://nces.ed.gov/programs/coe/2008/section3/indicator27.asp.

29. Catalyst, *2007 Catalyst Census of Women Corporate Officers and Top Earners of the Fortune 500*, http://catalyst.org/publication/13/2007-catalyst-census-of-women-corporate-officers-and-top-earners-of-the-fortune-500.

30. "The 2015 NAFE Top 50 Companies for Executive Women," *Working Mother*, http://www.workingmother.com/best-companies/american-express-17.

31. U.S. Department of Labor, "Highlights of Women's Earnings in 2005," Report 995 (September 2006): 33; Catalyst, *Catalyst Census of*

Women Corporate Officers and Top Earners (2001).

32. A. M. Morrison, R. P. White, E. Van Velsor, and the Center for Creative Leadership, *Breaking the Glass Ceiling: Can Women Reach the Top of America's Largest Corporations?* (Reading, Mass.: Addison-Wesley, 1987).

33. Catalyst, "2014 S&P 500 Board Seats Held by Women by Race/Ethnicity," New York: Catalyst, March 17, 2105.

34. R. Soares, H. Foust-Cummings, C. Francoeur, and R. Labelle, *Companies Behaving Responsibly: Gender Diversity on Boards* (New York: Catalyst, 2015).

35. D. L. Nelson and M. A Hitt, "Employed Women and Stress: Implications for Enhancing Women's Mental Health in the Workplace," in D. C. Quick, L. R. Murphy, and J. J. Hurrell, Jr., eds., *Stress and Well Being at Work* (Washington, D. C.: American Psychological Association, 1992): 164–177.

35a. M. Little, V. S. Major, A. S. Hinojosa, and D. L. Nelson, "Professional Image Maintenance: How Women Navigate Pregnancy in the Workplace," *Academy of Management Journal* 58 (2015): 8–37.

36. L. L. Martins and C. K. Parsons, "Effects of Gender Diversity Management on Perceptions of Organizational Attractiveness: The Role of Individual Differences in Attitudes and Beliefs," *Journal of Applied Psychology* 92 (2007): 865–875.

37. A. Eyring and B. A. Stead, "Shattering the Glass Ceiling: Some Successful Corporate Practices," *Journal of Business Ethics* 17 (1998): 245–251.

38. Catalyst, *Advancing Women in Business: The Catalyst Guide* (San Francisco: Jossey-Bass, 1998).

39. Department of Health and Human Services, "A Profile of Older Americans: 2012," http://www.aoa.gov/Aging_Statistics/Profile/2012/docs/2012profile.pdf.

40. W. B. Johnston, "Global Workforce 2000: The New World Labor Market," *Harvard Business Review* 69 (1991): 115–127.

41. S. Needleman, "The Last Office Perk: Getting Paid to Volunteer," *The Wall Street Journal* (April 29, 2008): D1, D5.

42. J. Li, C. W. L. Chu, K. C. K. Lam, and S. Liao, "Age Diversity and Firm Performance in an Emerging Economy," *Human Resource Management* 50, No. 2 (March–April 2011): 247–270.

43. S. E. Jackson and E. B. Alvarez, "Working through Diversity as a Strategic Imperative," in S. E. Jackson, ed., *Diversity in the Workplace: Human Resources Initiatives* (New York: Guilford Press, 1992): 13–36.

44. "Managing Generational Diversity," *HR Magazine* 36 (1991): 91–92.

45. K. Tyler, "The Tethered Generation," *HR Magazine* (May 2007): 41–46.

46. S. R. Rhodes, "Age-Related Differences in Work Attitudes and Behavior: A Review and Conceptual Analysis," *Psychological Bulletin* 93 (1983): 338–367.

47. B. L. Hassell and P. L. Perrewe, "An Examination of Beliefs about Older Workers: Do Stereotypes Still Exist?" *Journal of Organizational Behavior* 16 (1995): 457–468.

48. U.S. Bureau of the Census, *Population Profile of the United States, 1997* (Washington, D.C.: U.S. Government Printing Office, 1997).

49. W. J. Rothwell, "HRD and the Americans with Disabilities Act," *Training and Development Journal* 45 (August 1991): 45–47.

50. J. J. Laabs, "The Golden Arches Provide Golden Opportunities," *Personnel Journal* (July 1991): 52–57.

51. Catalyst. "Quick Take: Lesbian, Gay, Bisexual & Transgender Workplace Issues," *Catalyst*, May 15, 2014.

52. B. A. Everly and J. L. Schwarz, "Predictors of the Adoption of LGBT-Friendly HR Policies," *Human Resource Management* 54 (2015): 367–384.

53. DiversityInc, "The Diversity Top 10 Companies for LGBT Employees," http://www.diversityinc.com/top-10-companies-lgbt-employees/.

54. A. N. Smith and S. V. Simms, "The Impact of Discrimination on Organizations." in A. J. Colella and E. B. King, eds., *Oxford Handbook of Workplace Discrimination* (New York: Oxford University Press, in press).

55. L. Armstrong, "What Men Say behind Closed Doors," *Working Mother* (June–July 2008): 87–90.

56. J. E. Rigdon, "PepsiCo's KFC Scouts for Blacks and Women for Its Top Echelons," *The Wall Street Journal* (November 13, 1991): A1.

57. P. A. Galagan, "Tapping the Power of a Diverse Workforce," *Training and Development Journal* 26 (1991): 38–44.

58. C. L. Holladay, J. L. Knight, D. L. Paige, and M. A. Quinones, "The Influence of Framing on Attitudes toward Diversity Training," *Human Resource Development Quarterly* 14 (2003): 245–263.

59. R. Thomas, "From Affirmative Action to Affirming Diversity," *Harvard Business Review* 68 (1990): 107–117.

60. T. H. Cox, Jr., *Cultural Diversity in Organizations: Theory, Research and Practice* (San Francisco: Berrett-Koehler, 1994).

61. "Business Ethics 100 Best Corporate Citizens 2004," http://www.business-ethics.com/BE100_2004, accessed June 23, 2008.

62. M. R. Fusilier, C. D. Aby, Jr., J. K. Worley, and S. Elliott, "Perceived Seriousness of Business Ethics Issues," *Business and Professional Ethics Journal* 15 (1996): 67–78.

62a. L. Huang and T. A. Paterson, "Group Ethical Voice: Influence of Ethical Leadership and Impact on Ethical Performance" *Journal of Management* 43, No. 4 (April 2017): 1157–1184.

63. J. S. Mill, *Utilitarianism, Liberty, and Representative Government* (London: Dent, 1910).

64. A. Smith, *An Inquiry into the Nature and Causes of the Wealth of Nations*, vol. 10 of The Harvard Classics, ed. C. J. Bullock (New York: P. F. Collier & Son, 1909).

65. A. Smith, *The Theory of Moral Sentiments* (Scotland: Glasgow Edition, 1790).

66. C. Fried, *Right and Wrong* (Cambridge, Mass.: Harvard University Press, 1978).

67. I. Kant, *Groundwork of the Metaphysics of Morals*, trans. H. J. Paton (New York: Harper & Row, 1964).

68. R. C. Solomon, "Corporate Roles, Personal Virtues: Aristotelean Approach to Business Ethics," *Business Ethics Quarterly* 2 (1992): 317–339; R. C. Solomon, *A Better Way to Think about Business: How Personal Integrity Leads to Corporate Success* (New York: Oxford University Press, 1999).

69. J. C. Quick and J. L. Goolsby, "Integrity First: Ethics for Leaders and Followers," *Organizational Dynamics* 42 (2010): 1–7; J. L. Goolsby, D. A. Mack, and J. C. Quick, "Winning by Staying in Bounds: Good Outcomes from Positive Ethics," *Organizational Dynamics* 39 (2010): 248–257.

70. M. Kouchaki and S. D. Desai, "Anxious, Threatened, and Also Unethical: How Anxiety Makes Individuals Feel Threatened and Commit Unethical Acts," *Journal of Applied Psychology* 100 (2015): 360–375.

71. W. Bulkeley, "Email Software Delves into Employees' Contacts," *The Wall Street Journal* (April 21, 2008): B9.

72. D. Kemp, "Employers and AIDS: Dealing with the Psychological and Emotional Issues of AIDS in the Workplace," *American Review of Public Administration* 25 (1995): 263–278.

73. J. J. Koch, "Wells Fargo's and IBM's HIV Policies Help Protect Employees' Rights," *Personnel Journal* (April 1990): 40–48.

74. J. C. Quick and M. A. McFadyen, "Sexual Harassment: Have We Made Any Progress?" *Journal of Occupational Health Psychology*, 22, No. 3 (July 2017).

75. L. F. Fitzgerald, F. Drasgow, C. L. Hulin, M. J. Gelfand, and V. J. Magley, "Antecedents and Consequences of Sexual Harassment in Organizations: A Test of an Integrated Model," *Journal of Applied Psychology* 82 (1997): 578–589.

76. E. Felsenthal, "Rulings Open Way for Sex-Harass Cases," *The Wall Street Journal* (June 29, 1998): A10; S. J. Adler, "Lawyers Advise Concerns to Provide Precise Written Policy to Employees," *The Wall Street Journal* (October 9, 1991): B1.

77. K. T. Schneider, S. Swan, and L. F. Fitzgerald, "Job-Related and Psychological Effects of Sexual Harassment in the Workplace: Empirical Evidence from Two Organizations," *Journal of Applied Psychology* 82 (1997): 401–415.

78. A. M. O'Leary-Kelly, R. L. Paetzold, and R. W. Griffin, "Sexual Harassment as Aggressive Behavior: An Actor-Based Perspective," *Academy of Management Review* 25 (2000): 372–388.

79. L. M. Goldenhar, N. G. Swanson, J. J. Hurrell, Jr., A. Ruder, and J. Deddens, "Stressors and Adverse Outcomes for Female Construction Workers," *Journal of Occupational Health Psychology* 3 (1998): 19–32; C. S. Piotrkowski, "Gender Harassment, Job Satisfaction and Distress among Employed White and Minority Women," *Journal of Occupational Health Psychology* 3 (1998): 33–42.

80. K. Aquino, L. Sheppard, M. B. Watkins, J. O'Reilly, and A. Smith, "Social Sexual Behavior at Work," *Research in Organizational Behavior* 34 (2014): 217–236.

81. R. A. Posthuma, C. P. Maertz, Jr., and J. B. Dworkin, "Procedural Justice's Relationship with Turnover: Explaining Past Inconsistent Findings," *Journal of Organizational Behavior* 28 (2007): 381–398.

82. D. Fields, M. Pang, and C. Chio, "Distributive and Procedural Justice as Predictors of Employee Outcomes in Hong Kong," *Journal of Organizational Behavior* 21 (2000): 547–562.

83. H. L. Laframboise, "Vile Wretches and Public Heroes: The Ethics of Whistleblowing in Government," *Canadian Public Administration* (Spring 1991): 73–78.

84. E. J. Epstein, "Was Snowden's Heist a Foreign Espionage Operation," *Wall Street Journal* (May 10, 2014): A13.

85. L. J. Christensen, A. Mackey, and D. Whetton, "Taking Responsibility for Corporate Social Responsibility: The Role of Leaders in Creating, Implementing, Sustaining, or Avoiding Socially Responsible Firm Behaviors," *The Academy of Management Perspectives* 28 (2014): 164–178.

86. S. Covel, "Tours to Fair-Trade Farms Help Coffee Sellers Spread Word," *The Wall Street Journal* (March 11, 2008): B5.

87. D. B. Turban and D. W. Greening, "Corporate Social Performance and Organizational Attractiveness to Prospective Employees," *Academy of Management Journal* 40 (1996): 658–672.

88. R. Walker, "Sex vs. Ethics," *Fast Company* (June 2008): 74–78.

1. K. Lewin, "Formalization and Progress in Psychology," in D. Cartwright, ed., *Field Theory in Social Science* (New York: Harper, 1951).

2. N. S. Endler and D. Magnusson, "Toward an Interactional Psychology of Personality," *Psychological Bulletin* 83 (1976): 956–974.

3. J. R. Terborg, "Interactional Psychology and Research on Human Behavior in Organizations," *Academy of Management Review* 6 (1981): 561–576.

4. C. Spearman, "General Intelligence: Objectively Determined and Measured," *American Journal of Psychology* 15 (1904): 201–293.

5. F. L. Schmidt and J. Hunter, "General Mental Ability in the World of Work: Occupational Attainment and Job Performance," *Journal of Personality and Social Psychology* 86, No. 1 (2004): 162–173; C. Bertua, N. Anderson, and J. F Salgado, "The Predictive Validity of Cognitive Ability Tests: A UK Meta-Analysis," *Journal of Occupational and Organizational Psychology* 78 (2004): 387–409.

6. T. J. Bouchard, Jr., "Twins Reared Together and Apart: What They Tell Us about Human Diversity," in S. W. Fox, ed., *Individuality and Determinism* (New York: Plenum Press, 1984); R. D. Arvey, T. J. Bouchard, Jr., N. L. Segal, and L. M. Abraham, "Job Satisfaction: Environmental and Genetic Components," *Journal of Applied Psychology* 74 (1989): 235–248.

7. G. Allport, *Pattern and Growth in Personality* (New York: Holt, 1961).

8. R. B. Cattell, *Personality and Mood by Questionnaire* (San Francisco: Jossey-Bass, 1973).

9. J. M. Digman, "Personality Structure: Emergence of a Five-Factor Model," *Annual Review of Psychology* 41 (1990): 417–440.

10. T. A. Judge, J. J. Martocchio, and C. J. Thoresen, "Five-Factor Model of Personality and Employee Absence," *Journal of Applied Psychology* 82 (1997): 745–755.

11. H. J. Bernardin, D. K. Cooke, and P. Villanova, "Conscientiousness and Agreeableness as Predictors of Rating Leniency," *Journal of Applied Psychology* 85 (2000): 232–234.

12. K. A. Leger, S. T. Charles, N. A. Turiano, and D. M. Almeida, "Personality and Stressor-Related Affect," *Journal of Personality and Social Psychology* 111 (2016): 917–928.

13. T. A. Judge and R. Ilies, "Relationships of Personality to Performance Motivation: A Meta-Analytic Review," *Journal of Applied Psychology* 87 (2002): 797–807.

14. G. M. Hurtz and J. J. Donovan, "Personality and Job Performance: The Big Five Revisited," *Journal of Applied Psychology* 85 (2000): 869–879.

15. K. A. Byrne, C. D. Silasi-Mansat, and D. A. Worthy. "Who Chokes Under Pressure? The Big Five Personality Traits and Decision-Making Pressure," *Personality and Individual Differences* 74 (2015): 22–28.

16. G. Bozionelos, "The Relationship of the Big Five With Workplace Network Resources: More Quadratic Than Linear," *Personality and Individual Differences* 104 (2017): 374–378.

17. J. F. Salgado, S. Moscoso, and M. Lado, "Evidence of Cross-Cultural Invariance of the Big Five Personality Dimensions in Work Settings," *European Journal of Personality* 17 (2003): S67–S76; C. Rodriguez and T. H. Church, "The Structure and Personality Correlates of Affect in Mexico: Evidence of Cross-Cultural Comparability Using the Spanish Language," *Journal of Cross-Cultural Psychology* 34 (2003): 211–230.

18. H. C. Triandis, "Cultural Influences on Personality," *Annual Review of Psychology* 53 (2002): 133–160.

19. M. Moody, "Adaptive Behavior in Intercultural Environments: The Relationship between Cultural Intelligence Factors and Big Five Personality Traits" (Ph.D. thesis, George Washington University, 2007).

20. M. R. Barrick and M. K. Mount, "The Big Five Personality Dimensions and Job Performance: A Meta-Analysis," *Personnel Psychology* 44 (1991): 1–26.

21. D. D. Clark and R. Hoyle, "A Theoretical Solution to the Problem of Personality-Situational Interaction," *Personality and Individual Differences* 9 (1988): 133–138.

22. D. Byrne and L. J. Schulte, "Personality Dimensions as Predictors of Sexual Behavior," in J. Bancroft, ed., *Annual Review of Sexual Research*, vol. 1 (Philadelphia: Society for the Scientific Study of Sex, 1990).

23. P. Harms, B. Roberts, and D. Wood, "Who Shall Lead? An Integrative Personality Approach to the Study of the Antecedents of Status in Informal Social Organizations," *Journal of Research in Personality* 41 (2007): 689–699.

24. T. A. Judge, E. A. Locke, and C. C. Durham, "The Dispositional Causes of Job Satisfaction: A Core Self-Evaluation Approach," *Research in Organizational Behavior* 19 (1997): 151–188.

25. M. Erez and T. A. Judge, "Relationship of Core Self-Evaluations to Goal Setting, Motivation and Performance," *Journal of Applied Psychology* 86 (2001): 1270–1279; R. F. Piccolo, T. A. Judge, K. Takahashi, N. Watanabe, and E. A Locke, "Core Self-Evaluations in Japan: Relative Effects on Job Satisfaction, Life Satisfaction, and Happiness," *Journal of Organizational Behavior* 26, No. 8 (2005): 965–984.

26. J. B. Rotter, "Generalized Expectancies for Internal vs. External Control of Reinforcement," *Psychological Monographs* 80, No. 609 (1966).

27. S. Aryee, F. O. Walumbwa, R. Mondejar, and C. W. L. Chu, "Core Self-Evaluations and Employee Voice Behavior: Test of a Dual-Motivational Pathway," *Journal of Management* 43 (2017): 946–966.

28. T. A. Judge and J. E. Bono, "Relationship of Core Self-Evaluations Traits—Self-Esteem, Generalized Self-Efficacy, Locus of Control, and Emotional Stability—With Job Satisfaction and Job Performance: A Meta-Analysis," *Journal of Applied Psychology* 86 (2001): 80–92.

29. Ibid.

30. S. S. K. Lam and J. Shaubroeck, "The Role of Locus of Control in Reactions to Being Promoted and to Being Passed Over: A Quasi Experiment," *Academy of Management Journal* 43 (2000): 66–78.

31. G. Chen, S. M. Gully, J. Whiteman, and R. N. Kilcullen, "Examination of Relationships among Trait-Like Individual Differences, State-Like Individual Differences, and Learning Performance," *Journal of Applied Psychology* 85 (2000): 835–847; G. Chen, S. M. Gully, and D. Eden, "Validation of a New General Self-Efficacy Scale," *Organizational Research Methods* 4 (2001): 62–83.

32. A. Bandura, *Self-Efficacy: The Exercise of Control* (San Francisco: Freeman, 1997).

33. D. R. Avery, "Personality as a Predictor of the Value of Voice," *Journal of Psychology* 137 (2003): 435–447.

34. T. A. Judge and J. E. Bono, "Relationship of Core Self-Evaluations Traits—Self-Esteem, Generalized Self-Efficacy, Locus of Control, and Emotional Stability—With Job Satisfaction and Job Performance: A Meta-Analysis," *Journal of Applied Psychology* 86 (2001): 80–92.

35. B. W. Pelham and W. B. Swann, Jr., "From Self-Conceptions to Self-Worth: On the Sources and Structure of Global Self-Esteem," *Journal of Personality and Social Psychology* 57 (1989): 672–680.

36. A. H. Baumgardner, C. M. Kaufman, and P. E. Levy, "Regulating Affect Interpersonally: When Low Esteem Leads to Greater Enhancement," *Journal of Personality and Social Psychology* 56 (1989): 907–921.

37. J. Schimel, T. Pyszczynski, J. Arndt, and J. Greenberg, "Being Accepted for Who We Are: Evidence That Social Validation of the Intrinsic Self Reduces General Defensiveness," *Journal of Personality and Social Psychology* 80 (2001): 35–52.

38. P. Tharenou and P. Harker, "Moderating Influences of Self-Esteem on Relationships between Job Complexity, Performance, and Satisfaction," *Journal of Applied Psychology* 69 (1984): 623–632.

39. R. A. Ellis and M. S. Taylor, "Role of Self-Esteem within the Job Search Process," *Journal of Applied Psychology* 68 (1983): 632–640.

40. J. Brockner and T. Hess, "Self-Esteem and Task Performance in Quality Circles," *Academy of Management Journal* 29 (1986): 617–623.

41. B. R. Schlenker, M. F. Weingold, and J. R. Hallam, "Self-Serving Attributions in Social Context: Effects of Self-Esteem and Social Pressure," *Journal of Personality and Social Psychology* 57 (1990): 855–863.

42. M. K. Duffy, J. D. Shaw, and E. M. Stark, "Performance and Satisfaction in Conflicted Interdependent Groups: When and How Does Self-Esteem Make a Difference?" *Academy of Management Journal* 43 (2000): 772–782.

43. T. Mussweiler, S. Gabriel, and G. V. Bodenhausen, "Shifting Social Identities as a Strategy for Deflecting Threatening Social Comparisons," *Journal of Personality and Social Psychology* 79 (2000): 398–409.

44. M. Snyder and S. Gangestad, "On the Nature of Self-Monitoring: Matters of Assessment, Matters of Validity," *Journal of Psychology and Social Psychology* 51 (1986): 125–139.

45. G. Toegel, N. Anand, and M. Kilduff, "Emotion Helpers: The Role of High Positive Affectivity and High Self-Monitoring Managers," *Personnel Psychology* 60, No. 2 (2007): 337–365.

46. A. Mehra, M. Kilduff, and D. J. Brass, "The Social Networks of High and Low Self-Monitors: Implications for Workplace Performance," *Administrative Science Quarterly* 46 (2001): 121–146.

47. W. H. Turnley and M. C. Bolino, "Achieving Desired Images while Avoiding Undesired Images: Exploring the Role of Self-Monitoring in Impression Management," *Journal of Applied Psychology* 86 (2001): 351–360.

48. M. Kilduff and D. V. Day, "Do Chameleons Get Ahead? The Effects of Self-Monitoring on Managerial Careers," *Academy of Management Journal* 37 (1994): 1047–1060.

49. A. H. Church, "Managerial Self-Awareness in High-Performing Individuals in Organizations," *Journal of Applied Psychology* 82 (1997): 281–292.

50. C. Douglas and W. L. Gardner, "Transition to Self-Directed Work Teams: Implications of Transition Time and Self-Monitoring for Managers' Use of Influence Tactics," *Journal of Organizational Behavior* 25 (2004): 45–67.

51. A. M. Isen and R. A. Baron, "Positive Affect and Organizational Behavior," in B. M. Staw and L. L. Cummings, eds., *Research in Organizational Behavior,* vol. 12 (Greenwich, Conn.: JAI Press, 1990).

52. D. Watson and L. A. Clark, "Negative Affectivity: The Disposition to Experience Aversive Emotional States," *Psychological Bulletin* 96 (1984): 465–490.

53. R. Ilies and T. Judge, "On the Heritability of Job Satisfaction: The Mediating Role of Personality," *Journal of Applied Psychology* 88 (2003): 750–759.

54. J. M. George, "State or Trait," *Journal of Applied Psychology* 76 (1991): 299–307.

55. J. M. George, "Mood and Absence," *Journal of Applied Psychology* 74 (1989): 287–324.

56. S. Lyubormirsky, L. King, and L. E. Diener, "The Benefits of Frequent Positive Affect: Does Happiness Lead to Success?" *Psychological Bulletin* 131, No. 6 (2005): 803–855.

57. S. Barsade, A. Ward, J. Turner, and J. Sonnenfeld, "To Your Heart's Content: A Model of Affective Diversity in Top Management Teams," *Administrative Science Quarterly* 45 (2000): 802–836.

58. J. M. Crant, "The Proactive Personality Scale and Objective Job Performance among Real Estate Agents," *Journal of Applied Psychology* 80 (1995): 532–537.

59. T. W. H. Ng, L. T. Eby, K. L. Sorensen, and D. C. Feldman, "Predictors of Objective and Subjective Career Success: A Meta Analysis," *Personnel Psychology* 58 (2005): 367–408; D. J. Brown, R. T. Cober, K. Kane, P. E. Levey, and J. Shalhoop, "Proactive Personality and the Successful Job Search: A Field Investigation with College Graduates," *Journal of Applied Psychology* 91 (2006): 717–726.

60. J. M. Crant and T. S. Bateman, "Charismatic Leadership Viewed from Above: The Impact of Proactive Personality," *Journal of Organizational Behavior* 21 (2000): 63–75.

61. H. Rorschach, *Psychodiagnostics* (Bern: Hans Huber, 1921).

62. C. G. Jung, *Psychological Types* (New York: Harcourt & Brace, 1923).

63. Consulting Psychologists Press, http://www.cpp.com/products/mbti/index.asp, accessed June 30, 2008.

64. R. Benfari and J. Knox, *Understanding Your Management Style* (Lexington, Mass.: Lexington Books, 1991).

65. O. Kroeger and J. M. Thuesen, *Type Talk* (New York: Delacorte Press, 1988).

66. S. Hirsch and J. Kummerow, *Life Types* (New York: Warner Books, 1989).

67. I. B. Myers and M. H. McCaulley, *Manual: A Guide to the Development and Use of the Myers-Briggs Type Indicator* (Palo Alto, Calif.: Consulting Psychologists Press, 1990).

68. G. P. Macdaid, M. H. McCaulley, and R. I. Kainz, *Myers-Briggs Type Indicator: Atlas of Type Tables* (Gainesville, Fla.: Center for Application of Psychological Type, 1987).

69. J. B. Murray, "Review of Research on the Myers-Briggs Type Indicator," *Perceptual and Motor Skills* 70 (1990): 1187–1202; J. G. Carlson, "Recent Assessment of the Myers-Briggs Type Indicator," *Journal of Personality Assessment* 49 (1985): 356–365.

70. A. Thomas, M. Benne, M. Marr, E. Thomas, and R. Hume, "The Evidence Remains Stable: The MBTI Predicts Attraction and Attrition in an Engineering Program," *Journal of Psychological Type* 55 (2000): 35–42.

71. C. Walck, "Training for Participative Management: Implications for Psychological Type," *Journal of Psychological Type* 21 (1991): 3–12.

72. G. Lawrence and C. Martin, *Building People, Building Programs: A Practitioner's Guide for Introducing the MBTI to Individuals and Organizations* (Center for Applications of Psychological Type, 2001); L. Berens, L. Ernst, M. Smith, *Quick Guide to the 16 Personality Types and Teams: Applying Team Essentials™ to Create Effective Teams* (Denbighshire, UK, Telos Publications, 2004).

73. J. Michael, "Using the Myers-Briggs Indicator as a Tool for Leadership Development: Apply with Caution," *Journal of Leadership & Organizational Studies* 10 (2003): 68–78.

74. E. C. Webster, *The Employment Interview: A Social Judgment Process* (Schomberg, Canada: SIP, 1982).

75. L. M. Little, V. S. Major, A. S. Hinojosa, and D. L. Nelson, "Professional Image Maintenance: How Women Navigate Pregnancy in the Workplace," *Academy of Management Journal* 58 (2015): 8–37.

76. N. Adler, *International Dimensions of Organizational Behavior,* 2nd ed. (Boston: PWS-Kent, 1991).

77. L. R. Offerman and M. K. Gowing, "Personnel Selection in the Future: The Impact of Changing Demographics and the Nature of Work," in Schmitt, Borman & Associates, eds., *Personnel Selection in Organizations* (San Francisco: Jossey-Bass, 1993).

78. H. G. Halvorson, "Managing Yourself: A Second Chance to Make the Right Impression," *Harvard Business Review* 98 (2015, January–February): 108–111.

79. J. Park and M. R. Banaji, "Mood and Heuristics: The Influence of Happy and Sad States on Sensitivity and Bias in Stereotyping," *Journal of Personality and Social Psychology* 78 (2000): 1005–1023.

80. M. W. Levine and J. M. Shefner, *Fundamentals of Sensation and Perception* (Reading, Mass.: Addison-Wesley, 1981).

81. R. L. Dipboye, H. L. Fromkin, and K. Willback, "Relative Importance of Applicant Sex, Attractiveness, and Scholastic Standing in Evaluations of Job Applicant Resumes," *Journal of Applied Psychology* 60 (1975): 39–43; I. H. Frieze, J. E. Olson, and J. Russell, "Attractiveness and Income for Men and Women in Management," *Journal of Applied Social Psychology* 21 (1991): 1039–1057.

82. P. Ekman and W. Friesen, *Unmasking the Face* (Englewood Cliffs, N.J.: Prentice-Hall, 1975).

83. J. E. Rehfeld, "What Working for a Japanese Company Taught Me," *Harvard Business Review* 68 (November–December 1990): 167–176.

84. M. W. Morris and R. P. Larrick, "When One Cause Casts Doubt on Another: A Normative Analysis of Discounting in Causal Attribution," *Psychological Review* 102 (1995): 331–355.

85. G. B. Sechrist and C. Stangor, "Perceived Consensus Influences Intergroup Behavior and Stereotype Accessibility," *Journal of Personality and Psychology* 80 (2001): 645–654; A. Lyons and Y. Kashima, "How Are Stereotypes Maintained through Communication? The Influence of Stereotype Sharedness," *Journal of Personality and Social Psychology* 85 (2003): 989–1005.

86. S. P. King and F. B. Bryant, "The Workplace Intergenerational Climate Scale (WICS): A Self-Report Instrument Measuring Ageism in the Workplace," *Journal of Organizational Behavior* 38 (2017): 124–151.

87. A. Feingold, "Gender Differences in Effects of Physical Attractiveness on Romantic Attraction: A Comparison across Five Research Paradigms," *Journal of Personality and Social Psychology* 59 (1990): 981–993.

88. M. Snyder, "When Belief Creates Reality," *Advances in Experimental Social Psychology* 18 (1984): 247–305.

89. M. Biernat, "Toward a Broader View of Social Stereotyping," *American Psychologist* 58 (2003): 1019–1027.

90. E. Burnstein and Y. Schul, "The Informational Basis of Social Judgments: Operations in Forming an Impression of Another Person," *Journal of Experimental Social Psychology* 18 (1982): 217–234.

91. T. DeGroot and S. Motowidlo, "Why Visual and Vocal Cues Can Affect Interviewers' Judgments and Predict Job Performance," *Journal of Applied Psychology* 84 (1999): 986–993; M. C. L. Greene and L. Mathieson, *The Voice and Its Disorders* (London: Whurr, 1989).

92. R. L. Gross and S. E. Brodt, "How Assumptions of Consensus Undermine Decision Making," *MIT Sloan Management Review* 42 (Winter 2001): 86–94.

93. R. Rosenthal and L. Jacobson, *Pygmalion in the Classroom: Teacher Expectations and Pupils' Intellectual Development* (New York: Holt, Rinehart & Winston, 1968).

94. D. Eden, "Pygmalion without Interpersonal Contrast Effects: Whole Groups Gain from Raising Manager Expectations," *Journal of Applied Psychology* 75 (1990): 394–398.

95. R. A. Giacolone and P. Rosenfeld, eds., *Impression Management in Organizations* (Hillsdale, N.J.: Erlbaum, 1990); J. Tedeschi and V. Melburg, "Impression Management and Influence in the Organization," in S. Bacharach and E. Lawler, eds., *Research in the Sociology of Organizations* (Greenwich, Conn.: JAI Press, 1984): 31–58.

96. A. Colella and A. Varma, "The Impact of Subordinate Disability on Leader–Member Exchange Relationships," *Academy of Management Journal* 44 (2001): 304–315.

97. D. H. M. Chng, M. S. Rodgers, E. Shih, and X. Song, "Leaders' Impression Management during Organizational Decline: The Roles of Publicity, Image Concerns, and Incentive Compensation," *The Leadership Quarterly*, published online January 2015.

98. S. Bozzolan, C. H. Cho, and G. Michelon, "Impression Management and Organizational Audiences: The Fiat Group Case," *Journal of Business Ethics* 126(2015): 143-165.

99. R. A. Baron, "Impression Management by Applicants during Employment Interviews: The 'Too Much of a Good Thing' Effect," in R. W. Eder and G. R. Ferris, eds., *The Employment Interview: Theory, Research, and Practice* (Newbury Park, Calif.: Sage Publications, 1989).

100. F. Heider, *The Psychology of Interpersonal Relations* (New York: Wiley, 1958).

101. S. Graham and V. Folkes, *Attribution Theory: Applications to Achievement, Mental Health, and Interpersonal Conflict* (Hillsdale: L. Erlbaum and Associates, 1990).

102. P. D. Sweeney, K. Anderson, and S. Bailey, "Attributional Style in Depression: A Meta-Analytic Review," *Journal of Personality and Social Psychology* 51 (1986): 974–991.

103. P. Rosenthal, D. Guest, and R. Peccei, "Gender Differences in Managers' Causal Explanations for Their Work Performance," *Journal of Occupational and Organizational Psychology* 69 (1996): 145–151.

104. J. Silvester, "Spoken Attributions and Candidate Success in Graduate Recruitment Interviews," *Journal of Occupational and Organizational Psychology* 70 (1997): 61–71.

105. L. Ross, "The Intuitive Psychologist and His Shortcomings: Distortions in the Attribution Process," in L. Berkowitz, ed., *Advances in Experimental Social Psychology* (New York: Academic Press, 1977); M. O'Sullivan, "The Fundamental Attribution Error in Detecting Deception: The Boy-Who-Cried-Wolf Effect," *Personality & Social Psychology Bulletin* 29 (2003): 1316–1327.

106. D. T. Miller and M. Ross, "Self-Serving Biases in the Attribution of Causality: Fact or Fiction?" *Psychological Bulletin* 82 (1975): 313–325.

107. J. R. Schermerhorn, Jr., "Team Development for High-Performance Management," *Training and Development Journal* 40 (1986): 38–41.

108. J. G. Miller, "Culture and the Development of Everyday Causal Explanation," *Journal of Personality and Social Psychology* 46 (1984): 961–978.

109. G. Si, S. Rethorst, and K. Willimczik, "Causal Attribution Perception in Sports Achievement: A Cross-Cultural Study on Attributional Concepts in Germany and China," *Journal of Cross-Cultural Psychology* 26 (1995): 537–553.

1. A. H. Eagly and S. Chaiken, *The Psychology of Attitudes* (Orlando, Fla.: Harcourt Brace Jovanovich, 1993).

2. M. Pounds, "Bring Positive Attitude to the Workplace Using Praise," in *South Florida Sun-Sentinel* (Fort Lauderdale, FL) (September 27, 2007), http://infotrac-college.thomsonlearning.com, accessed July 2, 2008.

3. M. J. Rosenberg, C. I. Hovland, W. J. McGuire, R. P. Abelson, and J. H. Brehm, *Attitude Organization and Change* (New Haven, Conn.: Yale University Press, 1960).

4. L. Festinger, *A Theory of Cognitive Dissonance* (Evanston, Ill.: Row, Peterson, 1957).

5. R. H. Fazio and M. P. Zanna, "On the Predictive Validity of Attitudes: The Roles of Direct Experience and Confidence," *Journal of Personality* 46 (1978): 228–243.

6. A. Tversky and D. Kahneman, "Judgment under Uncertainty: Heuristics and Biases," in D. Kahneman, P. Slovic, and A. Tversky, eds., *Judgment under Uncertainty* (New York: Cambridge University Press, 1982): 3–20.

7. A. Bandura, *Social Learning Theory* (Englewood Cliffs, N.J.: Prentice-Hall, 1977).

8. I. Ajzen and M. Fishbein, "Attitude–Behavior Relations: A Theoretical Analysis and Review of Empirical Research," *Psychological Bulletin* 84 (1977): 888–918.

9. B. T. Johnson and A. H. Eagly, "Effects of Involvement on Persuasion: A Meta-Analysis," *Psychological Bulletin* 106 (1989): 290–314.

10. K. G. DeBono and M. Snyder, "Acting on One's Attitudes: The Role of History of Choosing Situations," *Personality and Social Psychology Bulletin* 21 (1995): 629–636.

11. I. Ajzen and M. Fishbein, *Understanding Attitudes and Predicting Social Behavior* (Englewood Cliffs, N.J.: Prentice-Hall, 1980).

12. I. Ajzen, "From Intentions to Action: A Theory of Planned Behavior," in J. Kuhl and J. Beckmann, eds., *Action-Control: From Cognition to Behavior* (Heidelberg: Springer, 1985).

13. I. Ajzen, "The Theory of Planned Behavior," *Organizational Behavior and Human Decision Processes* 50 (1991): 1–33.

14. A. Sagie and M. Krausz, "What Aspects of the Job Have Most Effect on Nurses?" *Human Resource Management Journal* 13 (2003): 46–62.

15. J. Kettle, "Factors Affecting Job Satisfaction in the Registered Nurse," *Journal of Undergraduate Nursing Scholarship*, http://juns.nursing.arizona.edu/Default.htm, accessed July 1, 2008.

16. C. P. Parker, B. B. Baltes, S. A. Young, J. W. Huff, R. A. Altman, H. A. LaCost, and J. E. Roberts, "Relationships between Psychological Climate Perceptions and Work Outcomes: A Meta-Analytic Review," *Journal of Organizational Behavior* 24 (2003): 389–416.

17. E. A. Locke, "The Nature and Causes of Job Satisfaction," in M. Dunnette, ed., *Handbook of Industrial and Organizational Psychology* (Chicago: Rand McNally, 1976).

18. P. C. Smith, L. M. Kendall, and C. L. Hulin, *The Measurement of Satisfaction in Work and Retirement* (Skokie, Ill.: Rand McNally, 1969).

19. R. Ilies and T. A. Judge, "On the Heritability of Job Satisfaction: The Mediating Role of Personality," *Journal of Applied Psychology* 88 (2003): 750–759.

20. T. A. Judge, R. F. Piccolo, N. P. Podsakoff, J. C. Shaw, and B. Rich, "The Relationship between Pay and Job Satisfaction: A Meta-Analysis of the Literature," *Journal of Vocational Behavior* 77 (2010): 157–167.

21. D. J. Weiss, R. V. Davis, G. W. England, and L. H. Lofquist, *Manual for the Minnesota Satisfaction Questionnaire* (Minneapolis: Industrial Relations Center, University of Minnesota, 1967).

22. C. D. Fisher, "Why Do Lay People Believe that Satisfaction and Performance Are Correlated? Possible Sources of a Commonsense Theory," *Journal of Organizational Behavior* 24 (2003): 753–777.

23. T. A. Judge, H. M. Weiss, J. D. Kammeyer-Mueller, and C. L. Hulin, "Job Attitudes, Job Satisfaction, and Job Affect: A Century of Continuity and Change," *Journal of Applied Psychology* (in press). Epub online January 26, 2017.

24. L. A. Bettencourt, K. P. Gwinner, and M. L. Meuter, "A Comparison of Attitude, Personality, and Knowledge Predictors of Service-Oriented Organizational Citizenship Behaviors," *Journal of Applied Psychology* 86 (2001): 29–41.

25. D. W. Organ, *Organizational Citizenship Behavior: The Good Soldier Syndrome* (Lexington, Mass.: Lexington Books, 1988).

26. P. M. Podsakoff, S. B. Mackenzie, and C. Hui, "Organizational Citizenship Behaviors and Managerial Evaluations of Employee Performance: A Review and Suggestions for Future Research," in G. Ferris, ed., *Research in Personnel and Human Resources Management* (Greenwich, Conn.: JAI Press, 1993): 1–40.

27. C. F. Lam, W. Wan, and C. J. Roussin, "Going the Extra Mile and Feeling Energized: An Enrichment Perspective of Organizational Citizenship Behaviors," *Journal of Applied Psychology*, 101 (2016): 379–391.

28. W. H. Bommer, E. W. Miles, and S. L. Grover, "Does One Good Turn Deserve Another? Coworker Influences on Employee Citizenship," *Journal of Organizational Behavior* 24 (2003): 181–196.

29. J. P. Trougakos, D. J. Beal, B. H. Cheng, I. Hideg, and D. Zweig, "Too Drained to Help: A Resource Depletion Perspective on Daily Interpersonal Citizenship Behaviors," *Journal of Applied Psychology* 100 (2015): 227–236.

30. M. C. Bolino, H. Hsiung, J. Harvey, and J. A. LePine, "Well, I'm Tired of Tryin! Organizational Citizenship Behavior and Citizen Fatigue," *Journal of Applied Psychology* 100 (2015): 56–74.

31. C. Ostroff, "The Relationship between Satisfaction, Attitudes and Performance: An Organizational Level Analysis," *Journal of Applied Psychology* 77 (1992): 963–974.

32. R. Griffin and T. Bateman, "Job Satisfaction and Organizational Commitment," in C. Cooper and I. Robertson, eds., *International Review of Industrial and Organizational Psychology* (New York: Wiley, 1986).

33. A. R. Wheeler, V. C. Gallagher, R. L. Brouer, and C. J. Sablynski, "When Person-Organization (Mis)Fit and (Dis)Satisfaction Lead to Turnover: The Moderating Role of Perceived Job Mobility," *Journal of Managerial Psychology* 22, No. 2 (2007): 203–219.

34. X. Huang and E. Van De Vliert, "Where Intrinsic Job Satisfaction Fails to Work: National Moderators of Intrinsic Motivation," *Journal of Organizational Behavior* 24 (2003): 133–250.

35. L. Sun, S. Aryee, and K. S. Law, "High-Performance Human Resource Practices, Citizenship Behavior, and Organizational Performance: A Relational Perspective," *Academy of Management Journal* 50 (2007): 558–577.

36. N. C. Carpenter and C. M. Berry, "Are Counterproductive Work Behavior and Withdrawal Empirically Distinct? A Meta-Analytic Investigation," *Journal of Management*, 43 (2017): 834–863.

37. J. C. Palmer, M. Komarraju, M. Z. Carter, and S. J. Karau, "Angel on One Shoulder: Can Perceived Organizational Support Moderate the Relationship Between the Dark Triad Traits and Counterproductive Work Behavior?" *Personality and Individual Differences*, 110 (2017): 31–37.

38. R. T. Mowday, L. W. Porter, and R. M. Steers, *Employee–Organization Linkages: The Psychology of Commitment* (New York: Academic Press, 1982).

39. N. Allen and J. Meyer, "Affective, Continuance, and Normative Commitment to the Organization: An Examination of Construct Validity," *Journal of Vocational Behavior* 49 (1996): 252–276.

40. J. P. Meyer, N. J. Allen, and C. A. Smith, "Commitment to Organizations and Occupations: Extension and Test of a Three-Component Model," *Journal of Applied Psychology* 78 (1993): 538–551.

41. J. P. Curry, D. S. Wakefield, J. L. Price, and C. W. Mueller, "On the Causal Ordering of Job Satisfaction and Organizational Commitment," *Academy of Management Journal* 29 (1986): 847–858; T. N. Bauer, T. Bodner, B. Erdogan, D. M. Truxillo, and J. S. Tucker, "Newcomer Adjustment during Organizational Socialization: A Meta-Analytic Review of Antecedents, Outcomes, and Methods," *Journal of Applied Psychology* 92 (2007): 707–721.

42. B. Benkhoff, "Ignoring Commitment Is Costly: New Approaches Establish the Missing Link between Commitment and Performance," *Human Relations* 50 (1997): 701–726; N. J. Allen and J. P. Meyer, "Affective, Continuance, and Normative Commitment to the Organization: An Examination of Construct Validity," *Journal of Vocational Behavior* 49 (1996): 252–276.

43. M. J. Somers, "Organizational Commitment, Turnover, and Absenteeism: An Examination of Direct and Interaction Effects," *Journal of Organizational Behavior* 16 (1995): 49–58; L. Lum, J. Kervin, K. Clark, F. Reid, and W. Sirola, "Explaining Nursing Turnover Intent: Job Satisfaction, Pay Satisfaction, or Organizational Commitment?" *Journal of Organizational Behavior* 19 (1998): 305–320.

44. F. Stinglhamber and C. Vandenberghe, "Organizations and Supervisors as Sources of Support and Targets of Commitment," *Journal of Organizational Behavior* 24 (2003): 251–270.

45. R. Eisenberger, S. Armeli, B. Rexwinkel, P. D. Lynch, and L. Rhoades, "Reciprocation of Perceived Organizational Support," *Journal of Applied Psychology* 86 (2001): 42–51; J. E. Finegan, "The Impact of Person and Organizational Values on Organizational Commitment," *Journal of Occupational and Organizational Psychology* 73 (2000): 149–169.

46. E. Snape and T. Redman, "Too Old or Too Young? The Impact of Perceived Age Discrimination," *Human Resource Management Journal* 13 (2003): 78–89.

47. J. A. Conger, "The Necessary Art of Persuasion," *Harvard Business Review* 76 (1998): 84–96.

48. J. Cooper and R. T. Croyle, "Attitudes and Attitude Change," *Annual Review of Psychology* 35 (1984): 395–426.

49. B. Martin, D. Wentzel, and T. Tomczak, "Effects of Susceptibility to Normative Influence and Type of Testimonial on Attitudes toward Print Advertising," *Journal of Advertising* (Spring 2008), http://infotrac-college.thomsonlearning.com, accessed July 2, 2009.

50. D. M. Mackie and L. T. Worth, "Processing Deficits and the Mediation of Positive Affect in Persuasion," *Journal of Personality and Social Psychology* 57 (1989): 27–40.

51. J. W. Brehm, *Responses to Loss of Freedom: A Theory of Psychological Reactance* (New York: General Learning Press, 1972).

52. D. DeSteno, R. E. Petty, and D. D. Rucker, "Discrete Emotions and Persuasion: The Role of Emotion-Induced Expectancies," *Journal of Personality & Social Psychology* 86 (2004): 43–56.

53. R. Petty, D. T. Wegener, and L. R. Fabrigar, "Attitudes and Attitude Change," *Annual Review of Psychology* 48 (1997): 609–647.

54. P. Brinol and R. E. Petty, "Overt Head Movements and Persuasion: A Self-Validation Analysis," *Journal of Personality and Social Psychology* 84 (2003): 1123–1139.

55. W. Wood, "Attitude Change: Persuasion and Social Influence," *Annual Review of Psychology* 51 (2000): 539–570.

56. A. Ortony, G. L. Clore, and A. Collins, *The Cognitive Structure of Emotions* (Cambridge, England: Cambridge University Press, 1988).

57. R. S. Lazarus, *Emotion and Adaptation* (New York: Oxford University Press, 1991).

58. X. Hu and S. Kaplan, "Is 'Feeling Good' Good Enough? Differentiating Discrete Positive Emotions at Work," *Journal of Organizational Behavior* 36 (2015): 39–58.

59. P. T. Van Katwyk, S. Fox, P. E. Spector, and E. K. Kelloway, "Using the Job-Related Affective Well-Being Scale to Investigate Affective Responses to Work Stressors," *Journal of Occupational Health Psychology* 52 (2000): 219–230.

60. B. L. Fredrickson, "The Role of Positive Emotions in Positive Psychology: The Broaden-and-Build Theory of Positive Emotions," *American Psychologist* 56 (2001): 218–226.

61. S. S. Kaplan, J. C. Bradley, J. N. Luchman, and D. Haynes, "On the Role of Positive and Negative Affectivity in Job Performance: A Meta-Analytic Investigation," *Journal of Applied Psychology* 94 (2009): 162–178; B. Lawrence and S. L. Robinson, "Ain't Misbehavin: Workplace Deviance as Organizational Resistance," *Journal of Management* 33, No. 3 (2007): 378–394.

62. B. L. Fredrickson and C. Brannigan, "Positive Emotions," in G. Bonnano and T. Mayne, eds., *Emotions: Current Issues and Future Directions* (New York: Guilford Press, 2001): 123–152.

63. D. Watson and L. A. Clark, "Affects Separable and Inseparable: On the Hierarchical Arrangement of Negative Affects," *Journal of Personality and Social Psychology* 62 (1992): 489–505.

64. A. M. Isen and R. A. Baron, "Positive Affect as a Factor in Organizational Behavior," *Research in Organizational Behavior* 13 (1991): 1–53; A. G. Miner and T. M. Glomb, "State Mood, Task Performance, and Behavior at Work: A Within-Persons Approach," *Organizational Behavior and Human Decision Processes* 112 (2010): 43–57.

65. M. Stolarski, K. S. Jankowski, G. Matthews, and J. Kawalerczyk, "Wise Birds Follow Their Clock: The Role of Emotional Intelligence and Morningness-Eveningness in Diurnal Regulation of Mood," *Chronobiology International*, 33 (2016): published online January 2016.

66. S. G. Barsade, "The Ripple Effect: Emotional Contagion and Its Influence on Group Behavior," *Administrative Science Quarterly* 47 (2007): 644–675.

67. J. E. Dutton, P. J. Frost, M. C. Worline, J. M. Lilius, and J. M. Kanov, "Leading in Times of Trauma," *Harvard Business Review* 80 (2002): 54–61.

68. T. A. Stewart, "The Highway of the Mind," *Harvard Business Review* 82 (2004): 116.

69. J. D. Mayer, P. Salovey, and D. R. Caruso, "Emotional Intelligence: Theory, Findings, and Implications," *Psychological Inquiry* 15 (2004): 197–215.

70. H. A. Elfenbein, S. G. Barsade, and N. Eisenkraft, "The Social Perception of Emotional Abilities: Expanding What We Know about Observer Ratings of Emotional Intelligence," *Emotion*, published online February 15, 2015.

71. A. R. Hochschild, *The Managed Heart: Commercialization of Human Feeling* (Berkeley: University of California Press, 1983).

72. A. A. Grandey, "When 'The Show Must Go On': Surface Acting and Deep Acting as Determinants of Emotional Exhaustion and Peer-Rated Service Delivery," *Academy of Management Journal* 46 (2003): 86–96; C. M. Brotherridge and A. A. Grandey, "Emotional Labor and Burnout: Comparing Two Perspectives of 'People Work'," *Journal of Vocational Behavior* 60 (2002): 17–39.

73. F. Navran, "Your Role in Shaping Ethics," *Executive Excellence* 9 (1992): 11–12.

74. K. Labich, "The New Crisis in Business Ethics," *Fortune* (April 20, 1992): 167–176.

75. L. S. Paine, *Value Shift: Why Companies Must Merge Social and Financial Imperatives to Achieve Superior Performance* (New York: McGraw-Hill, 2003).

76. D. B. Turban and D. M. Cable, "Firm Reputation and Applicant Pool Characteristics," *Journal of Organizational Behavior* 24 (2003): 733–751.

77. E. A. Lind, J. Greenberg, K. S. Scott, and T. D. Welchans, "The Winding Road from Employee to Complainant: Situational and Psychological Determinants of Wrongful-Termination Claims," *Administrative Science Quarterly* 45 (2000): 557–590.

78. "Stolen Birthrights; Australia's Aborigines," *The Economist* (US) (February 2, 2008), http://infotrac-college.thomsonlearning.com, accessed July 8, 2008; T. Johnston, "Australia Says 'Sorry' to Aborigines for Mistreatment," *The New York Times* (February 13, 2008), http://www.nytimes.com, accessed July 2, 2008.

79. Miriam Schulman, "Little Brother Is Watching You," Makkula Center for Applied Ethics, http://www.scu.edu/ethics/publications/iie/v9n2/brother.html, accessed July 1, 2008.

80. M. Oneal, P. Callahan, and E. Osnos, "Mattel Recalls 18 Million Toys," *Chicago Tribune* (August 15, 2007), http://www.chicagotribune.com /business/chi-toysaug15,0,7223810.story.

81. M. S. Baucus and D. A. Baucus, "Paying the Piper: An Empirical Examination of Longer-Term Financial Consequences of Illegal Corporate Behavior," *Academy of Management Journal* 40 (1997): 129–151.

82. J. O. Cherrington and D. J. Cherrington, "A Menu of Moral Issues: One Week in the Life of *The Wall Street Journal*," *Journal of Business Ethics* 11 (1992): 255–265.

83. B. L. Flannery and D. R. May, "Environmental Ethical Decision Making in the U.S. Metal-Finishing Industry," *Academy of Management Journal* 43 (2000): 642–662.

84. K. R. Andrews, "Ethics in Practice," *Harvard Business Review* (September–October 1989): 99–104.

85. M. Rokeach, *The Nature of Human Values* (New York: Free Press, 1973).

86. M. Rokeach and S. J. Ball-Rokeach, "Stability and Change in American Value Priorities, 1968–1981," *American Psychologist* 44 (1989): 775–784.

87. S. P. Eisner, "Managing Generation Y," *S.A.M. Advanced Management Journal* 70, No. 4 (2005): 4–15.

88. M. Henderson and D. Thompson, *Values at Work: The Invisible Threads between People, Performance, and Profit* (Auckland, New Zealand: HarperBusiness, 2003).

89. E. C. Ravlin and B. M. Meglino, "Effects of Values on Perception and Decision Making: A Study of Alternative Work Values Measures," *Journal of Applied Psychology* 72 (1987): 666–673.

90. E. C. Ravlin and B. M. Meglino, "The Transitivity of Work Values: Hierarchical Preference Ordering of Socially Desirable Stimuli," *Organizational Behavior and Human Decision Processes* 44 (1989): 494–508.

91. B. M. Meglino, E. C. Ravlin, and C. L. Adkins, "A Work Values Approach to Corporate Culture: A Field Test of the Value Congruence Process and Its Relationship to Individual Outcomes," *Journal of Applied Psychology* 74 (1989): 424–432.

92. T. A. Judge and R. D. Bretz, Jr., "Effects of Work Values on Job Choice Decisions," *Journal of Applied Psychology* 77 (1992): 261–271.

93. R. H. Doktor, "Asian and American CEOs: A Comparative Study," *Organizational Dynamics* 18 (1990): 46–56.

94. R. L. Tung, "Handshakes across the Sea: Cross-Cultural Negotiating for Business Success," *Organizational Dynamics* (Winter 1991): 30–40.

95. C. Gomez, B. L. Kirkman, and D. L. Shapiro, "The Impact of Collectivism and In-Group/Out-Group Membership on the Evaluation Generosity of Team Members," *Academy of Management Journal* 43 (2000): 1097–1106; J. Zhou and J. J. Martocchio, "Chinese and American Managers' Compensation Award Decisions: A Comparative Policy-Capturing Study," *Personnel Psychology* 54 (2001): 115–145.

96. A. J. Ali and M. Amirshahi, "The Iranian Manager: Work Values and Orientations," *Journal of Business Ethics* 40 (2002): 133–143.

97. R. Neale and R. Mindel, "Rigging Up Multicultural Teamworking," *Personnel Management* (January 1992): 27–30.

98. J. B. Rotter, "Generalized Expectancies for Internal versus External Control of Reinforcement," *Psychological Monographs* 80 (1966): 1–28.

99. L. K. Trevino and S. A. Youngblood, "Bad Apples in Bad Barrels: A Causal Analysis of Ethical Decision-Making Behavior," *Journal of Applied Psychology* 75 (1990): 378–385.

100. H. M. Lefcourt, *Locus of Control: Current Trends in Theory and Research,* 2nd ed. (Hillsdale, N.J.: Erlbaum, 1982).

101. N. Machiavelli, *The Prince,* trans. George Bull (Middlesex, England: Penguin Books, 1961).

102. R. Christie and F. L. Geis, *Studies in Machiavellianism* (New York: Academic Press, 1970).

103. R. A. Giacalone and S. B. Knouse, "Justifying Wrongful Employee Behavior: The Role of Personality in Organizational Sabotage," *Journal of Business Ethics* 9 (1990): 55–61.

104. S. B. Knouse and R. A. Giacalone, "Ethical Decision Making in Business: Behavioral Issues and Concerns," *Journal of Business Ethics* 11 (1992): 369–377.

105. L. Kohlberg, "Stage and Sequence: The Cognitive Developmental Approach to Socialization," in D. A. Goslin, ed., *Handbook of Socialization Theory and Research* (Chicago: Rand McNally, 1969): 347–480.

106. C. I. Malinowski and C. P. Smith, "Moral Reasoning and Moral Conduct: An Investigation Prompted by Kohlberg's Theory," *Journal of Personality and Social Psychology* 49 (1985): 1016–1027, M. Brabeck, "Ethical Characteristics of Whistleblowers," *Journal of Research in Personality* 18 (1984): 41–53; W. Y. Penn and B. D. Collier, "Current Research in Moral Development as a Decision Support System," *Journal of Business Ethics* 4 (1985): 131–136; L. K. Trevino and S. A. Youngblood, "Bad Apples in Bad Barrels: A Causal Analysis of Ethical Decision-Making Behavior," *Journal of Applied Psychology* 75 (1990): 378–385.

107. C. Gilligan, *In a Different Voice: Psychological Theory and Women's Development* (Cambridge, Mass.: Harvard University Press, 1982).

108. S. Jaffee and J. S. Hyde, "Gender Differences in Moral Orientation: A Meta-Analysis," *Psychological Bulletin* 126 (2000): 703–726.

109. G. R. Franke, D. F. Crown, and D. F. Spake, "Gender Differences in Ethical Perceptions of Business Practices: A Social Role Theory Perspective," *Journal of Applied Psychology* 82 (1997): 920–934.

1. R. Kanfer, M. Frese, and R. E. Johnson, "Motivation Related to Work," *Journal of Applied Psychology* 102, No. 3 (March 2017): 338–355.

2. J. P. Campbell and R. D. Pritchard, "Motivation Theory in Industrial and Organizational Psychology," in M. D. Dunnette, ed., *Handbook of Industrial and Organizational Psychology* (Chicago: Rand McNally, 1976): 63–130.

3. M. Weber, *The Protestant Ethic and the Spirit of Capitalism* (London: Talcott Parson, tr., 1930).

4. S. Freud, *Civilization and Its Discontents,* trans. and ed. J. Strachey (New York: Norton, 1961).

5. J. C. Quick, A. McFadyen, and D. L. Nelson, 2014, "No Accident: Health, Well-Being, and Performance at Work." *Journal of Organizational Effectiveness: People & Performance* 1 No. 1 (2014): 98–119.

6. T. A. Judge, L. S. Simon, C. Hurst, and K. Kelley, "What I Experienced Yesterday Is Who I Am Today: Relationship of Work Motivations and Behaviors to Within-Individual Variation in the Five-Factor Model of Personality," *Journal of Applied Psychology* 99 (2014): 199–221.

7. A. Smith, *An Inquiry into the Nature and Causes of the Wealth of Nations,* Vol. 10 of *The Harvard Classics,* C. J. Bullock, ed. (New York: Collier, 1909).

8. J. Jennings, *Less Is More: How Great Companies Use Productivity as a Competitive Tool in Business* (New York: Portfolio, 2002).

9. F. W. Taylor, *The Principles of Scientific Management* (New York: Norton, 1911).

10. Hearings before Special Committee of the House of Representatives to Investigate the Taylor and Other Systems of Shop Management under Authority of House Resolution 90, Vol. 3, 1377–1508 contains Taylor's testimony before the committee from Thursday, January 25, through Tuesday, January 30, 1912.

11. J. Breal, "Secret Sauce," *Fast Company* 115 (May 2007): 61–63.

12. F. J. Roethlisberger, *Management and Morale* (Cambridge, Mass.: Harvard University Press, 1941).

13. L. Van Dyne and J. L. Pierce, "Psychological Ownership and Feelings of Possession: Three Field Studies Predicting Employee Attitudes and Organizational Citizenship Behavior," *Journal of Organizational Behavior* 25 (2004): 439–459.

14. A. H. Maslow, "A Theory of Human Motivation," *Psychological Review* 50 (1943): 370–396.

15. W. James, *The Principles of Psychology* (New York: H. Holt & Co., 1890; Cambridge, Mass.: Harvard University Press, 1983); J. Dewey, *Human Nature and Conduct: An Introduction to Social Psychology* (New York: Holt, 1922); S. Freud, *A General Introduction to Psycho-Analysis: A Course of Twenty-Eight Lectures Delivered at the University of Vienna* (New York: Liveright, 1963); A. Adler, *Understanding Human Nature* (Greenwich, Conn.: Fawcett, 1927).

16. B. Litwiller, L. A. Snyder, W. D. Taylor, and L. M. Steele, "The Relationship Between Sleep and Work," *Journal of Applied Psychology*, 102, 4 (April 2017), 682–699.

17. N. K. Austin, "The Power of the Pyramid: The Foundation of Human Psychology and, Thereby, of Motivation, Maslow's Hierarchy Is One Powerful Pyramid," *Incentive* 176 (July 2002): 10.

18. D. M. McGregor, *The Human Side of Enterprise* (New York: McGraw-Hill, 1960).

19. D. M. McGregor, "The Human Side of Enterprise," *Management Review* (November 1957): 22–28, 88–92.

20. C. A. Fulmer and C. Ostroff, "Trust in Direct Leaders and Top Leaders: A Trickle-Up Model," *Journal of Applied Psychology*, 102, 4 (April 2017), 648–657.

21. Y. Berson, N. Halevy, B. Shamir, and M. Erez, "Leading from Different Psychological Distances: A Construal-Level Perspective on Vision Communication, Goal Setting, and Follower Motivation," *The Leadership Quarterly* 26 (2015): 143–155.

22. J. Boorstin, "No Preservatives. No Unions. Lots of Dough," *Fortune* 148 (September 15, 2003): 127–129.

23. C. P. Alderfer, *Human Needs in Organizational Settings* (New York: Free Press, 1972).

24. B. Schneider and C. P. Alderfer, "Three Studies of Need Satisfactions in Organizations," *Administrative Science Quarterly* 18 (1973): 489–505.

25. H. A. Murray, *Explorations in Personality: A Clinical and Experimental Study of Fifty Men of College Age* (New York: Oxford University Press, 1938).

26. D. C. McClelland, *Motivational Trends in Society* (Morristown, N.J.: General Learning Press, 1971).

27. D. C. McClelland, "Achievement Motivation Can Be Learned," *Harvard Business Review* 43 (1965): 6–24.

28. J. P. Chaplin and T. S. Krawiec, *Systems and Theories of Psychology* (New York: Holt, Rinehart & Winston, 1960); M. Stahl, *Managerial and Technical Motivation: Assessing Needs for Achievement, Power, and Affiliation* (Santa Barbara, CA: Praeger 1986).

29. J. S. Chun and J. N. Choi, "Members' Needs, Intragroup Conflict, and Group Performance," *Journal of Applied Psychology* 99 (2014): 437–450.

30. E. A. Ward, "Multidimensionality of Achievement Motivation among Employed Adults," *Journal of Social Psychology* 134 (1997): 542–544.

31. A. Sagie, D. Elizur, and H. Yamauchi, "The Structure and Strength of Achievement Motivation: A Cross-Cultural Comparison," *Journal of Organizational Behavior* 17 (1996): 431–444.

32. D. C. McClelland and D. Burnham, "Power Is the Great Motivator," *Harvard Business Review* 54 (1976): 100–111; J. Hall and J. Hawker, *Power Management Inventory* (The Woodlands, Tex.: Telemetrics International, 1988).

33. S. Schachter, *The Psychology of Affiliation* (Stanford, Calif.: Stanford University Press, 1959).

34. F. Herzberg, B. Mausner, and B. Snyderman, *The Motivation to Work* (New York: Wiley, 1959).

35. F. Herzberg, *Work and the Nature of Man* (Cleveland: World, 1966).

36. B. A. Scott, A. S. Garza, D. E. Conlon, and Y. J. Kim, "Why Do Managers Act Fairly in the First Place? A Daily Investigation of 'Hot' and 'Cold' Motives and Discretion," *Academy of Management Journal* 1015 (2015): 37–57.

37. G. van Houwelinger, M. van Dijke, and D. de Cremer, "Fairness Enactment as Response to Higher Level Unfairness," *Journal of Management*, 43, No. 2 (February 2017): 319–347.

37a. J. I. Menges, D. V. Tussing, A. Wihler, and A. M. Grant, "When Job Performance Is All Relative: How Family Motivation Energizes Effort and Compensates for Intrinsic Motivation," *Academy of Management Journal*, 60 (April 2017): 695–719.

38. R. Griffin, "Organizational Behavior," *Oxford Annotated Bibliographies: Management* (2013): www.oxfordbibliographies.com.

39. D. L. Nelson and B. L. Simmons, "Health Psychology and Work Stress: A More Positive Approach," in J. C. Quick and L. E. Tetrick, eds., *Handbook of Occupational Health Psychology* (Washington, D.C.: American Psychological Association, 2003): 97–119.

40. K. S. Cameron, J. E. Dutton, and R. E. Quinn, eds., *Positive Organizational Scholarship: Foundations of a New Discipline* (San Francisco: Berrett-Keohler, 2003).

41. J. Loehr and T. Schwartz, "The Making of a Corporate Athlete," *Harvard Business Review* 79 (2001): 120–129.

42. J. Loehr and T. Schwartz, *The Power of Full Engagement: Managing Energy, Not Time, Is the Key to High Performance and Personal Renewal* (New York: Free Press, 2003).

43. G. Kholreiser, "Engaging Employees Crucial for Their Morale," *The Nation* (November 29, 2010), http://www.nationmultimedia.com/2010/11/29/business/Engaging-employees-crucial-for-their-morale-30143355.html, accessed May 12, 2011.

44. P. M. Blau, *Exchange and Power in Social Life* (New York: Wiley, 1964); N. Horster, *Principles of Exchange and Power: Integrating the Theory of Social Institutions and the Theory of Value* (New York: P. Lang, 1997).

45. A. Etzioni, "A Basis for Comparative Analysis of Complex Organizations," in A. Etzioni, ed., *A Sociological Reader on Complex Organizations,* 2nd ed. (New York: Holt, Rinehart & Winston, 1969): 59–76.

46. S. S. Masterson and C. L. Stamper, "Perceived Organizational Membership: An Aggregate Framework Representing the Employee–Organization Relationship," *Journal of Organizational Behavior* 24 (2003): 473–490.

47. L. J. Song, A. S. Tsui, and K. S. Long, "Unpacking Employee Responses to Organizational Exchange Mechanisms: The Role of Social and Economic Exchange Perceptions," *Journal of Management* 35 (2009): 56–93.

48. J. S. Adams, "Inequity in Social Exchange," in L. Berkowitz, ed., *Advances in Experimental Social Psychology,* Vol. 2 (New York: Academic Press, 1965): 267–299; J. S. Adams, "Toward an Understanding of Inequity," *Journal of Abnormal and Social Psychology* 67 (1963): 422–436.

49. J. Nelson-Horchler, "The Best Man for the Job Is a Man," *Industry Week* (January 7, 1991): 50–52.

50. P. E. Downes and D. Choi, "Employee Reactions to Pay Dispersion: A Typology of Existing Research," *Human Resource Management Review* 24 (2014): 53–66.

51. R. C. Huseman, J. D. Hatfield, and E. A. Miles, "A New Perspective on Equity Theory: The Equity Sensitivity Construct," *Academy of Management Review* 12 (1987): 222–234.

52. G. Lemmon and S. J. Wayne, "Underlying Motives of Organizational Citizenship Behavior: Comparing Egoistic and Altruistic Motivations," *Journal of Leadership & Organization Studies* 22 (2015): 129–148.

53. K. E. Weick, M. G. Bougon, and G. Maruyama, "The Equity Context," *Organizational Behavior and Human Performance* 15 (1976): 32–65.

54. R. C. Huseman, J. D. Hatfield, and E. W. Miles, "A New Perspective on Equity Theory: The Equity Sensitivity Construct," *The Academy of Management Review* 12 (1987): 222–234.

55. J. Greenberg, "Equity and Workplace Status: A Field Experiment," *Journal of Applied Psychology* 73 (1988): 606–613.

56. J. Greenberg, "Losing Sleep over Organizational Justice: Attenuating Insomniac Reactions to Underpayment Inequity with Supervisory Training in Interactional Justice," *Journal of Applied Psychology* 91 (2006): 58–69.

57. J. Greenberg and B. Alge, "Aggressive Reactions to Workplace Injustice," in R. W. Griffin, A. O'Leary-Kelly, and J. Collins, eds., *Dysfunctional Behavior in Organizations, Vol. 1: Violent Behaviors in Organizations* (Greenwich, CT: JAI, 1998): 119–145.

58. R. A. Cosier and D. R. Dalton, "Equity Theory and Time: A Reformulation," *Academy of Management Review* 8 (1983): 311–319.

59. J. E. Martin and M. W. Peterson, "Two-Tier Wage Structures: Implications for Equity Theory," *Academy of Management Journal* 30 (1987): 297–315.

60. R. J. Sanchez, D. M. Truxillo, and T. N. Bauer, "Development and Examination of an Expectancy-Based Measure of Test-Taking Motivation," *Journal of Applied Psychology* 85 (2000): 739–750.

61. V. H. Vroom, *Work and Motivation* (New York: Wiley, 1964/1970).

62. U. R. Larson, "Supervisor's Performance Feedback to Subordinates: The Effect of Performance Valence and Outcome Dependence," *Organizational Behavior and Human Decision Processes* 37 (1986): 391–409.

63. M. C. Kernan and R. G. Lord, "Effects of Valence, Expectancies, and Goal-Performance Discrepancies in Single and Multiple Goal Environments," *Journal of Applied Psychology* 75 (1990): 194–203.

64. R. J. Sanchez, D. M. Truxillo, and T. N. Bauer, "Development and Examination of an Expectancy-Based Measure of Test-Taking Motivation," *Journal of Applied Psychology* 85 (2000): 739–750.

65. W. VanEerde and H. Thierry, "Vroom's Expectancy Models and Work-Related Criteria: A Meta-Analysis," *Journal of Applied Psychology* 81 (1996): 575–586.

66. E. D. Pulakos and N. Schmitt, "A Longitudinal Study of a Valence Model Approach for the Prediction of Job Satisfaction of New Employees," *Journal of Applied Psychology* 68 (1983): 307–312; F. J. Landy and W. S. Becker, "Motivation Theory Reconsidered," in L. L. Cummings and B. M. Staw, eds., *Research in Organizational Behavior* 9 (Greenwich, Conn.: JAI Press, 1987): 1–38.

67. J. Gibbs, K. Basinger, and D. Fuller, *Moral Maturity: Measuring the Development of Sociomoral Reflection* (Hillsdale, NJ: L. Erlbaum, 1992).

68. N. J. Adler, *International Dimensions of Organizational Behavior,* 4th ed. (Mason, Ohio: South-Western, 2001).

69. G. Hofstede, "Motivation, Leadership, and Organization: Do American Theories Apply Abroad?" *Organizational Dynamics* 9 (1980): 42–63.

70. G. H. Hines, "Cross-Cultural Differences in Two-Factor Theory," *Journal of Applied Psychology* 58 (1981): 313–317.

71. M. C. Bolino and W. H. Turnley, "Old Faces, New Places: Equity Theory in Cross-Cultural Contexts," *Journal of Organizational Behavior* 29 (2008): 29–50; M. C. Bolino and W. H. Turnley, "Erratum: Old Faces, New Places: Equity Theory in Cross-Cultural Contexts," *Journal of Organizational Behavior* 29 (2008): i.

1. I. Goodfellow, Y. Bengio, and A. Courville, *Deep Learning* (Cambridge, MA: Massachusetts Institute of Technology, 2016).

2. B. Cannon, "Walter B. Cannon: Reflections on the Man and His Contributions," in *Centennial Session,* (Washington, D.C., American Psychological Association Centennial Convention, 1992).

3. B. F. Skinner, *The Behavior of Organisms: An Experimental Analysis* (New York: Appleton-Century-Crofts, 1938).

4. B. F. Skinner, *Science and Human Behavior* (New York: Free Press, 1953).

5. F. Luthans and R. Kreitner, *Organizational Behavior Modification and Beyond* (Glenview, Ill.: Scott, Foresman, 1985).

6. A. D. Stajkovic and F. Luthans, "A Meta-Analysis of the Effects of Organizational Behavior Modification on Task Performance, 1975–95," *Academy of Management Journal* 40 (1997): 1122–1149.

7. C. B. Cadsby, F. Song, and F. Tapon, "Sorting and Incentive Effects of Pay for Performance: An Experimental Investigation," *Academy of Management Journal* 50 (2007): 387–405.

8. K. K. Merriman, "Lost in Translation: Cultural Interpretations of Performance Pay," *Compensation and Benefits Review* 42 (2010): 403–410.

9. J. Hale, "Strategic Rewards: Keeping Your Best Talent from Walking Out the Door," *Compensation and Benefits Management* 14 (1998): 39–50.

10. B. F. Skinner, *Contingencies of Reinforcement: A Theoretical Analysis* (New York: Appleton-Century-Crofts, 1969).

11. J. P. Chaplin and T. S. Krawiec, *Systems and Theories of Psychology* (New York: Holt, Rinehart & Winston, 1960).

12. L. Bareket-Bojmel, G. Hochman, and D. Ariely, "It's (Not) All about the Jacksons: Testing Different Types of Short-Term Bonuses in the Field," *Journal of Management* (Advanced online publication May 27, 2014).

13. M. Maccoby, J. Hoffer Gittell, and M. Ledeen, "Leadership and the Fear Factor," *Sloan Management Review* 148 (Winter 2004): 14–18.

14. A. Bandura, *Social Learning Theory* (Englewood Cliffs, N.J.: Prentice-Hall, 1977); A. Bandura, "Self-Efficacy: Toward a Unifying Theory of Behavioral Change," *Psychological Review* 84 (1977): 191–215.

15. J. J. Martocchio and E. J. Hertenstein, "Learning Orientation and Goal Orientation Context: Relationships with Cognitive and Affective Learning Outcomes," *Human Resource Development Quarterly* 14 (2003): 413–434.

16. A. Bandura, "Regulation of Cognitive Processes through Perceived Self-Efficacy," *Developmental Psychology* (September 1989): 729–735.

17. J. M. Phillips and S. M. Gully, "Role of Goal Orientation, Ability, Need for Achievement, and Locus of Control in the Self-Efficacy and Goal-Setting Process," *Journal of Applied Psychology* 82 (1997): 792–802.

18. M. Tims, A. B. Bakker, and D. Derks, "Daily Job Crafting and the Self-Efficacy-Performance Relationship," *Journal of Managerial Psychology* 29 (2014): 490–507.

19. J. C. Weitlauf, R. E. Smith, and D. Cervone, "Generalization Effects of Coping-Skills Training: Influence of Self-Defense Training on Women's Efficacy Beliefs, Assertiveness, and Aggression," *Journal of Applied Psychology* 85 (2000): 625–633.

20. A. D. Stajkovic and F. Luthans, "Social Cognitive Theory and Self-Efficacy: Going beyond Traditional Motivational and Behavioral Approaches," *Organizational Dynamics* (Spring 1998): 62–74.

21. T. M. Amabile and S. J. Kramer, "The Power of Small Wins," *Harvard Business Review* 38, No. 5 (July 8, 2008): 70–80.

22. V. Gecas, "The Social Psychology of Self-Efficacy," *Annual Review of Sociology* 15 (1989): 291–316.

23. E. A. Locke and G. P. Latham, *A Theory of Goal Setting and Task Performance* (Englewood Cliffs, N.J.: Prentice-Hall, 1990).

24. A. D. Stajkovic, E. A. Locke, and E. S. Blair, "A First Examination of the Relationships between Primed Subconscious Goals, Assigned Conscious Goals, and Task Performance," *Journal of Applied Psychology* 91 (2006): 1172–1180.

25. T. O. Murray, *Management by Objectives: A Systems Approach to Management* (Fort Worth, Tex.: Western Company, n.d.).

26. W. T. Brooks and T. W. Mullins, *High Impact Time Management* (Englewood Cliffs, N.J.: Prentice-Hall, 1989).

27. E. A. Locke, "Toward a Theory of Task Motivation and Incentives," *Organizational Behavior and Human Performance* 3 (1968): 157–189.

28. J. C. Quick, "Dyadic Goal Setting within Organizations: Role Making and Motivational Considerations," *Academy of Management Review* 4 (1979): 369–380.

29. D. McGregor, "An Uneasy Look at Performance Appraisal," *Harvard Business Review* 35 (1957): 89–94.

30. J. R. Hollenbeck, C. R. Williams, and H. J. Klein, "An Empirical Examination of the Antecedents of Commitment to Difficult Goals," *Journal of Applied Psychology* 74 (1989): 18–23.

31. R. C. Rodgers and J. E. Hunter, "The Impact of Management by Objectives on Organizational Productivity," unpublished paper (Lexington: University of Kentucky, 1989).

32. E. A. Locke, K. N. Shaw, L. M. Saari, and G. P. Latham, "Goal Setting and Task Performance: 1969–1980," *Psychological Bulletin* 90 (1981): 125–152.

33. D. B. Fedora, W. D. Davis, J. M. Maslync, and K. Mathiesond, "Performance Improvement Efforts in Response to Negative Feedback: The Roles of Source Power and Recipient Self-Esteem," *Journal of Management* 27 (2001): 79–98.

34. J. C. Quick, "Dyadic Goal Setting and Role Stress," *Academy of Management Journal* 22 (1979): 241–252.

35. G. S. Odiorne, *Management by Objectives: A System of Managerial Leadership* (New York: Pitman, 1965).

36. American Management Association, *Blueprints for Service Quality: The Federal Express Approach* (New York: American Management Association, 1991).

37. P. F. Drucker, *The Practice of Management* (New York: Harper & Bros., 1954).

38. R. D. Prichard, P. L. Roth, S. D. Jones, P. J. Galgay, and M. D. Watson, "Designing a Goal-Setting System to Enhance Performance: A Practical Guide," *Organizational Dynamics* 17 (1988): 69–78.

39. C. L. Hughes, *Goal Setting: Key to Individual and Organizational Effectiveness* (New York: American Management Association, 1965).

40. M. E. Tubbs and S. E. Ekeberg, "The Role of Intentions in Work Motivation: Implications for Goal-Setting Theory and Research," *Academy of Management Review* 16 (1991): 180–199.

41. Y. Gong, M. Wang, J.-C. Huang, S. Y. Cheung, "Toward a Goal Orientation-Based Feedback Seeking Typology: Implications for Employee Performance Outcomes," *Journal of Management*, 43, 4 (April 2017), 1234–1260.

42. J. R. Hollenbeck and A. P. Brief, "The Effects of Individual Differences and Goal Origin on Goal Setting and Performance," *Organizational Behavior and Human Decision Processes* 40 (1987): 392–414.

43. R. A. Katzell and D. E. Thompson, "Work Motivation: Theory and Practice," *American Psychologist* 45 (1990): 144–153; M. W. McPherson, "Is Psychology the Science of Behavior?" *American Psychologist* 47 (1992): 329–335

44. A. S. DeNisi and K. R. Murphy, "Performance Appraisal and Performance Management: 100 Years of Progress?" *Journal of Applied Psychology*, 102, 3 (March 2017), 421–433.

45. F. L. Schmidt and J. Hunter, "General Mental Ability in the World of Work: Occupational Attainment and Job Performance," *Journal of Personality and Social Psychology* 86 (2004): 162–173.

46. D. L. Joseph, J. Jin, D. A. Newman, and E. H. O'Boyle, "Why Does Self-Reported Emotional Intelligence Predict Job Performance? A Meta-Analytic Investigation of Mixed EI," *Journal of Applied Psychology* 100 (2015): 298–342.

47. R. L. Cardy, *Performance Management: Concepts, Skills, and Exercises* (Armonk, New York, and London, England: M. E. Sharpe, 2004).

48. D. Hartley-Wilkins, "Getting the Best out of Your People: Managing Performance," *Human Resources* (April/May 2010): 26–27.

49. P. Cappelli and N. Rogovsky, "Employee Involvement and Organizational Citizenship: Implications for Labor Law Reform and 'Lean Production,'" *Industrial & Labor Relations Review* 51 (1998): 633–653.

50. L. D. Ordonez, M. E. Schweitzer, A. D. Galinskly, and M. H. Bazerman. "Goals Gone Wild: The Systematic Side Effects of Overprescribing Goal Setting," *Academy of Management Perspectives* 23 (2009): 6–16; E. A. Locke and G. P. Latham, "Has Goal Setting Gone Wild, or Have Its Attackers Abandoned

Good Scholarship?" *Academy of Management Perspectives* 23 (2009): 17–23.

51. M. E. Tubbs and M. L. Trusty, "Direct Reports of Motivation for Task Performance Levels: Some Construct-Related Evidence," *Journal of Psychology* 135 (2001): 185–205.

52. S. Ellis, R. Mendel, and M. Aloni-Zohar, "The Effect of Accuracy of Performance Evaluation on Learning from Experience: The Moderating Role of After-Event Reviews," *Journal of Applied Social Psychology* 39, No. 3 (2009): 541–563.

53. R. R. Kilburg, *Executive Coaching: Developing Managerial Wisdom in a World of Chaos* (Washington, D.C.: American Psychological Association, 2000).

54. K. Y. Wilson, "An Analysis of Bias in Supervisor Narrative Comments in Performance Appraisal," *Human Relations* 63 (2010): 1903–1933.

55. H. H. Meyer, E. Kay, and J. R. P. French, "Split Roles in Performance Appraisal," *Harvard Business Review* 43 (1965): 123–129.

56. W. Lam, X. Huang, and E. Snape, "Feedback-Seeking Behavior and Leader-Member Exchange: Do Supervisor-Attributed Motives Matter?" *Academy of Management Journal* 50 (2007): 348–363.

57. D. Motro and P. J. Aleksander, "Boys, Don't Cry: Gender and Reactions to Negative Performance Feedback," *Journal of Applied Psychology* 102, No. 2 (February 2017): 227–235.

58. J. S. Goodman, R. E. Wood, and M. Hendrickx, "Feedback Specificity, Exploration, and Learning," *Journal of Applied Psychology* 89 (2004): 248–262.

59. M. B. DeGregorio and C. D. Fisher, "Providing Performance Feedback: Reactions to Alternative Methods," *Journal of Management* 14 (1988): 605–616.

60. G. C. Thornton, "The Relationship between Supervisory and Self-Appraisals of Executive Performance," *Personnel Psychology* 21 (1968): 441–455.

61. A. S. DeNisi and A. N. Kluger, "Feedback Effectiveness: Can 360-Degree Appraisals Be Improved?" *Academy of Management Executive* 14 (2000): 129–140.

62. F. Luthans and S. J. Peterson, "360-Degree Feedback with Systematic Coaching: Empirical Analysis Suggests a Winning Combination," *Human Resource Management* 42 (2003): 243–256.

63. G. Toegel and J. A. Conger, "360-Degree Assessment: Time for Reinvention," *Academy of Management Learning and Education* 2 (2003): 297–311.

64. L. Hirschhorn, "Leaders and Followers in a Postindustrial Age: A Psychodynamic View," *Journal of Applied Behavioral Science* 26 (1990): 529–542.

65. F. M. Jablin, "Superior-Subordinate Communication: The State of the Art," *Psychological Bulletin* 86 (1979): 1201–1222.

66. T. C. Bednall, K. Sanders, and P. Runhaar, "Stimulating Informal Learning Activities through Perceptions of Performance Appraisal Quality and Human Resource Management Strength: A Two-Wave Study," *Academy of Management Learning & Education* 13 (2014): 45–61.

67. J. Pfeffer, "Six Dangerous Myths about Pay," *Harvard Business Review* 76 (1998): 108–119.

68. L. M. Leslie, C. F. Manchester, and P. C. Dahm, "Why and When Does the Gender Gap Reverse? Diversity Goals and the Pay Premium for High Potential Women," *Academy of Management Journal*, 60 (April 2017), 402–432.

69. "Six Employee Types Prefer Different Rewards," *HRFocus* 84, No. 4 (April 2007): 12.

70. M. Erez, "Work Motivation from a Cross-Cultural Perspective," in A. M. Bouvy, F. J. R. Van de Vijver, P. Boski, and P. G. Schmitz, eds., *Journeys into Cross-Cultural Psychology* (Amsterdam, Netherlands: Swets and Zeitlinger, 1994): 386–403.

71. G. T. Milkovich and J. M. Newman, *Compensation*, 4th ed. (Homewood, Ill.: Irwin, 1993).

72. T. Taylor, "The Challenge of Project Team Incentives," *Compensation and Benefits Review* 42 (2010): 411–419.

73. J. M. Bardwick, *Danger in the Comfort Zone* (New York: American Management Association, 1991).

74. D. F. Giannetto, "Get Your Money's Worth from Incentives," *Business Performance Management*, 7 (2009): 12.

75. J. H. Han, K. M. Bartol, and S. Kim, "Tightening Up the Performance-Pay Linkage: Roles of Contingent Reward Leadership and Profit-Sharing in the Cross-Level Influence of Individual Pay-for-Performance," *Journal of Applied Psychology* 100 (2015): 417–430.

76. K. N. Wexley, R. A. Alexander, J. P. Greenawalt, and M. A. Couch, "Attitudinal Congruence and Similarity as Related to Interpersonal Evaluations in Manager-Subordinate Dyads," *Academy of Management Journal* 23 (1980): 320–330.

77. H. H. Kelley, *Attribution in Social Interaction* (New York: General Learning Press, 1971); H. H. Kelley, "The Processes of Causal Attribution," *American Psychologist* 28 (1973): 107–128.

78. B. Raabe and T. A. Beehr, "Formal Mentoring versus Supervisor and Coworker Relationships: Differences in Perceptions and Impact," *Journal of Organizational Behavior* 24 (2003): 271–293.

79. A. M. Young and P. L. Perrewe, "What Did You Expect? An Examination of Career-Related Support and Social Support among Mentors and Protégés," *Journal of Management* 26 (2000): 611–633.

80. K. Doherty, "The Good News about Depression," *Business and Health* 3 (1989): 1–4.

81. K. E. Kram, "Phases of the Mentor Relationship," *Academy of Management Journal* 26 (1983): 608–625.

82. T. D. Allen, L. T. Eby, M. L. Poteet, E. Lentz, and L. Lima, "Career Benefits Associated with Mentoring for Protégés: A Meta-Analysis," *Journal of Applied Psychology* 89 (2004): 127–136.

83. L. T. Eby, M. M. Butts, B. J. Hoffman, and J. B. Sauer, "Cross-Lagged Relations between Mentoring Received from Supervisors and Employee OCBs: Disentangling Causal Direction and Identifying Boundary Conditions," *Journal of Applied Psychology* (Advanced online publication January 19, 2015).

84. S.J. Wells, "Choices Flourish at IBM," *HR Magazine* (May 2009): 52–57.

85. K. E. Kram and L. A. Isabella, "Mentoring Alternatives: The Role of Peer Relationships in Career Development," *Academy of Management Journal* 28 (1985): 110–132.

86. J. Greco, "Hey, Coach!" *Journal of Business Strategy* 22 (2001): 28–32.

1. P. D. Bliese, J. R. Edwards, and S. Sonnentag, "Stress and Well-Being at Work: A Century of Empirical Trends Reflecting Theoretical and Societal Influences," *Journal of Applied Psychology* 102, No. 3 (March 2017): 389–402.

2. M. Blake Hargrove, J. C. Quick, D. L. Nelson, and J. D. Quick, "The Theory of Preventive Stress Management: A 33-Year Review and Evaluation," *Stress and Health* 27 (2011): 182–193.

3. S. Benison, A. C. Barger, and E. L. Wolfe, *Walter B. Cannon: The Life and Times of a Young Scientist* (Cambridge, Mass.: Harvard University Press, 1987).

4. W. B. Cannon, *Bodily Changes in Pain, Hunger, Fear, and Rage: An Account of Recent Researchers into the Function of Emotional Excitement* (New York: Appleton-Century-Crofts, 1915).

5. W. B. Cannon, *The Wisdom of the Body* (New York: Norton, 1932).

6. R. S. Lazarus, *Psychological Stress and the Coping Process* (New York: McGraw-Hill, 1966).

7. M. R. Tuckey, B. J. Searle, C. M. Boyd, A. H. Winefield, and H. R. Winefield. "Hindrances Are Not Threats: Advancing the Multimensionality of Work Stress," *Journal of Occupational Health Psychology* 20 (2015): 131–147.

8. R. Rau, K. Morling, and U. Rosler, "Is There a Relationship between Major Depression and Both Objectively Assessed and Perceived Demands and Control?" *Work and Stress* 24 (2010): 88–106.

9. C. Liu, P. E. Spector, and L. Shi, "Cross-National Job Stress: A Quantitative and Qualitative Study," *Journal of Organizational Behavior* 28 (2007): 209–239.

10. J. Doron, Y. Stephan, C. Maiano, and C. LeScanff, "Motivational Predictors of Coping with Academic Examinations," *The Journal of Social Psychology* 151 (2011): 87–104.

11. J. D. Kammeyer-Mueller, T. A. Judge, and B. A. Scott, "The Role of Core Self-Evaluations

in the Coping Process," *Journal of Applied Psychology* 94 (2009): 177–195.

12. D. Katz and R. L. Kahn, *The Social Psychology of Organizations,* 2nd ed. (New York: Wiley, 1978): 185–221.

13. H. Levinson, "A Psychoanalytic View of Occupational Stress," *Occupational Mental Health* 3 (1978): 2–13.

14. L. Yang, J. Bauer, R. E. Johnson, M. W. Groer, and K. Salomon. "Physiological Mechanisms That Underlie the Effects of Interactional Fairness on Deviant Behavior: The Role of Cortisol Activity," *Journal of Applied Psychology* 99 (2014): 310–321.

15. G-H. Huang, N. Wellman, S. J. Ashford, C. Lee, and L. Wang. "Deviance and Exit: The Organizational Costs of Job Insecurity and Moral Disengagement," *Journal of Applied Psychology* 102, No. 1 (January 2017): 26–42.

16. T. L. Friedman, *The Lexus and the Olive Tree* (New York: Vintage Anchor, 2000).

17. S. Zuboff, *In the Age of the Smart Machine: The Future of Work and Power* (New York: Basic Books, 1988).

18. C. L. Cooper, A. Pandey, and J. C. Quick (Eds). 2012. *Downsizing: Is More Less?* (Chichester, UK: Cambridge University Press).

19. N. P. Podsakoff, J. A. LePine, and M. A. LePine, "Differential Challenge Stressor-Hindrance Stressor Relationships with Job Attitudes, Turnover Intentions, Turnover, and Withdrawal Behavior: A Meta-Analysis," *Journal of Applied Psychology* 92 (2007): 438–454.

20. R. L. Kahn, D. M. Wolfe, R. P. Quinn, J. D. Snoek, and R. A. Rosenthal, *Organizational Stress: Studies in Role Conflict and Ambiguity* (New York: Wiley, 1964).

21. C. Vandenberge, A. Panaciio, K. Bentein, K. Mignonac, and P. Roussel, "Assessing Longitudinal Change of and Dynamic Relationships among Role Stressors, Job Attitudes, Turnover Intention, and Well Being in Neophyte Newcomers," *Journal of Organizational Behavior* 34 (2011): 652–671.

22. L. B. Hammer, T. N. Bauer, and A. A. Grandey, "Work-Family Conflict and Work-Related Withdrawal Behaviors," *Journal of Business and Psychology* 17 (2003): 419–436.

23. C. Nohe, L. L. Meier, K. Sonntag, and A. Michel, "The Chicken or the Egg? A Meta-Analysis of Panel Studies of the Relationship between Work-Family Conflict and Strain," *Journal of Applied Psychology* 100 (2015): 522–536.

24. S. Pal and P. O. Saksvik, "Work–Family Conflict and Psychosocial Work Environment Stressors as Predictors of Job Stress in a Cross-Cultural Study," *International Journal of Stress Management* 15, No. 1 (2008): 22–42.

25. A. Skogstad, S. Einarsen, T. Torsheim, M. S. Aasland, and H. Hetland, "The Destructiveness of Laissez-Faire Leadership Behavior," *Journal of Occupational Health Psychology* 12 (2007): 80–92.

26. P. D. Bliese and C. A. Castro, "Role Clarity, Work Overload and Organizational Support: Multilevel Evidence of the Importance of Support," *Work and Stress* 14 (2000): 65–74.

27. P. J. Frost, *Toxic Emotions at Work: How Compassionate Managers Handle Pain and Conflict* (Boston: Harvard Business School Press, 2003).

28. T. Nicholson and B. Griffin, "Here Today but Not Gone Tomorrow: Incivility Affects After-Work and Next-Day Recovery," *Journal of Occupational Health Psychology* 20 (2015) 218–225.

29. S. Grebner, N. K. Semmer, L. L. Faso, S. Gut, W. Kalin, and A. Elfering, "Working Conditions, Well-Being, and Job-Related Attitudes among Call Centre Agents," *European Journal of Work and Organizational Psychology* 12 (2003): 341–365.

30. M. P. Bell, J. C. Quick, and C. Cycota, "Assessment and Prevention of Sexual Harassment: An Applied Guide to Creating Healthy Organizations," *International Journal of Selection and Assessment* 10 (2002): 160–167.

31. L. T. Hosmer, "Trust: The Connecting Link between Organizational Theory and Philosophical Ethics," *Academy of Management Review* 20 (1995): 379–403; V. J. Doby and R. D. Caplan, "Organizational Stress as Threat to Reputation: Effects on Anxiety at Work and at Home," *Academy of Management Journal* 38 (1995): 1105–1123.

32. R. T. Keller, "Cross Functional Project Groups in Research and New Product Development: Diversity, Communications, Job Stress, and Outcomes," *Academy of Management Journal* 33 (2001): 547–555.

33. M. F. Peterson and P. B. Smith, "Does National Culture or Ambient Temporature Explain Cross-National Differences in Role Stress? No Sweat!" *Academy of Management Journal* 40 (1997): 930–946.

34. R. S. DeFrank, "Executive Travel Stress: Perils of the Road Warrior," *Academy of Management Executive* 14 (2000): 58–72; M. Westman, "Strategies for Coping with Business Trips: A Qualitative Exploratory Study," *International Journal of Stress Management* 11 (2004): 167–176.

35. J. C. Quick, J. R. Joplin, D. A. Gray, and E. C. Cooley, "The Occupational Life Cycle and the Family," in L. L'Abate, ed., *Handbook of Developmental Family Psychology and Psychopathology* (New York: John Wiley, 1993).

36. S. Shellenbarger, "Work and Family," *The Wall Street Journal* (January 31, 1996): B1.

37. S. A. Lobel, "Allocation of Investment in Work and Family Roles: Alternative Theories and Implications for Research," *Academy of Management Review* 16 (1991): 507–521.

38. J. D. Quick, A. Henley, and J. C. Quick. "The balancing act—At work and at home," *Organizational Dynamics—Special Issue* 33 (2004): 426–438.

39. J. W. Pennebaker, C. F. Hughes, and R. C. O'Heeron, "The Psychophysiology of Confession: Linking Inhibitory and Psychosomatic Processes," *Journal of Personality and Social Psychology* 52 (1987): 781–793.

40. J. Loehr and T. Schwartz, "The Making of a Corporate Athlete," *Harvard Business Review* 79 (2001): 120–129.

41. J. D. Quick, R. S. Horn, and J. C. Quick, "Health Consequences of Stress," *Journal of Organizational Behavior Management* 8 (1986): 19–36.

42. R. M. Yerkes and J. D. Dodson, "The Relation of Strength of Stimulus to Rapidity of Habit-Formation," *Journal of Comparative Neurology and Psychology* 18 (1908): 459–482.

43. J. E. McGrath, "Stress and Behavior in Organizations," in M. D. Dunnette, ed., *Handbook of Industrial and Organizational Psychology* (Chicago: Rand McNally, 1976): 1351–1395.

44. T. A. Wright, R. Cropanzano, and D. G. Meyer, "State and Trait Correlates of Job Performance: A Tale of Two Perspectives," *Journal of Business and Psychology* 18 (2004): 365–383.

45. W. B. Cannon, *Bodily Changes in Pain, Hunger, Fear, and Rage* (New York: Appleton, 1915).

46. P. A. Herbig and F. A. Palumbo, "Karoshi: Salaryman Sudden Death Syndrome," *Journal of Managerial Psychology* 9 (1994): 11–16.

47. S. Sauter, L. R. Murphy, and J. J. Hurrell, Jr., "Prevention of Work-Related Psychological Distress: A National Strategy Proposed by the National Institute for Occupational Safety and Health," *American Psychologist* 45 (1990): 1146–1158.

48. R. Cropanzano, D. E. Rupp, and Z. S. Byrne, "The Relationship of Emotional Exhaustion to Work Attitudes, Job Performance, and Organizational Citizenship Behaviors," *Journal of Applied Psychology* 88 (2003): 160–169.

49. A. A. Grandey, "When 'The Show Must Go On': Surface Acting and Deep Acting as Determinants of Emotional Exhaustion and Peer-Rated Service Delivery," *Academy of Management Journal* 46 (2003): 86–96.

50. G. B. Hall, M. F. Dollard, M. R. Tuckey, A. H. Winefield, and B. M. Thompson, "Job Demands, Work–Family Conflict, and Emotional Exhaustion in Police Officers: A Longitudinal Test of Competing Theories," *Journal of Occupational and Organizational Psychology* 83 (2010): 237–250.

51. J. R. B. Halbesleben and W. M. Bowler, "Emotional Exhaustion and Job Performance: The Mediating Role of Motivation," *Journal of Applied Psychology* 92 (2007): 93–106.

52. I. Wylie, "Routing Rust-Out," *Fast Company Magazine* (January 2004): 40, www.fastcompany.com/magazine/78/5things.html.

53. H. Selye, *Stress in Health and Disease* (Boston: Butterworth, 1976).

54. B. G. Ware and D. L. Block, "Cardiovascular Risk Intervention at a Work Site: The Ford Motor Company Program," *International Journal of Mental Health* 11 (1982): 68–75.

55. D. B. Kennedy, R. J. Homant, and M. R. Homant, "Perceptions of Injustice as a Predictor of Support for Workplace Aggression," *Journal of Business and Psychology* 18 (2004): 323–336.

56. C. M. Barnes, J. A. Miller, and S. Bostock, "Helping Employees Sleep Well: Effects of Cognitive Behavioral Therapy for Insomnia on Work Outcomes," *Journal of Applied Psychology* 102, No. 1 (January 2017): 104–113.

57. W. F. Cascio, *Managing Human Resources: Productivity, Quality of Life, Profits*, 9th ed. (New York: McGraw–Hill, 2013).

58. F. K. Cocchiara and J. C. Quick, "The Negative Effects of Positive Stereotypes: Ethnicity-Related Stressors and Implications on Organizational Health," *Journal of Organizational Behavior* 25 (2004): 781–785.

59. J. M. Ivancevich, M. T. Matteson, and E. Richards, "Who's Liable for Stress on the Job?" *Harvard Business Review* 64 (1985): 60–72.

60. Frank S. Deus v. Allstate Insurance Company, civil action no. 88-2099, U.S. District Court, Western District of Louisiana.

61. R. S. DeFrank and J. M. Ivancevich, "Stress on the Job: An Executive Update," *Academy of Management Executive* 12 (1998): 55–66.

62. P. Wilson and M. Bronstein, "Employers: Don't Panic about Workplace Stress," *Personnel Today* (November 4, 2003): 10.

63. J. E. Bono and M. A. Vey, "Personality and Emotional Performance: Extraversion, Neuroticism, and Self-Monitoring," *Journal of Occupational Health Psychology* 12 (2007): 177–192.

64. C. S. Troutman, K. G. Burke, and J. D. Beeler, "The Effects of Self-Efficacy, Assertiveness, Stress, and Gender on Intention," *Journal of Applied Business Research* 16 (2000): 63–75.

65. S. E. Taylor, L. C. Klein, G. P. Lewis, T. L. Gruenewald, R. A. R. Burung, and J. A. Updegraff, "Biobehavioral Responses to Stress in Females: Tend-and-Befriend, Not Fight-or-Flight," *Psychological Review* 107 (2000): 411–429.

66. D. L. Nelson and J. C. Quick, "Professional Women: Are Distress and Disease Inevitable?" *Academy of Management Review* 10 (1985): 206–218; T. D. Jick and L. F. Mitz, "Sex Differences in Work Stress," *Academy of Management Review* 10 (1985): 408–420.

67. K. M. Rospenda, K. Fujishiro, C. A. Shannon, and J. A. Richman, "Workplace Harassment, Stress, and Drinking Behavior over Time: Gender Differences in a National Sample," *Addictive Behaviors* 33 (2008): 964–967.

68. L. Verbrugge, "Recent, Present, and Future Health of American Adults," *Annual Review of Public Health* 10 (1989): 333–361.

69. M. D. Friedman and R. H. Rosenman, *Type A Behavior and Your Heart* (New York: Knopf, 1974).

70. L. Wright, "The Type A Behavior Pattern and Coronary Artery Disease," *American Psychologist* 43 (1988): 2–14.

71. S. O. C. Kobasa, "Conceptualization and Measurement of Personality in Job Stress Research," in J. J. Hurrell, Jr., L. R. Murphy, S. L. Sauter, and C. L. Cooper, eds., *Occupational Stress: Issues and Developments in Research* (New York: Taylor & Francis, 1988): 100–109.

72. J. K. Ito and C. M. Brotheridge, "Predictors and Consequences of Promotion Stress: A Bad Situation Made Worse by Employment Dependence," *International Journal of Stress Management* 16, No. 1 (2009): 65–85.

73. J. Borysenko, "Personality Hardiness," *Lectures in Behavioral Medicine* (Boston: Harvard Medical School, 1985).

74. J. S. House, K. R. Landis, and D. Umberson, "Social Relationships and Health," *Science* 241 (1988): 540–545.

75. J. Bowlby, *A Secure Base* (New York: Basic Books, 1988).

76. C. Hazan and P. Shaver, "Love and Work: An Attachment-Theoretical Perspective," *Journal of Personality and Social Psychology* 59 (1990): 270–280.

77. J. C. Quick, D. L. Nelson, and J. D. Quick, *Stress and Challenge at the Top: The Paradox of the Successful Executive* (Chichester, England: Wiley, 1990).

78. "Partner Relationship Could Be a Buffer against Work-Related Stress," *Asian News International* (June 24, 2009).

79. J. C. Quick, J. R. Joplin, D. L. Nelson, and J. D. Quick, "Self-Reliance for Stress and Combat" (*Proceedings of the 8th Combat Stress Conference,* U.S. Army Health Services Command, Fort Sam Houston, Texas, September 23–27, 1991): 1–5.

80. J. C. Dvorak, "Baffling," *PC Magazine* 3 (November 4, 2003): 61, http://www.pcmag.com/article2/0,4149,1369270,00.asp.

81. O. Janssen, "How Fairness Perceptions Make Innovative Behavior More or Less Stressful," *Journal of Organizational Behavior* 25 (2004): 201–215; T. A. Judge and J. A. Colquitt, "Organizational Justice and Stress: The Mediating Role of Work–Family Conflict," *Journal of Applied Psychology* 89 (2004): 395–404.

82. K. Hickox, "Content and Competitive," *Airman* (January 1994): 31–33.

83. A. Drach-Zahavy and A. Freund, "Team Effectiveness under Stress: A Structural Contingency Approach," *Journal of Organizational Behavior* 28 (2007): 423–450.

84. R. W. Griffin, A. O'Leary-Kelly, and J. M. Collins, eds., *Dysfunctional Behavior in Organizations: Violent and Deviant Behavior* (Stamford, Conn.: JAI Press, 1998).

85. M. Kouchaki and S. D. Desai, "Anxious, Threatened, and Also Unethical: How Anxiety Makes Individuals Feel Threatened and Commit Unethical Acts," *Journal of Applied Psychology* 100 (2015): 360–375.

86. W. L. French and C. H. Bell, Jr., *Organizational Development: Behavioral Science Interventions for Organization Improvement,* 4th ed. (Englewood Cliffs, N.J.: Prentice-Hall, 1990).

87. C. Newton and S. Teo, "Identification and Occupational Stress: A Stress-Buffering Perspective," *Human Resource Management* 53 (2014): 89–113.

88. M. Macik-Frey, J. C. Quick, and J. D. Quick, "Interpersonal Communication: The Key to Unlocking Social Support for Preventive Stress Management," in C. L. Cooper, ed., *Handbook of Stress, Medicine, and Health,* rev. ed. (Boca Raton, FL: CRC Press).

89. J. C. Quick and C. L. Cooper, *FAST FACTS: Stress and Strain,* 2nd ed. (Oxford, England: Health Press, 2003).

90. M. E. P. Seligman, *Learned Optimism* (New York: Knopf, 1990).

91. F. Griva and F. Anagnostopoulos, "Positive Psychological States and Anxiety: The Mediating Effect of Proactive Coping," *Psychological Reports* 107 (2010): 795–804.

92. F. Luthans and C. M. Youssef-Morgan, "Psychological Capital: An Evidence-Based Positive Approach," *Annual Review of Organizational Psychology and Organizational Behavior* 4 (2017): 339–366.

93. W. T. Brooks and T. W. Mullins, *High-Impact Time Management* (Englewood Cliffs, N.J.: Prentice-Hall, 1989).

94. M. Westman and D. Eden, "Effects of a Respite from Work on Burnout: Vacation Relief and Fade-Out," *Journal of Applied Psychology* 82 (1997): 516–527.

95. C. P. Neck and K. H. Cooper, "The Fit Executive: Exercise and Diet Guidelines for Enhancing Performance," *Academy of Management Executive* 14 (2000): 72–84.

96. M. Davis, E. R. Eshelman, and M. McKay, *The Relaxation and Stress Reduction Workbook,* 3rd ed. (Oakland, Calif.: New Harbinger, 1988).

97. H. Benson, "Your Innate Asset for Combating Stress," *Harvard Business Review* 52 (1974): 49–60.

98. D. Ornish, *Dr. Dean Ornish's Program for Reversing Cardiovascular Disease* (New York: Random House, 1995).

99. J. W. Pennebaker, *Opening Up: The Healing Power of Expressing Emotions* (New York: Guilford, 1997).

100. M. E. Francis and J. W. Pennebaker, "Putting Stress into Words: The Impact of Writing on Physiological, Absentee, and Self-Reported Emotional Well-Being Measures," *American Journal of Health Promotion* 6 (1992): 280–287.

101. Z. Solomon, B. Oppenheimer, and S. Noy, "Subsequent Military Adjustment of Combat Stress Reaction Casualties: A Nine-Year Follow-Up Study," in N. A. Milgram, ed., *Stress and Coping in Time of War: Generalizations from the Israeli Experience* (New York: Brunner/Mazel, 1986): 84–90.

102. C. L. Cooper and J. C. Quick, *The Handbook of Stress and Health: A Guide to Research and Practice*. Chichester, UK: WileyBlackwell, 2017.

103. D. Gebhardt and C. Crump, "Employee Fitness and Wellness Programs in the

Workplace," *American Psychologist* 45 (1990): 262–272.

104. T. Wolf, H. Randall, and J. Faucett, "A Survey of Health Promotion Programs in U.S. and Canadian Medical Schools," *American Journal of Health Promotion* 3 (1988): 33–36.

105. S. Weiss, J. Fielding, and A. Baum, *Health at Work* (Hillsdale, N.J.: Erlbaum, 1990).

106. J. B. Bennett, R. F. Cook, and K. R. Pelletier, "Toward an Integrated Framework for Comprehensive Organizational Wellness: Concepts, Practices, and Research in Workplace Health Promotion," in J. C. Quick and L. E. Tetrick, eds., *Handbook of Occupational Health Psychology* (Washington, D.C.: American Psychological Association, 2003): 69–95.

1. D. L. Whetzel, "The Department of Labor Identifies Workplace Skills," *The Industrial/Organizational Psychologist* (July 1991): 89–90.

2. M. Macik-Frey, J. C. Quick, and J. D. Quick, "Interpersonal Communication: The Key to Unlocking Social Support for Preventive Stress Management," in C. L. Cooper, ed., *Handbook of Stress, Medicine, and Health, rev. ed.* (Boca Raton, FL: CRC Press), pp. 265–292.

3. *Richness* is a term originally coined by W. D. Bodensteiner, "Information Channel Utilization under Varying Research and Development Project Conditions" (Ph.D. diss., University of Texas at Austin, 1970).

4. T. J. Kiddie, "Text(ing) in Context: The Future of Workplace Communication in the United States," *Business and Professional Communication Quarterly* 77 (2014): 65–88.

5. B. Barry and I. S. Fulmer, "The Medium and the Message: The Adaptive Use of Communication Media in Dyadic Influence," *Academy of Management Review* 29 (2004): 272–292.

6. S. Aryee, F. O. Walumbwa, R. Mondejar, and C. W. L. Chu, "Core Self-Evaluations and Employee Voice Behavior: Test of a Dual-Motivational Pathway," *Journal of Management* 43, No. 3 (March 2017): 946–966.

7. E. Rautalinko and H. O. Lisper, "Effects of Training Reflective Listening in a Corporate Setting," *Journal of Business and Psychology* 18 (2004): 281–299.

8. A. G. Athos and J. J. Gabarro, *Interpersonal Behavior: Communication and Understanding in Relationships* (Englewood Cliffs, N.J.: Prentice-Hall, 1978).

9. A. D. Mangelsdorff, "Lessons Learned from the Military: Implications for Management" (Distinguished Visiting Lecture, University of Texas at Arlington, January 29, 1993).

10. D. A. Morand, "Language and Power: An Empirical Analysis of Linguistic Strategies Used in Superior–Subordinate Communication," *Journal of Organizational Behavior* 21 (2000): 235–249.

11. S. Bates, "How Leaders Communicate Big Ideas to Drive Business Results," *Employment Relations Today* 33 (Fall 2006): 13–19.

12. F. Luthans, "Successful versus Effective Real Managers," *Academy of Management Executive* 2 (1988): 127–132.

13. L. E. Penley, E. R. Alexander, I. E. Jernigan, and C. I. Henwood, "Communication Abilities of Managers: The Relationship of Performance," *Journal of Management* 17 (1991): 57–76.

14. J. A. LePine and L. Van Dyne, "Voice and Cooperative Behavior as Contrasting Forms of Contextual Performance: Evidence of Differential Relationships with Big Five Personality Characteristics and Cognitive Ability," *Journal of Applied Psychology* 86 (2001): 326–336.

15. F. M. Jablin, "Superior-Subordinate Communication: The State of the Art," *Psychological Bulletin* 86 (1979): 1201–1222; W. C. Reddin, *Communication within the Organization: An Interpretive Review of Theory and Research* (New York: Industrial Communication Council, 1972).

16. B. Barry and J. M. Crant, "Dyadic Communication Relationships in Organizations: An Attribution Expectancy Approach," *Organization Science* 11 (2000): 648–665.

17. J. Silvester, F. Patterson, A. Koczwara, and E. Ferguson, "'Trust Me . . .': Psychological and Behavioral Predictors of Perceived Physician Empathy," *Journal of Applied Psychology* 92 (2007): 519–527.

18. K. Mishra, L. Boynton, and A. Mishra, "Driving Employee Engagement: The Expanded Role of Internal Communications," *International Journal of Business Communications* 51 (2014): 183–202.

19. A. Furhham and P. Stringfield, "Congruence in Job-Performance Ratings: A Study of 360 Degree Feedback Examining Self, Manager, Peers, and Consultant Ratings," *Human Relations* 51 (1998): 517–530.

20. J. W. Gilsdorf, "Organizational Rules on Communicating: How Employees Are—and Are Not—Learning the Ropes," *Journal of Business Communication* 35 (1998): 173–201.

21. A. Malhotra and A. Majchrzak, "Enhancing Performance of Geographically Dispersed Teams through Targeted Use of Information and Communication Technologies," *Human Relations* 67 (2014): 389–411.

22. D. Tannen, *That's Not What I Mean! How Conversational Style Makes or Breaks Your Relations with Others* (New York: Morrow, 1986); D. Tannen, *You Just Don't Understand* (New York: Ballentine, 1990).

23. D. G. Allen and R. W. Griffeth, "A Vertical and Lateral Information Processing: The Effects of Gender, Employee Classification Level, and Media Richness on Communication and Work Outcomes," *Human Relations* 50 (1997): 1239–1260.

24. K. L. Ashcraft, "Empowering 'Professional' Relationships," *Management Communication Quarterly* 13 (2000): 347–393.

25. G. Hofstede, *Culture's Consequences: International Differences in Work-Related Values* (Beverly Hills, Calif.: Sage Publications, 1980).

26. G. Hofstede, "Motivation, Leadership, and Organization: Do American Theories Apply Abroad?" *Organizational Dynamics* 9 (1980): 42–63.

27. H. Levinson, *Executive* (Cambridge, Mass.: Harvard University Press, 1981).

28. B. M. Cole, "Lessons from a Martial Arts Dojo: A Prolonged Process Model of High-Context Communication," *Academy of Management Journal* 58 (2015): 567–591.

29. P. Benimadhu, "Adding Value through Diversity: An Interview with Bernard F. Isautier," *Canadian Business Review* 22 (1995): 6–11.

30. P. Schilpzand, I. E. de Pater, and A. Erez, "Workplace Incivility: A Review of the Literature and Agenda for Future Research," *Journal of Organizational Behavior* 37 (February 2016): S57–S88.

31. J. L. Welbourne, A. Gangadharan, and A. M. Sariol, "Ethnicity and Cultural Values as Predictors of the Occurrence and Impact of Experienced Workplace Incivility," *Journal of Occupational Health Psychology* 20 (2015): 205–217.

32. T. C. Reich and S. Hershcovis, "Observing Workplace Incivility," *Journal of Applied Psychology* 100 (2015): 203–215.

33. S. G. Taylor, A. G. Bedeian, M. S. Cole, and Z. Zhang, "Developing and Testing a Dynamic Model of Workplace Incivility Change," *Journal of Management* 43, No. 3 (March 2017): 645–670.

34. R. D. Laing, *The Politics of the Family and Other Essays* (New York: Pantheon, 1971).

35. H. S. Schwartz, *Narcissistic Process and Corporate Decay: The Theory of the Organizational Ideal* (New York: New York University Press, 1990).

36. W. R. Forrester and M. F. Maute, "The Impact of Relationship Satisfaction on Attribution, Emotions, and Behaviors Following Service Failure," *Journal of Applied Business Research* 17 (2000): 1–45.

37. T. Foulk, A. Woolum, and A. Erez, "Catching Rudeness Is Like Catching a Cold: The Contagion Effect of Low-Intensity Negative Behaviors," *Journal of Applied Psychology* 101, No. 1 (January 2016): 50–67.

38. A. M. Katz and V. T. Katz, eds., *Foundations of Nonverbal Communication* (Carbondale, Ill.: Southern Illinois University Press, 1983).

39. M. D. Lieberman, "Intuition: A Social Cognitive Neuroscience Approach," *Psychological Bulletin* (2000): 109–138.

40. E. T. Hall, *The Hidden Dimension* (Garden City, N.Y.: Doubleday Anchor, 1966).

41. E. T. Hall, "Proxemics," in A. M. Katz and V. T. Katz, eds., *Foundations of Nonverbal Communication* (Carbondale, Ill.: Southern Illinois University Press, 1983).

42. R. T. Barker and C. G. Pearce, "The Importance of Proxemics at Work," *Supervisory Management* 35 (1990): 10–11.

43. R. L. Birdwhistell, *Kinesics and Context* (Philadelphia: University of Pennsylvania Press, 1970).

44. K. I. Ruys and D. A. Stapel, "Emotion Elicitor or Emotion Messenger?" *Psychological Science*, 19 (2008): 593–600.

45. M. G. Frank and P. Ekman, "Appearing Truthful Generalizes across Different Deception Situations," *Journal of Personality and Social Psychology* 86 (2004): 486–495.

46. P. Ekman and W. V. Friesen, "Research on Facial Expressions of Emotion," in A. M. Katz and V. T. Katz, eds., *Foundations of Nonverbal Communication* (Carbondale, Ill.: Southern Illinois University Press, 1983).

47. H. H. Tan, M. D. Foo, C. L. Chong, and R. Ng, "Situational and Dispositional Predictors of Displays of Positive Emotions," *Journal of Organizational Behavior* 24 (2003): 961–978.

48. M. de Rond and J. Lok, "Some Things Can Never Be Unseen: The Role of Context in Psychological Injury at Ware," *Academy of Management Journal* 59 (December 2016): 1965–1993.

49. A. M. Katz and V.T. Katz, *Foundations of Nonverbal Communication* (Carbondale, IL: Southern Illinois University Press, 1983): 181.

50. J. J. Lynch, *A Cry Unheard: New Insights into the Medical Consequences of Loneliness* (Baltimore, MD: Bancroft Press, 2000).

51. J. C. Quick, J. H. Gavin, C. L. Cooper, and J. D. Quick, "Working Together: Balancing Head and Heart," in N. G. Johnson, R. H. Rozensky, C. D. Goodheart, and R. Hammond, eds., *Psychology Builds a Healthy World* (Washington, D.C.: American Psychological Association, 2004): 219–232.

52. J. C. Quick, C. L. Cooper, J. D. Quick, and J. H. Gavin, *The* Financial Times *Guide to Executive Health* (London, UK: Financial Times–Prentice Hall, 2003).

53. K. M. Wasylyshyn, "Coaching the Superkeepers," in L. A. Berger and D. R. Berger, eds., *The Talent Management Handbook: Creating Organizational Excellence by Identifying, Developing, and Positioning Your Best People* (New York: McGraw-Hill, 2003): 320–336.

54. J. C. Quick and M. Macik-Frey, "Behind the Mask: Coaching through Deep Interpersonal Communication," *Consulting Psychology Journal: Practice and Research* 56 (2004): 67–74.

55. R. Flinn, "Social Media: A New Jury Selection Tool," *Bloomberg Businessweek* (April 21, 2011).

56. B. J. Dunn, "Best Buy's CEO on Learning to Love Social Media," *Harvard Business Review* 88 (December 2010): 43–48.

57. D. Seetharaman, "Zuckerberg Lays Out Broad Vision for Facebook in 6,000-Word Mission Statement," *Wall Street Journal*, 17 Feb. 2017.

58. C. Brod, Technostress: *The Human Cost of the Computer Revolution* (Reading, Mass.: Addison-Wesley, 1984).

59. S. Kiesler, "Technology and the Development of Creative Environments," in Y. Ijiri and R. L. Kuhn, eds., *New Directions in Creative and Innovative Management* (Cambridge, Mass.: Ballinger Press, 1988).

60. S. Adams, "Being There," *Forbes* 187 (2011): 94.

61. S. Kiesler, J. Siegel, and T. W. McGuire, "Social Psychological Aspects of Computer-Mediated Communication," *American Psychologist* 39 (1984): 1123–1134.

62. P. Shachaf, "Cultural Diversity and Information and Communication Technology Impacts on Global Virtual Teams: An Exploratory Study," *Information & Management* 45 (2008): 131–142.

63. L. K. Barber and A. M. Santuzzi, "Please Respond ASAP: Workplace Telepressure and Employee Recovery," *Journal of Occupational Health Psychology* 20 (2015): 172–189.

1. J. E. Mathieu, J. R. Hollenbeck, D. van Knippenberg, and D. R. Ilgen, "A Century of Work Teams in the *Journal of Applied Psychology*," *Journal of Applied Psychology* 102, No. 3 (March 2017): 452–467.

2. S. S. Webber and R. J. Klimoski, "Crews: A Distinct Type of Work Team," *Journal of Business and Psychology* 18 (2004): 261–279.

3. J. L. Nemanich, S. Vélez-Castrillon, and S. Werner, "Knowledge-Based and Contextual Factors Associated with R&D Teams' Improvisation Capability," *Journal of Management* 42, No. 7 (November 2016): 1874–1903.

4. A. M. Towsend, S. M. DeMarie, and A. R. Hendrickson, "Virtual Teams: Technology and the Workplace of the Future," *Academy of Management Executive* 12 (1998): 17–29.

5. B. L. Kirkman, C. B. Gibson, and D. L. Shapiro, "'Exporting' Teams: Enhancing the Implementation and Effectiveness of Work Teams in Global Affiliates," *Organizational Dynamics* 30 (2001): 12–29.

6. A. Taylor and H. R. Greve, "Superman or the Fantastic Four? Knowledge Combination and Experience in Innovative Teams," *Academy of Management Journal* 49 (2006): 723–740.

7. S. Faraj and A. Yan, "Boundary Work in Knowledge Teams," *Journal of Applied Psychology* 94 (2009): 604–617.

8. P. Shaver and D. Buhrmester, "Loneliness, Sex-Role Orientation, and Group Life: A Social Needs Perspective," in P. Paulus, ed., *Basic Group Processes* (New York: Springer-Verlag, 1985): 259–288.

9. K. L. Bettenhausen and J. K. Murnighan, "The Development and Stability of Norms in Groups Facing Interpersonal and Structural Challenge," *Administrative Science Quarterly* 36 (1991): 20–35.

10. N. Ellemers, S. Pagliaro, M. Barreto, and C. W. Leach, "Is It Better to Be Moral Than Smart? The Effects of Morality and Competence Norms on the Decision to Work at Group Status Improvement," *Journal of Personality and Social Psychology* 95 (2008): 1397–1410.

11. I. Adarves-Yorno, T. Postmes, and S. A. Haslam, "Creative Innovation or Crazy Irrelevance? The Contribution of Group Norms and Social Identity to Creative Behavior," *Journal of Experimental Social Psychology* 43 (2007): 410–416.

12. D. Tjosvold and Z. Yu, "Goal Interdependence and Applying Abilities for Team In-Role and Extra-Role Performance in China," *Group Dynamics: Theory, Research, and Practice* 8 (2004): 98–111.

13. M. S. Cole, F. Walter, and H. Bruch, "Affective Mechanisms Linking Dysfunctional Behavior to Performance in Work Teams: A Moderated Mediation Study," *Journal of Applied Psychology* 93 (2008): 945–958.

14. V. U. Druskat and S. B. Wolff, "Building the Emotional Intelligence of Groups," *Harvard Business Review* 79 (2001): 80–90.

15. I. Summers, T. Coffelt, and R. E. Horton, "Work-Group Cohesion," *Psychological Reports* 63 (1988): 627–636.

16. D. C. Man and S. S. K. Lam, "The Effects of Job Complexity and Autonomy on Cohesiveness in Collectivistic and Individualistic Work Groups: A Cross-Cultural Analysis," *Journal of Organizational Behavior* 24 (2003): 979–1001.

17. Y. Shin and J. N. Choi, "What Makes a Group of Good Citizens? The Role of Perceived Group-Level Fit and Critical Psychological States in Organizational Teams," *Journal of Occupational and Organizational Psychology* 83 (2010): 531–552.

18. K. H. Price, "Working Hard to Get People to Loaf," *Basic and Applied Social Psychology* 14 (1993): 329–344.

19. M. C. Schippers, "Social Loafing Tendencies and Team Performance: The Compensating Effect of Agreeableness and Conscientiousness," *Academy of Management Learning & Education* 13 (2014): 62–81.

20. R. Albanese and D. D. Van Fleet, "Rational Behavior in Groups: The Free-Riding Tendency," *Academy of Management Review* 10 (1985): 244–255.

21. E. Diener, "Deindividuation, Self-Awareness, and Disinhibition," *Journal of Personality and Social Psychology* 37 (1979): 1160–1171.

22. S. Prentice-Dunn and R. W. Rogers, "Deindividuation and the Self-Regulation of Behavior," in P. Paulus, ed., *Psychology of Group Influence* (Hillsdale, N.J.: Erlbaum, 1989): 87–109.

23. B. M. Bass and E. C. Ryterband, *Organizational Psychology*, 2nd ed. (Boston: Allyn & Bacon, 1979).

24. W. G. Bennis and H. A. Shepard, "A Theory of Group Development," *Human Relations* 9 (1956): 415–438.

25. A. Joshi and A. P. Knight, "Who Defers to Whom and Why? Dual Pathways Linking

Demographic Differences and Dyadic Deference to Team Effectiveness," *Academy of Management Journal* 58 (2015): 59–84.

26. D. L. Fields and T. C. Bloom, "Employee Satisfaction in Work Groups with Different Gender Composition," *Journal of Organizational Behavior* 18 (1997): 181–196.

27. D. C. Lau and J. K. Murnighan, "Demographic Diversity and Faultlines: The Compositional Dynamics of Organizational Groups," *Academy of Management Review* 23 (1998): 325–340.

28. B. Tuckman, "Developmental Sequence in Small Groups," *Psychological Bulletin* 63 (1965): 384–399; B. Tuckman and M. Jensen, "Stages of Small-Group Development," *Group and Organizational Studies* 2 (1977): 419–427.

29. S. T. Bell and J. A. Belohlav, "The Power of 'We': The Effects of Psychological Collectivism on Team Performance over Time," *Journal of Applied Psychology* 96 (2011): 247–262.

30. D. Nichols, "Quality Program Sparked Company Turnaround," *Personnel* (October 1991): 24. For a commentary on Wallace's hard times and subsequent emergence from Chapter 11 bankruptcy, see R. C. Hill, "When the Going Gets Tough: A Baldrige Award Winner on the Line," *Academy of Management Executive* 7 (1993): 75–79.

31. S. Weisband and L. Atwater, "Evaluating Self and Others in Electronic and Face-to-Face Groups," *Journal of Applied Psychology* 84 (1999): 632–639.

32. C. J. G. Gersick, "Time and Transition in Work Teams: Toward a New Model of Group Development," *The Academy of Management Journal* 31 (1988): 9–41.

33. M. Hardaker and B. K. Ward, "How to Make a Team Work," *Harvard Business Review* 65 (1987): 112–120.

34. C. R. Gowen, "Managing Work Group Performance by Individual Goals and Group Goals for an Interdependent Group Task," *Journal of Organizational Behavior Management* 7 (1986): 5–27.

35. K. L. Bettenhausen and J. K. Murnighan, "The Emergence of Norms in Competitive Decision-Making Groups," *Administrative Science Quarterly* 30 (1985): 350–372; K. L. Bettenhausen, "Five Years of Groups Research: What We Have Learned and What Needs to Be Addressed," *Journal of Management* 17 (1991): 345–381.

36. N. Li, B. L. Kirkman, and C. O. L. H. Porter, "Toward a Model of Work Team Altruism," *Academy of Management Review* 39 (2014): 541–565.

37. J. E. McGrath, *Groups: Interaction and Performance* (Englewood Cliffs, N.J.: Prentice-Hall, 1984).

38. K. L. Gammage, A. V. Carron, and P. A. Estabrooks, "Team Cohesion and Individual Productivity," *Small Group Research* 32 (2001): 3–18.

39. W. J. Becker and R. Cropanzano, "Good Acting Requires a Good Cast: A Meso-Level Model of Deep Acting in Work Teams," *Journal of Organizational Behavior* 36 (2015): 232–249.

40. S. M. Klein, "A Longitudinal Study of the Impact of Work Pressure on Group Cohesive Behaviors," *International Journal of Management* 12 (1996): 68–75.

41. N. Steckler and N. Fondas, "Building Team Leader Effectiveness: A Diagnostic Tool," *Organizational Dynamics* 23 (1995): 20–35.

42. A. Carter and S. Holmes, "Curiously Strong Teamwork," *BusinessWeek* 4023 (February 26, 2007): 90–92.

43. W. R. Lassey, "Dimensions of Leadership," in W. R. Lassey and R. Fernandez, eds., *Leadership and Social Change* (La Jolla, Calif.: University Associates, 1976): 10–15.

44. B. Broysberg and L. Lee, "The Effect of Colleague Quality on Top Performance: The Case of Security Analysts," *Journal of Organizational Behavior* 29 (2008): 1123–1144.

45. J. D. Quick, G. Moorhead, J. C. Quick, E. A. Gerloff, K. L. Mattox, and C. Mullins, "Decision Making among Emergency Room Residents: Preliminary Observations and a Decision Model," *Journal of Medical Education* 58 (1983): 117–125.

46. J. Sieweke and B. Zhao, "The Impact of Team Familiarity and Team Leader Experience on Team Coordination Errors: A Panel Analysis of Professional Basketball Teams," *Journal of Organizational Behavior* 36 (2015): 382–402.

47. W. J. Duncan and J. P. Feisal, "No Laughing Matter: Patterns of Humor in the Workplace," *Organizational Dynamics* 17 (1989): 18–30.

48. L. Hirschhorn, *Managing in the New Team Environment* (Upper Saddle River, N.J.: Prentice-Hall): 521A.

49. G. Chen and R. J. Klimoski, "The Impact of Expectations on Newcomer Performance in Teams as Mediated by Work Characteristics, Social Exchanges, and Empowerment," *Academy of Management Journal* 46 (2003): 591–607.

50. B. Beersma, J. R. Hollenbeck, S. E. Humphrey, H. Moon, D. E. Conlon, and D. R. Ilgen, "Cooperation, Competition, and Team Performance: Toward a Contingency Approach," *Academy of Management Journal* 46 (2003): 572–590.

51. G. Parker, *Team Players and Teamwork* (San Francisco: Jossey-Bass, 1990).

52. N. R. F. Maier, "Assets and Liabilities in Group Problem Solving: The Need for an Integrative Function," *Psychological Review* 74 (1967): 239–249.

53. T. A. Stewart, "The Search for the Organization of Tomorrow," *Fortune* (May 18, 1992): 92–98

54. P. Chattopadhyay, M. Tluchowska, and E. George, "Identifying the Ingroup: A Closer Look at the Influence of Demographic Dissimilarity on Employee Social Identity," *Academy of Management Review* 29 (2004): 180–202.

55. M. M. Stewart and P. Garcia-Prieto, "A Relational Demography Model of Workgroup Identification: Testing the Effects of Race, Race Dissimilarity, Racial Identification, and Communication Behavior," *Journal of Organizational Behavior* 29 (2008): 657–680.

56. E. V. Hobman, P. Bordia, and C. Gallois, "Consequences of Feeling Dissimilar from Others in a Work Team," *Journal of Business and Psychology* 17 (2003): 301–325.

57. A. E. Randel and K. S. Jaussi, "Functional Background Identity, Diversity, and Individual Performance in Cross-Functional Teams," *Academy of Management Journal* 46 (2003): 763–774.

58. J. S. Bunderson, "Team Member Functional Background and Involvement in Management Teams: Direct Effects and the Moderating Role of Power Centralization," *Academy of Management Journal* 46 (2003): 458–474.

59. G. S. Van Der Vegt, E. Van De Vliert, and A. Oosterhof, "Informational Dissimilarity and Organizational Citizenship Behavior: The Role of Intrateam Interdependence and Team Identification," *Academy of Management Journal* 46 (2003): 715–727.

60. F. Balkundi, M. Kilduff, Z. I. Barsness, and J. H. Michael, "Demographic Antecedents and Performance Consequences of Structural Holes in Work Teams," *Journal of Organizational Behavior* 28 (2007): 241–260.

61. A. Pirola-Merlo and L. Mann, "The Relationship between Individual Creativity and Team Creativity: Aggregating across People and Time," *Journal of Organizational Behavior* 25 (2004): 235–257.

62. L. Thompson, "Improving the Creativity of Organizational Work Groups," *Academy of Management Executive* 17 (2003): 96–111.

63. J. Han, and D. J. Brass, "Human Capital Diversity in the Creation of Social Capital for Team Creativity," *Journal of Organizational Behavior* 35 (2014): 54–71

64. C. Ford and D. M. Sullivan, "A Time for Everything: How the Timing of Novel Contributions Influences Project Team Outcomes," *Journal of Organizational Behavior* 25 (2004): 279–292.

65. N. M. Llorinkova and S. J. Perry, "When Is Empowerment Effective? The Role of Leader-Leader Exchange in Empowering Leadership, Cynicism, and Time Theft," *Academy of Management* 43, No. 5 (May 2017): 1631–1654.

66. R. R. Blake, J. S. Mouton, and R. L. Allen, *Spectacular Teamwork: How to Develop the Leadership Skills for Team Success* (New York: Wiley, 1987).

67. American Management Association, *Blueprints for Service Quality: The Federal Express Approach,* AMA Management Briefing (New York: AMA, 1991).

68. W. C. Byham, *ZAPP! The Human Lightning of Empowerment* (Pittsburgh, PA: Developmental Dimensions, 1989).

69. F. Shipper and C. C. Manz, "Employee Self-Management without Formally Designated Teams: An Alternative Road to Empowerment," *Organizational Dynamics* (Winter 1992): 48–62.

70. P. Block, *The Empowered Manager: Positive Political Skills at Work* (San Francisco: Jossey-Bass, 1987).

71. V. J. Derlega and J. Grzelak, eds., *Cooperation and Helping Behavior: Theories and Research* (New York: Academic Press, 1982).

72. G. S. Van der Vegt, J. S. Bunderson, and A. Oosterhof, "Expertness Diversity and Interpersonal Helping in Teams: Why Those Who Need the Most Help End Up Getting the Least," *Academy of Management Journal* 49 (2006): 877–893.

73. A. G. Athos and J. J. Gabarro, *Interpersonal Behavior: Communication and Understanding in Relationships* (Englewood Cliffs, N.J.: Prentice-Hall, 1978).

74. C. Douglas and W. L. Gardner, "Transition to Self-Directed Work Teams: Implications of Transition Time and Self-Monitoring for Managers' Use of Influence Tactics," *Journal of Organizational Behavior* 25 (2004): 47–65.

75. C. Douglas, J. S. Martin, and R. H. Krapels, "Communication in the Transition to Self-Directed Work Teams," *Journal of Business Communication* 43 (2006): 295–321.

76. J. L. Cordery, W. S. Mueller, and L. M. Smith, "Attitudinal and Behavioral Effects of Autonomous Group Working: A Longitudinal Field Study," *Academy of Management Journal* 34 (1991): 464–476.

77. G. Moorhead, C. P. Neck, and M. S. West, "The Tendency toward Defective Decision Making within Self-Managing Teams: The Relevance of Groupthink for the 21st Century," *Organizational Behavior and Human Decision Processes* 73 (1998): 327–351.

78. B. M. Staw and L. D. Epstein, "What Bandwagons Bring: Effects of Popular Management Techniques on Corporate Performance, Reputation, and CEO Pay," *Administrative Science Quarterly* 45 (2000): 523–556.

79. R. M. Robinson, S. L. Oswald, K. S. Swinehart, and J. Thomas, "Southwest Industries: Creating High-Performance Teams for High-Technology Production," *Planning Review* 19, published by the Planning Forum (November–December 1991): 10–47.

80. D. C. Hambrick and P. Mason, "Upper Echelons: The Organization as a Reflection of Its Top Managers," *Academy of Management Review* 9 (1984): 193–206.

81. C. Heavey and Z. Simsek, "Distributed Cognition in Top Management Teams and Organizational Ambidexterity," *Academy of Management*, 43, 3 (May 2017), pp. 919–945.

82. A. D. Henderson and J. W. Fredrickson, "Top Management Team Coordination Needs and the CEO Pay Gap: A Competitive Test of Economic and Behavioral Views," *Academy of Management Journal* 44 (2001): 96–117.

83. D. C. Hambrick and G. D. S. Fukutomi, "The Seasons of a CEO's Tenure," *Academy of Management Review* 16 (1991): 719–742.

84. J. C. Quick, D. L. Nelson, and J. D. Quick, "Successful Executives: How Independent?" *Academy of Management Executive* 1 (1987): 139–145.

85. A. A. Cannella, Jr, J. Park, and H. Lee, "Top Management Team Functional Background Diversity and Firm Performance: Examining the Roles of Team Member Colocation and Environmental Uncertainty," *Academy of Management Journal* 51(2008): 768–784.

86. J. W. Ridge, A. D. Hill, and F. Aime, "Implication of Multiple Concurrent Pay Comparisons for Top-Team Turnover," *Academy of Management* 43, No. 3 (May 2017): 671–690.

87. N. J. Adler, *International Dimensions of Organizational Behavior* (Mason, Ohio: South-Western, 2001).

88. I. D. Steiner, *Group Process and Productivity* (New York: Academic Press, 1972).

89. E. Kearney, D. Gebert, and S. C. Voelpel, "When and How Diversity Benefits Teams: The Importance of Team Members' Need for Cognition," *Academy of Management Journal* 52 (2009): 581–598.

90. T. Buyl, C. Boone, W. Hendriks, and P. Matthyssens, "Top Management Team Functional Diversity and Firm Performance: The Moderating Role of CEO Characteristics," *Journal of Management Studies* 48 (2011): 151–176.

1. H. A. Simon, *The New Science of Management Decision* (New York: Harper & Row, 1960).

2. R. Walker, "Brand Blue," *Fortune* (April 28, 2003): http://www.fortune.com/fortune/small-business/articles/0,15114,426909,00.html.

3. G. Huber, *Managerial Decision Making* (Glenview, Ill.: Scott, Foresman, 1980).

4. H. A. Simon, *Administrative Behavior* (New York: Macmillan, 1957).

5. E. F. Harrison, *The Managerial Decision-Making Process* (Boston: Houghton Mifflin, 1981).

6. R. L. Ackoff, "The Art and Science of Mess Management," *Interfaces* (February 1981): 20–26.

7. J. S. Lerner, Y. Li, P. Valdesolo, and K. S. Kassam, "Emotion and Decision Making," *Annual Review of Psychology* 66 (2015): 799–823.

8. B. M. Staw, "Knee-Deep in the Big Muddy: A Study of Escalating Commitment to a Chosen Course of Action," *Organizational Behavior and Human Performance* 16 (1976): 27–44; B. M. Staw, "The Escalation of Commitment to a Course of Action," *Academy of Management Review* 6 (1981): 577–587.

9. B. M. Staw and J. Ross, "Understanding Behavior in Escalation Situations," *Science* 246 (1989): 216–220.

10. R. L. Schaumberg and S. S. Wiltermuth, "Desire for a Positive Moral Self-Regard Exacerbates Escalation of Commitment to Initiatives with Prosocial Aims," *Organizational Behavior and Human Decision Processes* 123 (2014): 110–123.

11. L. Festinger, *A Theory of Cognitive Dissonance* (Evanston, Ill.: Row, Peterson, 1957).

12. B. M. Staw, "The Escalation of Commitment: An Update and Appraisal," in Z. Shapira, ed., *Organizational Decision Making* (Cambridge, England: Cambridge University Press, 1997).

13. D. M. Boehne and P. W. Paese, "Deciding Whether to Complete or Terminate an Unfinished Project: A Strong Test of the Project Completion Hypothesis," *Organizational Behavior and Human Decision Processes* 81 (2000): 178–194; H. Moon, "Looking Forward and Looking Back: Integrating Completion and Sunk Cost Effects within an Escalation-of-Commitment Progress Decision," *Journal of Applied Psychology* 86 (2000): 104–113.

14. J. A. Sonnenfeld, "How Rick Wagoner Lost GM," *BusinessWeek* (June 1, 2009), http://www.businessweek.com/managing/content/jun2009/ca2009061_966638.htm.

15. N. Sivanathan, D. C. Molden, A. D. Galinsky, and G. Ku, "The Promise and Peril of Self-Affirmation in the De-Escalation of Commitment," *Organizational Behavior and Human Decision Processes* 107 (2008): 1–14.

16. A. C. Hafenbrack, Z. Kinias, and S. G. Barsade, "Debiasing the Mind through Meditation: Mindfulness and the Sunk-Cost Bias," *Psychological Science* 25 (2014): 369–376.

17. G. Whyte, "Diffusion of Responsibility: Effects on the Escalation Tendency," *Journal of Applied Psychology* 76 (1991): 408–415.

18. D. van Knippenberg, B. van Knippenberg, and E. van Dijk, "Who Takes the Lead in Risky Decision Making? Effects of Group Members' Risk Preferences and Prototypicality," *Organizational Behavior and Human Decision Processes* 83 (2000): 213–234.

19. K. R. MacCrimmon and D. Wehrung, *Taking Risks* (New York: Free Press, 1986).

20. T. S. Perry, "How Small Firms Innovate: Designing a Culture for Creativity," *Research Technology Management* 28 (1995): 14–17.

21. A. Saleh, "Brain Hemisphericity and Academic Majors: A Correlation Study," *College Student Journal* 35 (2001): 193–200.

22. N. Khatri, "The Role of Intuition in Strategic Decision Making," *Human Relations* 53 (2000): 57–86.

23. H. Mintzberg, "Planning on the Left Side and Managing on the Right," *Harvard Business Review* 54 (1976): 51–63.

24. D. J. Isenberg, "How Senior Managers Think," *Harvard Business Review* 62 (1984): 81–90.

25. R. N. Beck, "Visions, Values, and Strategies: Changing Attitudes and Culture," *Academy of Managment Executive* 1 (1987): 33–41.

26. K. G. Ross, G. A. Klein, P. Thunholm, J. F. Schmitt, and H. C. Baxter, "The Recognition-Primed Decision Model," *Military Review, Fort Leavenworth* 84 (2004): 6–10.

27. C. I. Barnard, *The Functions of the Executive* (Cambridge, Mass.: Harvard University Press, 1938).

28. R. Rowan, *The Intuitive Manager* (New York: Little, Brown, 1986).

29. W. H. Agor, *Intuition in Organizations* (Newbury Park, Calif.: Sage, 1989).

30. D. J. Isenberg, "How Senior Managers Think" (Thousand Oaks, CA: Sage Publications, 1991).

31. H. A. Simon, "Making Management Decisions: The Role of Intuition and Emotion," *Academy of Management Executive* 1 (1987): 57–64.

32. J. L. Redford, R. H. McPhierson, R. G. Frankiewicz, and J. Gaa, "Intuition and Moral Development," *Journal of Psychology* 129 (1994): 91–101.

33. R. Wild, "Naked Hunch; Gut Instinct Is Vital to Your Business," *Success* (June 1998), http://www.findarticles.com/cf_dls/m3514/n6_v45/20746158/p1/article.jhtml.

34. W. H. Agor, "How Top Executives Use Their Intuition to Make Important Decisions," *Business Horizons* 29 (1986): 49–53.

35. O. Behling and N. L. Eckel, "Making Sense out of Intuition," *Academy of Management Executive* 5 (1991): 46–54.

36. L. R. Beach, *Image Theory: Decision Making in Personal and Organizational Contexts* (Chichester, England: Wiley, 1990).

37. E. Bonabeau, "Don't Trust Your Gut," *Harvard Business Review* 81 (2003): 116–126.

38. L. Livingstone, "Person-Environment Fit on the Dimension of Creativity: Relationships with Strain, Job Satisfaction, and Performance" (Ph.D. diss., Oklahoma State University, 1992).

39. G. Wallas, *The Art of Thought* (New York: Harcourt Brace, 1926).

40. H. Benson and W. Proctor, *The Break-Out Principle* (Scribner: New York, 2003); G. L. Fricchione, B. T. Slingsby, and H. Benson, "The Placebo Effect and the Relaxation Response: Neural Processes and Their Coupling to Constitutive Nitric Oxide," *Brain Research Reviews* 35 (2001): 1–19.

41. M. D. Mumford and S. B. Gustafson, "Creativity Syndrome: Integration, Application, and Innovation," *Psychological Bulletin* 103 (1988): 27–43.

42. T. Poze, "Analogical Connections—The Essence of Creativity," *Journal of Creative Behavior* 17 (1983): 240–241.

43. I. Sladeczek and G. Domino, "Creativity, Sleep, and Primary Process Thinking in Dreams," *Journal of Creative Behavior* 19 (1985): 38–46.

44. F. Barron and D. M. Harrington, "Creativity, Intelligence, and Personality," *Annual Review of Psychology* 32 (1981): 439–476.

45. R. J. Sternberg, "A Three-Faced Model of Creativity," in R. J. Sternberg, ed., *The Nature of Creativity* (Cambridge, England: Cambridge University Press, 1988): 125–147.

46. A. M. Grant and J. W. Berry, "The Necessity of Others Is the Mother of Invention: Intrinsic and Prosocial Motivations, Perspective Taking, and Creativity," *Academy of Management Journal* 54, No. 1 (2011): 73–96.

47. A. M. Isen, "Positive Affect and Decision Making," in W. M. Goldstein and R. M. Hogarth, eds., *Research on Judgment and Decision Making* (Cambridge, England: Cambridge University Press, 1997).

48. G. L. Clore, N. Schwartz, and M. Conway, "Cognitive Causes and Consequences of Emotion," in R. S. Wyer and T. K. Srull, eds., *Handbook of Social Cognition* (Hillsdale, N.J.: Erlbaum, 1994): 323–417.

49. B. L. Frederickson, "What Good Are Positive Emotions?" *Review of General Psychology* 2 (1998): 300–319; B. L. Frederickson, "The Role of Positive Emotions in Positive Psychology," *American Psychologist* 56 (2001): 218–226.

50. S. H. Harrison and D. T. Wagner, "Spilling Outside the Box: The Effects of Individuals' Creative Behaviors at Work on Time Spent with Their Spouses at Home," *Academy of Management Journal*, 59 (2016): 841–859.

51. J. Zhou, "When the Presence of Creative Coworkers Is Related to Creativity: Role of Supervisor Close Monitoring, Developmental Feedback, and Creative Personality," *Journal of Applied Psychology* 88 (2003): 413–422.

52. J. Peng, Y. Chen, Y. Xia, and Y. Ran, "Workplace Loneliness, Leader-Member Exchange and Creativity: The Cross-Level Moderating Role of Leader Compassion," *Personality and Individual Differences*, 104 (2017): 510–515.

53. B. Kijkuit and J. van den Ende, "The Organizational Life of an Idea: Integrating Social Network, Creativity and Decision-Making Perspectives," *Journal of Management Studies* 44, No. 6 (2007): 863–882.

54. T. M. Amabile, R. Conti, H. Coon, J. Lazenby, and M. Herron, "Assessing the Work Environment for Creativity," *Academy of Management Journal* 39 (1996): 1154–1184.

55. T. Tetenbaum and H. Tetenbaum, "Office 2000: Tear Down the Wall," *Training* (February 2000): 58–64.

56. L. Livingstone, D. L. Nelson, and S.H. Barr, "Person-Environment Fit and Creativity: An Examination of Supply-Value and Demand-Ability Versions of Fit," *Journal of Management* 23 (l997): 119–146.

57. R. L. Firestein, "Effects of Creative Problem-Solving Training on Communication Behaviors in Small Groups," *Small Group Research* (November 1989): 507–521.

58. R. Von Oech, *A Whack on the Side of the Head* (New York: Warner, 1983).

59. A. G. Robinson and S. Stern, *How Innovation and Improvement Actually Happen* (San Francisco: Berrett Koehler, 1997).

60. M. D. Mumford, E. M. Todd, C. Higgs, and T. McIntosh, "Cognitive Skills and Leadership Performance: The Nine Critical Skills," *The Leadership Quarterly*, 28 (2017): 24–39.

61. R. Y. J. Chua, Y. Roth, and J. Lemoine, "How Culture Impacts Creativity: Cultural Tightness, Cultural Distance, and Global Creative Work," *Administrative Science Quarterly* (in press), published online December 8, 2014.

62. G. Stasser, L. A. Taylor, and C. Hanna, "Information Sampling in Structured and Unstructured Discussion of Three- and Six-Person Groups," *Journal of Personality and Social Psychology* 57 (1989): 67–78.

63. E. Kirchler and J. H. Davis, "The Influence of Member Status Differences and Task Type on Group Consensus and Member Position Change," *Journal of Personality and Social Psychology* 51 (1986): 83–91.

64. R. F. Maier, "Assets and Liabilities in Group Problem Solving," *Psychological Review* 74 (1967): 239–249.

65. M. E. Shaw, *Group Dynamics: The Psychology of Small Group Behavior*, 3rd ed. (New York: McGraw-Hill, 1981).

66. P. W. Yetton and P. C. Bottger, "Individual versus Group Problem Solving: An Empirical Test of a Best Member Strategy," *Organizational Behavior and Human Performance* 29 (1982): 307–321.

67. W. Watson, L. Michaelson, and W. Sharp, "Member Competence, Group Interaction, and Group Decision Making: A Longitudinal Study," *Journal of Applied Psychology* 76 (1991): 803–809.

68. I. Janis, *Victims of Groupthink* (Boston: Houghton Mifflin, 1972); M. Kostera, M. Proppe, and M. Szatkowski, "Staging the New Romantic Hero in the Old Cynical Theatre: On Managers, Roles, and Change in Poland," *Journal of Organizational Behavior* 16 (1995): 631–646.

69. M. A. Hogg and S. C. Hains, "Friendship and Group Identification: A New Look at the Role of Cohesiveness in Groupthink," *European Journal of Social Psychology* 28 (1998): 323–341.

70. P. E. Jones and H. M. P. Roelofsma, "The Potential for Social Contextual and Group Biases in Team Decision Making: Biases, Conditions, and Psychological Mechanisms," *Ergonomics* 43 (2000): 1129–1152; J. M. Levine, E. T. Higgins, and H. Choi, "Development of Strategic Norms in Groups," *Organizational Behavior and Human Decision Processes* 82 (2000): 88–101.

71. A. L. Brownstein, "Biased Predecision Processing," *Psychological Bulletin* 129 (2003): 545–568.

72. C. P. Neck and G. Moorhead, "Groupthink Remodeled: The Importance of Leadership, Time Pressure, and Methodical Decision-Making Procedures," *Human Relations* 48 (1995): 537–557.

73. J. Schwartz and M. L. Ward, "Final Shuttle Report Cites 'Broken Safety Culture' at NASA," *The New York Times* (August 26, 2003), http://www.nytimes.com/2003/08/26/national/26CND-SHUT.html?ex=1077253200&en=882575f2c17ed8ff&ei=5070; C. Ferraris and R. Carveth, "NASA and the Columbia Disaster: Decision Making by Groupthink?" in Proceedings of the 2003 Convention of the Association for Business Communication Annual Convention, http://www.businesscommunication.org/conventions/Proceedings/2003/PDF/03ABC03.pdf.

74. W. P. Cheshire Jr., "Loopthink: A Limitation of Medical Artificial Intelligence," *Ethics & Medicine*, 33 (2017): 7–12.

75. A. C. Homan, D. van Knippenberg, G. A. Van Kleef, and K. W. C. De Dreu, "Bridging Faultlines by Valuing Diversity: Diversity Beliefs, Information Elaboration, and Performance in Diverse Work Groups," *Journal of Applied Psychology* 92, No. 5 (2007):1189–1199.

76. G. Moorhead, R. Ference, and C. P. Neck, "Group Decision Fiascoes Continue: Space Shuttle *Challenger* and a Revised Groupthink Framework," *Human Relations* 44 (1991): 539–550.

77. J. R. Montanari and G. Moorhead, "Development of the Groupthink Assessment Inventory," *Educational and Psychological Measurement* 49 (1989): 209–219.

78. P. Hart, "Irving L. Janis' Victims of Groupthink," *Political Psychology* 12 (1991): 247–278.

79. A. C. Mooney, P. J. Holahan, and A. C. Amason, "Don't Take It Personally: Exploring Cognitive Conflict as a Mediator of Affective Conflict," *Journal of Management Studies* 44, No. 5 (2007): 733–758.

80. J. A. F. Stoner, "Risky and Cautious Shifts in Group Decisions: The Influence of Widely Held Values," *Journal of Experimental Social Psychology* 4 (1968): 442–459.

81. S. Moscovici and M. Zavalloni, "The Group as a Polarizer of Attitudes," *Journal of Personality and Social Psychology* 12 (1969): 125–135.

82. G. R. Goethals and M. P. Zanna, "The Role of Social Comparison in Choice of Shifts," *Journal of Personality and Social Psychology* 37 (1979): 1469–1476.

83. A. Vinokur and E. Burnstein, "Effects of Partially Shared Persuasive Arguments on Group-Induced Shifts: A Problem-Solving Approach," *Journal of Personality and Social Psychology* 29 (1974): 305–315; J. Pfeffer, "Seven Practices of Successful Organizations," *California Management Review* 40 (1998): 96–124.

84. J. K. Palmer and J. M. Loveland, "The Influence of Group Discussion on Performance Judgments: Rating Accuracy, Contrast Effects and Halo," *The Journal of Psychology: Interdisciplinary and Applied* 142 (2008): 117–130.

85. P. Paulus, N. W. Kohn, L. E. Arditti, and R. Korde, "Understanding the Group Size Effect in Electronic Brainstorming," *Small Group Research* 44 (2013): 332–352.

86. N. Michinov, E. Jamet, N. Metayer, and B. L. Henaff, "The Eyes of Creativity: Impact of Social Comparison and Individual Creativity on Performance and Attention to Others' Ideas During Electronic Brainstorming," *Computers in Human Behavior* 42 (2015): 57–67.

87. A. Van de Ven and A. Delbecq, "The Effectiveness of Nominal, Delphi and Interacting Group Decision-Making Processes," *Academy of Management Journal* 17 (1974): 605–621.

88. R. A. Cosier and C. R. Schwenk, "Agreement and Thinking Alike: Ingredients for Poor Decisions," *Academy of Management Executive* 4 (1990): 69–74.

89. D. M. Schweiger, W. R. Sandburg, and J. W. Ragan, "Group Approaches for Improving Strategic Decision Making: A Comparative Analysis of Dialectical Inquiry, Devil's Advocacy, and Consensus," *Academy of Management Journal* 29 (1986): 149–159.

90. G. Whyte, "Decision Failures: Why They Occur and How to Prevent Them," *Academy of Management Executive* 5 (1991): 23–31.

91. L. Scholten, D. van Knippenberg, B. A. Nijstad, and K. W. C. De Dreu, "Motivated Information Processing and Group Decision-Making: Effects of Process Accountability on Information Processing and Decision Quality," *Journal of Experimental Social Psychology* 43, No. 4 (2007): 539–552.

92. E. E. Lawler III and S. A. Mohrman, "Quality Circles: After the Honeymoon," *Organizational Dynamics* (Spring 1987): 42–54.

93. T. L. Tang and E. A. Butler, "Attributions of Quality Circles' Problem-Solving Failure: Differences among Management, Supporting Staff, and Quality Circle Members," *Public Personnel Management* 26 (1997): 203–225.

94. J. Schilder, "Work Teams Boost Productivity," *Personnel Journal* 71 (1992): 67–72.

95. L. I. Glassop, "The Organizational Benefits of Teams," *Human Relations* 55 (2002): 225–249.

96. C. J. Nemeth, "Managing Innovation: When Less Is More," *California Management Review* 40 (1997): 59–68.

97. N. Adler, *International Dimensions of Organizational Behavior*, 3rd ed. (Mason, Ohio: South-Western, 1997).

98. K. W. Phillips and D. L. Lloyd, "When Surface- and Deep-Level Diversity Collide: The Effects on Dissenting Group Members," *Organizational Behavior and Human Decision Processes* 99, No. 2 (2006): 143–160.

99. T. Simons, L. H. Pelled, and K. A. Smith, "Making Use of Difference: Diversity, Debate, and Decision Comprehensiveness in Top Management Teams," *Academy of Management Journal* 42, No. 6 (1999): 662–673.

100. B. A. Livingston, P. Schilpzand, and A. Erez, "Not What You Expected to Hear: Accented Messages and Their Effect on Choice," *Journal of Management*, 43 (2017): 804–833.

101. J. Pfeffer, "Seven Practices of Successful Organizations," *California Management Review* 40 (1998): 96–124.

102. L. A. Witt, M. C. Andrews, and K. M. Kacmar, "The Role of Participation in Decision Making in the Organizational Politics–Job Satisfaction Relationship," *Human Relations* 53 (2000): 341–358.

103. J. He and W. R. King, "The Role of User Participation in Information Systems Development: Implications from a Meta-Analysis," *Journal of Management Information Systems* 25 (2008): 301–331.

104. C. R. Leana, E. A. Locke, and D. M. Schweiger, "Fact and Fiction in Analyzing Research on Participative Decision Making: A Critique of Cotton, Vollrath, Froggatt, Lengnick-Hall, and Jennings," *Academy of Management Review* 15 (1990): 137–146; J. L. Cotton, D. A. Vollrath, M. L. Lengnick-Hall, and K. L. Froggatt, "Fact: The Form of Participation Does Matter—A Rebuttal to Leana, Locke, and Schweiger," *Academy of Management Review* 15 (1990): 147–153.

105. T. W. Malone, "Is Empowerment Just a Fad? Control, Decision Making, and Information Technology," *Sloan Management Review* 38 (1997): 23–35.

106. IBM Customer Success Stories, "City and County of San Francisco Lower Total Cost of Ownership and Build on Demand Foundation" (February 3, 2004), http://www-306.ibm.com/software/success/cssdb.nsf/cs/LWRT-5VTLM2?OpenDocument&Site=lotusmandc.

107. T. L. Brown, "Fearful of 'Empowerment': Should Managers Be Terrified?" *Industry Week* (June 18, 1990): 12.

108. P. G. Gyllenhammar, *People at Work* (Reading, Mass.: Addison-Wesley, 1977).

109. R. Tannenbaum and F. Massarik, "Participation by Subordinates in the Managerial Decision-Making Process," *Canadian Journal of Economics and Political Science* 16 (1950): 408–418.

110. H. Levinson, *Executive* (Cambridge, Mass.: Harvard University Press, 1981).

111. R. F. Maier, "Assets and Liabilities in Group Problem Solving," Psychological *Review* 74 (1967): 239–249.

1. G. C. Homans, "Social Behavior as Exchange," *American Journal of Sociology* 63 (1958): 597–606.

2. R. D. Middlemist and M. A. Hitt, *Organizational Behavior: Managerial Strategies for Performance* (St. Paul, Minn.: West Publishing, 1988).

3. C. Barnard, *The Functions of the Executive* (Cambridge, Mass.: Harvard University Press, 1938).

4. J. R. P. French and B. Raven, "The Bases of Social Power," in D. Cartwright, ed., *Group Dynamics: Research and Theory* (Evanston, Ill.: Row Peterson, 1962); T. R. Hinkin and C. A. Schriesheim, "Development and Application of New Scales to Measure the French and Raven (1959) Bases of Social Power," *Journal of Applied Psychology* 74 (1989): 561–567.

5. K. D. Elsbach and G. Elofson, "How the Packaging of Decision Explanations Affects Perceptions of Trustworthiness," *Academy of Management Journal* 43, No. 1 (2000): 80–89.

6. P. M. Podsakoff and C. A. Schriesheim, "Field Studies of French and Raven's Bases of Power: Critique, Reanalysis, and Suggestions for Future Research," *Psychological Bulletin* 97 (1985): 387–411.

7. M. A. Rahim, "Relationships of Leader Power to Compliance and Satisfaction with Supervision: Evidence from a National Sample of

Managers," *Journal of Management* 15 (1989): 545–556.

8. C. Argyris, "Management Information Systems: The Challenge to Rationality and Emotionality," *Management Science* 17 (1971): 275–292; J. Naisbitt and P. Aburdene, *Megatrends 2000* (New York: Morrow, 1990).

9. P. P. Carson, K. D. Carson, E. L. Knight, and C. W. Roe, "Power in Organizations: A Look through the TQM Lens," *Quality Progress* (November 1995): 73–78.

10. K. Kruse, "Why Pepsi's CEO Writes to Her Employees' Parents," *Forbes*, February 6, 2014, accessed at http://www.forbes.com/sites/kevinkruse /2014/02/06/indra-nooyi-wholehearted-leader/.

11. J. Pfeffer and G. Salancik, *The External Control of Organizations* (New York: Harper & Row, 1978).

12. T. M. Welbourne and C. O. Trevor, "The Roles of Departmental and Position Power in Job Evaluation," *Academy of Management Journal* 43, No. 4 (2000): 761–771.

13. R. H. Miles, *Macro Organizational Behavior* (Glenview, Ill.: Scott, Foresman, 1980).

14. D. Hickson, C. Hinings, C. Lee, R. E. Schneck, and J. M. Pennings, "A Strategic Contingencies Theory of Intraorganizational Power," *Administrative Science Quarterly* 14 (1971): 219–220.

15. C. R. Hinings, D. J. Hickson, J. M. Pennings, and R. E. Schneck, "Structural Conditions of Intraorganizational Power," *Administrative Science Quarterly* 19 (1974): 22–44.

16. M. Velasquez, D. J. Moberg, and G. F. Cavanaugh, "Organizational Statesmanship and Dirty Politics: Ethical Guidelines for the Organizational Politician," *Organizational Dynamics* 11 (1982): 65–79

17. D. E. McClelland, *Power: The Inner Experience* (New York: Irvington, 1975).

18. N. Shahinpoor and B. F. Matt, "The Power of One: Dissent and Organizational Life," *Journal of Business Ethics* 74, No. 1 (2007): 37–49.

19. N. Machiavelli, *The Prince,* trans. by G. Bull (Middlesex, England: Penguin Books, 1961).

20. S. Chen, A. Y. Lee-Chai, and J. A. Bargh, "Relationship Orientation as a Moderator of the Effects of Social Power," *Journal of Personality and Social Psychology* 80, No. 2 (2001): 173–187.

21. R. Kanter, "Power Failure in Management Circuits," *Harvard Business Review* (July–August 1979): 31–54.

22. F. Lee and L. Z. Tiedens, "Who's Being Served? 'Self-Serving' Attributions in Social Hierarchies," *Organizational Behavior and Human Decision Processes* 84, No. 2 (March 2001): 254–287.

23. M. Korda, *Power: How to Get It, How to Use It* (New York: Random House, 1975).

24. S. R. Thye, "A Status Value Theory of Power in Exchange Relations," *American Sociological Review* (2000): 407–432.

25. B. T. Mayes and R. T. Allen, "Toward a Definition of Organizational Politics," *Academy of Management Review* 2 (1977): 672–678.

26. M. Valle and P. L. Perrewe, "Do Politics Perceptions Relate to Political Behaviors? Tests of an Implicit Assumption and Expanded Model," *Human Relations* 53 (2000): 359–386.

27. W. A. Hochwarter, "The Interactive Effects of Pro-Political Behavior and Politics Perceptions on Job Satisfaction and Affective Commitment," *Journal of Applied Social Psychology* 33 (2003): 1360–1378.

28. W. A. Hochwarter, "The Interactive Effects of Pro-Political Behavior and Politics Perceptions on Job Satisfaction and Affective Commitment," *Journal of Applied Social Psychology* 33 (2003): 1360–1378.

29. W. A. Hochwarter, K. M. Kacmar, D. C. Treadway, and T. S. Watson, "It's All Relative: The Distinction and Prediction of Political Perceptions across Levels," *Journal of Applied Social Psychology* 33 (2003): 1955–2016.

30. D. A. Ralston, "Employee Ingratiation: The Role of Management," *Academy of Management Review* 10 (1985): 477–487; D. R. Beeman and T. W. Sharkey, "The Use and Abuse of Corporate Politics," *Business Horizons* (March–April 1987): 25–35.

31. C. O. Longnecker, H. P. Sims, and D. A. Gioia, "Behind the Mask: The Politics of Employee Appraisal," *Academy of Management Executive* 1 (1987): 183–193.

32. M. Valle and P. L. Perrewe, "Do Politics Perceptions Relate to Political Behaviors? Tests of an Implicit Assumption and Expanded Model," *Human Relations* 53, No. 3 (2000): 359–386.

33. D. Fedor, J. Maslyn, S. Farmer, and K. Bettenhausen, "The Contribution of Positive Politics to the Prediction of Employee Reactions," *Journal of Applied Social Psychology* 38, No. 1 (2008): 76–96.

34. D. Kipnis, S. M. Schmidt, and I. Wilkinson, "Intraorganizational Influence Tactics: Explorations in Getting One's Way," *Journal of Applied Psychology* 65 (1980): 440–452; D. Kipnis, S. Schmidt, C. Swaffin-Smith, and I. Wilkinson, "Patterns of Managerial Influence: Shotgun Managers, Tacticians, and Bystanders," *Organizational Dynamics* (Winter 1984): 60–67; G. Yukl and C. M. Falbe, "Influence Tactics and Objectives in Upward, Downward, and Lateral Influence Attempts," *Journal of Applied Psychology* 75 (1990): 132–140.

35. A. Wilhelmy, M. Kleinmann, C. J. Konig, K. G. Melchers, and D. M. Truxillo, "How and Why Do Interviewers Try to Make Impressions on Applicants? A Qualitative Study," *Journal of Applied Psychology*, 10 (2016): 313–332.

36. G. Yukl, P. J. Guinan, and D. Sottolano, "Influence Tactics Used for Different Objectives with Subordinates, Peers, and Superiors," *Groups & Organization Management* 20 (1995): 272–296.

37. C. A. Higgins, T. A. Judge, and G. R. Ferris, "Influence Tactics and Work Outcomes: A Meta-Analysis," *Journal of Organizational Behavior* 24 (2003): 89–106.

38. K. K. Eastman, "In the Eyes of the Beholder: An Attributional Approach to Ingratiation and Organizational Citizenship Behavior," *Academy of Management Journal* 37 (1994): 1379–1391.

39. K. J. Harris, K. M. Kacmar, S. Zivnuska, and J. D Shaw, "The Impact of Political Skill on Impression Management Effectiveness," *Journal of Applied Psychology* 92, No. 1 (2007): 278–285.

40. J. D. Westphal and G. Shani, "Psyched-Up to Suck-Up: Self-Regulated Cognition, Interpersonal Influence, and Recommendations for Board Appointments in the Corporate Elite," *Academy of Management Journal*, 59 (2016): 479–509.

41. G. D. Keeves, J. D. Westphal, and M. L. McDonald, "Those Closest Wield the Sharpest Knife: How Ingratiation Leads to Resentment and Social Undermining of the CEO," *Administrative Science Quarterly*, published January 10 (2017) at http://journals.sagepub.com/action/doSearch?SeriesKey=asqa&AllField=westphal

42. A. Drory and D. Beaty, "Gender Differences in the Perception of Organizational Influence Tactics," *Journal of Organizational Behavior* 12 (1991): 249–258.

43. S. Wellington, M. B. Kropf, and P. R. Gerkovich, "What's Holding Women Back?" *Harvard Business Review* (June 2003): 2–4.

44. P. Perrewe and D. Nelson, "Gender and Career Success: The Facilitative Role of Political Skill," *Organizational Dynamics* 33 (2004): 366–378.

45. R. Y. Hirokawa and A. Miyahara, "A Comparison of Influence Strategies Utilized by Managers in American and Japanese Organizations," *Communication Quarterly* 34 (1986): 250–265.

46. C. Anderson, S. E. Spataro, and F. J. Flynn, "Personality and Organizational Culture as Determinants of Influence," *Journal of Applied Psychology* 93 (May 2008): 702–710.

47. P. David, M. A. Hitt, and J. Gimeno, "The Influence of Activism by Institutional Investors on R&D," *Academy of Management Journal* 44, No. 1 (2001): 144–157.

48. G. R. Ferris, P. L. Perrewe, W. P. Anthony, and D. C. Gilmore, "Political Skill at Work," *Organizational Dynamics* 28 (2000): 25–37.

49. D. C. Treadway, W. A. Hochwarter, G. R. Ferris, C. J. Kacmar, C. Douglas, A. P. Ammeter, and M. R. Buckley, "Leader Political Skill and Employee Reactions," *Leadership Quarterly* 15 (2004): 493–513; K. K. Ahearn, G. R. Ferris, W. A. Hochwarter, C. Douglas, and A. P. Ammeter, "Leader Political Skill and Team Performance," *Journal of Management* 30, No. 3 (2004): 309–327.

50. P. L. Perrewé, K. L. Zellars, G. R. Ferris, A. M. Rossi, C. J. Kacmar, and D. A. Ralston, "Neutralizing Job Stressors: Political Skill as an Antidote to the Dysfunctional Consequences of Role Conflict Stressors," *Academy of Management Journal* 47 (2004): 141–152.

51. R. E. Frieder and K. J. Basik, "Political Skill, Behavioral Integrity, and Work Outcomes:

Test of a Multistage Model," *Journal of Leadership and Organizational Studies*, 24 (2017): 65–82.

52. G. Meisler, "Exploring Emotional Intelligence, Political Skill, and Job Satisfaction," *Employee Relations* 36 (2014): 280–293.

53. D. C. Treadway, G. Adams, T. J. Hanes, P. L. Perrewe, M. J, Magnusen, and G. R. Ferris, "The Roles of Recruiter Political Skill and Performance Resource Leveraging in NCAA Football Recruitment Effectiveness," *Journal of Management* 40 (2014): 1607–1626.

54. S. Y. Todd, K. J. Harris, R. B. Harris, and A. R. Wheeler, "Career Success Implications of Political Skill," *The Journal of Social Psychology* 149, No. 3 (June 2009): 179–204; I. M. Jawahar, J. A. Meurs, G. R. Ferris, and W. A. Hochwarter, "Self-Efficacy and Political Skill as Comparative Predictors of Task and Contextual Performance: A Two-Study Constructive Replication," *Human Performance* 21 (2008): 138–157.

55. K. Kumar and M. S. Thibodeaux, "Organizational Politics and Planned Organizational Change," *Group and Organization Studies* 15 (1990): 354–365.

56. D. Buchanan, "You Stab My back, I'll Stab Yours: Management Experience and Perceptions of Organization Political Behaviour," *British Journal of Management* 19 (March 2008): 49–64.

57. McClelland, *Power*.

58. D.R. Beeman and T.W. Sharkey, "Use and Abuse of Corporate Politics," *Business Horizons* 30 (1987): 26–30.

59. C. P. Parker, R. L. Dipboye, and S. L. Jackson, "Perceptions of Organizational Politics: An Investigation of Antecedents and Consequences," *Journal of Management* 21 (1995): 891–912.

60. S. J. Ashford, N. P. Rothbard, S. K. Piderit, and J. E. Dutton, "Out on a Limb: The Role of Context and Impression Management in Selling Gender-Equity Issues," *Administrative Science Quarterly* 43 (1998): 23–57.

61. J. Zhou and G. R. Ferris, "The Dimensions and Consequences of Organizational Politics Perceptions: A Confirmatory Analysis," *Journal of Applied Social Psychology* 25 (1995): 1747–1764.

62. M. L. Seidal, J. T. Polzer, and K. J. Stewart, "Friends in High Places: The Effects of Social Networks on Discrimination in Salary Negotiations," *Administrative Science Quarterly* 45 (2000): 1–24.

63. J. J. Gabarro and J. P. Kotter, "Managing Your Boss," *Harvard Business Review* (January–February 1980): 92–100.

64. P. Newman, "How to Manage Your Boss," *Peat, Marwick, Mitchell & Company's Management Focus* (May–June 1980): 36–37.

65. F. Bertolome, "When You Think the Boss Is Wrong," *Personnel Journal* 69 (1990): 66–73.

66. J. Conger and R. Kanungo, *Charismatic Leadership: The Elusive Factor in Organizational Effectiveness* (New York: Jossey-Bass, 1988).

67. G. M. Spreitzer, M. A. Kizilos, and S. W. Nason, "A Dimensional Analysis of the Relationship between Psychological Empowerment and Effectiveness, Satisfaction, and Strain," *Journal of Management* 23 (1997): 679–704.

68. L. D'Innocenzo, M. M. Luciano, J. E. Mathieu, M. T. Maynard, and G. Chen, "Empowered to Perform: A Multilevel Investigation of the Influence of Empowerment on Performance in Hospital Units," *Academy of Management Journal* 59 (2016): 1290–1307.

69. R. C. Ford and M. D. Fottler, "Empowerment: A Matter of Degree," *Academy of Management Executive* 9 (1995): 21–31.

70. M. R. Kukenberger, J. E. Mathieu, and T. Ruddy, "A Cross-Level Test of Empowerment and Process Influences on Members' Informal Learning and Team Commitment," *Journal of Management* 41 (2015): 987–1016.

71. X. Zhang and K. M. Bartol, "Linking Empowering Leadership and Employee Creativity: The Influence of Psychological Empowerment, Intrinsic Motivation, and Creative Process Engagement," *The Academy of Management Journal* 53 (2010): 107–128; S. Seibert, G. Wang, and S. Courtright, "Antecedents and Consequences of Psychological and Team Empowerment in Organizations: A Meta-Analytic Review," *The Journal of Applied Psychology* 96, No. 5 (2011): 981–1003.

72. S. Patel, "10 Examples of Companies with Fantastic Cultures," *Enterpreneur* (August 6, 2015), accessed at https://www.entrepreneur.com/article/249174.

1. J. P. Kotter, "What Leaders Really Do," *Harvard Business Review* 68 (1990): 103–111.

2. D. A. Plowman, S. Solansky, T. E Beck, L. Baker, M. Kulkarni, and D. V. Travis, "The Role of Leadership in Emergent, Self-Organization," *Leadership Quarterly* 18, No. 4 (2007): 341–356.

3. B. Stone, "Why Facebook Needs Sheryl Sandberg," *Bloomberg Businessweek* (May 12, 2011), accessed at http://www.businessweek.com/magazine/content/11_21/b4229050473695.htm.

4. A. Zaleznik, "HBR Classic—Managers and Leaders: Are They Different?" *Harvard Business Review* 70 (1992): 126–135.

5. "The World's 100 Most Powerful Women," *Forbes* (2016), accessed at https://www.forbes.com/profile/indra-nooyi/

6. R. M. Stogdill, "Personal Factors Associated with Leadership: A Survey of the Literature," *Journal of Psychology* 25 (1948): 35–71.

7. K. Lewin, R. Lippitt, and R. K. White, "Patterns of Aggressive Behavior in Experimentally Created 'Social Climates,'" *Journal of Social Psychology* 10 (1939): 271–299.

8. S. D. Sidle, "The Danger of Do Nothing Leaders," *The Academy of Management Perspectives* 21, No. 2 (2007): 75–77.

9. A. W. Halpin and J. Winer, "A Factorial Study of the Leader Behavior Description Questionnaire," in R. M. Stogdill and A. E. Coons, eds., *Leader Behavior: Its Description and Measurement,* research monograph No. 88 (Columbus, Ohio: Bureau of Business Research, The Ohio State University, 1957): 39–51.

10. E. A. Fleishman, "Leadership Climate, Human Relations Training, and Supervisory Behavior," *Personnel Psychology* 6 (1953): 205–222.

11. R. Kahn and D. Katz, "Leadership Practices in Relation to Productivity and Morale," in D. Cartwright and A. Zander, eds., *Group Dynamics, Research and Theory* (Elmsford, NY: Row, Paterson, 1960).

12. R. R. Blake and J. S. Mouton, *The Managerial Grid III: The Key to Leadership Excellence* (Houston: Gulf, 1985).

13. W. Vandekerckhove and R. Commers, "Downward Workplace Mobbing: A Sign of the Times?" *Journal of Business Ethics* 45 (2003): 41–50.

14. F. E. Fiedler, *A Theory of Leader Effectiveness* (New York: McGraw-Hill, 1964).

15. F. E. Fiedler, *Personality, Motivational Systems, and Behavior of High and Low LPC Persons,* tech. rep. No. 70-12 (Seattle: University of Washington, 1970).

16. J. T. McMahon, "The Contingency Theory: Logic and Method Revisited," *Personnel Psychology* 25 (1972): 697–710; L. H. Peters, D. D. Hartke, and J. T. Pohlman, "Fiedler's Contingency Theory of Leadership: An Application of the Meta-Analysis Procedures of Schmidt and Hunter," *Psychological Bulletin* 97 (1985): 224–285.

17. F. E. Fiedler, "The Contingency Model and the Dynamics of the Leadership Process," in L. Berkowitz, ed., *Advances in Experimental and Social Psychology,* vol. 11 (New York: Academic Press, 1978).

18. S. Arin and C. McDermott, "The Effect of Team Leader Characteristics on Learning, Knowledge Application, and Performance of Cross-Functional New Product Development Teams," *Decision Sciences* 34 (2003): 707–739.

19. F. E. Fiedler, "Engineering the Job to Fit the Manager," *Harvard Business Review* 43 (1965): 115–122.

20. R. J. House, "A Path–Goal Theory of Leader Effectiveness," *Administrative Science Quarterly* 16 (1971): 321–338; R. J. House and T. R. Mitchell, "Path–Goal Theory of Leadership," *Journal of Contemporary Business* 3 (1974): 81–97.

21. C. A. Schriescheim and V. M. Von Glinow, "The Path–Goal Theory of Leadership: A Theoretical and Empirical Analysis," *Academy of Management Journal* 20 (1977): 398–405; E. Valenzi and G. Dessler, "Relationships of Leader Behavior, Subordinate Role Ambiguity, and Subordinate Job Satisfaction," *Academy of Management Journal* 21 (1978): 671–678; N. R. F. Maier, *Leadership Methods and Skills* (New York: McGraw-Hill, 1963).

22. J. P. Grinnell, "An Empirical Investigation of CEO Leadership in Two Types of Small Firms," *S.A.M. Advanced Management Journal* 68 (2003): 36–41.

23. V. H. Vroom and P. W. Yetton, *Leadership and Decision Making* (Pittsburgh: University of Pittsburgh, 1973).

24. V. H. Vroom, "Leadership and the Decision-Making Process," *Organizational Dynamics* 28 (2000): 82–94.

25. P. Hersey and K. H. Blanchard, "Life Cycle Theory of Leadership," *Training and Development* 23 (1969): 26–34; P. Hersey, K. H. Blanchard, and D. E. Johnson, *Management of Organizational Behavior: Leading Human Resources*, 8th ed. (Upper Saddle River, N.J.: Prentice-Hall, 2001).

26. B. M. Bass, *Bass and Stogdill's Handbook of Leadership: Theory, Research, and Managerial Applications*, 3rd ed. (New York: Free Press, 1990).

27. G. B. Graen and M. Uhl-Bien, "Relationship-Based Approach to Leadership: Development of Leader–Member Exchange (LMX) Theory of Leadership over 25 Years," *Leadership Quarterly* 6 (1995): 219–247; C. R. Gerstner and D. V. Day, "Meta-Analytic Review of Leader–Member Exchange Theory: Correlates and Construct Issues," *Journal of Applied Psychology* 82 (1997): 827–844; R. C. Liden, S. J. Wayne, and R. T. Sparrowe, "An Examination of the Mediating Role of Psychological Empowerment on the Relations between the Job, Interpersonal Relationships, and Work Outcomes," *Journal of Applied Psychology* 85 (2001): 407–416.

28. J. Townsend, J. S. Phillips, and T. J. Elkins, "Employee Retaliation: The Neglected Consequence of Poor Leader–Member Exchange Relations," *Journal of Occupational Health Psychology* 5 (2000): 457–463.

29. D. Nelson, R. Basu, and R. Purdie, "An Examination of Exchange Quality and Work Stressors in Leader–Follower Dyads," *International Journal of Stress Management* 5 (1998): 103–112.

30. K. M. Kacmar, L. A. Witt, S. Zivnuska, and S. M. Gully, "The Interactive Effect of Leader–Member Exchange and Communication Frequency on Performance Ratings," *Journal of Applied Psychology* 88 (2003): 764–772.

31. C. C. Schermuly and B. Meyer, "Good Relationships at Work: The Effects of Leader-Member Exchange and Team-Member Exchange on Psychological Empowerment, Emotional Exhaustion, and Depression," *Journal of Organizational Behavior* 37 (2016): 673–691.

32. H. Liao, D. Liu, and R. Loi, "Looking at Both Sides of the Social Exchange Coin: A Social Cognitive Perspective on the Joint Effects of Relationship Quality and Differentiation on Creativity," *Academy of Management Journal* 53 (2010): 1090–1109.

33. P. Molenberghs, G. Prochilo, N. K. Steffens, and S. A. Haslam, "The Neuroscience of Inspirational Leadership: The Importance of Collective-Oriented Language and Shared Group Membership," *Journal of Management*, published online January 9, 2015.

34. J. M. Burns, *Leadership* (New York: Harper & Row, 1978); T. O. Jacobs, *Leadership and Exchange in Formal Organizations* (Alexandria, Va.: Human Resources Research Organization, 1971).

35. B. M. Bass, "From Transactional to Transformational Leadership: Learning to Share the Vision," *Organizational Dynamics* 19 (1990): 19–31; B. M. Bass, *Leadership and Performance beyond Expectations* (New York: Free Press, 1985).

36. P. M. Podsakoff, S. B. MacKenzie, and W. H. Bommer, "Transformational Leader Behaviors and Substitutes for Leadership as Determinants of Employee Satisfaction, Commitment, Trust, and Organizational Citizenship Behaviors," *Journal of Management* 22 (1996): 259–298.

37. W. Bennis, "Managing the Dream: Leadership in the 21st Century," *Training* 27 (1990): 43–48; P. M. Podsakoff, S. B. MacKenzie, R. H. Moorman, and R. Fetter, "Transformational Leader Behaviors and Their Effects on Followers' Trust in Leader, Satisfaction, and Organizational Citizenship Behaviors," *Leadership Quarterly* 1 (1990): 107–142.

38. "Starbucks Announces New Leadership Structure to Drive Global Growth," accessed at https://news.starbucks.com/news/starbucks-announces-new-leadership structure.

39. X. H. F. Wang and J. M. Howell, "Exploring the Dual-Level Effects of Transformational Leadership on Followers," *Journal of Applied Psychology* 95 (2010): 1134–1144.

40. C. P. Egri and S. Herman, "Leadership in the North American Environmental Sector: Values, Leadership Styles, and Contexts of Environmental Leaders and Their Organizations," *Academy of Management Journal* 43 (2000): 571–604.

41. T. A. Judge and J. E. Bono, "Five-Factor Model of Personality and Transformational Leadership," *Journal of Applied Psychology* 85 (2001): 751–765.

42. H. J. Anderson, J. E. Baur, J. A. Griffith, and M. R. Buckley, "What Works for You May Not Work for (Gen)Me: Limitations of Present Leadership Theories for the New Generation," *The Leadership Quarterly* 28 (2017): 245–260.

43. The Jargon Dictionary, "The R Terms: Reality-Distortion Field," http://info.astrian.net/jargon/terms/r/reality-distortion_field.html.

44. R. J. House and M. L. Baetz, "Leadership: Some Empirical Generalizations and New Research Directions," in B. M. Staw, ed., *Research in Organizational Behavior*, vol. 1 (Greenwood, Conn.: JAI Press, 1979): 399–401.

45. G. C. Banks, K. N. Engemann, C. E. Williams, J. Gooty, K. D. McCauley, and M. R. Medaugh, "A Meta-Analytic Review and Future Research Agenda of Charismatic Leadership," *The Leadership Quarterly* (2017), accessed at http://www.sciencedirect.com/science/article/pii/S1048984316302971.

46. R. A. Brands, J. Menges, and M. Kilduff, "The Leader in Social Network Schema: Perceptions of Network Structure Affect Gendered Attributions of Charisma," *Organization Science* (in press).

47. F. Luthans and B. J. Avolio, "Authentic Leadership: A Positive Development Approach," in K. S. Cameron, J. E. Dutton, and R. E. Quinn, eds., *Positive Organizational Scholarship: Foundations of a New Discipline* (San Francisco: Berrett-Koehler, 2004): 241–261.

48. O. Epitropaki, R. Kark, C. Mainemelis, and R. G. Lord, "Leadership and Followership Identity Processes: A Multilevel Review," *The Leadership Quarterly*, 28 (2017): 104–129.

49. B. J. Avolio, W. L. Gardner, F. O. Walumbwa, F. Luthans, and D. R. May, "Unlocking the Mask: A Look at the Process by Which Authentic Leaders Impact Follower Attitudes and Behaviors," *The Leadership Quarterly* 15 (2004): 801–823.

50. S. Michie and J. Gooty, "Values, Emotions and Authentic Leadership Behaviors: Will the Real Leader Please Stand Up?" *The Leadership Quarterly* 16 (2005): 441–457.

51. S. Michie and D. L. Nelson, "The Effects of Leader Compassion Display on Follower Attributions: Building a Socialized Leadership Image" (Paper presented at the Academy of Management Conference Honolulu, Hawaii, 2005).

52. D. Yagil and H. Medler-Liraz, "Feel Free, Be Yourself: Authentic Leadership, Emotional Expression, and Employee Authenticity," *Journal of Leadership and Organizational Studies* 21 (2014): 59–70.

53. S. Liu, J. Laio, and H. Wei, "Authentic Leadership and Whistleblowing: Mediating Roles of Psychological Safety and Personal Identification," *Journal of Business Ethics*, published online January 8, 2015.

54. D. V. Day, J. W. Fleenor, L. E. Atwater, R. E. Sturm, and R. A McKee, "Advances in Leader and Leadership Development: A Review of 25 Years of Research and Theory," *The Leadership Quarterly* 25 (2014): 63–82.

55. D. Goleman, "What Makes a Leader?" *Harvard Business Review* 82 (2004): 82–91.

56. D. Goleman, "Never Stop Learning," *Harvard Business Review* 82 (2004): 28–30.

57. C. L. Gohm, "Mood Regulation and Emotional Intelligence: Individual Differences," *Journal of Personality and Social Psychology* 84 (2003): 594–607.

58. J. Useem, "A Manager for All Seasons," *Fortune* (April 30, 2001): 66–72.

59. R. C. Mayer, J. H. Davis, and F. D. Schoorman, "An Integrative Model of Organizational Trust," *Academy of Management Review* 20 (1995): 709–734.

60. R. S. Dooley and G. E. Fryxell, "Attaining Decision Quality and Commitment from Dissent: The Moderating Effects of Loyalty and Competence in Strategic Decision-Making Teams," *Academy of Management Journal* 42 (1999): 389–402.

61. J. Flint, "Why Rick Wagoner Had to Go," *Forbes* (March 30, 2009), http://www.forbes.com/2009/03/30/rick-wagoner-gm-jerry-flint-business-autos-backseat-driver.html.

62. S. A. Joni, "The Geography of Trust," *Harvard Business Review* 82 (2003): 82–88.

63. M. E. Heilman, C. J. Block, R. F. Martell, and M. C. Simon, "Has Anything Changed? Current Characteristics of Men, Women, and Managers," *Journal of Applied Psychology* 74 (1989): 935–942.

64. A. H. Eagly, S. J. Darau, and M. Makhijani, "Gender and the Effectiveness of Leaders: A Meta-Analysis," *Psychological Bulletin* 117 (1995): 125–145.

65. M. K. Ryan, S. A. Haslam, and T. Postmes, "Reactions to the Glass Cliff: Gender Differences in the Explanations for the Precariousness of Women's Leadership Positions," *Journal of Organizational Change Management* 20, No. 2 (2007): 182–197.

66. J. Hu and R. C. Liden, "Antecedents of Team Potency and Team Effectiveness: An Examination of Goal and Process Clarity and Servant Leadership," *Journal of Applied Psychology* 96, No. 4 (2011): 851–862.

67. R. K. Greenleaf, L. C. Spears, and D. T. Frick, eds., *On Becoming a Servant-Leader* (San Francisco: Jossey-Bass, 1996).

68. A. C. H. Schat, M. R. Frone, and E. K. Kelloway, "Prevalence of Workplace Aggression in the U.S. Workforce: Findings from a National Study," in E. K. Kelloway, J. Barling, and J. J. Hurrell, eds., *Handbook of Workplace Violence* (Thousand Oaks, CA: Sage, 2006): 47–89.

69. B. J. Tepper, C. A. Henle, L. S. Lambert, R. A. Giacalone, and M. K. Duffy, "Abusive Supervision and Subordinates' Organization Deviance," *Journal of Applied Psychology* 93 (2008): 721–732; P. A. Bamberger and S. B. Bacharach, "Abusive Supervision and Subordinate Problem Drinking: Taking Resistance, Stress and Subordinate Personality into Account," *Human Relations* 59 (2006): 1–30; B. J. Tepper, "Consequences of Abusive Supervision," *Academy of Management Journal* 43 (2000): 178–190; A. A. Grandey, J. Kern, and M. Frone, "Verbal Abuse from Outsiders Versus Insiders: Comparing Frequency, Impact on Emotional Exhaustion, and the Role of Emotional Labor," *Journal of Occupation Health Psychology* 12 (2007): 63–79.

70. B. J. Tepper, M. K. Duffy, C. A. Henle, and L. S. Lambert, "Procedural Injustice, Victim Precipitation and Abusive Supervision," *Personnel Psychology* 59 (2006): 101–123.

71. S. Thau and M. S. Mitchell, "Self-Gain or Self-Regulation Impairment? Tests of Competing Explanations of the Supervisor Abuse and Employee Deviance Relationship through Perceptions of Distributive Justice," *Journal of Applied Psychology* (in press).

72. S. H. Courtright, R. G. Gardner, T. A. Smith, B. W. McCormick, and A. E. Colbert, "My Family Made Me Do It: A Cross-Domain, Self-Regulator Perspective on Antecedents to Abusive Supervision," *Academy of Management Journal*, 59 (2016): 1630–1652.

73. E. P. Hollander and L. R. Offerman, "Power and Leadership in Organizations: Relationships in Transition," *American Psychologist* 45 (1990): 179–189.

74. H. P. Sims, Jr., and C. C. Manz, *Company of Heros: Unleashing the Power of Self-Leadership* (New York: John Wiley & Sons, 1996).

75. C. C. Manz and H. P. Sims, "Leading Workers to Lead Themselves: The External Leadership of Self-Managing Work Teams," *Administrative Science Quarterly* 32 (1987): 106–128.

76. L. Hirschhorn, "Leaders and Followers in a Postindustrial Age: A Psychodynamic View," *Journal of Applied Behavioral Science* 26 (1990): 529–542.

77. R. E. Kelley, "In Praise of Followers," *Harvard Business Review* 66 (1988): 142–148.

78. S. A. Eisenbeiss and D. van Knippenberg, "On Ethical Leadership Impact: The Role of Follower Mindfulness and Moral Emotions," *Journal of Organizational Behavior* 36 (2014): 182–195.

79. G. A. Yukl, *Leadership in Organizations*, 2nd ed. (Upper Saddle River, N.J.: Prentice-Hall, 1989).

80. D. A. Garvin and J. D. Margolis, "The Art of Giving and Receiving Advice," *Harvard Business Review* January–February (2015): 61–71.

1. Definition adapted from D. Hellriegel, J. W. Slocum, Jr., and R. W. Woodman, *Organizational Behavior* (St. Paul: West, 1992); and from R. D. Middlemist and M. A. Hitt, *Organizational Behavior* (St. Paul, Minn.: West, 1988).

2. D. Tjosvold, *The Conflict-Positive Organization* (Reading, Mass.: Addison-Wesley, 1991).

3. K. Thomas and W. Schmidt, "A Survey of Managerial Interests with Respect to Conflict," *Academy of Management Journal* 19 (1976): 315–318; G. L. Lippitt, "Managing Conflict in Today's Organizations," *Training and Development Journal* 36 (1982): 66–74.

4. M. Rajim, "A Measure of Styles of Handling Interpersonal Conflict," *Academy of Management Journal* 26 (1983): 368–376.

5. M. M. Hopkins and R. D. Yonker, "Managing Conflict with Emotional Intelligence: Abilities That Make a Difference," *Journal of Management Development* 34 (2015): 226–244.

6. Tjosvold, *The Conflict-Positive Organization* (Reading, MA: Addison-Wesley, 1991).

7. R. A. Cosier and D. R. Dalton, "Positive Effects of Conflict: A Field Experiment," *International Journal of Conflict Management* 1 (1990): 81–92.

8. D. Tjosvold, "Making Conflict Productive," *Personnel Administrator* 29 (1984): 121–130.

9. I. Janis, *Groupthink*, 2nd ed. (Boston: Houghton Mifflin, 1982).

10. A. C. Amason, W. A. Hochwarter, K. R. Thompson, and A. W. Harrison, "Conflict: An Important Dimension in Successful Management Teams," *Organizational Dynamics* 24 (1995): 25–35.

11. J. C. Quick, A. McFadyen, and D. L. Nelson, "No Accident: Health, Well-Being, Performance … and Danger," *Journal of Organizational Effectiveness: People and Performance* 1 (2014): 98–119.

12. R. Nibler and K. L. Harris, "The Effects of Culture and Cohesiveness on Intragroup Conflict and Effectiveness," *The Journal of Social Psychology* 143 (2003): 613–631.

13. R. Shaukat, A. Yousaf, and K. Sanders, "Examining the Linkages Between Relationship Conflict, Performance and Turnover Intentions: Role of Job Burnout as a Mediator," *International Journal of Conflict Management* 28 (2017): 4–23.

14. G. Walker and L. Poppo, "Profit Centers, Single-Source Suppliers, and Transaction Costs," *Administrative Science Quarterly* 36 (1991): 66–87.

15. R. Miles, *Macro Organizational Behavior* (Glenview, Ill.: Scott, Foresman, 1980).

16. H. Levinson, "The Abrasive Personality," *Harvard Business Review* 56 (1978): 86–94.

17. J. C. Quick and J. D. Quick, *Organizational Stress and Preventive Management* (New York: McGraw-Hill, 1984).

18. F. N. Brady, "Aesthetic Components of Management Ethics," *Academy of Management Review* 11 (1986): 337–344.

19. J. R. Ogilvie and M. L. Carsky, "Building Emotional Intelligence in Negotiations," *The International Journal of Conflict Management* 13 (2002): 381–400.

20. A. M. Bodtker and R. L. Oliver, "Emotion in Conflict Formation and Its Transformation: Application to Organizational Conflict Management," *International Journal of Conflict Management* 12 (2001): 259–275.

21. D. E. Conlon and S. H. Hunt, "Dealing with Feeling: The Influence of Outcome Representations on Negotiation," *International Journal of Conflict Management* 13 (2002): 35–58.

22. J. Schopler, C. A. Insko, J. Wieselquist, M. Pemberton, B. Witcher, R. Kozar, C. Roddenberry, and T. Wildschut, "When Groups Are More Competitive Than Individuals: The Domain of the Discontinuity Effect," *Journal of Personality and Social Psychology* 80 (2001): 632–644.

23. M. Sherif and C. W. Sherif, *Social Psychology* (New York: Harper & Row, 1969).

24. M. A. Zarate, B. Garcia, A. A. Garza, and R. T. Hitlan, "Cultural Threat and Perceived Realistic Group Conflict as Dual Predictors of Prejudice," *Journal of Experimental Social Psychology* 40 (2004): 99–105; J. C. Dencker, A. Joshi, and J. J. Martocchio, "Employee Benefits as Context for Intergenerational Conflict," *Human Resource Management Review* 17, No. 2 (2007): 208–220.

25. J. Wombacher and J. Felfe, "The Interplay of Team and Organizational Commitment in Motivating Employees' Interteam Conflict Handling," *Academy of Management Journal*, June 2016.

26. W. Tsai and S. Ghoshal, "Social Capital and Value Creation: The Role of Intrafirm Networks," *Academy of Management Journal* 41 (1998): 464–476.

27. K. J. Hurt and M. A. Abebe, "The Effect of Conflict Type and Organizational Crisis on Perceived Strategic Decision Effectiveness," *Journal of Leadership and Organizational Studies*, published online February 4, 2015.

28. D. L. Nelson and J. C. Quick, "Professional Women: Are Distress and Disease Inevitable?" *Academy of Management Review* 10 (1985): 206–218; D. L. Nelson and M. A. Hitt, "Employed Women and Stress: Implications for Enhancing Women's Mental Health in the Workplace," in J. C. Quick, J. Hurrell, and L. A. Murphy, eds., *Stress and Well-Being at Work: Assessments and Interventions for Occupational Mental Health* (Washington, D.C.: American Psychological Association, 1992).

29. E. C. Dierdorff and J. K. Ellington, "It's the Nature of Work: Examining Behavior-Based Sources of Work–Family Conflict across Occupations," *Journal of Applied Psychology* 93 (2008): 883–892.

30. M. G. Pratt and J. A. Rosa, "Transforming Work–Family Conflict into Commitment in Network Marketing Organizations," *Academy of Management Journal* 46 (2003): 395–418.

31. W. R. Boswell and J. B. Olson-Buchanan, "The Use of Communication Technologies after Hours: The Role of Work Attitudes and Work–Life Conflict," *Journal of Management* 33, No. 4 (2007): 592–610.

32. R. L. Kahn, D. M. Wolfe, R. P. Quinn, J. D. Noek, and R. A. Rosenthal, *Organizational Stress: Studies in Role Conflict and Ambiguity* (New York: Wiley, 1964).

33. J. R. B. Halbeslaben, "A Meta-Analysis of Work Engagement: Relationships with Burnout, Demands, Resources, and Consequences," in A. Bakker and M. Leiter, eds., *Work Engagement: A Handbook of Essential Theory and Research* (New York: Psychology Press, 2010); M. Wang, S. Liu, Y. Zhan, and J. Shi, "Daily Work–Family Conflict and Alcohol Use: Testing the Cross-Level Moderation Effects of Peer Drinking Norms and Social Support," *Journal of Applied Psychology* 95 (2010): 377–386.

34. C. Nohe, A. Michel, and K. Sonntag, "Family-Work Conflict and Job Performance: A Diary Study of Boundary Conditions and Mechanisms," *Journal of Organizational Behavior* 35 (2014): 339–357.

35. J. L. Badaracco, Jr., "The Discipline of Building Character," *Harvard Business Review* (March–April 1998): 115–124.

36. B. Schneider, "The People Make the Place," *Personnel Psychology* 40 (1987): 437–453.

37. C. A. O'Reilly, J. Chatman, and D. F. Caldwell, "People and Organi-zational Culture: A Profile Comparison Approach to Assessing Person-Organization Fit," *Academy of Management Journal* 34 (1991): 487–516.

38. I. Dayal and J. M. Thomas, "Operation KPE: Developing a New Organization," *Journal of Applied Behavioral Science* 4 (1968): 473–506.

39. R. H. Miles, "Role Requirements as Sources of Organizational Stress," *Journal of Applied Psychology* 61 (1976): 172–179.

40. W. F. G. Mastenbroek, *Conflict Management and Organization Development* (Chichester, England: Wiley, 1987).

41. M. R. Frone, "Interpersonal Conflict at Work and Psychological Outcomes: Testing a Model among Young Workers," *Journal of Occupational Health Psychology* 5 (2000): 246–255.

42. K. Thomas, "Conflict and Conflict Management," in M. D. Dunnette, ed., *Handbook of Industrial and Organizational Psychology* (New York: Wiley, 1976).

43. H. H. Meyer, E. Kay, and J. R. P. French, "Split Roles in Performance Appraisal," *Harvard Business Review* 43 (1965): 123–129.

44. T. W. Costello and S. S. Zalkind, *Psychology in Administration: A Research Orientation* (Englewood Cliffs, N.J.: Prentice-Hall, 1963).

45. Snapshot Spy, "Employee Computer & Internet Abuse Statistics," http://www.snapshotspy.com/employee-computer-abuse-statistics.htm; data sources include U.S. Department of Commerce—Economics and Statistics Administration and the National Telecommunications and Information Administration—Greenfield and Rivet, "Employee Computer Abuse Statistics."

46. P. F. Hewlin, "And the Award for Best Actor Goes to . . . : Facades of Conformity in Organizational Settings," *Academy of Management Review* 28 (2003): 633–642.

47. C. A. Insko, J. Scholper, L. Gaertner, T. Wildschut, R. Kozar, B. Pinter, E. J. Finkel, D. M. Brazil, C. L. Cecil, and M. R. Montoya, "Interindividual–Intergroup Discontinuity Reduction through the Anticipation of Future Interaction," *Journal of Personality and Social Psychology* 80 (2001): 95–111.

48. D. Tjosvold and M. Poon, "Dealing with Scarce Resources: Open-Minded Interaction for Resolving Budget Conflicts," *Group and Organization Management* 23 (1998): 237–255.

49. R. Miles, *Macro Organizational Behavior* (Glenview, IL: Scott, Foresman, 1980). R. Steers, *Introduction to Organizational Behavior,* 4th ed. (Glenview, Ill.: Harper-Collins, 1991).

50. A. Tyerman and C. Spencer, "A Critical Text of the Sherrif's Robber's Cave Experiments: Intergroup Competition and Cooperation between Groups of Well-Acquainted Individuals," *Small Group Behavior* 14 (1983): 515–531; R. M. Kramer, "Intergroup Relations and Organizational Dilemmas: The Role of Categorization Processes," in B. Staw and L. Cummings, eds., *Research in Organizational Behavior* 13 (1991): 191–228.

51. N. Kercheval, "Dana Holgorsen Becomes West Virginia Coach after Bill Stewart Resigns," Bloomberg (June 11, 2011), http://bloomberg.com/news/2011-06-11/dana-holgorsen-becomes-west-virgiinia-coach-after-bill-stewart-resigns.html.

52. A. Carmeli, "The Relationship between Emotional Intelligence and Work Attitudes, Behavior and Outcomes: An Examination among Senior Managers," *Journal of Managerial Psychology* 18 (2003): 788–813.

53. R. Blake and J. Mouton, "Overcoming Group Warfare," *Harvard Business Review* 64 (1984): 98–108.

54. D. G. Ancona and D. Caldwell, "Improving the Performance of New Product Teams," *Research Technology Management* 33 (1990): 25–29.

55. M. A. Cronin and L. R. Weingart, "Representational Gaps, Information Processing and Conflict in Functionally Diverse Teams," *Academy of Management Review* 32, No. 3 (2007): 761–773.

56. C. K. W. DeDreu and L. R. Weingart, "Task versus Relationship Conflict, Team Performance, and Team Member Satisfaction: A Meta-Analysis," *Journal of Applied Psychology* 88 (2003): 741–749.

57. R. J. Lewicki, J. A. Litterer, J. W. Minton, and D. M. Saunders, *Negotiation,* 2nd ed. (Burr Ridge, Ill.: Irwin, 1994).

58. J. Brett and L. Thompson, "Negotiation," *Organizational Behavior and Human Decision Processes*, 136 (2016): 68–79.

59. G. Ku, C. S. Wang, and A. D. Galinsky, "Promise and Perversity: Towards a Comprehensive Model of Perspective Taking," *Research in Organizational Behavior* (in press).

60. S. Aslani, J. Ramirez-Marin, J. Brett, J. Yao, Z. Semnani-Azad, Z. Zhang, C. Tinsley, L. Weingart, and W. Adair, "Dignity, Face, and Honor Cultures: A Study of Negotiation Strategy and Outcomes in Three Cultures," *Journal of Organizational Behavior,* 37 (2016): 1178–1201.

61. J. Mazei, J. Huffmeier, P. A. Freund, A. F. Stuhlmacher, L. Bilke, and G. Hertel, "A Meta-Analysis on Gender Differences in Negotiation Outcomes and Their Moderators," *Psychological Bulletin* 141 (2015): 85–104.

62. C. K. W. De Dreu and A. E. M. Van Vianen, "Managing Relationship Conflict and the Effectiveness of Organizational Teams," *Journal of Organizational Behavior* 22 (2001): 309–328.

63. S. Steinberg, "Airbus Workers in France, Germany Strike against Massive Job Cuts," (March 1, 2007). http://www.wsws.org/articles/2007/mar2007/airb-m01.shtml.

64. R. A. Baron, S. P. Fortin, R. L. Frei, L. A. Hauver, and M. L. Shack, "Reducing Organizational Conflict: The Role of Socially Induced Positive Affect," *International Journal of Conflict Management* 1 (1990): 133–152.

65. S. L. Phillips and R. L. Elledge, *The Team Building Source Book* (San Diego: University Associates, 1989).

66. J. R. Curhan, M. A. Neale, L. Ross, and J. Rosencranz-Engelmann, "Relational Accommodation in Negotiation: Effects of Egalitarianism and Gender on Economic Efficiency and Relational Capital," *Organizational Behavior and Human Decision Processes* 107 (2008): 192–205.

67. T. N. Gladwin and I. Walter, "How Multinationals Can Manage Social and Political Forces," *Journal of Business Strategy* 1 (1980): 54–68.

68. http://www.greenpeace.org/usa/lego-got-awesome-savethearctic/

69. K. W. Thomas, "Toward Multidimensional Values in Teaching: The Example of Conflict Behaviors," *Academy of Management Review* 2 (1977): 484–490.

70. S. Alper, D. Tjosvold, and K. S. Law, "Conflict Management, Efficacy, and Performance in Organizational Teams," *Personnel Psychology* 53 (2000): 625–642.

71. A. Somech, H. S. Desvililya, and H. Lidogoster, "Team Conflict Management and Team Effectiveness: The Effects of Task Interdependence and Team Identification," *Journal of Organizational Behavior* 30 (2009): 359–378.

72. W. King and E. Miles, "What We Know and Don't Know about Measuring Conflict," *Management Communication Quarterly* 4 (1990): 222–243.

73. J. Barker, D. Tjosvold, and I. R. Andrews, "Conflict Approaches of Effective and Ineffective Project Managers: A Field Study in a Matrix Organization," *Journal of Management Studies* 25 (1988): 167–178.

74. K. A. Way, N. L. Jimmieson, and P. Bordia, "Shared Perceptions of Supervisor Conflict Management Style," *International Journal of Conflict Management* 27 (2016): 25–49.

1. S. K. Parker, F. P. Morgeson, and G. Johns, "One Hundred Years of Work Design Research: Looking Back and Looking Forward," *Journal of Applied Psychology* 102, No. 3 (March 2017): 403–420.

2. B. L. Berkelaar and P. M. Buzzanell, "Bait and Switch or Double-Edged Sword? The (Sometimes) Failed Promises of Calling," *Human Relations* 68 (2014): 157–178.

3. G. W. England and I. Harpaz, "How Working Is Defined: National Contexts and Demographic and Organizational Role Influences," *Journal of Organizational Behavior* 11 (1990): 253–266.

4. L. R. Gomez-Mejia, "The Cross-Cultural Structure of Task-Related and Contextual Constructs," *Journal of Psychology* 120 (1986): 5–19.

5. A. Wrzesniewski and J. E. Dutton, "Crafting a Job: Revisioning Employees as Active Crafters of Their Work," *Academy of Management Review* 26 (2001): 179–201.

6. D. T. Hall and M. Las Heras, "Reintegrating Job Design and Career Theory: Creating Not Just Good Jobs but Smart Jobs," *Journal of Organizational Behavior* 31 (2010): 448–462.

7. F. W. Taylor, *The Principles of Scientific Management* (New York: Norton, 1911).

8. T. Bell, *Out of This Furnace* (Pittsburgh: University of Pittsburgh Press, 1941); J. H. Gittell, D. B. Weinberg, A. L. Bennett, and J. A. Miller, "Is the Doctor in? A Relational Approach to Job Design and the Coordination of Work," *Human Resource Management* 47 (Winter 2008): 729–755.

9. N. D. Warren, "Job Simplification versus Job Enlargement," *Journal of Industrial Engineering* 9 (1958): 435–439.

10. T. Moller, S. E. Mathiassen, H. Franzon, and S. Kihlberg, "Job Enlargement and Mechanical Exposure Variability in Cyclic Assembly Work," *Ergonomics* 47 (2004): 19–40.

11. C. R. Walker and R. H. Guest, *The Man on the Assembly Line* (Cambridge, Mass.: Harvard University Press, 1952).

12. M. A. Campion, L. Cheraskin, and M. J. Stevens, "Career-Related Antecedents and Outcomes of Job Rotation," *Academy of Management Journal* 37 (1994): 1518–1542.

13. H. R. Nalbantian and R. A. Guzzo, "Making Mobility Matter," *Harvard Business Review* (March 2009): 76–84

14. E. Santora, "Keep Up Production through Cross-Training," *Personnel Journal* (June 1992): 162–166.

15. S. Leroy, "Why Is It So Hard to Do My Work? The Challenge of Attention Residue When Switching between Work Tasks," *Organizational Behavior and Human Decision Processes* 109 (2009): 168–181.

16. R. P. Steel and J. R. Rentsch, "The Dispositional Model of Job Attitudes Revisited: Findings of a 10-Year Study," *Journal of Applied Psychology* 82 (1997): 873–879; C. S. Wong, C. Hui, and K. S. Law, "A Longitudinal Study of the Job Perception–Job Satisfaction Relationship: A Text of the Three Alternative Specifications," *Journal of Occupational & Organizational Psychology* 71 (Part 2, 1998): 127–146.

17. F. Herzberg, "One More Time: How Do You Motivate Employees?" *Harvard Business Review* 46 (1968): 53–62.

18. R. N. Ford, "Job Enrichment Lessons from AT&T," *Harvard Business Review* 51 (1973): 96–106.

19. R. J. House and L. A. Wigdor, "Herzberg's Dual-Factor Theory of Job Satisfaction and Motivation: A Review of the Evidence and a Criticism," *Personnel Psychology* 20 (1967): 369–389.

20. A. N. Turner and P. R. Lawrence, *Industrial Jobs and the Worker* (Cambridge, Mass.: Harvard University Press, 1965).

21. D. H. McKnight, B. Phillips, and B. C. Hardgrave, "Which Reduces IT Turnover Intention the Worst: Workplace Characteristics or Job Characteristics?" *Information & Management* 46 (2009): 167–174.

22. J. R. Hackman and G. R. Oldham, "The Relationship among Core Job Dimensions, the Critical Psychological States, and On-the-Job Outcomes," in *The Job Diagnostic Survey: An Instrument for the Diagnosis of Jobs and the Evaluation of Job Redesign Projects* (New Haven, Conn.: Department of Administrative Sciences, Yale University, 1974).

23. J. L. Pierce, I. Jussila, and A. Cummings, "Psychological Ownership within the Job Design Context: Revision of the Job Characteristics Model," *Journal of Organizational Behavior* 30 (2009): 477–496.

24. J. R. Hackman and G. R. Oldham, "Development of the Job Diagnostic Survey," *Journal of Applied Psychology* 60 (1975): 159–170.

25. E. Sadler-Smith, G. El-Kot, and M. Leat, "Differentiating Work Autonomy Facets in a Non-Western Context," *Journal of Organizational Behavior* 24 (2003): 709–731.

26. H. P. Sims, A. D. Szilagyi, and R. T. Keller, "The Measurement of Job Characteristics," *Academy of Management Journal* 19 (1976): 195–212.

27. H. P. Sims and A. D. Szilagyi, "Job Characteristic Relationships: Individual and Structural Moderators," *Organizational Behavior and Human Performance* 17 (1976): 211–230.

28. Y. Fried, "Meta-Analytic Comparison of the Job Diagnostic Survey and Job Characteristic Inventory as Correlates of Work Satisfaction and Performance," *Journal of Applied Psychology* 76 (1991): 690–698.

29. D. R. May, R. L. Gilson, and L. M. Harter, "The Psychological Conditions of Meaningfulness, Safety, and Availability and the Engagement of the Human Spirit at Work," *Journal of Occupational and Organizational Psychology* 77 (2004): 11–37.

30. D. DClercq, D. Bouckenooghe, U. Raja, and G. Matsyborska, "Unpacking the Goal Congruence-Organizational Deviance Relationship: The Roles of Work Engagement and Emotional Intelligence," *Journal of Business Ethics* 124 (2014): 695–711.

31. R. Wagner, "Nourishing Employee Engagement," *Gallup Management Journal* (February 12, 2004): 1–7, http://gmj.gallup.com/content/default.asp?ci=10504.

32. M. Soyars and J. Brusino, "Essentials of Engagement," *T&D* (March 2009): 62–65.

33. J. Loehr and T. Schwartz, *The Power of Full Engagement: Managing Energy, Not Time, Is the Key to High Performance and Personal Renewal* (New York: Free Press, 2003).

34. M. F. R. Kets de Vries, "Creating Authentizotic Organizations: Well-Functioning Individuals in Vibrant Companies," *Human Relations* 54 (2001): 101–111.

35. G. R. Salancik and J. Pfeffer, "A Social Information Processing Approach to Job Attitudes and Task Design," *Administrative Science Quarterly* 23 (1978): 224–253.

36. J. Pfeffer, "Management as Symbolic Action: The Creation and Maintenance of Organizational Paradigms," in L. L. Cummings and B. M. Staw, eds., *Research in Organizational Behavior*, vol. 3 (Greenwich, Conn.: JAI Press, 1981): 1–52.

37. C. Clegg and C. Spencer, "A Circular and Dynamic Model of the Process of Job Design," *Journal of Occupational & Organizational Psychology* 80 (2007): 321–339.

38. J. Thomas and R. Griffin, "The Social Information Processing Model of Task Design: A Review of the Literature," *Academy of Management Review* 8 (1983): 672–682.

39. D. J. Campbell, "Task Complexity: A Review and Analysis," *Academy of Management Review* 13 (1988): 40–52.

40. A. M. Grant, "Relational Job Design and the Motivation to Make a Prosocial Difference," *Academy of Management Review* 32 (2007): 393–417.

41. D. R. May, K. Reed, C. E. Schwoerer, and P. Potter, "Ergonomic Office Design and Aging: A Quasi-Experimental Field Study of Employee Reactions to an Ergonomics Intervention Program," *Journal of Occupational Health Psychology* 9 (2004): 123–135.

42. M. A. Campion and P. W. Thayer, "Job Design: Approaches, Outcomes, and Trade-Offs," *Organizational Dynamics* 16 (1987): 66–79.

43. J. Teresko, "Emerging Technologies," *Industry Week* (February 27, 1995): 1–2.

44. M. A. Campion and C. L. McClelland, "Interdisciplinary Examination of the Costs and Benefits of Enlarged Jobs: A Job Design Quasi-Experiment," *Journal of Applied Psychology* 76 (1991): 186–199.

45. B. Kohut, *Country Competitiveness: Organizing of Work* (New York: Oxford University Press, 1993).

46. D. Holman, S. Frenkel, O. Sorensen, and S. Wood, "Work Design Variation and Outcomes in Call Centers: Strategic Choice and Institutional Explanations," *Industrial and Labor Relations Review* 62 (July 2009): 510–532.

47. J. C. Quick and L. E. Tetrick, eds., *Handbook of Occupational Health Psychology, Second Edition* (Washington, D.C.: American Psychological Association, 2011).

48. W. E. Deming, *Out of the Crisis* (Cambridge, Mass.: MIT Press, 1986).

49. L. Thurow, *Head to Head: The Coming Economic Battle among Japan, Europe, and America* (New York: Morrow, 1992).

50. M. A. Fruin, *The Japanese Enterprise System—Competitive Strategies and Cooperative Structures* (New York: Oxford University Press, 1992).

51. W. Niepce and E. Molleman, "Work Design Issue in Lean Production from a Sociotechnical System Perspective: Neo-Taylorism or the Next Step in Sociotechnical Design?" *Human Relations* 51 (1998): 259–287.

52. S. K. Parker, "Longitudinal Effects of Lean Production on Employee Outcomes and the Mediating Role of Work Characteristics," *Journal of Applied Psychology* 88 (2003): 620–634.

53. E. Furubotn, "Codetermination and the Modern Theory of the Firm: A Property-Rights Analysis," *Journal of Business* 61 (1988): 165–181.

54. H. Levinson, *Executive: The Guide to Responsive Management* (Cambridge, Mass.: Harvard University Press, 1981).

55. B. Gardell, "Scandinavian Research on Stress in Working Life" (Paper presented at the IRRA Symposium on Stress in Working Life, Denver, September 1980).

56. L. Levi, "Psychosocial, Occupational, Environmental, and Health Concepts; Research Results and Applications," in G. P. Keita and S. L. Sauter, eds., *Work and Well-Being: An Agenda for the 1990s* (Washington, D.C.: American Psychological Association, 1992): 199–211.

57. L. R. Murphy and C. L. Cooper, eds., *Healthy and Productive Work: An International Perspective* (London and New York: Taylor & Francis, 2000).

58. J. Seigrist, "The Effort-Reward Imbalance Model," in C. L. Cooper and J. C. Quick. *The Handbook of Stress and Health: A Guide to Research and Practice*: pp. 24–35 (Chichester, UK: Wiley Blackwell, 2017).

59. A. B. Bakker and E. Demerouti, "Job Demands-Resources Theory: Taking Stock and Looking Forward," *Journal of Occupational Health Psychology*, 22, 3 (July 2017), 273–285.

60. M. Tims, A. B. Bakker, and D. Derks, "Examining Job Crafting from an Interpersonal Perspective: Is Employee Job Crafting Related to the Well-Being of Colleagues?" *Applied Psychology: An International Review*, published online March 2, 2015.

61. E. Carleton and J. Barling, "Sleep, Work, and Well-Being," in C. L. Cooper and J. C. Quick. *The Handbook of Stress and Health: A Guide to Research and Practice*. (Chichester, UK: Wiley Blackwell, 2017): 485–500; C. M. Barnes, J. A. Miller, and S. Bostock, "Helping Employees Sleep Well; Effects of Cognitive Behavioral Therapy for Insomnia on Work Outcomes," *Journal of Applied Psychology*, 102, 1 (Jan.), 2017, 104–113.

62. A. M. Grant, E. M. Campbell, G. Chen, K. Cottone, D. Lapedis, and K. Lee, "Impact and the Art of Motivation Maintenance: The Effects of Contact with Beneficiaries on Persistence Behavior," *Organizational Behavior and Human Decision Processes* 103 (2007): 53–67.

63. A. Idris, "Flexible Working as an Employee Retention Strategy in Developing Countries," *Journal of Management Research* 14 (2014): 71–86.

64. R. S. Gajendran, D. A. Harrison, and R. Delaney-Klinger, "Are Telecommuters Remotely Good Citizens? Unpacking Telecommuting's Effects on Performance via I-Deals and Job Resources," *Personnel Psychology*, published online August 15, 2014.

65. Y. Baruch, "The Status of Research on Teleworking and an Agenda for Future Research," *International Journal of Management Review* 3 (2000): 113–129.

66. K. E. Pearlson and C. S. Saunders, "There's No Place Like Home: Managing Telecommuting Paradoxes," *Academy of Management Executive* 15 (2001): 117–128.

67. S. Caudron, "Working at Home Pays Off," *Personnel Journal* (November 1992): 40–47.

68. D. S. Bailey and J. Foley, "Pacific Bell Works Long Distance," *HRMagazine* (August 1990): 50–52.

69. M. Virick, N. DaSilva, and K. Arrington, "Moderators of the Curvilinear Relationship between Extent of Telecommuting and Job and Life Satisfaction; The Role of Performance Outcome Orientation and Worker Type," *Human Relations* 63 (2010): 137–154.

70. I. Spieler, S. Scheibe, C. Stamov-Roßnagel, A. Kappas. "Help or Hindrance? Day-Level Relationships between Flextime Use, Work-Nonwork Boundaries, and Affective Well-Being," *Journal of Applied Psychology* 102, No. 1 (January 2017): 67–87.

71. S. A. Rogier and M. Y. Padgett, "The Impact of Utilizing a Flexible Work Schedule on the Perceived Career Advancement Potential of Women," *Human Resource Development Quarterly* 15 (2004): 89–106.

72. D. Derks, D. van Duin, M. Tims, and A. B. Bakker, "Smartphone Use and Work-Home Interference: The Moderating Role of Social Norms and Employee Work Engagement," *Journal of Occupational and Organizational Psychology* 88 (2015): 155–177.

73. S. Zuboff, *In the Age of the Smart Machine: The Future of Work and Power* (New York: Basic Books, 1988).

74. B. A. Gutek and S. J. Winter, "Computer Use, Control over Computers, and Job Satisfaction," in S. Oskamp and S. Spacapan, eds., *People's Reactions to Technology in Factories, Offices, and Aerospace: The Claremont Symposium on Applied Social Psychology* (Newbury Park, Calif.: Sage, 1990): 121–144.

75. L. M. Schleifer and B. C. Amick, III, "System Response Time and Method of Pay: Stress Effects in Computer-Based Tasks," *International Journal of Human-Computer Interaction* 1 (1989): 23–30.

76. K. Voight, "Virtual Work: Some Telecommuters Take Remote Work to the Extreme," *The Wall Street Journal Europe* (February 1, 2001): 1.

77. G. Salvendy, *Handbook of Industrial Engineering: Technology and Operations Management* (New York: John Wiley & Sons, 2001).

78. D. M. Herold, "Using Technology to Improve Our Management of Labor Market Trends," in M. Greller, ed., "Managing Careers with a Changing Workforce," *Journal of Organizational Change Management* 3 (1990): 44–57.

79. D. A. Whetten and K. S. Cameron, *Developing Management Skills*, 9th ed. (Upper Saddle River, N.J.: Pearson, 2015).

1. M. A. Hitt, R. D. Ireland, and R. E. Hoskisson, *Strategic Management: Competitiveness & Globalization—Concepts and Cases*, 12th ed. (Mason, OH: CENGAGE Learning, 2017).

2. J. Child, *Organization* (New York: Harper & Row, 1984).

3. P. Lawrence and J. Lorsch, *Organization and Environment: Managing Differentiation and Integration,* rev. ed. (Cambridge, Mass.: Harvard University Press, 1986).

4. J. Hage, "An Axiomatic Theory of Organizations," *Administrative Science Quarterly* 10 (1965): 289–320.

5. "The Army Reserve at 100: An Emerging Operational Force," *Army Logistician* (November–December, 2008): 15–16.

6. W. Ouchi and J. Dowling, "Defining the Span of Control," *Administrative Science Quarterly* 19 (1974): 357–365.

7. L. Porter and E. Lawler, III, "Properties of Organization Structure in Relation to Job Attitudes and Job Behavior," *Psychological Bulletin* 65 (1965): 23–51.

8. A. Ollier-Malaterre and A. Foucreault, "Cross-National Work-Life Research: Cultural and Structural Impacts for Individuals and Organizations," *Journal of Management* 43, No. 1 (January, 2017): 111–136.

9. R. Dewar and J. Hage, "Size, Technology, Complexity, and Structural Differentiation: Toward a Theoretical Synthesis," *Administrative Science Quarterly* 23 (1978): 111–136.

10. F. C. Vasoncelos and R. Ramirez, "Complexity in Business Environments," *Journal of Business Research* 64 (2011): 236–241.

11. Paul R. Lawrence and Jay W. Lorsch, "Differentiation and Integration in Complex Organizations," *Administrative Science Quarterly* 12, No. 1 (1967): 1–47.

12. J. R. R. Galbraith, *Designing Complex Organizations* (Reading, Mass.: Addison-Wesley-Longman, 1973).

13. W. Altier, "Task Forces: An Effective Management Tool," *Management Review* 76 (1987): 26–32.

14. P. Lawrence and J. Lorsch, "New Managerial Job: The Integrator," *Harvard Business Review* 45 (1967): 142–151.

15. J. Lorsch and P. Lawrence, "Organizing for Product Innovation," *Harvard Business Review* 43 (1965): 110–111.

16. D. Pugh, D. Hickson, C. Hinnings, and C. Turner, "Dimensions of Organization Structure," *Administrative Science Quarterly* 13 (1968): 65–91; B. Reimann, "Dimensions of Structure in Effective Organizations: Some Empirical Evidence," *Academy of Management Journal* 17 (1974): 693–708; S. Robbins, *Organization Theory: The Structure and Design of Organizations,* 3rd ed. (Englewood Cliffs, N.J.: Prentice-Hall, 1990).

17. M. C. Andrews, T. L. Baker, and T. G. Hunt, "The Interactive Effects of Centralization on the Relationship between Justice and Satisfaction," *Journal of Leadership & Organizational Studies* 15 (2008): 135–144.

18. A. Arora, S. Belenzon, and L. A. Rios, "Make, Buy, Organize: The Interplay Between Research, External Knowledge, and Firm Knowledge," *Strategic Management Journal* 35 (2014): 317–337.

19. H. Mintzberg, *The Structuring of Organizations* (Englewood Cliffs, N.J.: Prentice-Hall, 1979).

20. J. A. Kuprenas, "Implementation and Performance of a Matrix Organization Structure," *International Journal of Project Management* 21 (2003): 51–62.

21. Mintzberg, *Structuring of Organizations.*

22. K. Weick, "Educational Institutions as Loosely Coupled Systems," *Administrative Science Quarterly* (1976): 1–19.

23. D. Miller and C. Droge, "Psychological and Traditional Determinants of Structure," *Administrative Science Quarterly* 31 (1986): 540; H. Tosi, Jr. and J. Slocum, Jr., "Contingency Theory: Some Suggested Directions," *Journal of Management* 10 (1984): 9–26.

24. K. Singh, I. P. Mahmood, and S. Natarajan, "Capital Market Development and Firm Restructuring During an Economic Shock," *Organizational Science* 28, No. 3 (May–June, 2017): 552–573.

25. M. Meyer, "Size and the Structure of Organizations: A Causal Analysis," *American Sociological Review* 37 (1972): 434–441; J. Beyer and H. Trice, "A Reexamination of the Relations between Size and Various Components of Organizational Complexity," *Administrative Science Quarterly* 24 (1979): 48–64; B. Mayhew, R. Levinger, J. McPherson, and T. James, "Systems Size and Structural Differentiation in Formal Organizations: A Baseline Generator for Two Major Theoretical Propositions," *American Sociological Review* 37 (1972): 26–43.

26. M. Gowing, J. Kraft, and J. C. Quick, *The New Organizational Reality: Downsizing, Restructuring, and Revitalization* (Washington, D.C.: American Psychological Association, 1998).

27. M. Brauer and L. Laamanen, "Workforce Downsizing and Firm Performance: An Organizational Routine Perspective," *Journal of Management Studies* 51 (2014): 1311–1333.

28. L. Donaldson and G. Joffe, "Fit—The Key to Organizational Design," *Journal of Organization Design* 3 (2014): 38–45.

29. J. Werth and D. Fleming, "Creating a 'Super' Agency in San Diego County," *The Public Manager* (Fall 2008): 21–26.

30. J. Woodward, *Industrial Organization: Theory and Practices* (London: Oxford University Press, 1965).

31. C. Perrow, "A Framework for the Comparative Analysis of Organizations," *American Sociological Review* 32 (1967): 194–208; D. Rosseau, "Assessment of Technology in Organizations: Closed versus Open Systems Approaches," *Academy of Management Review* 4 (1979): 531–542.

32. C. Perrow, "A Framework for the Comparative Analysis of Organizations," *American Sociological Review* 32, No. 2 (1967): 194–208.

33. J. D. Thompson, *Organizations in Action* (New York: McGraw-Hill, 1967).

34. J. R. Baum and S. Wally, "Strategic Decision Speed and Firm Performance," *Strategic Management Journal* 24 (2003): 1107–1129.

35. Thompson, *Organizations in Action.*

36. H. Downey, D. Hellriegel, and J. Slocum, Jr., "Environmental Uncertainty: The Construct and Its Application," *Administrative Science Quarterly* 20 (1975): 613–629.

37. G. Dess and D. Beard, "Dimensions of Organizational Task Environments," *Administrative Science Quarterly* 29 (1984): 52–73.

38. J. A. Cogin and I. O. Williamson, "Standardize or Customize: The Interactive Effects of HRM and Environment Uncertainty on MNC Subsidiary Performance," *Human Resource Management* 53 (2014): 701–721.

39. G. G. Dess and D. W. Beard, "Dimensions of Organizational Task Environments," *Administrative Science Quarterly* 29, No. 1 (1984): 52–73.

40. T. Burns and G. Stalker, *The Management of Innovation* (London: Tavistock, 1961); Mintzberg, *Structuring of Organizations.*

41. M. Chandler and L. Sayles, *Managing Large Systems* (New York: Harper & Row, 1971).

42. M. Sanchez-Manzanares, R. Rico, and F. Gil, "Designing Organizations: Does Expertise Matter?" *Journal of Business Psychology* 23 (2008): 87–101.

43. R. E. Hoskisson, F. Chirico, J. (D.) Zyung, and E. Gambeta, "Managerial Risk Taking: A Multitheoretical Review and Future Research Agenda," *Journal of Management* 43, No. 1 (January 2017): 137–169.

44. R. Daft, *Organization Theory and Design,* 10th ed. (Mason, Ohio: South-Western, 2010).

45. R. S. Kaplan and D. P. Norton, "How to Implement a New Strategy without Disrupting Your Organization," *Harvard Business Review* (March 2006): 100–109.

46. L-H Lin, "Organizational Structure and Acculturation in Acquisitions: Perspectives of Congruence Theory and Task Interdependence," *Journal of Management* 40 (2014): 1831–1856.

47. N. J. Foss, J. Lyngsie, and S. A. Zahra, "Organizational Design Correlates of Entrepreneurship: The Roles of Decentralization and Formalization for Opportunity Discovery and Realization," *Strategic Organization* 13 (2015): 32–60.

48. W. R. Scott, *Organizations: Rational, Natural, and Open Systems,* 6th ed. (Upper Saddle River, N.J.: Prentice-Hall, 2006).

49. D. Miller and P. Friesen, "A Longitudinal Study of the Corporate Life Cycle," *Management Science* 30 (1984): 1161–1183.

50. S. Raisch, "Balanced Structures: Designing Organizations for Profitable Growth," *Long Range Planning* 41 (2008): 483–508.

51. M. H. Overholt, "Flexible Organizations: Using Organizational Design as a Competitive Advantage," *Human Resource Planning* 20 (1997): 22–32; P. W. Roberts and R. Greenwood, "Integrating Transaction Cost and Institutional Theories: Toward a

Constrained-Efficiency Framework for Understanding Organizational Design Adoption," *Academy of Management Review* 22 (1997): 346–373.

52. G. Davidson, "Organisation Structure: The Life Cycle of an Organization," *New Zealand Management* 56 (2008): 58–60.

53. C. W. L. Hill and G. R. Jones, *Strategic Management Theory*, 5th ed. (Boston: Houghton Mifflin, 2000).

54. F. Hoque, "Designing the Right Kind of Organization," *Baseline* (January/February 2009): 46.

55. Cengage Learning, 11e, 2013.

56. C. M. Savage, *5th Generation Management, Revised Edition: Co-creating through Virtual Enterprising, Dynamic Teaming, and Knowledge Networking* (Boston: Butterworth-Heinemann, 1996).

57. L-Q. Wei and C-M. Lau, "High Performance Work Systems and Performance: The Role of Adaptive Capability," *Human Relations* 63, No. 10 (October 2010): 1463L-Q. Wei and C-M. Lau, "High Performance Work Systems and Performance: The Role of Adaptive Capability," Human Relations 63, No. 10 (October 2010): 1463–1485.

58. D. Shin and A. M. Konrad, "Causality between High-Performance Work Systems and Organizational Performance," Journal of Management 43, No. 2 (February 2017): 455D. Shin and A. M. Konrad, "Causality between High-Performance Work Systems and Organizational Performance," Journal of Management 43, No. 2 (February 2017): 455–475.

59. B. Brown and S. D. Anthony, "How P&G Tripled Its Innovation Success Rate," *Harvard Business Review* 89 (June 2011): 64–72.

60. P. J. Brews and C. L. Tucci, "Exploring the Structural Effects of Internetworking," *Strategic Management Journal* 25 (2004): 429–451.

61. C. B. Gibson and J. L. Gibbs, "Unpacking the Concept of Virtuality: Geographic Dispersion, Electronic Dependence, Dynamic Structure, and National Diversity on Team Innovation," *Administrative Science Quarterly* 51 (2006): 451–495.

62. J. Fulk, "Global Network Organizations: Emergence and Future Prospects," *Human Relations* 54 (2001): 91–100.

63. The use of the theatrical troupe as an analogy for virtual organizations was first used by David Mack, circa 1995.

64. E. C. Kasper-Fuehrer and N. M. Ashkanasy, "Communicating Trustworthiness and Building Trust in Interorganizational Virtual Organizations," *Journal of Management* 27 (2001): 235–254.

65. R. Teerlink and L. Ozley, *More Than a Motorcycle: The Leadership Journey at Harley-Davidson* (Boston: Harvard Business School Press, 2000).

66. W. A. Cohen and N. Cohen, *The Paranoid Organization and 8 Other Ways Your Company Can Be Crazy: Advice from an Organizational Shrink* (New York: *American Management Association*, 1993).

67. P. E. Tetlock, "Cognitive Biases and Organizational Correctives: Do Both Disease and Cure Depend on the Politics of the Beholder?" *Administrative Science Quarterly* 45 (2000): 293–326.

68. M. F. R. Kets de Vries and D. Miller, "Personality, Culture, and Organization," *Academy of Management Review* 11 (1986): 266–279.

1. T. E. Deal and A. A. Kennedy, *Corporate Cultures* (Reading, Mass.: Addison-Wesley, 1982).

2. W. Ouchi, *Theory Z* (Reading, Mass.: Addison-Wesley, 1981).

3. T. J. Peters and R. H. Waterman, *In Search of Excellence* (New York: Harper & Row, 1982).

4. M. Gardner, "Creating a Corporate Culture for the Eighties," *Business Horizons* (January–February 1985): 59–63.

5. S. J. Hogan and L. V. Coote, "Organizational Culture, Innovation, and Performance: A Test of Schein's Model," *Journal of Business Research* 67 (2014): 1609–1621.

6. Definition adapted from E. H. Schein, *Organizational Culture and Leadership* (San Francisco: Jossey-Bass, 1985): 9.

7. C. D. Sutton and D. L. Nelson, "Elements of the Cultural Network: The Communicators of Corporate Values," *Leadership and Organization Development* 11 (1990): 3–10.

8. A. Gara, "Visa's CEO Charlie Scharf Steps Down After Four Years, Sick of San Francisco Travel," *Forbes* (October 17, 2016), accessed at https://www.forbes.com/sites/antoinegara/2016/10/17/visas-ceo-charlie-scharf-steps-down-after-four-years-sick-of-san-francisco-travel/#666533b199e0

9. J. Pagel, "Eskimo Joe's Getting Older, But Still Fun at 21," *Amarillo Business Journal* (November 20, 1996), http://www.businessjournal.net/entrepreneur1196.html.

10. A. Bandura, *Social Learning Theory* (Englewood Cliffs, N.J.: Prentice-Hall, 1977).

11. J. A. Chatman, "Leading by Leveraging Culture," *California Management Review* 45 (2003): 20–34.

12. J. M. Beyer and H. M. Trice, "How an Organization's Rites Reveal Its Culture," *Organizational Dynamics* 16 (1987): 5–24.

13. H. M. Trice and J. M. Beyer, "Studying Organizational Cultures through Rites and Ceremonials," *Academy of Management Review* 9 (1984): 653–669.

14. "Recap: The 2014 Berkshire Hathaway Annual Meeting," *The Wall Street Journal* (May 3, 2014), accessed at http://blogs.wsj.com/moneybeat/2014/05/03/live-blog-the-2014-berkshire-hathaway-annual-meeting/.

15. H. Levinson and S. Rosenthal, *CEO: Corporate Leadership in Action* (New York: Basic Books, 1984).

16. V. Sathe, "Implications of Corporate Culture: A Manager's Guide to Action," *Organizational Dynamics* 12 (1987): 5–23.

17. "Wal-Mart Culture Stories—The Sundown Rule," http://www.wal-martchina.com/english/walmart/rule/sun.htm.

18. J. Martin, M. S. Feldman, M. J. Hatch, and S. B. Sitkin, "The Uniqueness Paradox in Organizational Stories," *Administrative Science Quarterly* 28 (1983): 438–453.

19. J. Lofstock, "Applauding the QuikTrip Culture," http://www.quiktrip.com/aboutqt/news.asp.

20. "No layoffs—ever!" CNNMoney.com (August 12, 2011), http://money.cnn.com/galleries/2010/fortune/1001/gallery.bestcompanies_layoffs.fortune/.

21. S. R. Martin, "Stories About Values and Valuable Stories: A Field Experiment of Narratives to Shape Newcomers' Actions," *Academy of Management Journal*, 59 (2016): 1707–1724.

22. J. E. Vascellaro, "Facebook CEO in a Rush to 'Friend' Wall Street," *The Wall Street Journal* (March 3, 2010), http:/online.wsj.com /article/SB10001424052748703787304575075942803630712.html?mod=djem_jiewr_HR_domainid.

23. R. Coffee and G. Jones, "What Holds the Modern Company Together?" *Harvard Business Review* (November–December 1996): 133–143.

24. C. Argyris and D. A. Schon, *Organizational Learning* (Reading, Mass.: Addison-Wesley, 1978).

25 http://www.clifbar.com/article/the-five-aspirations

26. D. J. McAllister and G. A. Bigley, "Work Context and the Definition of Self: How Organizational Care Influences Organization-Based Self-Esteem," *Academy of Management Journal* 45 (2002): 894–905.

27. M. Peterson, "Work, Corporate Culture, and Stress: Implications for Worksite Health Promotion," *American Journal of Health Behavior* 21 (1997): 243–252.

28. http://www.capspire.com/careers/life-at-capspire/

29. L. Smircich, "Concepts of Culture and Organizational Analysis," *Administrative Science Quarterly* 28 (1983): 339–358.

30. Y. Weiner and Y. Vardi, "Relationships between Organizational Culture and Individual Motivation: A Conceptual Integration," *Psychological Reports* 67 (1990): 295–306.

31. M. R. Louis, "Surprise and Sense Making: What Newcomers Experience in Entering Unfamiliar Organizational Settings," *Administrative Science Quarterly* 25 (1980): 209–264.

32. T. L. Doolen, M. E. Hacker, and E. M. van Aken, "The Impact of Organizational Context on Work Team Effectiveness: A Study of Production Teams," *IEEE Transactions on Engineering Management* 50 (2003): 285–296.

33. O. A. O'Neill and N. P. Rothbard, "Is Love All You Need? The Effects of Emotional Culture, Suppression, and Work-Family Conflict on Firefighter Risk-Taking and Health," *Academy of Management Journal* 60 (2017): 78–108.

34. J. P. Kotter and J. L. Heskett, *Corporate Culture and Performance* (New York: Free Press, 1992); A. S. Boyce, L. R. G. Nieminen, M. A. Gillespie, A. M. Ryan, and D. R. Denison, "Which Comes First, Organizational Culture or Performance? A Longitudinal Study of Causal Priority with Automobile Dealerships," *Journal of Organizational Behavior*, published online January 15, 2015.

35. Deal and Kennedy, *Corporate Cultures*.

36. D. R. Katz, *The Big Store* (New York: Viking, 1987).

37. G. G. Gordon, "Industry Determinants of Organizational Culture," *Academy of Management Review* 16 (1991): 396–415.

38. G. Donaldson and J. Lorsch, *Decision Making at the Top* (New York: Basic Books, 1983).

39. R. H. Kilman, M. J. Saxton, and R. Serpa, eds., *Gaining Control of the Corporate Culture* (San Francisco: Jossey-Bass, 1986).

40. J. P. Kotter, *A Force for Change: How Leadership Differs from Management* (New York: Free Press, 1990); R. M. Kanter, *The Change Masters* (New York: Simon & Schuster, 1983).

41. J. A. Chatman, D. F. Caldwell, C. A. O'Reilly, and B. Doerr, "Parsing Organizational Culture: How the Norm for Adaptability Influences the Relationship Between Culture Consensus and Financial Performance in High-Technology Firms," *Journal of Organizational Behavior* 35 (2015): 785–808.

42. Schein, *Organizational Culture and Leadership*.

43. J. A. Pearce II, T. R. Kramer, and D. K. Robbins, "Effects of Managers' Entrepreneurial Behavior on Subordinates," *Journal of Business Venturing* 12 (1997): 147–160.

44. P. W. Braddy, A. W. Meade, and C. M. Kroustalis, "Organizational Recruitment Website Effects on Viewers' Perceptions of Organizational Culture," *Journal of Business and Psychology* 20, No. 4 (2006): 525–543.

45. A. Bryant, "Mitch Rothschild of Vitals: Pushing beyond Comfort Zones," *New York Times*, January 24, 2015, accessed at http://www.nytimes.com/2015/01/25/business/mitch-rothschild-of-vitalis-juggle-but-dont-tiptoe.html.

46. A. Xenikou and M. Simosi, "Organizational Culture and Transformational Leadership as Predictors of Business Unit Performance," *Journal of Managerial Psychology* 21, No. 6 (2006): 566–579.

47. D. C. Feldman, "The Multiple Socialization of Organization Members," *Academy of Management Review* 6 (1981): 309–318.

48. A. M. Ellis, T. N. Bauer, L. R. Mansfield, B. Erdogan, D. M. Truxillo, and L. S. Simon, "Navigating Uncharted Waters: Newcomer Socialization through the Lens of Stress Theory," *Journal of Management* 41 (2015): 203–235.

49. D. L. Nelson, "Organizational Socialization: A Stress Perspective," *Journal of Occupational Behavior* 8 (1987): 311–324.

50. J. Fan and J. P. Wanous, "Organizational and Cultural Entry: A New Type of Orientation Program for Multiple Boundary Crossings," *Journal of Applied Psychology* 93 (2008): 1390–1400.

51. D. M. Cable, L. Aiman-Smith, P. W. Mulvey, and J. R. Edwards, "The Sources and Accuracy of Job Applicants' Beliefs about Organizational Culture," *Academy of Management Journal* 43 (2000): 1076–1085.

52. J. D. DeBode, K. W. Mossholder, and A. G. Walker. "Fulfilling Employees' Psychological Contracts: Organizational Socialization's Role," *Leadership and Organization Development Journal*, 38 (2017): 42–55.

53. D. L. Nelson, J. C. Quick, and M. E. Eakin, "A Longitudinal Study of Newcomer Role Adjustment in U.S. Organizations," *Work and Stress* 2 (1988): 239–253.

54. N. J. Allen and J. P. Meyer, "Organizational Socialization Tactics: A Longitudinal Analysis of Links to Newcomers' Commitment and Role Orientation," *Academy of Management Journal* 33 (1990): 847–858.

55. T. N. Bauer, E. W. Morrison, and R. R. Callister, "Organizational Socialization: A Review and Directions for Future Research," *Research in Personnel and Human Resources Management* 16 (1998): 149–214.

56. D. M. Cable and C. K. Parsons, "Socialization Tactics and Person–Organization Fit," *Personnel Psychology* 54 (2001): 1–23.

57. S. H. Harrison, D. M. Sluss, and B. E. Ashforth, "Curiosity Adapted the Cat: The Role of Trait Curiosity in Newcomer Adaptation," *Journal of Applied Psychology* 96 (2011): 211–220; M. Wang, Y. Zhan, E. McCune, and D. Truxillo, "Understanding Newcomers' Adaptability and Work-Related Outcomes: Testing the Mediating Roles of Perceived P-E Fit Variables," *Personnel Psychology* 64 (2011): 163–189.

58. A. M. Saks, J. A. Gruman, and H. Cooper-Thomas, "The Neglected Role of Proactive Behavior and Outcomes in Newcomer Socialization," *Journal of Vocational Behavior* 79 (2011): 36–46.

59. D. M. Rousseau, "Assessing Organizational Culture: The Case for Multiple Methods," in B. Schneider, ed., *Organizational Climate and Culture* (San Francisco: Jossey-Bass, 1990).

60. R. A. Cooke and D. M. Rousseau, "Behavioral Norms and Expectations: A Quantitative Approach to the Assessment of Organizational Culture," *Group and Organizational Studies* 12 (1988): 245–273.

61. R. H. Kilmann and M. J. Saxton, *Kilmann-Saxton Culture-Gap Survey* (Pittsburgh: Organizational Design Consultants, 1983).

62. W. J. Duncan, "Organizational Culture: 'Getting a Fix' on an Elusive Concept," *Academy of Management Executive* 3 (1989): 229–236.

63. P. Bate, "Using the Culture Concept in an Organization Development Setting," *Journal of Applied Behavior Science* 26 (1990): 83–106.

64. K. R. Thompson and F. Luthans, "Organizational Culture: A Behavioral Perspective," in B. Schneider, ed., *Organizational Climate and Culture* (San Francisco: Jossey-Bass, 1990).

65. S. Seren and U. Baykal, "Relationships between Change and Organizational Culture in Hospitals," *Journal of Nursing Scholarship* 39, No. 2 (2007): 191–197.

66. V. Sathe, "How to Decipher and Change Corporate Culture," in R. H. Kilman et al., *Managing Corporate Cultures* (San Francisco: Jossey-Bass, 1985).

67. M. E. Johnson-Cramer, S. Parise, and R. L. Cross, "Managing Change through Networks and Values," *California Management Review* 49, No. 3 (2007): 85–109.

68. S. Lee, J. Kim, and B. Park, "Culture Clashes in Cross-Border Mergers and Acquisitions: A Case Study of Sweden's Volvo and South Korea's Samsung," *International Business Review*, November 20, 2014, accessed at http://www.sciencedirect.com/science/article/pii/S0969593114001772.

69. N. J. Adler, *International Dimensions of Organizational Behavior*, 2nd ed. (Boston: PWS Kent, 1991).

70. A. Laurent, "The Cultural Diversity of Western Conceptions of Management," *International Studies of Management and Organization* 13 (1983): 75–96.

71. P. C. Earley and E. Mosakowski, "Creating Hybrid Team Cultures: An Empirical Test of Transnational Team Functioning," *Academy of Management Journal* 43 (2000): 26–49.

72. D. Lei, J. W. Slocum, Jr., and R. W. Slater, "Global Strategy and Reward Systems: The Key Roles of Management Development and Corporate Culture," *Organizational Dynamics* 19 (1990): 27–41.

73. L. K. Trevino and K. A. Nelson, *Managing Business Ethics: Straight Talk about How to Do It Right* (New York: John Wiley & Sons, 1995).

74. M. Kaptein, "Understanding Unethical Behavior by Unraveling Ethical Culture," *Human Relations* (in press).

75. P. J. Zak, "The Neuroscience of Trust," *Harvard Business Review* January/February (2017), accessed at https://hbr.org/2017/01/the-neuroscience-of-trust.

76. P. Zoghbi-Manrique-de-Lara and M. Viera-Armas, "Corporate Culture as a Mediator in the Relationship Between Ethical Leader--ship and Personal Internet Use," *Journal of Leadership and Organizational Studies* (2017), accessed at http://journals.sagepub.com/doi/pdf/10.1177/1548051817696877.

77. M. Jin, J. Lee, and M. Lee, "Does Leadership Matter in Diversity Management? Assessing the Relative Impact of Diversity Policy

and Inclusive Leadership in the Public Sector," *Leadership and Organization Development Journal* 38 (2017), accessed at http://www.emeraldinsight.com/doi/abs/10.1108/LODJ-07-2015-0151.

78. L. Quast, "6 Tips for an Inclusive Organizational Culture," *Forbes* (April 17 2017), accessed at https://www.forbes.com/sites/lisaquast/2017/04/17/combating-gender-discrimination-6-tips-for-an-inclusive-organizational-culture/#12deecabf5da.

79. J. Kell, "Meet the Workplace Culture Warriors," *Fortune* (March 15, 2017), accessed at http://fortune.com/2017/03/14/best-companies-to-work-for-culture/.

80. S. A. Hewlett and K. Yoshino, "LGBT-Inclusive Companies are Better at 3 Big Things," *Harvard Business Review* (February 2, 2016), accessed at https://hbr.org/2016/02/lgbt-inclusive-companies-are-better-at-3-big-things.

81. http://about.att.com/sites/diversity/our_people

1. J. H. Greenhaus, *Career Management* (Hinsdale, Ill.: CBS College Press, 1987).

2. D. T. Hall, *Careers in Organizations* (Pacific Palisades, Calif.: Goodyear, 1976).

3. Greenhaus, *Career Management;* T. G. Gutteridge and F. L. Otte, "Organizational Career Development: What's Going on Out There?" *Training and Development Journal* 37 (1983): 22–26.

4. M. B. Arthur, P. H. Claman, and R. J. DeFillippi, "Intelligent Enterprise, Intelligent Careers," *Academy of Management Executive* (November 1995): 7–22.

5. M. Lips-Wiersma and D. T. Hall, "Organizational Career Development Is Not Dead: A Case Study on Managing the New Career during Organizational Change," *Journal of Organizational Behavior* 28, No. 6 (2007): 771–792.

6. D. Jemielniak, "Managers as Lazy, Stupid Careerists?" *Journal of Organizational Change Management* 20, No. 4 (2007): 491–508.

7. D. E. Super, *The Psychology of Careers* (New York: Harper & Row, 1957); D. E. Super and M. J. Bohn, Jr., *Occupational Psychology* (Belmont, Calif.: Wadsworth, 1970).

8. J. L. Holland, *The Psychology of Vocational Choice* (Waltham, Mass.: Blaisdell, 1966); J. L. Holland, *Making Vocational Choices: A Theory of Careers* (Englewood Cliffs, N.J.: Prentice-Hall, 1973).

9. F. T. L. Leong and J. T. Austin, "An Evaluation of the Cross-Cultural Validity of Holland's Theory: Career Choices by Workers in India," *Journal of Vocational Behavior* 52 (1998): 441–455.

10. C. Morgan, J. D. Isaac, and C. Sansone, "The Role of Interest in Understanding the Career Choices of Female and Male College Students," *Sex Roles* 44 (2001): 295–320.

11. J. K. Hellerstein and M. S. Morrill, "Dads and Daughters: The Changing Impact of Fathers on Women's Occupational Choices," *Journal of Human Resources* 46, No. 2 (2011): 333–372; S. H. Osipow, *Theories of Career Development* (Englewood Cliffs, N.J.: Prentice-Hall, 1973).

12. J. P. Wanous, T. L. Keon, and J. C. Latack, "Expectancy Theory and Occupational/Organizational Choices: A Review and Test," *Organizational Behavior and Human Performance* 32 (1983): 66–86.

13. P. O. Soelberg, "Unprogrammed Decision Making," *Industrial Management Review* 8 (1967): 19–29.

14. J. P. Wanous, *Organizational Entry: Recruitment, Selection, and Socialization of Newcomers* (Reading, Mass.: Addison-Wesley, 1980).

15. S. L. Premack and J. P. Wanous, "A Meta-Analysis of Realistic Job Preview Experiments," *Journal of Applied Psychology* 70 (1985): 706–719.

16. http://www.timewarnercable.com/corporate/about/careers.

17. http://www.dads.state.tx.us/providers/job-preview/idd-video.html

18. P. W. Hom, R. W. Griffeth, L. E. Palich, and J. S. Bracker, "An Exploratory Investigation into Theoretical Mechanisms Underlying Realistic Job Previews," *Personnel Psychology* 41 (1998): 421–451.

19. J. A. Breaugh, "Realistic Job Previews: A Critical Appraisal and Future Research Directions," *Academy of Management Review* 8 (1983): 612–619.

20. G. R. Jones, "Socialization Tactics, Self-Efficacy, and Newcomers' Adjustment to Organizations," *Academy of Management Journal* 29 (1986): 262–279.

21. M. R. Buckley, D. B. Fedor, J. G. Veres, D. S. Wiese, and S. M. Carraher, "Investigating Newcomer Expectations and Job-Related Outcomes," *Journal of Applied Psychology* 83 (1998): 452–461.

22. J. Oliver, R. T. Erk, A. Koch, T. L. Russell, N. E. Babin, S. A. Ardison, and M. C. Young, "Identification and Accessioning of Individuals for Officer Candidate School: Developing Realistic Job Previews," technical report, United States Army Research Institute for Behavioral and Social Sciences (2014), accessed online.

23. A. De Vos and C. Freese, "Sensemaking During Organizational Entry: Changes in Newcomer Information Seeking and the Relationship with Psychological Contract Fulfillment," *Journal of Occupational and Organizational Psychology* 84 (2011): 288–314.

24. P. Buhler, "Managing in the '90s," *Supervision* (July 1995): 24–26.

25. D. T. Hall and J. E. Moss, "The New Protean Career Contract: Helping Organizations and Employees Adapt," *Organizational Dynamics* (Winter 1998): 22–37.

26. S. A. Zahra, R. L. Priem, and A. A. Rasheed, "Understanding the Causes and Effects of Top Management Fraud," *Organizational Dynamics* 36, No. 2 (2007): 122–139.

27. A. Fisher, "Don't Blow Your New Job," *Fortune* (June 22, 1998): 159–162.

28. D. Goleman, *Working with Emotional Intelligence* (New York: Bantam, 1998); A. Fisher, "Success Secret: A High Emotional IQ," *Fortune* (October 26, 1998): 293–298.

29. N. Libbrecht, F. Lievens, B. Carette, and S. Cote, "Emotional Intelligence Predicts Success in Medical School," *Emotion* 14 (2014): 64–73.

30. K. V. Petrides, A. Furnham, and G. N. Martin, "Estimates of Emotional and Psychometric Intelligence," *Journal of Social Psychology* 144 (April 2004): 149–162.

31. C. Chermiss, "The Business Case for Emotional Intelligence," *The Consortium for Research on Emotional Intelligence in Organizations* (2003), http://www.eiconsortium.org/research/business_case_for _ei.htm; L. M. Spencer, Jr., and S. Spencer, *Competence at Work: Models for Superior Performance* (New York: John Wiley & Sons, 1993); L. M. Spencer, Jr., D. C. McClelland, and S. Kelner, *Competency Assessment Methods: History and State of the Art* (Boston Hay/McBer, 1997).

32. J. O. Crites, "A Comprehensive Model of Career Adjustment in Early Adulthood," *Journal of Vocational Behavior* 9 (1976): 105–118; S. Cytrynbaum and J. O. Crites, "The Utility of Adult Development in Understanding Career Adjustment Process," in M. B. Arthur, D. T. Hall, and B. S. Lawrence, eds., *Handbook of Career Theory* (Cambridge: Cambridge University Press, 1989): 66–88.

33. D. E. Super, "A Life-Span, Life-Space Approach to Career Development," *Journal of Vocational Behavior* 16 (1980): 282–298; L. Baird and K. Kram, "Career Dynamics: Managing the Superior/Subordinate Relationship," *Organizational Dynamics* 11 (1983): 46–64.

34. D. J. Levinson, *The Seasons of a Man's Life* (New York: Knopf, 1978); D. J. Levinson, *The Seasons of a Woman's Life* (New York: Knopf, 1996).

35. D. J. Levinson, "A Conception of Adult Development," *American Psychologist* 41 (1986): 3–13.

36. D. L. Nelson, "Adjusting to a New Organization: Easing the Transition from Outsider to Insider," in J. C. Quick, R. E. Hess, J. Hermalin, and J. D. Quick, eds., *Career Stress in Changing Times* (New York: Haworth Press, 1990): 61–86.

37. J. P. Kotter, "The Psychological Contract: Managing the Joining Up Process," *California Management Review* 15 (1973): 91–99.

38. D. M. Rousseau, "New Hire Perceptions of Their Own and Their Employers' Obligations: A Study of Psychological Contracts," *Journal of Organizational Behavior* 11 (1990): 389–400; D. L. Nelson, J. C. Quick, and J. R. Joplin, "Psychological Contracting and Newcomer Socialization: An Attachment Theory Foundation," *Journal of Social Behavior and Personality* 6 (1991): 55–72.

39. H. Zhao, S. Wayne, B. Glibkowski, and J. Bravo "The Impact of Psychological Breach on

Work-Related Outcomes," *Personnel Psychology* (2007): 647–680.

40. S. S. Nifadakr and T. N. Bauer, "Breach of Belongingness: Newcomer Relationship Conflict, Information, and Task-Related Outcomes During Organizational Socialization," *Journal of Applied Psychology* 101 (2016): 1–13.

41. D. J. Levinson," A conception of adult development," *American Psychologist* 41, No. 1 (January 1986): 3–13.

42. J. W. Walker, "Let's Get Realistic about Career Paths," *Human Resource Management* 15 (1976): 2–7.

43. E. H. Buttner and D. P. Moore, "Women's Organizational Exodus to Entrepreneurship: Self-Reported Motivations and Correlates," *Journal of Small Business Management* 35 (1997): 34–46; Center for Women's Business Research Press Release, "Privately Held, 50% or More Women-Owned Businesses in the United States," 2004, http://www.nfwbo.org/pressreleases/nationalstatetrends/total.htm.

44. D. G. Collings, H. Scullion, and M. J. Morley, "Changing Patterns of Global Staffing in the Multinational Enterprise: Challenges to the Conventional Expatriate Assignment and Emerging Alternatives," *Journal of World Business* 42, No. 2 (2007): 198–213.

45. B. Filipczak, "You're on Your Own," *Training* (January 1995): 29–36.

46. K. E. Kram, *Mentoring at Work: Developmental Relationships in Organizational Life* (Glenview, Ill.: Scott, Foresman, 1985).

47. T. D. Allen, L. T. Eby, G. T. Chao, and T. N. Bauer, "Taking Stock of Two Relational Aspects of Organizational Life: Tracing the History and Shaping the Future of Socialization and Mentoring Research," *Journal of Applied Psychology*, 102 (2017): 324–337.

48. J. Arnold and K. Johnson, "Mentoring in Early Career," *Human Resource Management Journal* 7 (1997): 61–70.

49. B. P. Madia and C. J. Lutz, "Perceived Similarity, Expectation–Reality Discrepancies, and Mentors' Expressed Intention to Remain in the Big Brothers/Big Sisters Programs," *Journal of Applied Social Psychology* 34 (March 2004): 598–622.

50. "A Guide to the Mentor Program Listings," *Mentors Peer Resources*, http://www.mentors.ca/mentorprograms.html.

51. http://www.diversityinc.com/mentoring/why-mentoring-is-not-an-option-at-ibm/

52. R. Friedman, M. Kan, and D. B. Cornfield, "Social Support and Career Optimism: Examining the Effectiveness of Network Groups among Black Managers," *Human Relations* 51 (1998): 1155–1177.

53. S. E. Seibert, M. L. Kraimer, and R. C. Liden, "A Social Capital Theory of Career Success," *Academy of Management Journal* 44 (2001): 219–237.

54. http://corporate.exxonmobil.com/en/company/careers/employment-policies/diversity

55. M. A. Covaleski, M. W. Dirsmuth, J. B. Heian, and S. Samuel, "The Calculated and the Avowed: Techniques of Discipline and Struggles over Identity in Big Six Public Accounting Firms," *Administrative Science Quarterly* 43 (1998): 293–327.

56. B. R. Ragins and J. L. Cotton, "Easier Said Than Done: Gender Differences in Perceived Barriers to Gaining a Mentor," *Academy of Management Journal* 34 (1991): 939–951; S. D. Phillips and A. R. Imhoff, "Women and Career Development: A Decade of Research," *Annual Review of Psychology* 48 (1997): 31–43.

57. Ibid.

58. A. Ramaswami, G. F. Dreher, R. Bretz, and C. Wiethoff, "Gender, Mentoring and Career Success: The Importance of Organizational Context," *Personnel Psychology* 63, No. 2 (2010): 385–405.

59. W. Whiteley, T. W. Dougherty, and G. F. Dreher, "Relationship of Career Mentoring and Socioeconomic Origin to Managers' and Professionals' Early Career Progress," *Academy of Management Journal* 34 (1991): 331–351; G. F. Dreher and R. A. Ash, "A Comparative Study of Mentoring among Men and Women in Managerial, Professional, and Technical Positions," *Journal of Applied Psychology* 75 (1990): 539–546; T. A. Scandura, "Mentorship and Career Mobility: An Empirical Investigation," *Journal of Organizational Behavior* 13 (1992): 169–174.

60. G. F. Dreher and T. H. Cox, Jr., "Race, Gender and Opportunity: A Study of Compensation Attainment and Establishment of Mentoring Relationships," *Journal of Applied Psychology* 81 (1996): 297–309.

61. D. D. Horgan and R. J. Simeon, "Mentoring and Participation: An Application of the Vroom-Yetton Model," *Journal of Business and Psychology* 5 (1990): 63–84.

62. B. R. Ragins, J. L. Cotton, and J. S. Miller, "Marginal Mentoring: The Effects of Type of Mentor, Quality of Relationship, and Program Design on Work and Career Attitudes," *Academy of Management Journal* 43 (2000): 1177–1194.

63. C. Buengeler, A. C. Homan, and S. C. Voelpel, "The Challenge of Being a Young Manager: The Effect of Contingent Reward and Participative Leadership on Team-Level Turnover Depend on Leader Age," *Journal of Organizational Behavior*, 37 (2016): 1224–1245.

64. C. R. Masterson and J. M. Hoobler, "Care and Career: A Family Identity-Based Typology of Dual-Earner Couples," *Journal of Organizational Behavior* 36 (2015), accessed online, doi:10.1002/job.1945.

65. A. Croft, T. Schmader, K. Block, and A. S. Baron, "The Second Shift Reflected in the Second Generation," *Psychological Science* (2015), accessed online, doi:10.1177/0956797614533968.

66. B. Morris, "Is Your Family Wrecking Your Career? (And Vice Versa)," *Fortune* (March 17, 1997): 70–80.

67. Ibid.

68. L. K. Barber, S. G. Taylor, J. P. Burton, and S. F. Bailey, "A Self-Regulatory Perspective of Work-to-Home Undermining Spillover/Crossover: Examining the Roles of Sleep and Exercise," *Journal of Applied Psychology* 102 (2017): 753–763.

69. E. McGrath, H. D. Cooper-Thomas, E. Garrosa, A. I. Sanz-Vergel, and G. W. Cheung, "Rested, Friendly, and Engaged: The Role of Daily Positive Collegial Interactions at Work," *Journal of Organizational Behavior* (2017), accessed at http://onlinelibrary.wiley.com/doi/10.1002/job.2197/full.

70. R. G. Netemeyer, J. S. Boles, and R. McMurrian, "Development and Validation of Work–Family Conflict and Family–Work Conflict Scales," *Journal of Applied Psychology* 81 (1996): 400–410.

71. B. Livingston and T. A. Judge, "Emotional Responses to Work-Family Conflict: An Examination of Gender Role Orientation among Working Men and Women," *Journal of Applied Psychology* 93 (2008): 207–216.

72. N. Yang, C. C. Chen, J. Choi, and Y. Zou, "Sources of Work–Family Conflict: A Sino–U.S. Comparison of the Effects of Work and Family Demands," *Academy of Management Journal* 43 (2000): 113–123.

73. A. Iris Aaltion and H. Jiehua Huang, "Women Managers' Careers in Information Technology in China: High Flyers with Emotional Costs?" *Journal of Organizational Change Management* 20, No. 2 (2007): 227–244.

74. See http://www.ehow.com/info_7737471_companies-great-benefits.html.

75. Mitchell Gold Co., "Day Care," http://www.mitchellgold.com/daycare.asp.

76. http://www.mgbwhome.com/OurDaycare.aspx

77. H. Zacher and H. Schultz, "Employees' Eldercare Demands, Strain, and Perceived Support," *Journal of Managerial Psychology* 30 (2015): 183–198.

78. Cincinnati Area Senior Services, "Corporate Elder Care Program," http://www.senserv.org/elder.htm.

79. E. E. Kossek, J. A. Colquitt, and R. A. Noe, "Caregiving Decisions, Well-Being, and Performance: The Effects of Place and Provider as a Function of Dependent Type and Work–Family Climates," *Academy of Management Journal* 44 (2001): 29–44.

80. http://www.parentsinapinch.com/sitters-and-nannies/

81. B. Schulte, "Aging Population Prompts More Employers to Offer Elder-Care Benefits to Workers," *The Washington Post*, November 16, 2014, accessed at http://www.washingtonpost.com/local/aging-population-prompts-more-employers-to-offer-elder-care-benefits-to-workers/2014/11/16/25f9c8e6-6847-11e4-a31c-77759fc1eacc_story.html.

82. L. J. Barham, "Variables Affecting Managers' Willingness to Grant Alternative Work Arrangements," *Journal of Social Psychology* 138 (1998): 291–302; J. Kaplan, "Hitting the Wall at Forty," *Business Month* 136 (1990): 52–58.

83. K. E. Kram, "Phases of the Mentoring Relationship," *Academy of Management Review* 26 (1983): 608–625.

84. B. Rosen and T. Jerdee, *Older Employees: New Roles for Valued Resources* (Homewood, Ill.: Irwin, 1985).

85. J. W. Gilsdorf, "The New Generation: Older Workers," *Training and Development Journal* (March 1992): 77–79.

86. J. F. Quick, "Time to Move On?" in J. C. Quick, R. E. Hess, J. Hermalin, and J. D. Quick, eds., *Career Stress in Changing Times* (New York: Haworth Press, 1990): 239–250.

87. D. Machan, "Rent-an-Exec," *Forbes* (January 22, 1990): 132–133.

88. S. Kim and D. C. Feldman, "Working in Retirement: The Antecedents of Bridge Employment and Its Consequences for Quality of Life in Retirement," *Academy of Management Journal* 43 (2000): 1195–1210.

89. http://www.gallup.com/poll/168707/average-retirement-age-rises.aspx

90. T. A. Beehr, "To Retire or Not to Retire: That Is Not the Question," *Journal of Organizational Behavior* 35 (2014): 1093–1108.

91. E. Schein, *Career Anchors* (San Diego: University Associates, 1985).

92. G. W. Dalton, "Developmental Views of Careers in Organizations," in M. B. Arthur, D. T. Hall, and B. S. Lawrence, eds., *Handbook of Career Theory* (Cambridge: Cambridge University Press, 1989): 89–109.

93. D. C. Feldman, "Careers in Organizations: Recent Trends and Future Directions," *Journal of Management* 15 (1989): 135–156.

1. M. A. Verespej, "When Change Becomes the Norm," *Industry Week* (March 16, 1992): 35–38.

2. P. Mornell, "Nothing Endures but Change," *Inc.* 22 (July 2000): 131–132, http://www.inc.com/magazine/20000701/19555.html.

3. H. J. Van Buren, III, "The Bindingness of Social and Psychological Contracts: Toward a Theory of Social Responsibility in Downsizing," *Journal of Business Ethics* 25 (2000): 205–219.

4. "The Mystery of the Chinese Consumer," *The Economist* (July 7, 2011), http://www.economist.com/node/18928514?story_id=189285148.

5. See http://www.tata.com/htm/Grou-_MnA_YearWise.htm.

6. http://www.fool.com/investing/general/2014/01/04/costco-expands-its-global-reach.aspx

7. L. R. Offerman and M. Gowing, "Organizations of the Future: Changes and Challenges," *American Psychologist* (February 1990): 95–108.

8. http://www.fool.com/investing/general/2014/01/04/costco-expands-its-global-reach.aspx

9. http://www.pewresearch.org/fact-tank/2014/01/07/number-of-older-americans-in-the-workforce-is-on-the-rise/

10. http://www.siemens.com/about/sustainability/en/core-topics/employees/ management-and-facts/index.php

11. http://www.cnet.com/how-to/apple-pay-vs-google-wallet-vs-paypal/

12. https://www.currencycloud.com/news/blog/currency-cloud-reviews-apple-pay-google-wallet-and-paypal

13. R. M. Kanter, "Improving the Development, Acceptance, and Use of New Technology: Organizational and Interorganizational Challenges," in *People and Technology in the Workplace* (Washington, D.C.: National Academy Press, 1991): 15–56.

14. http://www.gapinc.com/content/attachments/gapinc/GPS_AR13.pdf

15. "Gap Inc. 2003 Social Responsibility Report," *Gap Inc.* (September 17, 2004), http://ccbn.mobular.net/ccbn/7/645/696/index.html.

16. S. A. Mohrman and A. M. Mohrman, Jr., "The Environment as an Agent of Change," in A. M. Mohrman, Jr., et al., eds., *Large-Scale Organizational Change* (San Francisco: Jossey-Bass, 1989): 35–47.

17. T. D'Aunno, M. Succi, and J. A. Alexander, "The Role of Institutional and Market Forces in Divergent Organizational Change," *Administrative Science Quarterly* 45 (2000): 679–703.

18. M. Jarman, "Intel Opens 'Leading-Edge Fab: Plant to Build Most Powerful Chips," *The Arizona Republic* (October 21, 2007), http://www.azcentral.com/arizonarepublic/business/articles/1021biz-intel1021.html.

19. Q. N. Huy, "Emotional Balancing of Organizational Continuity and Radical Change: The Contribution of Middle Managers," *Administrative Science Quarterly* 47 (March 1, 2002): 31–69.

20. D. Nadler, "Organizational Frame-Bending: Types of Change in the Complex Organization," in R. Kilmann and T. Covin, eds., *Corporate Transformation* (San Francisco: Jossey-Bass, 1988): 66–83.

21. R. Winkler, "YouTube: 1 Billion Viewers, No Profit," *The Wall Street Journal* (February 15, 2015), accessed at http://www.wsj.com/articles/viewers-dont-add-up-to-profit-for-youtube-1424897967.

22. L. Ackerman, "Development, Transition, or Transformation: The Question of Change in Organizations," *OD Practitioner* (December 1986): 1–8.

23. T. D. Jick, *Managing Change* (Homewood, Ill.: Irwin, 1993): 3.

24. J. M. Bloodgood and J. L. Morrow, "Strategic Organizational Change: Exploring the Roles of Environmental Structure, Internal Conscious Awareness, and Knowledge," *Journal of Management Studies* 40 (2003): 1761–1782.

25. D. Miller and M. J. Chen, "Sources and Consequences of Competitive Inertia. A Study of the U.S. Airline Industry," *Administrative Science Quarterly* 39 (1994): 1–23.

26. S. L. Brown and K. M. Eisenhardt, "The Art of Continuous Change: Linking Complexity Theory and Time-Paced Evolution in Relentlessly Shifting Organizations," *Administrative Science Quarterly* 42 (1997): 1–34.

27. J. Child and C. Smith, "The Context and Process of Organizational Transformation: Cadbury Ltd. in Its Sector," *Journal of Management Studies* 12 (1987): 12–27.

28. M. Uhl-Bien and M. Arena, "Complexity Leadership: Enabling People and Organizations for Adaptability," *Organizational Dynamics* 46 (2017): 9–20.

29. R. M. Kanter, *The Change Masters* (New York: Simon & Schuster, 1983).

30. J. R. Katzenbach, *Real Change Leaders* (New York: Times Business, 1995).

31. J. L. Denis, L. Lamothe, and A. Langley, "The Dynamics of Collective Leadership and Strategic Change in Pluralistic Organizations," *Academy of Management Journal* 44 (2001): 809–837.

32. M. Beer, *Organization Change and Development: A Systems View* (Santa Monica, Calif.: Goodyear, 1980): 78.

33. K. Whalen-Berry and C. R. Hinings, "The Relative Effect of Change Drivers in Large-Scale Organizational Change: An Empirical Study," in W. Passmore and R. Goodman, eds., *Research in Organizational Change and Development* 14 (New York: JAI Press, 2003): 99–146.

34. J.L. Denis, L. Lamothe, and A. Langley, "The Dynamics of Collective Leadership and Strategic Change in Pluralistic Organizations," *Academy of Management Journal*, 44 (2001): 809–837.

35. J. W. Brehm, *A Theory of Psychological Reactance* (New York: Academic Press, 1966).

36. J. A. Klein, "Why Supervisors Resist Employee Involvement," *Harvard Business Review* 62 (1984): 87–95.

37. B. L. Kirkman, R. G. Jones, and D. L. Shapiro, "Why Do Employees Resist Teams? Examining the 'Resistance Barrier' to Work Team Effectiveness," *International Journal of Conflict Management* 11 (2000): 74–92.

38. D. L. Nelson and M. A. White, "Management of Technological Innovation: Individual Attitudes, Stress, and Work Group Attributes," *Journal of High Technology Management Research* 1 (1990): 137–148.

39. S. Elias, "Employee Commitment in Times of Change: Assessing the Importance of Attitudes Toward Organizational Change," *Journal of Management* 35 (2009): 37–55; J. B. Avey, T. S. Wernsing, and F. Luthans, "Can Positive Employees Help Positive Organizational Change? Impact of Psychological Capital and Emotions on Relevant Attitudes and Behaviors," *Journal of Applied Behavioral Science* 44 (2008): 48–70.

40. T. Diefenbach, "The Managerialistic Ideology of Organisational Change Management," *Journal of Organizational Change Management* 20, No. 1 (2007): 126–144.

41. A. E. Rafferty, N. L. Jimmieson, and A. A. Armenakis, "Change Readiness: A

Multilevel Review," *Journal of Management* 39 (2013): 110–135.

42. T. G. Cummings and E. F. Huse, *Organizational Development and Change* (St. Paul, Minn.: West, 1989).

43. N. L. Jimmieson, D. J. Terry, and V. J. Callan, "A Longitudinal Study of Employee Adaptation to Organizational Change: The Role of Change-Related Information and Change-Related Self Efficacy," *Journal of Occupational Health Psychology* 9 (2004): 11–27.

44. N. DiFonzo and P. Bordia, "A Tale of Two Corporations: Managing Uncertainty during Organizational Change," *Human Resource Management* 37 (1998): 295–303.

45. J. de Vries, C. Webb, and J. Eveline, "Mentoring for Gender Equality and Organisational Change," *Employee Relations* 28, No. 6 (2006): 573–587.

46. A. H. Hon, M. Bloom, and J. M. Crant, "Overcoming Resistance to Change and Enhancing Creative Performance," *Journal of Management* 40 (2014): 919–941.

47. A. Shatte, A. Perlman, B. Smith, and W. D. Lynch, "The Positive Effect of Resilience on Stress and Business Outcomes in Difficult Work Environments," *Journal of Occupational and Environmental Medicine* 59 (2017): 135–140.

48. K. Lewin, "Frontiers in Group Dynamics," *Human Relations* 1 (1947): 5–41.

49. C. Bareil, A. Savoie, and S. Meunier, "Patterns of Discomfort with Organizational Change," *Journal of Change Management* 7, No. 1 (2007): 13–24.

50. W. Mc Whinney, "Meta-Praxis: A Framework for Making Complex Changes," in A. M. Mohrman, Jr., et al., eds., *Large-Scale Organizational Change* (San Francisco: Jossey-Bass, 1989): 154–199.

51. M. Beer and E. Walton, "Developing the Competitive Organization: Interventions and Strategies," *American Psychologist* 45 (1990): 154–161.

52. B. Bertsch and R. Williams, "How Multinational CEOs Make Change Programs Stick," *Long Range Planning* 27 (1994): 12–24.

53. J. Amis, T. Slack, and C. R. Hinings, "Values and Organizational Change," *Journal of Applied Behavioral Science* 38 (2002): 356–385.

54. W. L. French and C. H. Bell, *Organization Development: Behavioral Science Interventions for Organization Improvement*, 4th ed. (Englewood Cliffs, N.J.: Prentice-Hall, 1990); W. W. Burke, *Organization Development: A Normative View* (Reading, Mass.: Addison-Wesley, 1987).

55. A. O. Manzini, *Organizational Diagnosis* (New York: AMACOM, 1988).

56. M. R. Weisbord, "Organizational Diagnosis: Six Places to Look for Trouble with or without a Theory," *Group and Organization Studies* 1 (December 1976): 430–444.

57. H. Levinson, *Organizational Diagnosis* (Cambridge, Mass.: Harvard University Press, 1972).

58. J. Nicholas, "The Comparative Impact of Organization Development Interventions," *Academy of Management Review* 7 (1982): 531–542.

59. G. Odiorne, *Management by Objectives* (Marshfield, Mass.: Pitman, 1965).

60. E. Huse, "Putting in a Management Development Program that Works," *California Management Review* 9 (1966): 73–80.

61. J. P. Muczyk and B. C. Reimann, "MBO as a Complement to Effective Leadership," *Academy of Management Executive* (May 1989): 131–138.

62. L. L. Berry and A. Parasuraman, "Prescriptions for a Service Quality Revolution in America," *Organizational Dynamics* 20 (1992): 5–15.

63. T. A. Stewart, and A. P. Raman, "Lessons from Toyota's Long Drive," *Harvard Business Review* 85, No. 7/8 (2007): 74–83.

64. W. G. Dyer, *Team Building: Issues and Alternatives,* 2nd ed. (Reading, Mass.: Addison-Wesley, 1987).

65. E. Stephan, G. Mills, R. W. Pace, and L. Ralphs, "HRD in the Fortune 500: A Survey," *Training and Development Journal* 42 (January 1988): 26–32.

66. A. Edmondson, "Psychological Safety and Learning Behavior in Work Teams," *Administrative Science Quarterly* 44 (1999): 350–383.

67. See http://www.teambuildinginc.com/services4_teamconcepts.htm; http://www.teambuildinginc.com/services5.htm.

68. https://www.teambonding.com/programs/team-food-truck-challenge/

69. L. L. Gilson, M. T. Maynard, N. C. J. Young, M. Vartiainen, and M. Hakonen, "Virtual Teams Research: 10 Years, 10 Themes, and 10 Opportunities," *Journal of Management*, published online before print on November 24, 2014, accessed at http://jom.sagepub.com.argo.library.okstate.edu/content/early/2014/11/21/0149206314559946.full.

70. E. Schein, *Its Role in Organization Development, Process Consultation*, vol. 1 (Reading, Mass.: Addison-Wesley, 1988).

71. H. Hornstein, "Organizational Development and Change Management: Don't Throw the Baby Out with the Bath Water," *Journal of Applied Behavioral Science* 37 (2001): 223–226.

72. K. A. Aikens, J. Astin, K. R. Pelletier, K. Levanovich, C. M. Baase, Y. Y. Park, and C. M. Bodnar, "Mindfulness Goes to Work: Impact of an Online Workplace Intervention," *Journal of Occupational and Environmental Medicine* 56 (2014): 721–731.

73. I. L. Goldstein, *Training in Organizations,* 3rd ed. (Pacific Grove, Calif.: Brooks/Cole, 1993).

74. J. A. Conger and R. M. Fulmer, "Developing Your Leadership Pipeline," *Harvard Business Review* 81 (2003): 76–84.

75. J. Reb, J. Narayanan, and S. Chaturvedi, "Leading Mindfully: Two Studies on the Influence of Supervisor Trait Mindfulness on Employee Well-Being and Performance," *Mindfulness* 5 (2014): 36–45.

76. M. Jay, "Understanding How to Leverage Executive Coaching," *Organization Development Journal* 21 (2003): 6–13; D. Goleman, R. Boyaysis, and A. McKee, *Primal Leadership: Learning to Lead with Emotional Intelligence* (Harvard Business School Press, 2004).

77. K. M. Wasylyshyn, "Executive Coaching: An Outcome Study," *Consulting Psychology Journal* 55 (2003): 94–106.

78. J. W. Smither, M. London, R. Flautt, Y. Vargas, and I. Kucine, "Can Working with an Executive Coach Improve Multisource Feedback Ratings over Time? A Quasi-Experimental Field Study," *Personnel Psychology* 56 (2003): 23–44.

79. P. Petrou, E. Demerouti, and D. Xanthopoulou, "Regular versus Cutback-Related Change: The Role of Employee Job Crafting in Organizational Change Contexts of Different Nature," *International Journal of Stress Management* 24 (2017): 62–85.

80. W. N. Burton, C. Chen, A. Schultz, and X. Li, "Association Between Employee Sleep with Workplace Health and Economic Outcomes," *Journal of Occupational and Environmental Medicine* 59 (2017): 177–183.

81. American Psychological Association, "Psychologically Healthy Workplace Awards," http://apahelpcenter.mediaroom.com/file.php/mr_apahelpcenter/spinsite_docfiles/134/phwa_magazine_2007.pdf.

82. R. A. Katzell and R. A. Guzzo, "Psychological Approaches to Worker Productivity," *American Psychologist* 38 (1983): 468–472.

83. P. F. Sorenson, T. Yaeger, and R. Narel, "The New Golden Age of Organization Development Research and Knowledge," *Organization Development Journal* 35 (2017): 47–55.

Organizational Behavior and Opportunity 1

CHAPTER **REVIEW**

CHAPTER 1 LEARNING OBJECTIVES / KEY TERMS

1-1 **Define organizational behavior.** Organizational behavior is individual behavior and group dynamics in organizations. The foundation of organizational behavior is human behavior, so the study of OB involves understanding workers' behavior in terms of their history and personal value systems and examining the external factors to which a person is subject. Organizational behavior has grown out of contributions from psychology, sociology, engineering, anthropology, management, and medicine.

opportunities Favorable times or chances for progress and advancement.

change The transformation or modification of an organization and/or its stakeholders.

challenge The call to competition, contest, or battle.

organizational behavior The study of individual behavior and group dynamics in organizations.

psychology The science of human behavior.

sociology The science of society.

1-2 **Identify four action steps for responding positively in times of change.** Change is an opportunity when one has a positive attitude, asks questions, listens, and is committed to succeed. People in change situations often become rigid and reactive, rather than open and responsive. This behavior works well in the face of gradual, incremental change. However, rigid and well-learned behavior may be counterproductive responses to significant change.

engineering The applied science of energy and matter.

anthropology The science of human learned behavior.

management The study of overseeing activities and supervising people in organizations.

medicine The applied science of healing or treating diseases to enhance an individual's health and well-being.

1-3 **Identify the important system components of an organization.**

task An organization's mission, purpose, or goal for existing.

people The human resources of an organization.

technology The tools, knowledge, and/or techniques used to transform inputs into outputs.

structure The systems of communication, authority and roles, and workflow.

1-4 **Describe the formal and informal elements of an organization.** Organizations have formal and informal elements within them. The formal organization is the official, legitimate, and most visible part that enables people to think of organizations in logical and rational ways. The informal organization is unofficial and less visible. The informal elements of the organization are often points of diagnostic and intervention activities in organization development.

formal organization The official, legitimate, and most visible part of the system.

informal organization The unofficial and less visible part of the system.

Hawthorne studies Studies conducted during the 1920s and 1930s that suggested the importance of the informal organization.

1-5 **Identify factors that contribute to the diversity of organizations in the economy.** The United States has the largest economy in the world. It is composed of manufacturing organizations, service organizations, privately owned companies, and nonprofit organizations; all contribute to our national well-being. Understanding a variety of organizations will help you develop a greater appreciation for your own organization and for others in the world of private business enterprises and nonprofit organizations.

1-6 **Describe the opportunities that change creates for organizational behavior.** The changes and challenges that managers face are driven by international competition and customer demands. Managers in this environment must be aware of the risks associated with downsizing and the marginalization of part-time workers. Organizations also face regular challenges in the areas of globalization, workforce diversity, ethics and character, and technological innovation.

1 Organizational Behavior and Opportunity

1-7 Demonstrate the value of objective knowledge and skill development in the study of organizational behavior. Although organizational behavior is an applied discipline, a student is not "trained" in organizational behavior. Rather, one is "educated" in organizational behavior and is a coproducer in learning. To enrich your study of organizational behavior, take the learning style inventory on this card.

objective knowledge Knowledge that results from research and scientific activities.

skill development The mastery of abilities essential to successful functioning in organizations.

WHAT ABOUT YOU?

Learning style inventory

Directions: This 24-item survey is not timed. Answer each question as honestly as you can. Place a check on the appropriate line after each statement.

	OFTEN	SOMETIMES	SELDOM
1. Can remember more about a subject through the lecture method with information, explanations, and discussion.	___	___	___
2. Prefer information to be written on the chalkboard, with the use of visual aids and assigned readings.	___	___	___
3. Like to write things down or to take notes for visual review.	___	___	___
4. Prefer to use posters, models, or actual practice and some activities in class.	___	___	___
5. Require explanations of diagrams, graphs, or visual directions.	___	___	___
6. Enjoy working with my hands or making things.	___	___	___
7. Am skillful with and enjoy developing and making graphs and charts.	___	___	___
8. Can tell if sounds match when presented with pairs of sounds.	___	___	___
9. Remember best by writing things down several times.	___	___	___
10. Can understand and follow directions on maps.	___	___	___
11. Do better at academic subjects by listening to lectures and tapes.	___	___	___
12. Play with coins or keys in pockets.	___	___	___
13. Learn to spell better by repeating the word out loud than by writing the word on paper.	___	___	___
14. Can better understand a news development by reading about it in the paper than by listening to the radio.	___	___	___
15. Chew gum, smoke, or snack during studies.	___	___	___
16. Feel the best way to remember is to picture it in my head.	___	___	___
17. Learn spelling by "finger spelling" words.	___	___	___
18. Would rather listen to a good lecture or speech than read about the same material in a textbook.	___	___	___
19. Am good at working and solving jigsaw puzzles and mazes.	___	___	___
20. Grip objects in hands during learning period.	___	___	___
21. Prefer listening to the news on the radio rather than reading about it in the newspaper.	___	___	___
22. Obtain information on an interesting subject by reading relevant materials.	___	___	___
23. Feel comfortable touching others, hugging, hand-shaking, etc.	___	___	___
24. Follow oral directions better than written ones.	___	___	___

Scoring Procedures:

Score 5 points for each OFTEN, 3 points for each SOMETIMES, and 1 point for each SELDOM.
Visual Preference Score: 5 points each for questions 2 + 3 + 7 + 10 + 14 + 16 + 19 + 22 = ___
Auditory Preference Score: 5 points each for questions 1 + 5 + 8 + 11 + 13 + 18 + 21 + 24 = ___
Tactile Preference Score: 5 points each for questions 4 + 6 + 9 + 12 + 15 + 17 + 20 + 23 = ___
Source: Adapted from J. N. Gardner and A. J. Jewler, Your college experience: Strategies for Success, Third concise edition (Belmont, CA: Wadsworth/ITP, 1998), 62–63; E. Jensen, Student Success Secrets, 4th ed. (Hauppauge, NY: Barron's, 1996), 33–36.

CHAPTER 2 LEARNING OBJECTIVES / KEY TERMS

2-1 Describe individual differences and explain why they are important in understanding organizational behavior. Individual differences are skills, abilities, personalities, perceptions, attitudes, emotions, and ethics. To understand human behavior, we must know something about the person and something about the organization, work group, personal life situation, job characteristics, and environmental influences.

interactional psychology The psychological approach to understanding human behavior that involves knowing something about the person and about the situation.

individual differences The way in which factors such as skills, abilities, personalities, perceptions, attitudes, values, and ethics differ from one individual to another.

2-2 Articulate key personality traits and explain how they influence behavior in organizations. Personality is an individual difference that lends consistency to a person's behavior. Two major theories, integrative approach and trait theory, state that personality affects attitude, performance, attendance, motivation, satisfaction, commitment, and occupational success at work.

personality A relatively stable set of characteristics that influence an individual's behavior.

trait theory A personality theory that advocates breaking down behavior patterns into a series of observable traits in order to understand human behavior.

integrative approach The broad theory that describes personality as a composite of an individual's psychological processes.

strong situation A situation that overwhelms the effects of individual personalities by providing strong cues for appropriate behavior.

locus of control An individual's generalized belief about internal control (self-control) versus external control (control by the situation or by others).

general self-efficacy An individual's general belief that he or she is capable of meeting job demands in a wide variety of situations.

self-esteem An individual's general feeling of self-worth.

self-monitoring The extent to which people base their behavior on cues from other people and situations.

positive affect An individual's tendency to accentuate the positive aspects of herself or himself, other people, and the world in general.

negative affect An individual's tendency to accentuate the negative aspects of himself or herself, other people, and the world in general.

2-3 Discuss how personality theories may be applied in organizations. Managers assess the personalities of their organizations' members with projective tests, behavioral measures, and self-report questionnaires. These tests give practical insight into the personality and psychological traits of workers such as decisionmaking skills, management style, thought processes, diversity, and tolerance.

projective test A personality test that elicits an individual's response to abstract stimuli.

behavioral measures Personality assessments that involve observing an individual's behavior in a controlled situation.

self-report questionnaire A common personality assessment that involves an individual's responses to a series of questions.

Myers-Briggs Type Indicator® (MBTI) instrument An instrument developed to measure Carl Jung's theory of individual differences.

Extraversion Being energized by interaction with other people.

Introversion Being energized by spend-ing time alone.

Sensing Gathering information through the five senses and focusing on what actually exists.

Intuition Gathering information through a "sixth sense" and focusing on what could be.

Thinking Making decisions in a logical, objective fashion.

Feeling Making decisions in a personal, value-oriented way.

Judging Preferring closure and completion in making decisions.

Perceiving Preferring to explore many alternatives with flexibility and spontaneity.

2 Personality, Perception, and Attribution

2-4 Define social perception and explain the factors that affect it. Social perception is the process of interpreting information about another person. Management perceptions are affected by perceptual lenses, attitude, mood, and cognitive structure. The target's physical appearance, communication skills, and perceived intentions as well as characteristics of the situation influence perception. In an organization, virtually all management activities rely on perception.

social perception The process of interpreting information about another person.

discounting principle The assumption that an individual's behavior is accounted for by the situation.

2-5 Identify five common barriers to social perception and explain the difficulties they cause. In organizations, expectations of an individual affect both the manager's behavior toward the individual and the individual's response. Five barriers to social perception are selective perception, stereotyping, first-impression error, projection, and self-fulfilling prophecies. Understanding social perception in organizations may lead to favorable performance evaluations, salary increases, and help individuals compete for jobs.

selective perception The tendency to select information that supports our individual viewpoints while discounting information that threatens our viewpoints.

stereotype A generalization about a group of people.

first-impression Forming lasting opinions about an individual based on initial perceptions.

projection Overestimating the number of people who share our own beliefs, values, and behaviors.

self-fulfilling prophecy Allowing expectations about people to affect our interaction with them in such a way that those expectations are fulfilled.

impression management The process by which individuals try to control the impressions others have of them.

2-6 Explain the attribution process and how attributions affect managerial behavior. Attribution theory explains how we pinpoint the causes of our own behavior (and performance) and that of others. Attribution theory has many applications in the workplace. We can attribute events to an internal source of responsibility or an external source. In other words, when we succeed, we take credit for it (internal source); when we fail, we blame the situation on other people (external source).

attribution theory A theory that explains how individuals pinpoint the causes of their own and others' behavior.

fundamental attribution error The tendency to make attributions to internal causes when focusing on someone else's behavior.

self-serving bias The tendency to attribute one's successes to internal causes and one's failures to external causes.

CHAPTER 3 LEARNING OBJECTIVES / KEY TERMS

3-1 **Explain the ABC model of an attitude.** Attitudes are closely linked to behavior and are an integral part of the world of work. Attitudes are a response to an entity (person, object, situation, or issue) on an affective, cognitive, or behavioral basis. People prefer consistency between attitudes and behavior. Disruption causes tension, which motivates individuals to change attitudes or behavior to maintain consistency. The tension produced by a conflict between attitudes and behavior is *cognitive dissonance.*

attitude A psychological tendency expressed by evaluating something with a degree of favor or disfavor.

affect The emotional component of an attitude.

cognitive dissonance A state of tension produced when an individual experiences conflict between attitudes and behavior.

3-2 **Describe how attitudes are formed.** Attitudes are learned. Influences on attitudes are direct experience and social learning. Culture also plays a definitive role in attitude development. Attitude–behavior correspondence depends on five things: attitude specificity, attitude relevance, timing of measurement, personality factors, and social constraints. Attitudes affect work behavior. Demanding jobs over which employees have little control negatively affect their work attitudes. A positive psychological climate can generate positive attitudes and good performance.

social learning The process of deriving attitudes from family, peer groups, religious organizations, and culture.

3-3 **Identify sources of job satisfaction and commitment.** *Job satisfaction* is a pleasurable or positive emotional state resulting from the appraisal of one's job or job experiences. It has been treated as a general attitude and as satisfaction with five specific dimensions of the job: pay, the work itself, promotion opportunities, supervision, and coworkers. Rewards are key to influencing both job satisfaction and work performance if valued by employees and tied directly to performance.

job satisfaction A pleasurable or positive emotional state resulting from the appraisal of one's job or job experiences.

3-4 **Distinguish between organizational citizenship and workplace deviance behaviors.** Individuals who identify strongly with the organization are more likely to perform *organizational citizenship behavior*—behavior above and beyond the call of duty. A misfit between an individual's and the organization's values is called a lack of person–organization fit. Dissatisfied workers are likely to skip work and quit jobs. *Workplace deviance behavior* is a result of negative attitudes and consists of counterproductive behavior that violates organizational norms and harms others or the organization.

organizational citizenship behavior (OCB) Behavior that is above and beyond the call of duty.

counterproductive work behavior Behavior that violates organizational norms and causes harm to the organization and/or employees.

organizational commitment The strength of an individual's identification with an organization.

affective commitment Organizational commitment based on an individual's desire to remain in an organization.

continuance commitment Organizational commitment based on the fact that an individual cannot afford to leave.

normative commitment Organizational commitment based on an individual's perceived obligation to remain with an organization.

3-5 **Identify the characteristics of the source, target, and message that affect persuasion.** Through persuasion, one individual (the source) tries to change the attitude of another person (the target). Three major characteristics of the source affect persuasion: expertise, trustworthiness, and attractiveness. Targets with low selfesteem or in a good mood are easier to persuade. Individuals with extreme attitudes or high self-esteem are more resistant. The elaboration likelihood model proposes that persuasion occurs either through a central route or peripheral route, differentiated by the amount of elaboration, scrutiny, or motivation in the message.

3-6 **Discuss the definition and importance of emotions at work.** Emotions are mental states including feelings, physiological changes, and the inclination to act and are normal parts of human functioning and decision making. Positive emotions that travel through a work group produce cooperation and task performance. The opposite also occurs when negative emotions destroy morale and performance.

emotions Mental states that include feelings, physiological changes, and the inclination to act. (p. 61)

emotional contagion A dynamic process through which the emotions of one person are transferred to another, either consciously or unconsciously, through nonverbal channels. (p. 62)

3-7 **Contrast the effects of individual and organizational influences on ethical behavior.** *Ethical behavior* is behavior that is consistent with one's personal values and the commonly held values of the organization and society. Firms with better reputations attract more applicants, creating a larger hiring pool, and evidence suggests that respected firms can choose higher-quality applicants. Unethical behavior by employees can affect individuals, work teams, and even the organization.

ethical behavior Acting in ways consistent with one's personal values and the commonly held values of the organization and society. (p. 63)

3-8 **Identify the factors that affect ethical behavior.** Factors that influence an individual's ethical behavior are values, locus of control, *Machiavellianism* (one's willingness to do whatever it takes to get one's own way), and an individual's level of *cognitive moral development*. Organizations can offer guidance by encouraging ethical behavior through codes of conduct, ethics committees, ethics communication systems, training, norms, modeling, and rewards and punishments.

values Enduring beliefs that a specific mode of conduct or end state of existence is personally or socially preferable to an opposite or converse mode of conduct or end state of existence. (p. 65)

instrumental values Values that shape the acceptable behaviors that can be used to achieve some goal or end state. (p. 66)

terminal values Values that influence the goals to be achieved or the end states of existence. (p. 66)

Machiavellianism A personality characteristic involving one's willingness to do whatever it takes to get one's own way. (p. 67)

cognitive moral development The process of moving through stages of maturity with regard to making ethical decisions. (p. 68)

CHAPTER 4 LEARNING OBJECTIVES / KEY TERMS

4-1 Define motivation and articulate different views of how individuals are motivated at work. *Motivation* is the process of arousing and sustaining goaldirected behavior. Motivation theories may be broadly classified into internal, process, and external theories. A comprehensive approach to understanding motivation, behavior, and performance must consider three elements of the work situation—the individual, the job, and the work environment—and how these elements interact.

motivation The process of arousing and sustaining goal-directed behavior.

psychoanalysis Sigmund Freud's method for delving into the unconscious mind to better understand a person's motives and needs.

self-interest What is in the best interest of and benefit to an individual.

4-2 Explain Maslow's hierarchy of needs and its two main modifications. Douglas McGregor used Maslow's need theory to explain motivation. McGregor's Theory X assumptions are appropriate for employees motivated by lower order needs—physiological and safety needs. Theory Y assumptions apply to employees motivated by higher order needs—social, esteem, and self-actualization. Clayton Alderfer's ERG theory of motivation grouped human needs into three basic categories: existence, relatedness, and growth. He explains both progressive need gratification and regression when people face frustration.

Theory X A set of assumptions managers might apply to individuals who are motivated by lower-order needs.

Theory Y A set of assumptions managers might apply to individuals who are motivated by higher-order needs.

ERG theory A theory that organizes human needs into the categories of existence, relatedness, and growth.

4-3 Discuss how the needs for achievement, power, and affiliation influence an individual's behavior in the workplace. David McClelland identified three learned or acquired needs, called manifest needs. The *need for achievement* encompasses excellence, competition, challenging goals, persistence, and overcoming difficulties. The *need for power* includes the desire to influence others, the urge to change people or events, and the wish to make a difference in life. The *need for affiliation* means an urge to establish and maintain warm, close, intimate relationships with others.

manifest needs Learned or acquired needs that are easily perceived.

need for achievement A manifest need that concerns excellence, competition, challenging goals, persistence, and overcoming difficulties.

need for power A manifest need that concerns the desire to influence others, change people or events, and make a differ-ence in life.

need for affiliation A manifest need to establish and maintain warm, close, intimate relationships with other people.

4-4 Describe the two-factor theory of motivation. Frederick Herzberg's two-factor theory examined experiences that satisfied or dissatisfied people at work. Motivation factors relate to job satisfaction; hygiene factors relate to job dissatisfaction. Motivation factors are responsibility, achievement, recognition, advancement, and the work itself. Hygiene factors are company policy and administration, technical supervision, salary, interpersonal relations with one's supervisor, working conditions, salary, and status. Excellent hygiene factors result in employees being *not dissatisfied.*

motivation factor A work condition that satisfies the need for psychological growth.

hygiene factor A work condition that generates dissatisfaction due to discomfort or pain.

4-5 Explain two new ideas in human motivation. Positive organizational scholarship links eustress to investing in strengths, finding positive meaning in work, displaying courage and principled action, and drawing on positive emotions at work. A second idea, by Jim Loehr, centers on positive energy and full engagement. This approach suggests that individuals do not need to be activated by fulfilling unmet needs but are already activated by their own physical, emotional, mental, and spiritual energy.

eustress Healthy, normal stress.

4-6 **Describe the role of inequity in motivation.** Equity theory is a social exchange process theory of motivation that focuses on the individual–environment interaction. Individuals and organizations want an equitable arrangement for both members of the relationship. Inequity occurs when a person receives more, or less, than the person believes is deserved based on effort and/or contribution.

inequity A situation in which a person perceives that he or she is receiving less than he or she is giving or is giving less than he or she is receiving.

equity sensitive An individual who prefers an equity ratio equal to that of his or her comparison other.

benevolent An individual who is comfortable with an equity ratio less than that of his or her comparison other.

entitled An individual who is comfortable with an equity ratio greater than that of his or her comparison other.

4-7 **Describe the expectancy theory of motivation.** Vroom's expectancy theory of motivation focuses on personal perceptions of the performance process. The key constructs in the expectancy theory of motivation are *valence, expectancy,* and *instrumentality*. Valence is the value or importance one places on a particular reward. Expectancy is the belief that effort leads to performance. Instrumentality is the belief that performance is related to rewards.

valence The value or importance one places on a particular reward.

expectancy The belief that effort leads to performance.

instrumentality The belief that performance is related to rewards.

moral maturity The measure of a person's cognitive moral development.

4-8 **Describe the cultural differences in motivation.** Most motivation theories in use today have been developed by and about Americans. When researchers have examined the universality of these theories, they have found that the studies did not replicate the results found in the United States due to cultural differences.

CHAPTER REVIEW

CHAPTER 5 LEARNING OBJECTIVES / KEY TERMS

5-1 **Describe behavioral theories of learning.** The behaviorist approach to learning assumes that observable behavior is a function of its consequences. Behaviorists argue that learning stems from classical and operant conditioning. *Classical conditioning* is the process of modifying behavior so that pairing a conditioned stimulus with an unconditioned stimulus elicits an unconditioned response. *Operant conditioning* is the process of modifying behavior by following specific behaviors with positive or negative consequences. Reinforcement enhances desirable behavior, while punishment and extinction diminish undesirable behavior.

learning A change in behavior acquired through experience.

classical conditioning Modifying behavior by pairing a conditioned stimulus with an unconditioned stimulus to elicit an unconditioned response.

operant conditioning Modifying behavior through the use of positive or negative consequences following specific behaviors.

positive consequences Results of a behavior that a person finds attractive or pleasurable.

negative consequences Results of a behavior that a person finds unattractive or aversive.

reinforcement A strategy to cultivate desirable behavior by either bestowing positive consequences or withholding negative consequences.

punishment A strategy to discourage undesirable behavior by either bestowing negative consequences or withholding positive consequences.

extinction A strategy to weaken a behavior by attaching no consequences to it.

5-2 **Describe social and cognitive theories of learning.** The social learning theory occurs when we observe other people and model their behavior. Central to the theory is the notion of *task-specific self-efficacy*, an individual's beliefs and expectancies about his or her ability to perform a task effectively. In the cognitive theory, the personality functions of intuition, sensing, thinking, and feeling have learning implications. Each person has a preferred mode of gathering, evaluating, and making decisions about information.

task-specific self-efficacy An individual's internal expectancy to perform a specific task effectively.

5-3 **Explain how goal setting can be used to direct learning and performance.** *Goal setting* is the process of establishing desired results that guide and direct behavior. Goals often increase employee effort and motivation, which in turn improve task performance. Goal setting also reduces the role of stress associated with conflicting and confusing expectations because it clarifies the task–role expectations for employees. The third major function of goal setting is improving the accuracy and validity of performance evaluation.

goal setting The process of establishing desired results that guide and direct behavior.

management by objectives (MBO) A goal-setting program based on interaction and negotiation between employees and managers.

5-4 **Define performance and identify the tools used to measure it.** Performance is most often called task accomplishment. *Performance management* is a process of defining, measuring, appraising, providing feedback on, and improving performance. Performance appraisals give employees feedback on performance, identify the employees' developmental needs, and influence promotion and reward decisions, demotion and termination decisions, and information about selection and placement decisions. Electronic performancemonitoring systems, goal setting, and MBO are performance appraisal methods.

performance management A process of defining, measuring, appraising, providing feedback on, and improving performance.

performance appraisal The evaluation of a person's performance.

5 Learning and Performance Management

5-5 **Explain the importance of performance feedback and how it can be delivered effectively.** Good performance appraisal systems develop people, enhance careers, and boost individual and team achievements in an organization. Effective performance appraisal systems have five key characteristics: validity, reliability, responsiveness, flexibility, and equitability. The supervisor must establish mutual trust, be vulnerable and open to challenge, and be a skilled, empathetic listener who encourages employees to discuss their aspirations.

360-degree feedback A process of self-evaluation and evaluations by a manager, peers, direct reports, and possibly customers.

5-6 **Identify ways managers can reward performance.** Performance rewards can be pay, rewards, trust, fun, and meaningful work. Individual reward systems foster autonomous, independent behavior; and encourage creativity, problem solving, and distinctive contributions. At the individual level, these include skill-based and pay-for-knowledge systems. Team reward systems encourage cooperation, joint efforts, and the sharing of information and expertise. At the group level, gain-sharing plans emphasize collective cost reduction by allowing workers to share in the gains achieved by reducing production costs.

5-7 **List several strategies for correcting poor performance.** Harold Kelley's attribution theory aims to explain behavior based on shared perceptions and attitudes between supervisors and employees. Internal attributions might include low effort, lack of commitment, or lack of ability. External attributions might include equipment failure or unrealistic goals. Supervisors may express personal concern, reprimand the employee, or provide training. They may provide coaching, counseling, mentoring, or refer the employee to trained professionals

consensus An informational cue indicating the extent to which peers in the same situation behave in a similar fashion.

distinctiveness An informational cue indicating the degree to which an individual behaves the same way in other situations.

consistency An informational cue indicating the frequency of behavior over time.

mentoring A work relationship that encourages development and career enhancement for people moving through the career cycle.

CHAPTER REVIEW

CHAPTER 6 LEARNING OBJECTIVES / KEY TERMS

6-1 **Describe the interpersonal communication process and the role of listening in the process.** Interpersonal communication is reflective, objective, and perceptual. The conceptual and emotional component of messages is affected by verbal and nonverbal communication and is key to understanding and verifying the message. Reflective listening enables the listener to understand the communicator's meaning, reduce perceptual distortions, and overcome interpersonal barriers that lead to communication failures.

communication The evoking of a shared or common meaning in another person.

interpersonal communication Communication between two or more people in an organization.

communicator The person sending a message.

receiver The person accepting a message.

perceptual screen A window through which one interacts with others. It influences the quality, accuracy, and clarity of the communication.

message The thoughts and feelings that the communicator is attempting to evoke in the receiver.

feedback Information fed back that completes two-way communication.

language The words, their pronunciations, and the methods of combining them used and understood by a group of people.

data Uninterpreted and unanalyzed elements of a message.

information Data that have been interpreted, analyzed, and have meaning to some user.

richness The ability of a medium to convey meaning to a receiver. (p. 126)

employee voice behavior communication of suggestions, concerns, information about problems, or work-related opinions to effect constructive changes in the workplace.

reflective listening Carefully listening to message and immediately repeating it back to the speaker.

two-way communication An interactive form of communication in which there is an exchange of thoughts, feelings, or both.

one-way communication Communication in which a person sends a message to another person and no feedback, questions, or interaction follows.

6-2 **Describe the five communication skills of effective supervisors.** Five communication skills that distinguish "good" from "bad" supervisors include being expressive speakers, empathetic listeners, persuasive leaders, sensitive people, and informative managers.

6-3 **Explain five communication barriers and the gateways through them.** Barriers to communication in the workplace are physical separation, status differences, gender differences, cultural diversity, and language. Awareness and recognition are the first steps to overcoming barriers. Other gateways are recognizing differences in gender-specific conversation style, understanding cultural differences, and avoiding technical terms and jargon.

barriers to communication Factors that distort, disrupt, or even halt successful communication.

gateways to communication Openings that break down communication barriers.

6-4 **Distinguish between civility and incivility, and defensive and nondefensive communication.** *Civility* is communication that respects the integrity and dignity of the individual. It carries the potential to avoid hurt feelings, prevent harm and damage to working relationships, and contribute to well-being in the workplace. *Incivility* is communication that respects the integrity and dignity of the individual. It can create a barrier between people and jar emotions, though the consequences of incivility depend on its source. *Defensive communication* includes aggressive and angry communication as well as passive, withdrawing communication. *Nondefensive communication* is an assertive, direct, powerful form of communication.

incivility Discourteous communication and rude behavior that are disrespectful, hurtful, or injurious.

civility Communication and behavior that respect the integrity and dignity of the individual.

defensive communication Messages that are aggressive, malevolent, passive, or withdrawn.

nondefensive communication Messages that are assertive, direct, and powerful.

6-5 **Explain the impact of nonverbal communication.** Most meaning in a message is conveyed nonverbally. *Nonverbal communication* includes all elements of communication, such as gestures and the use of space, that do not involve words or language. The four basic kinds of nonverbal communication that managers need to understand and read are proxemics, kinesics, facial and eye behavior, and paralanguage.

nonverbal communication All elements of communication that do not involve words or language.

proxemics The study of an individual's perception and use of space.

territorial space Bands of concentric space radiating outward from the body.

kinesics The study of body movement and posture.

6-6 **Explain positive, healthy communication.** James Lynch suggests that heartfelt communication may be equally or more important than cognition in the communication process. According to Lynch, positive, healthy communication is exemplified by trust and truthfulness, core values and beliefs, strong ethical character, personal integrity, openness, and simplicity in communication.

communicative disease Loneliness and social isolation resulting from the absence of heartfelt communication in relationships.

6-7 **Identify how new communication technologies and social media affect the communication process.** Technologies such as cell phones, e-mail, voice mail, faxes, computers, and informational databases provide instant exchange of volumes of information and render geographic boundaries and time zones irrelevant. Lack of personal interaction and nonverbal cues alter the social context of exchange and remove organizational barriers. The potential for information overload, constant accessibility to work, and multitasking also affects behavior.

information communication technology (ICT) An extensive category of new developments in interpersonal communication that allow fast, even immediate, access to information.

CHAPTER 7 LEARNING OBJECTIVES / KEY TERMS

7-1 **Define group and work team.** A *group* is two or more people having common interests, objectives, and continuing interaction. A *work team* is a group of people with complementary skills who are committed to a common mission, performance goals, and approach for which they hold themselves mutually accountable.

group Two or more people with common interests, objectives, and continuing interaction.

work team A group of people with complementary skills who are committed to a common mission, performance goals, and approach for which they hold themselves mutually accountable.

7-2 **Explain the benefits organizations and individuals derive from working in teams.** Teams are very useful in performing work that is complicated, complex, interrelated, and/or more voluminous than one person can handle. Teams combine the knowledge, talent, skills, and abilities of individual members and integrate effort for task accomplishment. On an individual level, members benefit from psychological intimacy and achieving integrated involvement.

teamwork Joint action by a team of people in which individual interests are subordinated to team unity.

psychological intimacy Emotional and psychological closeness to other team or group members.

integrated involvement Closeness achieved through tasks and activities.

7-3 **Identify the factors that influence group behavior.** *Group norms* of cooperative behavior facilitate team performance and effectiveness. *Group cohesion* can enhance job satisfaction and improve productivity. Social loafing—member failure to contribute time, effort, thoughts, or other resources to a group—may negate the group's efforts and achievements. With loss of individuality, members may lose their sense of accountability, inhibition, and responsibility for individual behavior.

norms of behavior The standards that a work group uses to evaluate the behavior of its members.

group cohesion The interpersonal glue that makes members of a group stick together.

Social loafing The failure of a group member to contribute personal time, effort, thoughts, or other resources to the group.

loss of individuality A social process in which individualgroup members lose self-awareness and its accompanying sense of accountability, inhibition, and responsibility for individual behavior.

7-4 **Describe how groups form and develop.** Groups, formal and informal, go through stages of development to become mature and productive units. Mature groups work through the necessary interpersonal, task, and authority issues to achieve at high levels. According to this group development model, a group addresses three issues: interpersonal issues, task issues, and authority issues.

status structure The set of authority and task relations among a group's members.

FIGURE 7.1 TUCKMAN'S FIVE-STAGE MODEL OF GROUP DEVELOPMENT

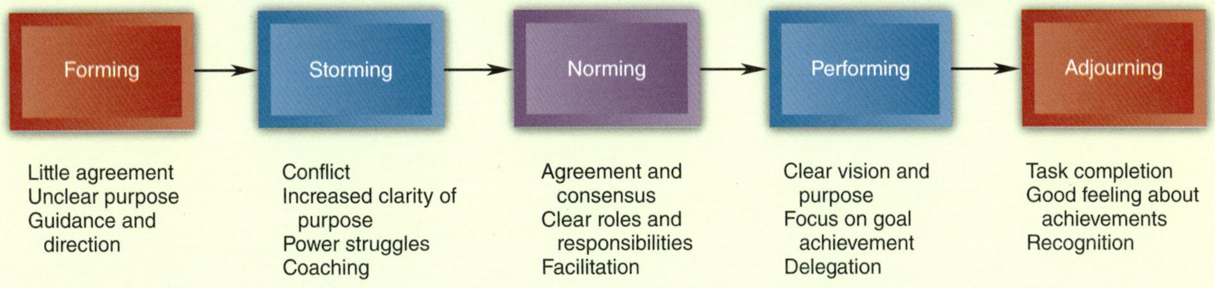

7 Work Teams and Groups

CHAPTER REVIEW

CHAPTER 7 LEARNING OBJECTIVES / KEY TERMS

7-5 Explain how task and maintenance functions influence group performance. Effective groups carry out various task functions to perform work successfully and do maintenance functions to ensure member satisfaction and a sense of team spirit. Teams that successfully fulfill these functions afford members the potential for the social benefits of psychological intimacy and integrated involvement.

task function An activity directly related to the effective completion of a team's work.

maintenance function An activity essential to effective, satisfying interpersonal relationships within a team or group.

7-6 Discuss the factors that influence group effectiveness. Work team effectiveness in the new team environment requires management's attention to both work team structure and work team process. In addition to how the team is structured and what the team does, diversity and creativity are two areas with significant impact on team performance.

7-7 Describe how empowerment relates to self-managed teams. Empowerment, an organizational attribute, encourages participation, an essential ingredient for teamwork. Empowered *self-managed teams*, designed to take on responsibilities and address issues traditionally reserved for management, succeed through development of competence skills, process skills, communication skills, and cooperative and helping behaviors.

self-managed team A team that makes decisions that were once reserved for managers.

7-8 Explain the importance of upper echelons and top management teams. Self-managed teams at the top of the organization are referred to as *upper echelons*. Organizations are often a reflection of these *upper echelons*. Upper echelon theory argues that background characteristics of the top management team can predict organizational characteristics and set standards for values, competence, ethics, and unique characteristics throughout the organization.

upper echelon A top-level executive team in an organization.

CHAPTER REVIEW

CHAPTER 8 LEARNING OBJECTIVES / KEY TERMS

8-1 **Identify the steps in the decision-making process.** The decision-making process involves *programmed decisions* and *nonprogrammed decisions*. The first step is recognizing the problem or realizing a decision must be made. Second, the objective of the decision is identified. The third step is gathering information relevant to the problem. The fourth step is listing and evaluating alternative courses of action. Finally, the manager selects the alternative that best meets the decision objective.

programmed decision A simple, routine matter for which a manager has an established decision rule.

nonprogrammed decision A new, complex decision that requires a creative solution.

8-2 **Describe various models of decision making.** The *rational model* of decision making contends that the decision maker is completely rational in his or her approach. *Bounded rationality* theory suggests that constraints force decision makers to be less rational and assumes that managers satisfice and develop heuristics. The *Z problem-solving model* capitalizes on the strengths of four separate preferences (Sensing, Intuiting, Thinking, and Feeling), allowing managers to use preferences and nonpreferences to make decisions

effective decision A timely decision that meets a desired objective and is acceptable to those individuals affected by it.

rationality A logical, step-by-step approach to decision making, with a thorough analysis of alternatives and their consequences.

bounded rationality A theory that suggests that there are limits to how rational a decision maker can actually be.

satisfice To select the first alternative that is "good enough," because the costs in time and effort are too great to opti-mize.

heuristics Shortcuts in decision making that save mental activity.

escalation of commitment The tendency to continue to support a failing course of action.

FIGURE 8.1 THE DECISION-MAKING PROCESS

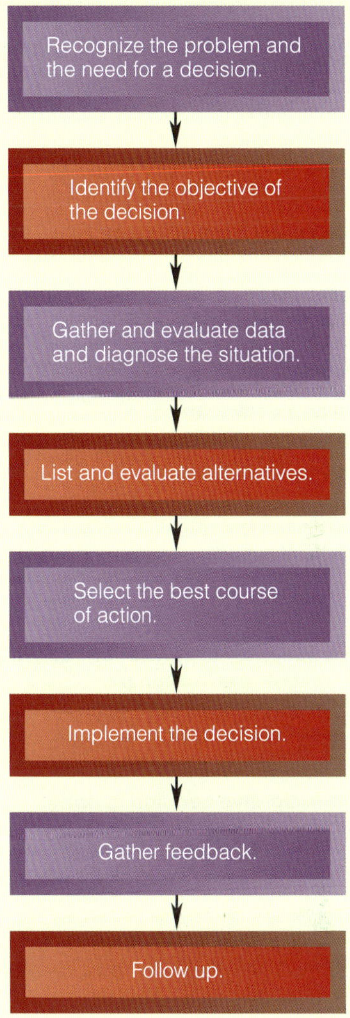

8-3 **Discuss the individual influences that affect decision making.** Decisions reflect the people who make them. The individual influences that affect decision making are comfort with risk, cognitive style, personality, intuition, and creativity.

cognitive style An individual's preferred method for gathering information and evaluating alternatives.

risk aversion The tendency to choose options that entail fewer risks and less uncertainty.

intuition A fast, positive force in decision making that is utilized at a level below consciousness and involves learned patterns of information.

creativity A process influenced by individual and organizational factors that results in the production of novel and useful ideas, products, or both.

8 Decision Making by Individuals and Groups

8-4 **Explain how groups make decisions.** Group decisions are utilized for several reasons: to achieve *synergy*, to gain commitment to a decision, and to maximize knowledge and experience in problem-solving situations. Seven techniques utilized in group decisions are brainstorming, nominal group technique, devil's advocacy, dialectical inquiry, quality circles and quality teams, and self-managed teams.

synergy A positive force that occurs in groups when group members are stimulated to produce new solutions to problems through the process of mutual influence and encouragement within the group.

social decision schemes Simple rules used to determine final group decisions.

groupthink A deterioration of mental efficiency, reality testing, and moral judgment resulting from pressures within the group.

group polarization The tendency for group discussion to produce shifts toward more extreme attitudes among members.

brainstorming A technique for generating as many ideas as possible on a given subject while suspending evaluation until all the ideas have been suggested.

nominal group technique (NGT) A structured approach to group decision making that focuses on generating alternatives and choosing one.

devil's advocacy A technique for preventing groupthink in which a group or individual is given the role of critic during decision making.

dialectical inquiry A debate between two opposing sets of recommendations.

quality circle A small group of employees who work voluntarily on company time, typically one hour per week, to address work-related problems such as quality control, cost reduction, production planning and techniques, and even product design.

quality team A team that is part of an organization's structure and is empowered to act on its decisions regarding product and service quality.

8-5 **Describe the role culture plays in decision making.** Styles of decision making vary greatly among cultures and affect the way people view decisions. The dimensions proposed by Hofstede in Chapter 2 that affect decision making are: uncertainty avoidance, power distance, individualism/collectivism, time orientation, masculinity/femininity, cultural diversity, functional background, and strategic decision making.

8-6 **Explain how organizations can improve the quality of decisions through participation.** *Participative decision making* can include employees identifying problems, generating alternatives, selecting solutions, planning implementations, and/or evaluating results. Participative management can increase employee creativity, job satisfaction, and productivity, and improve a company's economic performance.

participative decision making. Decision making in which individuals who are affected by decisions influence the making of those decisions.

9-1 **Describe the concept of power.** Power is the ability to influence others. Influence is the process of affecting the thoughts, behavior, and feelings of others. Authority is the right to influence others. Power is an exchange relationship.

power The ability to influence another person.

influence The process of affecting the thoughts, behavior, and feelings of another person.

authority The right to influence another person.

zone of indifference The range in which attempts to influence a person will be perceived as legitimate and will be acted on without a great deal of thought.

9-2 **Identify forms and sources of power in organizations.** Power in organizations can be categorized simply as interpersonal or intergroup. French and Raven's five forms of interpersonal power are reward, coercive, legitimate, referent, and expert power. Information power is another form of interpersonal power. Intergroup power derives from control of critical resources and of strategic contingencies. To have control over contingencies, a group must be able to cope with uncertainty, have a high degree of centrality, and perform a function indispensable to the organization.

reward power Power based on an agent's ability to control rewards that a target wants.

coercive power Power that is based on an agent's ability to cause an unpleasant experience for a target.

legitimate power Power that is based on position and mutual agreement; agent and target agree that the agent has the right to influence the target.

referent power An elusive power that is based on interpersonal attraction.

expert power The power that exists when an agent has specialized knowledge or skills that the target needs.

strategic contingencies Activities that other groups depend on in order to complete their tasks.

9-3 **Describe the role of ethics in using power.** The key to using all of these types of power well is to use them ethically. McClelland believes personal power is negative and social power is positive. That is, when power is used for the good of the group rather than for individual gain, the power is positive.

information power Access to and control over important information.

personal power Power used for personal gain.

social power Power used to create motivation or to accomplish group goals.

9-4 **Identify symbols of power and powerlessness in organizations.** Two theorists examine symbols of power: Rosabeth Moss Kanter's list of symbols is grounded in doing things for others: for people in trouble, for employees, for bosses. There is an active, other-directed element in her symbols. Michael Korda's list focuses on status and whether there are more people for whom you would inconvenience yourself than people who would inconvenience themselves for you.

powerlessness A lack of power.

9-5 **Define organizational politics and understand the role of political skill and major influence tactics.** Organizational politics is an inevitable feature of work life. Political behavior consists of actions not officially sanctioned that are taken to influence others in order to meet personal goals. Managers should take a proactive role in managing politics. Political skill is the ability to get things done through favorable interpersonal relationships outside formally prescribed organizational mechanisms.

organizational politics The use of power and influence in organizations.

political behavior Actions not officially sanctioned by an organization that are taken to influence others in order to meet one's personal goals.

political skill The ability to get things done through favorable interpersonal relationships outside formally prescribed organizational mechanisms.

9-6 **Identify ways to manage political behavior in organizations.** To manage political behavior in their employees, managers can: use open communication; clarify expectations regarding employee performance; use participative management techniques; encourage cooperation among work groups; manage scarce resources well; and provide a supportive organizational climate. Individuals must also manage up—that is, manage the boss. The biggest trump to political behavior is empowerment.

empowerment Sharing power in such a way that individuals learn to believe in their ability to do the job.

FIGURE 9.1 EMPLOYEE EMPOWERMENT GRID

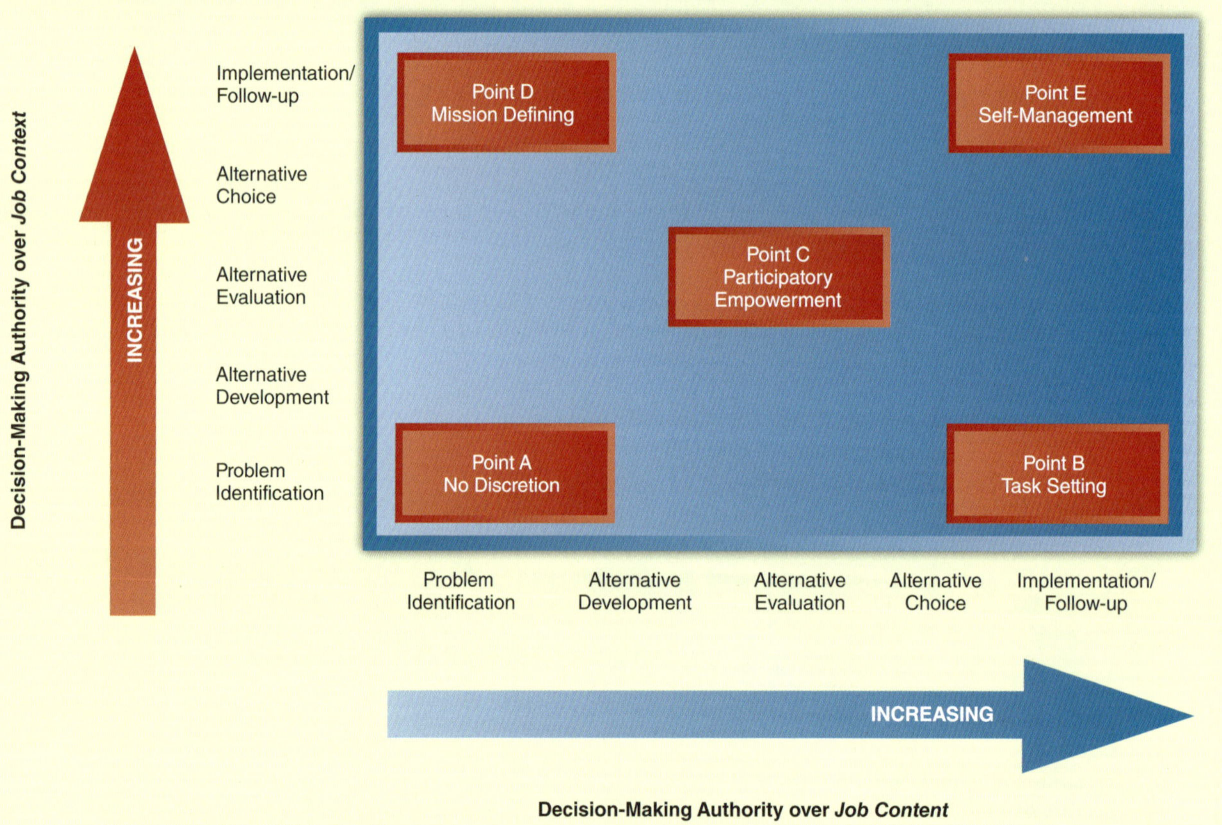

CHAPTER 10 LEARNING OBJECTIVES / KEY TERMS

10-1 **Discuss the differences between leadership and management and between leaders and managers.** Leadership is the process of guiding and directing behavior of people in the work environment. The management process reduces uncertainty and stabilizes an organization. *Leaders* agitate for change and new approaches; in contrast, *managers* advocate stability and the status quo. They differ along four separate dimensions of personality: attitudes toward goals, conceptions of work, relationships with other people, and sense of self.

leadership The process of guiding and directing the behavior of people in the work environment.

formal leadership Officially sanctioned leadership based on the authority of a formal position.

informal leadership Unofficial leadership accorded to a person by other members of the organization.

leaders An advocate for change and new approaches to problems.

managers An advocate for stability and the status quo.

10-2 **Explain the role of trait theory in describing leaders.** The first studies of leadership attempted to identify what physical attributes, personality characteristics, and abilities distinguished leaders from other members of a group. The trait theories have had very limited success in being able to identify the universal, distinguishing attributes of leaders.

10-3 **Describe the role of foundational behavioral research in the development of leadership theories.** Behavioral theories address how leaders behave. The Lewin, Lippitt, and White studies identified three basic leadership styles: autocratic, democratic, and laissez-faire. Ohio State University measured specific leader behaviors—initiating structure and consideration. The University of Michigan studies suggested two styles of leadership: employee oriented and production oriented.

autocratic style A style of leadership in which the leader uses strong, directive actions to control the rules, regulations, activities, and relationships in the work environment.

democratic style A style of leadership in which the leader uses interaction and collaboration with followers to direct the work and work environment.

laissez-faire style A style of leadership in which the leader has a hands-off approach.

initiating structure Leader behav-ior aimed at defining and organizing work relationships and roles, as well as establishing clear patterns of organization, communication, and ways of getting things done.

consideration Leader behavior aimed at nurturing friendly, warm working relationships as well as encouraging mutual trust and interpersonal respect within the work unit.

leadership grid An approach to understanding a leader's or manager's concern for results (production) and concern for people.

organization man manager (5,5) A middle-of-the-road leader.

authority-compliance manager (9,1) A leader who emphasizes efficient production.

country club manager (1,9) A leader who has great concern for people and little concern for production, attempts to avoid conflict, and seeks to be well liked.

team manager (9,9) A leader who builds a highly productive team of committed people.

impoverished manager (1,1) A leader who exerts just enough effort to get by.

paternalistic father-knows-best manager (9+9) A leader who promises reward and threatens punishment.

opportunistic what's-in-it-for-me manager (Opp) A leader who uses whichever style will maximize self-benefit.

10-4 **Describe and compare the four contingency theories of leadership.** Fiedler's contingency theory proposes that the fit between the leader's need structure and the favorableness of the leader's situation determine the team's effectiveness in work accomplishment. The role of the leader in path–goal theory is to clear the follower's path to the goal. In normative decision theory, leaders and managers determine the appropriate level of employee participation in decision making, and the Situational Leadership theory suggests that the leader's behavior should be adjusted to the maturity level of the followers.

least preferred coworker (LPC) The person a leader has least preferred to work with.

task structure The degree of clarity, or ambiguity, in the work activities assigned to the group.

position power The authority associated with the leader's formal position in the organization.

leader–member relations The quality of interpersonal relationships among a leader and the group members.

10 Leadership and Followership

CHAPTER REVIEW

CHAPTER 10 LEARNING OBJECTIVES / KEY TERMS

10-5 **Discuss the recent developments in leadership theory of leader–member exchange and inspirational leadership.** With leader–member exchange theory (LMX), leaders form *in-groups* whose members work within the leader's inner circle and *out-groups* whose members are outside the circle. In-group members receive greater responsibilities, more rewards, and more attention. Inspirational leadership theories—*transformational leadership, charismatic leadership,* and *authentic leadership*—can result in positive, productive member behavior because followers are inspired by the leader to perform well.

charismatic leadership A leader's use of personal abilities and talents to have profound and extraordinary effects on followers.

10-6 **Discuss how issues of emotional intelligence, trust, gender, and servant leadership are informing today's leadership models.** All workers must be aware of emerging leadership issues such as emotional intelligence, trust, women leaders, and servant leadership. These trait studies can affect leaders' decision-making skills, strategy implementation, and ability to build organizational citizenship behaviors. For women as leaders, the focus is shifting to behaviors and style rather than gender stereotypes.

10-7 **Define followership and identify different types of followers.** The follower role has alternatively been cast as one of self-leadership in which the follower assumes responsibility for influencing his or her own performance. Five types of followers are *effective, alienated, sheep, yes people,* and *survivors*. They are identified based on two dimensions: (1) activity versus passivity and (2) independent, critical thinking versus dependent, uncritical thinking.

followership The process of being guided and directed by a leader in the work environment.

10-8 **Synthesize historical leadership research into key guidelines for leaders.** Leaders and organizations appreciate the unique attributes, predispositions, and talents of each leader. Leaders challenge the organizational culture, when necessary, without destroying it. Participative, considerate leader behaviors demonstrate a concern for people. Different leadership situations call for different leadership talents and behaviors. Good leaders are likely to be good followers.

CHAPTER REVIEW

CHAPTER 11 LEARNING OBJECTIVES / KEY TERMS

11-1 Describe the nature of conflicts in organizations. *Conflict* is defined as any situation in which incompatible goals, attitudes, emotions, or behaviors lead to disagreement or opposition between two or more parties. *Functional conflict* is a healthy, constructive disagreement between two or more people. *Dysfunctional conflict* is an unhealthy, destructive disagreement between two or more people.

functional conflict A healthy, constructive disagreement between two or more people.

dysfunctional conflict An unhealthy, destructive disagreement between two or more people.

11-2 Explain the role structural and personal factors play in causing conflict in organizations. Conflict can be classified into categories: *structural factors* and *personal factors*. Structural factors include specialization, interdependence, common resources, goal differences, authority relationships, status inconsistencies, and jurisdictional ambiguities. The causes of conflict that arise from individual differences include skills and abilities, personalities, percept.

jurisdictional ambiguity The presence of unclear lines of responsibility within an organization.

FIGURE 11.1 CAUSES OF CONFLICT IN ORGANIZATIONS

Tsurukame Design/Shutterstock.com

11-3 Discuss the nature of group conflict in organizations. *Interorganizational conflict* occurs between two or more organizations. Conflict occurring between groups or teams is known as *intergroup conflict*. Possible positive effects include increased group cohesiveness, task focus, and group loyalty. Possible negative consequences include extreme competition, hostility, and decreased communication between groups. *Intragroup conflict* is within groups or teams and can serve to avoid groupthink.

interorganizational conflict Conflict that occurs between two or more organizations.

intergroup conflict Conflict that occurs between groups or teams in an organization.

intragroup conflict Conflict that occurs within groups or teams.

11-4 Describe the factors that influence conflict between individuals in organizations. *Intrapersonal conflict* occurs within an individual. Tips for managing intrapersonal conflict are to analyze and match your values with the organization's, understand expectations, and develop political skills. Conflict between two or more people, or *interpersonal conflict*, can arise from individual differences. To manage interpersonal conflict,it is helpful to understand power networks in organizations, defense mechanisms exhibited by individuals, and ways to cope with difficult people.

intrapersonal conflict Conflict that occurs within an individual.

interrole conflict A person's experience of conflict among the multiple roles in his or her life.

intrarole conflict Conflict that occurs within a single role, such as when a persvon receives conflicting messages from role senders about how to perform a certain role.

person–role conflict Conflict that occurs when an individual in a particular role is expected to perform behaviors that clash with his or her personal values.

interpersonal conflict Conflict that occurs between two or more individuals.

fixation An aggressive mechanism in which an individual keeps up a dysfunctional behavior that obviously will not solve the conflict.

displacement An aggressive mechanism in which an individual directs his or her anger toward someone who is not the source of the conflict.

negativism An aggressive mechanism in which a person responds with pessimism to any attempt at solving a problem.

compensation A compromise mechanism in which an individual attempts to make up for a negative situation by devoting himself or herself to another pursuit with increased vigor.

identification A compromise mechanism whereby an individual patterns his or her behavior after another's.

rationalization A compromise mechanism characterized by trying to justify one's behavior by constructing bogus reasons for it.

flight/withdrawal A withdrawal mechanism that entails physically escaping (flight) or psychologically escaping (withdrawal) a conflict.

conversion A withdrawal mechanism in which emotional conflicts are expressed in physical symptoms.

fantasy A withdrawal mechanism that provides an escape from a conflict through daydreaming.

11 Conflict and Negotiation

CHAPTER REVIEW

CHAPTER 11 LEARNING OBJECTIVES / KEY TERMS

11-5 **Describe effective and ineffective techniques for managing conflict.** Effective conflict management techniques include appealing to superordinate goals, expanding resources, changing personnel, changing structure, and confronting and negotiating. Ineffective techniques include nonaction, secrecy, administrative orbiting, due process nonaction, and character assassination.

nonaction Doing nothing in hopes that a conflict will disappear.

secrecy Attempting to hide a conflict or an issue that has the potential to create conflict.

administrative orbiting Delaying action on a conflict by buying time. (p. 230)

due process nonaction A procedure set up to address conflicts that is so costly, time-consuming, or personally risky that no one will use it.

character assassination An attempt to label or discredit an opponent.

superordinate goal An organizational goal that is more important to both parties in a conflict than their individual or group goals.

distributive bargaining A negotiation approach in which the goals of the parties are in conflict, and each party seeks to maximize its resources.

integrative negotiation A negotiation approach in which the parties' goals are not seen as mutually exclusive, but the focus is on both sides achieving their objectives.

11-6 **Identify five styles of conflict management.** Managers have at their disposal a variety of conflict management styles: avoiding, accommodating, competing, compromising, and collaborating. One way of classifying styles of conflict management is to examine the styles' assertiveness (the extent to which you want your goals met) and cooperativeness (the extent to which you want to see the other party's concerns met).

12-1 Define differentiation and integration as organizational design processes. *Differentiation* is the design process of breaking the organizational goals into tasks. Three different forms of differentiation are horizontal, vertical, and spatial. *Integration* is the design process of linking the tasks together to form a structure that supports goal accomplishment. Vertical linkage devices include hierarchical referral, rules and procedures, plans and schedules, added positions, and management information systems. The horizontal linkages are liaison roles, task forces, integrator positions, and teams.

organizational design The process of constructing and adjusting an organization's structure to achieve its business strategy and goals.

organizational structure The linking of departments and jobs within an organization.

differentiation The process of deciding how to divide the work in an organization.

integration The process of coordinating the different parts of an organization.

12-2 Discuss the basic design dimensions managers must consider in structuring an organization. Basic design dimensions combine to yield various structural configurations. Structural dimensions include the following: formalization, centralization, specialization, standardization, complexity, and hierarchy of authority. Levels of structural dimensions determine bureaucratic (high) or flexible and loose (low) organizations. Henry Mintzberg's alternative approach is to describe what is and is not important to the success of the organization and design structures that fit each organization's unique set of circumstances.

formalization The degree to which the organization has official rules, regulations, and procedures.

centralization The degree to which decisions are made at the top of the orga-nization.

specialization The degree to which jobs are narrowly defined and depend on unique expertise.

standardization The degree to which work activities are accomplished in a routine fashion.

complexity The degree to which many different types of activities occur in the organization.

hierarchy of authority The degree of vertical differentiation across levels of management.

business model innovation The innovative processes and rationale for how an organization creates, delivers, and captures value.

12-3 Describe five structural configurations for organizations. Henry Mintzberg proposed five structural configurations: the simple structure, the machine bureaucracy, the professional bureaucracy, the divisionalized form, and the adhocracy. The five basic parts of the organization, for Mintzberg, are the upper echelon, and/or strategic apex; the middle level, or middle line; the operating core; the technical staff, or technostructure; and the support staff. The organization's goals and levels of differentiation, integration, and formalization determine the structural configuration.

simple structure A centralized form of organization that emphasizes a small technical and support staff, strong centralization of decision making in the upper echelon, and a minimal middle level.

machine bureaucracy A moderately decentralized form of organization that emphasizes support staff differentiated from the line operations of the organization, limited horizontal decentralization of decision making, and a well-defined hierarchy of authority.

professional bureaucracy A decentralized form of organization that emphasizes the expertise of the professionals in the operating core of the organization.

divisionalized form A loosely coupled, composite structural configuration composed of divisions, each of which may have its own structural configuration.

adhocracy A selectively decentralized form of organization that emphasizes the support staff and mutual adjustment among people.

12 Organizational Design and Structure

12-4 **Describe four contextual variables that influence organizational structure.** Four variables influence the success of an organization's design: size, technology, environment, and strategy and goals. These variables provide a manager with key considerations for the right organizational design. The amount of change in the contextual variables throughout the life of the organization influences the amount of change needed in the basic dimensions of the organization's structure.

contextual variables A set of four characteristics that influence the success of an organization's design: size, technology, environment, and strategy and goals.

technological interdependence The degree of interrelatedness of the organi-zation's various technological elements.

environment Anything outside the boundaries of an organization.

task environment The part of the environment that is directly relevant to the organization.

environmental uncertainty The amount and rate of change in the organization's environment.

mechanistic structure An organizational design that emphasizes structured activities, specialized tasks, and centralized decision making.

organic structure An organizational design that emphasizes teamwork, open communication, and decentralized decision making.

12-5 **Explain the forces reshaping organizations.** Several forces reshaping organizations are causing managers to go beyond the traditional frameworks and to examine ways to make organizations more responsive to customer needs. Some of these forces include shorter organizational life cycles, globalization, and rapid changes in information technology. These forces together increase the demands on process capabilities within the organization and emerging organizational structures. To successfully retain their health and vitality, organizations must function as open systems that are responsive to their task environment.

organizational life cycle The differing stages of an organization's life from birth to death.

12-6 **Identify and describe emerging organizational structures.** Network organizations are weblike structures that contract some or all of their operating functions to other organizations and then coordinate their activities through managers and other employees at their headquarters. Virtual organizations are temporary network organizations consisting of independent enterprises. The circle organization, crafted by Harley-Davidson in its drive to achieve teamwork without teams, is a more open system and an organic structure for customer responsiveness.

12-7 **Identify factors that can adversely affect organizational structure.** If organizational structure is out of alignment with its contextual variables, one or more of the following symptoms appears: delayed decision making, low-quality decision making, non-response to changing environment, and interdepartmental conflict. Also, managers' personal cognitive biases and political ideologies affect their good judgment and decision-making abilities and may adversely affect the structure of the organization.

13-1 **Identify the three levels of organizational culture and evaluate the roles they play in an organization.** *Organizational culture* is a pattern of basic assumptions considered valid and taught to new members as the way to perceive, think, and feel in the organization. *Artifacts* are cultural symbols in the physical and social work environments, such as personal enactment, ceremonies and rites, stories, rituals, and symbols. Deeper level *values* reflect inherent beliefs, and *assumptions* guide behavior and tell members of an organization how to perceive situations and people.

organizational (corporate) culture A pattern of basic assumptions that are considered valid and that are taught to new members as the way to perceive, think, and feel in the organization.

artifacts Symbols of culture in the physical and social work environments.

espoused values What members of an organization say they value.

enacted values Values reflected in the way individuals actually behave.

assumptions Deeply held beliefs that guide behavior and tell members of an organization how to perceive situations and people.

FIGURE 13.1 LEVELS OF ORGANIZATIONAL CULTURE

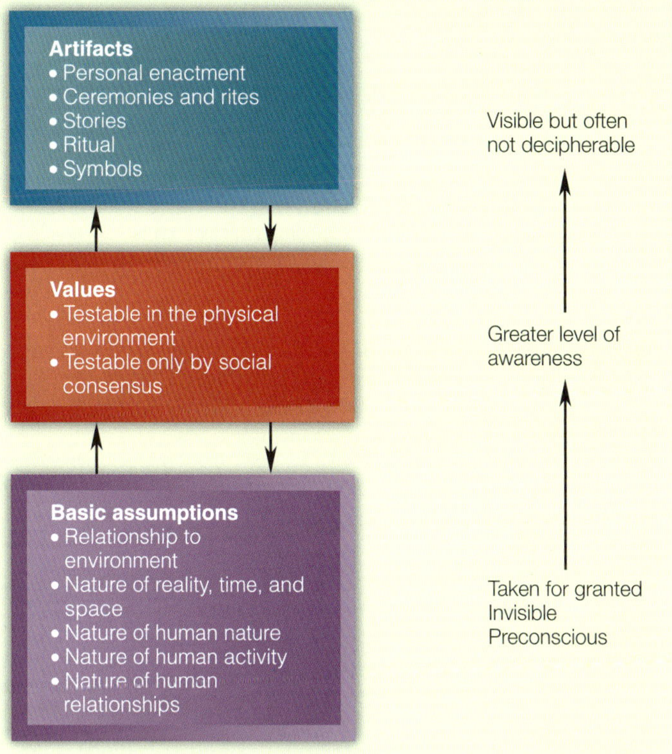

SOURCE: From Edgar H. Schein, *Organizational Culture and Leadership: A Dynamic View.* Copyright © 1985 Jossey-Bass, Inc. Reprinted by permission of John Wiley & Sons, Inc.

13-2 **Evaluate the four functions of organizational culture within an organization.** Organizational culture serves four basic functions. First, culture provides a sense of identity to members and increases commitment to the organization. Second, culture provides a way for employees to interpret the meaning of organizational events. Third, culture reinforces the values in the organization. Finally, culture serves as a control mechanism for shaping behavior.

13-3 **Explain the relationship between organizational culture and performance.** A *strong-culture* organization acts with a consensus on the values that drive the company and with an intensity that is recognizable even to outsiders. The "fit" perspective (*fit culture*) argues that a culture is good only if it fits the industry or the firm's strategy. Three particular industry characteristics may affect culture: the competitive environment, customer requirements, and societal expectations. An *adaptive culture* is a culture that encourages confidence and risk taking among employees, has leadership that produces change, and focuses on the changing needs of customers.

strong culture An organizational culture with a consensus on the values that drive the company and with an intensity that is recognizable even to outsiders.

adaptive culture An organizational culture that encourages confidence and risk taking among employees, has leadership that produces change, and focuses on the changing needs of customers.

13-4 **Describe five ways leaders reinforce organizational culture.** Leaders play a critical role in shaping and reinforcing organizational culture. Managers need to create a positive culture through what they pay attention to how they react to crises, how they behave, how they allocate rewards, and how they hire and fire employees. Transformational leaders create a more adaptive culture, which in turn increases business unit performance.

13 Organizational Culture

CHAPTER REVIEW

CHAPTER 13 LEARNING OBJECTIVES / KEY TERMS

13-5 Describe the three stages of organizational socialization and the ways culture is communicated in each step. Newcomers are transformed from outsiders to participating, effective members of the organization through *organizational socialization*. Three stages in the socialization process are *anticipatory socialization*, *encounter*, and *change and acquisition*. Through positive effective socialization, newcomers understand and adopt values and norms ensuring the company's culture and central values survive. Results can be good performance, high job satisfaction, and the intention to stay with the organization.

organizational socialization The process by which newcomers are transformed from outsiders to participating, effective members of the organization.

anticipatory socialization The first socialization stage, which encompasses all of the learning that takes place prior to the newcomer's first day on the job.

encounter The second socialization stage, in which newcomers learn the tasks associated with the job, clarify their roles, and establish new relationships at work.

change and acquisition The third socialization stage, in which the newcomer begins to master the demands of the job.

13-6 Discuss how managers assess their organization's culture. Both qualitative and quantitative methods can be used to assess organizational culture. The Organizational Culture Inventory (OCI) and the Kilmann-Saxton Culture-Gap Survey are quantitative tools. In the hopes of generating a more accurate assessment of organizational culture, managers combine multiple instruments, a practice called *triangulation*.

triangulation The use of multiple methods to measure organizational culture.

13-7 Explain actions managers can take to change organizational culture. Managers can use two approaches to change organizational culture: help current members buy into a new set of values, or add newcomers and socialize them into the organization and remove current members appropriately. Managers must send consistent messages about the new values and beliefs, provide credible communication, and live the new values. Cultural change can be assumed to be successful if new behavior is intrinsically motivated.

13-8 Identify the challenges organizations face developing positive, cohesive, cultures. Achieving a positive, cohesive corporate culture may be difficult in mergers, acquisitions, and globalization due to possible conflicts between organizations and cultural diversity on a geographic level. Developing an ethical culture requires management modeling, promoting ethical norms, and trust. Developing a culture of empowerment and quality involves including employees in decision making, removing obstacles to their performance, and reinforcing the value of product and service.

14-1 **Identify the major external and internal forces for change in organizations.** When organizations are in a state of turmoil and transition, all members are affected. *External* forces that demand change are globalization, workforce diversity, technological change, and managing ethical behavior. *Internal* pressures for change are generally recognizable: declining effectiveness, crisis, changes in employee expectations, and a changed work climate. Adaptiveness, flexibility, and responsiveness are characteristics of the organizations that will succeed in meeting the challenges of change.

planned change Change resulting from a deliberate decision to alter the organization.

unplanned change Change that is imposed on the organization and is often unforeseen.

14-2 **Describe how different types of change vary in scope.** Change can be of a relatively small scope, such as a modification in a work procedure (an *incremental change*) or of a larger scale, such as the restructuring of an organization (a *strategic change*). The most massive scope of change is *transformational change*, in which the organization moves to a radically different, and sometimes unknown, future state. One of the toughest decisions faced by leaders is the "pace" of change. Researchers agree that pace is important; however, they can't agree on which pace of change is most beneficial.

incremental change Change of a relatively small scope, such as making small improvements.

strategic change Change of a larger scale, such as organizational restructuring.

transformational change Change in which the organization moves to a radically different, and sometimes unknown, future state.

change agent The individual or group that undertakes the task of introducing and managing a change in an organization.

14-3 **Discuss methods organizations can use to manage resistance to change.** The contemporary view holds that resistance is simply a form of feedback and that this feedback can be used very productively to manage the change process. Three key strategies for managing resistance to change are communication, participation, and empathy and support.

14-4 **Explain Lewin's organizational change model.** Lewin's model, the idea of force field analysis, contends that a person's behavior is the product of two opposing forces; one force pushes toward preserving the status quo and the other force pushes for change. Lewin's change model is a three-step process: *unfreezing*—encouraging individuals to discard old behaviors, *moving*—new attitudes, values, and behaviors are substituted for old ones, and *refreezing*—new attitudes, values, and behaviors are established as the new status quo.

unfreezing The first step in Lewin's change model, in which individuals are encouraged to discard old behaviors by shaking up the equilibrium state that maintains the status quo.

moving The second step in Lewin's change model, in which new attitudes, values, and behaviors are substituted for old ones.

refreezing The final step in Lewin's change model, in which new attitudes, values, and behaviors are established as the new status quo.

14-5 **Explain how companies determine the need to conduct an organization development intervention.** *Organization development (OD)* is a systematic approach to organizational improvement. The first step, the diagnosis, should pinpoint specific problems and areas in need of improvement. Six areas to examine carefully are the organization's purpose, structure, reward system, support systems, relationships, and leadership. A needs analysis then determines the skills and competencies that employees must have to achieve the goals of the change.

organization development (OD) A systematic approach to organizational improvement that applies behavioral science theory and research in order to increase individual and organizational well-being and effectiveness.

14-6 Discuss the major group-focused techniques for organization development intervention. Some OD intervention methods emphasize changing the organization itself or changing the work groups within the organization. Intervention methods in this category include survey feedback, management by objectives, product and service quality programs, team building, and process consultation. All the preceding OD methods focus on changing the organization or the work group.

survey feedback A widely used intervention method whereby employee attitudes are solicited using a questionnaire.

management by objectives (MBO) An organization-wide intervention technique that involves joint goal setting between employees and managers.

quality program A program that embeds product and service quality excellence in the organizational culture.

team building An intervention designed to improve the effectiveness of a work group.

process consultation An OD method that helps managers and employees improve the processes that are used in organizations.

14-7 Discuss the major individual-focused techniques for organization development intervention. Managers have a host of organization development techniques to facilitate organizational change. Development efforts include skills training, leadership training and development, executive coaching, role negotiation, job redesign, health promotion programs, and career planning. Success depends on techniques used, competence of the change agent, the organization's readiness for change, and top management commitment. Programs do not drive change; business needs do.

skills training Increasing the job knowledge, skills, and abilities that are necessary to do a job effectively.

leadership training and development A variety of techniques that are designed to enhance individuals' leadership skills.

executive coaching A technique in which managers or executives are paired with a coach in a partnership to help them perform more efficiently.

role negotiation A technique whereby individuals meet and clarify their psychologi-cal contract.

job redesign An OD intervention method that alters jobs to improve the fit between individual skills and the demands of the job.